Befreiung durch Erinnerung

Peter Hurrelbrink

Der 8. Mai 1945 –
Befreiung durch Erinnerung

Ein Gedenktag und seine Bedeutung für das
politisch-kulturelle Selbstverständnis
in Deutschland

Mit einem Vorwort von
Gesine Schwan

Bibliografische Information der Deutschen Bibliothek
Die Deutsche Bibliothek verzeichnet diese Publikation in der Deutschen
Nationalbibliografie; detaillierte bibliografische Daten sind im Internet
über http://www.dnb.ddb.de abrufbar.

ISBN 3-8012-5032-6

© 2005 by
Verlag J. H. W. Dietz Nachf. GmbH
Dreizehnmorgenweg 24, 53175 Bonn
Umschlag: Ursula Härtling
[unter Verwendung eines Fotos von Picture-Alliance
und einer Tagebuchseite von F. Hurrelbrink]
Satz: PAPYRUS – Schreib- und Büroservice, Bonn
Druck und Verarbeitung: AZ Druck und Datentechnik, Kempten (Allgäu)
Alle Rechte vorbehalten
Printed in Germany 2005

Besuchen Sie uns im Internet: *www.dietz-verlag.de*

Inhalt

Vorwort von Gesine Schwan		9
1.	Einleitung	13
2.	Die Bedeutung der Erinnerung für die Demokratie	21
	2.1 Indikator normativer Selbstbilder – Die Schuldfrage	21
	2.2 Erinnerung, Gedächtnis und die politische Kultur der Demokratie	23
	2.3 Die demokratietheoretische Relevanz der Erinnerung an schuldhafte Vergangenheiten	32
	2.4 Funktionen und Intentionen politischer Gedenktage	33
3.	Erinnerungsbilder – Die biographische Relevanz des 8. Mai 1945	39
	3.1 Bestimmungsfaktoren biographischer Erinnerungen	39
	3.2 Biographische Konstellationen des Jahres 1945	41
	3.3 Generationen ohne Abschied	53
	3.4 Die mnemotechnische und biographische Relevanz des Jahres 1945	61
4.	Die formativen Jahre	65
	4.1 Frühe kulturelle und politische Vergangenheitsthematisierungen	65
	4.2 Der Parlamentarische Rat am 8. Mai 1949	68
	4.3 Die kurze Phase eines relativ offenen Gedenkens in der SBZ/DDR	72
	4.4 Gründungsakte in der Bundesrepublik	75
	4.5 Eine höchstrichterliche Kontroverse über den 8. Mai	80
	4.6 Von Schande, historischen Irrtümern und normalisierten Bürgergestalten	83
	4.7 Tragik, Scham und Befreit-Sein	91
	4.8 Im Antagonismus verbunden – Deutsche Gründungsmythen	95

5. Die 1960er Jahre ... 103
  5.1 Von Schießkriegen und faschistischen Bestien ... 103
  5.2 Deutsche Väter – deutsche Söhne ... 106
  5.3 Schattenbeschwörungen ... 109
  5.4 Über Auschwitz wächst kein Gras ... 111
  5.5 Zwischen geschichtlicher Haftung und „20 Jahre sind genug" ... 114
  5.6 Erste Konturen eines Gedenktages in Presse und Publizistik ... 122
  5.7 Ein asymmetrisches Erinnerungsverhältnis ... 130
6. Die 1970er Jahre ... 133
  6.1 Erinnerungskontexte: „1968" und der Kniefall in Warschau ... 133
  6.2 Gestiegenes Gespür für positive Deutungen: Der 8. Mai 1970 ... 136
  6.3 Die erste Gedenkzäsur: Der 8. Mai 1975 ... 150
  6.4 Die Konturierung des Ausdeutungspotentials in den 1970er Jahren ... 168
7. Der 40. Jahrestag in der Bundesrepublik ... 173
  7.1 Passagen des Übergangs zum 40. Jahrestag ... 173
  7.2 Der sperrige Gedenktag ... 176
  7.3 Die Rede Richard von Weizsäckers ... 212
  7.4 Die Rezeption der Weizsäcker-Rede ... 218
  7.5 Zu schön, um wahr zu sein? ... 223
  7.6 Zu wahr, um schön zu sein? ... 229
8. Der lange Weg zur Öffnung des Gedächtnisses – Die DDR von 1985 bis 1990 ... 235
  8.1 Der 40. Jahrestag in der offiziellen DDR ... 235
  8.2 Alternative Lesarten zum 40. Jahrestag ... 237
  8.3 Konstanten und Akzentverschiebungen ... 243
  8.4 Der demokratische Paradigmenwechsel des Jahres 1990 ... 246
  8.5 Zur Bedeutung alternativer Erinnerungen an den Nationalsozialismus für die politische Opposition in der DDR ... 251

9. Deutschland nach der Zäsur von 1989/90 261
   9.1 Wechselwirkungen zweier Zäsuren 261
   9.2 Leitmelodien des 50. Jahrestages 265
   9.3 Die Neuausrichtung der Gedenkintentionen 301
   9.4 Die Rede Roman Herzogs 308
   9.5 Von der Scham- zur Schuldkultur (und zurück) 313
   9.6 Bilanzierungen und Folgen des 50. Jahrestages 317

10. Der 8. Mai nach dem Generationswechsel auf Regierungsebene... 323
    10.1 Zwischen Desinteresse und Differenzierung 323
    10.2 Der 8. Mai 2000 und die Europäisierung der Erinnerung 327
    10.3 Über die Zukunft der Erinnerung 333
    10.4 Die Wiederkehr der „Chiffre 1945" 336
    10.5 Der Versuch der öffentlichen Privatisierung der Erinnerung 340
    10.6 Der Kanzler und der Autor am 8. Mai 2002 342
    10.7 Ein ganz gewöhnlicher Jahrestag 348

11. Befreiung durch Erinnerung – Versuch einer Bilanz 353

12. Quellen und Literatur 369

Danksagung 411

Gesine Schwan
Vorwort

Als am 1. August 1914 der Erste Weltkrieg ausbrach, waren mehr als vierzig Jahre seit dem deutsch-französischen Krieg 1870/71 vergangen. In der Wahrnehmung der um 1914 lebenden Generationen bildete er nur noch einen fernen, verschwommenen Referenzpunkt. Zu Beginn des Zweiten Weltkriegs 1939 lag das Ende des *grande guerre* gerade mal zwanzig Jahre zurück. Doch die kollektiven Erinnerungen an das Massensterben in den Schützengräbern Flanderns und der Champagne scheinen, nach allem was wir über die Kriegsteilnehmer 1939–1945 wissen, für die damals mittlere und junge Generation blass und undeutlich gewesen zu sein.

Heute trennen uns sechzig Jahre, beinahe ein Menschenalter, vom Ende des Zweiten Weltkriegs und der vorangegangenen nationalsozialistischen Verwüstung Europas. Und doch ist der 8. Mai 1945 ein festes Datum deutschen Denkens. Das Ende des Zweiten Weltkriegs ist im kollektiven Gedächtnis nicht nur eindrücklicher eingraviert, als es die vorangegangenen Kriege jeweils waren, es ist auch mit zunehmendem zeitlichem Abstand in seinen vielfältigen Facetten immer gegenwärtiger geworden. So ist ein Vergehen seiner Gegenwärtigkeit – anders als bei den vorangegangenen Kriegen, die spätestens mit dem Tod der letzten Kriegsteilnehmer endgültig Geschichte wurden – nicht abzusehen. Eine Epoche, die nach gängigen Regeln der Geschichtsschreibung längst hätte historisiert werden müssen, wird von der deutschen Gesellschaft immer noch so intensiv und kontrovers diskutiert wie Fragen der aktuellen Politik.

Die Ursachen für dieses Nicht-Vergehen des Zweiten Weltkriegs sind vielfältig. Am Anfang steht wohl die von den Alliierten 1941 mitten im Atlantik aufgestellte Forderung nach „unconditional surrender", nach der restlosen Niederlage und bedingungslosen Kapitulation Nazi-Deutschlands. Erst durch den tiefen Schnitt, den die totale Niederlage mit sich brachte, wurde eine Art „Stunde Null" in Deutschland möglich, die es erlaubt, die eigenen Verbrechen zu erkennen und diskursiv zu bearbeiten. Hinzu kommt natürlich das Ausmaß dieses Krieges, die kaum fassbare Menge an materiellen und psychischen Wunden, die er geschlagen hat. Diese waren so immens, dass sie nicht einfach vergessen werden konnten, weder bei den Opfern noch bei den Tätern und ihren Nachfahren.

Die Verluste an Menschenleben, die der Zweite Weltkrieg mit sich brachte, sind auf Deutschland bezogen allerdings durchaus mit denen des

Ersten Weltkriegs zu vergleichen. Und doch stand und steht der 8. Mai 1945 für etwas ganz anderes, als dies der 9. November 1918 in den Jahren nach dem Ersten Weltkrieg tat. Er symbolisiert nicht den Wunsch nach Revanche und Wiedererstarken, sondern steht – trotz mancher Auseinandersetzungen um die Frage, ob er ein Tag der „Befreiung" war – für die schon von Scham geprägte deutsche Niederlage am Ende eines verbrecherischen Krieges.

So ist es gerade der Umgang mit dem 8. Mai, der den Deutschen im Ausland den Ruf eingebracht hat, sich zu einer gefestigten Demokratie mit einer nachhaltig demokratisierten politischen Kultur entwickelt zu haben. Wie immer diese Einschätzung zu beurteilen ist, offenbar steht die verstärkte Vergegenwärtigung einer schuldhaften Vergangenheit, anders als dies die Vertreter einer Schlussstrichphilosophie immer behaupten, der Festigung einer Demokratie nach dem Ende einer verbrecherischen Diktatur nicht entgegen. Im Gegenteil: Plausibel erscheint die Annahme, „dass dem politischen System eines nachdiktatorischen Staates und seiner Gesellschaft in dem Maße eine demokratische politische Kultur zuwächst, in dem den pluralistischen und kritischen Erinnerungen an die eigene schuldhafte Vergangenheit Raum gegeben wird". Dies jedenfalls ist die leitende These von Peter Hurrelbrink, der in diesem Buch die Bedeutung des 8. Mai 1945 für das politisch-kulturelle Selbstverständnis der Deutschen seit dem Ende des Zweiten Weltkrieges rekonstruiert. Aus sorgfältigen und differenzierten Analysen der offiziellen Deutungen dieses Datums und den aus ihnen im diachronen Verlauf ablesbaren Bedeutungsverschiebungen entwickelt Hurrelbrink eine bundesdeutsche Nachkriegsgeschichte, die sich insgesamt als Erfolgsgeschichte der politisch-kulturellen Demokratisierung lesen lässt. Hurrelbrinks Quellen bilden die Reden öffentlicher Repräsentanten in West- und Ostdeutschland mit ihren spezifischen Interpretationen des 8. Mai. Er befragt die von ihm analysierten Texte vor allem danach, wie sie individuelle subjektive Erinnerungen an den 8. Mai mit politischen Deutungsaufladungen und gängigen Interpretationsangeboten verbinden. Dazu stellt er die Reden in den zeitgenössischen publizistischen Kontext und kann auf diese Weise die Einflüsse verfolgen, denen die jeweiligen offiziellen Deutungen unterlagen und die sich in ihnen wiederfinden.

Auf diese empirische Basis gründet Hurrelbrink seine eigene Interpretation des 8. Mai als Indikator für eine demokratische politische Kultur: Während das Datum zu allen Zeiten eine breite Palette subjektiver Erinnerungen von Niederlage, Katastrophe, Zusammenbruch, Trauer bis zu Befreiung auslöste, entwickelte sich in der westdeutschen Bundesrepublik die politische Einordnung des Ereignisses mit der Zeit von einer eher nationalen zu einer politisch-systemischen Bewertung. Damit war verbunden, die in den ersten Jahrzehnten nach 1945 kultivierte Interpretation von der nationalen Niederlage zugunsten der These aufzulösen, dass der 8. Mai für die demokratische Befreiung Westdeutschlands stünde. Es ist spannend in diesem Buch zu verfolgen, wie sich unter dem Einfluss einer freien gesellschaftlichen und publizistischen Auseinandersetzung diese offizielle Deutungsentwicklung in der Bundesrepublik vollzieht. Dabei spielen die einzelnen Persönlichkeiten insbesondere der Bundespräsidenten eine prägende Rolle. Am deutlichsten wird das natürlich an Richard v. Weizsäckers Rede am 8. Mai 1985. Freilich sind alle Redner davon abhängig, ob und in welchem Maße die Gesellschaft ihrerseits die angesprochenen Probleme öffentlich erörtert.

In der DDR gibt es dagegen kaum Zeugnisse der subjektiven Erinnerung an den 8. Mai 1945, persönliches Erleben wirkt auch auf die offizielle und repräsentative Gedenkkultur nicht ein, die sich sehr schnell als ideologisch festgelegte Lesart der kommunistischen Befreiung durch die ruhmreiche Sowjetunion „formiert" und dann keine weitere Veränderung erfährt. Der Preis dieser offiziellen Beständigkeit war die Abkoppelung der offiziösen Gedenkkultur von dem, was die Menschen in der DDR wirklich dachten und fühlten, was sich aber – wertet man einige der wenigen vorhandenen Dokumente aus – zum Teil mit dem subjektiven Empfinden in Westdeutschland durchaus deckte.

Hurrelbrink sondiert die Deutungsgeschichte des 8. Mai unter demokratietheoretischen Prämissen und konzentriert sich dazu auf die Frage, ob und in welcher Weise die mögliche Schuld der Menschen, die im Nationalsozialismus gelebt haben, in der jeweils dominanten Gedenkkultur thematisiert wird. Dahinter steht die These, dass der Umgang mit insbesondere moralischer und politischer Schuld (in den Kategorien von Karl Jaspers aus den Jahren 1945/46) am genauesten etwas darüber aussagt, wie Menschen ihre Freiheit und ihre Verantwortung verstehen und praktizieren: „Wie Schuld und Unschuld retrospektiv verteilt werden, spiegelt die Normen, nach denen sich die Bürger gegenseitig zu achten bereit sind." Die Frage nach Verantwortung gelangt in dem Maße in den Blick, wie die Opfer des Nationalsozialismus empathisch wahrgenommen werden. Je wahrhaftiger dies geschieht, desto unmöglicher wird es, die Verantwortung für die begangenen Verbrechen diffus zu vernebeln oder ins Tragische abzuschieben. Es ist geradezu gespenstisch zu sehen, wie lange es im Rückblick gedauert hat, bis die eher selbstmitleidige und entlastende Konzentration der Deutschen auf sich selbst als Opfer von Verführung und Krieg aufgelöst wurde zugunsten der Wahrnehmung der systematischen Ermordung der Juden, der Verfolgung von Sinti und Roma, von Homosexuellen, Polen, Russen und politischen Gegnern. Und dies auch nur in Westdeutschland. In der DDR erfolgt etwa die Öffnung in Bezug auf die ermordeten Juden erst – dann allerdings unmittelbar –, in der kurzen Phase ihrer demokratischen Legitimierung, nachdem die kommunistische Führung abgedankt hatte.

„Schuld" ist keine gängige Kategorie politikwissenschaftlicher Analyse. Sie scheint keine öffentlich-politische, sondern nur eine private Bedeutung zu haben. Doch so wahr es ist, dass jeder seine persönliche Schuld letztlich in der individuellen Gewissenserforschung ergründen und mit ihr umgehen muss, so falsch ist es, die öffentliche Diskussion über die Maßstäbe von Schuld zu vermeiden. Denn eben diese Maßstäbe sind es, die unser freiwilliges Zusammenleben halten und erhalten, und ihrer muss sich eine Gesellschaft in der Demokratie immer erneut vergewissern. Zu den besonders interessanten Analysen und Schlussfolgerungen Hurrelbrinks gehört deshalb seine Interpretation der Friedenspreisrede von Martin Walser aus dem Jahr 1998. Anders als die bisher gängige Kritik zum Beispiel an latent antisemitischen Formulierungen Walsers weist er auf dessen fast regressiven Versuch hin, die weit fortgeschrittene öffentliche Verständigung über die durch schuldhaftes Verhalten verletzten Werte und demokratischen Tugenden zugunsten einer privaten Innerlichkeit wieder in eine beliebige, nicht verantwortete Subjektivität zu tauchen und darin verschwinden zu lassen.

„Befreiung durch Erinnerung" – dieses Fazit legt uns Peter Hurrelbrink nahe. Aber welche Art von Erinnerung bewirkt Befreiung, und welche ist der Demokratie angemessen? Jedenfalls kann es keine offiziell vorgeschriebene sein. Es kann sich auch nicht um ein einmal abgeschlossenes oder abschließbares, gar öffentlich vorgegebenes Bild handeln. Vielmehr geht es um die dauernde Anstrengung, die eigene persönliche Erinnerung ebenso zu achten wie die der anderen und das eigene Verhalten – auch die Identifikationen mit geliebten Menschen – mit den Werten zu konfrontieren, zu denen die Gesellschaft in ihrem demokratischen Selbstverständigungsprozess gelangt ist. Einen endgültigen, letzten Maßstab gibt es nicht, und so bleibt der 8. Mai denn auch, in den Worten Peter Hurrelbrinks, „eine produktive Herausforderung für die politische Kultur der Demokratie – und Befreiung bleibt ein permanenter Prozess kritischer Erinnerung".

Dieses Buch wird dafür wesentliche Anstöße geben!

Frankfurt/Oder im März 2005

1. Einleitung

Am 8. Mai 1945 beendete die bedingungslose Kapitulation der deutschen Wehrmacht den Zweiten Weltkrieg in Europa. Damit endeten das millionenfache Sterben auf den Kriegsfeldern, die Verbrechen des Nationalsozialismus, der Terror, die industrielle Massenvernichtung. Das Jahr 1945 brachte die Befreiung der Konzentrations- und Vernichtungslager, in denen Millionen Menschen, vor allem die Juden Europas, systematisch ermordet worden waren. Mit dieser welthistorischen Wendemarke wurde ganz Europa vom Nationalsozialismus befreit, die Soldaten der siegreichen Antihitlerkoalition brachten hunderttausenden Häftlingen in deutschen Konzentrationslagern und Gefängnissen, Millionen von Kriegsgefangenen, Sklaven- und Zwangsarbeitern die Freiheit. Durch die militärische Niederlage befreit wurde auch die deutsche Bevölkerung, der sich mit diesem Jahr die Chance eines staatlich-gesellschaftlichen Neuanfangs, die Möglichkeit, aus den Erfahrungen der Vergangenheit eine bessere Zukunft gestalten zu können, eröffnete. Gleichzeitig bekamen in und nach diesem Jahr viele Deutsche Leid und Verfolgung, Vergewaltigungen und Vertreibungen am eigenen Leibe zu spüren.

Das Jahr 1945 bedeutete in komplexer Hinsicht sowohl Ende als auch Anfang, der freilich seinerseits durch vielschichtige Kontinuitäten charakterisiert war. Dieses komplizierte, mehrdimensionale Geschehen, die unterschiedlichen Wirkungen und vielfältigen, zum Teil ambivalenten oder gar antagonistischen Bedeutungsinhalte und Erfahrungen lassen sich bis in unsere Gegenwart nur schwer differenziert erfassen. Der 8. Mai 1945 steht in dieser Studie nicht primär für das kalendarische Datum des europäischen Kriegsendes, sondern für ein symbolisch hoch aufgeladenes und mehrdimensionales Bedeutungsfeld. Dieses Zäsurdatum interessiert hier nicht primär wegen seiner Vergangenheit, sondern wegen seiner jeweiligen Gegenwart, wegen seiner „nachhallenden Präsenz".[1]

Sowohl die Geschichte der Bundesrepublik als auch die der DDR setzte die Geschichte des Nationalsozialismus voraus. Sie stellten unter verschiedenartigen Rahmenbedingungen unterschiedliche Antworten auf diesen dar und standen untereinander in einer komplexen antithetischen Wechselbeziehung. Beide deutsche Staaten verstanden sich als politische Antwort auf die nationalsozialistische Diktatur und waren Konkurrenten auf dem Ge-

---

[1] MEIER 1990, S. 15. Zur Ereignisgeschichte des Jahres 1945 vgl. z.B. JAHN 1997; FÖRSTER 1995; MÜLLER/UEBERSCHÄR 1994; BENZ 1994b.

biet des Umgangs mit ihrer gemeinsamen Vergangenheit. Der 8. Mai als gemeinsames Zäsurdatum war zumindest bis 1989/90 der letzte Bezugspunkt einer gesamtdeutschen Geschichte. Wenn von ihm die Rede war, ging es für beide deutsche Staaten immer zugleich um die Grundlagen ihrer politischen und moralischen Legitimität. Auch über ein halbes Jahrhundert und mehrere Generationen danach zwingt der 8. Mai zur Erinnerung an vieles, das sich mit ihm direkt oder implizit verbindet: Kriegsende, Befreiung der Konzentrationslager, Opfer des Krieges und des Völkermordes, die vielschichtigen Folgen des Krieges und des Nationalsozialismus für Deutschland und Europa. Er zwingt zur Erinnerung an Opfer und Täter, zum Nachdenken über Schuld und Verantwortung, er verweist auf den Wert von Demokratie und Menschenrechten und symbolisiert damit wie kaum ein anderes Datum der deutschen Geschichte das ganze Spektrum notwendiger deutscher Vergangenheitsthematisierungen. Mit der Ausdeutung und den verschiedenen Lesarten dieses Zäsurdatums sind immer je spezifische Erinnerungsinhalte, Wertvorstellungen und Selbstbilder verbunden, die Auskunft geben über das Verständnis von Freiheit und Verantwortung, von Schuld, Selbstbestimmung und Demokratie. Aus der Beantwortung der Frage, welcher Stellenwert der Zäsur von 1945 für die jeweils eigene Identitätsbestimmung beigemessen wird, ergeben sich somit weitgehende Implikationen für die politisch-kulturelle Selbstbeschreibung der Deutschen.

Die Deutungsgeschichte des 8. Mai 1945 wird in dieser Studie als politisch-moralischer Diskurs begriffen, in dem unter Bezug auf die Vergangenheit die Legitimation und die Identität der jeweiligen deutschen Gegenwartsgesellschaften beschrieben und das politisch-kulturelle Selbstverständnis entwickelt werden. Das Erkenntnisinteresse fragt danach, was die analysierten Stellungnahmen und Deutungsangebote zum 8. Mai 1945 über den Stand der Delegitimierung diktatorischer und verbrecherischer Politik, über das Verständnis von Inhalt und Ziel des Umgangs mit Schulderfahrungen und damit über den Stellenwert der Erinnerung in der politischen Kultur der Demokratie aussagen. Sind die unterschiedlichen 8. Mai-Debatten von 1945 bis 2004 als ein demokratischer Prozess, der von generationellen Änderungen und institutionellen Konsolidierungen begleitet wird, zu betrachten? Haben sie insgesamt zu einer offenen und pluralistischen Auseinandersetzung mit der Vergangenheit, insbesondere über die Fragen nach Schuld und Verantwortung, und damit zur politisch-kulturellen Verankerung der Demokratie konstruktiv und integrierend beigetragen?

Die politische Kultur der Bundesrepublik und der DDR werden im empirischen Hauptteil dieser Studie im Medium der Erinnerung an Krieg und

Nationalsozialismus als prozesshafte Entwicklungen analysiert. Aus der Perspektive von Veränderungsprozessen ergibt sich ein im wesentlichen chronologischer Aufbau dieser Arbeit. Neben der chronologischen Strukturierung und der Unterteilung Bundesrepublik – DDR – vereintes Deutschland lässt sich der empirische Teil in drei Ebenen unterscheiden: Der Hauptteil des untersuchten Quellenmaterials besteht aus staatlich-offiziellen Stellungnahmen sowie aus den sie begleitenden gesellschaftlichen, politischen und publizistischen Debatten. Die individuelle Zeitzeugenschaft und Erinnerung wird in Kapitel III aufgegriffen, in dem anhand zeitgenössischer Erfahrungen die biographische Relevanz des 8. Mai 1945 skizziert wird.[2] Es waren diese Primärerfahrungen, die die je individuellen Wege in die Demokratie geprägt haben, die freilich zugleich durch wechselseitig geteilte Erfahrungen und retrospektive Erinnerungsformen mitbestimmt wurden.

Bei der Analyse der zahlreichen Reden, Artikel und Stellungnahmen herausgehobener Staatsrepräsentanten wird ein Schwerpunkt auf die Beiträge der Bundespräsidenten, Bundeskanzler und SED-Generalsekretäre gelegt. Zur Quellenbasis gehören auch Reden in den Parlamenten und den einzelnen Bundesländern sowie die Erklärungen anderer politischer Funktionsträger. Die in dieser Studie interessierende Besonderheit staatlich-offizieller Gedenkreden besteht darin, dass in ihnen Deutungsangebote durch (jedenfalls in der Bundesrepublik) demokratisch legitimierte Repräsentanten des politischen Gemeinwesens und der Verfassungswerte vermittelt werden. Sie streben eine Form politischer Repräsentativität an, die Gedenkreden anderer Provenienz nicht in Anspruch nehmen können. Aber auch eine staatsrepräsentative Gedenkrede ist keine isolierte Vergangenheitsthematisierung, sie findet in keinem politischen und gesellschaftlichen Vakuum statt, sondern steht in einem engen Wechselverhältnis mit den Interpretationstendenzen der Gesellschaft – die Gedenkrede prägt diese Tendenzen und wird durch sie geprägt.

Die offiziellen Deutungsangebote stehen somit in einer Wechselbeziehung mit denen nichtstaatlicher Provenienz. Über die publizistische, wissenschaftliche und gesellschaftliche Ebene werden Geschichtsbilder in großem Umfang vermittelt und zum Ausdruck gebracht. Vor allem Presse und Publizistik bilden dabei eine Hautquelle für den jeweiligen Stand der normativen Konturen einer Gesellschaft. Den durch sie verbreiteten und geprägten Geschichts- und Selbstbildern kommt in den Prozessen der Vergangenheitsthematisierung keine rein rezipierende, sondern eine aktiv mit-

---

2 Die Zitation erfolgt dabei immer getreu dem Original. Dies bedeutet u.a., dass alle Texte und Quellen, die in der so genannten „alten Rechtschreibung" erstellt wurden, auch in dieser Schreibweise wiedergegeben werden.

gestaltende Rolle zu. In einer pluralistischen Demokratie ist gerade dieses Quellenmaterial so umfangreich, dass nur ein auswählender Zugriff möglich ist. Für diese Studie wurde schwerpunktmäßig die überregionale Tages- und Wochenpresse ausgewertet, da bei dieser von einem besonderen meinungsbildenden und -spiegelnden Charakter für eine breitere Öffentlichkeit ausgegangen werden kann. Da der 8. Mai 1945 jedoch in hohem Maße regionalgeschichtlich aufgegriffen wird, waren auch regionale und lokale Presseauswertungen unumgänglich.[3] Die periodisch erscheinenden politischen, kulturellen und wissenschaftlichen Zeitschriften ergänzen das Hauptquellenmaterial, anhand dessen die Rezeptionsgeschichte des 8. Mai untersucht wurde.

Bei der Darstellung des Quellenmaterials lassen sich Disproportionalitäten nicht vermeiden. Strukturelle Asymmetrien ergeben sich sowohl zwischen den beiden deutschen Nachkriegsstaaten als auch in der Chronologie der Darstellung. Die ungleich vielschichtigeren Debatten in der Bundesrepublik und im vereinten Deutschland nehmen mehr Raum ein als die Analyse der zwar quantitativ umfangreicheren, aber weitgehend kanonisierten Aussagen zum 8. Mai in der DDR. Insofern ergibt sich eine darstellerische Asymmetrie zugunsten der Bundesrepublik, obwohl in dieser die intensive Thematisierung des 8. Mai 1945 viel später einsetzte. Neben diese inhaltliche Asymmetrie tritt eine chronologische. Der Zeitraum seit Mitte der 1970er Jahre bis zur Gegenwart bildet den Schwerpunkt der Betrachtung, da komplexere Debatten um den 8. Mai erst mit einiger Verzögerung einsetzten. Die Diskussionen über den 40. und 50. Jahrestag bieten dabei das umfassendste Analysematerial.

Lange Zeit beschränkte sich, von einigen Ausnahmen abgesehen, der zeithistorische Zugang zum Nationalsozialismus auf die Erforschung der NS-Zeit selbst. Die Frage des politisch-kulturellen Umgangs mit der eigenen Vergangenheit blieb in dieser Zeit fast ausschließlich den politischen Akteuren und Publizisten überlassen. Entgegen mancher Erwartungen verblassten die Auseinandersetzungen mit zeitlichem Abstand zum Nationalsozialismus nicht, im Gegenteil nahmen dessen Erforschung und öffentliche Diskussion umgekehrt proportional zum zeitlichen Abstand an Umfang und Intensität zu. Heute zielt das zeithistorische und politikwissenschaftliche Interesse nicht mehr allein auf die Jahre 1933 bis 1945 selbst, sondern zunehmend darauf, wie dieser Teil der deutschen Geschichte re-

---

3 Eine sehr hilfreiche Unterstützung bei der Auswertung der Medien war die „Dokumentation zum Thema: Gedenktage zum Kriegsende am 8. Mai 1945 im Spiegel der Medien (1949–1995)", die das Zentrale Dokumentationssystem des Presse- und Informationsamtes der Bundesregierung im Mai 1995 zusammengestellt hat.

zipiert, interpretiert und in das kollektive Gedächtnis inkorporiert worden ist. Die Erinnerung an den Nationalsozialismus und den Völkermord an den Juden verschränkt sich immer mehr mit der Erinnerung an diese Erinnerungsarbeit.[4] Das gestiegene Interesse an den vielfältigen Formen politisch-historischer Interpretationsarbeit hat zugleich das Interesse an den Medien, in denen diese Deutungsangebote und Lesarten entwickelt und vermittelt werden, geweckt. Dies gilt besonders für die Medien Erinnerung und Gedächtnis sowie deren kulturell geformte Manifestationen.[5] In diesem Rahmen hat auch die theoretische und empirische Analyse der Bedeutung von deutschen Gedenktagen einige interessante Beiträge hervorgebracht. Einzelstudien sind z.B. zum 20. Juli 1944,[6] zum 17. Juni 1953[7] und zu den verschiedenen 9. Novembern[8] erschienen.

Auch der 8. Mai 1945 ist kein unerforschter Erinnerungsort. In seiner 1999 erschienenen Studie „Niemand ist frei von der Geschichte" betrachtet Helmut Dubiel unter anderem die Reden im Deutschen Bundestag zum 8. Mai 1970, 1985 und 1995.[9] Als einen Untersuchungsgegenstand behandelt auch Peter Reichel die Rezeptionsgeschichte des 8. Mai 1945 in der Bundesrepublik und in der DDR.[10] In einer Studie von Aleida Assmann und Ute Frevert kommt der Einschätzung der Bedeutung der Zäsur von 1945 ebenfalls eine wichtige Rolle zu: Aleida Assmann untersucht das Jahr 1945 unter der Überschrift „1945 – Der blinde Fleck der deutschen Erinnerungsgeschichte" und weist der „traumatischen Bedeutung" dieses Jahres eine Schlüsselfunktion im „deutschen Erinnerungsdilemma" zu.[11] Unter dem Titel „Die Unfähigkeit zu feiern?" analysiert Edgar Wolfrum in einem Aufsatz aus dem Jahr 2000 den Ort des 8. Mai und des 17. Juni in der bundesrepublikanischen Erinnerungskultur.[12] Wolfrum arbeitet einige beziehungs-

---

4   Die entsprechende Literatur ist inzwischen so umfangreich, dass ein auch nur annähernd exemplarischer Verweis auf relevante Titel den Rahmen sprengen würde. Auf die für diese Studie besonders gewinnbringenden Untersuchungen wird im weiteren Verlauf an den dafür geeigneten Stellen eingegangen.
5   Vgl. als Auswahl z.B. FRANCOIS/SCHULZE 2001; ZUCKERMANN 1999; ASSMANN J. 1997; WEINRICH 1997; SMITH/MARGALIT 1997; STEINBACH 1997; HARDTWIG/WEHLER 1996; SMITH/EMRICH 1996; FRANCOIS/SIEGRIST/VOGEL 1995; YOUNG 1994; WODAK/ MENZ/MITTEN/STERN 1994; HASS 1994; HAVERKAMP/LACHMANN 1993; MATZ 1993; LE GOFF 1992; ASSMANN A./HARTH 1991; BÖNISCH-BREDNICH/BREDNICH/GERNDT 1991; HATTENHAUER 1990; HALLER/HOFFMANN-NOWOTNY/ZAPF 1989; HALBWACHS 1985.
6   Vgl. z.B. DANYEL 2001; WÖLL 1998; EMRICH/NÖTZOLD 1984.
7   Vgl. z.B. WOLFRUM 2000; WOLFRUM 1999; WOLFRUM 1998a; WOLFRUM 1996; GALLUS 1993.
8   Vgl. z.B. FRIEDRICH-EBERT-STIFTUNG 1999; TIMM 1995; TIMM 1994.
9   Vgl. DUBIEL 1999.
10 Vgl. REICHEL 1995, S. 275–296.
11 ASSMANN A./FREVERT 1999, S. 97.
12 Vgl. WOLFRUM 2000.

geschichtliche Aspekte zweier deutscher Gedenktage heraus, die vielfältigen, auch divergierenden Aspekte der Rezeption des 8. Mai stehen dabei aber nicht im Mittelpunkt.

Neben diesen eher beiläufigen Analysen des 8. Mai-Gedenkens beschäftigen sich einige Arbeiten direkt mit der Rezeptionsgeschichte dieses Zäsurdatums. So analysiert Klaus Naumann Pressetexte zum 8. Mai im Gedenkjahr 1995.[13] Volker Ackermann und Florian Altenhöner interpretieren jeweils – die Bundesrepublik und die DDR vergleichend – offizielle Reden, die seit 1945 zum 8. Mai gehalten wurden.[14] Signe Barschdorff analysiert die Darstellung des 8. Mai 1945 in den bundesdeutschen Schulgeschichtsbüchern in den Jahren 1949 bis 1995.[15] Besonders kenntnis- und materialreich untersucht Jan-Holger Kirsch in einer umfangreichen Arbeit aus dem Jahr 1999 den 8. Mai als politischen Gedenktag.[16] Kirsch verbindet darin einen als „Theorie kollektiver Erinnerung" bezeichneten Ansatz explizit mit der Frage, „ob und inwieweit das Gedenken zum *gesellschaftlichen Lernen* beiträgt."[17] Arbeiten zum 8. Mai 1945, bei denen der Schwerpunkt nicht auf eine empirisch-chronologische Darstellung gesetzt wird, liegen von Bernd Weisbrod, Hartmut Kaelble, Gabriele Rosenthal und Andreas Wöll vor. Während Weisbrod, Kaelble und Rosenthal die persönlichen Erinnerungen an den 8. Mai auf gemeinsame Grundmuster untersuchen und auf diese Weise der biographischen Relevanz dieses Datums nachspüren, fokussiert Wöll auf die Analyse, welche Erinnerungsinhalte, Geschichtsbilder und politischen Optionen sich in unterschiedlichen begrifflichen Bewertungen des Jahres 1945 Ausdruck verleihen.[18] Alle genannten Studien bieten auf ihre Weise interessante Anregungen, die Deutungsgeschichte des 8. Mai 1945 detailliert zu behandeln und ergänzen diese Untersuchung produktiv.

Qualitative Inhaltsanalysen sind in besonderem Maße auf Kontextualisierungen angewiesen.[19] Bei den unterschiedlichen Debatten seit 1945 muss jeweils das zugrunde liegende, meist nicht explizite Geschichtsbild und Demokratieverständnis eruiert werden. Diese Diskurse finden immer unter spezifischen Rahmenbedingungen, zu einer bestimmten Zeit und mit einem spezifischen Hintergrundwissen statt. Diese Faktoren müssen ebenso wie latente Inhalte und Implikationen – soweit sie interpretierbar sind – in das

---

13 Vgl. NAUMANN 1998. Naumann untersucht 436 deutsche Tages- und Wochenzeitungen, lokale Blätter, regionale Zeitungen und überregionale Presseorgane (Verzeichnis der Printmedien: S. 329–336.)
14 Vgl. ACKERMANN V. 1997 bzw. ALTENHÖNER 1996.
15 Vgl. BARSCHDORFF 1999.
16 Vgl. KIRSCH 1999.
17 Ebd., S. 10 (Hervorhebung im Original).
18 Vgl. WEISBROD 1995; KAELBLE 1997; ROSENTHAL G. 1989; WÖLL 1997a.
19 Zur Methode der qualitativen Inhaltsanalyse vgl. z.B. MERTEN 1983.

Kontextwissen und die Analyse miteinbezogen werden. Zudem können die Debatten um den 8. Mai 1945 nur dann in ihrer eigentlichen Bedeutung eingeordnet werden, wenn sie als Bestandteil einer wesentlich umfassenderen Auseinandersetzung mit der Vergangenheit betrachtet werden. Nicht nur die unmittelbar auf den 8. Mai bezogenen Deutungskonflikte geben über die Einschätzung dieser Zäsur Auskunft. Die politisch-kulturell grundlegende Frage, ob das Jahr 1945 vorrangig als nationale Katastrophe oder politisch-systemische Befreiung bewertet wird, spiegelt sich in vielen anderen Debatten über das Verhältnis der Deutschen zu ihrer Vergangenheit und die sich daraus ableitende Identitätsbestimmung wider. Da diese Arbeit keine vollständige Darstellung aller wichtigen Debatten seit 1945 anstrebt, kommt es darauf an, die relevanten Diskurse auf ihre Bedeutung und Wechselwirkung für die Einschätzung des Kerns der Untersuchung zu kanalisieren. Möglich wird dies nur in exemplarischen Fällen sein.

2. Die Bedeutung der Erinnerung für die Demokratie

Die in dieser Studie eingenommene Perspektive auf den Zusammenhang von Geschichte, Erinnerung und Demokratie geht davon aus, dass Erinnerung und Gedächtnis nicht als wertfreie und voraussetzungslose Registraturen, sondern als subjektive, normativ geleitete und sozial bedingte Bilanzierungen zu begreifen sind. Auseinandersetzungen über den Umgang mit der Vergangenheit sind nicht in erster Linie als geschichtswissenschaftliche oder parteipolitische Kontroversen zu betrachten, sondern dienen primär der jeweiligen Gegenwart als Orientierung gebender Bezugsrahmen, in dem politische, normative und identitätsbildende Vereinbarungen getroffen und erstritten werden. Interpretationen der Vergangenheit sagen sehr viel mehr über die Verankerung demokratischer Werte in der Gegenwart als über die Vergangenheit selbst aus.

2.1 Indikator normativer Selbstbilder – Die Schuldfrage

Dass die klärende Auseinandersetzung mit der Vergangenheit häufig kontrovers erfolgt, hängt entscheidend von einem ihrer zentralen Konfliktgegenstände ab – von der Schuldfrage. Unter Schuld wird in dieser Studie das subjektive Moment der Verfehlung verstanden, die Verletzung von personalen und sozialen Beziehungen, die Aufgabe der Übereinstimmung mit den eigenen Normen, der Beziehungsbruch zu den Mitmenschen. Schuld bedeutet die Negierung des Zusammenhangs zwischen den eigenen Normen und dem eigenen Verhalten, sie verletzt die eigene Integrität und die anderer, die menschliche Würde, die Fremd- und Selbstachtung. Schon aus dieser allgemeinen Definition ergibt sich, in den Worten Gesine Schwans, dass „Schuld eine zentrale Kategorie der menschlichen Grundbefindlichkeit ist, in der sich das Selbstverständnis einer Person – von ihrer Freiheit, ihrer Verantwortung, ihrer Würde und ihrem Sozial-, Politik- und Weltverständnis – bekundet."[1] Wenn Schuld als das subjektive Moment der Verfehlung begriffen wird, sagt ihre Bestimmung etwas über das jeweilige Verständnis von „richtigem" Leben und Verhalten, von der persönlichen Integrität und dem Verhältnis zu den Mitmenschen aus. Schuld lässt sich als Selbstwiderspruch beschreiben und Schuldbewusstsein gibt vorrangig Auskunft über

---

1   SCHWAN 1997a, S. 17.

die jeweiligen Normen, die als verletzt empfunden werden – damit ist die Schuldfrage ein zentraler Indikator normativer Selbstbilder. Dies gilt jedenfalls dann, wenn der Mensch nicht als determiniertes Objekt, sondern als ein freies und selbstverantwortlich entscheidungsfähiges Subjekt verstanden wird. Wer die Zurechenbarkeit von Schuld – wie auch immer inhaltlich und normativ bestimmt – generell bestreitet, der verneint auch die Freiheit des Menschen und die daraus resultierende Verantwortung, ohne die die Demokratie nicht lebensfähig wäre. In den Worten Karl Jaspers' entsteht erst aus dem Schuldbewusstsein „das Bewußtsein der Solidarität und Mitverantwortung, ohne die die Freiheit nicht möglich ist."[2] Auf dieses Bewusstsein kommt es demokratietheoretisch an: Wie Schuld und Unschuld retrospektiv verteilt werden, spiegelt die Normen, nach denen sich die Bürger gegenseitig zu achten bereit sind.[3]

Obwohl jedes individuelle Tun und Unterlassen immer in sozialen und politischen Kontexten steht, kann Schuld nicht als „gesellschaftlicher Verblendungszusammenhang"[4] behandelt werden, sondern nur als individuelle Verfehlung in spezifischen Kontexten. Der individuell differenzierende Zugang zur Schuldproblematik verdeutlicht, dass es eine „Kollektivschuld" nicht geben kann. Gleichwohl ist der vermeintliche Vorwurf einer deutschen Kollektivschuld zur zentralen Metapher für ungerechte Behandlungen, die den Deutschen nach 1945 angeblich widerfuhren, geworden. Die vielfältigen Bemühungen, die angebliche Kollektivschuldanklage zurückzuweisen, sind aufgrund der Tatsache, dass eine solche These niemals zur Begründung politischer oder strafrechtlicher Maßnahmen herangezogen wurde, auch als funktionale Entlastungsbemühungen, als ein Konstrukt der Abwehr zu untersuchen.[5]

Aleida Assmann dagegen behauptet, dass es für den Topos der Kollektivschuld gleichwohl eine „Erfahrungsgrundlage" gegeben habe und meint damit die Bilder aus den befreiten Konzentrationslagern, die den Deutschen nach 1945 vorgeführt wurden. Diese Bilder, als Kollektivschuldvorwurf aufgefasst, stellen für Aleida Assmann das entscheidende Trauma des Jahres 1945 dar, es habe „die Anamnese von Schuld blockiert und damit die deutsche Erinnerungsgeschichte von ihrem Anfang an verformt". Dieses Trau-

---

2   JASPERS 1963, S. 108.
3   Zur Einführung für eine spezifischere Beschäftigung mit verschiedenen Bestimmungen von Schuld vgl. z.B. SCHWAN 1997a; GÜNTHER 1997; HENTIG 1992; WURMSER 1990; RICOEUR 1988; BAUMGARTNER/ESER 1983; BAUMGARTNER/KRINGS/WILD 1974 (Stichwort „Schuld": S. 1277–1288); JASPERS 1963; BUBER 1958. Zu der Freudschen psychoanalytischen Bestimmung von Schuld und Schuldgefühlen sowie zu deren Bedeutung für die Kulturentwicklung siehe u.a. FREUD S. 1923, bes. S. 295ff., S. 304ff., S. 317ff.; FREUD S. 1930, bes. S. 250–270.
4   HORKHEIMER/ADORNO 1944, S. 48.
5   Vgl. z.B. FREI 2000 und BENZ 1992, S. 121.

ma des Jahres 1945 habe sich jedoch nicht etwa an den von Deutschen begangenen Verbrechen entzündet, „sondern an den Umständen ihrer Veröffentlichung seitens der Alliierten. Es war ein Trauma nicht der Schuld, sondern der Scham", das bis heute „ein nachhaltiger Schutzschild gegen Formen öffentlicher und kollektiver Erinnerung" geblieben sei.[6]

Unabhängig davon, ob ihre These in Bezug auf die Kollektivschuldbehauptung geteilt wird oder nicht, spricht Aleida Assmann die demokratietheoretisch bedeutsame Divergenz zwischen Schuld und Scham an: Während in einer Schamkultur die Gesellschaft die zentrale Instanz für die Bewertung individuellen Verhaltens ist, wird in einer Schuldkultur das individuelle Gewissen in den Mittelpunkt gestellt und der Einzelne zur selbstverantwortlichen Instanz universaler Normen und Werte. Scham- und Schandekategorien indizieren, dass der Einzelne sich den Blicken der Anderen ausgesetzt sieht und entsprechend ein unauffälliges, rollenkonformes Verhalten anstrebt. Sie sind ein „System externer Verhaltensregulierung." Im Gegensatz zum kontrollierenden äußeren Blick steht in einer Schuldperspektive die eigene personale Integrität im Zentrum, die autonome Verantwortung verlangt. In diesem Rahmen bedeutet Schuld „nicht die potentielle Zerstörung der sozialen Person, sondern ganz im Gegenteil die Grundlegung der moralischen Person." In einer Schamkultur konstituiert sich die Person durch Verhaltensanpassung und Konformität, in einer Schuldkultur dagegen durch individuelle Einsicht und Verarbeitung.[7] Schamkulturelle Lesarten der eigenen Vergangenheit stehen insofern den normativen Erfordernissen der Demokratie entgegen. Unter diesen Gesichtspunkten wird die Verwendung von Scham- und Schandekategorien in den Debatten der deutschen Nachkriegsstaaten kritisch zu analysieren sein.

2.2 Erinnerung, Gedächtnis und die politische Kultur der Demokratie

Das entscheidende Medium, in dem die Auseinandersetzungsprozesse um Schuld und Verantwortung stattfinden, ist die Erinnerung, die freilich nicht voraussetzungslos und widerstandsfrei einsetzt und deshalb ohne die knappe Darlegung einiger psychoanalytischer Kategorien kaum zu erörtern ist. In dieser Studie wird der Blickwinkel davon bestimmt, dass eine Gesellschaft aus Individuen besteht, deren psychische Grunddispositionen die Wertein-

---

6 ASSMANN A./FREVERT 1999, S. 117 bzw. S. 139.
7 Vgl. ebd., S. 89ff.

stellungen und Verhaltensdispositionen eben dieser Gesellschaft im Hinblick auf ihre demokratische Qualität und Stabilität maßgeblich prägen.[8]

Der psychoanalytische Ansatz

In unseren Zusammenhängen sind speziell die theoretischen Grundlagen über die so genannten *Abwehrmechanismen* relevant. Anna Freud zählt als gut bekannte Abwehrmechanismen auf: Verdrängung, Regression, Reaktionsbildung, Isolierung, Ungeschehenmachen, Projektion, Introjektion, Wendung gegen die eigene Person, Verkehrung ins Gegenteil und Sublimierung oder die Verschiebung des Triebziels.[9] Alle Abwehrmechanismen haben zwei Merkmale gemeinsam: Erstens leugnen, verfälschen oder verdrehen sie die Realität und zweitens wirken sie unbewusst. Die innere Logik der Abwehrmechanismen besteht in einer Art Krisenmanagement, das der Beruhigung und nicht der Wahrheit dient. Sie versuchen, die Person vor Angst zu schützen, die mit ihrer Hilfe unbewusst entscheidet, was für das Bewusstsein zugelassen wird und was nicht. Das Ergebnis ist eine relativ angstfreie Wahrnehmung der eigenen Person und des gesellschaftlichen Umfelds. Aber es ist die Wahrnehmung nur eines Teiles der Realität, der freilich vom Subjekt für objektiv oder vollständig gehalten wird. Da psychische Energie für das Aufrechterhalten der Abwehrmechanismen benötigt wird, tritt eine Ich-Schwächung durch die Abwehrhaltung auf.[10]

In der Literatur, auch bei Sigmund Freud selbst, wird die *Verdrängung*, die eigentlich ein spezifischer Abwehrmechanismus ist, häufig generell mit dem Begriff der Abwehrmechanismen gleichgesetzt. Motiv und Absicht der Verdrängung ist die Vermeidung von Unlust, sie besteht in der Abwehr von Vorstellungen oder Affekten vom bewussten Ich.[11] Zu einer Verdrängung kommt es dann, wenn eine Objektwahl, die ungebührliche Angst erregt oder Unlust erweckt, durch eine Gegenbesetzung aus dem Bewusstsein gedrängt wird. Der Einzelne *erinnert* dann nichts von dem Vergessenen und Verdrängten, er *agiert* es. „Er reproduziert es nicht als Erinnerung, sondern als Tat, er *wiederholt* es, ohne natürlich zu wissen, daß er es wiederholt."[12] Nach diesem psychodynamischen Verständnis kann sich Verdrängtes unversehens als perspektivenreich erweisen: Die verdrängten Affekte, deren Übersetzung Unlust freisetzen würde, bleiben nicht einfach sprach- und

---

8 So z.B. auch MITSCHERLICH 1967, S. 7.
9 Vgl. FREUD A. 1936, S. 235.
10 Vgl. v.a. FREUD S. 1940.
11 Vgl. FREUD A. 1936, S. 241; FREUD S. 1915, S. 108, S. 114. Über die Einordnung des Verdrängten in die Anatomie der Psyche vgl. FREUD S. 1923, S. 292f. Vgl. auch HALL/LINDZEY 1978, S. 69f.
12 FREUD S. 1914, S. 209f.

bewusstseinsunfähig. Sie überleben im Unbewussten und wirken, statt erinnert zu werden, in Form einer affektiven Wiederholung. In der Verdrängung wird die Vergangenheit demzufolge nicht vergessen, sondern, indem ihr die affektive Besetzung entzogen wird, „entwirklicht". Geleugnet und tabuisiert wird nicht die Vergangenheit an sich, sondern die eigene innere Beteiligung an ihr. Erst nachdem die Verdrängungswiderstände überwunden sind, kann sich umfassende Erinnerung einstellen.

Erinnerung und Identität

Erinnerung lässt sich näherungsweise als „das unwillkürliche oder willentliche Wiederauftauchen von Bewusstseinsinhalten beschreiben, die dem ursprünglichen Erleben mehr oder weniger ähnlich sind oder zu sein scheinen."[13] Dabei spielt, gerade im Kontext fehlgeschlagenen Verhaltens, die Erkenntnis eine wichtige Rolle, dass Erinnerung an eigenes und fremdes Verhalten immer mit inneren Wertebilanzierungen einhergeht. „Die Erinnerung", so Gesine Schwan, „sagt mir nicht einfach: ‚So war es.' Sie verbindet damit die Einschätzung: ‚So war *ich*, so bin ich von meinem Selbstbild, von meinen Werten abgewichen oder nicht, und dies kommt durch die Erinnerung für die Einschätzung meines Selbstwertes heraus.'"[14] Bei den angedeuteten Abwehrmechanismen besteht der interne psychische Mechanismus darin, einen schuldbehafteten Tatbestand aus eben dieser Wertebilanzierung herauszunehmen und damit das eigene Selbstbild scheinbar unberührt zu lassen.

Erinnerung, die sich als „kritisches Erinnern" bezeichnen ließe, meint dagegen vor allem die Fähigkeit und die Bereitschaft des Einzelnen, die eigene Rolle innerhalb des vergangenen Systems zu reflektieren und zu einer ethischen oder moralischen Beurteilung eigenen Verhaltens zu kommen. Bei dieser Form der Erinnerungsarbeit handelt es sich nicht primär um die Erinnerung an Ereignisse der Vergangenheit, sondern um die Erinnerung an die eigene Beteiligung an diesen Ereignissen, um die Erinnerung an Wertvorstellungen, Gefühle und Verhaltensweisen. Das Individuum verabschiedet sich durch kritisches Erinnern von den kollektiven Zwängen diktatorischer Ansprüche und untersucht das eigene Verhalten im Kontext des Kollektivs – so macht es den notwendigen Schritt vom „Wir" zum „Ich".[15] Die Inhalte dieser kritischen Erinnerung sind keineswegs kontextlos, konstant oder jederzeit abrufbar. Im Prozess des Erinnerns wird die Vergangenheit nicht nur durch die eigenen psychischen Dispositionen geordnet,

---

13 MOLTMANN 1993, S. 18.
14 SCHWAN 1997b, S. 97 (Hervorhebung im Original).
15 Vgl. z.B. MITSCHERLICH-NIELSEN 1992, S. 416; RAUSCHENBACH 1992, S. 14.

die Erinnerung ist auch zeitlich und sozial geprägt und steht immer im Dienst der Gegenwart. Welche Erfahrungen aus der Vergangenheit für die Gegenwart und das eigene Selbstbild als relevant betrachtet werden, hängt auch von normativen und gesellschaftlichen Voraussetzungen ab, die aus der jeweiligen Gegenwart an das erinnernde Subjekt herangetragen werden.

Die zeitlich und sozial eingebundene Erinnerung ist eine wesentliche Ressource für die Herausbildung der individuellen und kollektiven *Identität*. Wie jene ist auch diese ein soziales Phänomen und geht stets einher „mit komplexen Ausbalancierungsprozessen interner Wertebilanzen."[16] Unter einer kollektiven oder „Wir-Identität" wird hier das Bild verstanden, das eine Gruppe von sich selbst zeichnet und mit dem sich deren Mitglieder identifizieren. Kollektive Identität konstituiert sich durch die Identifikation der am Kollektiv beteiligten Individuen mit den gemeinsam geteilten Vorstellungen über Gegenwart, Zukunft und Vergangenheit. Es gibt sie also nie „an sich" und unveränderlich, sondern immer nur in dem Maße und so lange, wie sich die Individuen mit ihr identifizieren; sie ist „reflexiv gewordene gesellschaftliche Zugehörigkeit."[17]

Ein zentrales Medium, in dem sich sowohl personale als auch soziale Identitäten entwickeln, sind Selbstnarrationen – Geschichten des eigenen und des gesellschaftlichen Lebens, in denen die Individuen auf die eigene Biographie, aber auch auf gesellschaftliche Metaerzählungen rekurrieren. „Wechseln nun in kurzer Zeit die allgemein gültige gesellschaftliche Metaerzählung und der Kanon der Werte- und Identitäts-Formen", so Thomas Ahbe, „wird das Verfertigen von situationsadäquaten Selbstnarrationen natürlich schwieriger."[18] In unserem Zusammenhang bedeutet diese Feststellung, dass sich die Zäsur des Jahres 1945 als die Notwendigkeit einer grundlegenden personalen und kollektiven Identitätsrevision auswirkte. Insoweit die identitätsbildenden und -stabilisierenden Selbstnarrationen und die bis dahin vorherrschenden Selbstdefinitionen keine Anerkennung mehr fanden, wirkte sich diese politisch-historische Zäsur als ein „kritisches Lebensereignis" aus, das zu „Erfahrungen der Destabilisierung und daraus resultierenden persönlichen Krisen" führte.[19] Nach der Befreiung von der unrechtsgeprägten Vergangenheit ließ sich eine neue, nun demokratische Identität ohne Erinnerung, ohne eine Neuausbalancierung von Werten und Normen nicht ausbilden. Insofern gibt es eine untrennbare Wechselwirkung zwischen Erinnerungsbereitschaft und der Konstituierung einer neuen Ich-

---

16 EMRICH 1996, S. 46.
17 ASSMANN J. 1997, S. 134.
18 AHBE 1999, S. 348.
19 SCHWELLING 2001, S. 11.

und Wir-Identität: „Die Erinnerung ist der Zement der Identität" – gleichermaßen für die individuelle wie für die Identität des Kollektivs.[20]

Kollektives Gedächtnis

Erinnerung lässt sich auch als die Aktivierung bestimmter Inhalte des umfassenderen Gedächtnisses beschreiben: „Das Gedächtnis", so formuliert es Aleida Assmann, „ist die Dispositionsmasse, aus der die Erinnerung auswählt, aktualisiert, sich bedient."[21] Unter dem Begriff der „mémoire collective" hat der französische Soziologe Maurice Halbwachs bereits in den 1920er Jahren das Gedächtnis als ein soziales Phänomen konzeptionalisiert. Dieser in der deutschen Rezeption in der Regel als *„kollektives Gedächtnis"* übernommene Terminus beschreibt etwas anderes als die bloße Summe der individuellen Gedächtnisse oder gar Erinnerungen. Das kollektive Gedächtnis umfasst die individuellen Gedächtnisse, verschmilzt aber nicht mit ihnen.[22] Die zentrale These Halbwachs' handelt von der sozialen Bedingtheit des Gedächtnisses. Demnach gibt es kein Gedächtnis, das nicht sozial geformt ist. Der gesellschaftliche Rahmen des Gedächtnisses verdeutlicht den Unterschied zur Erinnerung: Es sind immer die Individuen, die sich erinnern. Sie erinnern ihre eigene Geschichte aber nicht kontextlos und nicht unter selbst gewählten Umständen. Selbst die privatesten Erinnerungen des Einzelnen bilden sich für Halbwachs in der Kommunikation und Interaktion mit anderen, sie entstehen stets auf dem Boden der Gesellschaft. Der Einzelne „erinnert" in der Gruppe sogar einen Gutteil dessen, was er selber gar nicht unmittelbar erlebt oder erfahren hat, sondern nur aus der Zeitzeugenschaft anderer kennt. Diese Ereignisse spielen im kollektiven Gedächtnis eine wichtige Rolle, sie werden z.B. an Jahrestagen und anderen Feierlichkeiten anlässlich markanter Ereignisse der Geschichte öffentlich aufgerufen – der Einzelne hat ihnen aber nicht in jedem Falle beigewohnt und muss sich deshalb auf die Erinnerung anderer verlassen. Jeder trägt also einen Bestand historischer Erinnerungen in sich, die nicht die eigenen sind.[23]

Für Halbwachs gibt es, wenn auch nur in wenigen Ausnahmefällen, „nationale Ereignisse, die zur gleichen Zeit das Dasein eines jeden Einzelnen verändern."[24] Die Zäsur des Jahres 1945 stellt für die Deutschen einen solchen Ausnahmefall dar. Auch die Erinnerungen an den 8. Mai 1945 be-

---

20 MARGALIT 1997, S. 201.
21 ASSMANN A. 1991, S. 17.
22 Vgl. HALBWACHS 1985, S. 35.
23 Vgl. z.B. ebd., S. 35f. und RICOEUR 1997, S. 438.
24 HALBWACHS 1985, S. 64.

schränken sich, zumal mit wachsendem zeitlichen Abstand, nicht auf die unmittelbare Zeitzeugenschaft, sondern finden in sozial geformten Rahmen statt, in denen auch abgeleitete Erfahrungen und Bedeutungsinhalte erinnert werden. Damit ist ein weiteres Merkmal des kollektiven Gedächtnisses angesprochen: Mit der Gruppenbezogenheit hängt dessen *Rekonstruktivitäts-Charakter* zusammen. Für Halbwachs ist die Erinnerung „in sehr weitem Maße eine Rekonstruktion der Vergangenheit mit Hilfe von der Gegenwart entliehenen Gegebenheiten und wird im übrigen durch andere, zu früheren Zeiten unternommene Rekonstruktionen vorbereitet, aus denen das Bild von ehemals schon recht verändert hervorgegangen ist."[25]

Gedächtnis- und in deren Rahmen Erinnerungstätigkeit sind also keine reinen Aufbewahrungs-, sondern Konstruktions-, im besten Falle Rekonstruktionsarbeiten. Erinnerung ist kein bloßer Speicherungs- und Abrufvorgang, keine bloße Reproduktion, sondern ein komplexer Vorgang einer neuen, von der Gegenwart bestimmten Synthese verschiedener Bedeutungsgehalte, die aus der Vergangenheit in die jeweilige Gegenwart hineinreichen. Anders formuliert: Findet Geschichte ihren Gegenstand in der Vergangenheit, erweist sich individuelles und kollektives Erinnern als ein Phänomen der Gegenwart; es hat viel mehr mit gegenwärtigen Selbstbildern und Wertebilanzen als mit der Vergangenheit selbst zu tun. In diesem Sinne ist die Vergangenheit eine Form individueller und kollektiver Selbstthematisierung, das kollektive Gedächtnis steht immer in einer auswählenden, interpretierenden und wertenden Beziehung zu ihr. Mithin kommt es bei der Analyse von Vergangenheitsthematisierungen nicht darauf an, nach einem „objektiven" historischen Kernbestand, sondern nach den der Rekonstruktion der Vergangenheit zugrunde liegenden gegenwärtigen Normen und Selbstbildern zu fragen.

Kommunikatives und kulturelles Gedächtnis

Das von Maurice Halbwachs entwickelte Konzept des kollektiven Gedächtnisses nutzt insbesondere Jan Assmann, um unter diesem Obergriff zwei Unterformen des Kollektivgedächtnisses zu differenzieren: Das „kommunikative" und das „kulturelle" Gedächtnis.[26] Das *kommunikative Gedächtnis* umfasst biographische Erinnerungen, die der Einzelne mit seinen Zeitgenossen teilt. Der typische Fall, so Assmann, sei das „Generationen-Gedächtnis", das der Gruppe historisch zuwachse, „es entsteht in der Zeit und ver-

---

25 Ebd., S. 55f.
26 Vgl. v.a. ASSMANN J. 1997.

geht mit ihr, genauer: mit seinen Trägern."[27] Das kommunikative Gedächtnis stellt einen durch persönlich verbürgte und kommunizierte Erfahrung gebildeten Erinnerungsraum dar. Es umfasst die Anteile des kollektiven Gedächtnisses, die auf kommunikativ geteilten, biographisch fundierten Erinnerungen beruhen. Das kommunikative Gedächtnis konstituiert sich über das eigene Erleben hinaus auch durch die persönliche Kenntnis von Zeitzeugen, deren Erinnerungen kommunikativ geteilt werden, ohne dass es die eigenen Erinnerungen wären. Der Zeithorizont des kommunikativen Gedächtnisses ist somit begrenzt und wird durch den Ablauf der Generationen bestimmt. Mit jedem Generationswechsel, der nach einem Zeitraum von ca. 40 Jahren stattfindet, verschiebt sich das Profil des kommunikativen Gedächtnisses. Zu einem noch tieferen Einschnitt kommt es nach 80 bis 100 Jahren, dem Zeitraum, in dem verschiedene Generationen gemeinsam existieren und durch Kommunikation eine Erfahrungs-, Erinnerungs- und Erzählgemeinschaft bilden.[28] Insofern lässt sich das kommunikative Gedächtnis auch als „Kurzzeitgedächtnis der Gesellschaft"[29] bezeichnen.

Jenseits dieses kommunikativ vermittelten Zugangs zur Vergangenheit setzt das *kulturelle Gedächtnis* ein. In ihm legen politische Gemeinschaften über die Generationsgrenzen hinweg fest, was nicht vergessen werden soll. Im Gegensatz zum kommunikativen zeichnet sich das kulturelle Gedächtnis durch einen weiten Zeithorizont und durch einen hohen Institutionalisierungsgrad aus; es ist Gegenstand zeremonieller und ritualisierter, nicht alltäglicher Kommunikation und Erinnerung.[30] Inhalte des kulturellen Gedächtnisses sind keine erlebten Alltagserfahrungen, sondern kulturell er- und vermittelte Erbe- und Traditionsbestände. Sie sind das Ergebnis gesellschaftlicher Übereinkünfte, die für relevant gehaltenen Inhalte des kommunikativen Gedächtnisses in festere Formen zu überführen, damit sie über den engen Erfahrungshorizont von lebenden Personen hinaus eine dauerhafte und gemeinschaftsstiftende Symbolkraft gewinnen können. Auch das kulturelle Gedächtnis bewahrt die Vergangenheit nicht als solche oder gar „objektiv" auf, sondern verfährt ebenfalls rekonstruktiv. Es bezieht seine Inhalte und Formen immer auf die aktuelle, gegenwärtige Situation.

Die materiellen und symbolischen Ausformungen des kulturellen Gedächtnisses, die in einer demokratisch-öffentlichen Erinnerungskultur immer neu interpretiert und verhandelt werden, sind vielfältig: Denkmäler, Gedenkstätten, Mahn- und Grabmale, Geschichts- und Schulbücher, Bau-

---

27 Ebd., S. 50.
28 Vgl. ASSMANN A./FREVERT 1999, S. 37; ASSMANN J. 1997, S. 51 und ASSMANN J. 1991, S. 343.
29 ASSMANN A./FREVERT 1999, S. 37.
30 Vgl. ASSMANN J. 1997, S. 53.

werke, die Namen von Straßen und öffentlichen Plätzen, Briefmarken, Literatur, bildkünstlerische und musikalische Werke, politische Texte und Reden, Tagebücher, Fahnen, Hymnen, Aufmärsche und vieles mehr – nicht zuletzt politische Gedenktage wie der 8. Mai 1945. Sie alle stellen Traditionszusammenhänge jeweils neu her und ermöglichen somit wiederum primär Aussagen über die jeweilige Gegenwart.[31]

Erinnerungen lassen sich langfristig nur bewahren, wenn es gelingt, sie von einem kommunikativen in einen kulturellen Gedächtnisrahmen zu transferieren. Bei diesem Transfer wird zwischen dem kommunikativen Gedächtnis als den unterschiedlichen, individuellen Erfahrungen der Mitlebenden und dem verbindlicheren, geformten Kulturgedächtnis immer eine Lücke klaffen.[32] Kulturelle Gedächtnisformen werden sich stets an unterschiedlichen Vergangenheitsinterpretationen und an den differenten Erfahrungen und Erinnerungen der Erlebensgenerationen brechen und dauerhaft umstritten bleiben. Die Frage, ob und wie mit diesen Schwierigkeiten kommunikativ und kulturell umgegangen wird, ist eine der relevantesten Analyseperspektiven für die Rezeptions- und Wirkungsgeschichte des 8. Mai 1945. Bei der notwendigen Transformation vom kommunikativen zum kulturellen Gedächtnis ist dabei von keiner zeitlichen Entgegensetzung oder übergangslosen Abfolge auszugehen. Schon Erinnerungen, die noch im Erfahrungsbereich der Erlebnisgenerationen liegen, werden in kulturelle Formen überführt – etwa in Gedenkstätten und an Gedenktagen. Umgekehrt gehen in diese kulturellen Gedächtnisorte stets auch kommunikative Inhalte ein.

Der politisch-kulturelle Ansatz

Viele der vorstehenden normativen und theoretischen Prämissen sind keineswegs allgemeiner Konsens, in besonderem Maße gilt dies für das angedeutete Verdrängungstheorem.[33] Sehr wirkungsmächtig plädiert z.B. Hermann Lübbe für die politisch radikale Abwendung vom Nationalsozialismus, psychologisch besteht er aber auf einer für ihn „elementaren Pragma-

---

31 Die unterschiedlichen Ausformungen des kulturellen Gedächtnisses lassen sich in Anlehnung an das Konzept der „Lieux de mémoire" auch als „Erinnerungsorte" bezeichnen. Vgl. dazu z.B. NORA 1995; GROSSE-KRACHT 1996; FRANCOIS/SCHULZE 2001.
32 Eine Lücke, die Lutz Niethammer als „floating gap" bezeichnet (vgl. NIETHAMMER 1994, S. 395).
33 Werner Bergmann z.B. ersetzt den Begriff der Verdrängung durch den der „Kommunikationslatenz". Dieser werde der Tatsache gerecht, dass die Nichtthematisierung zu bestimmten Zeitpunkten auch funktional sein könne. Unter „Kommunikationslatenz" versteht er einen Prozess, in dem die zunehmende Festigung von demokratischen Strukturen und Einstellungen es nach und nach erlaube, den Latenzschutz aufzuheben und zuvor nicht thematisierte Inhalte der Vergangenheit öffentlich zu verhandeln (vgl. BERGMANN 1998).

tik menschlicher Vergangenheitsbezogenheit": Nicht die „zerschmetterte", sondern nur die in eine neue Zukunft entlassene Identität könne eine diskreditierende Vergangenheit hinter sich lassen. Daher sei das „kommunikative Beschweigen" des „Nicht-Rätsels" Auschwitz die erfolgreiche Funktion der Bemühungen um die Integration der Subjekte in den neuen demokratischen Staat gewesen.[34] Nicht-Thematisierung der Vergangenheit zur Integration in das neue System: Diese funktionalistischen Überlegungen greifen mehrfach zu kurz. Nicht nur können Stabilitätserwägungen normative Überlegungen nicht ersetzen, im Gegenteil dient die Ausblendung retrospektiv entwerteter Überzeugungen und Verhaltensweisen der Stabilisierung von Selbstbildern gerade nicht. Die Auseinandersetzung mit der Vergangenheit lähmt nicht die Zukunftsgestaltung, sondern schafft erst die Voraussetzungen dafür.

Lübbes Überlegungen folgen einem formaldemokratischen Verständnis, in dem die Politik dem Staat und dessen Institutionen überlassen wird und in dem der Übergang zur Demokratie ohne die Selbstidentifikation mit ihren Werten erfolgen kann. Im deutlichen Gegensatz dazu wird in dieser Studie davon ausgegangen, dass politische Systeme von zwei grundlegenden Elementen getragen werden: Der Struktur und der Kultur.[35] „Kultur" meint dabei primär ein System internalisierter Werte, Einstellungen und Normen, die das Verhalten bestimmen. Politische Kultur umfasst die „subjektive" Dimension von Politik, die Bedeutung des Individuums für das politische System. Es geht ihr weniger um die „Struktur", um Institutionen oder Ergebnisse politischen Handelns, es geht ihr auch nicht vorrangig um die Frage, ob und inwieweit ein politisches System und dessen Institutionen befürwortet oder abgelehnt werden, sondern primär darum, welche normativen Beweggründe dieser Befürwortung oder Ablehnung zugrunde liegen.

Die politische Kulturforschung fragt nach Grundorientierungen und Selbstbildern, ohne die „objektiven" Strukturen aus dem Blick zu verlieren. Beides ist wichtig: Die Stabilität von politischen Regimen hängt von der Übereinstimmung zwischen den „objektiven" politischen Institutionen und den „subjektiven" Einstellungen der Menschen, die in dem politischen System leben, ab. Wird diese zentrale Annahme akzeptiert, dann wird es von Belang, dass sich der Übergang von einer Diktatur zu einer Demokratie empirisch evident gerade dadurch auszeichnet, dass zunächst in den allermeisten Fällen eine erhebliche Divergenz zwischen Einstellungen und Institutionen festzustellen ist. Während die Neuschaffung der Institutionen relativ schnell abgeschlossen werden kann, benötigt die Verhaltenskonsoli-

---

34 LÜBBE 1983, S. 587, S. 589 und S. 594. Vgl. auch LÜBBE 1989.
35 Vgl. z.B. LIPP 1996, S. 82f.

dierung bedeutend mehr Zeit. Die „makrostrukturellen Neuanfänge" verändern „keineswegs automatisch auch die in diesen Strukturen lebenden Menschen", so stellt Birgit Schwelling zutreffend fest.[36] Aus dieser Perspektive wird die Aneignung der deutschen Geschichte auch in ihren schmerzhaften Anteilen zu einem Seismographen für die politische Kultur der Demokratie in Deutschland.

2.3 Die demokratietheoretische Relevanz der Erinnerung an schuldhafte Vergangenheiten

Die Demokratie ist ein sich selbst legitimierender Prozess der dauernden Erneuerung, ihre politische Kultur ergibt sich aus der permanenten Wertbezogenheit ihrer Institutionen und der diskursiven Selbstreflexion der die Demokratie tragenden Menschen. Den institutionalisierten Werten muss ein normatives Einverständnis, das durch Internalisierung demokratischer Werte intrapsychisch verankert ist, entsprechen. Insbesondere in Bezug auf die habituellen Erwartungen oder – altmodischer gesprochen – auf die „Tugenden" der Bürger ist die politische Kultur der Demokratie deshalb besonders anspruchsvoll.[37] Denn sie beruht auf Voraussetzungen, die die staatlichen, demokratisch verfassten Institutionen allein nicht garantieren können. Pluralismus, Vertrauen, Toleranz und Offenheit sind nur einige der Werte und Einstellungen, ohne die eine demokratische politische Kultur nicht lebensfähig ist. Hinzu kommen z.B. die Achtung der Menschenrechte und -würde, die einer nichtdemokratischen Grundannahme der Ungleichheit und der Priorität für die Eigengruppe, Ethnie, Nation oder Religion entgegen steht, sowie die Fähigkeit zu Selbstkorrekturen und Lernerfahrungen durch ein kritisches, selbständiges Urteilsvermögen. Als Ergebnis dieser habituellen Kompetenzen wird der Bürger in der Demokratie ich-autonom, mündig und (auch im Politischen) reif. Damit wachsen die Bereitschaft und die Fähigkeit, Verantwortung für sich und andere zu übernehmen.

Gleiches gilt für ein individuelles Gewissen statt blindem Gehorsam, die kritische, auch nonkonforme Denkfreiheit statt des Denkens in rigiden, von außen vorgegebenen Kategorien. Der Wunsch nach Freiheit und Gleichheit steht einer autoritären, hierarchischen Einstellung gegenüber; Vertrauen als Selbst- und Fremdvertrauen einem allgemeinen Misstrauen und Feindseligkeit; die Wahrheitsliebe der Verstellung. Toleranz beinhaltet als Ambiguitätstoleranz das Verständnis für Unterschiede und Mehrdeutigkeit und

---

36 SCHWELLING 2001, S. 11.
37 Vgl. z.B. DETJEN 2000, S. 13.

die simultane Anerkennung von Gleichheit, Konflikt und Vielfalt. Sie kann unterschiedliche Erfahrungen und Selbstbilder zusammenhalten und Ambivalenzen aushalten. Das so gewonnene differenzierte Selbst- und Fremdbild ermöglicht die Einfühlung in andere und die freiheitliche Integration der Gesellschaft. Die aktive Befürwortung von Pluralismus als Anerkennung von Gegenseitigkeit und die Fähigkeit zur Differenzierung findet ihr Gegenstück in Absolutheitsansprüchen.

Für den Umgang mit schuldhafter Vergangenheit bedeuten diese anspruchsvollen Kompetenzen die Fähigkeit zu einer reflektierten Distanz gegenüber historischen Überlieferungen und gegenüber eigenem und fremdem Verhalten. Schuld erinnernd anzunehmen bedeutet, die schuldhaften Handlungen mir selbst als Subjekt zuzurechnen. „Sie abzulehnen," so Helmut Dubiel, „läuft darauf hinaus, mich selbst als Zurechnungssubjekt zu leugnen."[38] Insofern besteht ein innerer Zusammenhang zwischen Schuldabwehr, Subjektverleugnung und Zukunftsfähigkeit. Nicht-verarbeitete Schuld beeinträchtigt die Achtung vor sich und anderen, die moralische Autonomie des Einzelnen und das Gefühl der freiheitlichen Selbstverantwortung. Sie ruft Angst und Ohnmachtsgefühle, Wertlosigkeits- und Vergeblichkeitsempfindungen hervor. Schuldanerkenntnis dagegen befördert das Bewusstsein der Solidarität und der Verantwortung, die Bereitschaft zur Partizipation und die Fähigkeit zu Empathie sowie Selbst- und Fremdvertrauen.

Die Fähigkeit, Schuldgefühle zu verspüren, ist demnach in vielerlei Hinsicht eine Voraussetzung für demokratische Einstellungen und Verhaltensdispositionen. Erinnerungsbereitschaft, Schuld- und Verantwortungsbewusstsein und Demokratiefähigkeit gehören unmittelbar zusammen.[39] Dem politischen System eines nachdiktatorischen Staates und seiner Gesellschaft wächst daher eine demokratische politische Kultur dauerhaft nur in dem Maße zu, in dem kritischen Erinnerungen an die schuldhafte Vergangenheit ebenso dauerhaft Raum gegeben wird. Vor diesen normativen Hintergründen wird die Rezeptionsgeschichte des 8. Mai 1945 als ein Beispiel analysiert, ob und wie die Erinnerung an die Vergangenheit zu einem Wandel der politischen Kultur der Demokratie beigetragen hat.

2.4 Funktionen und Intentionen politischer Gedenktage

Während auf individueller Ebene die Erinnerung nicht an bestimmte Daten oder Gedenkanlässe gebunden sein muss, legt eine staatlich organisierte Gemeinschaft Gedenk- und Feiertage fest, an denen kollektives Erinnern öf-

---
38 DUBIEL 1994, S. 887.
39 Vgl. insgesamt: SCHWAN 1993.

fentlich initiiert, inszeniert und institutionalisiert wird.[40] Diese Gedenkanlässe sind Angebote an die Mitglieder der Gesellschaft, sich bestimmter historischer Ereignisse oder Personen gemeinschaftlich zu erinnern und zu vergewissern. In ihnen werden die Gedächtnisinhalte, die im individuellen Gedächtnis ohnehin schon selektiv vorhanden sind, einer zusätzlichen, nun bewusst programmatischen Auswahl unterworfen. Gedenktage thematisieren Schlüsselereignisse der Vergangenheit, welche die Ursprünge, Traditionen und Werte der gesellschaftlichen Ordnung präsent machen sollen. Die so hergeleiteten Normen zielen auf die Gegenwart und sollen das Selbstverständnis und Selbstwertgefühl der Adressaten positiv bestimmen. Welche historischen Bezugsereignisse überhaupt zur politischen Selbstverständigung ausgewählt, in welcher Form und durch wen sie öffentlich dargestellt werden und wie, wann und warum die ihnen zugewiesenen Bedeutungsinhalte sich wandeln, enthält daher hoch relevante politisch-kulturelle Implikationen.

Das kollektive Gedächtnis ist, kulturell wie kommunikativ, auf konkrete Orientierung und Auswahl angewiesen und schafft sich deshalb Kristallisationspunkte und kalendarische Rhythmen des Erinnerungsbezugs. Die Anbindung des öffentlich-kollektiven Gedächtnisses an Geschichtsdaten erfolgt vorrangig mittels dreier „Gedächtnis-Strategien": Zum einen werden in Form der *Überblendung* historische Ereignisse in erinnerungsträchtige Symbole verwandelt, die in das kollektive Gedächtnis eingeschrieben werden. Zum zweiten trifft im öffentlich-kollektiven Gedächtnis zusammen, was in der Geschichte getrennt ist – in Form der *Koppelung* von chronologisch entfernten Daten mit der Gegenwart wird ein Ereignis der Vergangenheit aus seinem historischen Kontext herausgelöst und politischen Zielen und Werten der Gegenwart zugeordnet. Schließlich ist das kollektive Gedächtnis auf *Wiederholung* angewiesen, etwa in Form der organisierten Wiederkehr geschichtlicher Daten im Kalendarium einer Gedenktagskultur.[41]

Politische Gedenktage tragen sowohl zur Strukturierung des kommunikativen wie des kulturellen Gedächtnisses bei. Insbesondere für das kulturelle Gedächtnis sind sie mit Blick auf die Generationenabfolge entscheidend. Denn das kommunikative Gedächtnis der Erlebnisgenerationen muss in das kulturelle Gedächtnis der Institutionen aufgenommen und weitergegeben werden. Für die langfristige, transgenerationelle und politisch-kultu-

---

40 Der Unterschied zwischen „Feiertag" und „Gedenktag" besteht darin, dass „Feiertage" im engeren Sinne rechtlich angeordnete arbeitsfreie Tage sind. In diesem Kapitel dient „Gedenktag" als Oberbegriff, weil für das Gedenken nicht entscheidend ist, ob ein Tag arbeitsfrei ist oder nicht – obwohl dies natürlich einiges über die politische Bedeutung, die einem Datum zugemessen wird, aussagt (vgl. zum Unterschied von Feier- und Gedenktagen z.B. HÄBERLE 1987, S. 10).
41 Vgl. ASSMANN A. 1993, S. 52ff.

relle Auseinandersetzung mit der Vergangenheit sind Gedenktage daher keine allein ausreichende, aber unverzichtbare Bedingung. Zwar verlieren politische Gedenktage mit dem Aussterben der Zeitzeugen ihre emotionalen und biographischen Bezüge, in ihnen werden aber die verschiedenen Inhaltsaspekte als Angebote bewahrt, im öffentlichen Raum gemeinsam mit anderen bestimmter Ereignisse zu gedenken.

Politischen Gedenktagen begegnet man entweder in Form von „Anniversarien", den jährlich wiederkehrenden Gedenk- oder Nationalfeiern, oder von „Jubiläen", den Gedenkakten anlässlich einer „runden" Zahl von Jahren.[42] Anniversarien laufen eher Gefahr, durch die stetige Wiederholung desselben Gedenkanlasses zu inhaltsarmen Ritualen zu erstarren. Als lästige Pflicht empfunden, würden sie die beabsichtigten emotionalen und kognitiven Wirkungen nicht erreichen und ihre aufklärerische Intention verfehlen. Der außerordentliche Charakter von Jubiläen vermeidet den möglichen Gewöhnungseffekt, andererseits sind sie weniger geeignet, die öffentliche Erinnerung und das kollektive Gedächtnis strukturell zu prägen als dies der Wiederholungscharakter der Anniversarien vermag.

Die wichtigsten politischen Funktionen, die Gedenk- oder auch Nationalfeiertage erfüllen sollen, sind Staats(re)präsentation, Integration durch Identifikation mit dem politischen System, Konsensstiftung, Schaffung von (Massen-)Loyalität und Stabilitätssicherung. Insgesamt lassen sie sich als Institutionen einer gesamtgesellschaftlichen Wert- und Sinnvermittlung, als gesellschaftliche Integrationsinstrumente bezeichnen.[43] Sie sind einerseits hoch verdichtete, gleichzeitig aber auch hoch komplexe politische Symbolträger, die entscheidend dazu beitragen, grundlegende Wertvorstellungen, Basisregeln und -erzählungen eines politischen Gemeinwesens historisch herzuleiten und aktuell sichtbar zu machen. Politische Gedenktage sind „sowohl politische Symbole als auch Gegenstand symbolischer Politik: ein Ausdruck der Bedeutung eines bestimmten Geschichtsbewusstseins ebenso wie ein Handlungsfeld für aktualisierende historische Rückgriffe."[44] Sie dienen im Kern der Produktion von politischen Deutungsangeboten, der Legitimierung und Stabilisierung von Institutionen und politischen Systemen und werden zur Strukturierung und Bündelung von in der Gesellschaft individualisiert und pluralistisch ausgeprägten Vergangenheitsdeutungen genutzt und auch benutzt.

Für diese Funktionen politischer Gedenktage lässt sich zunächst festhalten, dass sie unabhängig davon zu gelten scheinen, ob es sich um plura-

---

42 Vgl. z.B. Vorwort in: BRIX/STEKL 1997, S. 9; MITTERAUER 1997, bes. S. 23 und S. 88f.
43 Vgl. SCHILLER 1993a, S. 8–15; SCHILLER 1993b, S. 32 und SCHILLER 1999.
44 Harald Schmid: Der 27. Januar beginnt am 9. November, in: Frankfurter Rundschau vom 27.1.03.

listisch oder nicht-pluralistisch institutionalisierte Thematisierungen der Vergangenheit handelt. Wenn mit einem pluralistischen Ansatz des politischen Gedenkens demokratischer Konsens gestiftet, staatsbürgerliche Partizipation angeregt und Loyalität geschaffen werden kann, dann eignen sich politische Gedenktage in diktatorischen Systemen auch zur Ab- und Ausgrenzung von verschiedenen Gruppen und Erinnerungen sowie als Ersatz für verweigerte Partizipationsmöglichkeiten. Mit der Integrationsfunktion nach innen korrespondiert immer eine Abgrenzungsfunktion nach außen. Wenn an politischen Gedenktagen Orientierungsbedürfnisse bedient werden, dann können diese auch gelenkt und autoritativ verengt werden. Politische Gedenktage wie der 8. Mai können daher in nicht-demokratischen Systemen Instrumente zur Entpluralisierung der Gesellschaft sein und liefern damit Hinweise auf die mögliche Wechselbeziehung von nicht-demokratischen Institutionen und nicht-pluralistischen Vergangenheitsthematisierungen.

Angesichts dieser funktionalen Vergleichbarkeit darf jedoch nicht der substantielle Unterschied zwischen einer demokratischen und einer diktatorischen politischen Kultur verwischt werden. Die pluralistische Demokratie macht es sich in Sachen Feier- und Gedenktagen wie in anderen Fragen ihrer Selbstinszenierung schwerer als andere politische Systeme. Da für sie die Freiheit des Denkens und Handelns ihrer Bürgerinnen und Bürger konstitutiv ist, können Gedenktagsinhalte nur Deutungsangebote ohne exklusive Definitionsmacht sein. Der demokratische Verfassungsstaat lässt um der Freiheit und des Pluralismus willen unterschiedliche Vergangenheitsdeutungen neben- und gegeneinander gelten.[45] Damit steht die Demokratie in Deutschland, so arbeitet Peter Krause treffend heraus, vor einem erinnerungspolitischen Dilemma: Auf der einen Seite „impliziert die Bejahung der Demokratie die moralische Verurteilung des NS-Regimes und des Nationalsozialismus, gibt also mithin eine Vorgabe für den Umgang mit der Vergangenheit." Auf der anderen Seite „gesteht die Demokratie jedem ausdrücklich die Freiheit zu, seine Ansichten, Meinungen und Überzeugungen, seine ‚Deutungsmuster' hinsichtlich des Nationalsozialismus und der Zeit des NS-Regimes zu äußern und auch öffentlich zur Diskussion zu stellen."[46]

Die wichtigsten Prinzipien, mit denen diesem erinnerungspolitischen Dilemma demokratisch begegnet werden kann, sind Pluralismus, Respekt und Verantwortung. *Pluralismus* umschreibt die Legitimität der Formulierung und Diskussion von unterschiedlichen Lesarten der Vergangenheit. Die plu-

---

45 Vgl. z.B. HOCKERTS 2001, S. 22 und HÄBERLE 1987, S. 35.
46 KRAUSE 1997, S. 173.

ralistische Gesellschaft bietet Raum für verschiedene und auch konkurrierende Geschichtsbilder und Vergangenheitsinterpretationen. Das ist eine ihrer Stärken und bedeutet keineswegs Beliebigkeit oder Unverbindlichkeit. *Respekt* bedeutet, dass die persönlichen Geschichten der Anderen wahr- und ernst genommen werden. Ignoranz gegenüber individuellen Biographien verhindert das Gespür für die Vielfalt von Erfahrungen und die Fähigkeit zur Empathie. Aus dem Wissen um die Vielfalt von Erfahrungen ergibt sich zugleich die „Bescheidenheit hinsichtlich des eigenen Gewißheitsanspruchs."[47] *Verantwortung* als prinzipielle Bereitschaft zu Wahrhaftigkeit und Ehrlichkeit ist eine der Voraussetzungen, diesen Respekt gegenseitig einfordern zu können. Die Anerkennung der eigenen Verantwortung ist außerdem die Grundlage einer auch selbstkritischen Auseinandersetzung mit der Vergangenheit. Zugleich ermöglicht sie Vertrauen, ohne das ein Einlassen auf Pluralismus und die Fähigkeit zu Empathie und Respekt kaum denkbar sind.

Die Gratwanderung dieser Prinzipien fasst Peter Krause so zusammen: Bei dem „Wissen um die Berechtigung unterschiedlicher Sichtweisen auf die Vergangenheit" dürfe „nicht vergessen werden, worin die moralisch-ethischen Grundlagen der Demokratie bestehen."[48] In anderen Worten: Pluralistische Gesellschaften und ihre Institutionen können keine einheitliche Vergangenheitsdeutung durchsetzen und streben dies ihrem Selbstverständnis nach auch nicht an. Gleichwohl müssen sie fortlaufend einen niemals gesicherten normativen Basiskonsens ihres Selbstverständnisses entwickeln und einen Bestand an übereinstimmungsfähigen Auffassungen erstreiten, ausbilden und festigen. Dies geschieht unter anderem im Medium einer demokratischen Erinnerungskultur, in der unterschiedliche Handlungsfelder des Umgangs mit der Vergangenheit sowie differierende Zugangsformen zu ihr wechselseitig respektiert werden, solange und soweit sie die normative Basis der Demokratie nicht verlassen und verantwortungsvoll, d.h. vor allem selbstkritisch und ehrlich, wahrgenommen werden.

Im Rahmen dieser pluralistischen Erinnerungskultur sind politische Gedenktage notwendige gesellschaftliche Integrationsinstrumente, die in freiheitlich-demokratischen Staaten aber nicht nur in einen politisch-staatserhaltenden Dienst gestellt werden, sondern hier noch eine andere, wichtigere Funktion haben: Sie sind ein Angebot der öffentlichen und kritischen Diskussion des Geschichtsbildes, das die Grundlage des eigenen politischen Selbstverständnisses bildet. Politische Gedenktage schreiben in der Demokratie keine Geschichtsbilder vor, über die nicht gestritten werden dürfte. Sie schließen den Raum des öffentlichen Nachdenkens nicht ab, sondern

---

47 JEISMANN 1986, S. 16.
48 KRAUSE 1997, S. 177.

müssen sich im Gegenteil unter anderem daran messen lassen, wie weit sie ihrem „Potential der Eröffnung von Arenen und Diskursen"[49] gerecht werden.

---

49 DUBIEL 1999, S. 262.

3. Erinnerungsbilder – Die biographische Relevanz des 8. Mai 1945

3.1 Bestimmungsfaktoren biographischer Erinnerungen

Wer nach der Bedeutung von Zäsuren in der Geschichte fragt, der interessiert sich vor allem für Abgrenzungen und Wendepunkte, für das Verhältnis von Tradition und Wandel, von Kontinuitäten und Diskontinuitäten. Die Festlegung von Zäsuren auf historischer oder politischer Ebene ist jedoch nicht zwangsläufig deckungsgleich mit den Wahrnehmungen der Erlebnisgenerationen. Subjektives Erleben und Empfinden sind von ereignisgeschichtlichen Beschreibungen und retrospektiven Bewertungen zu unterscheiden, wenngleich Systemgeschichte und individuelle Lebensgeschichten auch unter demokratietheoretisch relevanten Gesichtspunkten in vielfältiger Form miteinander verbunden sind. Denn historische Markierungen können, wenn auch nicht immer unmittelbar, „für das Selbstverständnis derer, die in Traditionen stehen und ja oder nein sagen können", den „handlungsorientierenden Sinn von Angelpunkten" gewinnen.[1] Das Jahr 1945 bildet einen solchen Angelpunkt des Selbstverständnisses, es ist, symbolisch verdichtet im 8. Mai, eine zentrale Zäsurerfahrung der deutschen und europäischen Geschichte und verkörperte fast immer zugleich auch einen tiefen persönlichen Lebenseinschnitt.[2]

Die Einzelerlebnisse und -schicksale, die sich mit dem Frühjahr 1945 verbinden, sind so vielfältig und unterschiedlich wie die Menschen selbst, die sich ihrer erinnern. Der Versuch, Einzelschicksale zu einer historisch verbindlichen Gesamterzählung zusammenzufassen, kann weder gelingen noch sollte er überhaupt angestrebt werden. Im Folgenden wird dennoch eine „Rekonstruktion exemplarischer biographischer Konstellationen" versucht.[3] Wenngleich sich aus der Fülle von Einzelerfahrungen kein einheitliches Bild formen lässt und die Erinnerung zumal über Jahrzehnte hinweg

---

1 HABERMAS 1995e, S. 172.
2 Zur Bedeutung des Jahres 1945 und speziell des 8. Mai für andere Länder vgl. z.B. PAUER 1995 (Japan); RAKOWSKI 1986 (Polen); KRZEMINSKI 1995 (Polen); DMITROW 1995 (Polen); HOLZER 1997 (Polen); KOPELEW 1986 (Sowjetunion); ETKIND 1995 (Sowjetunion); BAIER 1985 (Frankreich); BADIA 1995 (Frankreich); FRANCOIS 1997 (Frankreich); BURUMA 1994, S. 9f. (Niederlande); BEN-NATAN 1995 (Israel). Vgl. auch verschiedene Beiträge in: BRIX/STEKL 1997.
3 BIALAS 1998, S. 27f. Als Quellenbasis dienen dabei – aus pragmatischen Gründen – keine eigenen narrativen Interviews, sondern (in der Regel retrospektive) Erinnerungsberichte, die in zahlreichen Sammelbänden und Monographien veröffentlicht wurden.

unzuverlässig ist, können die unterschiedlichen Erfahrungsebenen anhand „typischer" (d. h. gehäuft formulierter), offensichtlich gemeinsam geteilter Erinnerungsbilder dargestellt werden.[4]

In den persönlichen Erinnerungsbildern spiegelt sich nahezu die ganze Bandbreite menschlicher Erfahrungen und Empfindungen – Erleichterung und Freude, Zukunftssorgen und Angst, Ernüchterung und Demütigung, Wandlungen und Beharrungen, zwiespältigste Gefühle zwischen Bangen und Hoffen: „In den Erfahrungen der Deutschen gab es mehrere 8. Mais."[5] Das konkrete biographische Erleben hing dabei von vielen Faktoren ab: Es war abhängig davon, wann und wo die persönliche, je individuelle „Kapitulation", „Niederlage" oder „Befreiung" stattfand. Das Ende von Krieg und Nationalsozialismus hat in Deutschland und Europa viele unterschiedliche Datierungen, das „private" Kriegsende war in den seltensten Fällen mit dem offiziellen deckungsgleich. Für die meisten Menschen lag es in den Wochen und Monaten vor dem offiziellen Kriegsende, für andere auch erst sehr viel später. Ob das Ende von Krieg und Nationalsozialismus im Kriegsgefangenenlager, zu Hause, auf der Flucht oder in einem der deutschen Konzentrationslager, im Osten oder im Westen erlebt wurde, bestimmte dessen biographische Relevanz entscheidend mit.

Die „Nahempfindungen des Jahres 1945"[6] waren zudem davon abhängig, wie der Einzelne die Zeit von 1933 bis 1945 erlebt hatte. Ob sich ein Individuum mit der nationalsozialistischen Ideologie identifiziert, dem System gegenüber eine indifferente Haltung eingenommen oder ihm in politischer Gegnerschaft gegenübergestanden hatte, war für die biographische Rezeption des 8. Mai von erheblicher Bedeutung. Dabei hat die zweite Erfahrungskategorie, die der Indifferenz, das Datum selber gar nicht als Zäsur erfahren müssen.[7] Jedenfalls geriet derjenige, der sich schon vor der Zäsur vom Nationalsozialismus distanziert hatte, so Gabriele Rosenthal, „1945 weniger in eine Orientierungskrise als jemand, der sich bis zuletzt mit dem NS identifizierte."[8] Nicht zuletzt unterscheiden sich die Erfahrungen und die daraus resultierenden biographischen Prägungen, die in die Zeit nach 1945 mitgenommen wurden, nach Herkunft, Geschlecht und Generationszugehörigkeit der Zeitgenossen. So wird beispielsweise in vielen Erzählungen von Frauen deutlich, dass die Periodisierung ihrer je eigenen Lebenszeit sich häufig nicht mit der historisch-politischen Chronologie deckt. Be-

---

4   Einen solchen Versuch der Systematisierung anhand gemeinsamer Grundmuster in den Erinnerungsbildern unternehmen explizit auch WEISBROD 1995 und KAELBLE 1997.
5   KAELBLE 1997, S. 116.
6   THADDEN 1995, S. 101.
7   Vgl. ROSENTHAL G. 1989, S. 184.
8   ROSENTHAL G. 1990, S. 227.

ginn und Ende des Krieges fielen für sie nicht mit dem 1. September 1939 und dem 8. Mai 1945, also mit den Phasen der Wehrmachtsgeschichte, zusammen. Vielmehr waren ihre persönlichen Zäsuren von der Intensität, mit welcher der Krieg in ihr persönliches Leben eingriff und es veränderte, abhängig.[9]

3.2 Biographische Konstellationen des Jahres 1945
Ein Tag unter vielen

Ein Erinnerungsmuster, das aus heutiger Sicht zunächst überraschend erscheinen mag, besteht darin, dass in sehr vielen Erlebensberichten der 8. Mai 1945 als gänzlich unspektakulärer Tag, als „ein Tag unter vielen"[10], oft sogar das Jahr 1945 insgesamt als wenig einschneidend empfunden wurde. Der 8. Mai selbst war in der Regel subjektiv kein herausgehobenes Datum, sondern ging dahin, ohne dass den Zeitgenossen seine historische Bedeutung als weltpolitische Zäsur deutlich war. So berichtet etwa Ruth Rehmann, das Ende des Krieges habe in ihrem Gedächtnis kein Datum.[11] Rudolf von Thadden erlebte diesen Tag, der in den heutigen Geschichtsbüchern fett gedruckt sei, „völlig unspektakulär."[12] Auch Dieter Wellershoff beschreibt sein persönliches Kriegsende in der Rückschau in dieser Grundstimmung, er habe als Kind „die Stunde Null nicht als ein konkret bestimmbares Ereignis empfunden." Sein Kriegsende sei „nicht spektakulär" gewesen und „vielleicht gerade deshalb typisch für viele Kinder."[13] Ernst Benda erlebte das Ende des Krieges in Norwegen. Auch für ihn habe sich der „Übergang in eine neue Zeit" ganz „undramatisch und in kleinen Schritten" vollzogen. Die „Erkenntnis der großen und grundsätzlichen Veränderung" sei ihm deshalb nicht im Mai 1945, sondern erst viel später gekommen.[14] Für die Schriftstellerin Jutta Giersch hatte der 8. Mai als „kalendarisches Datum" ebenfalls keinen besonderen Stellenwert. „Für mich gehört das ‚Vorher' und ‚Danach' untrennbar zusammen. Wenn man so will, hat *mein* achter Mai mehr als ein halbes Jahr gedauert."[15]

Die Bedeutung des 8. Mai, der als faktisches Datum Bestandteil der Geschichte ist und als ordnende Markierung anhaltende Bedeutung für die Ge-

---

9 Vgl. DÖRR 1998, S. 446f.
10 Hans-Günter Hoppe in: FILMER/SCHWAN 1985, S. 186.
11 Vgl. REHMANN 1995, S. 195. Vgl. z.B. auch PROSS 1985, S. 441.
12 Rudolf von Thadden in: FILMER/SCHWAN 1995, S. 336. Vgl. z.B. auch Heinrich Albertz in: FILMER/SCHWAN 1985, S. 13.
13 Dieter Wellershoff in: TRAMPE 1995, S. 210.
14 Ernst Benda in: FILMER/SCHWAN 1985, S. 35. Vgl. auch Kurt Biedenkopf: Ebd., S. 38.
15 Jutta Giersch in: Ebd., S. 119 (Hervorhebung im Original).

genwart besitzt, wird damit aus erlebensgeschichtlicher Perspektive aufgelöst. Ohnehin ist ein Datum, für sich genommen, blind und „analytisch ohne Bedeutung, es sei denn, es wird gewichtet im Hinblick auf das, was vorher, nachher oder gleichzeitig geschehen ist."[16] Und diese Gewichtung fällt, je nach gewählter Perspektive, unterschiedlich aus. „Die historische Nominierung", so Harry Pross, „hebt *ein* Ereignis hervor – aber nicht die vielen Ereignisse, Vergangenheiten, Gegenwarten und Zukünfte der Zeitgenossen." Das offizielle Datum ist nicht das private, „Erfahrung macht jeder allein. Das Übergreifende daran ist Interpretation."[17]

Die biographische Perspektive legt in vielen Einzelfällen eine andere Periodisierung der Zeitgeschichte nahe, als sie etwa durch die Jahreszahlen 1933 bis 1945 markiert wird. Erlebensgeschichtliche Erinnerungen orientieren sich eher an Eckdaten, die subjektiv als gut oder schlecht empfundene Zeiten voneinander trennen. Dementsprechend lassen sich häufig, so Dan Diner, „Übergänge fließenderen Charakters" finden, „etwa vom Beginn des Bombenkrieges 1942 bis zum beginnenden wirtschaftlichen Aufschwung der Nachkriegszeit, also von der Währungsreform 1948 an."[18] Wie eigentümlich und unvermittelt sich Öffentliches und Privates, der Pragmatismus des Alltags und die Zäsuren der Zeitgeschichte vermischen können, zeigt eine exemplarische Tagebuchnotiz. Frieda Hurrelbrink notierte am Dienstag, den 8. Mai 1945 in ihr Tagebuch:

„Es ist ein herrlicher Tag zum Wäsche trocknen. Wir packen unsere Flaschen alle um, die meisten sind Scherben und können in den Bombentrichter kommen. Heute hat das deutsche Reich kapituliert! Nach fast 6jährigem Kampf haben wir der Übermacht sämtlicher Länder erliegen müssen. Der deutsche Soldat hat übermenschliches geleistet, es ist leider nicht mit Sieg gekrönt worden."[19]

Jedes Individuum verknüpft historische Zäsuren, so es sie denn überhaupt unmittelbar als solche erkennt, auf je eigene Weise mit der subjektiven Lebenswelt, in der es sie erlebt. Eine solche „von der Lokalerfahrung und vom Lebensgefühl geleitete alltagsgeschichtliche Perspektive" kann – politisch-systemisch betrachtet – eine nicht unwesentliche „Banalisierung der NS-Zeit" mit sich bringen.[20] Jedenfalls dann, wenn die biographischen Erinne-

---

16   Reinhart Koselleck: Hinter der tödlichen Linie. Das Zeitalter des Totalen, in: Frankfurter Allgemeine Zeitung vom 27.11.99.
17   PROSS 1985, S. 441 (Hervorhebung im Original).
18   DINER 1987a, S. 67. Vgl. auch PLATO/LEH 1997, S. 127.
19   Aus den Tagebüchern der Frieda Hurrelbrink, der Großmutter väterlicherseits des Autors dieser Studie, geboren als Frieda Niemeier am 17. März 1898. Geschrieben in Osnabrück, das bereits Ende März/Anfang April 1945 befreit worden war. Schreibweise im Original.
20   Vgl. DINER 1987a, S. 67.

rungen zum alleinigen Maßstab politisch-kultureller Bewertungen der Vergangenheit gemacht würden.

Zeiten der Basisverunsicherungen

„1945 – Ein Volk unterwegs"[21] – Diese Metapher umschreibt mehr als die realen Wanderungsbewegungen des Jahres 1945, in dem zwei Drittel der Deutschen nicht zu Hause lebten bzw. dorthin unterwegs waren.[22] Sie beinhaltet zugleich Entwurzelungserfahrungen in einer fremd gewordenen Umgebung. Insgesamt lässt sich das Frühjahr 1945 als eine Zeit der „Basisverunsicherungen" kennzeichnen.[23] Als Verunsicherungs- und Entwurzelungserfahrung stellte sich z.B. für viele Heimkehrende eine stark veränderte Wirklichkeit des Familienlebens dar. Dieses scheinbare Randphänomen dürfte sich in der gesellschaftlichen Dynamik der Umbruchphase als sehr relevant ausgewirkt haben. Viele heimkehrende Männer fielen aus ihren zuvor aufgebauten Wunschbildern des familiären Alltags in eine extrem veränderte Situation. In vielen Familien hatten die Frauen und Mütter sowohl die Erziehungs- als auch die Versorgungsrollen übernommen. Auf diese Weise kam es zu einer der traditionellen Familiendynamik entgegenstehenden Autoritätsverschiebung zugunsten der Frauen, die zu innerfamiliären Spannungen führte. So lassen sich etwa die zunehmenden Scheidungsziffern in den ersten Nachkriegsjahren als ein Indikator für die Destabilisierung der Familien lesen.[24] Entwurzelungs- und Verunsicherungserfahrungen drückten sich ebenso in der Selbstmordwelle der letzten Kriegs- und der ersten Friedensmonate aus. Für Bernd Weisbrod etwa zeigt die „Selbstmordepidemie der letzten Tage" die „moralische Haltlosigkeit, den fundamentalen Selbstwertverlust, den sich die deutsche Gesellschaft mit ganz wenigen Ausnahmen selbst zugefügt hat."[25]

Mit dem Kriegs- und Systemende bestimmten neue Regeln das Leben, die Zäsur hatte für die Mehrheit der Deutschen „lebenspraktische und biographische Konsequenzen", was zuvor „als gesellschaftskonform galt, Aufstiegschancen und Einfluß sicherte", geriet nun „zum kompromittierenden Teil der Lebensgeschichte."[26] Zeiten fundamentaler Basisverunsicherungen bringen vielfältige Orientierungskrisen hervor, Krisen, die auch produktiv für die Herausbildung eines neuen Selbstbildes genutzt werden können. Sol-

---

21 PLATO/LEH 1997, S. 11.
22 Schätzung ebd. Vgl. auch WEISBROD 1995, S. 73.
23 Vgl. Klaus von Bismarck in: FILMER/SCHWAN 1995, S. 41.
24 Vgl. PLATO/LEH 1997, S. 49.
25 WEISBROD 1995, S. 77.
26 NIEDEN 1995, S. 849.

che Wandlungs- und Umorientierungsprozesse waren sicher nicht die Mehrheit, schon gar nicht unmittelbar, aber doch ein Teil der Reaktionen auf die biographischen und politischen Brüche des Jahres 1945. Die Erinnerungen von Jörg Zink beschreiben einen solchen Wandlungsprozess, der durch den 8. Mai ausgelöst wurde. Er bezeichnet den 8. Mai als „das Ende der Schizophrenie", das er mit dem Entschluss erlebt habe, „künftig aus einem Stück zu sein und zwischen dem, was politisch zu tun war, und dem eigenen inneren Maß nicht noch einmal zu trennen."[27]

Andererseits war „Umorientierung" in Zeiten politischer und biographischer Basisverunsicherungen sehr häufig Ausdruck lediglich äußerlicher Anpassung. Besonders eindringlich schildert Erich Kästner in seinem Tagebuch „Notabene 45" solche Beispiele der reflexionslosen, rein äußerlichen Umorientierung. Unter dem Datum 4. Mai 1945 notierte Kästner in Mayrhofen (Österreich), wo er das Kriegsende erlebte, in ironischem Tonfall seine Beobachtungen nach einem Befehl zur sofortigen Beflaggung der Stadt mit österreichischen Fahnen: „Die Schwierigkeit, unter der die Bevölkerung leise seufzte, bestand nicht etwa, wie man denken könnte, in dem über Nacht zu vollziehenden Gesinnungswandel." Sie habe, so Kästner, ausschließlich darin gelegen, sich in so kurzer Zeit „das geeignete Fahnentuch zu beschaffen." Man könne die Menschen, so folgert er in seinen Aufzeichnungen, „natürlich dazu nötigen, vom Abend zum Morgen ihre Gesinnung wie einen Handschuh umzukehren." Für die „politische Kehrtwendung selber genügen zehn Minuten." Die „befriedigende Lösung der Flaggenfrage" dagegen sei viel zeitraubender, „denn es genügt nicht, die Fahne nach dem Wind zu hängen. Es muß ja die neue Fahne sein!" In diesem bitter-ironischen Tonfall schildert Kästner auch einen Spaziergang im nächtlichen Mayrhofen, der für ihn zu einer „politischen Exkursion" geraten sei. Der Blick in die nächtlichen Wohnungen, so Kästner, habe „farbsatte Rechtecke an den Wänden" offenbart, die davon zeugten, „wie groß die Hitlerbilder gewesen waren." In einigen Zimmern hätten „die Hausväter vorm Rasierspiegel" gestanden, „zogen Grimassen und schabten, ohne rechten Sinn für Pietät, ihr tertiäres Geschlechtsmerkmal, das Führerbärtchen, von der Oberlippe." Seinen „lehrreichen Rundgang" resümiert Kästner mit einem treffenden Bild: „Seit das Licht wieder aus den Häusern fällt, fällt auch wieder Licht hinein."[28]

---

27 Jörg Zink in: FILMER/SCHWAN 1985, S. 357f.
28 KÄSTNER 1961, S. 126f.

Befreiungs- und Niederlageerfahrungen

Ein zentraler Begriff in den Debatten um den 8. Mai 1945 gibt die Primärerfahrung der Mehrheit der deutschen Zeitgenossen nicht angemessen wieder: „Befreit" haben sich nur wenige gefühlt. Die große Mehrheit der Deutschen hatte den Nationalsozialismus aktiv getragen, passiv unterstützt oder sich mit ihm arrangiert. Wer noch im Oktober 1948 bei einer in den Westzonen durchgeführten Umfrage auf die Frage „Halten Sie den Nationalsozialismus für eine gute Idee, die schlecht ausgeführt wurde?", mit „Ja" antwortete – immerhin 57% der Deutschen –, der dürfte sich 1945 kaum „befreit" gefühlt haben.[29] Befreiungserinnerungen bezogen sich, wenn überhaupt, in der Regel auf die Befreiung vom Krieg, darauf, diesen überlebt zu haben.[30] Diese Erinnerungen sind sehr häufig mit dem ersten Kontakt zu den alliierten Truppen verbunden. Exemplarisch für sehr viele solcher Erinnerungsbilder schildert Rolf Schneider seine Freiheitsempfindungen beim Einmarsch amerikanischer Truppen:

„Die Panzerbesatzung waren Schwarze, die uns mit Schokoladenriegeln bewarfen. Der Krieg ging zu Ende, und der Frieden begann mit Süßigkeit. (…) Mir kam es vor, als hätte ich eine andere Haut übergezogen, die Luft schmecke anders, der Himmel habe eine andere Höhe. Als ich das erste Mal wieder aus unserer Vorstadt ins Wernigeroder Zentrum ging, lag so etwas wie Heiterkeit über den Straßen. In Lautsprechern spielte Glenn Millers Army Band, GIs hockten in der Sonne, lachten und hielten Bierbüchsen in der Hand. (…) In meiner Erinnerung bleibt der Sommer des Jahres 1945 die freieste Zeit, die ich je erlebt habe".[31]

Auch Albert Mangelsdorff spricht in seinen Erinnerungen von „wirklicher Freude", er habe sich damals „ehrlich und endlich befreit" gefühlt.[32] Eine Empfindung, die Annemarie Renger in ihrer biographischen Erinnerung teilt: „Wir waren frei und fühlten uns befreit."[33] In die positive Empfindung der Freiheit mischte sich zeitgenössisch in der Regel die simultane Sorge um die eigene und die Zukunft des Landes. So beschreibt etwa Helga Einsele ihre ambivalenten Empfindungen: „Ich sah hinunter und weinte: Ja, Befreiung! Doch da ging mein Land vielleicht für immer zugrunde, dessen Sprache, Kultur und Landschaft wir liebten." In diesem „Wust von Gefühlen" habe sich schließlich doch ein „Glücksgefühl" ausgebreitet, das alles

---

29 Vgl. BECHTEL 1997, S. 11.
30 Vgl. exemplarisch Trutz Rendtorff in: FILMER/SCHWAN 1985, S. 285f.
31 Rolf Schneider in: FILMER/SCHWAN 1995, S. 286f. bzw. S. 289.
32 Albert Mangelsdorff in: SARKOWICZ 1995, S. 159.
33 Annemarie Renger in: TRAMPE 1995, S. 231.

andere überwogen habe: „Das Ende von Krieg, Morden und Sterben, das Ende des verhaßten Systems."[34]

Die Beschreibung des Jahres 1945 als äußere und innere „Befreiung" ist in der Regel das Ergebnis von Reflexionsprozessen der nachfolgenden Jahre und Jahrzehnte. Als zeitgenössische Empfindung wird sie mit diesem Bedeutungsgehalt selten geschildert und ist auch in diesen Schilderungen nicht immer von einer Ex-post-Bewertung zu unterscheiden. Auch der Begriff der „Niederlage" bewertet eher den politischen und militärischen Umbruch. Da die Veränderungen des persönlichen Lebensweges, über die fast alle Zeitzeugen berichten, primär in persönlichen, privaten Kategorien beschrieben werden, finden sich in den Erinnerungsbildern der Erlebnisgeneration deshalb auch nur wenige explizite Schilderungen von Gefühlen einer „Niederlage".

Negative, zornige und ängstliche Schilderungen, die sich in der Regel auf das „Ausgeliefertsein" gegenüber der „Rache der Sieger", den Untergang des Deutschen Reiches und die eigenen Leiden nach 1945 beziehen, sind dagegen häufigere Erinnerungsbilder des Jahres 1945. Ein Beispiel ist die Schilderung von Siegfried Zoglmann:

„Der Krieg war aus, Deutschland hatte kapituliert. Bedingungslos. Auf Gedeih und Verderb den Siegern ausgeliefert. Die unermeßlichen Opfer an Gut und Blut waren umsonst, viel schlimmer noch, sie erschienen mir nun sinnlos. (...) Die Pforten der Hölle hatten sich auch nach dem 8. Mai 1945 nicht für alle Menschen geschlossen. Für Millionen meiner süddeutschen Landsleute waren die Maitage 1945 der Beginn unsagbaren Leidens: Mord, Schändung, Vergewaltigung, Vertreibung von Haus und Hof, Wegnahme des Eigentums, Kennzeichnung mit der diffamierenden Armbinde mit dem 'N' (Nemec) so wie vorher mit dem Judenstern."[35]

Karl-Günther von Hase erlebte den 9. Mai als Berufsoffizier in sowjetischer Gefangenschaft in einer Moskauer Zelle. Er erinnert sich an Empfindungen, die durch seine Identifikation mit der Wehrmacht und dem Deutschen Reich geprägt waren. Er habe „tiefe Trauer über den totalen Zusammenbruch des Deutschen Reiches", über die „unzweifelhaft größte Tragödie unserer nationalen Geschichte" empfunden: „Das ‚Finis Germaniae'", anders habe er es damals nicht sehen können, „war da. Jahrhunderte deutscher Geschichte, entsagungsvoller Einsatz von Generationen, von der ganzen Welt bewunderte und oft beneidete Leistungen". Dies alles, „so konnte ich nur schließen", sei „letztlich umsonst gewesen, im Chaos ausgelöscht."[36]

---

34 Helga Einsele in: FILMER/SCHWAN 1995, S. 57.
35 Siegfried Zoglmann in: APPEL 1995, S. 339 bzw. S. 352.
36 Karl-Günther von Hase in: TRAMPE 1995, S. 148.

Die Empfindung der Niedergeschlagenheit, der Trauer um das untergegangene Deutsche Reich und die militärische Niederlage äußert sich am direktesten selbstverständlich bei den Haupttätern des nationalsozialistischen Deutschland. So finden sich z.B. aufschlussreiche, wenngleich wenig überraschende Gedanken in Adolf Eichmanns Manuskript „Meine Memoiren". Eichmann leitet seine Erinnerungen, im Jahr 1960 geschrieben, mit den Worten ein: „Heute, 15 Jahre und einen Tag nach dem 9. Mai 1945, beginne ich meine Gedanken zurückzuführen." Die biographische Bedeutung des 8. Mai 1945 ist demnach auch fünfzehn Jahre danach manifest in Eichmanns Denken präsent – für die Täter des Nationalsozialismus hat dieses Datum seine eigene, fundamentale biographische Relevanz. Eichmann schreibt direkt zum 8. Mai 1945: „Es war ein Sichtreibenlassen, Weltuntergangsstimmung, geistiger Schock, führungslos, da keinerlei Befehle oder Weisungen mehr heranzuziehen waren." All das, was er gestern noch angebetet habe, sei „wie ein Kartenhaus auch innerlich" in ihm zusammengebrochen.[37]

Bei Eichmann ist der Rechtfertigungskontext, sich als willenloser Befehlsempfänger von persönlicher Verantwortung zu entlasten, der Grund für die deutliche Schilderung negativer Empfindungen, die gleichwohl kein Einzelfall gewesen sein dürften. So rekonstruiert Eberhard Jäckel anhand der geheimen Lageberichte des Sicherheitsdienstes (SD) der NSDAP die Stimmung in Deutschland während und am Ende des Krieges. Er konstatiert, die allermeisten Deutschen hätten sich noch im Frühjahr 1945 gewünscht, den Krieg zu gewinnen. Insofern könne man nachvollziehen, dass sich die Deutschen nicht befreit gefühlt, sondern den Mai 1945 als eine Niederlage empfunden hätten.[38]

„Stille" und „Erleichterung" als Kennzeichen positiver Erinnerungsbilder

Positive Erinnerungsbilder vom 8. Mai 1945 lassen sich selten unter den Begriff „Befreiung" subsumieren, vielmehr kristallisiert sich in den Zeitzeugenberichten als ein vorherrschendes Gefühl die intensive Wahrnehmung von Stille und Schweigen in diesen Tagen heraus: „Solch ein Aufatmen. Endlich Stille, keine Bomben mehr, kein Rauch und keine Feuersbrünste."[39] Arnulf Baring, der den 8. Mai 1945 in Berlin erlebte, schildert diese prägende Empfindung besonders deutlich: Den „Einmarsch der Russen" beschreibt er als „Inferno, Hölle, völliges Ausgeliefertsein", der ihm als

---

37 Zitiert nach: Irmtrud Wojak: Erscheinungsform Mensch, in: Frankfurter Allgemeine Zeitung vom 14.8.99.
38 Vgl. JÄCKEL 1995, S. 18f.
39 Jürgen Flimm in: FILMER/SCHWAN 1995, S. 77. Vgl. z.B. auch Eleonore K. und Werner S. in: MITTAG 1995, S. 77 bzw. S. 137.

„Beginn allgemeinen Untergangs" und als „Alptraum" erschienen sei. Den 8. Mai 1945 dagegen, sein dreizehnter Geburtstag, sei „ein strahlender, warmer, wunderschöner Tag" gewesen. Als „das größte Geschenk im Rückblick" erinnert sich Baring an „die Stille. Wenn ich an den frühen Mai 1945 denke, dann zunächst an diese Lautlosigkeit, diese Ruhe, Tag für Tag unter einem blauen Himmel. In der warmen Sonne sitzen und kaum noch Angst haben."[40]

Die Beschreibung der Stille lässt sich in einigen Erinnerungsberichten auch als Metapher für eine nach innen gerichtete Selbstbeobachtung deuten: „Ruhe herrschte, das Schweigen dröhnte in meinem Kopf."[41] Außerdem schwiegen 55 Millionen Tote – diese Stille beschreibt z.B. Stephan Hermlin:

> „In Zürich läuteten plötzlich alle Glocken, auch im Umkreis, und dann ging es auf den Straßen von Mund zu Mund ‚Der Krieg ist zu Ende'. Wie war das? Feierlich und jauchzend und schreiend, brüllend? Nein gar nicht, denn hinter diesem Kirchenglockenläuten verbarg sich für mich Totenstille – und kein Gefühl der Freude, sondern des Ausgeleertseins."[42]

In auffallend vielen Zeitzeugenberichten wird der Mai 1945 als ein wunderschöner Monat erinnert, eine Charakterisierung, die sich in den allermeisten Fällen allein auf das Wetter bezieht: Der Mai 1945 war ein sehr sonniger und warmer Monat.[43] Zwischen den Zeilen lässt sich jedoch bei einigen Erinnerungen herauslesen, dass der Beschreibung der äußeren Atmosphäre auch eine metaphorische Bedeutung zukommt, eine symbolische Kraft, so interpretiert Hermann Glaser, für „das Gefühl, noch einmal davongekommen zu sein; der ‚schöne Mai' bestärkte die Ahnung in den Herzen, daß es ‚weitergehe'."[44]

Wollte man die positiven Empfindungen des Jahres 1945 auf einen gemeinsamen Nenner bringen, dann wäre am ehesten das Gefühl der Erleichterung angemessen, das sehr viele Zeitzeugenberichte zum Ausdruck brin-

---

40 Arnulf Baring in: TRAMPE 1995, S. 185ff. Vgl. auch Arnulf Baring in: FILMER/SCHWAN 1985, S. 23ff.
41 Dieter Lattmann in: FILMER/SCHWAN 1985, S. 217.
42 Stephan Hermlin in: SARKOWICZ 1995, S. 64.
43 Vgl. z.B.: „Es war ein schöner Mai (…)." (Wolfgang Mattheuer in: TRAMPE 1995, S. 143). „Das Wetter war gut in jenen Maitagen des Jahres 1945." (Thilo Koch in: TRAMPE 1995, S. 82). „Anfang Mai 1945 war es außerordentlich warm." (Hans Mahle in: KRAUSS/KÜCHENMEISTER 1995, S. 72). Der 2. Mai 1945 war ein „schöner sonniger Tag". (Erich Mende in: TRAMPE 1995, S. 31). „Die Sonne hatte in den ersten Apriltagen schon Sommergefühle." (Otto Häuser in: KRAUSS/KÜCHENMEISTER 1995, S. 127). „8. Mai 1945, ein Dienstag, trotz schönem Wetter dennoch strapaziös." (Richard Knöchel in: FILMER/SCHWAN 1985, S. 149). Vgl. auch Eleonore K. in: MITTAG 1995, S. 77; Werner V. in: MITTAG 1995, S. 169.
44 GLASER 1995a, S. 60.

gen. Erleichterung vor allem darüber, dass nun keine Bomben mehr fielen, nicht mehr geschossen wurde und das Sterben auf den Kriegsfeldern endete. Hans-Jochen Vogel erinnert sich exemplarisch an dieses Grundgefühl: „Was ich in diesem Augenblick am stärksten empfand, war die Erleichterung darüber, daß das Morden und Töten endlich vorbei war."[45] Die „unglaubliche Erleichterung"[46] war ein Aufatmen darüber, überlebt zu haben, verbunden mit der Hoffnung, nun das Schlimmste hinter sich zu haben.[47] „Wir sind noch einmal davongekommen" – dieser Titel eines von vielen Deutschen nach dem Zweiten Weltkrieg begeistert aufgenommenen Theaterstückes entsprach der Grundstimmung vieler Zeitgenossen.[48] Es war jedoch keine ungeteilte Erleichterung, sie war mit vielfältigen Sorgen und Ängsten verbunden.

Zukunftsängste und Trümmerlandschaften

In der Erinnerung der meisten Zeitzeugen steht das Jahr 1945 für qualvolle Bombennächte und Tod, für Gefangenschaft und das Leben in zerstörten Städten, für Hunger und Angstempfindungen. Ungeteilte Freude konnte nicht aufkommen, solange nicht bekannt war, wo sich Angehörige und Freunde aufhielten und ob sie überhaupt noch lebten. Für Millionen war die Familie der Magnet in der Nachkriegszeit, verbreitet war die Angst, ob der Mann, der Sohn, die Frau oder die Tochter überlebt hatten. Hinter dieser Angst konnten sich zunächst kaum Zukunftsvorstellungen herausbilden. „Wie es nach dem verlorenen Krieg weitergehen würde", so beschreibt es ein Zeitgenosse, „wußte ich nicht. Die vage Vorstellung, daß es anders werden müßte, hatte noch keine klaren Konturen. Hauptsache, ich sehe meine Eltern, meinen Bruder und meine drei Schwestern wieder."[49] Prägende Ängste des Jahres 1945 bezogen sich auf die ungewisse Zukunft, im besonderen auf die befürchtete Vergeltung der Sieger. Hans Koschnick etwa stellt in der Rückschau bei sich eher die Angst vor der „möglichen Rache der Sieger" als die Erkenntnis der „Tatsache der Befreiung" fest.[50]

---

45 Hans-Jochen Vogel in: TRAMPE 1995, S. 165. Vgl. auch Leo Brawand in: FILMER/SCHWAN 1985, S. 50.
46 August Everding in: TRAMPE 1995, S. 216. Vgl. z.B. auch Lothar Albertin in: KRUCKIS 1996, S. 8.
47 Vgl. exemplarisch: Martin Kruse in: TRAMPE 1995, S. 73; Martin Broszat in: FILMER/SCHWAN 1985, S. 54 und Ulrich de Maizière in: FILMER/SCHWAN 1985, S. 234.
48 Vgl. z.B. Gerhard A. Ritter in: FILMER/SCHWAN 1995, S. 257; August Everding in: TRAMPE 1995, S. 213.
49 Otto Häuser in: KRAUSS/KÜCHENMEISTER 1995, S. 136.
50 Hans Koschnick in: FILMER/SCHWAN 1995, S. 158.

Der in den letzten Kriegsmonaten viel kolportierte Spruch „Genießt den Krieg, denn der Frieden wird fürchterlich!" taucht in vielen Erinnerungen auf und dürfte einer – nicht nur sarkastischen – weit verbreiteten Grundstimmung Ausdruck verliehen haben.[51] Die Hauptangst jedoch war eine andere. Wolfgang Kießling äußert exemplarisch für sehr viele, stärker als jede andere Angst sei die „vor den Russen" gewesen.[52] In dieser Angst trafen Vergeltungsbefürchtungen, Reste der nationalsozialistischen Feindbilder sowie schlimme reale Erfahrungen mit sowjetischen Soldaten aufeinander. Angst herrschte vor allem vor Vergewaltigungen durch sowjetische Soldaten. Deshalb unterscheiden sich die Erinnerungsbilder zum Teil erheblich nach dem Geschlecht der Zeitgenossen und danach, von welcher Besatzungsmacht sie „befreit" wurden. „Gott sei Dank nicht die Russen" – dieser erleichterte Stoßseufzer August Everdings ist eine ganz typische Reaktionsweise am Ende des Krieges.[53]

„Nun also – der Krieg war zu Ende und Deutschland ruiniert", so blickt Eugen Gerstenmaier auf den 8. Mai zurück. An „lauten Jubel" könne er sich nicht erinnern, „uns Deutschen war einfach nicht danach. Es war, als hätten wir alle eine Vorahnung davon, was uns erwartete. Zumindest Mühe, Hunger und Arbeit."[54] Gerstenmaier beschreibt einen weiteren 8. Mai, der in den Erinnerungen der Zeitgenossen häufig geschildert wird: Den Mai der existenziellen Gegenwartssorgen. Insbesondere das Leben in den zerstörten Städten und der Hunger prägen eine große Zahl von Erinnerungsbildern. Dieser 8. Mai der Existenzangst, der Zwänge der drückenden Notsituation einigt die Erinnerungsbilder nicht nur der Anhänger des Nationalsozialismus, sondern auch die von NS-Gegnern.[55]

Auch das Leben in Trümmern, in den zerstörten Städten ist ein zentrales Erinnerungsbild. Ingeborg Drewitz beschreibt ihren 8. Mai 1945 in Berlin:

„Der achte Mai war ein Tag wie jeder andere Tag in diesem Mai, unvorstellbar blauer Himmel über den trümmerübersäten Straßen, den abgeblühten Kastanien. Die Straßenbahnwagen noch umgekippt, die Barrikaden bis auf schmale Durchgänge noch nicht weggeräumt, um die Pferdekadaver herum immer fünf,

---

51 Vgl. z.B. Gerhard A. Ritter in: Ebd., S. 256; Hans Joachim Queisser in: TRAMPE 1995, S. 195.
52 Vgl. Wolfgang Kießling in: KRAUSS/KÜCHENMEISTER 1995, S. 91.
53 August Everding in: FILMER/SCHWAN 1995, S. 65. Untypisch dagegen ist die Schilderung von Renate Holland-Moritz: „Endlich, im April 1945, war in Thüringen der Krieg vorbei. Doch nicht die siegreichen Truppen der Roten Armee marschierten in Steinbach-Hallenberg ein, sondern die Amerikaner. Mein Vater und ich empfanden das als eine herbe Enttäuschung. Auch die adretten, geschniegelten Besatzer waren partiell verwirrt. Mit einem in Freiheit befindlichen Kommunisten hatten sie (...) nicht gerechnet. Sie verhängten Hausarrest." (Renate Holland-Moritz in: KRAUSS/KÜCHENMEISTER 1995, S. 144f.)
54 Eugen Gerstenmaier in: FILMER/SCHWAN 1985, S. 116.
55 Vgl. KAELBLE 1997, S. 125.

sechs Menschen, die sich das Fleisch mit Taschenmessern heraussäbelten, an den Löschteichen immer welche, die das schmutzige Löschwasser schöpften, über die Mülltonnen gebeugt die, die nach Eßbarem suchten, von Fliegen umschwärmt. (...) Der achte Mai war ein Tag wie jeder andere in diesem Mai. Kaum, daß wir Kraft zum Hoffen hatten. Nur die Müdigkeit war endlich erlaubt."[56]

Viele literarische Beschreibungen der Nachkriegszeit sind von einer Art Trümmerromantik gekennzeichnet, die das Leben der Deutschen nach 1945 angesichts der harten äußeren Bedingungen zumeist sentimental-leidend oder aber tapfer-heroisch schildern. Diese Empfindungen dürften den realen Lebensumständen in den zerstörten deutschen Städten in sehr vielen Fällen entsprochen haben. Weniger sentimental und gleichsam mentalitätsgeschichtlich betrachtet, ließen sich die deutschen Trümmerlandschaften jedoch auch als nach außen getretene Projektionen der geistigen Trümmer der Menschen metaphorisieren: Als symbolische Beziehung zwischen äußeren und inneren Landschaften, als physischer Widerschein der psychischen Vergangenheit in den Trümmern der Gegenwart.[57] So betrachtet, bezeichnet der von Christoph Kleßmann geprägte Begriff der „Zusammenbruchgesellschaft"[58] zutreffend die deutsche Gesellschaft in der Endphase und kurz nach Ende des Krieges, „der in den Trümmern ihrer Städte nur noch die notdürftig aufrechterhaltende Fassade ihrer selbst blieb."[59] In Annemarie Rengers Erinnerung liest sich diese zentrale Konstellation so: „Die Trümmer in den Köpfen waren nicht weniger belastend als die Trümmer in den Städten und Dörfern." Ein „Aufarbeiten der Geschichte", so Renger, „mit leerem Magen und in Trümmern, konnte schwerlich stattfinden."[60]

Konzentration auf die Gegenwart

Ebenso wie das Leben in den vom Krieg zerstörten Städten prägen die Beschreibungen von Hunger viele Erlebnisberichte.[61] Ressourcenknappheit, die folgenden kalten Winter und die Zunahme der Bevölkerung durch die

---

56 Ingeborg Drewitz in: FILMER/SCHWAN 1985, S. 77f.
57 Sehr eindrucksvoll fiktionalisiert Thomas Pynchon in seinem Roman „Die Enden der Parabel" das zerstörte Berlin im Mai 1945 in einem solchen metaphorischen Bild (vgl. PYNCHON 1994, S. 582f.).
58 Vgl. KLESSMANN 1991, Kapitel II.
59 WEISBROD 1995, S. 73.
60 Annemarie Renger in: TRAMPE 1995, S. 231.
61 Der Völkerbund hatte 1936 Richtlinien festgelegt, nach denen ein Mensch, der acht Stunden arbeitet, 3000 Kalorien und bei völliger Ruhe immer noch 1600 Kalorien pro Tag zum Leben brauchte. Im Juli 1945 erhielt z.B. in Essen jeder Erwachsene nur 700–800 Kalorien pro Tag, in Köln litten noch Ende 1945 88% der Kinder an Untergewicht, in der amerikanischen Zone, in der die Versorgungslage noch am besten war, lag das durchschnittliche Gewicht eines männlichen Erwachsenen Mitte 1946 bei etwa 51 kg (vgl. STEININGER 1997, S. 66f.).

Vertriebenen und Flüchtlinge verschärften die Ernährungs- und allgemeine Versorgungslage zusätzlich. Dass es unter alliierter Besatzung vielen Deutschen individuell schlechter ging als vielerorts zur Kriegszeit und generell in der NS-Zeit, dürfte die Akzeptanz der „neuen Zeit" und das Empfinden einer Befreiung kaum verstärkt haben. Das Bewusstsein psychischer Belastungen wurde in der Regel durch solch elementare Überlebensfragen überdeckt. Lothar Albertin erinnert sich daran, dass die Hungererfahrung so dominierend gewesen sei, dass „man Zukunftsvorstellungen, etwa auch institutionelle, gar nicht austauschte."[62] Hans-Jochen Vogel beschreibt seine Erfahrungen ähnlich: „Über die Frage, wie wohl die elementarsten Lebensbedürfnisse zu decken seien, gingen die Gespräche kaum hinaus."[63] Über diese Mangelerfahrungen konstituierte sich allerdings in einer weitgehend atomisierten Gesellschaft auch eine neue Art von Gemeinschaft, die Wolfgang Kießling als „ein unausbleibliches Miteinander" beschreibt. Der „Wille zum Überleben, jetzt, da die Waffen schwiegen, nicht zu verhungern", habe den „Erhalt des Gemeinwesens" gestützt. „Der Kampf ums tägliche Brot zwang zu einer begrenzten Gemeinschaft."[64]

Der „unmittelbare Druck des Erlebens und die Not des Alltags", so erinnert sich Berthold Beitz, „ließen keinen Raum für distanzierende Reflexion."[65] Die Lebensumstände während der ersten Nachkriegswochen und -monate, so wird in vielen Erlebnisberichten deutlich, reduzierten das Interesse so sehr auf das persönliche „Durchkommen", dass eine distanziertere Bewertung der eigenen Situation und der politischen Folgen kaum möglich gewesen sein mag. Der notwendige Neubeginn wurde, wenn überhaupt, zunächst nur in privaten Kategorien begriffen.[66] Kaum jemand war fähig oder bereit, die eigene Mitverantwortung zu überprüfen. So schildert z.B. Martin Broszat sein Erleben des 8. Mai als befangen „in mehr sentimentalen als rationalen Gedanken."[67] „Die Deutschen haben noch nicht erfahren, was sie erfahren haben", so fasste Alfred Döblin seine ersten Eindrücke nach seiner Rückkehr aus dem Exil im November 1945 zusammen.[68]

Siegfried Unseld schildert retrospektiv, dass bei ihm von „Erleichterung oder Befreiung", von Gefühlen wie „Schuld, Scham und Schande" im Jahr 1945 keine Rede gewesen sei. Prägend seien viel mehr „Ohnmacht und

---

62 Lothar Albertin in: KRUCKIS 1996, S. 21.
63 Hans-Jochen Vogel in: TRAMPE 1995, S. 166.
64 Wolfgang Kießling in: KRAUSS/KÜCHENMEISTER 1995, S. 108f.
65 Berthold Beitz in: APPEL 1995, S. 35.
66 Vgl. exemplarisch: Hans-Günter Hoppe in: FILMER/SCHWAN 1985, S. 187f.
67 Martin Broszat in: Ebd., S. 55.
68 Alfred Döblin: Abschied und Wiederkehr, in: Die Neue Zeitung vom 8.3.46. Hier zitiert nach: KRIEG 1973, S. 239.

Bewußtlosigkeit" gewesen, man habe „Furcht vor der Gefangenschaft und Furcht vor der Freiheit" gehabt.[69] Die von Unseld immerhin angesprochenen Belastungsgefühle äußern sich in den meisten Berichten, wenn überhaupt, in Schamkategorien. Ernst Jüngers Tagebucheintrag vom 8. Mai 1945 ist ein anschaulicher Ausdruck von larmoyantem Selbstmitleid und von Schamgefühlen („verhülltes Gesicht"), die von Demütigungsempfindungen statt von Schuld und Verantwortlichkeit zeugen. Jünger notierte am 8. Mai 1945 in Kirchhorst:

> „Abends waren wir zum ersten Male seit sechs Jahren ohne Verdunkelung. Das ist immerhin eine bescheidene Verbesserung für uns an einem Tage, an dem Siegesfeiern in allen Hauptstädten der Verbündeten von New York bis Moskau strahlen, während der Besiegte ganz tief im Keller sitzt, mit verhülltem Gesicht."[70]

3.3 Generationen ohne Abschied

Die Umstellung derjenigen, die den Krieg und den Nationalsozialismus überlebt hatten, vollzog sich im Rahmen individueller Dispositionen, aber auch auf generations-, gruppen- und geschlechtsspezifische Weise. Unter „Generationen" werden hier nicht innerfamiliäre Abstammungsfolgen verstanden, sondern Erfahrungs- und Erinnerungsgemeinschaften, die sich aufgrund eines spezifischen Erlebniszusammenhangs konstituieren. Durch „die spezifische Perzeption eines historischen Ereignisses und dessen Funktion als gemeinsamem Referenzobjekt von Erinnerung"[71] entwickeln sie eine weitgehend gemeinsame Identität und Mentalität. Für Heinz Bude sind so verstandene Generationen „die eigentlichen Träger kollektiver Erinnerung."[72]

Erfahrungsgemeinschaften des Jahres 1945

Mit den Kindern und Jugendlichen des Jahres 1945 untersucht Rolf Schörken eine der relevanten Erfahrungsgemeinschaften und kommt zu dem Ergebnis, dass ihre Erinnerungen sich in einigen signifikanten Punkten ähneln. Fast alle würden in der Rückschau die Jahre bis 1945 als verlorene Jahre bewerten und sich um ihre Kindheit betrogen fühlen.[73] Schörken gelangt zu

---

69 Siegfried Unseld in: SARKOWICZ 1995, S. 117f. Vgl. auch Siegfried Unseld in: FILMER/SCHWAN 1985, S. 336f. Ähnlich auch Jürgen Flimm in: FILMER/SCHWAN 1995, S. 78.
70 Zitiert nach: GRIX/KNÖLL 1987, S. 22.
71 HEINRICH 1997, S. 24.
72 BUDE 1998, S. 71.
73 Vgl. SCHÖRKEN 1994, z.B. S. 176f. Vgl. auch MITTAG 1995, S. 137.

der nicht unplausiblen Vermutung, dass bei Jugendlichen im Jahr 1945 die identifikatorischen Prägungen durch den Nationalsozialismus nicht so tief gegangen seien, weil sie ihn „vorwiegend in der Phase seiner Niederlagen" erlebt hätten.[74] Eine spezielle Gruppe von Kindern und Jugendlichen, die durch das Jahr 1945 nachhaltig geprägt wurden, sind die Kinder der NS-Täter.[75] Peter Schulz-Hageleit untersucht speziell diese Erfahrungskohorte und kommt unter anderem zu dem Ergebnis, dass diese Kinder neben den Todesdrohungen und Todeserlebnissen durch Kriegsereignisse durch eine andere, für sie typische Todesangst traumatisiert worden seien: Die Angst vor dem Tod durch die Hand der eigenen Eltern. Dieses wenig beachtete Phänomen steht für Schulz-Hageleit in Zusammenhang mit der Selbstmordwelle, die dem Jahr 1945 vorausging und ihm folgte: „Was bei den einen vollzogen wurde, blieb bei anderen unausgeführter Plan oder diffus erwogene Möglichkeit." Für die Kinder habe sich dies als eine „lebenslange Beeinträchtigung ihres Lebensvertrauens" ausgewirkt.

Eine andere biographische Konfiguration besteht für Schulz-Hageleit in der „übermäßigen Ambivalenz der Täter-Kinder ihren Eltern gegenüber", die einerseits geliebt, „dann aber auch abgrundtief gehaßt wurden." Zu der Beeinträchtigung des Lebensvertrauens und den Orientierungsambivalenzen kamen in vielen Fällen außerdem Schuldgefühle für die Verbrechen der Eltern hinzu. Insgesamt erscheint dies als eine hoch wirksame Konstellation, die unter demokratietheoretischen Gesichtspunkten genauer zu untersuchen wäre. Einen möglichen Befund fasst Schulz-Hageleit als ein Ergebnis seiner Studie zusammen: „Übermäßig von der Geschichte belastet, fühlten viele Kinder der Täter sich nach meinen Beobachtungen als Opfer einer unheilvollen Entwicklung, der nicht zu entkommen war." Sie nahmen sich demnach nicht als autonome, freie und verantwortliche Subjekte wahr – ein Ergebnis der vielfältigen traumatischen Erfahrungen der Zäsurer von 1945, das in die Nachfolgestaaten mitgenommen wurde.

Als eine weitere spezifische Erfahrungsgemeinschaft können – neben der so genannten „Flakhelfer-Generation"[76] – die Kriegsgefangenen betrachtet werden. Rund 42% der Männer erlebten den 8. Mai in Kriegsgefangenschaft.[77] In ihren Erlebnisberichten spielt besonders die Gefangenschaft in

---

74 SCHÖRKEN 1994, S. 138.
75 Vgl. zum folgenden: SCHULZ-HAGELEIT 1997. Vgl. zu den Kindern von Nazi-Tätern z.B. auch BAR-ON 1993 und HARDTMANN 1992.
76 Ein Begriff, der von Heinz Bude geprägt wurde. Vgl. in komprimierter Form z.B. BUDE 1998, S. 77. Die „Flakhelfer-Generation" untersucht z.B. Horst-Alfred Heinrich und kommt – leider etwas unsystematisch, methodisch kaum reflektiert und in seinen Schlussfolgerungen widersprüchlich – zu dem Ergebnis, der 8. Mai 1945 stelle für diese Erfahrungskohorte eine generationsbildende Zäsur dar (vgl. HEINRICH 1997).
77 Vgl. HENTSCHEL 1985, S. 27.

sowjetischen Lagern und Gefängnissen eine große Rolle, die letzten kehrten erst 1955 aus der Sowjetunion zurück. Empfindungen von Erleichterung oder gar Befreiung finden sich in kaum einer Schilderung dieser Erinnerungskohorte. Otto Häuser etwa schildert seinen 8. Mai so: „Am 8. Mai, einem warmen, sonnigen Tag, brach eine wilde Schießerei aus. Rotarmisten feuerten von den Wachtürmen, bei den Mannschaftsunterkünften stiegen Leuchtraketen auf." Nachdem der Lagerkommandant verkünden ließ, dass der Krieg aus sei, sei keine Rede gehalten worden, „wir hatten auch keinen Anlaß, Hurra zu rufen und die Mützen in die Luft zu werfen."[78] Über eine Million Deutsche sammelten ihre ersten, prägenden Erfahrungen mit einer anderen Siegermacht, den USA, in den so genannten „Rheinwiesenlagern", die diese als provisorische Kriegsgefangenenlager 1945 im Rheintal errichtet hatten.[79] Einer der dort Gefangenen äußert sich zu seiner Gefangenschaft: „Wer will es leugnen, daß man in den Zuchthäusern des Dritten Reiches besser aufgehoben war als in den Konzentrationslagern der Vereinten Nationen?" Selbst „in Hitlers Konzentrationslagern wurde der Mensch noch höher bewertet."[80] Diese in ihrer Zuspitzung sicher nicht repräsentative Aussage ist dennoch ein Beispiel dafür, dass auch die Wahrnehmung der eigenen Situation in westalliierter Kriegsgefangenschaft häufig nicht dazu beitrug, über eigene Schuld nachzudenken, sondern auf die vermeintliche Schuld der Sieger hinzuweisen.

Aus der Kriegsgefangenschaft entlassen, traten weitere, die Wege in die deutschen Nachfolgestaaten prägende Erfahrungen hinzu. Auf die veränderten familiären Dynamiken wurde bereits hingewiesen, sie wurden von anderen Basisverunsicherungen begleitet. Wolfgang Borchert, der Autor des 1946 entstandenen Stücks „Draußen vor der Tür", das bis heute als paradigmatisch für die Erfahrungen der Kriegsheimkehrer gilt, beschreibt in seiner kurzen Erzählung „Generation ohne Abschied" die Bindungsprobleme seiner Generation, die als exemplarisch für die Erfahrungen und psychischen Dispositionen vieler Deutscher im Jahre 1945 gelten können. „Ohne Abschied" beschreibt dabei primär die emotionale und kognitive Unfähigkeit, der Mit- und Umwelt mit Empathie und Vertrauen begegnen zu können:

> „Wir begegnen uns auf der Welt und sind Mensch mit Mensch – und dann stehlen wir uns davon, denn wir sind ohne Bindung, ohne Bleiben und ohne Abschied. Wir sind eine Generation ohne Abschied, die sich davonstiehlt wie Diebe, weil sie Angst hat vor dem Schrei ihres Herzens. Wir sind eine Genera-

---
78 Otto Häuser in: KRAUSS/KÜCHENMEISTER 1995, S. 136.
79 Vgl. z.B. OVERMANS 1995.
80 Zitiert nach: Ebd., S. 259.

tion ohne Heimkehr, denn wir haben nichts, zu dem wir heimkehren könnten, und wir haben keinen, bei dem unser Herz aufgehoben wäre – so sind wir eine Generation ohne Abschied geworden und ohne Heimkehr."[81]

Zugleich aber bezeichnet Borchert seine Generation auch als eine „Generation der Ankunft":

„Vielleicht sind wir eine Generation voller Ankunft auf einem neuen Stern, in einem neuen Leben. Voller Ankunft unter einer neuen Sonne, zu neuen Herzen. Vielleicht sind wir voller Ankunft zu einem neuen Lieben, zu einem neuen Lachen, zu einem neuen Gott. Wir sind eine Generation ohne Abschied, aber wir wissen, daß alle Ankunft uns gehört."[82]

Diese Sätze verdichten nicht nur die Gefühlswelt der Kriegsheimkehrer, sie lassen sich insgesamt als Beschreibung der Bedeutung des 8. Mai 1945 für Borcherts Zeitgenossen lesen. Demokratietheoretisch gewendet, tritt in ihnen die Problematik der „Generationen ohne Abschied" zutage, das „kollektive Syndrom verfehlter Abschiede"[83] in der deutschen Geschichte: Die Ankunft in der Demokratie lässt ohne den verarbeiteten und reflektierten Abschied von der Diktatur und den eigenen schuldhaften Anteilen an ihr keine wirkliche Bindung an den „neuen Stern", das „neue Leben" zu. Mithin kommt es darauf an, das „alte" Leben nicht abschiedslos hinter sich zu lassen, sondern als reflektierten Anteil des Ichs in das neue Leben zu integrieren.

Vor besonderen Schwierigkeiten, den Abschied aus dem alten Leben zu verarbeiten, stand (und steht bis heute) auch die Erfahrungsgemeinschaft der deutschen Flüchtlinge und Vertriebenen aus den ehemaligen deutschen Ostgebieten. Ihr Schicksal stand in den ersten Nachkriegsjahrzehnten im Mittelpunkt sowohl des kulturellen als auch des kommunikativen Gedächtnisses der Bundesrepublik. Seit Mitte der 1960er Jahre änderten sich die erinnerungspolitischen Rahmenbedingungen für diese Erfahrungsgemeinschaft. Die Inhalte und Formen ihrer Erinnerung waren nun häufig dem Vorwurf ausgesetzt, einer partiellen Erinnerung Vorschub zu leisten, hinter der die Erinnerung an den Nationalsozialismus und seine Verbrechen zu verschwinden drohe. Die Verabschiedungsformen dieser Erfahrungsgeneration des Jahres 1945 stehen insofern vor einem erinnerungspolitischen Dilemma: Zum einen haben die Vertriebenen ein legitimes Interesse daran, den Erinnerungen über ihre Erfahrungen Anerkennung zu verschaffen, zugleich müssen sie anderen ebenso legitimen Erwartungen an ihre Erinnerungen gerecht werden: Formen des Erinnerns und Gedenkens zu finden,

---

81 BORCHERT 1956, S. 109.
82 Ebd., S. 109 f.
83 RAUSCHENBACH 1995, S. 164.

die den Zusammenhang mit dem deutschen Eroberungs- und Vernichtungskrieg beachten und die Vertreibung der Deutschen in die vielfältigen Kontexte der Epochenzäsur einordnen.

Frauenerfahrungen

Ein wichtiger Faktor, der das Erleben des Jahres 1945 prägte, war das Geschlecht der Zeitgenossen. Die Erfahrungen von Mädchen und Frauen am Ende des Krieges und unmittelbar danach sind ein bis heute auffallend ignorierter Untersuchungsgegenstand.[84] Wird über Frauenerfahrungen berichtet, dann zumeist mit sozialromantischen Konnotationen über die so genannten „Trümmerfrauen", die geradezu zu einem Mythos der Aufbauphase geworden sind.[85] Im Jahr 1945 lebten in Deutschland über sieben Millionen mehr Frauen als Männer, davon allein über zwei Millionen Kriegswitwen.[86] Deutschland war 1945 – zugespitzt formuliert – ein Land der Frauen. Sie räumten die Trümmer beiseite, leiteten Betriebe, zogen die Kinder auf, organisierten in Städten und Gemeinden in verantwortlichen Positionen das politische Leben und leisteten insgesamt den allergrößten Anteil am Wiederaufbau. Für eine kurze Phase vollzog sich eine Art „Emanzipation durch Praxis"[87], die das Erleben der Umbruchphase 1945 und den Weg in die Zeit danach geprägt haben dürfte.

Ist schon dieser spezielle weibliche Erfahrungshintergrund – von den idealisierten Kennzeichnungen als „Trümmerfrauen" abgesehen – weitgehend unthematisiert, gilt dies noch sehr viel mehr für eine andere weibliche Massenerfahrung des Jahres 1945, die enorme Auswirkungen auf den Übergang von der Diktatur zur Demokratie gehabt haben dürfte. Susanne zur Nieden, die zahlreiche Tage- und Notizbücher, Erinnerungsberichte und Briefe von Frauen aus dieser Zeit untersucht hat, stellt heraus, dass in den autobiographischen Aufzeichnungen von Frauen viele angstvolle Spekulationen um Massendeportationen und -erschießungen, vor allem jedoch um die allzu oft berechtigte Angst vor Vergewaltigungen durch die Siegersoldaten kreisen. Mit der Eroberung der Städte ging der Krieg für sehr viele Frauen nicht zu Ende, vielmehr trat er ihnen jetzt „mit seiner Gewalttätigkeit zu nahe. Die Siegersoldaten bedrohten ihr Leben, ihren Körper, ihre Intimsphäre, ihr Schamgefühl."[88] Die unmittelbaren Nachfolgeereignisse

---

84 Vgl. aber z.B. die umfangreiche, dreibändige Untersuchung DÖRR 1998.
85 Vgl. zum Bild der „Trümmerfrauen" z.B. PUSCH/BREDEMEYER 1985.
86 Vgl. GLASER 1995a, S. 154.
87 Ebd., S. 150.
88 NIEDEN 1995, S. 852.

des Kriegsendes werden häufig als die bedrohlichste Zeit beschrieben. So liest man bei Ingrid H.:

„Man darf nicht raus, man erschrickt wenn es klopft (...). Am Abend dauernd Hilferufe aus dem Neubaublock, wo drei Russen verschwunden sind. Die armen Mädchen!!! Ach, was ist das schrecklich! Die stete Angst vor Plünderung und Vergewaltigung."[89]

Aus Hunderten von Berichten geht hervor, dass die Vergewaltigungen zum größten Teil in der Öffentlichkeit geschahen, dass häufig mehrere Soldaten die Gewalttat gemeinsam verübten und in zahlreichen Fällen dieselbe Frau mehrfach vergewaltigt wurde. „Ehemänner, Verwandte, Nachbarn und vor allem die eigenen Kinder wurden Augenzeugen solcher Gewalttaten."[90] Die Massenvergewaltigungen lassen den Begriff eines geradezu kollektiven „Vergewaltigungssyndroms"[91] gerechtfertigt erscheinen. Eleonore K., die das Kriegsende als vierzehnjähriges Mädchen in Berlin erlebte, erinnert sich exemplarisch: „Am letzten Kriegstag stürzten die Russen zu uns in den Keller und schrien: ‚Frau komm!' Meine Mutter schleppten sie nach oben in unsere Wohnung. Sie kam dann fürchterlich weinend irgendwann zurück."[92]

Dieses „Frau komm!" wird in den Erinnerungsberichten so oft geschildert, dass es sich als ein Signum dieser Zeit bezeichnen lässt. Ein Massenerlebnis, das in der Beschreibung des Endes von Krieg und Nationalsozialismus noch immer, trotz der Arbeiten vor allem von Helke Sander und Barbara Johr, unterrepräsentiert ist.[93] Die Vergewaltigungen als Massenschicksal hatten Konsequenzen für die ganze Gesellschaft und für deren Weg in die nachfolgenden politischen Systeme, sie dürften bis heute als individuell-psychische und kollektive Syndrome gegenwärtig sein. Während Männer sich (insbesondere in ihrer Rolle als Soldaten) die notwendigen Möglichkeiten geschaffen haben, ihre traumatischen Erlebnisse zu verarbeiten, werden die Opfer der Vergewaltigungen in der Regel nicht in die öffentlichen Trauerrituale und Gedenkanlässe einbezogen. Auf diese Weise verschwanden die Erfahrungen von Frauen vor allem aus dem kulturellen Gedächtnis – jedenfalls hatten sie keinen öffentlichen Artikulationsraum und mussten deshalb privat tradiert werden. Spätestens mit der Auflösung

---

89 Zitiert nach: Ebd.
90 SCHMIDT-HARZBACH 1995, S. 25. Vgl. auch SCHMIDT-HARZBACH 1985, S. 80f.
91 So der Titel von SCHMIDT-HARZBACH 1985.
92 Zitiert nach: MITTAG 1995, S. 77.
93 Ihr Film und Buch „BeFreier und Befreite" handeln von den Massenvergewaltigungen in Deutschland in den letzten Kriegs- und ersten Nachkriegswochen. Der gleichnamige Dokumentarfilm lief erstmals 1992 in den deutschen Kinos und wurde mehrfach ausgezeichnet (vgl. die komplette Textliste des Filmes in: SANDER/JOHR 1995, S. 107–214). Als quantitative Untersuchung vgl. JOHR 1995.

der spezifischen Frauenöffentlichkeit der unmittelbaren Nachkriegszeit wurde das Erlebte verdrängt. Die Verletzungen von Körper, Würde und Psyche dürften bei vielen Frauen als „Selbst-Stigma"[94] weitergelebt haben und sich massiv auf ihr Lebens-, Selbst- und Fremdvertrauen ausgewirkt haben. Insofern lässt sich auch mit Blick auf die Erfahrungen sehr vieler Frauen in und nach 1945 von einer Generation ohne Abschied sprechen.

Diese Gewalterfahrungen waren neben den massiven individuellen psychischen und körperlichen Verletzungen in ihren Auswirkungen für den Übergang zur Demokratie auch deshalb fatal, weil sie die Fortschreibung der bestehenden rassistischen Vorurteile gegen den „russischen Untermenschen" begünstigten. Über die Darstellung „asiatischer Wildheit" ließen sich eine kulturelle Überlegenheit der Deutschen – in Kontinuität zu nationalsozialistischem Denken – konstruieren und die Vergewaltigungen ideologisch-rassistisch instrumentalisieren.[95] Auch dies wurde dem Schicksal von Millionen Frauen nicht gerecht. Außerdem dürften viele deutsche Männer das Vergewaltigungssyndrom als Alibi genutzt haben, eigene Gewalttaten und Grausamkeiten gegen Frauen zu verschweigen, denn dass zuvor auch von deutschen Soldaten massenhaft vergewaltigt wurde, gehört zu den bis heute verdrängten Aspekten der Geschichte des Nationalsozialismus.[96]

Neben diesen spezifischen Frauenerlebnissen, die deren Wege in die nachfolgenden politischen Systeme geprägt haben, spiegeln sich in den von Susanne zur Nieden untersuchten Aufzeichnungen aber auch Klagen über das Ende des Krieges, die nicht aus persönlichen Nöten, sondern aus der Sorge um Angehörige sowie aus der Identifizierung mit dem Nationalsozialismus resultieren. Auch das gehört zum Spektrum der Erlebensgeschichte durch Frauen in Deutschland. So notierte etwa Dorette K. unter dem Datum des 8. Mai 1945:

> „Heute, 8. Mai!!!!!!! Mir ist alles so furchtbar!!!!!!!! (…) Meine Gedanken sind nur bei all unseren braven Soldaten draußen, die all die Jahre vergebens so tapfer gewesen sind! (…) Nachdenken darf man gar nicht sehr, man könnte den Verstand verlieren!!"[97]

Viele Erlebnisberichte von Frauen, so stellt Susanne zur Nieden fest, würden nicht primär ihre persönlichen Nöte beklagen, sondern „die militäri-

---

94 SCHMIDT-HARZBACH 1995, S. 43.
95 So sprach etwa Ernst Nolte noch im Jahre 1995 davon, die „Flutwelle von Plünderung und Vergewaltigung" habe als „asiatisch" empfunden werden müssen (vgl. NOLTE 1995, S. 149). Obwohl auch auf Seiten der westlichen Alliierten Vergewaltigungen vorkamen, wird dieses Thema bis heute fast ausschließlich mit dem Verhalten von Angehörigen der Roten Armee verbunden. Vgl. z.B. SCHMIDT-HARZBACH 1985, S. 86; SCHMIDT-HARZBACH 1995, S. 34f.; SANDER 1995, S. 13.
96 Vgl. z.B. SCHMIDT-HARZBACH 1995, S. 29.
97 Zitiert nach: NIEDEN 1995, S. 853.

sche Niederlage, die sie als Tragik und große Ungerechtigkeit", als „tiefe Kränkung" empfänden, die auch das „individuelle Selbstwertgefühl nachhaltig in Frage stellt und als einschneidender gesellschaftlicher wie persönlicher Sinn- und Glaubensverlust wahrgenommen wird."[98] In dieser Hinsicht unterscheiden sich also Männer- und Frauenempfindungen im Jahre 1945 nicht.

Erfahrungen der Opfer des Nationalsozialismus

Eine weitere Erfahrungsgemeinschaft, die in den ersten Nachkriegsjahrzehnten weitgehend vergessen wurde, sind die Opfer des Nationalsozialismus. Diejenigen, die in den Jahren bis 1945 verfolgt wurden, unter der deutschen Besatzungspolitik gelitten, Widerstand geleistet haben oder in Konzentrations- und Vernichtungslager verschleppt wurden, werden das Jahr 1945 – so scheint es nahe zu liegen – unmittelbar als Befreiung erfahren haben. Karl Ibach, Mitglied einer Widerstandsorganisation, erinnert sich:

> „Diesen historischen Tag, durch den die endgültige Niederlage brauner Barbarei und der Befreiung der Menschheit von der Geißel des Nazismus beschlossen wurde, feierten wir im Kreis der Gleichgesinnten. Für uns war es nicht der Tag der Kapitulation und der Niederlage. Für uns war es der Tag der Befreiung vom Nazijoch."[99]

Befreit fühlen konnten sich die 700.000 Häftlinge, die den Völkermord überlebt hatten. Aber selbst für diese war das Befreiungsgefühl keineswegs uneingeschränkt und ungetrübt: Für Jehnda Bacon, aus Theresienstadt, Auschwitz, Mauthausen und Gunskirchen lebend entkommen, bedeutet jede Erinnerung an den 8. Mai 1945 zugleich einen „Nachruf auf jene Millionen meiner Mitinsassen, die den Tag der Befreiung nicht mehr erlebten."[100] Für viele war der Sieg, war die Befreiung „zu spät gekommen, viel zu spät."[101] Ignatz Bubis sieht sich und die wenigen Überlebenden dieser Zeit nicht in der Lage, „einen Tag zur Erinnerung an unsere eigene Befreiung zu feiern", auch wenn der 8. Mai 1945 historisch und politisch „der Tag der Befreiung der Menschheit vom Nationalsozialismus und dessen Barbarei" sei. Wie solle er, so fragt Bubis, „den Tag meiner eigenen Befreiung feiern – es war der 16. Januar 1945 –, wenn ich weiß, daß mein Vater, mein Bruder, meine Schwester diesen Tag nicht erlebt haben?"[102] Auch Anise Postel-Vinay,

---

98 Ebd.
99 Karl Ibach in: FILMER/SCHWAN 1985, S. 194.
100 Jehnda Bacon in: Ebd., S. 23.
101 Shmuel Krakowski in: Ebd., S 206.
102 Ignatz Bubis in: BRANDENBURG 1996, S. 38. In ähnlicher Weise erinnert sich auch Arno Lustiger in: SARKOWICZ 1995, S. 30

Überlebende von Ravensbrück, fand sich „am Tage der Befreiung derartig tief in die Dunkelheit des Schmerzes getaucht wieder", dass sie weder den gegenwärtigen Tag noch die „Tage danach, die singen sollten", wahrnahm.[103]
Befreiung – an keiner Stelle ist dieser Begriff angemessener als im Zusammenhang mit der Eroberung der deutschen Konzentrationslager durch die Alliierten. Aber selbst für die befreiten Häftlinge ist der Freude und Glück assoziierende Begriff der Befreiung vielschichtig und ambivalent. Freude, neues Leid und lang wirkende Traumata verschränkten sich ineinander. Als sie aus den Lagern befreit wurden, war für viele Überlebende die Möglichkeit, vertrauensvolle menschliche Beziehungen aufzubauen, nachhaltig geschädigt. „Für einige war die Möglichkeit, nochmals zu lieben, eine Art Verrat an den früheren Beziehungen zu den Ermordeten."[104] Die aus den Erfahrungen der Konzentrationslager resultierenden Traumata wirkten, etwa in Form der „Überlebensschuld", noch über Generationen weiter, sie wurden von den überlebenden Eltern in vielfältiger familiendynamischer Form auch auf ihre Kinder und Enkel übertragen.[105] Zudem mussten viele Opfer erleben, dass nur sehr wenige ihre Erzählungen verstehen oder auch nur hören wollten. Für die wenigen Überlebenden der deutschen Vernichtungslager war mit der Befreiung des Jahres 1945 die psychische Belastung der Verfolgung somit keineswegs beendet.[106] Auch die Opfer des Nationalsozialismus sind, auf besonders traumatische Weise, eine Generation ohne Abschied.

3.4 Die mnemotechnische und biographische Relevanz des Jahres 1945

In ihrer Studie „Wege in die Demokratie" geht Birgit Schwelling anhand narrativer Interviews unter anderem der Frage nach, ob der Systembruch von 1945 „als tiefgreifende Erschütterung erfahren" worden oder aus individueller Perspektive „ein marginales Ereignis" geblieben sei. Sie erarbeitet eine differenzierte Typologie individueller Wege in die Demokratie, bei der für einige „Typen" das Jahr 1945 eine „krisenauslösende Zäsur" bedeutet habe, während andere den Systemwechsel, wenn überhaupt, jedenfalls nicht als Bruch wahrgenommen hätten. Aus letzterer Perspektive stellte das Jahr 1945 individuell keine deutliche Zeitmarke dar, der politische Systemwech-

---

103 Vgl. Anise Postel-Vinay in: FILMER/SCHWAN 1985, S. 280.
104 NEUMANN M. 1992, S. 36.
105 Vgl. z.B. ebd., mit zahlreichen Literaturhinweisen.
106 Vgl. z.B. QUINDEAU 1997; WETZEL 1995a; URBAN S. 1995; GRAUBARD 1994; FISCHER 1994; BÜCHLER 1994.

sel blieb „ein Randereignis, welches die persönliche Geschichte nicht berührt."[107] Von einem Befreiungsverständnis (so wird man in unserem Kontext hinzufügen können) lässt sich bei diesem Personenkreis sicher nicht sprechen. Denn die Lesart des 8. Mai 1945 als „Befreiung" hat zur Voraussetzung, ein Gespür für die Wende zum politisch Besseren zu haben. Mit einem apolitisch-statischen, indifferenten Verhältnis zum neuen politischen System und einem entsprechenden Selbstbild lässt sich dieses Gespür nicht entwickeln. Um die Ankunft in der Demokratie als Wende zum Besseren zu begreifen, muss der Abschied von der Diktatur und dem eigenen Verhalten in ihr zu einem reflektierten Prozess bewusster Erinnerung werden.

Der hier dargestellte Versuch der Systematisierung von Primärerfahrungen auf der Basis unterschiedlicher Erinnerungsbilder stützt den Befund von Birgit Schwelling und macht zugleich eine eigene Differenzierung notwendig: Mit Blick auf den 8. Mai 1945 lassen sich trotz der je individuellen persönlichen Lebensgeschichten Muster gemeinsamer Erfahrungen und Empfindungen herausfiltern, auch wenn zeitgenössische Einschätzungen und Ex-post-Wertungen, die hier im Zentrum standen, nicht immer klar voneinander zu trennen sind. Von der Mehrheit der Deutschen wurde der 8. Mai 1945 nicht als Befreiung erfahren, sondern eher als ein Aufatmen. Das Ende des Krieges wird in fast allen Erinnerungen begrüßt, das Ende des Sterbens, der Bombenangriffe und der Zerstörungen. So gemischt und ambivalent die Gefühle 1945 auch waren, „Erleichterung" und „Angst" sind die Empfindungen, unter die sich die Bewertungen am ehesten subsumieren lassen. Ilse Brusis fasst durchaus repräsentativ zusammen: „So war der 8. Mai für mich, wie für Millionen Deutsche sicher auch, kein Tag der Befreiung, vielleicht noch der Erleichterung über das Ende des Krieges, eher aber ein Tag gefüllt mit Angst und Ungewißheit."[108] Neben Erleichterung und Angst sind es die Schilderungen von existenziellen Ausnahmesituationen, von Basisverunsicherungen und des Gefühls des „Zurückgeworfenseins auf die eigene Existenz",[109] die sich in den meisten Erinnerungsbildern finden. Ein häufig erfahrener 8. Mai ließe sich als ein 8. Mai „des Rückzugs auf sich selbst, auf die Familie und auf das nackte Überleben angesichts der Vertreibungen, der Vergewaltigungen, der Zerstörung des Arbeitsplatzes oder der Wohnung oder zumindest der Angst vor all dem" beschreiben.[110] Diese unterschiedlichen Erfahrungen des 8. Mai lassen sich

---

107 SCHWELLING 2001, S. 190f.
108 Ilse Brusis, Vorwort in: BRUSIS 1985, S. 13.
109 SCHÖRKEN 1994, S. 28.
110 KAELBLE 1997, S. 116f.

in den konkreten individuellen biographischen Konstellationen in kaum einem Fall voneinander trennen, sondern traten zumeist gleichzeitig auf. Obwohl sich die Ereignisgeschichte auf die konkreten Lebensumstände jedes Einzelnen massiv auswirkte und auch politische Orientierungen sowie Verhaltensweisen, Einstellungen und Werte zutiefst in Frage stellte, wurde ein möglicher Neubeginn, wenn überhaupt, zunächst nur in privaten, in der Regel nicht in politischen Kategorien begriffen. Die Entstehung „öffentlicher Tugenden", so Jürgen Kocka, „wurde durch die Erfahrungen kaum gefördert. Man war froh, im Alltag und im kleinsten Kreis durchzukommen."[111] Das eigene Selbstverständnis fand in der biographischen Erinnerung keine Ansatzpunkte für ein positives Selbstbild und richtete deshalb den Blick auf die Gegenwart, ohne von der vorhergehenden Zeit „Abschied" genommen zu haben. In der Regel wurde erst später reflektiert, so beschreibt es Hans Koschnick, dass „das Kriegsende mehr als das Ende des Kriegsschreckens, sondern wirkliche Befreiung zu neuen Ufern war."[112]

Das Ende des Krieges und die raschen Wechsel in zahlreichen Lebensbereichen hinterließen somit disparate Erfahrungen und kaum prognostizierbare individuelle und gesellschaftliche Wert- und Verhaltensdispositionen für die folgenden Jahrzehnte. Ungeachtet der ungleichen Lebensgeschichten stellte das Jahr 1945 für fast alle Zeitgenossen eine existenzielle Ausnahmesituation dar und wurde für viele zu einer zentralen biographischen Erfahrung. Es ist auffällig, wie photographisch genau viele Erinnerungsbilder selbst Jahrzehnte nach dem Jahr 1945 noch immer sind – ein Indiz dafür, dass dieses Jahr einen hohen biographischen Stellenwert einnimmt. Auch lässt sich bis heute wohl keine deutsche Familienchronik schreiben, in der diese Zäsur nicht vorkommt.[113] „Insofern", so die Hypothese von Bernd Weisbrod, sei „vielleicht doch eine gemeinsame Erinnerungsspur in die Lebensgeschichte der überlebenden Generation eingegraben". Mnemotechnisch zeige das Datum „Haftung: An diesem Erinnerungsort kann die persönliche Selbstauslegung des Überlebens abgelagert werden."[114] Die demokratie- und erinnerungstheoretische Problematik der hier versuchten biographischen Zusammenschau liegt auf der Hand: Die Lebendigkeit der subjektiven Erfahrungen der Deutschen kann sehr leicht zu deren Überbetonung gegenüber den Erfahrungen anderer mit Deutschen führen. Hinter den individuellen Erinnerungen offenbart sich der Verbrechenscharakter des Nationalsozialismus in der Regel nicht. Die Primärer-

---

111 KOCKA 1994, S. 165.
112 Hans Koschnick in: FILMER/SCHWAN 1995, S. 160.
113 Vgl. Vorbemerkung in: KRAUSS/KÜCHENMEISTER 1995, S. 8.
114 WEISBROD 1995, S. 74.

fahrungen sind wichtige Bestimmungsfaktoren zur Einschätzung der Bedeutung des 8. Mai 1945, sie reichen aber nicht aus, um dessen Zäsurcharakter umfassend politisch-systemisch und politisch-kulturell auszudeuten. Elisabeth Domansky und Jutta de Jong stellen in ihrer Beschreibung deutscher Lebensgeschichten nach 1945 fest, die „Radikalität, mit der sich die bundesrepublikanische Gesellschaft als eine *Nach*kriegsgesellschaft deutete, d.h. als eine Gesellschaft, deren Wurzeln nicht über das Jahr 1945 zurück in die Vergangenheit reichten," sei Ausdruck einer tiefen „Erinnerungskrise" des Jahres 1945 gewesen, das als umfassende „Sinn-Losigkeit" erfahren worden sei.[115] Angesichts der hier betrachteten Erinnerungsbilder lässt sich präzisieren, dass sich die bundesrepublikanische Gesellschaft nicht nur als *Nach*kriegsgesellschaft, sondern vor allem als Nach*kriegs*gesellschaft deutete, d.h. als eine Gesellschaft, die aus schweren Kriegsprüfungen resultierte. Ein Gespür für das Selbstverständnis als Nachfolgegesellschaft des Nationalsozialismus herrschte zunächst nicht vor. Hier lässt sich eine ganz zentrale Gemeinsamkeit identifizieren, die für die Rezeptionsgeschichte des 8. Mai 1945 in den nachfolgenden Jahrzehnten von kaum zu überschätzender Bedeutung ist: Die je unterschiedlichen Erinnerungsbilder beziehen sich fast alle auf das Ende des Krieges, nicht auf den Nationalsozialismus und schon gar nicht auf das eigene Verhalten in ihm. An der Einsicht, dass zumindest die militärische Niederlage total war, gab es unmittelbar mit dem 8. Mai 1945 kein Vorbeireden mehr. Gleichzeitig aber hielt und hält sich in sehr vielen Erinnerungsbildern der Krieg als zwar schreckliches, aber gleichsam „konventionelles" militärisches Kräftemessen, in dem sich eine militärische Übermacht durchgesetzt hatte. In dieser vorherrschenden Sichtweise bedeutet der 8. Mai zunächst nur das Ende des Schießens und der eigenen Bedrohung, aber noch keine durchgreifende Wende zum politisch Besseren und zur persönlichen Freiheit. Damit ist eine demokratietheoretisch bedeutsame Determinante beschrieben, vor deren Hintergrund das kommunikative Gedächtnis der Deutschen nach 1945 „Abschied" nahm von den Jahren vor dieser Zäsur.

---

115 DOMANSKY/DE JONG 2000, S. 11 (Hervorhebung im Original).

4. Die formativen Jahre

4.1 Frühe kulturelle und politische Vergangenheitsthematisierungen

„Es tut wohl, zu wissen, daß die überlebenden Insassen der deutschen Konzentrationslager, diese erbarmungswürdigen Reste von Menschen, Männer, Frauen und vieler, vieler Kinder (...), daß sie der Gewalt ihrer Quäler entrissen, den Gesetzen der Menschlichkeit zurückgegeben sind."

Mit diesen Worten wandte sich Thomas Mann am 8. Mai 1945 aus seinem kalifornischen Exil an die deutschen Radiohörer. Das nationalsozialistische Regime habe das deutsche Volk „nicht nur in die furchtbarste, sondern auch in eine schändliche Niederlage geführt, so daß Deutschland nun dasteht als Abscheu der Menschheit und Beispiel des Bösen." Diese schmerzhafte Stellung, die Thomas Mann in Schamkategorien beschreibt, dürfe jedoch nicht den Blick auf den eigentlichen Charakter dieses Tages versperren: Der Autor empfiehlt den Deutschen, sich an diesem 8. Mai 1945 nicht in erster Linie als Deutsche zu betrachten, „sondern als Menschen, der Menschheit zurückgegeben, die nach zwölf Jahren Hitler wieder Menschen sein wollen."[1]

In einer Rundfunkansprache vom 10. Mai 1945 pointiert Thomas Mann die Ambivalenzen seiner Empfindungen noch deutlicher: „Deutsche Hörer! Wie bitter ist es, wenn der Jubel der Welt der Niederlage, der tiefsten Demütigung des eigenen Landes gilt!" Dennoch sei die Stunde „groß", nicht nur „für die Siegerwelt", sondern auch für Deutschland, das sich zwar nicht selbst habe befreien können, aber nun wenigstens von dem Fluch befreit sei, „das Land Hitlers zu heißen". Die „Rückkehr Deutschlands zur Menschlichkeit", so das Hauptkennzeichen dieser Tage für Thomas Mann, sei eine „große Stunde", und zugleich „hart und traurig", weil „Deutschland sie nicht aus eigener Kraft herbeiführen konnte." Die Eigenleistung der Deutschen an der Befreiung, so lassen Manns Worte sich interpretieren, stünde ihnen erst noch bevor: „Möge das Streichen der Hakenkreuzflagge die wirkliche, radikale und unverbrüchliche Trennung alles deutschen Denkens und Fühlens von der nazistischen Hintertreppen-Philosophie bedeuten, ihre Abschwörung auf immer."[2] Der Blick des emigrierten deutschen Autors erkennt ambivalente Bedeutungsinhalte des 8. Mai 1945, die er zwar schamkulturell („tiefste Demütigung") beschreibt, aber unter die Kategorie der

---

1 MANN 1945a, S. 951 ff.
2 MANN 1945b, S. 1121 ff.

„Befreiung" subsumiert – eine Lesart, die noch Jahrzehnte brauchte, um in Deutschland Anerkennung zu finden.

Thomas Manns Äußerungen kontrastieren mit dem Stellenwert des 8. Mai 1945 in den frühen Nachkriegsjahren, in denen dieses Datum weder im öffentlich-offiziellen noch im gesellschaftlichen Leben als relevanter Erinnerungsträger präsent war. Allerdings fanden in den zahlreichen kulturell-politischen Zeitungen und Zeitschriften dieser Jahre unterschiedlich ausdifferenzierte Debatten über Schuld und Verantwortung statt.[3] Die Fülle dieser Nachkriegszeitschriften (etwa 150–250), von denen die meisten keine lange Lebensdauer hatten, waren zunächst das einzige Medium einer „vom Paradigma der Schuld geprägten Öffentlichkeitskultur".[4] Die Einschätzung der Zäsur von 1945 spielte jedoch auch in diesen Medien allenfalls implizit eine Rolle. Als ein Beispiel entwickelte Eugen Kogon in einem Artikel aus dem Juli 1946 Gedanken zum zweiten Jahrestag des 20. Juli 1944 – ein Gedenktag, der im Gegensatz zum 8. Mai die öffentliche Gedenkkultur in Deutschland von Anfang an mitbestimmte. Kogon gibt darin die Äußerung eines „deutschen Dichters" wieder, der ihm „ahnungslos, ohne jede Ironie" gesagt habe, den Deutschen sei nunmehr zum zweiten Mal „nach einer militärischen Niederlage von den Siegern die Demokratie als Strafe auferlegt worden." Kogon dagegen plädiert – den Niederlagencharakter nicht bestreitend – dafür, „aus der Bürde ein Instrument der Freiheit" zu machen. Dies wäre, so Kogon, die „größte Revolution, die in Deutschland jemals stattgefunden hätte".[5] Exemplarisch an dieser Äußerung ist, dass sie erstens aus Anlass des Gedenkens an den 20. Juli formuliert wurde und dass sie zweitens Freiheit (oder „Befreiung" – ein Begriff, der noch nicht zur Sprachregelung des 8. Mai gehörte) als eine noch zu leistende Aufgabe versteht.

Eugen Kogon war es auch, der in seinem Aufsatz „Das Recht auf den politischen Irrtum" aus dem Jahre 1947 wesentliche Aspekte aufgriff, welche die literarisch-publizistischen Vergangenheitsdebatten jener Jahre strukturiert haben: Die Kritik an der Denazifizierungspolitik der Alliierten, die Zurückweisung der „Kollektivschuldanklage" und in diesem Zusammenhang die Frage, wie mit Schuld umzugehen sei.[6] In den Worten von Norbert Frei bildete das in diesem Aufsatz postulierte, im Ergebnis entlastende „Recht auf den politischen Irrtum" gleichsam „das vergangenheitspolitische Grund-

---

3 Hermann Glaser spricht von einer „Zeitschrifteneuphorie", in die sich die Deutschen geflüchtet hätten. Vgl. zur Kultur der späten 1940er und frühen 1950er Jahre (Literatur, Film, Theater, Publizistik) z.B. GLASER 1997, S. 19–180; GLASER 1995a; KRIEG 1973; MAYER H. 1988; SCHERPE 1986. Für die SBZ bzw. DDR vgl. z.B. JÄGER 1995; DINTER 1994.
4 ASSMANN A./FREVERT 1999, S. 111.
5 KOGON 1946c, S. 26.
6 Vgl. KOGON 1947d.

gesetz der Bundesrepublik".[7] Gerade weil der kritisch-störende Kogon, der sich – zusammen mit Walter Dirks –[8] in einem für diese Zeit untypischen differenzierten und selbstkritischen Maße mit der Bedeutung und der Praxis des Umgangs mit der eigenen schuldhaften Vergangenheit auseinander setzte, den Deutschen ein solches Entlastungsangebot offerierte, konnte sein Beitrag so wirkungsmächtig werden.

„Die Aktivitäten der öffentlichen Memorialkultur" so fasst Peter Reichel für die ersten Nachkriegsjahre zutreffend zusammen, „galten vor allem den eigenen Toten, den Soldaten und zivilen Kriegsopfern." Für den Völkermord an den Juden gab es noch kein Bewusstsein, nicht einmal einen eigenen Begriff. „Gelegentlich vergaß man sogar, die jüdischen Opfer in der Toten-Statistik mitzuzählen."[9] Die Erinnerung an den Krieg diente – ob bewusst oder unbewusst – als Deckerinnerung für die Verbrechen des Nationalsozialismus und den eigenen Anteil an ihnen. Die Wiederaufbauleistungen seit 1945 wurden als Wiedergutmachungsanstrengungen missverstanden, die Nöte des Alltags der Gegenwart wirkten sich als antimoralischer Faktor aus. Die Konzentration auf die konkreten Herausforderungen des Nachkriegsalltags bot die Möglichkeit, sich der Antwort auf Fragen nach Schuld und Verantwortung zu entziehen – „Kalorie", nicht Schuld, wurde zu einer Signatur der Zeit.[10] Als die Zeit, in der es Deutschland in diesem Jahrhundert am besten gegangen sei, bezeichneten 1951 45% der Befragten das Kaiserreich, 7% die Weimarer Republik, 42% die Jahre 1933 bis 1939 und nur 2% die Gegenwart.[11] Vermutlich, so Gesine Schwan, haben viele Deutsche den „Zusammenbruch" oder die „Katastrophe von 1945" als eine Art archaische Strafe empfunden und sich damit gleichzeitig „von der Frage nach ihrer Schuld dispensiert gefunden."[12]

Gleichwohl gab es auch zeitgenössisch-kritische Stimmen, die durch ihren Ausnahmecharakter jedoch eher den vorherrschenden Diskussionsstand – gleichsam ex negativo – widerspiegeln. So beschäftigte sich z.B. Karl Schmid, der sich später Carlo Schmid nennen sollte, in einem Weihnachtsartikel aus dem Jahre 1945 mit dem Phänomen, dass „Schuld und Not" zu falschen Schuldzuweisungen sowie zur Einnahme einer Objekt- bzw. Opferposition führten, die einer inneren Freiheit im Wege stünde. Wer sich nur

---

7 FREI 1996, S. 405.
8 Vgl. z.B. KOGON 1946a; KOGON 1946b; KOGON 1946d; KOGON 1947a; KOGON 1947b; KOGON 1947c; DIRKS 1946a; DIRKS 1946b.
9 REICHEL 1999, S. 35.
10 Vgl. sinngemäß FUNKE M. 1993, S. 534.
11 Vgl. WINKLER 2002b, S. 169. Zum Vergleich: Im Dezember 1963 entschieden sich 16% der Befragten für das Kaiserreich, 10% für die Jahre 1933 bis 1945 und mit 63% fast zwei Drittel für die Gegenwart (vgl. ebd., S. 221).
12 SCHWAN 1997a, S. 65.

als Objekt begreife, so Schmid, fühle sich „wohl", weil „das ahnende Wissen um die eigene Schuld, um deine und meine Schuld" auf diese Weise vermieden werde. „Frei" aber mache „nur die Einsicht, daß die Schuld, die wir beim anderen suchen, unsere eigene ist, die wir mit einem Taschenspieler-Kunststück auf ihn projizierten."[13]

Diese Form der Thematisierung der Schuldfrage stellt eine Ausnahme dar. Repräsentativer für das Aufgreifen der Schuldfrage insbesondere durch politische Repräsentanten sind entlastende Intentionen. So stellte z.B. der nordrhein-westfälische Ministerpräsident Karl Arnold zur Eröffnung des Parlamentarischen Rates am 1. September 1948 in Bonn fest, er wolle „bei all dem Furchtbaren, das der Kriegsgeist nationalsozialistischer Machthaber über unser Volk, über Europa und die Welt gebracht" habe und „für das wir aufrichtig und echte Sühne zu leisten haben", doch auch feststellen, dass „Hitler keine typische und ausschließlich deutsche Erscheinung war". Vielmehr sei er, so universalisiert der Ministerpräsident, die „Personifizierung des destruktiven Geistes in Europa und in der Welt" gewesen, und „Deutschland war, so gesehen, nur die lokale Stelle, an der dieses europäische Geschwür aufgebrochen war."[14]

4.2 Der Parlamentarische Rat am 8. Mai 1949

Der Parlamentarische Rat ist auch der Ort, an dem die ersten repräsentativ-offiziellen Thematisierungen des 8. Mai in der Bundesrepublik stattfanden – gleichsam schon vor deren Gründung. Bewusst schloss der Parlamentarische Rat seine Beratungen mit der Annahme des Grundgesetzes am vierten Jahrestag des 8. Mai ab.[15] Am 8. Mai 1949 lenkte Walter Menzel (SPD) als erster die Aufmerksamkeit auf die Parallelität der Daten: Vor genau vier Jahren habe „eine Zeit des Terrors, der menschlichen Erniedrigung und der deutschen Demütigung" geendet. „Auch heute und auch an dieser Stelle" müsse „die Verantwortung des Nationalsozialismus", den Menzel klar von Deutschland trennt, für das betont werden, „was geschah, und daß nur er schuld ist an dem Unglück, das über Deutschland und die Welt kam." Der 9. Mai 1945 sei „mit einer Fülle von Hoffnungen" begonnen worden, von denen viele durch „fast ebenso viele Enttäuschungen" zerstört worden seien, „vor allem darüber, daß es nicht möglich war, in Deutschland Demokratie zu erleben". Menzels Lesart beschreibt den 8. Mai 1945 somit primär als Ausgangspunkt nationaler Enttäuschungen.

---

13 Zitiert nach: PLATO/LEH 1997, S. 75.
14 ARNOLD 1948, S. 73.
15 Vgl. zum folgenden: PARLAMENTARISCHER RAT 1948/49, S. 201–243.

Geradezu berühmt (und zu einem ständigen Begleiter der Debatten der nächsten Jahrzehnte) geworden sind die Worte von Theodor Heuss, der als Vorsitzender der FDP sprach. Auch er erinnert an den Tag,

> „an dem wir heute mit vier Jahren Abstand hier zusammentreten. Ich weiß nicht, ob man das Symbol greifen soll, das in solchem Tag liegen kann. Im Grunde genommen bleibt dieser 8. Mai 1945 die tragischste und fragwürdigste Paradoxie der Geschichte für jeden von uns. Warum denn? Weil wir erlöst und vernichtet in einem gewesen sind."

Heinrich von Brentano (CDU) stellte als nächster einen Bezug zum 8. Mai 1945 her: Heute sei es vier Jahre her, „seitdem der totale Krieg mit einer totalen Niederlage endete." 1945 habe „unser deutsches Volk unter der Schockwirkung des Zusammenbruchs" gestanden, von der es sich inzwischen schrittweise „befreit" habe, wenngleich „mancher Rückschlag" eingetreten sei. Thomas Dehler (FDP) äußerte sich am prononciertesten negativ, darin durchaus exemplarisch für die nationalen vergangenheitspolitischen Stellungnahmen der FDP in den ersten Nachkriegsjahren: Heute sei „kein Tag des Feierns. Die Blumenzier, die festlichen Gewänder" würden nicht zu dem passen, worum es gehe: „Aus dem jammervollen Zusammenbruch unseres deutschen Staates ein dürftiges Restchen wieder aufzuklauben und den ersten Versuch zu machen, wieder einen Staat zu gestalten." Während Dehler somit nicht einmal in der Annahme des Grundgesetzes einen positiven Tag erkennen konnte, appellierte Carlo Schmid (SPD) an die Besatzungsmächte, von ihrer „Macht weisen Gebrauch" zu machen: Wenn „auf beiden Seiten nach dem Gesetz der Solidarität" gehandelt werde, dann werde man einmal sagen können, dass „an dem vierten Jahrestage des 8. Mai 1945, an dem das blutige Siegel unter den Zusammenbruch einer Herrschaft des Verderbens gedrückt" worden sei, „hier in Bonn etwas geschaffen wurde, das die Tore zu einer besseren Zukunft Deutschlands, einer Zukunft Europas, aller Völker Europas weit aufgestoßen hat."

Als Präsident des Parlamentarischen Rates ergriff Konrad Adenauer kurz vor Mitternacht das Wort. Er verdeutlichte die kalendarisch-symbolisch motivierte Terminierung der letzten Lesung und Schlussabstimmung über das Grundgesetz: Er gehe davon aus, dass die meisten der Anwesenden den Wunsch hätten, dass „unser Beschluß und damit das Grundgesetz das Datum des 8. Mai tragen möge." Nach der namentlichen Abstimmung, die noch vor 24 Uhr abgeschlossen werden konnte, verkündete Adenauer: „Das Grundgesetz ist mit 53 Ja-Stimmen gegen 12 Nein-Stimmen angenommen worden."[16] In seinem Schlusswort zu dieser historischen Sitzung erklärte der Präsident des Parlamentarischen Rates:

„Es ist wohl in Wahrheit (...) für uns Deutsche der erste frohe Tag seit dem Jahre 1933. Wir wollen von da an rechnen und nicht erst von dem Zusammenbruch an, so schwer die Jahre des Zusammenbruchs auch waren. Die Jahre von 1933 bis 1945, die uns in einer fürchterlichen Knechtschaft sahen, dürfen nicht aus unserem Gedächtnis gewischt werden."

Für Adenauer ist also keineswegs der 8. Mai 1945 „der erste frohe Tag seit dem Jahre 1933", sondern erst dessen vierter Jahrestag. Gleichzeitig appelliert er gegen die verbreitete Tendenz, erst mit dem Jahr 1945 die „schweren Jahre" beginnen zu lassen. Die Deutung des 8. Mai 1945 als „Zusammenbruch" dagegen ist – ebenso wie „Katastrophe" – die gängige Bewertung dieser Jahre. Gleiches gilt für die Einnahme der Opferrolle, Adenauer spricht vom Nationalsozialismus als „fürchterliche Knechtschaft" der Deutschen. Dass es sich beim 8. Mai 1945 um einen Tag von einschneidender Tragweite gehandelt hat, war fast allen Rednern dieser historischen Sitzung des Parlamentarischen Rates wenigstens implizit bewusst. Gleichwohl ist der 8. Mai 1945 in den dargestellten Redebeiträgen noch ein weitgehend konturenloser Vorgang, Auschwitz und die Verbrechen des Krieges spielen keine Rolle.

Das wenige Minuten vor Mitternacht des 8. Mai 1949 beschlossene Grundgesetz lässt sich über die bewusste Parallelität der Daten hinaus als eine der ganz wesentlichen Konsequenzen der Bundesrepublik aus dem 8. Mai 1945 bezeichnen. Zwar waren der eigentliche Orientierungspunkt im Parlamentarischen Rat die viel beschworenen „Lehren aus dem Scheitern der Weimarer Republik", nicht der Nationalsozialismus – der damit indirekt gleichwohl im Mittelpunkt stand.[17] In den folgenden Jahrzehnten wurde das Grundgesetz immer deutlicher – und zu Recht – als eine der geglückten Antworten auf den Nationalsozialismus und als ein zentrales Ergebnis der am 8. Mai 1945 eröffneten Neugestaltungschancen begriffen – als eine „deutsche Folgerung aus dem 8. Mai."[18] Der explizite Bezug auf das Grundgesetz als einer zentralen Konsequenz aus dem 8. Mai war jedoch keine verbreitete zeitgenössische Einstellung. Der vierte Jahrestag im Jahr 1949 jedenfalls ging ebenso unbeachtet vorbei wie in den Jahren zuvor. Eugen Kogons beiläufige und untypische explizite Erinnerung daran, dass sich der

---

16 Das Grundgesetz abgelehnt hatten sechs Abgeordnete der CSU und je zwei Abgeordnete von DP, Zentrum und KPD.
17 Vgl. z.B. MOMMSEN 1998. Zur Entstehung des Grundgesetzes vgl. z.B. FELDKAMP 1999.
18 HENTSCHEL 1985, S. 28. Vgl. zum Zusammenhang von 8. Mai und Grundgesetz auch WASSERMANN 1985.

8. Mai, der „Tag des Waffenstillstandes" wieder einmal jähre, ist vor allem wegen ihres Zusatzes charakteristisch: „Wer dächte schon viel daran."[19] Die deutschen Tageszeitungen jedenfalls so gut wie gar nicht. Als eine der wenigen Ausnahmen wurde der 8. Mai 1949 in der „Frankfurter Rundschau" zum Anlass genommen, eine Bilanz der letzten vier Jahre zu ziehen. Nach einer positiven Bewertung der Rolle der alliierten Besatzungsmächte und der wirtschaftlichen Entwicklung zieht der Kommentator für den politischen Bereich ein weniger positives Fazit, das er auf die (fehlende) deutsche Demokratietradition zurückführt. Dabei formuliert er eine untypische Bewertung des vorherrschenden Begriffs des „Zusammenbruchs": „Unser politisches Denken" sei „nicht erst 1945, sondern bereits 1933 zusammengebrochen, und auch davor besaßen wir nicht dieselben politischen Erfahrungen wie die meisten anderen Völker."[20] Im „Tagesspiegel" dagegen wurde der 8. Mai des Jahres 1949 aus der Perspektive der den Systembruch überwölbenden Totalitarismustheorie gedeutet: Vor vier Jahren sei eine Epoche zu Ende gegangen, „in der eine Art des Totalitarismus, verkörpert in Deutschland, Italien und Japan, mit Hilfe einer anderen, in Rußland verkörperten Art niedergeschlagen" worden sei. Eine neue Epoche habe begonnen, „die sich mit der Dynamik des russischen Totalitarismus auseinanderzusetzen hatte."[21]

Zeitgleich, am vierten Jahrestag des 8. Mai, wurde in Berlin mit einer großen Kundgebung das Treptower Ehrenmal eingeweiht. Seit Juni 1947 hatten 90 bildende Künstler, 200 Steinmetze und 1200 Arbeiter an dessen Fertigstellung gearbeitet. Über dem Ehrenhügel inmitten des Treptower Parks – am Ende eines großen Gräberfeldes, in dem über 5000 sowjetische Soldaten beerdigt liegen – erhebt sich ein Mausoleum mit einer fast zwölf Meter hohen Soldatenfigur, das Hauptmonument „Der Befreier". Die Statue hält nach den Kämpfen des Zweiten Weltkrieges ihr Schwert gesenkt, unter dem ein zerbrochenes Hakenkreuz zu sehen ist. In einer schützenden Geste trägt die sowjetische Soldatenfigur ein Kind in ihrem Arm. Gesäumt wird die weiträumige Anlage von Sarkophagen, in denen Stalinzitate und Reliefs eingemeißelt sind.[22] An diesem Ort wurde fortan in jedem Jahr am 8. Mai (und auch zu anderen Gedenkanlässen) eine mit Fahnen, Fackeln, Hymnen und Aufmärschen groß angelegte Inszenierung zum Gedenken an den „Tag der Befreiung" durchgeführt. Die Anlage des Ehrenmals und insbesondere die monumentale Statue des sowjetischen Soldaten lassen sich als

---

19 KOGON 1949, S. 405.
20 Hans Henrich: Bilanz von vier Jahren, in: Frankfurter Rundschau vom 7.5.49.
21 rg.: Vor und nach vier Jahren, in: Der Tagesspiegel vom 8.5.49.
22 Zum Treptower Ehrenmal vgl. z.B. Neues Deutschland vom 8.5.79; Mechthild Küpper: Rotarmist, grundsaniert, in: Frankfurter Allgemeine Zeitung vom 5.5.04; KIRSCH 1999, S. 60f.

die zentrale ikonographische Verkörperung des 8. Mai 1945 in der DDR bezeichnen.

4.3 Die kurze Phase eines relativ offenen Gedenkens in der SBZ/DDR

Zugleich ist diese am 8. Mai 1949 eingeweihte Anlage ein physischer Ausdruck der Versteinerung der offiziellen Memorialkultur in der DDR – eine Versteinerung, die sich sehr schnell vollzog, aber nicht von Anfang an in dieser Form feststand. Auch auf dem Gebiet der späteren DDR wurde nach dem Ende des Krieges eine Debatte darüber geführt, wie die Erinnerung an den Nationalsozialismus ausgeprägt werden sollte. Während vor allem die Moskauer Emigranten für die Bedeutung des Völkermords an den Juden Europas kaum Gespür hatten, war innerhalb der Gruppe der nach Mexiko, in die USA oder Großbritannien emigrierten Kommunisten eine größeres Reflexionsvermögen in Bezug auf dieses Zentralereignis des Nationalsozialismus vorhanden.[23] Diese Gruppe sowie Überlebende aus den Konzentrationslagern versuchten, den Völkermord in der Erinnerung zu verankern. In der „relativen Offenheit der unmittelbaren Nachkriegszeit", so resümiert Jeffrey Herf, „stand der Ort des Holocaust in der kommunistischen Erinnerung noch nicht endgültig fest."[24] In der Auseinandersetzung um die knappen politischen und emotionalen Ressourcen wurde die Katastrophe des jüdischen Volkes jedoch schon bald an den Rand gedrängt.[25]

Die kurze Phase eines noch kanonisierten Gedenkens spiegelte sich auch in einigen frühen öffentlichen Stellungnahmen. Bereits vier Tage vor dem Ende von Krieg und Nationalsozialismus, am 4. Mai 1945, äußerte sich Wilhelm Pieck in einer Rundfunkansprache zu der unmittelbar bevorstehenden weltgeschichtlichen Zäsur. Jedem „ehrlichen, anständigen Deutschen" schlage das Herz höher angesichts des Sieges der Roten Armee „über die Kräfte der Finsternis, über den Rassenwahnsinn und die Völkervernichtung, die der Hitlerismus" verkörpert habe. In „diese Freudenbotschaft" mische sich jedoch „das bittere quälende Bewußtsein, daß sich das deutsche Volk nicht selbst von dieser Mörderbande befreite, sondern ihr bis zuletzt folgte und sie bei ihren Kriegsverbrechen" unterstützt habe. „Ihr wurdet zu Werkzeugen des Hitlerkrieges", hält Pieck den Deutschen am 4. Mai 1945 vor, und „habt damit eine große Mitschuld und Verantwortung

---

23 Vgl. dazu v.a. HERF 1998. Vgl. auch GROEHLER 1992.
24 HERF 1998, S. 89. Vgl. auch LEO 1998, S. 101 ff.
25 Das schnelle Scheitern dieser Bemühungen beschreibt Jeffrey Herf besonders eindringlich an der Person Paul Merkers und der Entwicklung der Vereinigung der Verfolgten des Naziregimes (VVN).

auf Euch geladen. Jetzt werdet ihr diese Schuld gegenüber den anderen Völkern abtragen und den deutschen Namen wieder reinwaschen müssen von seiner Beschmutzung durch die Hitlerschande."[26] Diese frühe Äußerung, noch vor dem 8. Mai 1945, nahm eine kurzzeitige Rezeption in der SBZ/DDR bereits vorweg. Trotz der personalisierenden und schamkulturellen Rede von „Hitlerismus" und „Hitlerschande" spricht Pieck die Unterstützung des Nationalsozialismus durch die Deutschen an und weist ihnen explizit „Mitschuld und Verantwortung" zu.

Auch in den ersten programmatischen Äußerungen der KPD nach Kriegsende wurden Akzente gesetzt, die in dieser Form schon bald nicht mehr zu vernehmen waren. So verweist beispielsweise der bekannte Aufruf vom 11. Juni 1945 als Bestandsaufnahme darauf, dass „das Hitlerregime" einen Krieg verschuldet habe, der „Millionen und aber Millionen Menschenopfer" verschlungen habe. Eine „Katastrophe unvorstellbaren Ausmaßes" sei über Deutschland hereingebrochen. „Und wer trägt daran die Schuld? Die Schuld und die Verantwortung tragen die gewissenlosen Abenteurer und Verbrecher, die die Schuld am Kriege tragen." Es seien „die Hitler und Göring, Himmler und Goebbels, die aktiven Anhänger und Helfer der Nazipartei."[27] Von „Befreiung", die schon bald die offizielle Sprachregelung werden sollte, ist hier noch keine Rede. Die „Katastrophe" bezeichnet die aktuelle deutsche Lage, nicht etwa die Jahre 1933 bis 1945, die Schuld wird auf die aktiven Anhänger und Helfer der NSDAP sowie auf wenige herausragende Personen des Nationalsozialismus, der als „Hitlerismus" personalisiert und externalisiert wird, fokussiert. Aber die Schuldfrage wird – wenn auch entlastend – immerhin thematisiert.

Im Sommer 1945 schrieb Johannes R. Becher den Einleitungsaufsatz für die dem „Sieg über den Hitlerfaschismus" gewidmete Ausgabe der von ihm herausgegebenen Zeitschrift „Internationale Literatur. Deutsche Blätter". In diesem Beitrag feiert er den „überwältigenden Sieg der Sowjetunion" bereits in den euphorischen Tönen, die bis zum Jahre 1989 in der offiziellen DDR bestimmend sein sollten. Dazwischen mischt sich aber noch ein Vokabular, welches andeutet, dass auch in der frühen kommunistischen Rezeption des 8. Mai 1945 Deutungsmuster zumindest subkutan mitwirkten, die für ganz Deutschland zeittypisch waren: „In seiner tiefsten und schmachvollsten Niederlage, in einer Totalkatastrophe ohnegleichen" erwachse „dem deutschen Volke in dem Triumph der Roten Armee zugleich auch eine verheißungsvolle Perspektive, eine Sicht auf große Tage."[28] Auch 1946, in

---
26 Zitiert nach: HERF 1998, S. 39.
27 Als Dokument z.B. in: JUDT 1998, S. 45.
28 Zitiert nach: KRIEG 1973, S. 44.

einer Rede zum ersten Jahrestag der Gründung des Kulturbundes, verwendete Becher nicht das spätere Standardvokabular zur Kennzeichnung des 8. Mai: Erneut spricht er von der „größten nationalen Katastrophe", der Tragik der „Niederlage", die zum Anlass „einer nationalen Reinigung und Läuterung" werden müsse.[29] Spätestens mit der Staatsgründung der DDR wurde diese national-identifikatorische Einschätzung des 8. Mai jedoch verdrängt.

Bereits am ersten Jahrestag des 8. Mai nach Gründung der DDR, im Jahr 1950, deuteten sich in den Beiträgen von Ministerpräsident Otto Grotewohl die fortan grundlegenden Deutungsmuster an. In einem Telegramm an Stalin schrieb Grotewohl unter anderem, die „Befreiung der Völker Europas von dem blutigen Joch des deutschen Faschismus" sei das „welthistorische Verdienst des Sowjetvolkes und der Sowjetarmee." Das „friedliche und demokratische Deutschland" begehe „den Jahrestag der Zerschlagung der faschistischen Wehrmacht und des faschistischen Staatsapparates durch die Sowjetarmee als Tag der Befreiung." Der 8. Mai sei

> „ein Tag ernster Selbstbesinnung und kritischer Selbstprüfung unseres Volkes, das in stetig wachsendem Maße erkennt, daß der gestern vom Nazismus und heute vom USA-Imperialismus und seinen Trabanten propagierte Antibolschewismus die größte Gefahr und ein Verhängnis für Deutschland ist."[30]

Zwar fordert Grotewohl „Selbstbesinnung" und „kritische Selbstprüfung", bezieht sie aber auf die Gefahr durch den „USA-Imperialismus und seine Trabanten". Die Mitschuld der Deutschen, von der etwa Pieck am 4. Mai 1945 gesprochen hatte, findet keine Erwähnung mehr.

Am 21. April 1950, ein halbes Jahr nach der Staatsgründung, wurde der 8. Mai (zusammen mit dem 7. Oktober) in der DDR zum gesetzlichen, arbeitsfreien Feiertag erklärt. Er blieb es siebzehn Jahre lang, bis er im August 1967 – im Zuge der Einführung der fünftägigen Arbeitswoche – wieder zu einem Arbeitstag gemacht wurde.[31] In seiner Rede bei den Feierlichkeiten der Regierung der DDR zum Tag der Befreiung am 8. Mai 1950 in der Berliner Staatsoper führte Grotewohl dazu aus, der Beschluss, den 8. Mai künftig als Feiertag zu begehen, habe seinen besonderen Grund darin, dass das deutsche Volk „auf diesen Tag mit anderen Augen blicken" müsse, „als es die übrigen Völker tun." Allein innerhalb der DDR habe man sich „den

---

29 Zitiert nach: Ebd., S. 236.
30 Zitiert nach: Neues Deutschland vom 7.5.50.
31 Mit der Einführung der fünftägigen Arbeitswoche am 28. August 1967 wurde die Zahl der arbeitsfreien Feiertage vermindert. Zusammen mit Ostermontag, Himmelfahrt und dem Bußtag wurde der 8. Mai zu einem Werktag erklärt. Vgl. ACKERMANN V. 1997, S. 324 und HATTENHAUER 1990, S. 176.

Lehren der Geschichte nicht verschlossen." An diesem Tag dürfe man „nicht zurückblicken in die Vergangenheit, wir müssen vorwärts blicken in die Zukunft." Die Deutschen müssten „heraus aus dem geschichtlichen Irrgang" ihrer Nation, „zu einer solchen Tat hat der 8. Mai 1945 dem deutschen Volke die Pforten geöffnet." Die „Katastrophe von 1945", so der DDR-Ministerpräsident, habe „dem deutschen Volke, soweit es in der Deutschen Demokratischen Republik lebt, eine innere politische Reinigung gebracht." Sie habe „uns Deutsche, die wir uns so schwer an der Menschheit vergangen haben, in Stand gesetzt, mit voller Hingabe an dem erhabenen Werke der Höherentwicklung und des Aufstiegs der Menschheit mitzuarbeiten. Zu diesem Werke hat uns der 8. Mai 1945 in Freiheit gesetzt."[32]

Legitimierung der DDR durch die Feststellung, sie habe die „Lehren der Geschichte" mit ihrer Gründung gezogen – dies ist eine fortan zentrale Deutungslinie des 8. Mai 1945 durch die Führung der DDR. Der Bezug auf die Schuld der Deutschen, die sich „so schwer an der Menschheit vergangen haben", wird in den nächsten Jahrzehnten dagegen kaum mehr eine Rolle spielen. Nebenbei – eine Wendung, die sich ebenfalls bald in keiner offiziellen Rede mehr finden wird – spricht Grotewohl von der „Katastrophe von 1945". Ganz im Sinne der neuen, nun weitgehend festgeschriebenen Deutung des 8. Mai betonte auch Hermann Matern zu dessen fünftem Jahrestag im „Neuen Deutschland" die Rolle der „heldenhaften Sowjetarmee", während der „anglo-amerikanische Imperialismus" weiterhin die „alten reaktionären kriegstreiberischen" Ziele verfolge. Zwar sei der 8. Mai „der Beginn einer neuen Zeit für Deutschland", noch sei aber erst „ein Teil Deutschlands befreit. Für den Westen unserer Heimat muß die Freiheit noch erkämpft werden."[33]

4.4 Gründungsakte in der Bundesrepublik

In der frühen Bundesrepublik fokussierten die Rückblicke in die Vergangenheit ebenso, wenn auch auf andere Weise als in der DDR, auf die Zeit nach 1945 und nicht auf die nationalsozialistischen Verbrechen davor. Aus diesem Blickwinkel wurde 1945 nicht als einschneidende Zäsur wahrgenommen. Dies gilt selbst für die historisch zu nennenden Stunden der bundesdeutschen Demokratiegründung; Anlässe, bei denen mit einer Abgrenzung vom Nationalsozialismus gerechnet werden konnte. So etwa in der

---

32 Otto Grotewohl: Rede des Ministerpräsidenten bei den Feierlichkeiten der Regierung zum Tag der Befreiung am 8. Mai 1950 in der Berliner Staatsoper, in: Neues Deutschland vom 10.5.50.
33 Hermann Matern: Der 8. Mai 1945 und die Deutsche Demokratische Republik, in: Neues Deutschland vom 6.5.50.

konstituierenden Sitzung des ersten Deutschen Bundestages am 7. September 1949, in der der Alterspräsident und ehemalige KZ-Häftling Paul Löbe (SPD) in den zutreffenden Worten von Helmut Dubiel zwar von „Schuld" spricht, „sie aber gleichzeitig nicht den Deutschen zurechnen möchte."[34] Diese Beobachtung gilt auch für die Antrittsrede des ersten deutschen Bundeskanzlers am 20. September 1949. Auf den Nationalsozialismus kommt Adenauer nur indirekt zu sprechen, vorrangig bei der Kritik an der Denazifizierung, durch die „viel Unglück und viel Unheil angerichtet" worden sei. Einer moralischen oder politischen Bewertung des Nationalsozialismus und seiner Folgen enthält Adenauer sich – soweit überhaupt moralische Bewertungen einfließen, sind sie nicht etwa selbstkritisch an die Deutschen gerichtet, sondern gegen die Besatzungsmächte, die bei Entnazifizierung und Strafverfolgung zu weit gehen würden. Der Krieg und die „Wirren der Nachkriegszeit", nach dem „völligen Zusammenbruch, den uns der Nationalsozialismus beschert hat", hätten, so Adenauer, „eine so harte Prüfung für viele gebracht und solche Versuchungen, daß man für manche Verfehlungen und Vergehen Verständnis" aufbringen müsse. Es werde daher „die Frage einer Amnestie von der Bundesregierung geprüft werden."[35]

Das nicht nur aus heutiger Sicht[36] auffällige Fehlen eines kritischen Vergangenheitsbezugs in einer der entscheidenden Stunden der bundesdeutschen Demokratiegründung ist ebenso typisch für die Behandlung des Themas im öffentlich-offiziellen Diskurs wie für die öffentlichen Stellungnahmen des ersten deutschen Bundeskanzlers. In diesen Kontext lässt sich auch Adenauers berühmte Forderung einordnen, die er 1952 in einer Debatte zur personellen Kontinuität im Auswärtigen Amt mit Blick auf die Person Hans Globkes formulierte: „Ich meine, wir sollten jetzt mit der Naziriecherei Schluß machen. Denn verlassen Sie sich darauf: wenn wir damit anfangen, weiß man nicht, wo es aufhört."[37] Adenauer verwendete im übrigen in

---

34 DUBIEL 1999, S. 40. Vgl. auch Peter Reichel: Wenn Auschwitz aufhört weh zu tun, in: Frankfurter Allgemeine Zeitung vom 25.1.00.
35 ADENAUER 1949, S. 27. Vgl. zur allgemeinen Kritik an der Denazifizierungspraxis, die Adenauer hier aufgreift und übernimmt, eine völlig anders gehaltene Rede von Carlo Schmid im Deutschen Bundestag am 22. Februar 1951 (SCHMID 1951). Schmid formuliert dort u.a., man dürfe es sich „nicht zu leicht machen und vergessen", dass es unter den Opfern des Nationalsozialismus Unterschiede gebe. Man beginne, „dies zu vergessen. Es ist doch allmählich so geworden, daß auch der ehemalige SS- und SD-Mann sich als Opfer des Nationalsozialismus zu betrachten beginnt und daß man die durch die Spruchkammern Verurteilten als ‚Denazifizierungsgeschädigte' bereits unter die Opfer des Nationalsozialismus zu rechnen beginnt!"
36 Vgl. z.B. die zeitgenössische Kritik in der Rede Kurt Schumachers in der Aussprache zur Regierungserklärung von Adenauer in: Verhandlungen des Deutschen Bundestages, I. Wahlperiode, Stenographische Berichte Band 1, 6. Sitzung, 21.9.49, S. 36.
37 Verhandlungen des Deutschen Bundestages, I. Wahlperiode, Stenographische Berichte Band 13, 234. Sitzung, 22.10.52, S. 10736.

seiner zweiten Antrittsrede als Bundeskanzler (nach seiner Wiederwahl) erstmals eine rhetorische Figur, die bis ins 21. Jahrhundert hinein in vielen Reden zu finden ist: Die Ausrufung des „Endes der Nachkriegszeit", eine Formulierung, die zu einem wichtigen Ausdruck der Hoffnung wurde, nun endlich aus der politischen Haftung für den Nationalsozialismus entlassen zu werden.[38] Wiederum sprach Adenauer kein Wort zu den Opfern des Nationalsozialismus und zur Bedeutung des Umgangs mit schuldhaftem Verhalten der Deutschen.

In seinem Amt als Kölner Oberbürgermeister hatte Adenauer sich in den frühen Jahren nach 1945 zum Teil anders geäußert. Seine erste öffentliche Rede zur deutschen Vergangenheit hielt er am 26. März 1946 in der Kölner Universität. Zwar forderte er explizit kein Schuldbekenntnis, jedoch sei eine „Gewissenserforschung" im eigenen Interesse der Deutschen und für die umfassende Erneuerung notwendig.[39] In keiner seiner öffentlichen Reden und Beiträge äußerte sich Adenauer aber jemals so schonungslos-kritisch wie in einem Brief vom 23. Februar 1946 an Pastor Bernhard Custodis. Darin formulierte der spätere erste deutsche Bundeskanzler schärfste Kritik am Verhalten der deutschen Bevölkerung und der Kirchen. Adenauer stellt fest, „das deutsche Volk" und auch „die Bischöfe und der Klerus" trügen „eine große Schuld an den Vorgängen in den Konzentrationslagern." Sie seien „auf die nationalsozialistische Agitation eingegangen" und hätten sich „fast widerstandslos, ja zum Teil mit Begeisterung" gleichschalten lassen. Darin liege ihre Schuld; dass „in den Konzentrationslagern große Grausamkeiten verübt wurden, daß die Gestapo, unsere SS und zum Teil auch unsere Truppen in Polen und Rußland mit beispiellosen Grausamkeiten gegen die Zivilbevölkerung vorgingen", habe man gewusst.[40]

Diese schonungslosen Einschätzungen, in einem privaten Brief formuliert, hat Adenauer den Deutschen in seinen öffentlich-offiziellen Beiträgen zu keinem Zeitpunkt zugemutet. Dass diese solche Einschätzungen als Zumutungen aufgefasst hätten, lässt sich aus einigen empirischen Daten schließen. Laut den vom Büro des US-Hochkommissars für Deutschland (HICOG) durchgeführten Meinungsumfragen lehnten im November 1949 nur 30% der Bundesbürger den Nationalsozialismus rundum ab, während ihn 59% als „gute Idee, die schlecht ausgeführt wurde", betrachteten. In insgesamt acht zwischen Mai 1951 und Dezember 1952 durchgeführten bundesweiten Meinungsumfragen fanden 41% der Befragten an den natio-

---

38 Eine systematische Studie darüber, wann, von wem, zu welchem Anlass und mit welchen Intentionen das „Ende der Nachkriegszeit" ausgerufen wurde, wäre eine lohnende Aufgabe. Zu diesem zentralen Topos vgl. z.B. DUBIEL 1999, S. 92f. und MARTENSTEIN 1995.
39 Vgl. HERF 1998, S. 253–263.
40 Zitiert nach: PLATO/LEH 1997, S. 343f.

nalsozialistischen Ideen mehr Gutes als Schlechtes, 36% sahen es umgekehrt. Ganze 4% glaubten, dass alle Deutschen eine „gewisse Schuld für das Verhalten Deutschlands während des Dritten Reichs" trügen; lediglich 21% verspürten eine „Verantwortlichkeit für die Beseitigung dieses Unrechts".[41]

Die hier angedeuteten Tendenzen des Umgangs mit der schuldhaften Vergangenheit in der frühen Bundesrepublik fanden ihren Niederschlag nicht nur in den staatlich-repräsentativen, sondern auch in den quantitativ geringen publizistischen Beiträgen, die sich unmittelbar auf den 8. Mai bezogen.[42] So verband sich z.B. in einem Kommentar der „Frankfurter Allgemeinen Zeitung" vom 8. Mai 1950 die Kritik an der Denazifizierungspraxis in bemerkenswerter Deutlichkeit mit einem Plädoyer für das Vergessen der Vergangenheit:

> „Das Bewußtsein der Völker darf nicht durch die Unterscheidung zwischen siegreichen und unterlegenen, zwischen schuldigen und schuldlosen, zwischen guten und bösen, zwischen freien und unfreien Nationen verwirrt bleiben. Die alten Rechnungen müssen zerrissen und fortgeworfen werden. Nur wer vergessen kann, was vergessen werden muß, ist selbstgewiß."[43]

Diese Einschätzung, die den fünften Jahrestag des 8. Mai überhaupt zum Anlass eines Kommentars nimmt und insofern eine Ausnahme darstellt, gibt die mehrheitlichen zeitgenössischen Einstellungen und auch die politische Diskussion zwar ungewöhnlich pointiert, aber durchaus exemplarisch wieder. Auf offizieller Ebene lassen sich zum 8. Mai bis zum Jahre 1955 so gut wie keine und zu vergangenheitsbezogenen Thematiken im allgemeinen kaum andere Stellungnahmen belegen. Die publizistische Debatte war demgegenüber ausdifferenzierter, wenn auch auf quantitativ niedrigem Niveau. So findet sich in der „Frankfurter Rundschau" vom selben Tag, dem 8. Mai 1950, eine andere (wenn auch außengeleitet-funktionale) Einschätzung der Bedeutung der Erinnerung: In Deutschland habe man 1945 begonnen, „teils absichtlich, teils ohne Absicht, die Vergangenheit zu verdrängen, zu vergessen und sicherte die neue Existenz." Aber man könne „Geschehenes nicht durch Vergessen ungeschehen machen. Denn man lebt nicht allein in dieser Welt."[44]

Ein wichtiges politisch-kulturelles Kennzeichen der 1950er Jahre ist der emotionelle Antikommunismus als Abwehrstrategie gegen eigene, kritische

---

41 Ergebnisse zitiert nach: HERF 1998, S. 324f.
42 Dagegen ließen sich Opfer- und Schuldfragen offen thematisierende Beiträge zu anderen Gedenktagen analysieren. Vgl. bes. REUTER 1951 (zum 9. November) und KÄSTNER 1954 (zum 20. Juli).
43 Otto Klepper: Der Geist der Furcht, in: Frankfurter Allgemeine Zeitung vom 8.5.50.
44 Otto Blessing: Kapitulation, in: Frankfurter Rundschau vom 8.5.50.

Erinnerungsleistungen. Auch dieses Syndrom findet sich in den spärlichen Kommentierungen anlässlich von Jahrestagen des 8. Mai. So hieß es am 8. Mai 1952 in der „Christ und Welt", Deutschland habe in seiner „bittersten Stunde", in „seiner Ohnmacht und Not Entscheidendes dazu getan", dass „Europa nach dem 8. Mai 1945 nicht dem Kommunismus" verfallen sei. Dieses antikommunistisch-heroische Bild von Deutschland – mit dem selbstverständlich nur die Bundesrepublik gemeint ist – wird über das Jahr 1945 hinaus verlängert: Deutschland sei sich in diesem Kampf gegen den Kommunismus „wenigstens im Unglück treu geblieben."[45] Diese Lesart des 8. Mai 1945 hebt aus der Perspektive der Kontinuität des Kampfes gegen den Kommunismus die Zäsur des Jahres 1945 auf und schreibt der Bundesrepublik eine heroische Funktion zu, die sie gleichsam bereits vor 1945 ausgeübt habe.

In Bezug auf die Erinnerung an den 8. Mai stellt – wenn auch in bescheidenem Umfang – das Jahr 1952 eine frühe Thematisierungsausnahme dar: Da zeitgleich die bevorstehende Unterzeichnung des „Generalvertrages"[46] heftig diskutiert wurde, geriet auch der 8. Mai 1945 in den Blickwinkel einiger Kommentatoren. Die – zufällige – terminliche Nähe von Generalvertrag (gleichsam ein weiterer Gründungsakt der Bundesrepublik) und dem siebten Jahrestag wurde in erster Linie dazu genutzt, das Ende der deutschen Teilung zu fordern. So wurde etwa im „Hamburger Echo" der Generalvertrag als „Teilungsurkunde Deutschlands" aufgefasst und deshalb die bange Frage gestellt, ob sich in diesen Tagen „ein 8. Mai" wiederhole. Zwar in einem anderen Sinne, „aber in seinen Auswirkungen kaum weniger entscheidend als damals in den Tagen des Frühjahrs 1945". Zugleich wird in diesem Beitrag kritisierend hervorgehoben, dass „in dem von Sowjetrußland besetzten Teil Deutschlands" der 8. Mai „von den Vollstreckern sowjetischer Willkürherrschaft" als „Tag der Befreiung" begangen werde.[47]

Die Kritik an der SED-Lesart des 8. Mai bildete auch den Ausgangspunkt eines Kommentars in „Der Tag": Wenn „die Funktionäre Pankows und ihre Mitläufer den 8. Mai als ‚Tag der Befreiung' feiern", dann wüssten „die von ihnen Unterdrückten, daß soeben ein weiteres Jahr der Unfreiheit für sie abgelaufen" sei. Die „Deutschen hinter dem Eisernen Vorhang" würden

---

45 (Ohne Autor): 8. Mai 1945: Das Ganze halt…!, in: Christ und Welt vom 8.5.52.
46 Gemeint ist der Deutschlandvertrag, der „Vertrag über die Beziehungen zwischen der Bundesrepublik Deutschland und den Drei Mächten", der am 26. Mai 1952 in Bonn unterzeichnet wurde. Nach diesem Vertrag, der zusammen mit dem EVG-Vertrag in Kraft trat, war das Besatzungsregime beendet und die Bundesrepublik souverän, allerdings vorbehaltlich einiger alliierter Sonderrechte, die v.a. die Befugnis zur Truppenstationierung, Berlin und Deutschland als Ganzes einschließlich der Wiedervereinigungs- und Friedensvertragsfragen betrafen. In der geänderten Fassung vom Oktober 1954 in Auszügen als Dokument z.B. in: KLESSMANN 1991, S. 470f.
47 (Ohne Autor): Der 8. Mai, in: Hamburger Echo vom 8.5.52.

nichts sehnlicher wünschen, als dass auch für sie bald die „große Stunde anbrechen möge, die sie wirklich befreit." Dies sei die Stunde, in der Deutschland wieder vereint sei. Wenn diese Stunde einmal gekommen sei, werde „der 8. Mai als ‚Tag der Befreiung' nur noch eine peinliche Erinnerung an jene ‚Deutschen' sein, die Hitler ablösten, um seine Diktatur unter fremden Fahnen und anderen Transparenten fortzusetzen."[48]

Als Gedenktag, der an den Nationalsozialismus erinnert, wird der 8. Mai nicht nur in diesem Beitrag nicht rezipiert. Auch der Kommentar in der „Frankfurter Allgemeinen Zeitung" nahm auf diesen Aspekt nur sehr indirekt Bezug, indem er auf „Wiedergutmachungsleistungen" bzw. deutsche Nachkriegsopfer verweist. Mit dem „Generalvertrag" sollten nun „neue Verträge einen abermals verlorenen Krieg abzeichnen."[49] Eine etwas andere Perspektive nahm der Kommentator der „Welt" ein, der den siebten Jahrestag des 8. Mai zum Anlass nimmt, über die Entwicklung in Deutschland seit 1945 nachzudenken. In nur sieben Jahren habe sich das „Wunder der deutschen Erholung" vollzogen, dabei sei es – jedenfalls in der Bundesrepublik – „nicht nur das frische Maiengrün, das die Ruinenstädte weniger gespenstisch erscheinen" lasse. Dennoch sollte der 8. Mai die Westdeutschen „nachdenklich stimmen. Nicht übermütig machen, weil soviel schon erreicht ist." Vor allem aber solle der 8. Mai „die Augen öffnen für alles, was noch zu tun" bleibe, damit „die deutsche Katastrophe, die in Jahrhunderten beispiellos dasteht, einmal wirklich der Vergangenheit angehöre."[50] Auch in diesem Kommentar, weniger aggressiv gegen die DDR gerichtet, wird davon ausgegangen, dass die „deutsche Katastrophe", mit der primär das Jahr 1945 selbst gemeint ist, durch tätige Aufbauarbeit in der Vergangenheit verschwinden könne. Als politischer Gedenktag, der zur Erinnerung an die schuldhafte Vergangenheit genutzt werden könnte, ist der 8. Mai nicht präsent. Die vorherrschende inhaltliche Perspektive der Kommentatoren fokussiert auf die deutsche Teilung, also auf die Nachkriegsgeschichte, nicht auf den Nationalsozialismus und seine Verbrechen.

4.5 Eine höchstrichterliche Kontroverse über den 8. Mai

In diesen erinnerungspolitischen Kontexten stellte eine „atemverschlagende Kontroverse"[51] zwischen den höchsten bundesdeutschen Gerichten eine

---

48 WG.: Ohne Titel, in: Der Tag vom 11.5.52.
49 Hans Baumgarten: Werden wir unterzeichnen?, in: Frankfurter Allgemeine Zeitung vom 7.5.52. Vgl. zum expliziten Bezug auf der. Generalvertrag z.B. auch Frank Vogl: Sieben Jahre danach, in: Rheinische Post vom 3.5.52.
50 a.k.: In sieben Jahren, in: Die Welt vom 8.5.52.
51 FREI 1996, S. 93.

bemerkenswerte Ausnahme dar. In einem Urteil vom 17. Dezember 1953 hatte der Erste Senat des Bundesverfassungsgerichts über eine Verfassungsbeschwerde gegen das so genannte „131er-Gesetz" zu entscheiden.[52] Die Beschwerdeführer waren der Auffassung, ihre Beamten- und Versorgungsverhältnisse bestünden über den Mai 1945 hinaus fort; die Bundesrepublik sei ihnen gegenüber aufgrund der proklamierten rechtlichen Identität mit dem Deutschen Reich weiterhin verpflichtet. Der entscheidende Satz in dem umfangreichen Urteil lautete „ebenso simpel wie sensationell"[53]: „Alle Beamtenverhältnisse sind am 8. Mai 1945 erloschen."[54] Das höchste deutsche Gericht erklärte, eine Antwort auf die Beschwerde der Kläger lasse sich nur gewinnen, „wenn man die Ereignisse vom Mai 1945 in ihrer politisch-historischen und in ihrer staatsrechtlichen Bedeutung" untersuche und dann prüfe, ob „die Annahme des unveränderten Weiterbestehens der Rechte der Beamten sich mit dem so gewonnenen Bilde vereinbaren" lasse.

In unseren Kontexten interessiert genau dieser „politisch-historische" Blick der Verfassungsrichter auf den Mai 1945. In seiner Urteilsbegründung stellt der Erste Senat fest, die Auffassung, „es handele sich 1945 lediglich um einen Wechsel der Staatsform", verharmlose die „Ereignisse historisch-politisch". Der 8. Mai 1945 zeige „alle Merkmale einer Katastrophe, die in der neueren Geschichte ohne Beispiel ist." Auch wenn man vom Weiterbestehen des Deutschen Reiches ausgehe, müsse man doch die Frage verneinen, ob die Rechtsverhältnisse der Beamten diesen „Zusammenbruch der gesamten staatlichen Organisation" überdauern konnten. Dies vor allem „auf Grund der Tatsache, daß das Beamtenverhältnis selbst im ‚Dritten Reich' eine tiefgehende, sein Wesen berührende Umgestaltung erfahren" habe. Mit diesem Punkt berührt das Urteil die entscheidende Frage der Einschätzung des „Dritten Reiches" als Unrechtsregime, das die Kläger mit Blick auf ihre beamtenrechtlichen Ansprüche bruchlos hinter sich lassen wollten. Das Bundesverfassungsgericht betont in diesem Zusammenhang besonders den Eid auf den „Führer" und kommt zu dem Schluss, es werde „der Sachlage nicht gerecht", die „Ereignisse vom Mai 1945 als bloßen ‚Wechsel der Staatsform' zu bezeichnen." Somit seien „alle Beamtenverhältnisse mit Rücksicht auf den vollständigen Zusammenbruch Deutschlands und im Hinblick auf die besondere Natur des Beamtenverhältnisses im nationalsozialistischen Staate am 8. Mai 1945 erloschen." Dieses Urteil vom Dezember 1953 stellt somit eine bemerkenswerte höchstrichterliche

---

52 Gemeint ist das „Gesetz zur Regelung der Rechtsverhältnisse der unter Artikel 131 des Grundgesetzes fallenden Personen". Zur Debatte um die sogenannten „131er" vgl. v.a. FREI 1996, S. 69–100 und REICHEL 2001, S. 112–115. Vgl. auch GIORDANO 1987, S. 96–103.
53 FREI 1996, S. 93.
54 Vgl. zum folgenden: BUNDESVERFASSUNGSGERICHT 1953 (hier S. 58).

Einschätzung des Zäsurcharakters des 8. Mai 1945 dar. Eine historisch-politische Bewertung, die, trotz der gängigen terminologischen Beschreibung als „Katastrophe", in diesen Jahren so deutlich bislang nicht ausgesprochen worden war.

Im Mai 1954, fünf Monate nach diesem Urteil, meldete sich der in einem anderen Rechtsstreit angerufene Bundesgerichtshof (BGH) zu Wort. Der Große Senat für Zivilsachen übte aggressivste, höchst ungewöhnliche Urteilsschelte. BGH-Präsident Hermann Weinkauff (bis 1945 Mitglied der NSDAP und des NS-Reichsgerichts) und seine Kollegen werfen den Verfassungsrichtern vor, nicht Recht gesprochen, sondern ein „geschichtliches Werturteil" abgegeben zu haben.[55] Freilich geben sie dann ebenso ein – vollständig konträres – historisches Werturteil ab: Der „überwiegende Teil der deutschen Beamten" habe sich im Nationalsozialismus „nach wie vor trotz des schimpflichen, rechtswidrigen Druckes, der auf ihm lastete, in erster Linie dem Staate und seinen legitimen Aufgaben verpflichtet" gefühlt. Zwar könne die „Bindung an Hitler persönlich" zu Anfang „und eine gewisse Zeit hindurch als eine Bindung an das höchste Staatsorgan verstanden werden". Als sich aber „die verbrecherischen Ziele und Methoden des Nationalsozialismus allmählich immer mehr enthüllt" hätten, sei „diese aufgezwungene Bindung überwiegend nur unwillig, unter scharfer innerer Ablehnung und unter schärfstem Terror ertragen" worden. Insofern sei das Bundesverfassungsgericht dem „Wunschbild" des Nationalsozialismus von einer ihm ergebenen Beamtenschaft erlegen, das nicht der Wirklichkeit entsprochen habe. Vielmehr habe der „rechtliche Kern" der Beamtenverhältnisse auch im Nationalsozialismus darauf beruht, dass „das Beamtentum verwaltende und rechtsprechende, nicht aber im eigentlichen Sinne politische Funktionen" habe; Funktionen also, „die der Staat als solcher immer übt und die weitgehend unabhängig sind von seiner wechselnden Erscheinungsform." Deshalb, so der Bundesgerichtshof in seinem skandalös-unverfrorenem Urteil, hätten die Rechtsverhältnisse der Beamten den „Wechsel der Staatsform", den der 8. Mai 1945 nach diesem Urteil lediglich darstellt, unbeschadet überdauert.

Der Erste Senat des Bundesverfassungsgerichts rechnete in einem weiteren Urteil vom Februar 1957 mit den Kollegen des Bundesgerichtshofes ab und erklärte die BGH-Vorlage vom Mai 1954 für unzulässig. Das Bundesverfassungsgericht stellte in diesem Urteil seine Position noch einmal klar: Die deutschen Beamten hätten sich vor 1945 nicht nur unter Zwang für den NS-Staat eingesetzt, sondern diesen vielmehr „auch von sich aus

---

55 Vgl. zum folgenden: FREI 1996, S. 95 und REICHEL 2001, S. 114.

ernst genommen und bejaht".[56] Angesichts der zu diesem Zeitpunkt bereits sehr weit vorangeschrittenen Versorgung und Integration der „131er" bestand für eine weitere Auseinandersetzung nunmehr jedoch kaum noch Anlass. Norbert Frei fasst die „131er"-Debatten treffend zusammen: Der „Lerneffekt" aus dem Jahr 1945 habe sich „bei vielen bereits im Rückzug auf die Tugenden der Pflichterfüllung erschöpft" – und, damit eng verbunden, „in der Apologie des unpolitischen Beamten."[57] Das oberste Gericht der Bundesrepublik, bemerkenswert genug, stellte sich gegen diese Lesart der Vergangenheit, blieb aber mit seiner Einschätzung der Zäsur von 1945 ein „einsamer Rufer".[58]

4.6 Von Schande, historischen Irrtümern und normalisierten Bürgergestalten

In der offiziellen DDR wurde der zehnte Jahrestag des 8. Mai 1945 mit großem Aufwand begangen – nun bereits sehr viel beengter als Befreiung durch die „ruhmreiche Sowjetarmee". 200.000 Menschen versammelten sich in Berlin zu einer Großkundgebung, der sowjetische Verteidigungsminister Shukow, der am 9. Mai 1945 die deutsche Kapitulation in Berlin-Karlshorst entgegengenommen hatte, nahm an der Spitze einer sowjetischen Delegation an den Feierlichkeiten in Ostberlin teil. Erneut war der 8. Mai 1945 Gelegenheit zur Selbstdarstellung des bislang Erreichten im Zeichen des innerdeutschen Gegensatzes. So warnte Stephan Hermlin im „Aufbau" vor „Krupp und Konsorten", dem „neuen Generalstab", den „alten Mitläufern Hitlers" und der „braundeutsch sprechenden Journaille" als Vertretern der westdeutschen Restauration.[59] Auf dem zentralen „Staatsakt zur Befreiung durch die Sowjetarmee" hielt auch in diesem Jahr Ministerpräsident Otto Grotewohl die Ansprache: „Nur in einem Teil Deutschlands, in der damals sowjetisch besetzten Zone", seien „die Lehren der Geschichte in vollem Umfange beherzigt" worden. Der 8. Mai, „der Tag der Befreiung", ist für Grotewohl Anlass, „unsere Befreierin vom Faschismus, die tapfere und ruhmreiche Armee der Sowjetunion" hochleben zu lassen: „Es lebe das Weltfriedenslager mit der großen und mächtigen Sowjetunion an der Spitze! Es lebe die Deutsche Demokratische Republik, das Bollwerk des Friedens und der Wiedervereinigung unserer Heimat."[60]

---

56 Zitiert nach: REICHEL 2001, S. 114.
57 FREI 1996, S. 90.
58 Ebd., S. 98.
59 Zitiert nach: ALTENHÖNER 1996, S. 82.
60 Otto Grotewohl: Festansprache des Ministerpräsidenten auf dem Staatsakt zum 10. Jahrestag der Befreiung durch die Sowjetarmee am 7. Mai 1955 in der Staatsoper, in: Neues Deutschland vom 8.5.55.

In der Bundesrepublik wurde des 8. Mai dagegen nicht eigens gedacht. Stattdessen wurde anlässlich des Inkrafttretens der Pariser Verträge die wiedererlangte Souveränität gefeiert. Das Besatzungsstatut war erloschen, die Alliierten Hohen Kommissare wurden durch Botschafter ersetzt. Am 5. Mai 1955 traten der Deutschlandvertrag und die anderen Pariser Verträge in Kraft. Am 6. Mai erhielt die Bundesrepublik mit Theodor Blank den ersten Bundesverteidigungsminister. Am 7. Mai trat sie der WEU, am 9. Mai 1955 der NATO bei. In diesen zeitgenössischen Kontexten fand das Jahr 1945 zwar Erwähnung, als eigentliche Zäsur wurde aber das Jahr 1955 selbst empfunden: Als Ende der Nachkriegsgeschichte und als lang ersehnter Beginn wiedererlangter Souveränität. Mitte April 1955 dementierten „Bonner Regierungskreise" Meldungen, nach denen der 8. Mai 1955 als „Tag der Souveränität" festlich begangen werden sollte. Als Einwand gegen dieses Vorhaben wurde unter anderem darauf hingewiesen, dass der 8. Mai 1955 der zehnte Jahrestag der Kapitulation der ehemaligen Wehrmacht sei.[61] Offenbar wurde dieser Tag auf offizieller Ebene als ungeeignet für entsprechende Feierlichkeiten betrachtet.

Gesellschaftspolitische Initiativen dagegen organisierten, wenn auch in quantitativ bescheidenem Umfang, eigene Gedenkstunden aus Anlass des zehnten Jahrestages. So beging z.B. der „Verband für Freiheit und Menschenwürde" in der Frankfurter Paulskirche den 8. Mai mit einer Feierstunde und einer Schweigeminute für die Opfer des Terrors. Hauptredner Franz Böhm betonte, im 8. Mai sei mehr zu sehen als nur der Jahrestag der deutschen Niederlage, an diesem Tage hätten die letzten noch überlebenden Opfer ihre Freiheit wiedergewonnen. Zugleich akzentuiert Böhm, nicht allen Menschen habe der 8. Mai die Freiheit gebracht. Der Terminus Befreiung habe daher nur für die unmittelbar aus Konzentrationslagern und Gefängnissen befreiten Häftlinge Geltung.[62] Der Vorsitzende des Rates der Evangelischen Kirche in Deutschland, Bischof Dibelius, hielt aus Anlass des zehnten Jahrestages eine Rundfunkansprache, in der er den Wiederaufbau nach dem Krieg als ein „Wunder Gottes" bewertet, zugleich aber darauf hinweist, dass Deutschland noch immer aus „tausend Wunden" blute. Scharf verurteilt der Bischof das „Verbrechen des Angriffkrieges", meint damit aber nicht den Vernichtungskrieg der Wehrmacht, sondern die Sorge vor

---

61 Vgl. Parlamentarischer Politischer Pressedienst Bonn vom 13.4.55. Laut Volker Ackermann habe die Bundesregierung gewünscht, dass „am Vorabend des 8. Mai, der auf einen Sonntag fiel, die Glocken geläutet und Festgottesdienste zelebriert würden". Dieser Wunsch bezog sich nicht auf den zehnten Jahrestag des 8. Mai, sondern auf den „Tag der Wiedererlangung der Souveränität" (vgl. ACKERMANN V. 1997, S. 323)
62 Zusammengefasst nach: ALTENHÖNER 1996, S. 81. Vgl. auch Frankfurter Rundschau vom 9.5.55.

einem neuen Weltkrieg. Ein historischer Rückblick findet sich bei ihm nicht.[63]

Auch in einigen bundesdeutschen Tageszeitungen wurde der zehnte Jahrestag des 8. Mai eigens thematisiert. In der „Welt" hieß es, dieser Tag gehöre „zu den entscheidendsten Daten der deutschen Geschichte", zu jenen Daten, „die das Schicksal eines Volkes von nun an mit sich durch die Geschichte schleppt und auf die es immer wieder gestoßen" werde. Diese Daten blieben „so lange ungelöst, bis sie das Wesen dieses Volkes verändert und verwandelt haben." Die letzten zehn Jahre, so heißt es weiter, hätten bewiesen, dass die „innere Kraft des deutschen Volkes ungebrochen" sei. Nicht mit der gleichen Sicherheit könne dagegen gesagt werden, „ob dieses Datum seine verwandelnde Kraft erfüllt hat und ob wir es in die Archive entlassen können. Wahrscheinlich ist das in einem so kurzen Zeitraum nicht möglich."[64]

Das – quantitativ bescheidene – Spektrum der Deutungen in bundesdeutschen Tageszeitungen reichte von mystisch-metaphysischen Gemälden bis hin zu Andeutungen, der 8. Mai 1945 müsse als Gedenktag Anlass zur Selbstbesinnung sein. So wurde beispielsweise in der „Kölnischen Rundschau" vom 7. Mai 1955 ein typisches Katastrophenszenario gezeichnet:

„Nichts blieb als Feuer und Rauch. Blutrot stand in jenen Nächten der Mond am Himmel, und tagsüber schien die Sonne aus strahlendem Blau auf die Schlachtfelder der letzten Stunden, auf denen ein satter Tod sinnlose Ernte hielt. (...) Hier war die Stunde Null des Zusammenbruchs, bei den Menschen, die nun keine anderen Reichtümer mehr hatten als ihre Gebete und keine anderen Hoffnungen mehr als solche, die sachlich unbegründet waren."[65]

In der „Frankfurter Rundschau" dagegen hieß es nüchterner und kritischer, wenn auch den Tag selbst eher bedauernd, es gebe keinen Anlass, „diesen Jahrestag zu betrauern oder zu feiern." Es gebe auch keine Veranlassung, „an diesem Tag in echte oder gemimte Selbstvorwürfe auszubrechen." Dennoch weist der Kommentator anschließend auf Notwendigkeiten hin, die bei der Betrachtung des zehnten Jahrestages eine Ausnahme darstellen:

„Was wir aber – jeder einzelne von uns – zu tun haben, ist dies, daß wir uns als miterlebende und mitleidende Zeitgenossen darüber Gedanken machen, w i e s o es überhaupt möglich war, daß unser Volk, als Kulturvolk in aller Welt angesehen, einen solchen Tag erleben mußte. Es ist notwendig, daß wir diesen Tag, den Sonntag des 8. Mai 1955, zu einem Tag der S e l b s t b e s i n n u n g erhe-

---

63 Vgl. (Ohne Autor): Mit aller Kraft für die Einheit, in: Die Welt vom 9.5.55.
64 H.Z.: Zehn Jahre, in: Die Welt vom 7.5.55.
65 -ch.: Der rauhe Weg, in: Kölnische Rundschau vom 7.5.55.

ben. (...) Daß dieser Hitler und seine Ergebnisse bei uns möglich waren – das ist die w i r k l i c h e nationale Katastrophe."

Empfohlen wird außerdem, auch das eine Besonderheit dieses Artikels, an „das unendliche Leid, das unmeßbare Leiden, das in der Welt durch uns hervorgerufen wurde" zu erinnern. „Es sind die Opfer, die einen zwölfjährigen Weg der deutschen Geschichte säumen."[66] Trotz des Hinweises auf die Opfer und der Aufforderung zur „Selbstbesinnung" wird im Ergebnis unter starker Personalisierung („Hitlerismus") die Reflexion über die eigenen, je individuellen Anteile am Nationalsozialismus nicht gefordert.

Insgesamt ist die Einschätzung der Zäsur des Jahres 1945 als Niederlage, Zusammenbruch oder Katastrophe das typische Verständnis in den Kommentaren der Tageszeitungen zu dessen zehntem Jahrestag. In einem Leitartikel der „Frankfurter Allgemeinen Zeitung" hieß es, der Tyrann Hitler habe „dem deutschen Volk, gegen die Überzeugung aller einsichtigen Militärs" einen Kampf aufgezwungen, einen Kampf schließlich gegen die eigene Nation. Zu „der unausbleiblichen Niederlage im verzweifelten Ringen mit einer Koalition der ganzen Welt" sei anschließend „die Schmach und Schande" getreten, „als die Sieger das deutsche Volk, der Wahrheit zuwider, mit einer Kollektivschuld belasten wollten, um es für alle Zeit zu ächten." Aus dieser „geistigen Verwirrung, aus diesem Haß, aus dieser Vergeltungssucht der berauschten Sieger" sei der Morgenthau-Plan entstanden, der „Deutschland zu einem Kartoffelacker" umpflügen gewollt habe. Angesichts dieses vollständig externalisierenden Schuldverständnisses wird der 8. Mai folgerichtig und konsequent als „düsterer Tag der tiefsten Erniedrigung" bezeichnet.[67]

Die „Kapitulation des Jahres 1945", so der mehrfach verwendete scheinbar neutrale Terminus, wird mehrheitlich als „unselig"[68] oder als „schrecklicher Schlußpunkt des dem deutschen Volke von seinem ‚Führer und Reichskanzler' oktroyierten wahnwitzigen Abenteuers"[69] bezeichnet. Auch in der „Zeit" werden die letzten Kriegswochen als die Wochen bezeichnet, „die ein ganzes Jahrtausend zerstörten". Deutschland sei bis zur Stunde „nicht wiedererstanden".[70] Für diese vorherrschenden negativen Lesarten des 8.

---

66 Karl Gerold: Kleine Bilanz eines Jahrzehnts, in: Frankfurter Rundschau vom 7.5.55 (Hervorhebungen im Original).
67 Erich Dombrowski: 8. Mai 1945, in: Frankfurter Allgemeine Zeitung vom 7.5.55.
68 So z.B. Paul Wilhelm Wenger: Souveränität – wozu?, in: Rheinischer Merkur vom 13.5.55.
69 Joachim Bölke: 8. Mai 1945 – 8. Mai 1955. Der Irrtum der bedingungslosen Kapitulation, in: Der Tagesspiegel vom 8.5.55.
70 Michael Freund: Die Wochen, die ein Jahrtausend zerstörten. Eine Chronik des deutschen Zusammenbruchs im Jahre 1945, in: Die Zeit vom 6.5.55.

Mai ist ein weitgehender Verzicht auf retrospektiv überprüfende Deutungen des 8. Mai 1945 charakteristisch.

Negative Bewertungen des 8. Mai resultierten auch 1955 in der Regel aus der Erinnerung an die Politik der Siegermächte und an die deutsche Teilung. Die nationale Perspektive prägt z.B. einen Beitrag in der „Welt" vom 7. Mai 1955. Den Siegermächten wird vorgeworfen, ihre Politik des „Unconditional Surrender" habe „die Männer des deutschen Widerstandes gegen das Unheil, das sie in Hitler sahen, gelähmt, ihre Pläne und Aktionen erst recht zu Gewissensqualen gemacht." Nach zehn Jahren gebe es noch immer keinen Frieden, wenngleich sich die Bedingungslosigkeit der Kapitulation für das westliche Deutschland „als eine Chance erwiesen" habe. Die Bundesrepublik sei „aus dem Spielball zu einem Mitspieler der Sieger geworden." Erinnert wird an „Auschwitz, Buchenwald und Belsen" und an den „Angriff auf Rußland", um darauf hinzuweisen, mit welcher „bestialischen Scheußlichkeit" diese nach 1945 beantwortet worden seien. Keine „fremde Scheußlichkeit" befreie jedoch „uns in unserem Innern von dem, was in unserm Namen geschah." Das Fazit dieser zaghaften Bezugnahme auf die Schuldfrage besteht jedoch darin, die deutsche Geschichte gegen nichtdeutsche Angriffe zu verteidigen: Wer „mit sich selbst ins Gericht" gehe, dürfe „mit um so größerem Recht ein Gericht über die eigene Geschichte ablehnen."[71]

Anders äußerte sich – als eine der wenigen Ausnahmen – Arnold Bergsträsser. Auch er spricht zwar mehrfach von der „Katastrophe von 1945" und spiegelt damit den zeitgenössischen Sprachgebrauch. Im Gegensatz zu den meisten anderen Beiträgen verzichtet er aber nicht auf eine historische Einordnung dieser „Katastrophe" – ihre Ursachen lägen „in den Jahren von 1933 bis 1939" (also nicht im Zweiten Weltkrieg, sondern im Nationalsozialismus). Explizit bewertet Bergsträsser nicht die nationalen Folgen des 8. Mai 1945 – die er gleichwohl ausführlich und bedauernd benennt – als die eigentliche „Katastrophe", sondern dessen Vorgeschichte. Der zehnte Jahrestag des 8. Mai ist für ihn „Anlaß zur Besinnung", denn vor zehn Jahren habe „in der öffentlichen Meinung des Westens Deutschland nichts anderes zu erleiden" gehabt, als die „ihm zukommende Erwiderung auf 12 Jahre einer Politik der Aggression, der Beherrschung fremder Völker und der Verfolgung Unschuldiger."[72] Statt solcher politischer und historischer Kontextualisierungen des 8. Mai druckten zahlreiche Tageszeitungen lediglich Chroniken der letzten Tage und Wochen des Krieges. Es dominierte die Darstellung der von Deutschen erlebten Leiden, deren Vorgeschichte in der

---

71 Hermann Heimpel: Erst zehn Jahre ist es her, in: Die Welt vom 7.5.55.
72 BERGSTRÄSSER 1955, S. 265, S. 272 bzw. S. 274.

Regel keine Erwähnung findet. „Als sei die Zeit des Nationalsozialismus die vergleichsweise hellere Epoche gewesen", so eine zutreffende Beobachtung von Florian Altenhöner, „war eine Reihe in der ‚Süddeutschen Zeitung' mit ‚Der Sturz ins Dunkel' betitelt."[73]

Im eigentlichen Mittelpunkt der Kommentare stand ohnehin (sowohl in der Publizistik als auch auf staatlicher Ebene) die Übertragung weitgehender Souveränitätsrechte an die Bundesrepublik. Angesichts des starken Gegenwartsbezugs fast aller Beiträge blieb wenig Raum für selbstkritische Rückblicke in die deutsche Geschichte. Nur selten wurde der in vielen Kommentaren subkutan mitschwingende Bezug zum 8. Mai 1945 so deutlich formuliert wie im Leitartikel des „Tagesspiegel": Das „fast genau zeitliche Zusammenfallen der zehnten Wiederkehr des Kapitulationstages mit dem Tage, da wenigstens der freie Teil Deutschlands mit den Attributen der Souveränität ein handlungsfähiger Staatskörper" werde, könne als ein Zeichen dafür aufgefasst werden, dass „die Geschichte historische Irrtümer, wie sie mit dem Tage der Kapitulation begannen, nach und nach korrigiert." Aber die Geschichte könne „die Leiden nicht auslöschen, die dem menschlichen Schicksal in dieser Zeit auferlegt waren und noch auferlegt sind." Mit den „Leiden" sind die Erfahrungen der Deutschen nach 1945 gemeint, als „historischer Irrtum" wird die „bedingungslose Kapitulation", nicht etwa der Nationalsozialismus bezeichnet. Der Dank des Kommentators gilt all denjenigen, die mitgeholfen hätten, Deutschland „aus dem Leid" herauszuführen – ein Leid, das für ihn erst mit dem 8. Mai 1945 begonnen hat.[74]

In diesem erinnerungspolitischen Umfeld wurde von Seiten der Bundesregierung keine eigene, direkt auf den 8. Mai 1945 bezogene Stellungnahme abgegeben. Am 8. Mai 1955 wurde lediglich eine kurze Rundfunkansprache von Bundestagspräsident Gerstenmaier ausgestrahlt, in der dieser sich vor allem für einen friedlichen Ausgleich mit der Sowjetunion aussprach.[75] Außerdem erließ die Bundesregierung am 5. Mai 1955 aus Anlass des Inkrafttretens der Pariser Verträge eine kurze Proklamation, in der es unter anderem heißt, „fast zehn Jahre nach dem militärischen und politischen Zusammenbruch des Nationalsozialismus" ende „für die Bundesrepublik die Besatzungszeit." Mit der Bundesregierung gedächten „in dieser Stunde fünfzig Millionen freier Bürger der Bundesrepublik in brüderlicher Verbundenheit der Millionen Deutschen", die gezwungen seien, „getrennt von uns in Unfreiheit und Rechtlosigkeit zu leben." Außerdem müsse „in

---

73 ALTENHÖNER 1996, S. 81. Die ein Jahr später erschienene Buchausgabe trug dagegen den zutreffenderen Titel „Das Ende des Schreckens" (vgl. ebd., S. 94, Fn. 94).
74 Joachim Bölke: 8. Mai 1945 – 8. Mai 1955. Der Irrtum der bedingungslosen Kapitulation, in: Der Tagesspiegel vom 8.5.55.
75 Vgl. (Ohne Autor): Mit aller Kraft für die Einheit, in: Die Welt vom 9.5.55.

dieser Stunde" der „vielen Deutschen, die immer noch das harte Los der Kriegsgefangenschaft tragen", gedacht werden. „Wir werden alles daransetzen, daß auch ihnen bald die Stunde der Befreiung schlägt."[76] Ein Rückblick auf den Nationalsozialismus oder Worte zu den NS-Opfern finden sich auch in dieser Proklamation, die den Freiheitsaspekt primär in deutsch-deutscher Perspektive betont, nicht. Bundeskanzler Konrad Adenauer, der in einem Brief vom Januar 1947 die „Befreiung" als eine „grausame und harte Enttäuschung" bezeichnet hatte[77], formulierte Anfang Mai 1955 eine Deutung des 8. Mai, in der er eine Befreiungslesart zumindest anklingen lässt, um sie zugleich wieder auf die nationale Teilung zu fokussieren: Die „nationalsozialistische Gewaltherrschaft, deren Zusammenbruch am 8. Mai 1945 ungezählte Menschen in der Welt und in Deutschland von einem Alpdruck befreite", habe „ein unvorstellbares Trümmerfeld zurückgelassen." Der 8. Mai 1945 werde „aber auch in die Geschichte als der Tag eingehen, an dem die Spaltung Deutschlands begann und dadurch ein Herd der Unruhe im Herzen Europas geschaffen wurde."[78]

Im Gegensatz zu den wenigen, kaum konturierten staatlich-offiziellen Stellungnahmen steht vor allem eine Gedenkrede, die der gesellschaftlichen Ebene zuzuordnen ist. Anlässlich einer Mahnmal-Einweihung am 7. Mai 1955 hielt Helmuth Gollwitzer eine Gedenkrede, in der er reflektiert über Fragen von Schuld und Verantwortung nachdenkt.[79] „Mögen wir die Schatten der Erinnerung auch scheuen, wir müssen ihnen standhalten. Vergessen heißt: aus dem Geschehen nichts lernen, heißt: anfällig für neue Verführung werden, neue Blindheit und neue Schuld." Die „normalisierten Bürgergestalten", so Gollwitzer, würden nach zehn Jahren darüber hinwegtäuschen, dass „unsere Wunden bestenfalls dünn überhäutet sind, viele aber noch offen und blutend." Man brauche nur etwas „an der Oberfläche des deutschen Lebens" zu kratzen, dann kämen „unverwundene Schrecken zum Vorschein, erlittene wie selbst begangene Schrecken ohne Zahl."

Gollwitzer erinnert im Folgenden an die Verbrechen des Nationalsozialismus und kommt im Kontext der Erinnerung an 1945 auf das Jahr 1933 zu sprechen: „Mit dieser Jahreszahl 1933 stehen wir am Anfang, haben wir das Jahr genannt, das wir sofort mitdenken müssen, wenn wir 1945 sagen." Diese Erinnerung sei „Pflicht, auch und gerade wenn sie schmerzt." Anschließend generalisiert Gollwitzer die Schuldfrage, um sie zugleich wieder zu differenzieren: Die Schuld sei allgemein, im „blutigsten Jahrhundert der

---

76 Zitiert nach: Frankfurter Allgemeine Zeitung vom 9.5.55.
77 Brief an Wilhelm Sollmann vom 18.1.1947, zitiert nach ZITELMANN 1994, S. 87.
78 ADENAUER 1955.
79 Vgl. zum folgenden: GOLLWITZER 1955.

Menschheitsgeschichte" habe sich generell die „tiefe Verwahrlosung der modernen Menschheit" entlarvt. Den Deutschen komme in diesem umfassenden Schuldpanorama allerdings eine besondere Stellung zu, denn sie hätten „zu diesem Prozeß der Entmenschlichung" einen „erschreckenden Beitrag geleistet." Wer sich mit dem „bekannten Lumpentrost" zufrieden gebe, dass „die anderen sich ebenfalls nicht als Engel gezeigt haben", versäume das Notwendige.

Die Frage einer Kollektivschuldanklage, die auch Gollwitzer als gegeben betrachtet, differenziert er ebenfalls in einer untypischen Weise. An der „unmenschlichen Kategorie der Kollektiv-Schuld haben wir Deutsche uns in unseren Reden und Taten gegenüber Juden und Polen kräftig beteiligt, bevor wir selbst zum Objekt dieser Kategorie wurden". Gollwitzer übernimmt anschließend unter explizitem Bezug auf Theodor Heuss die Kategorie der „Kollektiv-Scham", die auch heute noch empfunden werden müsse. Gollwitzer versteht darunter die

> „Scham darüber, daß unter allen bisherigen Gewaltherrschaften der Neuzeit die unsere die bestialischste war, und daß sie getragen wurde von der Zustimmung weiter Kreise unseres Volkes; die Scham darüber, daß wir es nicht verabscheut haben, das Glück unseres Volkes auf den Tränen auch nur eines jüdischen Kindes aufzubauen".

Auch für Gollwitzer ist der „Zusammenbruch von 1945" vor allem mit Blick in die DDR Anlass für Bedauern und Trauer. Im Gegensatz zu den meisten Beiträgen zu diesem Jahrestag aber – auch im Gegensatz zu den wenigen staatlich-offiziellen Stellungnahmen – deutet er an, dass die Erinnerung an den 8. Mai 1945 einen Prozess der individuellen wie politischen Befreiung initiieren könnte. Das „rechte Gedenken an das Jahr 1945" führe „zur Erkenntnis dessen, was wir 1955 wollen sollen, im Einzelleben ebenso wie im Politischen." Nur wenn das „Seufzen" der Opfer im Ohr bleibe, werde „1945 nicht umsonst geschehen sein."

Diese Rede Gollwitzers ist ein Beispiel dafür, dass einige Beiträge auf gesellschaftlicher Ebene in den 1950er Jahren nachdenklicher und selbstkritischer waren als diejenigen der staatlichen Repräsentanten. Auch eine Rede des Historikers Hans Rothfels, die er am 9. Mai 1955 in Tübingen gehalten hat, ließe sich unter diesem Gesichtspunkt analysieren.[80] Ebenso schrieb der spätere Bundespräsident Gustav W. Heinemann einen (selbst)kritischen Artikel anlässlich des zehnten Jahrestages des 8. Mai 1945. Heinemann spricht davon, die Deutschen seien vor zehn Jahren „von Leid erfüllt über Irrtum und Schuld" gewesen und hätten „von einer ‚Gnade des Nullpunkts'" ge-

---

80 Vgl. z.B. KIRSCH 1999, S. 49.

sprochen, „welche denen gegeben sei, die noch einmal davonkamen." Aus „dem Zusammenbruch", so Heinemann, „dämmerte Besinnung auf und erwuchs die Chance eines neuen Anfangs. Haben wir sie wahrgenommen?" Diese Frage verneint Heinemann, denn es müsse eingestanden werden, dass „die Trägheit unserer Herzen und Sinne wieder zum Vorschein kommt, noch ehe wir aus dem Tale heraus sind".[81]

4.7 Tragik, Scham und Befreit-Sein

Auf staatlich-repräsentativer Ebene wurden die reflektiertesten Reden in den 1950er Jahren durch den Bundespräsidenten gehalten. Theodor Heuss hatte sich schon vor seiner bereits zitierten, inzwischen berühmten 8. Mai-Formulierung aus dem Parlamentarischen Rat zu Fragen des historischen Bewusstseins geäußert. In der Woche unmittelbar nach dem 8. Mai 1945 hatte er notiert, die „völlige militärische Kapitulation" sei für das „deutsche Geschichtsbewußtsein" zwar „peinlich", aber „für die seelisch-politische Entwicklung notwendig". Der Nationalsozialismus sei mit daran zugrunde gegangen, dass „ihm der Mut zur Wahrheit fehlte. Dieser muß für die Deutschen wieder zurückgewonnen werden."[82] Im Juli 1947 kennzeichnete Heuss das Kriegsende als „die größte Demütigung unserer Geschichte", freilich als eine „Demütigung, die wir verdient haben."[83]

In seiner Antrittsrede als Bundespräsident sprach Heuss am 12. September 1949 das Verhältnis von Erinnerung und Vergessen für den Neubeginn der Demokratie in der Bundesrepublik an. Für Heuss stellt sich sowohl „beim Einzelmenschen" als auch „für die Völker" die Möglichkeit, vergessen zu können, als eine „Gnade des Schicksals" dar. Mit diesen Worten dürfte er den Wünschen und Erwartungen der Bundesdeutschen sicher entgegen gekommen sein, nicht jedoch mit der anschließend geäußerten Sorge, dass „manche Leute in Deutschland mit dieser Gnade Mißbrauch treiben" und „zu rasch vergessen" wollten. Es müsse „im Spürgefühl behalten" werden, „was uns dorthin geführt hat, wo wir heute sind." Die Deutschen dürften es sich „nicht so leicht machen, nun das vergessen zu haben, was die Hitlerzeit" ihnen gebracht habe.[84]

Den Begriff der Schuld verwendete Theodor Heuss in keiner seiner Reden, dagegen sprach er sehr oft von „unserer Scham".[85] Am 7. Dezember

---

81 HEINEMANN 1955, S. 152f.
82 HEUSS 1945, S. 295.
83 HEUSS 1947, S. 338.
84 HEUSS 1949a, S. 8.
85 Vgl. z.B. HEUSS 1952, S. 228.

1949 hielt er in Wiesbaden eine Rede, in der er – wie bei sehr vielen anderen Gelegenheiten – eine „Kollektivschuld" ablehnt. Heuss bekennt sich dagegen zu einer „Kollektivscham", die aus dem Nationalsozialismus „gewachsen und geblieben" sei. „Das Schlimmste, was Hitler uns angetan hat", bestehe darin, dass „er uns in die Scham gezwungen hat, mit ihm und seinen Gesellen gemeinsam den Namen Deutsche zu tragen." Die Deutschen, so variiert der Bundespräsident die Überlegungen aus seiner Antrittsrede, „dürfen nicht einfach vergessen, dürfen auch nicht Dinge vergessen, die die Menschen gerne vergessen möchten, weil das so angenehm ist."[86]

In diesen Formulierungen werden die Spannbreite und die Ambivalenz der vergangenheitsbezogenen Reden des ersten Bundespräsidenten deutlich. Heuss kommt der Stimmungslage in der Bundesrepublik durch die immer wiederkehrende Ablehnung der Kollektivschuld – zu Recht – entgegen, er vermeidet den Begriff der Schuld insgesamt und beschreibt die Deutschen als Opfer Hitlers. Andererseits warnt er stets vor dem Vergessen und führt mit dem Begriff der Scham zwar keinen für die nationalsozialistischen Verbrechen adäquaten – und demokratietheoretisch unzulänglichen – Begriff ein, der aber immerhin Ausdruck für die persönliche Involvierung in den Nationalsozialismus ist und schon insoweit über die Abwehr der eigenen Beteiligung an den Verbrechen hinausgeht.[87]

Im Amt des Bundespräsidenten hat Theodor Heuss keine unmittelbar auf den 8. Mai 1945 bezogene Rede gehalten. Im Jahr 1955 sprach er dieses Datum bei zwei Gelegenheiten gleichwohl an. Anlässlich der Beendigung der Tätigkeit der Hohen Kommissare hielt er am 5. Mai 1955 eine Rede, in der er zu Beginn auf das Kriegsende vor zehn Jahren einging. Aufgrund der „Termin-Nachbarschaft zu dem Tag, da vor zehn Jahren eine immer sinnlos gewesene kriegerische Unternehmung durch ein paar Unterschriften ihr Ende sich bestätigte", stellt der Bundespräsident einige „geschichtliche Reflexionen" an, zu denen er sich aufgrund des historischen Gewichts dieses Tages „versucht" sehe. Für „das deutsche Bewußtsein" werde dieser Tag „immer in einer seltsam erregenden Zwielichtigkeit sich zeigen", denn in die „damals sehr aktuelle militärische Zertrümmerung der wüsten hitlerischen Herrschaftsepisode" sei „die Vernichtung von Jahrhunderten alter deutscher Staats- und Volksgeschichte einbezogen" gewesen. Dies sei schon damals mit „tragischer Illusionslosigkeit" empfunden worden. Die von ihm

---

86 HEUSS 1949b, S. 101.
87 Der gedenkpolitische Leitfaden dieses Bundespräsidenten, die nationalsozialistische Vergangenheit zwar kritisch zu thematisieren, zugleich aber entlastende Aspekte anzubieten, wird auch in seinen beiden wichtigsten vergangenheitsbezogenen Ansprachen deutlich, die Heuss im November 1952 zur Einweihung des Mahnmals in Bergen-Belsen bzw. zum zehnten Jahrestag des 20. Juli 1944 in Berlin gehalten hat (vgl. HEUSS 1952 bzw. HEUSS 1954).

konstatierte „Zwielichtigkeit" der Empfindungen am 8. Mai 1945 resultierte für Heuss daraus, dass es neben dieser „Vernichtung" von Jahrhunderten deutscher Geschichte auch eine positive Erfahrung gegeben habe, nämlich

> „das Gefühl des Befreit-Seins – wovon denn? Aus der Gefährdung von Leben und Freiheit, von der Sorge um Freunde und Verwandte? Das meine ich nicht. Sondern von der Lüge, der Willkür, der Gewalt, als dem für legitim erklärten und praktizierten Instrumentarium des staatlichen Lebens. Das war die Scham, in die Hitler uns Deutsche gezwungen hatte – man konnte sie, man kann sie nicht abschütteln, sie wird unser Geschlecht begleiten, aber man konnte und mußte und muß versuchen, mit einer Gegenleistung sie zu überwinden, Gegenleistung, nicht Gegenbeteuerung allein."[88]

Schon früh also, im Umfeld des zehnten Jahrestages, spricht der erste Bundespräsident von der Ambivalenz des 8. Mai 1945: „Militärische Zertrümmerung" und „Befreit-Sein". Mit dem Terminus des „Befreit-Seins", den er nicht allein auf die Angst im Krieg bezieht, deutet er eine Lesart an, die in der Bundesrepublik in den folgenden Jahrzehnten umstritten sein sollte. Gleichzeitig trennt er erneut Hitler von „uns Deutschen". Wiederum verwendet er die Formulierung von der „Scham, in die Hitler uns Deutsche gezwungen hatte", fügt aber nicht mehr, wie noch in seiner Rede zum 20. Juli aus dem Jahr 1954, die entlastende Formulierung hinzu, diese sei „vom besudelten deutschen Namen wieder weggewischt"[89] worden – im Gegenteil, in dieser Rede erklärt er diese „Scham" für nicht „abschüttelbar".

Neben der Wiedererlangung großer Teile der staatlichen Souveränität wurde im Jahr 1955 auch der 150. Todestag Friedrich Schillers am 9. Mai mit großem Aufwand gefeiert. In den Worten Florian Altenhöners suchte man „Kontinuität in der Tradition der Klassik und schwieg über Krieg und Terror. Eine Gedenkstunde unter Teilnahme des Bundespräsidenten und des Bundestagspräsidenten am 8. Mai 1955 galt daher folgerichtig Friedrich Schiller"[90] und nicht etwa dem zehnten Jahrestag des 8. Mai 1945. Auch das Kuratorium „Unteilbares Deutschland" veranstaltete am 8. Mai 1955 eine gesamtdeutsche Schiller-Feier im Berliner Sportpalast. Die Festrede hielt Carlo Schmid – der zehnte Jahrestag des 8. Mai 1945 fand in dieser Veranstaltung keine Erwähnung.[91]

Bundespräsident Heuss dagegen ging anlässlich seiner Rede zu Schillers Todestag zum zweiten Mal auf den zehnten Jahrestag ein. Am 8. Mai 1955 spricht er in Stuttgart vom 8. Mai des Jahres 1945 als einem Tag, den die

---

88 HEUSS 1955a, S. 39.
89 HEUSS 1954, S. 6.
90 ALTENHÖNER 1996, S. 81.
91 Vgl. WOLFRUM 1999, S. 175f. und S. 412, Fn. 129.

Deutschen „völlig illusionslos, aber mit heftigem Wunsch" erwartet hätten. Erneut legt er seine Paradoxie-Lesart dar, indem er vom 8. Mai als Tag „mit seiner schmerzhaft tragischen Paradoxie, da unser Staaten- und Volksschicksal vernichtet, unsere Seele aber befreit war", spricht. Befreit „freilich mit dem Auftrag, nun auch mit der Last der Scham fertig zu werden." Der Bundespräsident fügt hinzu, man möge es „nicht als eine Erfindung des Hinterher nehmen", wenn er heute seine Gedanken, die er unmittelbar am 8. Mai 1945 gehabt habe, wiedergebe: „An diesem Tag, heute vor zehn Jahren, gingen immer wieder – Trost, Mahnung, Sicherheit – drei Zeilen durch den Sinn: Stürzte auch in Kriegsflammen/Deutsches Kaiserreich zusammen,/Deutsche Größe bleibt bestehen."[92]

Sofern Heuss unter „Paradoxie" die Zwiespältigkeit der Gefühle verstanden wissen will, wird er den Ambivalenzen der Erfahrungen seiner Zeitgenossen gerecht. Die Betonung des Befreiungscharakters kommt darüber hinaus einer politischen Bewertung im Sinne der Chance zur Etablierung der Demokratie gleich, auch wenn Heuss allein den „seelischen" Aspekt der Befreiung betont. Im Widerspruch dazu steht die abschließende Betonung der „deutschen Größe", die „bestehen bleibt". Dieses Zitat ist keine bloße Reminiszenz anlässlich Schillers 150. Todestages, denn Heuss verwendete es auch schon in seiner Rede vor dem Parlamentarischen Rat am 8. Mai 1949. Dort fügte er hinzu, ihm gehe es bei der „deutschen Größe" nicht um Machtfragen, sondern „ganz nüchtern und bescheiden" um Ansätze „zum bloßen politisch einheitlich Lebenkönnen."[93]

Vor seiner Rede zu Schillers 150. Todestag hatte Heuss in einem Gespräch mit Adenauer (am 18. März 1955) mit diesem unter anderem den zehnten Jahrestag des 8. Mai besprochen. Er informierte den Bundeskanzler, dass er am 8. Mai 1955 zur Schiller-Feier zusammen mit Thomas Mann[94] sprechen werde und bei dieser Gelegenheit auch der „zehnjährigen Wiederkehr des Kapitulationstages" gedenken könne. Er habe gehört, dass im Kabinett die Frage von Feiern aus Anlass des zehnten Jahrestages diskutiert werde und wisse, dass verschiedene Organisationen (Stahlhelm, Kriegsgefangenen- und Flüchtlingsverbände) Feiern planten. Er – der Bundespräsident – glaube aber, dass von offizieller Seite kein Anlass bestehe, diesen Tag „in besonderen Feiern (Trauer- oder Freudenfeiern?)" heraus zu stellen. Adenauer zeigte sich mit dieser Auffassung völlig einverstanden und wollte

---

92 HEUSS 1955 b, S. 42f.
93 PARLAMENTARISCHER RAT 1948/49, S. 210.
94 Vgl. MANN 1955. Mann hielt seine Schiller-Rede sowohl am 8. Mai 1955 in Stuttgart als auch am 14. Mai 1955 im Deutschen Nationaltheater in Weimar. Der 8. Mai 1945 findet in ihr keine Erwähnung.

sich dafür einsetzen, dass dieser Tag „möglichst geräuschlos vorübergehe".[95]

Die Ausdeutungsversuche des Zäsurdatums 8. Mai waren in den formativen Jahren der Bundesrepublik in ihrer Quantität insgesamt gering, sie setzten in Presse und Publizistik sowie in unterschiedlichen gesellschaftlichen Gruppierungen jedoch bereits ein. Das elaborierteste Beispiel ist die kurze Rede Helmuth Gollwitzers vom 7. Mai 1955. Auf staatlich-repräsentativer Ebene bot allein Theodor Heuss annäherungsweise ein Äquivalent. Die nachfolgend von vielen Anderen und zeitgenössisch von ihm selbst oft variierten Worte der „tragischsten und fragwürdigsten Paradoxie" des 8. Mai 1945, an dem die Deutschen „erlöst und vernichtet in einem" gewesen seien, die Heuss das erste Mal am 8. Mai 1949 formuliert hatte, sind mit ihrem nebulösen, wenig konkreten Aussagegehalt allerdings eher zeittypisch als ein Beleg für den Beginn einer kritischen, ausdifferenzierten Debatte um den 8. Mai 1945. Die Kategorie des „Tragischen" steht exemplarisch für die vorherrschenden mystifizierenden Verhängnislesarten, für die metaphysisch gehaltenen Blicke auf die Zeit vor 1945 – Blicke, die mehr verhüllten als aufklärten. Zugleich aber konturierte Heuss mit dem Begriff des „Befreit-Seins", ohne sie bereits auszuformulieren, eine 8. Mai-Deutung, die aus einer Verantwortungsposition für begangene Verbrechen resultieren könnte. Von einer nennenswerten Wechselwirkung zwischen der staatlich-offiziellen und den gesellschaftlichen Ebenen, auf denen eine zaghafte Auseinandersetzung bereits begann, kann zu diesem Zeitpunkt – jedenfalls auf das Gedenken an den 8. Mai bezogen – kaum die Rede sein. Als politischer Gedenktag war er den Zeitgenossen in den späten 1940er und in den 1950er Jahren nicht präsent.[96]

4.8 Im Antagonismus verbunden – Deutsche Gründungsmythen

Zwar hatte der 8. Mai 1945 als politischer Gedenktag zumindest in der Bundesrepublik noch kein klar konturiertes Profil, aber die Besatzungszeit und die frühe Phase der beiden deutschen Nachfolgestaaten des Nationalsozialismus haben als formative Jahre die Deutungsgeschichte des 8. Mai wesentlich vorgeprägt. In diesen Jahren formierten sich die vergangenheitspo-

---

95 Vgl. ADENAUER-HEUSS 1997, S. 159.
96 Eine anekdotische Schilderung mag diesen Befund illustrieren: Am 8. Mai 1957 riefen Angestellte des Bonner Verteidigungsministeriums bei ihren Nato-Kollegen in Brüssel an. Dort aber nahm niemand den Telefonhörer ab – in Bonn hatte man noch nichts davon gehört, dass im Hauptquartier des westlichen Verteidigungsbündnisses der 8. Mai gefeiert und folglich nicht gearbeitet wurde (vgl. Klaus Hillenbrand: „Deutsche gehen lieber ins Grüne", in: die tageszeitung vom 27.4.95).

litisch relevanten „Gründungsmythen" in beiden deutschen Staaten, die in engem Zusammenhang zur Zäsur des Jahres 1945 standen und deren Rezeptionsprozess nachhaltig mitbestimmten. Unter einem „Mythos" lässt sich, so Edgar Wolfrum, „ein Denk- und Anschauungssystem verstehen, das von einer kulturellen Gemeinschaft, ohne es zu hinterfragen, zu ihrer Selbstvergewisserung verwendet wird und das zugleich in die Rahmenbedingungen politischer Herrschaft eingebettet ist." Mythen, insbesondere Gründungsmythen, repräsentieren das „für einen politischen Verband konstitutive Ensemble von grundlegenden Vorstellungen, Normen, Werten und Symbolen."[97]

Politische Mythen finden ihre Basis sowohl im kommunikativen als auch im kulturellen Gedächtnis – die Transformierung in letzteres ist gerade für die Persistenz von Gründungsmythen entscheidend. Auch sie heben sich von bloßer Geschichtsschreibung dadurch ab, dass sie nicht die Ereignisse selbst, sondern deren Bedeutung für das aktuelle Selbstverständnis vermitteln. Sie tragen zur Reduktion von Komplexität bei, indem sie Orientierung und Überblick verschaffen. Obwohl der Begriff „Gründungsmythos" negativ konnotiert erscheint, ist er in der Regel keineswegs irrational oder etwa frei erfunden, er hängt mit realen Ereignissen oder Personen zusammen. Nur so kann er überhaupt seine intendierten Funktionen erfüllen: Komplexität zu reduzieren, einem politischen System Loyalität zu verschaffen und die Gesellschaft zusammenzubinden.

Unmittelbar nach dem Ende von Krieg und Nationalsozialismus schien die Stunde des Antifaschismus gekommen zu sein. Unter diesem Begriff versammelten sich vor allem diejenigen, die den Nationalsozialismus in den Konzentrationslagern oder im Widerstand überlebt hatten. Zu ihnen stießen bald, vor allem in der SBZ, rückkehrende Emigranten. Angesichts der allgemeinen Unterstützung des Nationalsozialismus hatte eine biographisch fundierte antifaschistische Haltung, die in Deutschland zum größten Teil eine kommunistische Haltung war, nach 1945 große Attraktivität. In den Augen vieler erschien sie als allein angemessen. Die deutschen Kommunisten hatten somit 1945, neben der Unterstützung der Siegermacht Sowjetunion, gegenüber allen anderen politischen Akteuren einen „gründungsmythischen Vorsprung".[98] Die Widerstandsbiographien der politischen Führung in der DDR untermauerten antifaschistische Konsequenzen nach 1945 gleichsam lebensgeschichtlich. Der Antifaschismus der Nachkriegszeit war insofern mehr als eine verordnete Staatsdoktrin, er enthielt einen histo-

---
97 WOLFRUM 1999, S. 52. Zu den Funktionen von Gründungsmythen vgl. auch MÜNKLER 1998, S. 19.
98 GIBAS 1999, S. 313.

risch, politisch und moralisch begründbaren sowie biographisch authentischen Kern. Ohne diesen hätte er nicht zum Gründungsmythos werden können.

Der Antifaschismus wurde aber schon sehr bald durch die SED dazu missbraucht, die Erfahrungs- und politische Vorstellungswelt der Vertreter des kommunistischen Widerstands auf die gesamte Gesellschaft zu übertragen. Autoritär verengt und staatlich monopolisiert diente er der Kompensation legitimatorischer Defizite des neuen politischen Systems und der Homogenisierung der Gesellschaft. Obwohl in der Gründergeneration der DDR oft eindrucksvoll lebensgeschichtlich verankert, fehlte es dem antifaschistischen Gründungsmythos in seiner entpluralisierten und verordneten Form an moralischer Substanz. Er war insoweit, in einer Formulierung von Wolf Biermann, „eine Verlogenheit mit Hilfe von Wahrheiten".[99] Verlogen war er auch insofern, als der SED-Antifaschismus zugleich der Versuch war, die Biographie Einzelner, zur Exemplarität stilisiert, kommunikativ und kulturell zu vermitteln und damit auch den in der Vergangenheit nicht am Widerstand Beteiligten anzubieten. Auch Passive, Mitläufer und Täter konnten sich auf diese Weise ohne biographisch konkrete Auseinandersetzung mit ihrer Vergangenheit als Gegner und Opfer des Nationalsozialismus zugleich verstehen. Der antifaschistische Widerstand einiger weniger wurde zur Freistellung von Schuld und Verantwortung für viele zur Verfügung gestellt. Jurek Becker stellte 1994 ironisierend fest: „Von den zehntausend Antifaschisten, die es in Nazideutschland gegeben haben mag, lebten allein acht Millionen in der DDR."[100]

Als weitere wichtige Funktion im gründungsmythischen Haushalt der SED diente der Antifaschismus der Verdächtigung der Bundesrepublik als faschistisch. Der staatlich verordnete Monopolanspruch der SED manifestierte sich im antifaschistischen Gründungsmythos somit in einer mindestens dreifachen Abgrenzungsstrategie: Der Abgrenzung von der deutschen Vergangenheit, vom zweiten deutschen Nachfolgestaat und vom Kapitalismus, der mit dem Faschismus weitgehend synonym gesetzt wurde. Neben diesen Abgrenzungsfunktionen diente der antifaschistische Gründungsmythos nicht zuletzt der Beschwörung „ewiger Freundschaft" mit der Sowjetunion. Auf allen vier Ebenen spielte das Gedenken an den 8. Mai eine zentrale Rolle: Er war als politischer Gedenktag einer der wichtigsten Erinnerungsorte, an dem dieses Legitimationskonzept entfaltet wurde.

In der Bundesrepublik war die formative Phase der 1940er und 1950er Jahre geprägt durch die Kritik an der Entnazifizierung und der vermeintli-

---
99 BIERMANN 1988, S. 430.
100 Jurek Becker: Mein Vater, die Deutschen und ich, in: Die Zeit vom 20.5.94.

chen Kollektivschuldanklage sowie durch opferstilisierendes Selbstmitleid, gepaart mit dem Gefühl, durch den Wiederaufbau zugleich ausreichend „Wiedergutmachung" geleistet zu haben. Unter diesen Rahmenbedingungen konnte kritische Erinnerungsarbeit weitgehend vermieden werden. Fand ein Rückblick statt, dann primär in Form von Deckerinnerungen an den Krieg statt an den Nationalsozialismus. Die Selbstwahrnehmung als verführte, betrogene, unterdrückte, jedenfalls nicht individuell verantwortliche Opfer des Nationalsozialismus, des Krieges und der Nachkriegsgeschichte (Vertreibungen, deutsche Teilung) unterschlug nicht nur das Ausmaß der Identifikation mit den Zielen des Nationalsozialismus, sondern auch dessen spezifischen, singulären verbrecherischen Charakter. Fast folgerichtig verorteten in den frühen Nachkriegsjahren existenzialistische Metaphern wie „Katastrophe" oder „tragisch" die Ereignisse zwischen 1933 und 1945 in einer Sphäre jenseits individueller Verantwortung.

Die westdeutschen Gründungsmythen trugen zu diesen Selbstbildern stabilisierend bei. Jürgen Habermas fasst sehr knapp zusammen, wodurch das westdeutsche Nachkriegsbewusstsein vor allem geprägt gewesen sei:

> „Durch die Dethematisierung der jüngsten Vergangenheit und eine eher ungeschichtliche Definition des eigenen Standortes; ferner durch die aggressive Abgrenzung gegenüber den Systemen Osteuropas, insbesondere gegenüber der DDR, d.h. durch eine Fortschreibung des historisch verwurzelten antikommunistischen Einstellungssyndroms; weiterhin durch die Orientierung an den Werten und Verkehrsformen der westlichen Zivilisation, besonders der ‚Schutzmacht' USA; und last not least durch den Stolz auf die eigenen wirtschaftlichen Leistungen."[101]

In unseren Kontexten sind nicht alle diese ohnehin holzschnittartig-verkürzt dargestellten Gründungsmythen von gleichem Interesse. In der Rezeptionsgeschichte des 8. Mai 1945 spiegelten sich in der formativen Phase neben der „ungeschichtlichen Definition des eigenen Standortes" (eine Definition, die sich verändern sollte) vorrangig die Abgrenzung vom zweiten deutschen Staat und der antikommunistische Gründungsmythos der Bundesrepublik (die sich bis 1989/90, jedenfalls verbal, kaum veränderten). Die sowjetische Expansion in Europa, der Kalte Krieg und die deutsche Teilung boten die Möglichkeit, den Kommunismus in mehr oder weniger ungebrochener Kontinuität als politischen Gegner zu sehen. Die nationalsozialistische Vergangenheit wurde mit Hilfe dieses zentralen Gründungsmythos „antitotalitär gefiltert" und damit die deutsche Schuld „abschattend" stili-

---

101 HABERMAS 1990, S. 206f.

siert.[102] Die „staatsbürgerliche Haltung" Antikommunismus wurde durch die Etablierung der SED-Diktatur potenziert, denn „jetzt war, was früher nur die Propaganda an die Wände gemalt hatte", so formulierte es Eugen Kogon, „zur Wirklichkeit geworden": Kommunismus in Deutschland.[103]

Hermann Glaser beschreibt die „Kultur der Stunde Null, die keine war" als eine Fortsetzung des deutschen Weges nach innen, als „affirmative Kultur". Das Jahr 1945 habe zwar eine „tiefe Bruchstelle zwischen Kulturell-Gestrigem und Kulturell-Zukünftigem" bedeutet, die freilich zugleich durch weitreichende Kontinuitäten gekennzeichnet gewesen sei: „So viel Anfang war nie. Viel Anfang war nie."[104] Unter „affirmativer Kultur" versteht Glaser die Neigung zur Innerlichkeit, die Kultur und Zivilisation sowie „sittliche" und bürgerliche Freiheit voneinander trennt. Für beide deutschen Nachkriegsstaaten hält Glaser fest: „Die Dominanz affirmativ-pathetischer gegenüber dialektisch-kritischer Kultur ist eine die Zeit nach dem Mai 1945 insgesamt charakterisierende Tendenz", weshalb von einer „'Stunde Null', als tabula rasa für Neues" nur bedingt gesprochen werden könne.[105] Nun ließe sich, so könnte Glaser entgegengehalten werden, der „Weg nach innen" als reflektierende Inventur, als Wertebilanzierung im Gegenteil gerade als umfassend verstandene Demokratisierung begreifen. Genau dieses verneint Glaser aber zu Recht, indem er festhält: „Auf dem Weg nach innen fehlte weitgehend die Erkenntnis und Bereitschaft zu radikaler Bestandsaufnahme."[106]

Damit ist eine erste Gemeinsamkeit gründungsmythischer Auswirkungen angedeutet. Die Gründungsmythen beider deutscher Staaten beruhten – bei aller Unterschiedlichkeit und direkten Entgegengesetztheit – darauf, nahezu allein die gegenwärtige politische Haltung der Deutschen, das Mitmachen am Neuaufbau zum Maßstab des Neubeginns zu machen. Konkrete Taten in der Vergangenheit, die eigene Biographie zählten demgegenüber kaum.[107] Die Gründungsmythen beider deutscher Staaten gründeten auf der stillschweigend vorausgesetzten Annahme, dass die Ablösung des alten Systems und die Zerschlagung der politischen Strukturen des Nationalsozialismus ausreichten, auch dessen mentale Verankerungen und Fol-

---

102 Vgl. DUBIEL 1999, S. 177.
103 KOGON 1977, S. 12.
104 GLASER 1995c, S. 772. Vgl. zu den individual- und sozialpsychologischen Implikationen der Deklaration einer „Stunde Null" ECKSTAEDT 1992, S. 496.
105 GLASER 1995c, S. 788.
106 Ebd., S. 791.
107 Der damalige sächsische Innenminister und spätere erste Minister für Staatssicherheit der DDR, Wilhelm Zaisser, legte diese Perspektive in einer Rede vom März 1949 offen: „Wir verlangen nicht den negativen Nachweis des Nichtbelastetseins, des Neutralseins, sondern den positiven Nachweis des Mitmachens" im neuen System (zitiert nach: SCHLUSSBERICHT 1998, S. 230).

gen zu zerstören. Die ost- wie westdeutschen Gründungsmythen richteten den Blick primär auf die Zeit nach 1945 und ermöglichten somit, den demokratietheoretisch entscheidenden Fragen nach eigenen Verhaltensweisen in einer schuldbeladenen Vergangenheit auszuweichen. Sie fungierten als „Einverständnisbrücken", als Konsenselemente zwischen Menschen, die sehr unterschiedlich in die NS-Vergangenheit involviert waren.[108] In ihrer formativen Phase waren sich die Deutschen in Ost und West „wohl über das Ausmaß der militärischen Katastrophe im klaren", so differenziert Wolfgang Benz, „aber schon weniger über die politische und noch viel weniger über die moralische Katastrophe des nationalsozialistischen Regimes, an der sie alle ihren Anteil hatten."[109]

Auch der Umgang mit den Opfern des Nationalsozialismus führte in beiden deutschen Nachfolgestaaten zunächst – wenn auch unter gänzlich unterschiedlichen Vorzeichen – zu ähnlichen Ergebnissen. Zum einen herrschte in beiden deutschen Staaten auf je eigene Weise ein Selbstbild vor, in dem die Deutschen selbst die eigentlichen Opfer des Nationalsozialismus waren. Zum anderen führte auch der Umgang mit den Opfern der Verbrechen des Nationalsozialismus zu spiegelbildlich ähnlichen Ergebnissen. Während die Juden als „Opfer des Faschismus" in der DDR allenfalls in einer moralisch-politischen Hierarchisierung vorkamen, in der Unterscheidung zwischen den aktiven, heldenhaften kommunistischen Kämpfern und den passiven, unheroischen jüdischen Opfern, wurde in der Bundesrepublik nicht zwischen den Opfern des Nationalsozialismus und den (fremden und eigenen) Opfern des Krieges und der Nachkriegszeit unterschieden. Eine politisch-moralische Sonderstellung jedenfalls nahmen die NS-Opfer auch dort nicht ein. In keinem Jahrzehnt wurden weniger Mahnmale und Gedenkstätten für NS-Opfer eingerichtet als in den 1950er Jahren.[110]

Der Völkermord an den Juden, das Zentralereignis des Nationalsozialismus, wurde in den integrierenden Gründungsmythen beider deutscher Staaten marginalisiert, es existierte lange Zeit nicht einmal ein Begriff dafür. Erst in den 1960er und 1970er Jahren entwickelte sich in der Bundesrepublik eine Begrifflichkeit, die bis heute abwägt zwischen „Shoa", „Auschwitz", „Holocaust" und anderen Versuchen der terminologischen Beschreibung.[111] Die Schuldzuweisung an wenige Hauptsystemtäter diente in beiden Staaten der Entlastung der Mehrheit der Deutschen. Diese sollte sich nun, von

---
108 Vgl. PLATO/LEH 1997, S. 134.
109 BENZ 1994a, S. 13.
110 Vgl. BERGHOFF 1998, S. 102. Zu den Texten deutscher Mahnmale vgl. HASS 1994.
111 Zu den unterschiedlichen Rekonstruktionsimplikationen von Begriffen wie „Holocaust" oder „Shoah" vgl. z.B. YOUNG 1988; STEINBACH 1999, S. 49f.; DUBIEL 1999, S. 12f.

persönlicher Schuld unbelastet, am Aufbau der neuen Staatsordnung beteiligen. Die gründungsmythische Trennung des Nationalsozialismus von seinen Akteuren, von Tat und Tätern, war vielleicht der wichtigste Entlastungs- und Integrationsmechanismus der deutschen Nachkriegsgesellschaften. „Ohne die NS-Vergangenheit zu leugnen, was schlechterdings unmöglich war, entschärfte dieser subtile Kunstgriff ihre aktuelle Brisanz."[112] Wenn als ein Kennzeichen der formativen Jahre aus heutiger Sicht die Verdrängung der Vergangenheit beklagt wird, dann sollte darunter genauer gefasst werden: Bestritten und geleugnet wurde nicht die Vergangenheit insgesamt, sondern, in den Worten Gesine Schwans, „Schuld im Sinne der Verantwortlichkeit für das eigene Handeln, der Zurechenbarkeit der Verbrechen zum eigenen Verhalten."[113]

Nicht zuletzt gehörte es zu den Gründungsmythen beider deutscher Staaten, sich jeweils als Staat der geglückten „Vergangenheitsbewältigung" zu verstehen. So wie der antifaschistische Gründungsmythos der DDR nicht nur eine Abgrenzung gegenüber der Vergangenheit, sondern auch gegenüber der Bundesrepublik enthielt, waren auch die westdeutschen Gründungsmythen von Antikommunismus und Wirtschaftswunder gegen den im Osten eingeschlagenen Weg gerichtet. Die Existenz zweier deutscher Staaten ermöglichte beiden Systemen durch wechselseitige Projektionen die Verhinderung grundlegender kritischer Anfragen an die jeweilige Gesellschaftskonzeption und die eigenen Anteile an der schuldhaften Vergangenheit. Die „konträre Phänomenologie der Vergangenheitsbearbeitung"[114] zwischen Bundesrepublik und DDR lässt sich, jedenfalls für die ersten Nachkriegsjahrzehnte, so zusammenfassen: Dem mehr oder weniger „kommunikativen Beschweigen" in der Bundesrepublik stand das unkommunikative, antifaschistische Bereden der SED gegenüber. Zugleich aber waren beide deutsche Staaten durch die Existenz des jeweils anderen – wenn auch nicht-intendiert – permanent gezwungen, sich mit der gemeinsamen Vorgeschichte zu beschäftigen.

Diese – etwas grobmaschigen – Parallelisierungen sollen nicht verdecken, dass der antifaschistische Gründungsmythos für die SED von Anfang an als legitimationsgenerierende Systemstütze ungleich wichtigere Funktionen hatte als die Gründungsmythen der Bundesrepublik, die wie alle Demokratien über vielfältigere Legitimationsressourcen verfügte. Für die SED war ihr proklamiertes Geschichtsdeutungsmonopol von Anfang an ein unverzichtbarer Teil ihres exklusiven Wahrheitsanspruchs – ein Monopol, das in der Bun-

---

112 BERGHOFF 1998, S. 104.
113 SCHWAN 1997a, S. 102.
114 BIALAS 1998, S. 39.

desrepublik niemand für sich beanspruchen konnte und wollte. Deshalb wurden, bei allen ähnlichen gründungsmythischen Auswirkungen und trotz der noch nicht lange zurückliegenden gemeinsamen Vorgeschichte, sehr schnell die Unterschiede in den deutschen Erinnerungskulturen erkennbar. Karl-Ernst Jeismann hat für die Bundesrepublik der 1950er Jahre konstatiert, diese sei „als politischer Körper mit der Erinnerung eines Halbwüchsigen ausgestattet" gewesen.[115] Während die Bundesrepublik in den folgenden Jahrzehnten aber zu einem Staat mit der Erinnerung eines Erwachsenen heranwuchs, blieb die SED-Diktatur in diesem frühen, infantilen Entwicklungsstadium stehen.

Zudem waren – vom demokratischen Gehalt der politischen Systeme ganz abgesehen – schon die Gründungsmythen selbst strukturell unterschiedlich pluralistisch. Während der schon sehr bald verordnete Antifaschismus als exklusives Deutungsmonopol für Vergangenheit und Gegenwart fungierte, ließ etwa der antikommunistische Gründungsmythos der Bundesrepublik, als wirkungsvolle, entdifferenzierende Integrationsideologie, gleichzeitig immer Raum für Dissens und abweichende Deutungen der Vergangenheit. Denn eine antikommunistische Haltung kann nicht nur aus der Aufrechterhaltung überkommener Wertvorstellungen aus dem Nationalsozialismus resultieren, sondern auch aus einer fundiert demokratischen Perspektive. Auf den Gründungsmythos der Westbindung ist hier gar nicht eingegangen worden – er enthält, umfassend politisch-kulturell verstanden, ein hohes demokratisch-pluralistisches Potential. So ist zu erklären, dass sich trotz der beschriebenen Wirkungen der bundesdeutschen Gründungsmythen schon in den Anfangsjahren der Bundesrepublik unterschiedliche Lesarten zu vergangenheitsbezogenen Gedenkgelegenheiten Ausdruck verschafften. Gedenktage wie der 8. Mai 1945 waren bereits zu Beginn der Bundesrepublik, wenn auch noch in geringem Umfang, Indikatoren und Ausdrucksformen unterschiedlicher politischer Selbstverständnisse – zweifellos ein Kennzeichen einer (in den formativen Jahren politisch-kulturell noch keineswegs gefestigten) Demokratie.

---

115 JEISMANN 1986, S. 6.

5. Die 1960er Jahre

5.1 Von Schießkriegen und faschistischen Bestien

Nachdem in der Weihnachtsnacht 1959 die Kölner Synagoge mit Hakenkreuzen und Parolen wie „Juden raus" beschmiert worden war, schloss sich eine antisemitische Welle in der Bundesrepublik an: Allein in den folgenden vier Wochen wurden offiziell 470 Fälle von Schändungen jüdischer Friedhöfe und antisemitischer Schmierereien registriert.[1] Die antisemitischen Vorfälle waren einer der Gründe, warum im Jahr 1960 verstärkt vergangenheitsbezogene Debatten geführt wurden. Dennoch fand der 8. Mai auch in diesem Jahr in der Bundesrepublik kaum offizielle Beachtung. Eine Ausnahme stellt eine kurze Erklärung von Carlo Schmid dar, die er nicht als SPD-Abgeordneter, sondern explizit als Vizepräsident des Deutschen Bundestages veröffentlichte. In ihr kommt die seit 1945 dominierende Perspektive auf den 8. Mai deutlich zum Ausdruck. Unter der Überschrift „Liquidiert endlich den zweiten Weltkrieg! 8. Mai 1945 – 15 Jahre danach" schrieb Schmid einen fordernden Beitrag, in dem er sich ausschließlich auf die Folgen des Krieges in Form der deutschen Teilung bezieht. Er spricht davon, „am 8. Mai, vor fünfzehn Jahren" sei der „Schießkrieg" zu Ende gegangen. Mit dieser etwas eigentümlichen Formulierung bringt Schmid zum Ausdruck, dass für ihn angesichts der deutschen Teilung lediglich der militärische Teil des Krieges beendet wurde. Schmid wörtlich: „Aber wenn am 8. Mai vor fünfzehn Jahren auch der Schießkrieg zu Ende gegangen ist, so ist der Krieg selbst seitdem noch nicht liquidiert worden. Er ging in anderer Form weiter." Erst wenn auch die Deutschen nach dem Prinzip des Selbstbestimmungsrechtes der Völker handeln könnten, werde „der zweite Weltkrieg liquidiert sein."[2] In dieser drastischen Sprache wurde die dominante Lesart des 8. Mai selten formuliert. Auch in Presse und Publizistik des Jahres 1960 spielte der Jahrestag des 8. Mai so gut wie keine Rolle – als kennzeichnend für dessen erinnerungspolitische Behandlung kann eine Einschätzung aus „Die politische Meinung" gelten: Bald jähre sich „das Ende des Zweiten Weltkrieges zum fünfzehnten Mal. Weder die Sucht zur Erfindung neuer Gedenk-Tage noch ein Hang zur Zahlen-Spielerei verleitet dazu, diesem Datum Bedeutung zu geben."[3]

---

1 Zu der antisemitischen Welle 1959/60 vgl. BROCHHAGEN 1994, S. 276–316 und KRAUSE 2002, S. 85.
2 SCHMID 1960.
3 NEUMANN E. 1960, S. 3.

Im Gegensatz dazu erlebte das 8. Mai-Gedenken in der DDR seinen ersten Höhepunkt. Der 8. Mai 1960 wurde bewusst als Datum gewählt, um die Schinkelsche Neue Wache in Berlin einzuweihen, die fortan als „Mahnmal für die Opfer des Faschismus und Militarismus" fungierte.[4] Auch die „Zeitschrift für Geschichtswissenschaft" fokussierte in einigen Beiträgen auf dieses Datum, in denen die inzwischen üblichen Deutungen einen wissenschaftlichen Anspruch erhalten sollten. Für die vorherrschenden Lesarten steht etwa folgende Bewertung: „Der Klasseninhalt der Bilanz des Sieges wird durch die Stärkung des Sozialismus und die Schwächung des Kapitalismus charakterisiert."[5] Neben der obligatorischen Rühmung der „Befreiungstat der Sowjetunion"[6] finden sich in einigen Aufsätzen noch Bewertungen, die in den folgenden Jahrzehnten nicht mehr formuliert werden sollten: So ist etwa von der „totalen Niederlage"[7] oder von der „tiefen nationalen Katastrophe, in die Deutschland 1945 vom deutschen Imperialismus gestürzt worden war"[8], die Rede.

Die „nationale Katastrophe" ist eine Bewertung, die auch Walter Ulbricht unmittelbar nach 1945 häufiger vornahm. Durch alle Reden des SED-Generalsekretärs ziehen sich Formulierungen wie „Hitlerdeutschland", „Hitlerismus" oder „Hitlerbarbarei". Im Juni 1945, unmittelbar nach dem Ende von Krieg und Nationalsozialismus, sprach Ulbricht – wie später noch häufig – von der „nationalen Katastrophe Deutschlands." Die Schuldfrage behandelt er hier aus der Perspektive eines „verführten" deutschen Volkes: „Mit tiefer Trauer müssen wir feststellen, daß sich die große Mehrheit des deutschen Volkes als Werkzeug der Naziführer und Rüstungsindustriellen gebrauchen ließ." Die „Erkenntnis dieser Schuld", so Ulbricht im Juni 1945, sei „die Voraussetzung dafür, daß unser Volk endgültig mit dem reaktionären Vergangenen bricht und entschlossen einen neuen Weg geht." Ulbricht forderte unmittelbar nach dem 8. Mai 1945 eine Umkehr durch Selbstbesinnung, die er in Schamkategorien formulierte, und vertrat damit einen Anspruch, der in den späteren Jahren der SED-Diktatur unter der Leitformel des Antifaschismus nicht mehr erhoben werden sollte:

> „Erst wenn unser Volk von tiefer Scham erfaßt ist über die Verbrechen des Hitlerismus, erst wenn es von tiefer Scham erfaßt ist darüber, daß es diese barbarischen Verbrechen zugelassen hat, erst dann wird es die innere Kraft auf-

---

4 Vgl. KIRSCH 1999, S. 63.
5 MELNIKOW 1960, S. 512.
6 Z.B. STERN 1960, S. 558.
7 Ebd., S. 557.
8 DOERNBERG 1960, S. 531.

bringen, einen neuen, einen demokratischen, einen fortschrittlichen Weg zu gehen, der allein die Zukunft der Nation sichern kann."[9]

Fünfzehn Jahre später prägten Ulbrichts Bewertungen die Gedenkreden zum 8. Mai 1960 in der DDR. Unter anderem veröffentlichte er einen umfangreichen Artikel, in dem er seine Einschätzung des Kriegsendes darlegte. Von den 1945 angedeuteten – wenn auch nie zu Ende gedachten – selbstkritischen Aspekten ist nun nicht mehr die Rede. „Vor 15 Jahren, am 8. Mai 1945", habe „eine neue Epoche in der Geschichte des deutschen Volkes" begonnen. Mit der „Zerschlagung des Hitlerstaates und der Vernichtung der faschistischen Bestie" sei „eine Wende in der Geschichte Deutschlands" eingetreten. Ulbricht gibt im Folgenden die wesentlichen Funktionen des Gedenkens an den 8. Mai wieder, die sich bis 1989 kaum verändern sollten: Der 8. Mai wird in seinem Artikel als Befreiung vom Faschismus beschrieben, er dient zur Begründung der Anbindung an die Sowjetunion und deren „ruhmreiche Armee" sowie zur Charakterisierung der DDR als Ausweg aus der verhängnisvollen deutschen Geschichte. Ulbricht unterscheidet das „deutsche Volk" von der „Hitlerclique" und stellt fest, der 8. Mai 1945 sei bereits unmittelbar nach Kriegsende als Befreiung empfunden worden. Der für Ulbricht typische nationale Akzent führt ihn dazu, diese Einschätzung sogar auf die westdeutsche Bevölkerung zu übertragen: In „Westdeutschland" habe die „kriegsmüde Bevölkerung, genau wie im Osten Deutschlands, die Entmachtung des Nazismus und Militarismus" gefordert. Auch sie habe „die historische Chance, die der 8. Mai 1945 dem deutschen Volk bot, zum Wohle der deutschen Nation nutzen" wollen. Da aber „in Westdeutschland die Urheber des Hitlerkrieges unangetastet" geblieben und „eine wahrhaft demokratische Entwicklung bewußt aufgehalten" worden sei, sei „eine große Gefahr für die nationale Zukunft Deutschlands" entstanden.[10]

In seiner Ansprache auf der Festveranstaltung zum „15. Jahrestag der Befreiung des deutschen Volkes vom Faschismus" wiederholte Ulbricht diese Einschätzungen. Deutlicher noch als in seinem Artikel betont er den Befreiungscharakter: Der 8. Mai 1945 sei der Tag der „Befreiung Deutschlands von der nazistischen Herrschaft", der „Befreiung von der Hitlerherrschaft" bzw. „Hitlerbarbarei". Allerdings spricht er auch von der „Katastrophe Deutschlands im Hitlerkrieg". Seine nationale Ausrichtung lässt ihn also – im Gegensatz zu seinem Nachfolger Erich Honecker – dem 8. Mai einen in Ansätzen ambivalenten Charakter zuschreiben. Darüber hinaus liegt für

---

9 ULBRICHT 1945, S. 16.
10 ULBRICHT 1960a, S. 124.

den SED-Generalsekretär die Bedeutung des 8. Mai in der Abgrenzung zum westdeutschen Staat: „Die DDR ist die Verkörperung des Friedens; der westdeutsche Staat die Verkörperung des Militarismus und des Krieges."[11] Ulbricht stellt die DDR als den praktischen Ausweg aus den Irrwegen der deutschen Geschichte und als Vorbild für eine anzustrebende vereinte deutsche Nation dar. An einem reflektierten Gedenken, einem kritischen Erinnern an schmerzhafte Aspekte der Vergangenheit ist ihm nicht gelegen. Am deutlichsten wird dies, wenn Ulbricht die Opfergruppen anspricht. Er spricht zumeist von den „besten Deutschen" und der „deutschen Arbeiterklasse". Zwar erwähnt er auch die Konzentrationslager und Vergasungskammern – die Judenvernichtung und andere Verbrechen allerdings nicht einmal in diesen Kontexten.

5.2 Deutsche Väter – deutsche Söhne

Bis zum zwanzigsten Jahrestag des 8. Mai im Jahr 1965 fand dieses Datum keinen eigenständigen Platz in der bundesdeutschen Erinnerungskultur. Bewertungen dieser Zäsur kamen allenfalls am Rande zum Ausdruck, so etwa in einer Rede von Eugen Gerstenmaier aus dem Jahr 1961 vor dem CDU-Bundesparteitag in Köln. Dort gab er, wie viele vor und nach ihm, ein vehementes „Bekenntnis zum Deutschen Reich" ab, das er als ein „Ja zur geschichtlichen Kontinuität" verstanden wissen will. In diesem Zusammenhang hält er fest, das Deutsche Reich sei in der „Katastrophe von 1945" nicht untergegangen. Im Kontext der Aufrechterhaltung der Kontinuität des Deutschen Reiches ist diese Bewertung als „Katastrophe" die typische Lesart der Zäsur von 1945. Zugleich stellt Gerstenmaier fest, „das gerecht wägende Urteil" habe das „Wort von der Kollektivschuld des deutschen Volkes" inzwischen verworfen. Jedoch könne auch dieses Urteil die Deutschen „nicht aus der kollektiven Haftung entlassen, in die uns der Schuld- und Schicksalszusammenhang der deutschen Geschichte gestellt hat."[12]

Während Gerstenmaiers Lesart als Katastrophe als zeittypisch gelten kann, ist die Erinnerung an Schuld- und Haftungsaspekte kaum als exemplarisch zu bezeichnen. Auch zu Beginn der 1960er Jahre war die Erinnerung an das Jahr 1945 positiv konnotiert vor allem auf das Ende des Krieges gerichtet – eine politisch-systemische Bewertung der Zäsur war dagegen noch nicht sehr verbreitet. Jedenfalls stellten Gedanken, wie sie etwa in einer Buchrezension aus dem Jahre 1962 formuliert wurden, eine marginale Ausnahme dar. Rolf Schroers befasste sich darin mit dem „Jahr Null".

---
11 ULBRICHT 1960b, S. 165.
12 GERSTENMAIER 1961, S. 261f. bzw. S. 266f.

Zunächst lehnt auch er eine „Kollektivschuld" ab und behandelt die für ihn „unklare" Rolle „der Befreier". Mit der Formulierung von den „Befreiern" deutet er einen politisch-systemischen Charakter des Bruchs von 1945 an, der für ihn neben dem äußeren auch einen inneren Aspekt aufweist: Das „befreite Volk" habe „erst viel später, als es schon nicht mehr richtig frei war (im Kalten-Kriegs-Kittchen steckte, wohlgenährte Nacken hatte)", gemerkt, dass „es tatsächlich befreit worden war. *Aber eben nur von den Nazis, nicht von sich selbst.*"[13]

Insgesamt ist der 8. Mai als deutscher Gedenktag bis 1965 kaum präsent, schon gar nicht in der bei Schroers angedeuteten politisch-systemischen und subjektiv-individuellen Befreiungslesart. Dennoch fand 1964 eine kurze, zeitgenössisch kaum wahrgenommene Debatte statt, ob der 8. Mai als offizieller Gedenktag oder gar als Nationalfeiertag begangen werden sollte. Diese überraschende, wenn auch kaum bedeutende Debatte lässt sich als Beispiel dafür nehmen, dass sich vergangenheitsbezogene Selbstverständnisdiskurse nicht linear, sondern diskontinuierlich-sprunghaft vollziehen. Der Hintergrund der Überlegungen zum 8. Mai war das verstärkt einsetzende Nachdenken darüber, ob der 17. Juni 1953, der sich im Jahr zuvor zum zehnten Mal gejährt hatte, der angemessene deutsche Feiertag bleiben könne.[14] So wandte sich etwa Johannes Herlyn gegen „Krokodilstränen am 17. Juni", da er die Wiedervereinigungsforderungen anlässlich dieses Tages als unwahrhaftig empfand. Stattdessen schlug er vor, den 8. Mai zum offiziellen „Tag der Befreiung von der NS-Herrschaft" zu erklären. Herlyn bezeichnet diese Frage als einen „Prüfstein", ob „wir überhaupt auch schon annähernd mit unserer Vergangenheit fertig geworden sind." Oder, so fragt er, „betrachten wir den 8. Mai 1945 immer noch als einen Tag nationalen Unglücks? Es war ein Tag der Befreiung für das ,andere' Deutschland und das all der unselig Verführten!" Es werde Zeit, dass „wir uns – als ein Stück im gesamten Umdenkungsprozeß – auf die Seite der Opfer des Naziregimes stellen."[15]

Die Frage des 8. Mai als möglichem Nationalfeiertag bildete auch den Ausgangspunkt eines bemerkenswerten literarisch-politischen Textes. Im Juni 1964 veröffentlichte Richard Matthias Müller in den „Frankfurter Heften" eine umfangreiche Reflexion über verschiedene, zum Teil bis heute diskutierte Bedeutungsgehalte des 8. Mai 1945. In Form eines fiktiven Dialogs lässt Müller einen deutschen Vater und dessen Sohn über die Frage

---

13 SCHROERS 1962, S. 80f. (Hervorhebung im Original).
14 Vgl. z.B. MIRGELER 1964.
15 HERLYN 1964, S. 742.

diskutieren, ob der 8. Mai zum Nationalfeiertag erklärt werden sollte.[16] Während der Sohn diesen Vorschlag ablehnt, da die deutsche Kapitulation nicht gefeiert werden könne, erwidert der Vater, es mache ihn nachdenklich, dass „du das Ende von etwas Schlechtem und den Anfang von etwas Gutem nicht feiern willst." Während der Vater die Wendung zum Besseren betont, hält der Sohn ihm entgegen, ein Nationalfeiertag müsse ein freudiger Tag sein. In seiner Erwiderung hebt der Vater erneut den demokratischen Zäsurcharakter des 8. Mai hervor, ohne dabei die Opfererfahrungen, die mit ihm verbunden waren, zu vergessen – gleichsam ein frühes Beispiel für den Versuch (so verkürzt er in diesem Fall auch ist), unterschiedliche Erfahrungen des 8. Mai zu integrieren, ohne dessen politischen Befreiungscharakter zu ignorieren:

„Vater: Freust du dich, daß du in einem Lande lebst, in dem du eine Chance hast, frei zu sein und die Wahrheit zu hören?
Sohn: Sicher.
Eben diese Freude verdankst du jenem Tag.
Aber an dem Tag wurden deutsche Frauen vergewaltigt, deutsche Männer gedemütigt, Deutschland geviertelt, Millionen Deutsche vertrieben!
Ja, ohne das hätten wir noch mehr Grund zum Feiern."

Müller behandelt in diesem fiktiven Gespräch viele Aspekte, welche die Auseinandersetzungen um den 8. Mai in den nachfolgenden Jahrzehnten prägen sollten. Die Aussagen des Sohnes dienen dabei als negative Projektionsfläche für Bewertungen des Vaters. So argumentiert der Sohn z. B., die Deutschen sollten niemals den Tag ihrer Niederlage feiern, woraufhin der Vater erwidert, auch er hoffe, dass die Deutschen dies nie tun werden, um sogleich darauf hinzuweisen, dass er unter dem „Tag der Niederlage" den 30. Januar 1933 versteht. Der Feststellung des Sohnes, der Vater würde ganz anders reden, wenn Hitler gesiegt hätte, stimmt dieser zu. Wie solle der Sohn sonst verstehen, dass der 8. Mai „der große Tag" seines Lebens sei – eben deshalb, weil er „ohne ihn ganz anders reden würde."

An anderer Stelle diskutieren Vater und Sohn über die Möglichkeit, einen „Schlussstrich" unter die deutsche Vergangenheit zu ziehen. Wie der Sohn, strebt auch der Vater einen solchen Abschluss an. Er betont jedoch, dazu müsse erst der Stellenwert des 8. Mai geklärt werden:

„Sohn: Ich meine, das Beste wäre, die Vergangenheit endlich zu begraben.
Vater: Das meine ich auch. (…)
Ich meine: Einen Schlußstrich ziehen! Und jetzt schauen wir in die Zukunft und meistern die Gegenwart. *So stelle ich mir das vor.*

---

16 Vgl. zum folgenden: MÜLLER 1964.

So stelle ich mir das auch vor. (...) Die Frage ist nur, mein Lieber: wann lassen wir die Gegenwart anfangen und die Vergangenheit aufhören?
Ich weiß schon, worauf du wieder hinauswillst.
Also: Ab wann brauchen wir uns nicht mehr zu schämen?
Ab 8. Mai 1945, willst du sagen.
Ja, das will ich sagen."

Vater und Sohn halten es demnach beide für möglich und erstrebenswert, den Nationalsozialismus zu einer erledigten Vergangenheit zu erklären. Der Vater unterstreicht dabei jedoch, dieser Schritt sei erst mit der „Wandlung" der Deutschen erreicht.

„Sohn: Und du meinst, wenn wir den 8. Mai feierten, hätten wir uns gewandelt?
Vater: Ich bin selber erstaunt. Aber wenn ich das allgemeine Zähneknirschen höre, das diesem Vorschlag begegnet, dann muß ich sagen: Ja. Das würde genügen."

Trotz dieser simplifizierenden Haltung zur Funktion eines Gedenk- oder Feiertages ist Müllers literarisch-fiktive Reflexion über den 8. Mai 1945 in mehrfacher Hinsicht bemerkenswert: Er verwendet den 8. Mai im Jahre 1964 als Ausgangspunkt für eine Auseinandersetzung der Deutschen mit ihrer Vergangenheit, in der er diesem Tag den positiven Charakter einer Wende zur Demokratie zuweist. Müller stellt Bewertungen, die sich seit 1945 etabliert hatten, als Klischees dar und verbindet mit diesen einen pädagogischen Anspruch der Kriegs- und NS-Generation. Dabei spielt er auf ungewöhnliche Weise mit den Rollen: Denn es ist nicht der Sohn, der den Vater zu kritischen historischen Überlegungen herausfordert, im Gegenteil vertritt der Sohn viele der zeitgenössisch typischen Auffassungen. Der Vater stellt die selbstkritischen Fragen, während der Sohn, gleichsam ein Kind der Bundesrepublik, den 8. Mai nicht feiern will, weil er der Tag der Niederlage sei. Betrachtet man dieses Stück politischer Nachkriegsliteratur gewissermaßen aus einer „Nach-68er-Perspektive", so finden sich in ihm, wie Franz Neumann 1975 schrieb, die „Väter- und Söhne-Generationen der Nachkriegszeit" in ihren Meinungen „auf den Kopf gestellt wieder".[17]

5.3 Schattenbeschwörungen

Der zweite Bundespräsident, Heinrich Lübke (im Amt von 1959 bis 1969), war sicher kein Beispiel für die eben beschriebene fiktive Generationenspiegelung. Lübke kam in seinen vergangenheitsbezogenen Reden den Differenzierungsbemühungen von Theodor Heuss, seinem Amtsvorgänger,

---

17 NEUMANN F. 1975, S. 6.

nicht nahe. Der Leitfaden seiner Reden bestand in dem Versuch, eine egalisierende deutsche Opferrolle zu entwerfen. In diesem Sinne sprach Lübke z. B. zur „Woche der Brüderlichkeit" im März 1961 zwar die Beteiligung der Deutschen am nationalsozialistischen Gewaltsystem an und konzedierte eine Mitverantwortung, um im Ergebnis aber eine tragische Rolle, die den Deutschen „aufgezwungen" worden sei, zu konstatieren. Aus dieser „tragischen Rolle" konstruiert Lübke einen egalisierenden Schicksalszusammenhang mit allen Opfern des Nationalsozialismus: Die Deutschen seien „als mitschuldiges Werkzeug der totalitären Herrschaft zusammen mit deren unschuldigen Opfern in ein gemeinsames grausames Schicksal verstrickt" worden.[18]

Lübke sprach wie Heuss stets von Scham, eine Scham, von der sich die Deutschen „nicht freikaufen" könnten.[19] Stärker noch als sein Vorgänger projizierte er die Verantwortung auf Adolf Hitler, der „den deutschen Namen mit einem Unmaß von Unrecht und Schande" bedeckt habe.[20] Seine umfassendste vergangenheitsbezogene Rede als Bundespräsident hielt Heinrich Lübke am 25. April 1965 vor dem Mahnmal in Bergen-Belsen.[21] Lübke spricht an dieser Stelle erneut von einem „Gefühl abgrundtiefer Scham". An die Opfer erinnernd, findet der Bundespräsident seine vielleicht eindrucksvollsten Sätze, in denen er ein kritisches Reflexionspotential andeutet. Die Opfer, so Lübke in Bergen-Belsen, hätten Anspruch „auf unser Zeugnis, auf ein Zeugnis, mit dem wir vor ihnen und vor uns bestehen können." Deshalb erweise

„uns keiner von denen einen Dienst, die unserem Volk zureden, es müsse nun endlich einmal Schluß gemacht werden mit dieser Schattenbeschwörung aus den Tagen der furchtbaren Vergangenheit. Nicht wir beschwören die Schatten, die Schatten beschwören uns, und es liegt nicht in unserer Macht, uns ihrem Bann zu entziehen."

Wer diese „einfache Wahrheit" nicht begreife, der habe „den geschichtlichen Sinn der totalen Niederlage Deutschlands 1945 nicht erfaßt", denn sie sei „die Konsequenz aus der moralischen Niederlage, die sich bereits vollzogen hatte, als das nationalsozialistische Regime auf der Höhe seiner Machtentfaltung stand." Lübke formuliert damit gleichsam en passant eine Einschätzung des Jahres 1945, in der eine Niederlagenlesart nicht gleichbedeutend mit aufrechterhaltener nationaler Loyalität ist.

---

18 LÜBKE 1961, S. 109f.
19 LÜBKE 1964, S. 56.
20 Ebd., S. 52.
21 Vgl. zum folgenden: LÜBKE 1965 a.

Bergen-Belsen beschwört für Lübke Erinnerungen an Verbrechen herauf, „die von Deutschen an Deutschen im eigenen Land und an Ausländern auf dem Boden fremder Völker" begangen worden seien. „Zwanzig Jahre, nachdem der Schleier zerrissen" worden sei, hinter dem „Hitler und seine Knechte ihr schändliches Tun verbargen", habe „diese Erinnerung nichts von ihrem Schrecken verloren." Lübke betont in diesen Sätzen die Schrecken der Vergangenheit und stellt die Bedeutung der Erinnerung daran heraus. Gleichzeitig spricht er als erste Opfergruppe die Deutschen an und stellt fest, das Wissen um die Verbrechen sei eigentlich nicht möglich gewesen. Was geschehen sei, so fährt er fort, sei „nicht im Auftrag und nicht mit dem Willen des deutschen Volkes" geschehen – „wohl aber in unserem Namen. Wer schweigt, wer sich gegen eine solche Schändung seines Namens nicht mit aller Entschiedenheit zur Wehr setzt, der muß es sich gefallen lassen, daß man sein Schweigen falsch auslegt." Die NS-Verbrechen geschahen für Lübke demnach ohne Wissen und gegen den Willen der Deutschen und hätten (in dieser schamkulturellen Lesart) deren Namen „geschändet". Zwar kritisiert der Bundespräsident das Schweigen der Deutschen, stellt aber zugleich fest, es werde lediglich falsch ausgelegt.

Heinrich Lübke hat keine Rede gehalten, die sich unmittelbar auf den 8. Mai 1945 bezog. Lediglich seine oben zitierte Einschätzung als „totale Niederlage Deutschlands" und die etwas eigentümliche Kennzeichnung des Kriegsendes als „totalen Zusammenbruch des zweiten Weltkrieges"[22] an anderer Stelle machen deutlich, dass Lübke das Jahr 1945 nicht in erster Linie als politisch-systemische Befreiung, sondern als Niederlage einschätzte. Problematisch sind vor allem seine Versuche der Schuldabwehr, die er auch in einer weiteren Rede sehr deutlich ausformulierte: „Wir Deutschen", so der Bundespräsident, „sind wahrscheinlich das einzige Volk in der Welt, das für die Untaten einer auch uns aufgezwungenen Diktatur verantwortlich gemacht wird." Neben dem Nationalsozialismus habe es jedoch „eine Reihe von Gewaltregimen" gegeben, „die sich auch gegen ihr eigenes Volk und gegen ihre Nachbarn versündigt haben." In Deutschland denke aber niemand daran, „die Russen oder die Chinesen als Menschen für die Taten ihrer Regierungen verantwortlich zu machen."[23]

5.4 Über Auschwitz wächst kein Gras

Die vergangenheitsbezogenen Reden von Bundespräsident Lübke spiegeln den Prozess, der in der Bundesrepublik zu Beginn der 1960er Jahre in Be-

---

22 LÜBKE 1965b, S. 13.
23 Ebd., S. 55.

zug auf ihr Verhältnis zur nationalsozialistischen Vergangenheit einsetzte, kaum wider. Jenseits des hier im Mittelpunkt des Interesses stehenden Gedenkens an den 8. Mai hatte sich gegenüber den 1950er Jahren das westdeutsche Geschichtsbewusstsein gewandelt – der Nationalsozialismus und seine Verbrechen sowie die damit zusammenhängenden Fragen nach Schuld und Verantwortung traten gegenüber den weiterhin vorherrschenden Erinnerungen an Krieg und deutsche Opfererfahrungen allmählich hervor. Während es in den 1950er Jahren in der Bundesrepublik wenig Interesse an der strafrechtlichen Verfolgung von NS-Verbrechen gegeben hatte – die im übrigen bis dahin in der Regel noch als „Kriegsverbrechen" bezeichnet wurden –[24], erlebten die 1960er Jahre einen starken Anstieg an Ermittlungsverfahren und Prozessen. Wesentlich dafür verantwortlich war die 1958 geschaffene „Zentrale Stelle der Landesjustizverwaltungen zur Aufklärung von NS-Verbrechen" in Ludwigsburg.[25] Durch ihre Arbeit wurden z.B. in den Jahren 1961 bis 1968 insgesamt 167 Strafverfahren abgewickelt.

Konfrontiert wurde die bundesdeutsche Öffentlichkeit mit den NS-Verbrechen und ihren Tätern in großem Ausmaß erstmals durch die zum Teil spektakulären NS-Prozesse: Vor allem durch den Ulmer Einsatzgruppenprozess 1958, den Eichmann-Prozess in Jerusalem 1961/62, den Auschwitz-Prozess 1963/64, durch die Prozesse zu Belzec 1965, Treblinka 1964/65 und Sobibor 1965/66. Sie waren Angelpunkte einer intensiven Phase der strafrechtlichen Auseinandersetzung mit der NS-Vergangenheit. Die NS-Prozesse, als „Wendepunkt der Erinnerung",[26] „Herzstück deutscher Vergangenheitsbewältigung"[27] oder „Marksteine in der Bewusstseinsentwicklung"[28] bezeichnet, haben wesentlich zu einer Veränderung in der öffentlichen Selbstwahrnehmung der Bundesrepublik beigetragen: Durch sie wurden Fragen nach Schuld und Verantwortung anhand von konkreten Ereignissen, Institutionen und Personen ins öffentliche Bewusstsein gehoben.[29]

Die Erweiterung des westdeutschen Geschichtsbewusstseins war nicht allein strafrechtlichem, sondern auch gesetzgeberischem Handeln zu verdanken. Vor allem die Verjährungsdebatten, eng mit dem 8. Mai 1945 ver-

---

24 Vgl. z.B. STEINBACH 1995a, S. 139. Zur Unterscheidung zwischen NS- und Kriegsverbrechen vgl. z.B. RENZ 1995.
25 Vgl. dazu z.B. DRESSEN 1994.
26 Christian Ebner: Wendepunkt der Erinnerung. Der Frankfurter Auschwitz-Prozeß, in: Das Parlament vom 16.4.99.
27 REICHEL 2001, S. 10.
28 BIRN 1995, S. 400.
29 Auch die Massenmedien intensivierten die Beschäftigung mit der jüngsten Vergangenheit. Zwischen 1958 und 1967 strahlten ARD und ZDF rund 180 Sendungen zum Thema Nationalsozialismus und Zweitem Weltkrieg aus (vgl. Peter Reichel: Wenn Auschwitz aufhört weh zu tun, in: Frankfurter Allgemeine Zeitung vom 25.1.00).

bunden, waren wichtige parlamentarische Debatten nicht nur über die strafrechtlichen und rechtspolitischen Folgen des Nationalsozialismus, sondern auch über die moralischen Dimensionen des Umgangs mit der verbrecherischen Vorgeschichte der deutschen Nachfolgestaaten.[30] Sie erstreckten sich über einen Zeitraum von fast zwei Jahrzehnten und hatten, wie die NS-Prozesse, große öffentliche Wirkung. Die erste Debatte fand am 24. Mai 1960 statt. Trotz einer intensiven Auseinandersetzung wurde nicht verhindert, dass die fünfzehnjährige Verjährungsfrist für die vor 1945 begangenen Totschlagsdelikte wirksam wurde. Die zweite Verjährungsdebatte wurde im März 1965 bereits unter dem Eindruck und Einfluss der NS-Prozesse geführt. Sie gilt inzwischen fast einhellig als eine „Sternstunde des Parlamentes".[31] Ob dieses euphorische Urteil für alle Redebeiträge zutrifft, sei dahingestellt.[32] Jedenfalls debattierte der Bundestag im März 1965 in einer bis dahin nicht gekannten Intensität über Schuldfragen und das moralische Selbstverständnis der bundesdeutschen Demokratie. Als „Sternstunde" lässt sich der Debattenbeitrag von Adolf Arndt bezeichnen, der in sehr persönlichen Worten die Schuldfrage eindringlich thematisierte. Am Ende seiner Rede bekannte der SPD-Abgeordnete:

> „Ich weiß mich mit in der Schuld, denn sehen Sie, ich bin nicht auf die Straße gegangen und habe geschrien, als ich sah, dass die Juden aus unserer Mitte lastkraftwagenweise abtransportiert wurden. Ich habe mir nicht den gelben Stern umgemacht und gesagt: Ich auch! (...) Ich kann nicht sagen, daß ich genug getan hätte. Ich weiß nicht, wer das von sich sagen will."

Aus dieser sehr deutlich formulierten Schuldperspektive folgt Arndt ein Verantwortungskonzept, das er in der Kategorie des „Erbes" formuliert: Dass man in Deutschland „die Mitschuld auf sich geladen" habe für „Zehntausende von Menschen, die hätten gerettet werden können", sei eine Verpflichtung und ein Erbe für alle Deutschen. Es gehe darum, dass „wir dem Gebirge an Schuld und Unheil, das hinter uns liegt, nicht den Rücken kehren."[33] So deutliche Worte waren im Parlament zuvor noch nicht zu hören gewesen. Als Ergebnis der zweiten Verjährungsdebatte hob der Bundestag die geltende zwanzigjährige Verjährungsfrist für Mord jedoch nicht auf, sondern behalf sich damit, die Verjährungsfrist erst mit der Gründung der Bundesrepublik, also mit dem Jahre 1949, beginnen zu lassen.

---

30 Vgl. zu den Verjährungsdebatten z.B. JASPERS 1966; KOGON 1965; DUBIEL 1999, S. 103–110; REICHEL 2001, S. 182–198.
31 So z.B. REICHEL 2001, S. 188 und DUBIEL 1999, S. 105.
32 Vgl. etwa die deutlichen Unterschiede zwischen den Reden von Thomas Dehler und Adolf Arndt. Eine knappe Darstellung der Debatte findet sich z.B. bei REICHEL 2001, S. 188–191.
33 Zitiert nach: Ebd., S. 190f.

Damit wurde 1969 eine dritte Debatte notwendig, an deren Ende die Verjährungsfrist für Völkermord aufgehoben und für Mord auf 30 Jahre verlängert wurde. Nach dem Ablauf dieser Frist musste somit eine vierte Verjährungsdebatte geführt werden. Der FDP-Abgeordnete Werner Maihofer bestand in seinem Debattenbeitrag im Juli 1979 auf einem für ihn grundsätzlichen Unterschied zwischen Mord und Völkermord: „Über Mord wächst irgendwann einmal Gras, und zwar im Regelfall schon nach einer Generation. Über Auschwitz aber wächst kein Gras, noch nicht einmal in 100 Generationen."[34] Die Mehrheit des Parlamentes folgte dieser Argumentation nicht, sondern hob die Verjährung von Mord generell auf und damit auch die 1969 getroffene prinzipielle Unterscheidung zwischen Völkermord und Mord.

5.5 Zwischen geschichtlicher Haftung und „20 Jahre sind genug"

Die Verjährungsdebatten, die uns auf einen kurzen Blick bis ans Ende der 1970er Jahre geführt haben, standen in einem direkten Zusammenhang mit dem 8. Mai 1945 und blieben für dessen Rezeption nicht folgenlos. Wie angedeutet, stand im März 1965 die Frage, ob die am 8. Mai dieses Jahres ablaufende zwanzigjährige Verjährungsfrist für Mord verlängert werden sollte, im Mittelpunkt öffentlicher Diskussion. Mit dieser Debatte gerieten der nationalsozialistische Unrechtsstaat und seine Verbrechen, die Opfer des Nationalsozialismus ebenso wie die Täter, in den Blickwinkel. Im Frühjahr 1965 wurden Fragen von Schuld und Strafverfolgung diskutiert – und dies zunehmend jenseits der einhellig abgelehnten vermeintlichen „Kollektivschuldanklage".

In diesen Kontexten stieg auch das Gespür und die öffentlich-offizielle Aufmerksamkeit für die Bedeutung des zwanzigsten Jahrestages des 8. Mai. Bemerkenswert selten allerdings wurde der direkte Zusammenhang zwischen der Verjährungsdebatte und dem 8. Mai 1945 explizit formuliert. Eine der Ausnahmen stellte Reinhard Baumgart dar, der feststellte, der „20. Jahrestag der nationalsozialistischen Kapitulation" habe sich seit Monaten angekündigt, jedoch „nicht als die Wiederkehr eines Datums, das in unserer Erinnerung nie verjähren wird, sondern peinlicherweise als möglicher Beginn einer Verjährung nationalsozialistischer Gewaltverbrechen."[35] Eugen Kogon stellte die Verjährungsfrage ebenfalls in einen direkten Zusammen-

---

34 Zitiert nach: Ebd., S. 197.
35 BAUMGART 1965, S. 482.

hang mit dem 8. Mai 1945. Er erinnert an diesen Tag als das Datum der „totalen Niederlage, die ihren Ausdruck in der bedingungslosen Kapitulation" gefunden habe, und kritisiert den seiner Beobachtung nach weit verbreiteten Wunsch nach einem Ende des „Wühlens in der Vergangenheit". Nun, im Jahre 1965, zeige sich plötzlich für viele ein „natürliches Datum" für die Erfüllung dieses Wunsches: Mit der am 8. Mai 1965 möglichen Anwendung der Verjährungsfrist in Sachen Mord habe sich „im Handumdrehen" das „gesamte Unbehagen" an „dieses Datum wie an eine Befreiungsaussicht" geheftet. Der 8. Mai 1965 als Datum der Verjährungsfrist sei jedoch, so Kogon, „eine pure Fata Morgana aller derer, die nichts mehr ‚von allem dem' wissen möchten."[36]

Wenngleich Baumgarts und Kogons direkte Konnexe zur Verjährungsfrage Ausnahmen darstellen,[37] ist eine gestiegene Aufmerksamkeit für den 8. Mai gleichwohl zu beobachten, auch wenn sie in der Regel zur Empfehlung führte, ihn nicht offiziell-staatlich zu begehen. So stellte z. B. der Leiter des Presse- und Informationsamtes der Bundesregierung, Karl-Günther von Hase, im Vorfeld des 8. Mai 1965 fest, dieser Tag sei für Feiern und Kundgebungen ungeeignet. Das Kabinett würde es jedoch begrüßen, wenn in einem Gottesdienst des Tages der Niederlage gedacht würde.[38] Der Geschäftsführer der CDU/CSU-Bundestagsfraktion Rasner empfahl, jeder solle an diesem Tag individuell für sich gedenken. Er glaube nicht, dass „andere Völker auf die Idee kommen würden, ihrer bedingungslosen Kapitulation in Staatsveranstaltungen feierlich zu gedenken."[39] Auch der Fraktionsvorsitzende von CDU und CSU im Bundestag, Rainer Barzel, erklärte im Fernsehen, „wir sollten jedem seinen 8. Mai lassen."[40]

Bundeskanzler Ludwig Erhard hatte im März 1964 unter dem Eindruck der NS-Prozesse angemahnt, die Deutschen sollten sich „nicht selbst als ein Volk der Büßer anprangern", andererseits aber „die Schrecken und die Schande des Naziregimes auch nicht vergessen." In „einem freiheitlichen Rechtsstaat", so griff der Bundeskanzler die bekannte Formulierung von Eugen Kogon aus dem Jahr 1947 auf, dürfe „der bloße politische Irrtum des einzelnen nicht noch einmal zu einer Art Hexenjagd führen."[41] Zwei Monate vor der Verjährungsdebatte des Jahres 1965 sprach der Bundeskanzler davon, die Deutschen hätten im Jahre 1945 „den tiefsten Sturz"

---

36 KOGON 1965, S. 149f.
37 Vgl. auch Michael Freund: Segen und Unsegen der Kapitulation. Zum 8. Mai 1945, in: Frankfurter Allgemeine Zeitung vom 8.5.65.
38 Vgl. ALTENHÖNER 1996, S. 82.
39 Zitiert nach: Ebd.
40 Zitiert nach: Der Spiegel vom 12.5.65, S. 23.
41 ERHARD 1964, S. 89f.

erlebt, „das Verhängnis" sei herangebrochen. Heute wolle er das deutsche Volk von einem „guten und gesunden Nationalbewußtsein" erfüllt sehen, wobei das „Eingestehen von begangenem Unrecht und die Bereitschaft zur Sühne" eine Nation adele und nicht im Gegensatz zu ihrer Würde stehe.[42] In seinen beiden Beiträgen zum zwanzigsten Jahrestag des 8. Mai 1945 entwickelte der Bundeskanzler die anhaltende Bedeutung des Nationalsozialismus für die Bundesrepublik noch deutlicher – deutlicher auch als sein Amtsvorgänger und einige seiner Amtsnachfolger.

Am 6. Mai 1965 hielt Ludwig Erhard auf einer öffentlichen Hauptversammlung des Deutschen Industrie- und Handelstages eine Rede, in der er auch den bevorstehenden zwanzigsten Jahrestag des 8. Mai 1945 thematisierte.[43] In Erhards Worten solle der 8. Mai „nicht nur ein Anlaß der Trauer und des ernsten Gedenkens sein", sondern auch „eine Aufforderung, mit klarem und vorurteilslosem Blick auf unsere Geschichte die Zukunft Deutschlands nach unseren Vorstellungen zu gestalten." Die Deutschen hätten „wahrlich keinen Anlaß, diesen Tag zu feiern. Voller Trauer gedenken wir der zahllosen Opfer dieser schrecklichen Zeit, die Hekatomben von Blut gefordert hat: unserer Gefallenen, der Ermordeten – wer auch immer die Mörder waren." Weiter erklärt er, es sei oberflächlich zu sagen, die deutsche Jugend sei von den Belastungen der Vergangenheit frei. Es komme „hier nicht auf das Ausmaß persönlicher Schuld oder Unschuld an, sondern darauf, daß ein Volk für sein geschichtliches Schicksal haftet, von Generation zu Generation."

„Wer auch immer die Mörder waren", es komme nicht auf „persönliche Schuld oder Unschuld" an – in der Schuldfrage bleibt der Kanzler unspezifisch, um zugleich eine transgenerationelle politische Haftung anzuerkennen. Vor diesem Hintergrund erklärt er im weiteren Verlauf seiner Rede, es sei nicht hilfreich, „wenn hier und dort die Forderung erhoben" werde, „wir müßten heute mehr nationales Selbstbewußtsein bezeugen, unsere nationalen Eigeninteressen mehr als bisher betonen." Solche Wünsche bezeichnet der Kanzler als „töricht". Erhard betont, eine der wirklichen Gefahren „für das geschichtliche Selbstbewußtsein der Deutschen" sei „die Versuchung, die unselige Zeit der Diktatur aus unserem Gedächtnis zu verdrängen, sie gewissermaßen ungeschehen machen zu wollen." Diese Stellungnahme des Kanzlers ist insgesamt Ausdruck einer gestiegenen Sensibilität für die Bedeutung der Erinnerung an den Nationalsozialismus. Erhard formuliert sehr deutlich ein Konzept politischer Haftung, in dem er die Schuldfrage freilich nicht konsequent aufgreift.

---

42 ERHARD 1965a, S. 36 bzw. S. 40.
43 Vgl. zum folgenden: Die Welt vom 7.5.65.

In einem Kommentar zu dieser Erhard-Rede merkte die „Welt" an, dass nicht nur der Kanzler, sondern auch viele andere Politiker neuerdings „geschichtliche Reflexionen stärker in den Mittelpunkt ihrer Reden" stellten. Diese „neu einsetzende Besinnung" sei erstaunlich. Als Erklärung reiche es nicht aus, die Ursache „nur in den Gedenkdaten dieser Wochen" zu suchen, wenngleich es in diesen Tagen nahe liege, „auf die fluchbeladene Zeit nationalsozialistischer Herrschaft zurückzuschauen, die mit dem 8. Mai 1945 ihr Ende nahm." Der Kommentator begrüßt die neue Aufmerksamkeit für die Vergangenheit, so lange dabei die deutsche Geschichte „in all ihren Höhen und Tiefen als Ganzes dem Volk" nahe gebracht werde. Denn „sowenig der 8. Mai allein ein bedrückendes Datum ist, sondern auch eine moralischpolitische Aufforderung" enthalte, so wenig sei auch „die ganze deutsche Geschichte nur eine Geschichte der Schwäche, des Wahns und der Schuld."[44] Der Kommentator erklärt weder, womit aus seiner Sicht die „neu einsetzende Besinnung" begründet werden könnte, noch erläutert er die immanente (und begründbare) Ambivalenz in seiner Argumentation, nach der der 8. Mai 1945 als Ende der „fluchbeladenen Zeit" zugleich ein „bedrückendes Datum" darstelle.

Dass es 1965 in der Bundesrepublik eine höhere Aufmerksamkeit für den 8. Mai gab als in den Jahrzehnten zuvor, ist jedenfalls eine zutreffende Beobachtung. So erklärte z. B. der Bundesminister für Vertriebene, Flüchtlinge und Kriegsgeschädigte, Ernst Lemmer, der 8. Mai sei ein „Tag ernster Besinnung". Er bestreite die Berechtigung der „Vorwürfe und Anklagen, die ob der abenteuerlichen Politik Hitlers gegen uns erhoben werden" nicht, die Deutschen seien aber „mit Eifer dabei", eine „neue Welt, die Haß und Rache verbannt, bauen zu helfen". Der für sie zuständige Bundesminister nutzt den 8. Mai zur Feststellung, es seien die deutschen Heimatvertriebenen gewesen, „die als erste ein Beispiel gewandelten Denkens gegeben haben." Zum Schluss seiner Erklärung spricht Lemmer die Opfer zunächst kollektivierend und die Schuldfrage ausklammernd an, um sodann die deutschen Vertriebenen und Flüchtlinge namentlich herauszuheben – auch das eine wichtige Funktion des bundesdeutschen 8. Mai-Gedenkens: „Das deutsche Volk verneigt sich am 8. Mai 1965 vor allen Opfern der Gewalt, gleich wo sie wohnen und von wem sie geschlagen worden sind. Die deutschen Vertriebenen und Flüchtlinge gehören zu ihnen."[45]

Zu diplomatischen Verstimmungen führte ein Empfang des sowjetischen Botschafters Smirnow, den dieser am 9. Mai 1965 in der Bad Godesberger Stadthalle aus Anlass des „20. Jahrestages des Sieges des Sowjetvolkes

---

44 B.N.: Die Kanzler-Rede, in: Die Welt vom 7.5.65.
45 LEMMER 1965.

im Großen Vaterländischen Krieg" gab.[46] Weder Kabinettsmitglieder oder höhere Beamte noch führende Repräsentanten der Parteien folgten der Einladung. Ein Sprecher der SPD begründete die Absage seines Parteipräsidiums mit den zu „erwartenden Propagandakampagnen Moskaus und Pankows." Der ehemalige Bonner Botschafter in Moskau, Hans Kroll, kommentierte sein Fernbleiben so: „Da kann man doch nicht hingehen und auf die eigene Niederlage trinken." Während Botschaftssprecher Winogradow das massive Fernbleiben der deutschen Gäste mit dem Hinweis zu erklären versuchte, es sei eben Sonntag und da würden die Deutschen „ja lieber ins Grüne gehen", legt der Umstand, dass auch der deutsche Botschafter in Paris einem dortigen Festbankett fernblieb, die Vermutung nahe, dass das historische Datum die eigentliche Motivation für das Fernbleiben war. Denn geradezu misstrauisch beäugt wurden auch die Feiern der westlichen Siegermächte. So wurden etwa in einem Artikel des „Spiegel" über die geplanten französischen Siegesfeiern erhebliche Ressentiments deutlich, die sich sowohl gegen Frankreich als auch gegen Feierlichkeiten anlässlich des 8. Mai generell richteten. Pejorativ wird vom „20. Jubelfest der deutschen Kapitulation" gesprochen, bei dem „Bonns Freundschafts-Partner Frankreich" am „eifrigsten rüstet". Die Nation, „die zum Sieg der Alliierten am wenigsten beigetragen" habe, wolle ihn „nach gallischer Art am lautesten feiern." Der Artikel zeigt sich empört über den „Pomp zur Feier des Sieges über den Erbfeind, der sich für einen Freund hält".[47]

Die Bundesregierung kommentierte diese Feiern (die im „Spiegel" als nationale Demütigungen rezipiert wurden) nicht, zeigte sich jedoch verärgert darüber, dass Frankreich sich gegen eine gemeinsame Deutschland-Erklärung der drei Westmächte zum 8. Mai sträubte, um die sich das Auswärtige Amt bemüht hatte.[48] Von einem gemeinsamen (west)europäischen Gedenk- oder Feiertag war der 8. Mai im Jahr 1965 noch weit entfernt. Insofern lag der belgische Staatsminister Henri Rolin mit seiner Feststellung falsch, der 8. Mai könne in Deutschland genauso gefeiert werden wie bei den Siegern, denn „die Gefühle der europäischen Völker am zwanzigsten Jahrestag der Beendigung des Zweiten Weltkrieges in Europa sind in weitem Maße die gleichen."[49]

---

46 Vgl. zum folgenden: Der Spiegel vom 12.5.65, S. 23f.; ALTENHÖNER 1996, S. 83; WOLFRUM 1999, S. 243.
47 Der Spiegel vom 28.4.65, S. 93.
48 Vgl. WOLFRUM 1999, S. 244. Es sei unmöglich, so verlautete es aus Frankreich, am zwanzigsten Jahrestag des 8. Mai eine Erklärung zugunsten der deutschen Wiedervereinigung abzugeben. Man könne nicht Sieg feiern und sich gleichzeitig gegen die inzwischen allgemein als selbstverständlich anerkannte internationale Ordnung wenden (vgl. ebd., S. 244f.).
49 ROLIN 1965, S. 400.

In der Bundesrepublik gab der Bundeskanzler neben seiner halböffentlichen Rede vom 6. Mai 1965 (und einer Kranzniederlegung zusammen mit Bundespräsident Lübke am 8. Mai 1965 im Bonner Hofgarten)[50] aus unmittelbarem Anlass des zwanzigsten Jahrestages am 7. Mai 1965 über Rundfunk und Fernsehen eine Erklärung ab.[51] Ludwig Erhard betont zu Beginn, dass „dem militärischen Zusammenbruch ein geistiger und moralischer Verfall vorausgegangen war." Schon damals sei zu spüren gewesen, dass „der Weg der Erneuerung unseres Volkes durch ein tiefes Tal der Not und der Demütigung führen würde." Nach dieser schamkulturellen Beschreibung spricht Erhard zunächst die Frage an, was „der 8. Mai für die Sieger" bedeute und kritisiert dabei die politische Gedenktagsgestaltung in der DDR. Er spricht von „dem lauten Geschrei und der politischen Hetze derer, die den damaligen Sieg über Tyrannei und Unrecht dadurch schänden, daß sie unter anderen Vorzeichen der Welt auch heute noch die Herrschaft der Gewalt aufzwingen wollen." „Was aber", fragt Erhard anschließend, „sagt uns Deutschen rückblickend der 8. Mai 1945?" Er beschreibt diesen Tag als „so grau und trostlos wie so viele vor oder auch noch nach ihm". Sofern die Deutschen „die Meldung von der totalen Kapitulation überhaupt vermerkt" hätten, habe „sie uns in der Stumpfheit jener Zeit kaum mehr als ein Aufatmen, daß das Menschenmorden endlich aufhören werde" bedeutet. Die Rückbesinnung gelte dementsprechend nicht einem speziellem Tag, „sie dient dem Nacherleben der Trauer und des Leids, des Blutopfers von Millionen unschuldiger Menschen", die Erhard nicht weiter differenziert. Unter „dieser seelischen Last" sei damals „kein Raum für Politik" geblieben. Deutschland habe „am 8. Mai 1945 geschlagen und gedemütigt am Boden" gelegen.

Der Kanzler beschreibt den 8. Mai in dieser Ansprache also zunächst aus erlebensgeschichtlicher Perspektive, in der dem Tag selbst in den meisten Fällen kein besonderes Gewicht zukam. Auch die Beschreibung des „geschlagen und gedemütigt am Boden" liegenden Deutschlands, ein schamkulturelles Vokabular, das eine Niederlagenlesart nahe legt, entspricht einer erlebensgeschichtlichen Annäherung an diesen Tag. Diese Bestandsaufnahme führt Erhard weiter, in dem er den Blick der Nachkriegsentwicklung zuwendet. Bedauernd stellt er fest, „jener unselige Krieg" habe „der gequälten Menschheit nicht den Frieden" gebracht:

„Ja – wenn mit der Niederwerfung Hitler-Deutschlands Unrecht und Tyrannei aus der Welt getilgt worden wären, dann allerdings hätte die ganze Menschheit

---

50 Vgl. BARSCHDORFF 1999, S. 27 und ACKERMANN V. 1997, S. 324.
51 Vgl. zum folgenden: ERHARD 1965 b.

Grund genug, den 8. Mai als einen Gedenktag der Befreiung zu feiern. Wir alle wissen, wie weit die Wirklichkeit davon entfernt ist."

Am Ende seiner Rundfunk- und Fernsehansprache stellt der Kanzler fest, Deutschland könne „nicht in einem politischen Niemandsland und minderen Ranges im Geschichtslosen versinken." Erhard bietet in dieser Ansprache sehr viel mehr negative Deutungen des 8. Mai an, als es in seiner Rede vom Vortag noch zu hören war. Er spricht von einem „grauen Tag", von einem „gedemütigt am Boden" liegenden Deutschland und von anschließendem Unrecht, das eine Befreiungsbewertung verbiete. Eine Einschätzung, die primär der Abgrenzung von der SED-Terminologie dient, die Erhard damit allerdings zugleich, gleichsam ex negativo, immerhin für denkbar hält. Während er am Vortag im halböffentlichen Rahmen noch von einer transgenerationellen Haftung und von der Gefahr für das „geschichtliche Selbstbewusstsein" der Deutschen durch Verdrängung gesprochen hatte, spricht er in seiner öffentlichen Rundfunk- und Fernsehansprache von der Gefahr der Geschichtslosigkeit, die er freilich nicht in einem Zusammenhang mit der Gefahr des Vergessens, sondern mit einem „minderen Rang" bringt.

Parallel zu dieser Ansprache des Kanzlers wurde im Bulletin des Presse- und Informationsamtes der Bundesregierung am 7. Mai 1965 ein nicht namentlich gekennzeichneter Beitrag veröffentlicht, der als offizielle Erklärung der Bundesregierung zu verstehen ist.[52] Sein Tenor unterscheidet sich erheblich von den beiden unterschiedlich differenzierten Reden des Bundeskanzlers. In dieser Erklärung heißt es unter anderem, „der zwanzigste Jahrestag der deutschen Kapitulation", sei „ein Gedenktag besonderer Art", mit dem der „Wiedergewinn der Freiheit" und der „nationale Zusammenbruch mit allen seinen Folgen" verbunden sei. Man brauche „kein Parteigänger Hitlers zu sein, um diese furchtbare Alternative unserem Lande ersparen zu wollen." Der Blick auf den 8. Mai ist im Folgenden national determiniert und voller Selbstmitleid. Ausformuliert wird er in einer deutlichen Niederlagenlesart:

> „Kein guter Deutscher hatte den Sieg der Nationalsozialisten wünschen können. Aber die Bejahung der Niederlage als Voraussetzung für eine würdige Fortexistenz verlangte die Bereitschaft hinzunehmen, daß der ganze Haß, den die Verbrechen des Regimes geschürt hatten, auch über Unschuldige hereinbrach. Die Züge mit Gefangenen rollten – für viele ohne Wiederkehr – in die Tiefe Rußlands. Millionen wurden von Haus und Hof gejagt. Über dem geächteten Deutschland lastete die Anklage der Kollektivschuld."

---

52 Vgl. zu folgendem: BULLETIN 1965.

Nach dieser düsteren Schilderung wird angefügt, heute müsse dennoch eingestanden werden, dass „die eigentliche Niederlage Deutschlands nicht 1945 stattfand, sondern zwölf Jahre davor, als sich ein rechtschaffendes, aber leichtgläubiges Volk in die Hände eines Abenteurers gab." An diese externalisierende Einschränkung knüpft unmittelbar eine entlastende Formulierung an: „Leidenschaftslose Prüfung spricht dieses Volk vom verbrecherischen Vorsatz frei, aber die demütigende Niederlage des 30. Januar 1933 nimmt ihm niemand ab, und der 8. Mai 1945 besiegelte sie lediglich sichtbar für jedermann." Nicht nur das Land habe „in Trümmern" gelegen, „auch die ersehnte Freiheit" sei „zunächst im fremden Gewand" gekommen. Das deutsche Volk habe sich „in den Bereichen, in denen es selbständig handeln konnte, entschlossen zur Selbstreinigung" gezeigt, es sei ein „Verdienst", dass der „Versuchung" widerstanden worden sei, „neben der verbrecherischen Schuld den politischen Irrtum zu bestrafen und damit einen Graben durch das ganze Volk zu ziehen." Der letzte Gedanke der Erklärung gilt in einer egalisierenden Aufzählung „den Toten des Krieges", unter die auch die „Opfer des Terrors in Zuchthäusern und Konzentrationslagern" gefasst werden. Die Erklärung schließt mit einer unpolitischen Aufforderung: „Bitten wir Gott, daß er den 8. Mai zu einem Tag stiller Besinnung werden lasse." Dieses Deutungsangebot der Bundesregierung zeichnet ein düsteres Bild der nationalen Niederlage eines geächteten Deutschlands, auch wenn die eigentliche Niederlage auf das Jahr 1933 datiert wird. Die Deutschen werden von Schuld freigesprochen und hätten sich im übrigen zu Selbstreinigung und Wiedergutmachung entschlossen gezeigt. Die Opfer werden egalisierend in ein gesamteuropäisches Panorama, mit Schwerpunkt auf den deutschen Opfern, gestellt.

Mit diesen Lesarten war die Bundesregierung nicht allein. Willy Brandt hielt als Regierender Bürgermeister und SPD-Vorsitzender auf der Kundgebung zum 1. Mai in Berlin eine Rede, in der er vor den „Verleumdungen einer bevorstehenden kommunistischen Propagandawelle" warnte. Mittlerweile seien die Deutschen ein „geläutertes Volk" und hätten aus der Vergangenheit gelernt, so dass es keinen Anlass gebe, sie wegen ihrer Geschichte zu verleumden: Die zurückliegenden zwei Jahrzehnte seien kein Anlass sich zu schämen; kein Volk könne ohne Stolz leben. Nach zwanzig Jahren der Geduld solle sich niemand wundern, wenn man sagte, zwanzig Jahre seien genug.[53] Am 7. Mai 1965 wiederholte Brandt vor dem Parteivorstand der SPD in Wiesbaden diese Forderung: „Zwanzig Jahre sind genug – genug der Spaltung, genug der Resignation und genug des bloßen Rückwärts-

---

53 Zusammengefasst nach: ALTENHÖNER 1996, S. 83.

schauens." Die Formel „Zwanzig Jahre sind genug" sei nicht für Denkfaule und Opportunisten oder gar für Ewiggestrige gedacht, sondern für ein erwachsenes und mündiges Volk. Insbesondere die junge Generation müsse sich nicht auf die Anklagebank drängen lassen und könne ihre Wünsche unbelastet formulieren und Forderungen vertreten.[54]

Brandt und Erhard harmonierten in ihren Worten zum 8. Mai in dem gemeinsamen Ziel, die „geläuterten" Deutschen gegenüber den zu erwartenden – und tatsächlich stattfindenden – Anschuldigungen aus der DDR in Schutz zu nehmen, wie sie anlässlich des 8. Mai-Gedenkens inzwischen üblich waren. Im Gegensatz zu Brandt, der den Abschluss einer Epoche des angeblich „bloßen Rückwärtsschauens" forderte, betonte der Bundeskanzler jedoch weiterhin zu leistende Aufgaben im Umgang mit der Vergangenheit und offenbarte zumindest ein Gespür für Schuldfragen, die er freilich primär entlastend thematisierte. Von einer transgenerationellen Haftung ist bei Brandt, im Gegensatz zum Bundeskanzler, keine Rede. In einer zeitgenössischen Nachlese kritisierte Theo Sommer in der „Zeit", unter anderem auf Erhard und Brandt Bezug nehmend, in Westdeutschland sei der zwanzigste Jahrestag der deutschen Kapitulation zu einem „Festival der Wehleidigkeit" geraten. In kaum einer Rede sei der Gedanke angeklungen, dass „die Niederlage von 1945 geschichtlich nicht nur gerecht, sondern geradezu notwendig" gewesen sei. Notwendig, „damit Deutschland wieder frei werden konnte, und sei es auch nur unser Dreivierteldeutschland zwischen Rhein und Elbe." Statt dessen habe vielerorts „das weinerliche Selbstmitleid jener" gesiegt, die sich „an der Seite der Westmächte schon solange als nachträgliche Gastsieger fühlen" und glaubten, „die Geschichte um die Zeche der Jahre 1933 bis 1945 prellen zu können."[55]

5.6 Erste Konturen eines Gedenktages in Presse und Publizistik

Nicht nur auf politischer Ebene wurden vermehrt Erklärungen abgegeben, auch gesellschaftspolitische Initiativen nahmen den zwanzigsten Jahrestag zum Anlass von Stellungnahmen. So fanden z.B. an der Freien Universität Berlin eigene Veranstaltungen zum zwanzigsten Jahrestag statt. In einem Flugblatt vom 8. Mai 1965 hielten acht verschiedene Studentengruppen fest: „Am 8. Mai 1965 jährt sich zum 20. Male der Tag, an dem die Men-

---

54 Zusammengefasst nach: Frankfurter Allgemeine Zeitung vom 8.5.65. Vgl. auch ALTENHÖNER 1996, S. 83; WOLFRUM 1999, S. 243.
55 Theo Sommer: Jammernd mit viel schönen Reden. Wehleidigkeit ist keine Deutschlandpolitik, in: Die Zeit vom 14.5.65.

schenrechte in Deutschland wieder gültig wurden".[56] An der Universität in Frankfurt (Main) veranstalteten Jugendverbände unter dem Titel „Demokratie in Deutschland – Neubeginn und Problematik" eine Diskussionsrunde, in der Wolfgang Abendroth den Befreiungscharakter des 8. Mai explizit hervorhob: „Als heute vor 20 Jahren die deutsche Wehrmacht kapitulierte, wurde zugleich das deutsche Volk vom Dritten Reich befreit". Insoweit sei es angebracht, „in diesem Tag nicht nur das Ende des Zweiten Weltkrieges und eines verbrecherischen Regimes zu sehen, sondern auch den Tag eines neuen Anfangs für Europa und für Deutschland." Aber das deutsche Volk sei befreit worden, „es befreite sich nicht selbst."[57]

Umfangreicher als zuvor waren auch die Beiträge in Publizistik und Presse. So widmete „Der Spiegel" dem zwanzigsten Jahrestag eine sechsteilige Serie, die am 5. Mai 1965 als Titelgeschichte startete. Inhalt dieser Serie waren keine Reflexionen über die unterschiedlichsten ereignis- und erlebensgeschichtlichen Bedeutungen des 8. Mai 1945 – stattdessen berichtete Erich Kuby unter dem Titel „Die Russen in Berlin 1945" ausschließlich über militärgeschichtliche Aspekte der Kapitulation sowie über die unmittelbare Nachkriegsgeschichte.[58] Die insgesamt vorherrschende Betrachtungsweise des 8. Mai in der Presse der Bundesrepublik war eine gegenwartsbezogene Analytik, die nicht auf den Nationalsozialismus rekurrierte, sondern vor allem auf die deutsche Teilung. Sie wurde als herausragendes Ergebnis des Mai 1945 betrachtet und dieser damit in seinen Folgen negativ bewertet. Diese Lesart findet sich exemplarisch im „Tagesspiegel": Dort wurde dem 8. Mai 1945 attestiert, er sei historisch und politisch noch immer Gegenwart. Seine „vom Zeitverlauf unbeeinflußte Gegenwärtigkeit" spiegele sich „am Schicksal der deutschen Teilung und nicht nur an ihr." Die Wertung des 8. Mai als „Katastrophe" ist daraus die ebenfalls typische Konsequenz.[59]

Mit der Bewertung als „Katastrophe" korrespondierte ein düsteres Bild des Mai 1945, wie es z.B. in der „Stuttgarter Zeitung" gezeichnet wurde: Vor zwanzig Jahren, „am 8. Mai 1945, waren wir der verlorenste und verlassenste Haufen der Weltgeschichte. Schande und Elend hielten sich die Waage, und niemand vermochte zu sagen, was werden würde angesichts dessen, was war."[60] Dennoch implizierten auch 1965 übereinstimmende semantische Beschreibungen des 8. Mai nicht zwangsläufig deckungsgleiche

---

56 Vgl. zu den Umständen, unter denen der AStA der FU Berlin eine Veranstaltung zum zwanzigsten Jahrestag abhalten wollte: ALBRECHT 1986, S. 8ff.
57 Zitiert nach: ALTENHÖNER 1996, S. 83f.
58 Vgl. Der Spiegel vom 5.5.65 bis Der Spiegel vom 9.6.65.
59 J.B.: 8. Mai 1965, in: Der Tagesspiegel vom 8.5.65.
60 Wolfgang Horlacher: Die Wirklichkeit von 1965, in: Stuttgarter Zeitung vom 8.5.65.

historische und politische Einschätzungen. So wurde z.B. in der „Hannoverschen Allgemeinen Zeitung" der 8. Mai ebenfalls mit dem zeitgenössisch fast konsensualen Begriff der „Katastrophe" charakterisiert, eine Katastrophe, „wie sie die deutsche Geschichte bis dahin noch nicht verzeichnet hatte." Allerdings deutet der anschließende Hinweis, ohne 1933 hätte es kein 1945 gegeben, darauf hin, dass der Terminus „Katastrophe" inhaltlich anders gefüllt wird, indem der Blick auf die nationalsozialistische Vorgeschichte des Jahres 1945 gelenkt wird.[61]

Wie tief verwurzelt die Einschätzung als Katastrophe war, lässt sich mit Einschränkungen auch anhand eines kurzen Seitenblicks in die DDR veranschaulichen: In der „Zeitschrift für Geschichtswissenschaft" griff Joachim Streisand wie inzwischen gewohnt die „aggressivsten Kreise des deutschen Finanzkapitals" an, für die der 8. Mai gleichsam naturgemäß als „Katastrophe" und „Niederlage" gelten müsse. Zugleich aber, vielleicht nicht mehr als die Ironie einer unüberlegten Gedankenführung, spricht er in seinem Beitrag ebenfalls von der „Erschütterung über die Niederlage" und von den notwendigen „Lehren aus der Katastrophe".[62] Seine Intention ist es, den Fortschritt der DDR aufzuzeigen, die sich von diesen zeitgenössischen Einschätzungen der Bundesrepublik weit entfernt habe, von der Terminologie jedoch kann er sich selbst offenbar nicht verabschieden.

Im eigentlichen Mittelpunkt der Betrachtungen zum 8. Mai stand in der Bundesrepublik des Jahres 1965 die deutsche Teilung, die freilich je nach politischem Standpunkt anders beurteilt wurde. So zog etwa Harold Rasch „eine traurige Bilanz zum 8. Mai 1965", da sich die Westdeutschen immer noch weigerten, „Frieden zu schließen" und die „neuen Grenzen im Osten anzuerkennen."[63] In anderen Kommentaren wurde die deutsche Teilung bedauert, ihre Ursachen aber in historische Kontexte gestellt. Als Beispiel kann ein Artikel von Jürgen Tern in der „Frankfurter Allgemeinen Zeitung" vom 7. Mai 1965 dienen. Zunächst hält Tern wie viele andere fest, „zum Feiern" bestünde kein Anlass. Der 8. Mai sei einer der „Gedenktage, die man nicht anders als mit gemischten Gefühlen zu überstehen vermag." Unvergessen bleibe, so Tern weiter, „die damals ganz ursprüngliche, von Reflexion ungebrochene, in der Tiefe des Lebensgefühls bis heute anhaltende Empfindung der Erleichterung" – Erleichterung über das Ende des Krieges und des „nationalsozialistischen Schreckensregiments". Die Deutschen hätten „einen harten und hohen Preis zahlen müssen". Dieser Preis sei auch heute noch „unumstößlich", zudem „nicht unverdient und nicht ohne

---
61 Vgl. Wilhelm Plog: Zwischenbilanz, in: Hannoversche Allgemeine Zeitung vom 8.5.65.
62 STREISAND 1965, S. 389 bzw. S. 384.
63 RASCH 1965, S. 396 bzw. S. 399.

unsere Verstrickung in Versäumnis und Verantwortung". Auch das gehöre „zum Gedenken in diesen Tagen. Die Lüge böte uns da keine Hilfe." Nur „aus der Aufrichtigkeit" werde man „die innere, moralische, männliche Kraft gewinnen, die man noch in unvorstellbarem Maß" brauchen werde, wenn man an „der deutschen Frage nicht verzweifeln will."[64]

Charakteristischer für Reflexionen zum zwanzigsten Jahrestag, in denen der Fokus auf die nationalen Folgen des Jahres 1945 gerichtet war, ist die Ausblendung der Vorgeschichte des 8. Mai. In diesen Lesarten wurde der 8. Mai in der Regel zum Ausgangspunkt einer ungerechten Entwicklung und die Deutschen zu politischen Opfern. So schrieb etwa Paul Sethe am 7. Mai 1965 für die „Zeit" sehr viel selbstgerechter als sein Kollege von der „Frankfurter Allgemeinen Zeitung". Sethe wirft einen zufriedenen Blick auf die Bundesrepublik des Jahres 1965: Die „melancholische Schönheit, die unseren alten Städten im Mai noch in den Trümmern innewohnte", sei verschwunden und die Deutschen nun reicher als sie vor ihrer Niederlage gewesen seien. In diesem wirtschaftlichen Aufstieg liegt für Sethe ein „tröstlicher Beweis unzerstörter Kraft", denn „so viel Energie und Phantasie entfaltet kein Volk, das nicht noch über unverbrauchte Reserven verfügt." Sethe betont damit positive Kontinuitäten, die über das Jahr 1945, in dem er einen Epochenbruch nicht zu erkennen vermag, hinausgehen. Folgerichtig bedauert er, dass „damals das Band zerriß, das die Deutschen mit ihrer Geschichte verknüpfte." Für viele junge Deutsche beginne die deutsche Geschichte „heute mit Auschwitz. Aber ein geschichtsloses Volk ist in Gefahr, ein Fellachenvolk zu werden."[65] Sethe geht es in seinem Beitrag um das Beklagen der deutschen Teilung, er verlangt nach einem ungebrochenen Nationalgefühl, während er über den Nationalsozialismus, über dessen Verbrechen und Opfer zum zwanzigsten Jahrestag des 8. Mai 1945 kein Wort verliert.

Auch der Leitartikel der „Frankfurter Allgemeinen Zeitung" vom 8. Mai 1965 akzentuiert den zwanzigsten Jahrestag anders als der einen Tag zuvor in der selben Zeitung erscheinende Artikel. Michael Freund spricht von „einer der größten Katastrophen der deutschen Geschichte", für ihn bedeutet der 8. Mai ausschließlich das Ende des Krieges. Dessen mögliche Fortdauer beschreibt er nicht etwa mit Blick auf den damit verbundenen Fortbestand des Nationalsozialismus und seiner Verbrechen; er fokussiert auf die „ernsthafte Gefahr einer physischen Ausrottung" der Deutschen durch amerikanische Atombomben. Allein aus diesem Blickwinkel begrüßt

---

64 Jürgen Tern: Zwanzig Jahre später, in: Frankfurter Allgemeine Zeitung vom 7.5.65.
65 Paul Sethe: Zwanzig Jahre danach. 1945 zerriß das Band, das die Deutschen mit ihrer Geschichte verknüpfte, in: Die Zeit vom 7.5.65.

Freund das Ende des Krieges, fast unwillig urteilt er, es sei schwer zu bestreiten, dass der „Puls des deutschen Volkes am 8. Mai 1945 wieder zu schlagen" begonnen habe. Dennoch, so lautet sein Gesamturteil, habe die „bedingungslose Kapitulation" keinen „positiven Gehalt", jedenfalls nicht, solange die deutsche Einheit nicht erreicht sei. Zwanzig Jahre danach sei Deutschland noch „nicht wieder unter dem Leichentuch entstanden, das die bedingungslose Kapitulation über das Reich" geworfen habe. Die Kapitulation dürfe nicht hinauslaufen auf eine „Unterwerfung gegenüber einem neuen Unrecht."[66]

Um die relative Vielfalt der Rezeption des 8. Mai im Jahr 1965 anzudeuten, lässt sich im Gegensatz zu diesen negativen Lesarten ein Beitrag anführen, der die deutsche Teilung als Interpretationsfokus des 8. Mai explizit ablehnt. In „Die politische Meinung" warnte Karl Willy Beer davor, den 8. Mai zu einer Demonstration „im Zeichen der nationalen Frage" zu machen. Dafür eigneten sich viele Erinnerungstage – nicht aber der 8. Mai: „Das was vor zwanzig Jahren in Deutschland geschlagen worden ist, das wollen wir auch heute geschlagen sein lassen." Beer wendet sich damit, ohne es explizit zu formulieren, gegen eine national-identifizierende Betrachtungsweise des 8. Mai 1945, die in der Regel eine Interpretation als „Tag der Niederlage" nahe legte. Was den Deutschen in diesen Wochen vielmehr anstehe, so Beer, sei „eine unmißverständliche Absage an alle Denkungsart und Methodik, die Deutschland in das Chaos von 1945 geführt hat."[67]

Neben der deutschen Teilung als nationalem Leitmotiv der Betrachtungen zum 8. Mai (und mit dieser eng verbunden) richtete sich der Blick der Kommentare und Reportagen häufig auf die andere Seite der deutsch-deutschen Grenze. Die Kritik an den Befreiungsfeierlichkeiten in der DDR führte dabei in der Regel – eine Konstante sowohl in der Presse als auch auf offizieller Ebene – zur Ablehnung des 8. Mai als politischem Gedenktag. Dies war gleichsam ein antithetisches Zeichen der Geringschätzung des 8. Mai, weil diesem in der offiziellen DDR bereits eine herausragende propagandistische Rolle zukam. So wurden z. B. in der „Süddeutschen Zeitung" die Feierlichkeiten in der DDR mit dem Hinweis kritisiert, das „martialische ‚Befreiungs'-Geschmetter" der „Propagandafanfaren" solle „durch seine Lautstärke die Welt über den Mangel an Freiheit in Ulbrichts Staat hinwegtäuschen". Die „'Befreier' von Karlshorst" wollten „die Welt an den Gedanken gewöhnen, daß in den zwanzig Jahren seit der Kapitulation auch

---

66 Michael Freund: Segen und Unsegen der Kapitulation. Zum 8. Mai 1945, in: Frankfurter Allgemeine Zeitung vom 8.5.65.
67 BEER 1965, S. 4.

der Anspruch auf Freiheit verjährt sei."⁶⁸ In der „Zeit" schilderte Hansjakob Stehle anhand einer Randbeobachtung auf ebenso ironische wie zutreffende Weise die Paradoxie der Feierlichkeiten in der DDR:

> „'Sind das unsere?' fragte der kleine Junge auf der Tribüne seinen Vater, einen sowjetischen Oberstleutnant, als die ersten Paradepanzer über den Ostberliner Marx-Engels-Platz rollten. – ‚Nein, die deutschen.' – ‚Aber die Deutschen haben doch den Krieg verloren!' – Der ordengeschmückte Papa räusperte sich und setzte zu einer umständlichen Erklärung an…"⁶⁹

Neben den vorherrschenden Leitmotiven der 8. Mai-Rezeption im Jahr 1965 wurden auch einige wenige Beiträge publiziert, in denen dieser Tag zum Anlass genommen wurde, über Schuldfragen und den Umgang mit ihnen nachzudenken. So näherte sich Paul Noack im „Münchner Merkur", um Differenzierung bemüht, der Frage, wie die Deutschen mit ihrer Vergangenheit umgehen sollten: „Fühlen wir Schuld oder reinigen wir uns selbst mit dem Hinweis, als kleiner Mann habe man nur seine Schuldigkeit getan?" Und wenn Schuld gefühlt werde, „wofür fühlen wir Schuld: dafür, daß Millionen Menschen unter uns litten, oder schon dafür, daß wir es gestatteten, einen Unrechtsstaat in unserer Mitte aufzurichten?" Bei diesen schwierigen Fragen, so Noack, seien sich wohl nur diejenigen sicher, „die von der Kapitulation als einer Schmach sprechen und die deutsche Schmach der Konzentrationslager gegen Bombenangriffe auf Dresden aufrechnen wollen." Einerseits, so tastet er sich weiter voran, mache Schweigen nicht frei. Andererseits: Müsse man tatsächlich „in einem fast lustbetonten Akt ständig herausposaunen, daß man Scham über das empfindet, was zwischen 1933 und 1945 geschah?" Bilanzierend hält Noack fest, der 8. Mai sei gewiss kein Grund zum Feiern, aber auch kein Grund „unsere Vergangenheit zu vergessen und so zu tun, als hätten wir uns in diesem Jahrhundert wie ein friedliches Hirtenvölkchen gebärdet." Nur im „Bewußtsein von Schuld, die wir auf uns nehmen", nur, „wenn wir uns selbst gegenüber ehrlich bleiben", brächten „wir es fertig, den Kopf wieder hoch zu tragen."⁷⁰ Noacks Beitrag ist eine Ausnahme, ein Beispiel für eine unentschlossen-zögernde Betrachtung des 8. Mai, in der mit der Kategorie der Schuld, neben der der Scham, ein Reflexionshintergrund entwickelt wird, dem für die zeitgenössische Bewertung des 8. Mai 1945 noch keine mehrheitliche Akzeptanz zukam.

---

68 Hans Schuster: Zwanzig Jahre danach, in: Süddeutsche Zeitung vom 8.5.65.
69 Hansjakob Stehle: „Die Deutschen haben doch verloren". Zwischentöne beim Siegesjubiläum im Osten, in: Die Zeit vom 14.5.65.
70 Paul Noack: Der Schock des 8. Mai, in: Münchner Merkur vom 8.5.65.

In einigen Beiträgen des Jahres 1965 wurden außerdem erste Ansätze entwickelt, über die expliziten und impliziten Bedeutungsgehalte von Termini nachzudenken. Ernst Deuerlein bezeichnete das Jahr 1945 als „eine Zäsur der deutschen Entwicklung, der nur schwer ähnliche oder gleiche Frakturperioden zur Seite gestellt werden können." Die Siegermächte seien entschlossen gewesen, „das deutsche Volk mit einer geschichtlichen Katastrophe, wie sie furchtbarer, namenloser und grenzenloser noch kein großes Volk betroffen hat, zu konfrontieren." Deuerlein akzentuiert nach dieser Katastrophendeutung die Ambivalenzen der Bedeutungsinhalte des 8. Mai, der durch einen „Widerstreit zwischen Befreiung und Niederlage" gekennzeichnet gewesen sei: „Befreiung von der nationalsozialistischen Herrschaft", wodurch die „Notidentifizierung von Volk und Regime" aufgehoben worden sei, und „Niederlage der Wehrmacht, wodurch der Verfall der Staatlichkeit eingeleitet wurde." Nach diesen Ansätzen einer Differenzierung geht es Deuerlein im Kern jedoch um die Darstellung der deutschen Opferrolle nach 1945, die für ihn bis in das Jahr 1965 hineinreicht: „Befreiung und Niederlage" des Jahres 1945 seien der Ausgangspunkt einer bewusst gewollten, „als Revolutionsersatz gedachten Mutation" der Deutschen, die sich „unter den Schrecken einer Katastrophe" vollzogen habe. Im Ergebnis seien die Deutschen „im gegenwärtigen Augenblick" des Jahres 1965 ein „geschändetes, geschlagenes und umerzogenes" Volk.[71]

Während Deuerlein nach differenzierenden Ansätzen die Opferrolle eines gedemütigten deutschen Volkes akzentuiert, setzte sich ein anderer Aufsatz umfassender mit den Deutungsimplikationen möglicher Termini auseinander. In einem polemisch-zuspitzenden Beitrag beklagte Klaus Ehrler, dass in einer „von Jahr zu Jahr nationalistischer werdenden Grundstimmung des öffentlichen Bewußtseins" der 8. Mai 1945 „nicht als Ende einer Katastrophe, sondern selbst als die Katastrophe empfunden" werde. Damit rücke „die Bewertung des 8. Mai als Niederlage immer zwangsläufiger in das Zentrum der individuellen und kollektiven Urteilsbildung". Stattdessen plädiert Ehrler für eine politisch-systemische Einschätzung des Mai 1945 als „Befreiung". Der Kerninhalt dieser „Befreiung von dem Schlimmen für das Positive" ist für ihn die „wieder realisierbar gewordene Chance des Friedens." Die terminologische Einordnung des 8. Mai 1945 entsteht bei Ehrler demnach aus friedenspolitischer Perspektive. Aus diesem Blickwinkel beschreibt er drei Wege zur Lösung aktueller politischer Fragen, aus denen jeweils andere Lesarten des 8. Mai resultieren würden:

---

71 DEUERLEIN 1965.

„Den Weg aggressiver nationalistischer Revisionspolitik, (...) auf diesem Wege erscheint der 8. Mai 1945 nur als Tag der nationalen Niederlage. Dann gibt es den Weg der ‚Europäisierung' des deutschen Schicksals (...). Auf diesem zweiten Wege würde der 8. Mai wenigstens als Tag unter der Devise ‚Nie mehr Krieg' begangen werden können. Der dritte Weg liefe in Richtung einer eigenständigen Friedenspolitik, die karitativ nach außen und demokratisch-progressiv nach innen orientiert wäre. (...) Die Entscheidung für diesen dritten Weg wäre zugleich die Anerkennung des 8. Mai 1945 als Tag der Befreiung."[72]

Die von Ehrler eingenommene friedenspolitische Perspektive ist eine weitere gegenwartsorientierte Lesart des 8. Mai, die auch in anderen Beiträgen im Mittelpunkt stand. Auch in dieser Frage kamen die Autoren, trotz eines ähnlichen Ausgangspunktes, zum Teil zu vollständig entgegengesetzten Ergebnissen. Als Beispiel dafür kann eine Einschätzung aus der „Welt" gelten. Zum zwanzigsten Jahrestag des 8. Mai 1945 solle man sich „ein paar aufrichtige Gedanken" machen, z.B. darüber, „ob mit Hitler tatsächlich der letzte Kriegsgrund auf Erden verschwunden" sei. Seine ausschließlich gegenwartsbezogene Herangehensweise an den Gedenktag 8. Mai fasst der Autor zuspitzend zusammen: Darüber werde

„das werte Publikum am 8. Mai nichts gehört haben. Hingegen ist es wieder einmal darüber informiert worden, daß in Kriegen gestorben wird und daß Hitler ein Nazi war. Aber manche von uns wissen das bereits. Ihnen brennen heute schon der nächste Krieg und der nächste Kriegsschuldige auf der Haut."[73]

Insgesamt lässt sich mit Blick auf Presse und Publizistik der Bundesrepublik des Jahres 1965 resümieren, dass der 8. Mai zwar noch nicht umfassend rezipiert und diskutiert wurde, aber die Grundlagen für eine pluralistische Debatte um verschiedene Bedeutungsinhalte, in denen zu diesem Zeitpunkt freilich primär Gegenwartsbezüge (vor allem die deutsche Teilung) vorherrschten, an dessen zwanzigsten Jahrestag gelegt wurden. Insofern gilt für die publizistische Ebene, was für die staatlich-repräsentative Ebene, trotz der Reden von Bundeskanzler Erhard, nicht uneingeschränkt festgehalten werden kann: Der 8. Mai beginnt Mitte der 1960er Jahre langsam am „politisch-historischen Horizont der Bundesrepublik als ein Tag des Gedenkens" aufzutauchen.[74]

---

72 EHRLER 1965, S. 491f. bzw. S. 494.
73 William S. Schlamm: Ist der Krieg zu Ende? Unbequeme Gedanken zum 20. Jahrestag der großen Katastrophe, in: Die Welt vom 9.5.65.
74 Hermann Rudolph: Der Lange Weg zum Tag der Befreiung, in: Der Tagesspiegel vom 7.5.95.

5.7 Ein asymmetrisches Erinnerungsverhältnis

Während sich das 8. Mai-Gedenken in der Bundesrepublik im Jahr 1965 zögerlich entwickelte, stand es in der offiziellen DDR bereits in voller SED-Blüte. Erneut wurde der Jahrestag des 8. Mai mit großem Aufwand gefeiert. Die zentrale Rede hielt in diesem Jahr der Vorsitzende des Ministerrates der DDR. Auch in Willi Stophs Rede stand, neben der Lesart von der „Befreiung vom Hitlerfaschismus" und der Herausstellung des „heldenhaften und opferreichen Kampfes des Sowjetvolkes und seiner ruhmreichen Armee", der andere deutsche Staat im Mittelpunkt: Die „westdeutschen Imperialisten und Militaristen" würden „ihr wahres Gesicht" zeigen, „wenn sie den 8. Mai 1945 als ‚Tag der Niederlage, der Schmach' bezeichnen." Wer sich, „wie der Bonner Staat", als „Nachfolger des Hitlerstaates" bezeichne, wer „die alte Revanche- und Eroberungspolitik aufs neue" verfolge, „wer Kriegsverbrecher in höchsten Funktionen und an den Schalthebeln der Macht" halte, dem müsse „notwendigerweise der 8. Mai 1945 wie ein Alpdruck auf der Seele liegen und zu Recht als eigene Niederlage und Kapitulation erscheinen." In „Ostdeutschland" dagegen, „in der heutigen Deutschen Demokratischen Republik, wurde die historische Chance konsequent genutzt und die Macht des Imperialismus und Faschismus beseitigt." Stoph stellt fest, „der Bevölkerung Westdeutschlands" sei bisher „die Wahrnehmung ihres Selbstbestimmungsrechts" versagt geblieben. Die DDR habe dagegen „die Forderungen der Antihitlerkoalition verwirklicht und dem deutschen Namen in aller Welt wieder zu Achtung und Ansehen verholfen."[75]

Zum zwanzigsten Jahrestag wurde in fast acht Kilometer langen Militärparaden und einem enormen Propagandaaufwand erneut die Waffenbrüderschaft des „friedliebenden, wahren Deutschland" mit der Sowjetunion bekundet.[76] Ein aufschlussreiches Beispiel dafür, dass es – von den historischen Fakten ganz abgesehen – entgegen diesen gedenktäglichen Manifestationen keineswegs ein symmetrisches erinnerungspolitisches Verhältnis zwischen der Sowjetunion und der DDR gab, ist die Entstehungsgeschichte des so genannten „Kapitulationsmuseums" in Berlin-Karlshorst. Der Militärrat der sowjetischen Streitkräfte in Deutschland fasste 1966 den Beschluss, in Berlin ein historisches Museum der sowjetischen Armee zu errichten. Der offizielle Name lautete „Museum der bedingungslosen Kapitulation des faschistischen Deutschlands im Großen Vaterländischen Krieg 1941–1945". Schon in dieser Bezeichnung, die nicht auf den Zweiten Weltkrieg insge-

---

75 Willi Stoph: DDR hat dem deutschen Namen in aller Welt wieder zu Achtung und Ansehen verholfen. Rede des Vorsitzenden des Ministerrates der DDR auf dem Festakt aus Anlaß des 20. Jahrestages der Befreiung des deutschen Volkes vom Hitlerfaschismus, in: Neues Deutschland vom 8.5.65.
76 Vgl. z.B. WOLFRUM 2000, S. 238.

samt rekurrierte, manifestierte sich die Ausrichtung des Museums. Es zeugte als rein sowjetische Einrichtung, mitten in der Hauptstadt der DDR und in dem Gebäude, in dem am 9. Mai 1945 die Kapitulationsurkunde unterzeichnet worden war, in erster Linie vom Selbstverständnis der Sowjetunion als Siegermacht.[77]

Dies wurde auch in der Wahl des Eröffnungsdatums deutlich, für das mit dem 5. November 1967 der 50. Jahrestag der Oktoberrevolution gewählt wurde. Die Bitte von Walter Ulbricht, den Termin um vier Wochen vorzuziehen, um die Eröffnungszeremonie mit dem Jahrestag der DDR-Gründung verbinden zu können, fand auf sowjetischer Seite keine Resonanz. Als Reaktion darauf ignorierte die SED-Führung die Eröffnung des Museums, sie fand auch in der Presse der DDR keine Erwähnung. Lediglich der Auslandspressedienst „Panorama DDR" publizierte im November 1967 einen lobenden Artikel. Erst zweieinhalb Jahre später, am 8. Mai 1970, folgte ein umfangreicher Bericht in der „Neuen Zeit". Und erst im August 1972, nach fast fünf Jahren, erschien der erste Beitrag im „Neuen Deutschland".[78] Dessen ungeachtet fanden im Kapitulationssaal neben der Vereidigung und politischen Schulung sowjetischer Soldaten später auch Treffen mit der FDJ und anderen DDR-Organisationen statt. Neue Mitglieder der deutsch-sowjetischen Freundschaftsgesellschaft (DSF) wurden hier eingeführt. Nicht zuletzt wurden in Karlshorst während der traditionellen „Woche der Waffenbrüderschaft" Treffen von Vertretern beider Armeen organisiert.[79] Ein Beispiel für die viel beschworene symmetrische Beziehung zwischen der DDR und der Sowjetunion war dieses Museum, ein zentraler Erinnerungsort für die Ereignisgeschichte des 8. Mai 1945, dennoch nie. Im Gegenteil illustrierte es den realitätsfernen Versuch der SED-Führung, sich gleichberechtigt als „Sieger der Geschichte" darzustellen. Diesen Anspruch gestand ihr nicht einmal die Sowjetunion zu. Vor diesem Hintergrund erscheinen viele der Worte der SED-Führung anlässlich des 8. Mai gewissermaßen als doppelt realitätsfremd und auch realpolitisch absurd.[80]

---

77 Vgl. zur Entstehungsgeschichte des Museums, zu den Ausstellungen bis 1989 sowie zu den Funktionen des Museums und dessen Konzeptionselementen bis 1995: CAMPHAUSEN 1997. Zur Geschichte des Ortes und seiner unterschiedlichen Nutzung seit 1937 vgl. auch GORYNIA 1997.
78 Vgl. CAMPHAUSEN 1997, S. 48.
79 Vgl. ebd., S. 52.
80 Nach 1990 trat eine deutsch-russische Expertenkommission (erstmals im April 1991) zusammen, um Pläne für ein gemeinsames Museum auszuarbeiten, das dann im Umfeld des 50. Jahrestag, am 10. Mai 1995, neu eröffnet wurde. Heute ist das „Museum Berlin-Karlshorst", vom Bund in alleiniger Trägerschaft gehalten (ebenso wie das Alliierten Museum), ein gemeinsames deutsch-russisches Museum, in dem Deutsche und Russen gemeinsam an den Zweiten Weltkrieg und dessen Ende erinnern. Es ist das einzige Museum dieser Art, alle Ausstellungstexte sind sowohl auf Deutsch als auch auf Russisch gehalten.

6. Die 1970er Jahre

6.1 Erinnerungskontexte: „1968" und der Kniefall in Warschau

Mit dem 8. Mai des Jahres 1965 deuteten sich in der Bundesrepublik erste Konturen dieses Gedenktages an. In den nachfolgenden Jahren veränderten sich dessen erinnerungspolitischen Kontexte auf signifikante Weise. Dies gilt vor allem für den mit dem Stichwort „1968" bezeichneten Generationenkonflikt, in dem unter anderem ein neuer Umgang mit der nationalsozialistischen Vergangenheit gefordert wurde. Die Einschätzung der Auswirkungen dieser generationellen Zäsur ist ein eigener, umstrittener Gegenstand politischer Kulturforschung. Während die einen behaupten, durch die Dynamik von „1968" habe sich eine tief greifende Veränderung der deutschen politischen Kultur vollzogen, die auf dem Gebiet der „Aufarbeitung der Vergangenheit" positive Spuren hinterlassen habe, behaupten andere, „1968" habe eine tiefere Zäsur bedeutet als das Jahr 1945 – und bewerten diesen konstatierten Bruch als negativ für die politische Kultur der Bundesrepublik. Aus dieser Sicht haben mit „1968" die politisch desintegrativ wirkenden Formen der Auseinandersetzung mit dem Nationalsozialismus zu Ungunsten der bis dahin vorherrschenden integrativen zugenommen.[1] Die konträren Lesarten treffen sich in mindestens einem Punkt: „1968" wird zu einem Mythos erhoben, zu einer Zäsur in der Geschichte der Bundesrepublik.

Dass „1968" Auswirkungen auf Intensität, Form und Inhalte der Auseinandersetzung mit dem Nationalsozialismus hatte, ist evident. *Welche* Nachwirkungen davon ausgingen, ist ein eigenes Forschungsfeld, das unter anderem dadurch bestimmt wird, dass der Erinnerungsort „1968" noch immer in hohem Maß durch das kommunikative Gedächtnis der Zeitgenossen geprägt wird.[2] In der Neuaneignung der deutschen Vergangenheit gab es neben produktiven Öffnungsprozessen auch politisch und historisch wenig differenzierte Lesarten sowie erhebliche Ausblendungen von Teilen der deutschen Vergangenheit und Gegenwart.[3] In dieser Studie interessiert allein, ob in der Bundesrepublik nach und durch die Auseinandersetzungen von „1968" ein signifikant anderer Umgang mit dem 8. Mai 1945 zu beobachten war.

---

1 Vgl. als wirkungsvolles Beispiel für diese Lesart: LÜBBE 1983, S. 596f.
2 So auch WOLFRUM 2001, S. 36.
3 Vgl. dazu in äußerst komprimierter Form BECKER 1992.

Einen weiteren Kontext für die Rezeption dieses Datums bildete in den 1970er Jahren die neue Ost- oder Entspannungspolitik. Bei aller notwendigen Kritik[4] an dieser Neuausrichtung der deutsch-deutschen und internationalen Politik der Bundesrepublik, ist für unseren Zusammenhang wichtig, dass sie auch eine geschichtspolitische Kontroverse enthielt. Denn zumindest implizit erinnerte sie stets an die eigentliche Ursache der deutschen Teilung. In der Rückschau wird die erinnerungspolitische Relevanz der neuen Ostpolitik deshalb heute unter anderem darin gesehen, dass bis dahin „die Überwindung der Kriegsfolgen immer noch als eine einklagbare politisch-moralische Schuld gehandelt wurde"[5] und daher über eigene Schuld und Verantwortung im Nationalsozialismus geschwiegen worden sei. Eine Einschätzung, die anhand der 8. Mai-Rezeption in dem bislang betrachteten Zeitraum grosso modo bestätigt werden kann.

Zugleich war mit dem Amtsantritt von Willy Brandt als einem der Architekten dieser außenpolitischen Neuausrichtung zwar kein Generationenwechsel im Kanzleramt verbunden, aber ein entscheidender Wechsel innerhalb der Erlebnisgenerationen von Krieg und Nationalsozialismus. Mit Willy Brandt regierte ein Bundeskanzler, der das so häufig, vor allem aus Anlass des 20. Juli beschworene „andere Deutschland", das aus Emigration und Widerstand gegen den Nationalsozialismus kam, in seiner Biographie verkörperte – und deshalb in den politischen Auseinandersetzungen häufig genug angegriffen wurde. Dieser Kanzler verstand sich „als Kanzler nicht mehr eines besiegten, sondern eines befreiten Deutschland", wie Brandt kurz nach seiner Wahl erklärte.[6]

Als Bundeskanzler Willy Brandt am 7. Dezember 1970 vor dem Ghetto-Denkmal in Warschau niederkniete, setzte er ein Erinnerungszeichen, das bis heute als eine historische Zäsur in der kritischen Selbstreflexion der Bundesrepublik betrachtet wird.[7] Neben der Rede von Richard von Weizsäcker am 8. Mai 1985 gibt es wohl keinen zweiten Erinnerungsort, der sich so im kollektiven Gedächtnis festgesetzt hat wie der Kniefall von Warschau. Die immense Wirkung dieser Geste, mit der Brandt die jüdischen Opfer der NS-Herrschaft in Polen ehrte und betrauerte, beruht bis heute auf verschiedenen Faktoren: Sie war nicht erwartet worden, sie war die erste ernst-

---

4 V.a. an der mit ihr bis zum Ende der 1980er Jahre verbundenen weitgehenden Ignorierung der oppositionell-demokratischen Bewegungen in der DDR und ganz Ostmitteleuropas im Interesse stabiler und berechenbarer offizieller Kontakte. Vgl. als gelungene polemische Auseinandersetzung mit diesem Defizit z.B. BIERMANN 1988, S. 428.
5 WEISBROD 1995, S. 79.
6 Zitiert nach: WOLFRUM 1999, S. 273.
7 Zum Warschauer Ghetto-Denkmal vgl. z.B. RAPOPORT 1994; YOUNG 1994, S. 26f. Siehe auch GEBERT 1994.

hafte symbolische Anerkennung der deutschen Schuld durch einen Bundeskanzler, sie war eine Anerkennung der Opfer des Nationalsozialismus und sie war eine Geste, die sich nicht wiederholen und dauerhaft ritualisieren ließ. Neben diesen Faktoren ist die Rezeptionswirkung wesentlich in der Person des Bundeskanzlers begründet. Weil der Emigrant Willy Brandt nicht persönlich schuldig war, aber die Schuld Kraft seines Amtes stellvertretend für alle Deutschen annahm, vielleicht auch weil der Atheist Brandt sich, ohne diese explizit zu machen, christlicher Symbolik bediente, konnten sich viele mit dieser Geste identifizieren.[8] Die Wirkung des Kniefalls in Warschau resultierte nicht zuletzt daraus, dass es sich um eine stumme Geste handelte, ein Bild ohne Worte, in das sich Unterschiedliches hineininterpretieren ließ: Ehrung der Opfer, Demut, Trauer, Anerkennung der Schuld, Bekenntnis zur Haftung, Wille nach Versöhnung – die stumme Verkörperung von Trauer wurde als so authentisch empfunden, weil der deutschen Schuld „noch keine öffentliche Sprache entsprach."[9] Einerseits sagte diese stille Symbolik mehr als viele Worte, andererseits konnte sie kein Ersatz für fehlende Worte sein.

Zeitgenössisch fiel das Urteil keineswegs einhellig positiv aus, denn Brandts Kniefall war auch eine herausfordernde Geste. Laut einer „Spiegel"-Umfrage hielt sie nur eine Minderheit der Westdeutschen (41% der Befragten) für angemessen, während 48% sie als übertrieben bezeichneten; unter den 30- bis 60-Jährigen waren es mit 54% noch mehr.[10] Insofern lässt sich nicht behaupten, der Kniefall von Warschau sei bereits zeitgenössisch das gewesen, was Heinz Bude ihm retrospektiv zuschreibt: Ein „einigender staatsästhetischer Akt"[11], zu dem er inzwischen zweifellos geworden ist.[12] 25 Jahre hatte es gedauert, bis ein Bundeskanzler eine symbolische Form für die Anerkennung der nationalsozialistischen deutschen Vergangenheit und ihrer Opfer fand.

---

8   Als Brandt im Dezember 1970 vor dem Ghettodenkmal in Warschau niederkniete, notierte ein Augenzeuge: „Dann kniet er, der das nicht nötig hat, für alle, die es nötig haben, aber nicht knien" – so schildert es Peter Bender, der hinzufügt: „Kein Ulbricht und kein Honecker, die es als Person auch ‚nicht nötig' hatten, vermochten sich jemals zu einer solchen Geste durchzuringen." (BENDER 1993, S. 94.)
9   DUBIEL 1999, S. 96.
10 Ergebnisse nach: KRZEMINSKI 2001, S. 651.
11 BUDE 1998, S. 80.
12 Zuletzt wurde dies von repräsentativ höchster Stelle beglaubigt – Bundespräsident Johannes Rau führte im Oktober 2002 anlässlich des zehnten Todestages von Willy Brandt aus: „Der Kniefall von Warschau, in diesem Bild, das wir nie vergessen werden, leuchtet das ganze Drama des alten Kontinents auf – seine Tragik und sein neuer Aufbruch. Der Emigrant, der die Diktatur des Dritten Reiches aus dem Ausland bekämpft hat, der sich die Frage gefallen lassen musste: Wo waren sie denn, was haben sie denn gemacht?, der steht ein für die Schuld, die jene auf sich geladen haben, die er bekämpft hat – Schuld an Juden, an Polen, Schuld an so vielen." (RAU 2002c.)

6.2 Gestiegenes Gespür für positive Deutungen: Der 8. Mai 1970

Der 8. Mai erreicht das Parlament

Vor dieser bemerkenswerten Geste vom Dezember 1970 lag im selben Jahr der 25. Jahrestag des 8. Mai 1945. Am 8. Mai 1970 nahm erstmals eine Bundesregierung im Deutschen Bundestag Stellung zu diesem Datum – laut Helmut Dubiel überhaupt die erste „unmittelbare, von Gesetzesvorhaben unabhängige Debatte über das nationalsozialistische Deutschland" im Parlament.[13] Auf Brandts Absicht, für die Bundesregierung eine Erklärung im Bundestag abzugeben, wurde zum Teil heftig und empört reagiert: Die „Frankfurter Allgemeine Zeitung" warnte davor, „ein Stück DDR-Feiertagsordnung" zu akzeptieren. Mit Formulierungen wie „Niederlagen feiert man nicht" und „Schande und Schuld verdienen keine Würdigung" versuchten Vertreter der Bundestagsfraktion von CDU/CSU die Regierungserklärung zu verhindern.[14] Wenn Brandt zu diesem Tag eine Erklärung im Bundestag abgeben wolle, „so geschieht dies nicht mit unserer Zustimmung", erklärte der Vorsitzende der CDU/CSU-Bundestagsfraktion Rainer Barzel.[15] Laut „Spiegel" erklärte Alt-Bundeskanzler Kurt Georg Kiesinger, er wisse „gar nicht, was wir am Tag der Unterwerfung, äh, Kapitulation, zu feiern haben."[16] Und die Zeitung „Christ und Welt" sah – unter der Überschrift „Normales Volk?" – in dem Vorhaben des Kanzlers einen erschreckenden Mangel an „Maß und Mitte": „Keine Nation der Welt käme auf die absurde Idee, ihre Niederlage ohne Not zum Gegenstand einer parlamentarischen Erklärung zu machen."[17]

Bundeskanzler Willy Brandt eröffnete seine Regierungserklärung am 8. Mai 1970 im Deutschen Bundestag mit den Worten, vor 25 Jahren habe „der totale Krieg des nazistischen Reiches in der totalen Niederlage" geendet.[18] Der „von Hitler begonnene Krieg" habe „das Opfer von Millionen Menschen" gefordert, „von Kindern, Frauen und Männern, von Gefangenen und von Soldaten vieler Nationen. Wir gedenken ihrer aller in Ehrfurcht." Eine weitere Differenzierung der Opfergruppen, die sich im übrigen allein auf den Krieg beziehen, nimmt der Kanzler nicht vor. Der 8. Mai 1945 ist für Brandt in erster Linie eine „Verpflichtung zum Frieden", die Deutschen seien dankbar dafür, dass sie „seit 1945 von der Geißel des

---

13 DUBIEL 1999, S. 68.
14 Zitiert nach: ALTENHÖNER 1996, S. 84.
15 Zitiert nach: WOLFRUM 1999, S. 274.
16 Zitiert nach: Der Spiegel vom 11.2.85, S. 26.
17 Christ und Welt vom 1.5.70. Zitiert nach: NEUMANN F. 1975, S. 10.
18 Vgl. hierzu und zum folgenden: BRANDT 1970.

Krieges verschont geblieben" seien. Damals, so der Bundeskanzler, habe sich „mit der bedingungslosen Kapitulation nicht nur der Zusammenbruch des Reiches *(Abg. Dr. Barzel: Deutschland ist nicht untergegangen!)*" vollzogen, sondern „die Existenz des Volkes selbst war in Frage gestellt."

Wenn die Bundesregierung an diesem Tag mit einer besonderen Erklärung vor den Deutschen Bundestag trete, so sei „der Sinn dieser Stunde, zu erkennen, was war." Ein Volk müsse „bereit sein, nüchtern auf seine Geschichte zu blicken", denn nur wer sich daran erinnere, „was gewesen ist, erkennt auch, was heute ist, und vermag zu überschauen, was morgen sein kann." Insbesondere gelte diese für die „jüngere Generation", an die Brandt sich anschließend wendet. Sie sei „nicht beteiligt" gewesen an dem, „was damals zu Ende ging. Die heute Zwanzigjährigen waren noch nicht geboren. Die Dreißigjährigen waren noch Kinder. Und selbst die Vierzigjährigen hatten keinen Anteil an dem, was 1933 über uns kam." Dennoch, so Brandt, „ist niemand frei von der Geschichte, die er geerbt hat." Brandt fährt mit verschiedenen Bedeutungsinhalten des 8. Mai fort: Was „von unzähligen Deutschen neben der persönlichen als nationale Not empfunden" worden sei, sei „für andere Völker die Befreiung von Fremdherrschaft, von Terror und Angst" gewesen. Auch „für die Mehrheit des deutschen Volkes erwuchs die Chance zum Neubeginn, zur Schaffung rechtsstaatlicher und demokratischer Verhältnisse." Für alle sei „das Jahr 1945 ein tiefer Einschnitt" gewesen. Die Befreiungslesart bezieht Brandt somit nicht explizit auf die Deutschen, sondern auf „andere Völker". Mit der „Chance zum Neubeginn" deutet er die Wende zum politisch Besseren gleichwohl an.

Unter Bezugnahme auf Heinemanns Äußerung zu dessen Amtsantritt als Bundespräsident führt Brandt weiter aus, Deutschland sei selten „ein schwierigeres Vaterland als im Jahre 1945" gewesen. Die Deutschen hätten „sich 1945 verbissen und fleißig an die Arbeit gemacht – in beiden Teilen Deutschlands. Die sichtbaren Trümmer des Krieges wurden geräumt." Nicht nur dieser Satz verdeutlicht, dass auch Brandt primär vom Ende und den Folgen des Krieges spricht, nicht vom Nationalsozialismus. Als einzigen Satz zur Schuldproblematik führt der Kanzler aus: „Wir erinnern uns auch daran, daß Schuld sehr unterschiedlich gemessen werden kann, so daß es noch immer Häftlinge gibt, die sich in fremdem Gewahrsam befinden." Für Brandt ist das „zukunftsträchtigste Ergebnis der tragischen Ereignisse des Jahres 1945" der europäische Zusammenschluss: „Erst eine europäische Friedensordnung" werde „den Schlußstrich der Geschichte ziehen können unter das, was sich für uns Deutsche mit dem Jahr 1945 verbindet."

Am Beispiel dieser Regierungserklärung kann exemplarisch aufgezeigt werden, wie weit sich die Interpretationen von politischen Gedenkreden unterscheiden können. So bewerten etwa Helmut Dubiel und Andreas Wöll in ihrer Rückschau aus den späten 1990er Jahren diese Rede extrem unterschiedlich: Andreas Wöll bezeichnet sie als „verhunzt" – er spricht von einer „eklatant unbeholfenen – nach heutigen Maßstäben glatt ‚revisionistisch' zu nennenden – Regierungserklärung Willy Brandts". Beziehungslos seien „Begriffe wie ‚totale Niederlage', ‚Neubeginn' und ‚Wiederaufbau' aneinandergereiht." Wöll kritisiert zudem, dass für die Opfer des nationalsozialistischen Deutschlands in Brandts Aufzählung an diesem Tag kein Platz geblieben sei.[19] Helmut Dubiel dagegen rezipiert die Rede, der er auch den Titel seiner Studie entnimmt, sehr positiv und sieht im deutlichen Gegensatz zu Wöll ihre Qualität gerade darin, dass Brandt „durch eine Einfühlung in die nicht-deutschen Opfer des Nationalsozialismus" zur „Andeutung einer positiven Bewertung des 8. Mai 1945 gelangt." Brandt, so Dubiel, habe versucht, „das Kriegsende aus der Perspektive der Opfer der Deutschen zu bewerten."[20]

Dieser deutliche Rezeptionsunterschied ist ein Beispiel dafür, dass in die Interpretation politischer Gedenkreden immer Vorverständnisse und Erwartungshaltungen der Rezipienten einfließen, die in diesem Fall sogar dazu führen, der Rede Inhalte zuzuschreiben, die sie faktisch nicht enthält. Jedenfalls ist Brandts Regierungserklärung nicht dadurch gekennzeichnet, dass er die nicht-deutschen Opfer des Nationalsozialismus, wie Dubiel behauptet, hervorhebt und sich in diese in besonderer Weise einfühlt. Im Gegenteil differenziert der Kanzler die Opfergruppen gerade nicht. Brandt lässt die ambivalenten Bedeutungsinhalte des 8. Mai zwar anklingen, er sieht in diesem Tag aber nicht primär das Befreiende, das er gleichwohl andeutet, aber nur für „andere Völker" explizit festhält – und damit die deutschen Juden offenbar als „anderes Volk" betrachtet.[21] Brandts Perspektive ist die der bundesdeutschen Nachkriegsgeschichte, deren nationale Opfer, vor allem die deutsche Teilung, überwunden werden müssten. Er spricht von den „tragischen Ereignissen des Jahres 1945", die Schuldfrage spricht er sehr allgemein an, um sogleich auf immer noch inhaftierte deutsche Häftlinge zu sprechen zu kommen. Der Erkenntnis, niemand sei „frei von der Geschichte, die er geerbt hat", steht die Einschätzung gegenüber, eine europäische Friedensordnung könne einen „Schlußstrich der Geschichte" ziehen. Der von Wöll interpretierte „Revisionismus" ist in dieser Rede allerdings auch nicht zu finden, es sei denn, man verstünde unter dem Ziel der deutschen Einheit in jedem Fall revisionistische Ambitionen. Insgesamt

---

19 Vgl. WÖLL 1997a, S. 125 bzw. S. 131.
20 DUBIEL 1999, S. 135.
21 So auch die zutreffende Einschätzung von KIRSCH 1999, S. 53.

ist das erinnerungspolitisch Bemerkenswerte an dieser Rede von Willy Brandt nicht ihr Inhalt, der sehr weit in den bis dahin vorherrschenden Konventionen der 8. Mai-Lesarten bleibt und kein klares Bild vom Nationalsozialismus und seinen Opfern entwickelt, sondern die Tatsache, dass der 8. Mai zum ersten Mal zum Anlass einer Regierungserklärung im Deutschen Bundestag genommen wurde.[22] Jenseits seiner wortlosen, beeindruckenden Geste vom 7. Dezember 1970 in Warschau hat der Emigrant und Gegner des Nationalsozialismus Willy Brandt in Bezug auf diesen Teil der deutschen Vergangenheit keine markanten erinnerungspolitischen Spuren hinterlassen.

Im Anschluss an die Regierungserklärung des Bundeskanzlers nutzten alle im Bundestag vertretenen Fraktionen die Gelegenheit, um aus ihrer Sicht an das Ende von Krieg und Nationalsozialismus zu erinnern. Für die CDU/CSU-Fraktion, die die Regierungserklärung im Vorfeld abgelehnt hatte, sprach der Abgeordnete Richard von Weizsäcker, der in seinem Beitrag bereits einige der Motive andeutete, die er fünfzehn Jahre später als Bundespräsident voll entfalten sollte.[23] Weizsäcker erklärt, der 8. Mai sei für die Deutschen „kein Feiertag. Manche möchten ihn schweigend begehen, und wir wollen sie achten. In diesem Hause aber haben wir Grund, uns offen und nüchtern den Fragen des Tages zu stellen: Was bedeutet für uns der 8. Mai 1945?" Diese Frage beantwortet Weizsäcker nicht aus politischer oder moralischer Sicht, stattdessen wirft er individualisierende Blicke auf die erlebensgeschichtlichen Erfahrungen des 8. Mai 1945:

> „Unsere Erfahrungen mit dem 8. Mai entsprechen einander nicht. Jeder hat ihn auf eigene Weise erlebt. Der eine kehrte heim, der andere wurde heimatlos. Dieser wurde befreit, für jenen begann die Gefangenschaft. Verbittert standen manche vor zerrissenen Illusionen, dankbar andere vor dem geschenkten neuen Anfang. Vielen von uns hat der 8. Mai wie kein zweites Datum das Bewußtsein geprägt. Andere haben überhaupt kein Interesse an diesem Tag. Keiner möge seine persönlichen Erlebnisse zum Maßstab für alle machen."

Die Schuldfrage, das herausragende Kennzeichen seiner Rede von 1985, behandelt Weizsäcker 1970 noch nicht differenziert: Jeder brauche „Frieden und Versöhnung mit sich und seinen Nachbarn, gleichviel wie Schuld und Verdienst verteilt waren." Vergangenheit lasse sich nicht bewältigen, aus der Geschichte könne aber auch nicht ausgestiegen werden: „Es gibt keinen

---

22 In der Literatur wird regelmäßig darauf verwiesen, dies sei eine Sondersitzung des Deutschen Bundestages zum Gedenken an den 8. Mai gewesen. Das trifft nicht zu – vielmehr bildeten die Abgabe der Erklärung der Bundesregierung und die anschließende Aussprache den letzten und zwanzigsten Punkt der Tagesordnung dieser regulären Sitzung des Deutschen Bundestages.
23 Vgl. zum folgenden: WEIZSÄCKER 1970.

Anfang am politischen Nullpunkt. Es gab ihn nicht einmal 1945." Die Ereignisse des Jahres 1945 waren für Weizsäcker „zwiespältig", und „sie wirken in unserer Gegenwart fort." Wie Brandt differenziert auch Weizsäcker die Opfer von Krieg und Nationalsozialismus nicht. Den individuellen Erfahrungen des Mai 1945 stellt er keine retrospektive politische Deutung zur Seite. Die Befreiungslesart deutet er allenfalls an, indem er feststellt, der 8. Mai lehre, „den Frieden zu suchen mit dem Respekt vor dem unverbrüchlichen Wert der Freiheit." Es gebe „keine persönliche Freiheit ohne persönliche Verantwortung." Die Freiheit sei es auch, „die uns mit Zuversicht erfüllt, daß der 8. Mai nicht das letzte Datum unserer Geschichte bleibt, das für alle Deutschen verbindlich war."

Für die SPD-Fraktion hielt Volker Hauff als jüngster Abgeordneter und Vertreter der Nachkriegsgenerationen an diesem Tag seine „Jungfernrede" im Bundestag. Er betont, dass durch die erste Regierungserklärung eines Bundeskanzlers zum 8. Mai 1945 die Bedeutung dieses Tages „deutlicher" geworden sei. Auch Hauff fokussiert auf das Ende des Krieges, dem er positive Bedeutungen zuweist: „Bei all den Leiden, die der zweite Weltkrieg, aber auch das Ende des Krieges mit sich brachten: dieser Tag war eine Chance zur demokratischen und rechtsstaatlichen Neuorientierung in Deutschland." Da das Ende des Krieges aber keine „friedliche Welt" gebracht habe, habe eine „Stunde Null, das wirkliche Neubeginnen", nicht stattgefunden. Niemand, so betont Hauff ähnlich wie der Kanzler, könne „sich von der gemeinsamen Geschichte freisprechen oder freikaufen; es gibt keine Flucht vor der Verantwortung, die wir miteinander zu tragen haben."[24]

Die Abgeordnete Liselotte Funcke (FDP) definierte aus ihrer Sicht, was Erinnerung bedeuten könnte: „In des Wortes genauer Bedeutung" meine sie, das Erlebte, Erfahrene und Erlittene „aus der Vergänglichkeit des Augenblicks" herauszuheben und „zur inneren Erkenntnis" werden zu lassen. Wenn auch in äußerst knapper Form, bemüht sie sich stärker als ihre Vorredner um eine differenzierte Erinnerung an „das persönliche Schicksal von Millionen und aber Millionen Menschen in unserem Volk und in vielen Völkern der Erde". Die „Toten der Schlachtfelder, der Konzentrationslager, der Flucht und ihre Angehörigen, die Versehrten, die alleinstehenden Frauen, die Kinder (...) und die Menschen, die um ihre Heimat trauern," sie alle hätten Anspruch darauf, dass ihrer an diesem Tag nicht nur geschichtlich und politisch, sondern auch menschlich gedacht werde.[25] Mit der Anmahnung von Empathie für die Opfer, zu denen sie explizit auch die-

---

24 HAUFF 1970, S. 2569f.
25 FUNCKE 1970, S. 2570f.

jenigen der Konzentrationslager zählt, setzte Liselotte Funcke einen Akzent, der in keiner der anderen Reden im Deutschen Bundestag im Mittelpunkt stand.
Zwar fand der 8. Mai im Jahr 1970 verstärkt staatlich-repräsentative Aufmerksamkeit, von einer deutlich konturierten Ausdifferenzierung des Gedenkens konnte jedoch noch keine Rede sein.[26] Vor allem hatte noch keine ernsthafte Pluralisierung der Erinnerungsinhalte stattgefunden, die sich unter anderem darin ausdrücken könnte, auch den Nationalsozialismus und dessen Opfer und nicht nur den Krieg und die Nachkriegsentwicklungen in den Mittelpunkt des Gedenkens zu rücken.[27] Daher hält Jan-Holger Kirsch zutreffend fest, einen wirklichen Interpretationskonflikt um den 8. Mai habe es nicht gegeben und auch ein „Nachbeben der Achtundsechziger" lasse sich nicht feststellen.[28] Dieser Befund lässt sich auch auf die Deutungsangebote des Bundespräsidenten übertragen.

Freiheit und Nation

Der 25. Jahrestag des 8. Mai 1945 wurde nicht nur zum ersten Mal zum Anlass einer Regierungserklärung im Deutschen Bundestag gemacht, 1970 hielt mit Gustav W. Heinemann auch zum ersten Mal ein Bundespräsident eine Gedenkrede, die sich direkt auf den 8. Mai 1945 bezog. Heinemann wies der Auseinandersetzung mit der Vergangenheit in seiner Amtszeit als Bundespräsident insgesamt eine größere Bedeutung zu, als dies seine Amtsvorgänger getan hatten. So rekurrierte er etwa in seiner Antrittsrede unter Bezug auf Theodor Heuss auf das Ende des Krieges, als sich „die Paradoxie ereignete, daß wir gleichzeitig erlöst und vernichtet waren". Er fügt hinzu, auch nach „allem materiellen Wiederaufbau und über allem fortschreitenden Generationswechsel hinweg" bleibe „die Aufhellung unserer eigenen Geschichte um unserer Zukunft willen geboten."[29] In vielen seiner Reden als Bundespräsident betonte Heinemann die Bedeutung der Erinnerung für die Demokratie. Im Mittelpunkt seines Interesses stand dabei jedoch nicht die Auseinandersetzung mit dem Nationalsozialismus. Heinemanns Impetus galt

---

26 Vgl. auch eine Ansprache des Außenministers, in der Walter Scheel in Djakarta kurz an den 8. Mai 1945 erinnerte (SCHEEL 1970), sowie einen Artikel des Bundesministers für innerdeutsche Beziehungen Egon Franke (FRANKE 1970).
27 Vgl. auch die Befragung einiger deutscher Politiker in der „Bild"-Zeitung, wie diese „die Stunde Null – den 8. Mai 1945" erlebt hätten: Werner Kirchner: Wo waren sie am 8. Mai vor 25 Jahren?, in: Bild-Zeitung vom 8.5.70 sowie die Zusammenfassung einer Podiumsdiskussion in der Berliner Urania: O.E.H. Becker: Befreiung oder Kapitulation? Podiumsgespräch zum 25. Jahrestag der Kapitulation, in: Der Tagesspiegel vom 10.5.70.
28 Vgl. KIRSCH 1999, S. 55.
29 HEINEMANN 1969a, S. 147.

der Anknüpfung an positive Traditionen – wiederholt erinnerte er an die Freiheitsbewegungen in der deutschen Geschichte. Es gehe ihm darum, „bestimmte Bewegungen in unserer Geschichte, die unsere heutige Demokratie vorbereitet haben, aus der Verdrängung hervorzuholen und mit unserer Gegenwart zu verknüpfen." Ihm liege daran, „bewußtzumachen, daß unsere heutige Verfassung durchaus eigenständige Wurzeln hat und nicht nur eine Auflage der Sieger von 1945 ist."[30]

Im Unterschied zu seinem Amtsvorgänger Lübke betonte Heinemann bei der identitätsstiftenden Berufung auf positive Traditionen die Orientierung an demokratischen und freiheitlichen Werten, nicht an nationalen Überlieferungen. Diesen Unterschied verdeutlichte Heinemann z. B. in einer Rede zum 25. Jahrestag des 20. Juli 1944. Nach dem Nationalsozialismus sei eine ungebrochene nationale Identität der Deutschen ausgeschlossen, die Deutschen seien „nicht aus eigener Kraft zu einer freiheitlichen Demokratie durchgebrochen", vielmehr hätten zweimal „fremde Siegermächte sie uns nach verlorenen Kriegen ins Land gebracht." Daher könne ein „guter Deutsche kein Nationalist sein. Ein nationalbewußter Deutscher kann heute nur ein Europäer sein."[31] In einer anderen Gedenkrede zitierte Heinemann erneut die Paradoxie-Lesart des Jahres 1945 durch seinen Amtsvorgänger Heuss, um sie auf seine Weise zu konkretisieren: „Vernichtet wurde das damalige Deutsche Reich, erlöst wurden diejenigen, die unter diesem Terrorsystem des Dritten Reiches gelitten hatten und weithin die Opfer der Gewaltherrschaft geworden sind."[32] Die „Vernichtung des Deutschen Reiches" ist eine Formulierung, die seine Amtsvorgänger nie verwendet haben.

Heinemann rekurrierte somit in zwei seiner Reden als Bundespräsident auf die bekannte Formulierung von Theodor Heuss. In der ersten offiziellen Rede, die ein deutscher Bundespräsident direkt zum 8. Mai 1945 hielt, griff er diesen Gedanken dagegen nicht auf. Heinemann hielt diese kurze Ansprache zum 25. Jahrestag in einem diplomatisch und repräsentativ niedrig gehaltenen Rahmen vor den in Bonn akkreditierten ausländischen Missionschefs.[33] Am 6. Mai 1970 führte der Bundespräsident aus, vor 25 Jahren habe „der Zweite Weltkrieg, der von deutschem Boden ausgegangen war, auf deutschem Boden in der vollständigen Niederlage des Hitler-Reiches sein Ende" gefunden. Damals sei die „verbrecherische Gewaltherrschaft des Nationalsozialismus" von „uns genommen" worden. Gleichzeitig sei „dabei das ganze Ausmaß der Untaten" sichtbar geworden, „die von den Na-

---

30 HEINEMANN 1974, S. 39.
31 HEINEMANN 1969b, S. 71 bzw. S. 77.
32 HEINEMANN 1969c, S. 207.
33 Vgl. zum folgenden: HEINEMANN 1970.

tionalsozialisten begangen worden waren und die Elend, Schmerzen und sinnlosen Tod über viele Millionen Menschen aus zahlreichen Nationen gebracht hatten." Mit dieser Erkenntnis hätten die Deutschen „seitdem zu leben und einen neuen Anfang zu suchen" gehabt. Aus „diesem schmerzvollen und schweren neuen Anfang" könne nach 25 Jahren „eine positive und auf die Zukunft ausgerichtete Bilanz" gezogen werden.

Der Grundton von Heinemanns kurzer Ansprache besteht in einer bescheiden-positiven Bilanz der letzten 25 Jahre. Ihm geht es vor allem darum, die Bundesrepublik zu dieser Gelegenheit als ein friedliches, an Europa orientiertes Gemeinwesen zu charakterisieren. Er spricht mit entlastender Konnotation von den „Unmenschlichkeiten des Hitler-Regimes, das so viele in unserem Volke mit teuflischer Demagogie verblendete", die kritische Rückbesinnung auf den 8. Mai ist nicht sein primäres Interesse in dieser Rede. Die Bewertung als „vollständige Niederlage", die Betonung der Verschleierung der Verbrechen, der fehlende Bezug zur Notwendigkeit der Erinnerung und das nur angedeutete Opfer-Gedenken sind Ausdruck davon, dass Heinemann in seiner Ansprache zum 25. Jahrestag hinter seinen eigenen Maßstäben aus anderen Reden zurückbleibt. Die „Paradoxie" wird hier nicht analysiert, vielmehr verbleibt er in dieser Rede in der „verhüllenden Metaphorik"[34], die so viele der 8. Mai-Gedenkreden kennzeichnen. Eine Metaphorik, die Heinemanns nüchternen Gedenkreden ansonsten eher fremd war.

Auf die viele Debatten um den 8. Mai prägende Frage nach der Einordnung der Vertreibungen im Kontext des Gedenkens an das Kriegsende ging Heinemann nicht in dieser Rede, sondern zu einer anderen Gelegenheit ein. In diesem Zusammenhang sprach er von der „nationalen Katastrophe von 1945", um zugleich Ursache und Folgen unmissverständlich zu benennen: Die Vertreibung sei „die Folge des grauenhaften Unrechts, das das Naziregime besonders den Völkern Osteuropas angetan hatte".[35] Aus ihrer Geschichte, so Heinemann in einer seiner späteren Reden ebenfalls deutlicher als zum 8. Mai 1970, könnten die Deutschen nicht entfliehen. „Wir dürfen aus ihr nichts ausklammern, auch nicht das Widrige, nicht das Widerwärtige, nicht einmal das Verbrecherische. Wir müssen auch dem, was uns und anderen geschadet hat, den Platz anweisen, der ihm zukommt."[36]

---

34 ALTENHÖNER 1996, S. 85.
35 HEINEMANN 1973, S. 160f.
36 HEINEMANN 1974, S. 39.

Gestiegene Sensibilität für positive Bedeutungsgehalte

Obwohl 1970 erstmals ein Bundespräsident eine – wenn auch sehr kurze und repräsentativ niedrig gehaltene – Rede aus unmittelbarem Anlass des 8. Mai gehalten hat und obwohl ein Bundeskanzler erstmals im Bundestag zu diesem Tag Stellung nahm, fanden diese Impulse der staatlich-offiziellen Ebene einen bemerkenswert geringen Widerhall in Publizistik und Presse. Eine allgemeine öffentliche Debatte, ein interpretatorischer Konflikt, in dem sich vielleicht auch der Generationenkonflikt von „1968" wiederfinden ließe, fand jedenfalls nicht statt. Die Resonanz war sogar geringer als im Jahre 1965, setzte aber andere Akzente.

Klaus Ehrler, der fünf Jahre zuvor mögliche terminologische Einordnungen des 8. Mai untersucht hatte,[37] blickte auch 1970 auf die deutsche Zeitgeschichte zurück. Mit Blick auf die noch immer fehlenden Grenzgarantien kommt Ehrler zu der Einschätzung, das Fehlen eines „politischen Schlußpunktes" habe „den am 8. Mai 1945 gesetzten militärischen Schlußpunkt in seiner Wirksamkeit gemindert und historisch relativiert." Ehrler hält einen solchen „politischen Schlußpunkt" unter die Vergangenheit demnach für möglich und notwendig. Gesetzt würde er mit der Garantie der Grenzen in Europa. Offensichtlich auch mit dem Austritt aus der NATO, denn mit Blick auf den NATO-Beitritt der Bundesrepublik erklärt Ehrler: „Mit dem 9. Mai 1955 wurde der 8. Mai 1945 in Frage gestellt." Die für Ehrler unerfreuliche politische Entwicklung der Bundesrepublik sei „in allen Punkten ein Ergebnis der versuchten und vielfach weit gediehenen, aber doch nie ganz gelungenen Auslöschung oder Umkehrung der Impulse des 8. Mai."[38] Damit schreibt er dem 8. Mai eine zentrale politische – wenn auch ungenutzte – Orientierungsfunktion für das politische Handeln der Bundesrepublik seit 1945 zu. Unabhängig von seinen politischen Bewertungen der Nachkriegsentwicklungen ist dies eine geradezu groteske Überschätzung der tatsächlichen Bedeutung dieses Datums für die politische Praxis der Bundesrepublik.

Die Nachkriegsentwicklungen standen auch im „Spiegel" im Mittelpunkt der Bewertung des 8. Mai, wieder einmal ging das Magazin in Form einer langen ereignisgeschichtlichen Reportage auf dieses Datum ein. Eine Betrachtung des Nationalsozialismus fand erneut nicht statt.[39] In der selben Ausgabe erschien ein extrem auf die Person Hitlers fokussierender Beitrag von Rudolf Augstein, für den sich auch „nach Hitler" nicht viel zum Bes-

---
37 Vgl. EHRLER 1965.
38 EHRLER 1970, S. 451 f.
39 Vgl. „Ist das nicht ein wüster Traum?" Spiegel-Report über das Ende des Zweiten Weltkriegs 1945, in: Der Spiegel vom 4.5.70, S. 74–98.

seren verändert habe. Hitler sei „einmalig" gewesen, „weil er sich in Richtung des Bösen noch einmalig bewegen konnte." Was aber „ohne ihn", so die merkwürdige Argumentation Augsteins, „gewissermaßen ohne Spielraum geschieht und geplant wird, was zwanghaft geplant wird, ist nicht minder entsetzlich." Das „Ende Hitlers" habe die „humanitäre Moral" nicht etwa neu gegründet, sondern umso deutlicher kenntlich gemacht, dass „der konstitutionell amoralische Hitler nur ein Vorgeschmack, daß er potentiell typisch war."[40] Augstein betont somit anlässlich des 25. Jahrestages des 8. Mai 1945, dass Hitler und die Verbrechen des Nationalsozialismus keineswegs einmalig, sondern im Kern von den Nachkriegsentwicklungen nicht zu unterscheiden sind.

In der „Frankfurter Rundschau" kritisierte Karl-Hermann Flach die Haltung der Westdeutschen zum 8. Mai 1945. An diesem Tag „scheiden sich die Geister", er sei „für den einzelnen" mit unterschiedlichen „persönlichen Erfahrungen und Gefühlen" beladen. Die Pluralität der Erlebnisgeschichte erkennend, erhebt Flach dennoch eine apodiktische Forderung: Jeder Deutsche müsse diesen Tag „auch als Tag der Befreiung" empfinden. Wer dies nicht empfände, so seine weitgehende Folgerung, reihe „sich bewußt oder unbewußt als Glied in jene historische Kette ein, die über Hitlers ,Machtergreifung' am 30. Januar 1933 in die Massenschlachten des Zweiten Weltkrieges und nach Auschwitz führte". Insofern sei es „für die tieferen Schichten ihres Bewußtseins" entlarvend, wenn „Leute mit so unterschiedlicher Vergangenheit wie Kurt Georg Kiesinger und Rainer Barzel spontan abwehrend reagierten, als bekannt wurde, daß der Bundeskanzler an diesem Tag eine Erklärung vor dem Parlament abgeben wolle." Der Gedanke, dass ausgerechnet „das Land, von dessen Boden aus dieser mörderische Massenkrieg ausging", den 25. Jahrestag dieses Ereignisses „einfach übergehen oder verdrängen" könne, sei „grenzenlos naiv oder schon wieder abenteuerlich". In seinem harschen Urteil fortfahrend, stellt Flach fest, „ausgerechnet die Kräfte, die uns allgemein weismachen wollen, die Nazis seien wie eine Bande wilder Reiter aus einer fernen Welt über unser unschuldiges Volk hergefallen", würden sich „jetzt in Solidarität mit diesen Banditen" üben.[41] Für Flach scheint sich die „Solidarität mit diesen Banditen" darin zu dokumentieren, den 8. Mai nicht als „Tag der Befreiung" zu empfinden. Damit schreibt er dieser Bewertung eine herausragende Bedeutung für den Umgang der Deutschen mit ihrer Vergangenheit zu – freilich in einer autoritären, verengenden Form.

---

40 Rudolf Augstein: Hitler, und was davon blieb, in: Der Spiegel vom 4.5.70, S. 101.
41 Karl-Hermann Flach: Die Spuren sind geblieben, in: Frankfurter Rundschau vom 7.5.70.

Das Hervortreten der Befreiungsdeutung ist nicht allein Kennzeichen des Kommentars von Karl-Hermann Flach. Mit Einschränkungen kann am 25. Jahrestag von einer gestiegenen Sensibilität für positive Lesarten des 8. Mai gesprochen werden. So zeigte z.B. Lothar Labusch im „Kölner Stadt-Anzeiger" – mit dem Untertitel „Der 8. Mai 1945 – Ende und Anfang. Wurde die Chance einer Niederlage genutzt?" – Gespür für dialektische Bedeutungen des 8. Mai. Er begrüßt, dass Brandt als erster Bundeskanzler aus Anlass des 8. Mai vor dem Bundestag eine Erklärung abgeben wolle. Dabei könne es nicht darum gehen, „den Zusammenbruch, die Besiegelung unserer Niederlage festlich zu begehen." Das Ignorieren dieses Tages aber würde bedeuten, dass die Deutschen ihrer Vergangenheit „nur verlegen oder gleichgültig gegenüberstehen". Labusch akzentuiert unterschiedliche ereignis- und erlebensgeschichtliche Bedeutungen des 8. Mai:

> „Der 8. Mai 1945 war (…) nicht nur der Tag unserer Niederlage mit all ihren schrecklichen Auswirkungen wie Vertreibung, Besatzung, Hungersnot und Spaltung. Er war auch für drangsalierte Menschen, die in den Konzentrationslagern überlebt hatten, der Endtermin ihrer Leidenszeit. Er brachte den Zusammenbruch der braunen Diktatur, das Ende der Bombardierungen und die erste keimende Hoffnung, daß sich aus rauchenden Trümmern, aus Trauer um Tote und Vermißte, aus Angst und Scham eine neue, bessere Ordnung mit mehr Frieden, mehr Gerechtigkeit und mehr Menschenliebe entwickeln könnte."

Aufgrund der individuellen Erfahrungen im Jahre 1945, so heißt es weiter, „dämmerte vielen, nicht allen", erst allmählich „die Einsicht, daß dieser Tag der Kapitulation auch der Tag der Befreiung von Dunkelmännern war." Damit deutet Labusch eine prozesshafte Lesart des 8. Mai als „Tag der Befreiung" an. Anschließend stellt er diese Lesart als einen Indikator für den demokratischen „Reifeprozeß unseres Volkes" dar: Die „politische Gegenwart" sei immer noch „labil", weil viele Deutsche ihre „demokratische Überzeugung" noch immer „von den Schwankungen der Konjunktur abhängig" machen würden, statt über „die nazistische Vergangenheit und ihre Ausläufer" nachzudenken. Sein Fazit anlässlich des 25. Jahrestages lautet: „Der Reifeprozeß unseres Volkes ist also noch im Gang."[42]

Auch in der „Hannoverschen Allgemeinen" wurde eine retrospektiv-positive Bewertung des 8. Mai vorgenommen. In diesem Fall allerdings erneut allein mit Blick auf das Ende des Krieges, nicht des Nationalsozialismus. Wer den „Tag der deutschen Kapitulation im Jahre 1945" als einen „Tag der Demütigung" begreife, falle „in die Denkweise des neunzehnten oder des frühen zwanzigsten Jahrhunderts" zurück. Vielmehr sei der 8. Mai

---

42 Lothar Labusch: Jener Tag, in: Kölner Stadt-Anzeiger vom 7.5.70.

1945 „für die Deutschen ebenso wie für jedes andere Volk in Europa" eine „Erlösung nach mehr als fünfeinhalb Jahren eines Krieges, dessen Verheerungen im Laufe der Zeit immer furchtbarer geworden waren", gewesen. 1945 möge dies „für viele noch nicht so klar gewesen sein, wie es heute im Rückblick erscheint." Heute jedoch, „aus dem Abstand von 25 Jahren", könne erkannt werden, dass „die Kapitulation nicht nur der Vernichtung ein Ende setzte, sondern auch die Chance eines neuen Anfangs bot."[43]

Marion Gräfin Dönhoff bewertete den 8. Mai rückblickend als einen Tag, an dem „die Mehrzahl der Bevölkerung einen Seufzer der Erleichterung" ausgestoßen habe. 25 Jahre danach gehe es nicht darum, diesen Tag zu feiern oder zu würdigen. Auch damals sei niemandem nach Feiern zumute gewesen, führt sie, den Charakter einer Gedenkfeier missverstehend, weiter aus. Die Bedeutung des 8. Mai, den Dönhoff mit keinem positiven Begriff zu charakterisieren vermag, besteht für sie darin, dass die Deutschen nie zuvor die Möglichkeit gehabt hätten, „auf so freiheitliche, so menschliche Weise in ihrem Staat zu leben." Dönhoffs Perspektive ist nicht allein auf die Nachkriegsentwicklung gerichtet, sie erinnert, zeitgenössisch keine Selbstverständlichkeit, an die sechs Millionen Juden, die „fabrikmäßig umgebracht worden sind". Ihre Einschätzung der „Erleichterung" resultiert dennoch primär aus einer deutschen Opfersicht, aus einer passiven Rolle der Deutschen, die sie dem „Regime" gegenüberstellt: „Vorbei war das sinnlose Sterben, die nächtelangen Ängste in stickigen Bunkern, das ohnmächtige Miterlebenmüssen der Verbrechen eines immer bedenkenloser werdenden Regimes".[44]

Mit dem zögerlichen Hervortreten positiver Bedeutungsgehalte des 8. Mai 1945 ging zugleich ein Gespür für die Ambivalenzen dieses Datums einher. Sie wurden z.B. von Walter Görlitz in einem Artikel für die „Welt" thematisiert, der den Untertitel „Der Januskopf der Befreiung vor 25 Jahren" trägt. So habe dieser Tag zum einen „das Ende eines Regimes bedeutet, für das die deutschen Soldaten und das deutsche Volk große Leistungen und ungeheuerliche Opfer gebracht hatten". Aus dieser Sicht sei der 8. Mai eher als „Tag der Niederlage" zu bewerten. Zum anderen sei ein Regime zu Ende gegangen, „das aus weltanschaulichen Vorurteilen Millionen unschuldiger Menschen zum Tod verdammt hatte." Aus dieser Perspektive wird der 8. Mai für Görlitz – auch für „das deutsche Volk" – zum „Tag der Befreiung von Rechtlosigkeit, Opfern und Staatsmord." Die Janusköpfigkeit offenbare sich weiterhin darin, dass sich „der Akt der Erlösung von der Tyrannei Hitlers" in sehr unterschiedlicher Form vollzogen habe, je nach-

---

43 Wolfgang Wagner: Tag der Erlösung, in: Hannoversche Allgemeine Zeitung vom 8.5.70.
44 Marion Gräfin Dönhoff: 25 Jahre nach Hitler, in: Die Zeit vom 8.5.70.

dem, ob britische, amerikanische oder sowjetische Truppen erschienen seien. Bei letzteren sei „das Erlebnis der Befreiung durch den Terror und die Disziplinlosigkeit" verschüttet worden. Der Januskopf werde ferner in der Tatsache deutlich, dass die „Gewaltherrschaft Hitlers in Deutschland" zwar gestürzt worden sei, aber weder ein Friedensschluss erfolgt, noch die „Achtung vor dem Recht des Besiegten" erneuert worden sei. Die „deutsche Nation war zum Objekt der Sieger geworden", so lautet das Fazit dieses Artikels.[45] Im Ergebnis betont auch Görlitz die negativen nationalen Folgen des Jahres 1945. Zugleich erkennt er aber unterschiedliche Bedeutungsinhalte an, zu denen auch die „Befreiung von Rechtlosigkeit, Opfern und Staatsmord" gehört. Er kann insofern als ein gutes, wenn auch noch nicht konsequentes Beispiel für die langsame Pluralisierung der Bedeutungszuschreibungen betrachtet werden.

Das gestiegene Gespür für positive Deutungsmöglichkeiten des 8. Mai bedeutete nicht, dass die Befreiungslesart insgesamt größeres Gewicht bekam. Exemplarisch lassen sich anhand eines Artikels im „Rheinischen Merkur" die weiter bestehenden Vorbehalte gegen diese Deutung analysieren. Paul Wilhelm Wenger hält darin fest, es sei zwar legitim, wenn „von Paris bis nach Athen Befreiungsfeiern zelebriert" würden. Auf die Idee, auch die Deutschen sollten den 8. Mai 1970 „als Befreiungsfeier" begehen, könne jedoch nur kommen, „wer 1945 als Berichterstatter in Siegeruniform bei den Nürnberger Prozessen saß, ohne sich – im Gegensatz zu diesem Volke – daran zu stoßen, daß in Nürnberg mit den Sowjets zugleich die Komplizen Hitlers am Richtertisch saßen". Daran schließt Wenger eine auch in den folgenden Jahrzehnten sehr häufig ähnlich verwendete Befreiungsformel an: „Mit der Befreiung von der im wahren Wortsinn ‚tödlichen' Herrschaft Hitlers war jedoch 1945 für die Deutschen noch nicht die Freiheit gekommen."[46] Damit übernimmt Wenger wie sehr viele andere eine der wichtigsten Konstanten des 8. Mai-Gedenkens in der Bundesrepublik: Die nationale Teilung und der Blick in die DDR verhinderten eine eigenständige, abgewogene Aufmerksamkeit für diesen Tag. Solange der 8. Mai dort mit großem Aufwand als „Tag der Befreiung" inszeniert wurde, tat sich die Bundesrepublik schwer, dieser Terminologie und diesem Tag insgesamt normativ-demokratische Inhalte zu verleihen.

---

45 Walter Görlitz: Der 8. Mai 1945, in: Die Welt vom 8.5.70.
46 Paul Wilhelm Wenger: Seit der Stunde Null, in: Rheinischer Merkur vom 8.5.70.

Teilnahme Pflicht!
Für die offizielle DDR würdigte Erich Honecker den „25. Jahrestag der Befreiung" wie üblich – und in diesem Fall sprachlich kurios-missverständlich – als „weltgeschichtliche Befreiungstat vom Sowjetvolk", als den „Sieg der Menschlichkeit über die Barbarei". Die Bevölkerung der DDR spricht er ein Vierteljahrhundert nach Ende von Krieg und Nationalsozialismus erneut pauschal frei: Unter „Führung der geeinten Arbeiterklasse und ihrer revolutionären Partei" habe „das Volk der Deutschen Demokratischen Republik die große historische Chance, die ihm der Sieg der Sowjetunion bot", genutzt.[47]

Die in der DDR erneut umfangreichen Feierlichkeiten und publizistischen Würdigungen zum 25. Jahrestag müssen nicht detailliert dargestellt werden – zu wenig unterschieden sich die Deutungen zu diesem von den vorhergehenden Jahrestagen. Lediglich in einem Beitrag in der „Zeitschrift für Geschichtswissenschaft" wurde ein Interpretationsleitfaden angedeutet, der die üblichen Lesarten hätte erweitern können, wenn er konsequent zu Ende gedacht worden wäre.[48] Sonja Eichhofer macht es sich darin zum Ziel, die „Kriegsschuld des faschistischen Deutschlands" zu klären. Für die Autorin stellt die Bedeutung der „Bewältigung der Schuldproblematik", das „richtige Erfassen der Schuld des deutschen Faschismus", eine „Existenzfrage für das deutsche Volk" dar. Einer der Aspekte, unter denen sie die „Schuldfrage" – verstanden als „Kriegsschuldfrage" – behandelt, ist die „Mitschuld des deutschen Volkes". Dies ist ein interessanter Ansatz in der DDR des Jahres 1970 – allerdings nur deshalb, weil er in der DDR-Geschichtswissenschaft überhaupt aus Anlass des 8. Mai thematisiert wird. Denn die inhaltliche Darstellung beschränkt sich auf die Wiedergabe von Verlautbarungen der KPD und führender kommunistischer Funktionäre nach 1945. Ausführlich werden etwa frühe Äußerungen von Wilhelm Pieck, Walter Ulbricht und Otto Grotewohl zur Mitschuldfrage der Deutschen zitiert. Ein eigener Standpunkt oder gar der Versuch, eine mögliche aktuelle Relevanz herauszuarbeiten, wird nicht entwickelt. Eichhof begnügt sich mit der schlichten und reflexionslosen Feststellung, auf der Grundlage der zitierten Äußerungen habe der „weltanschaulich-ideologische Umdenkungsprozeß" erfolgreich stattgefunden. Insofern illustriert ihr Aufsatz ungewollt, gegen seine eigentlichen Intentionen, das offizielle Schweigen zu Schuldfragen seit Gründung der DDR.

---

47 HONECKER 1970, S. 140 bzw. S. 142.
48 Vgl. zum folgenden: EICHHOFER 1970.

Eine interessanten, retrospektiven Blick auf die Gedenktagskultur in den 1970er Jahren werfen die Erinnerungen von Gabriele Schnell. Sie erinnerte sich 1995 daran, wie sie als Schulkind in den 1970er Jahren den 8. Mai in der DDR erlebt hatte.[49] Der offizielle „Tag der Befreiung" habe mit dem „jugendlichen Antifaschismus, der zu meinem Welt- und Selbstverständnis gehörte, im Grunde nichts gemein" gehabt. So habe sie „an den stereotypen Gedenkveranstaltungen des 8. Mai" zwar teilgenommen, jedoch „kaum Bezug zu eigenen Gedanken und Gefühlen" gefunden. In ihrer persönlichen Erinnerung an diesen Gedenktag fänden sich „Teilnahme Pflicht!" und das „Blauhemd" wieder. Zur Illustration, wie wenig verankert die offiziellen Feierlichkeiten in der Bevölkerung und selbst bei Funktionären gewesen seien, schildert Gabriele Schnell einen 8. Mai in den 1970er Jahren: Es sei ein Samstag gewesen und gewöhnlich seien fast alle Studenten freitags in ihre Heimatorte gefahren. Einen Tag vor dem 8. Mai sei das in jenem Jahr jedoch nicht erlaubt gewesen. „Trotz mehrerer Belehrungen und Warnungen", so berichtet Gabriele Schnell rückblickend, „nahmen etwa zwanzig Prozent der Studenten nicht an der Gedenkveranstaltung teil oder waren zumindest gegen Ende der Veranstaltung nicht anwesend." Ihnen allen sei die Nichtzulassung zu den Sommerprüfungen mitgeteilt worden. „Etwa drei Wochen schlugen die Wellen hoch, bis es feststand, daß die Säumigen, unter ihnen auch Mitglieder der FDJ-Leitung und mehrere Genossen, das Vergehen mit zwei Subbotniks, immer an den freien Samstagen, begleichen konnten." In der Rückschau zeigt Gabriele Schnell sich froh darüber, dass der „verordnete Antifaschismus" vergangen sei und Gedenken und Erinnern „endlich zur persönlichen Freiheit des einzelnen" gehörten. Selbstverständlich sind diese persönlichen Erinnerungen keine repräsentative Aussage über die Akzeptanz des offiziellen 8. Mai-Gedenkens in der DDR, ein interessantes Schlaglicht auf die Verankerung dieses Gedenktages im Alltag vermögen sie gleichwohl zu werfen.[50]

6.3 Die erste Gedenkzäsur: Der 8. Mai 1975

Im Gegensatz zur DDR ging die Aufmerksamkeit für den 8. Mai nach dessen 25. Jahrestag in der Bundesrepublik wie gewohnt zurück. Bis 1975 wurde er nur sehr vereinzelt wahrgenommen. Als ein Beispiel rekurrierte der nordrhein-westfälische Landesminister Diether Posser in der SPD-Partei-

---

49 Vgl. zum folgenden: FRIEDRICH-EBERT-STIFTUNG 1995, S. 16f.
50 Auch Volker Ackermann stellt, wenn auch ohne empirischen Beleg, fest, es sei „mehr als zweifelhaft", dass „die nationale Botschaft ‚von oben' tatsächlich in der Bevölkerung" der DDR akzeptiert worden sei (vgl. ACKERMANN V. 1997, S. 322).

zeitung im Mai 1971 zustimmend auf die Paradoxieformel von Theodor Heuss, um selbst neutral vom „Tag der bedingungslosen Kapitulation der deutschen Wehrmacht" zu sprechen, an den viele nicht gerne erinnert werden wollten.[51] Analytisch ist es wenig lohnend, die Jahrestage des 8. Mai bis zum Jahr 1975 genauer zu betrachten. Der 30. Jahrestag stellte dann aber für die Bundesrepublik die erste Zäsur im staatlich-repräsentativen Gedenken dar.

Walter Scheel zum 30. Jahrestag

Zu dieser Zäsur wurde der 30. Jahrestag vor allem durch die Rede von Bundespräsident Walter Scheel. Als Nachfolger von Heinemann knüpfte Scheel erinnerungspolitisch an diesen an und ging, nicht nur was die Ausdeutung des 8. Mai 1945 betrifft, weit über ihn hinaus. So bekannte sich Scheel z. B. in einer Rundfunk- und Fernsehansprache zum 40. Jahrestag des 8. November im Jahr 1978 zur Schuld, die bereits aus der Duldung, dem Wegsehen resultiere, indem er betonte, nur wenige Deutsche hätten nach dem 9. November 1938 den Mut gehabt, „den Konsequenzen des Pogroms ins Auge zu blicken. Wir heutigen aber überblicken die Zusammenhänge. Wir dürfen der Wahrheit nicht ausweichen, auch dann nicht, wenn sie schmerzlich und beschämend ist."[52] Scheel äußerte sich auch deutlicher als seine Amtsvorgänger zum Verhältnis von Erinnerung und Demokratie: „Erst aus der Geschichte kann unser Volk Wert und Würde der Demokratie verstehen lernen und erst, wenn wir aus unserer Geschichte die Folgerung der Demokratie ziehen, dann haben wir sie, so meine ich, richtig verstanden."[53] Diese Formulierung verwendete Scheel auch in einer anderen Gedenkrede, zum 25. Jahrestag des 17. Juni 1953. In dieser Rede aus dem Jahr 1978 zog er zudem eine für diesen Gedenktag gänzlich untypische historische Verbindungslinie: Der Bundespräsident betonte nachdrücklich, dass „für die Menschen in der DDR die Unfreiheit nicht 1949 begann und nicht 1945", sondern im Jahr 1933. „Gewaltherrschaft, Krieg, Judenmord, die Zerstörung unseres Landes, die Teilung" – all dies sei eine Folge von 1933. „Wenn wir des 17. Juni 1953 gedenken, so kommen wir nicht daran vorbei, auch an das Jahr 1933 zu denken."[54]

---

51 Vgl. POSSER 1971. Vgl. als zentrale Festrede zum 8. Mai 1971 in der DDR: Lothar Bolz: Rede des Präsidenten der Gesellschaft für Deutsch-Sowjetische Freundschaft auf der Festveranstaltung zum 26. Jahrestag der Befreiung am 7. Mai 1971 in der Berliner Volksbühne, in: Neues Deutschland vom 8.5.71.
52 SCHEEL 1978b, S. 131 f.
53 SCHEEL 1976, S. 26.
54 SCHEEL 1978a, S. 254 f.

Seine bemerkenswerteste Rede als Bundespräsident hielt Walter Scheel am 6. Mai 1975, zwei Tage vor ihrem Anlass, dem 30. Jahrestag des 8. Mai 1945.[55] Sie fand im Vergleich zu Heinemanns Rede fünf Jahre zuvor in einem etwas öffentlicheren Rahmen statt. Die Schwierigkeiten der westdeutschen Demokratie mit diesem Gedenktag wurden jedoch auch zu dieser Gelegenheit deutlich. Ursprünglich sollte sie in dem größeren Forum der Bonner Beethovenhalle stattfinden. Um den Rahmen der Veranstaltung jedoch möglichst klein zu halten, entschied man sich schließlich, sie in der Schlosskirche der Bonner Universität, der Hauskapelle der evangelischen Studentengemeinde, durchzuführen. Anwesend waren unter anderem Bundestagspräsidentin Annemarie Renger, Bundeskanzler Helmut Schmidt und Außenminister Hans-Dietrich Genscher. Die Spitzen der Bonner Opposition – Helmut Kohl als Partei- und Karl Carstens als Fraktionsvorsitzender – blieben der Gedenkstunde fern, sie hatten sich aus Termingründen entschuldigt.[56]

An diesem 6. Mai 1975 hielt Walter Scheel die bis dahin differenzierteste und umfangreichste Rede zum Gedenken an den 8. Mai 1945.[57] Zu Beginn seiner Ansprache stellt der Bundespräsident fest, „die Opfer, die sie für den Sieg über das Unrecht gebracht hatten", gäben „unseren ehemaligen Gegnern" das Recht, diesen Tag zu „feiern". Die Deutschen würden „dieser Opfer und *aller* Toten des Krieges in Achtung und Ehrfurcht" gedenken und sich daran erinnern, dass Deutschland „vor 30 Jahren zerschlagen, zerstört, verachtet, gehaßt" gewesen sei. Nach diesem negativen Bild stellt der Bundespräsident den Befreiungscharakter des Tages heraus: Die Deutschen „wurden von einem furchtbaren Joch befreit, von Krieg, Mord, Knechtschaft und Barbarei." Aber es dürfe nicht vergessen werden, dass „diese Befreiung von außen kam, daß wir, die Deutschen, nicht fähig waren, selbst dieses Joch abzuschütteln". Nach der Befreiungsdeutung weist Scheel auf das gleichzeitige Endes des Deutschen Reiches hin, das „kein Werk Hitlers", sondern für „Generationen von Deutschen" das „Vaterland, das wir liebten", gewesen sei. Deshalb werde „des Kriegsendes mit Schmerz" gedacht. „Nein, wir Deutsche haben heute keinen Anlaß zu feiern."

Für Scheel ist der 8. Mai 1945 „ein widersprüchlicher Tag in der deutschen Geschichte." Aber die Bundesrepublik habe „die Kraft, sich zur ganzen deutschen Geschichte zu bekennen, auch zu deren dunklen Tagen." Die Ambivalenzen des 8. Mai und die Betonung des Befreiungscharakters

---

55 Der 8. Mai fiel im Jahr 1975 auf „Christi Himmelfahrt". Ein Umstand, der Signe Barschdorff vermuten lässt, dies habe es allen Parteien erleichtert, „in diesem Jahr auf eine Gedenkveranstaltung des Bundestages einvernehmlich zu verzichten" (BARSCHDORFF 1999, S. 31).
56 Vgl. REICHEL 1995, S. 279; ALTENHÖNER 1996, S. 86.
57 Vgl. zum folgenden: SCHEEL 1975.

finden sich bei Scheel auch in einer anderen Beschreibung des Jahres 1945: Dieses Jahr sei „der Tiefpunkt" gewesen. Die Deutschen hätten nicht nur „vor den Trümmern unseres verwüsteten Vaterlandes", sondern auch vor den Trümmern ihres eigenen Lebens gestanden. „Fast alles, woran wir irrend geglaubt, wofür wir gekämpft hatten, war uns aus den Händen geschlagen." Diese Beschreibung wendet Scheel, der Ambivalenz entsprechend, in eine positive Perspektive: „Doch es gab Hoffnung. Wir hatten zwar nichts zu essen und nichts zu heizen – aber wir konnten wieder frei denken, frei reden, wir konnten jeden Sender hören, wir konnten die Zeitungen der ganzen Welt lesen; wir konnten wieder atmen."

Scheel formuliert im Fortgang seiner Rede einen moralischen Anspruch an das Gedenken zum 8. Mai, den in dieser Deutlichkeit keiner seiner Vorgänger ausgesprochen hatte: Die „30. Wiederkehr des Tages des Kriegsendes" sei „ein Augenblick der Selbstprüfung. Wir versuchen, uns an diesem Tage klar zu werden darüber, welche Lehren Diktatur, Krieg und Katastrophe und ihre Folgen uns, den Bürgern der Bundesrepublik, erteilen." Als eine der Lehren stellt Scheel heraus, dass Hitler „kein unentrinnbares Schicksal" gewesen sei, sondern gewählt worden war. Hitler habe Deutschland „in eine riesige Kriegsmaschinerie" verwandelt, „und jeder von uns war ein Rädchen darin. Das war erkennbar. Wir haben aber die Ohren und Augen geschlossen, hoffend, es möge anders sein." Unter starker Personalisierung und zunächst nur auf den Krieg bezogen, spricht Scheel hier die Verantwortung der Deutschen an. Anschließend wendet er sich in passiven Formulierungen direkt der Schuldfrage zu:

„Wir nahmen es hin, daß unsere Freiheit, die Freiheit unseres Nächsten, die Freiheit unserer Nachbarn geschändet wurde. Wir nahmen es hin, daß unser Recht, das Recht unseres Nächsten, das Recht unseres Nachbarn mit Füßen getreten wurde. In unserem Namen geschah millionenfacher Mord, an Juden, Zigeunern, Geisteskranken, politischen Gefangenen und vielen anderen. Die Frage nach der Schuld? Ob er sich darum schuldig fühlen oder sich dessen schämen will, das mag jeder Deutsche, der in dieser Zeit als verantwortlicher Mensch lebte, mit sich allein abmachen."

Die Schuldfrage, die er hier so offen anspricht wie keiner seiner Amtsvorgänger, ist für Scheel somit keine Aufgabe öffentlicher Reflexion. Anschließend stellt er entlastend fest, die Deutschen hätten „für die zwölf Jahre der Gewaltherrschaft gebüßt", um sich zugleich dazu zu bekennen, dass die Vergangenheit weiterhin reflektiert werden müsse. Dabei setzt Scheel den Akzent auf Selbstbefragung, nicht auf eine durch die Erwartung der Außenwelt abgeleitete Notwendigkeit. Der Bundespräsident verweist darauf, dass „es immer mehr Menschen gibt, die von unserer dunklen Vergangenheit

153

nichts mehr hören mögen. Sie sind es leid, so sagen sie, in Sack und Asche herumzulaufen, weil Verbrechen begangen wurden, an denen sie keinen Anteil gehabt haben." Darum gehe es jedoch nicht, sondern darum, dass „wir, die wir alle Deutsche sind", diese „dunkle Phase unserer Geschichte in unser Bewußtsein aufnehmen und sie nicht verdrängen." Es gehe „um unser Verhältnis zu uns selbst. Nur wenn wir nicht vergessen, dürfen wir uns wieder mit Stolz Deutsche nennen." Gegen Ende seiner Ansprache trifft der Bundespräsident eine Feststellung, die für seine Generation eine schmerzliche Erkenntnis bedeutete, und die so auf staatlich-repräsentativer Ebene der Bundesrepublik noch nie zu hören gewesen war: „Der Jugend meines Landes möchte ich heute sagen: die ältere Generation hat in einer entscheidenden Phase unserer Geschichte versagt."

Zweifellos ist diese Rede des Bundespräsidenten – sowohl was den Umfang, den (halb)öffentlichen Rahmen als auch die gedankliche Differenziertheit und den moralischen Anspruch betrifft – die bis zu diesem Zeitpunkt bedeutendste Reflexion über den 8. Mai 1945. Walter Scheel wurde im Vergleich etwa zur Rede von Willy Brandt aus dem Jahr 1970 inhaltlich wesentlich konkreter und hob sich von allen staatlich-repräsentativen Reden der Jahrzehnte zuvor vor allem dadurch ab, dass er sich erstmals genauer dem Nationalsozialismus und der daraus resultierenden Schuldfrage zuwandte. Scheel erreichte insofern eine neue Reflexionsstufe.[58] Seine Bewertung als Befreiung resultierte nicht zuletzt aus diesen vorher weitgehend vernachlässigten Blickwinkeln. Damit setzte er den ersten bedeutenden Maßstab für die zukünftige Behandlung dieses Gedenktages.

Allerdings ist auch diese Rede keineswegs widerspruchsfrei. So geht z.B. die anspruchsvolle Aufforderung zur Selbstprüfung bei Scheel mit dem Bewusstsein einher, für den Nationalsozialismus gebüßt und bezahlt zu haben. Einerseits wird Schuld an- und ausgesprochen und damit erstmals ernsthaft in den Fokus des 8. Mai-Gedenkens gehoben. Andererseits spricht Scheel die Schuldfrage in passiven Formulierungen an und privatisiert den Umgang mit ihr. Dass auch die angebotene Befreiungslesart nicht ohne Widersprüche war, zeigte sich in einer Einschätzung, die Scheel drei Jahre später, anlässlich des 40. Jahrestages des 9. Novembers 1938, vornahm: „Das Unrecht, das wir anderen taten, schlug furchtbar auf uns selbst zurück. Die Untat von 1938 endete in der Niederlage von 1945."[59]

Zeitgenössisch wurde die Rede des Bundespräsidenten nicht zum Ausgangspunkt einer allgemeinen Diskussion, obwohl sie deutlich über alles bisher zum 8. Mai offiziell Geäußerte hinausging. Dass dieser Rede auch

---

58 So auch KIRSCH 1999, S. 55.
59 SCHEEL 1978b, S. 131f.

nicht annähernd so viel Aufmerksamkeit zuteil wurde wie derjenigen von Richard von Weizsäcker zehn Jahre später, liegt nicht an ihren Inhalten, sondern zeigt, dass die zeitgenössischen Kontexte die Beurteilung derartiger Stellungnahmen in hohem Maße beeinflussen. Gleichwohl wurde die Bedeutung dieser Rede in einigen wenigen Kommentaren bereits 1975 erkannt. So wurde sie etwa als „gleichermaßen eindrucksvoll wie ehrlich" charakterisiert.[60] Für Gunter Hofmann hatte sich mit dieser Rede gar das 8. Mai-Gedenken etabliert – dies sei dem Bundespräsidenten zu verdanken, der „besonnen und ehrlich eine von seinem Vorgänger Gustav Heinemann erstmals wohlüberlegt gestaltete Erinnerungsstunde zur Tradition" gemacht habe. Nicht nur vor diesem Hintergrund ist es für Hofmann „gewiß mehr als ein Zufall, wenn sich das Parlament diesmal zum Stillhalten" entschlossen habe. Vielleicht deutlicher noch als vor fünf Jahren spiegele „sich im Umgang mit dem 8. Mai wider, welche Schwierigkeiten hierzulande historische Gedenktage bereiten, also der Umgang mit der eigenen Geschichte."[61] Im „Bonner General-Anzeiger" wurde bedauert, es sei nicht gelungen, „den 30. Jahrestag des Kriegsendes aus kleinlichem Parteienstreit herauszuhalten! Prominente Unionspolitiker mieden gestern die Gedenkfeier des Bundespräsidenten Scheel. Die Opposition will nicht in die Nachbarschaft der dreitägigen deprimierenden Siegesfeiern der DDR geraten." Gibt der Kommentar mit dieser Einschätzung einen Teil der Motivation der Abwesenden wohl zutreffend wieder, so unzutreffend ist seine Bewertung der Rede Scheels im Vergleich zu den Vergangenheitsbetrachtungen der 1960er Jahre: Der Bundespräsident habe klar gestellt, der 8. Mai „sei für Deutsche kein Tag zum Feiern. Er verfiel nicht in die selbstquälerische Vergangenheitsbewältigung der 60er Jahre."[62] Dies war gewiss weder das Kennzeichen der 1960er Jahre noch das Unterscheidungsmerkmal dieser Rede des Bundespräsidenten.

Schuld ohne Schuldige

Auch der Bundeskanzler nahm zum 30. Jahrestag des 8. Mai 1945 Stellung. Hatte Erhard 1965 unter anderem über Rundfunk und Fernsehen und Brandt 1970 im Parlament gesprochen, sprach Helmut Schmidt lediglich zu Beginn einer Sitzung des Bundeskabinetts am 7. Mai 1975.[63] Dort erklärte der Kanzler, der 8. Mai 1945 bedeute „Erinnerung an unbeschreibliches

---

60 Joachim Sobotta: Der 8. Mai, in: Rheinische Post vom 7.5.75.
61 Gunter Hofmann: Vom schwierigen Umgang mit historischen Gedenktagen, in: Stuttgarter Zeitung vom 7.5.75.
62 H.E.: Kein Feiertag, in: Bonner General-Anzeiger vom 7.5.75.
63 Vgl. zum folgenden: SCHMIDT H. 1975a, S. 554f.

Elend, an nie gekannte Zerstörungen und tiefes Leid." Er erinnert „an die Gewalttaten der Hitler-Diktatur, die in deutschem Namen an anderen Völkern begangen" wurden: „Juden, Russen, Ukrainer, Weiß-Russen, Polen, Tschechen, Franzosen, Engländer, Amerikaner – viele Millionen Menschen aus vielen Völkern – und unser eigenes Volk" hätten „teuer dafür bezahlen" müssen, dass „Deutschland einem verbrecherischen Politiker anheim gefallen war." Unmissverständlich bewertet Schmidt den 8. Mai 1945 als Tag der Befreiung: „Der 8. Mai brachte uns die Befreiung von der nationalsozialistischen Gewaltherrschaft. Wir haben am 8. Mai 1945 die Chance zu einem demokratischen Neubeginn erhalten." Zugleich sei der heutige Tag, so Schmidt weiter, für die Deutschen „Anlaß zu kritischer Selbstbefragung". Diese richtet Schmidt aber nicht an das Verhalten vor 1945, sondern an die Nachkriegszeit: „Haben wir in den vergangenen drei Jahrzehnten die Lehren aus der deutschen Katastrophe gezogen, wie Friedrich Meinecke das Ergebnis der 12 Jahre genannt hat?" Für die Bundesrepublik bejaht der Kanzler diese selbstgestellte Frage uneingeschränkt. Daher sei es „ein Fehlurteil, wenn einige wenige immer noch argwöhnen oder uns andichten wollen, wir verstünden den Tag der bedingungslosen Kapitulation als einen Tag der Trauer über die Niederlage Hitlers. Zum Jubel haben wir am 8. Mai allerdings ebensowenig Anlaß."

Während Schmidt in dieser Passage seiner lediglich kabinettsinternen Ansprache, die dementsprechend auch kaum öffentliche Resonanz fand, der Rede Scheels in der Befreiungsbewertung und in der Aufforderung zur „kritischen Selbstbefragung" (hier allerdings mit anderer Blickrichtung) ähnlich ist, legt der Kanzler im weiteren Verlauf den Fokus auf andere Gesichtspunkte als der Bundespräsident. So stellt Schmidt den Deutschen in Bezug auf den Umgang mit ihrer Vergangenheit ein gutes Zeugnis aus: Sie hätten „inzwischen die Jahre der Finsternis nicht verdrängt", sondern diese Epoche „in einem oft schmerzvollen Prozeß unseres Bewußtseins geklärt." Deshalb bräuchten „wir Deutschen" nicht „für immer im Büßergewand zu gehen." Außerdem sei die große Mehrheit der heute lebenden Deutschen „erst nach 1933 geboren" worden; „sie kann auf keine Weise mit Schuld beladen sein." Auch „diejenigen, die schon 1913 oder danach geboren sind und deshalb 1933 noch gar nicht wählen durften, könnte schon theoretisch nur ein geringer Vorwurf treffen." Außerdem, so Schmidt weiter, hätten viele Deutsche „der Diktatur Widerstand geleistet". Insgesamt hätten „wir alle" die „Lehren aus der Vergangenheit gezogen. Wir haben diesen Teil unserer Geschichte nicht auszuradieren versucht."

Die Schuldfrage thematisiert Schmidt somit allein aus der Perspektive derjenigen Generationen, die aufgrund ihres Geburtsdatums kaum kriminelle Schuld treffen konnte. Die Einbeziehung der Jahrgänge ab 1913 stellt ein entlastendes Unikat bundesdeutscher Gedenkreden dar: Geringe Schuld aufgrund fehlender Wahlberechtigung im Jahr 1933. Schmidt verweist nicht darauf, dass die Auseinandersetzung mit der Vergangenheit eine auch weiterhin zu leistende Aufgabe sei. Auch von Verantwortung ist hier keine Rede. Seine „kritische Selbstbefragung" zielt allein auf die Feststellung, die Konsequenzen des Jahres 1945 seien sowohl „im Innern unseres Staates" als auch „nach außen" gezogen worden. Zu letzterem gehöre z. B., dass nicht daran gedacht werde, „Landesverlust und Teilung, die auch Ergebnisse des 8. Mai 1945 waren, gewaltsam zu korrigieren."

Wirft man einen Blick auf andere vergangenheitsbezogene Reden dieses Bundeskanzlers, wird deutlich, dass Schmidt in dieser Ansprache vor dem Kabinett selbstgerechter und schlichter argumentierte, als es seinen eigenen Maßstäben in späteren Reden entsprach. Exemplarisch lässt sich dies an seinen beiden wichtigsten Gedenkreden als Bundeskanzler verdeutlichen. Zwar betonte Schmidt sowohl in seiner Ansprache in Auschwitz am 23. November 1977 als auch zum 40. Jahrestag der Reichpogromnacht am 9. November 1978, die „heutigen Deutschen" seien „als Personen nicht schuldig" (so komplett entlastend in Auschwitz) bzw. „als Personen zu allermeist unschuldig" (so leicht einschränkend am 9. November 1978).[64] In diesen Reden entwickelte er aber weiter gehende Überlegungen zur Bedeutung der Erinnerung für die Demokratie als noch am 7. Mai 1975. So erklärte er in Auschwitz, an diesem Ort werde „zwingend deutlich", dass „Verantwortung und Schuld" zu den moralischen Grundlagen der Politik gehören. „Die Verbrechen des Nazifaschismus, die Schuld des Deutschen Reiches unter Hitlers Führung begründen unsere Verantwortung." Auch wenn die heutigen Deutschen „als Personen nicht schuldig" seien, hätten sie doch die „politische Erbschaft der Schuldigen zu tragen, hierin liegt unsere Verantwortung."[65] In Auschwitz deutete Helmut Schmidt somit, im Gegensatz zum 30. Jahrestag des 8. Mai, ein Verantwortungskonzept aus historischer Schuld an. Allerdings handelt es sich dabei um eine sehr abstrakte Schuld („die Schuld des Deutschen Reiches"), gleichsam um eine Schuld ohne Schuldige.

Das in späteren Reden immerhin angedeutete, wenn auch in Bezug auf die Schuldfrage indifferente Verantwortungskonzept findet sich am Vortag des 30. Jahrestages des 8. Mai 1975 nicht einmal in diesen rudimentären Ansätzen. Schmidts deutliche Kennzeichnung des 8. Mai 1945 als Tag der Befreiung ist insofern ein gutes Beispiel dafür, dass dieser Lesart nicht in je-

---

64 SCHMIDT H. 1977, S. 53 bzw. SCHMIDT H. 1978, S. 92.
65 SCHMIDT H. 1977, S. 53.

dem Fall ein reflektierter Schuldbezug zugrunde liegen muss. Auch am 7. Mai 1975 griff er die Schuldfrage zwar auf, ordnete ihr aber keine Schuldigen zu. Schmidt thematisierte sie, um die zeitgenössischen Deutschen von ihr zu entlasten. Des Kanzlers eher selbstgerechte, gegenwartsbezogene Haltung zur Vergangenheit kam nicht nur in seiner Ansprache vor dem Kabinett zum Ausdruck. Sie wird auf andere Weise auch in einem Briefwechsel mit dem französischen Staatspräsidenten deutlich. Mit Datum vom 8. Mai 1975 sandte Giscard d'Estaing dem deutschen Bundeskanzler einen Brief, in dem er „zur Bekundung unseres Willens, unsere Zukunft gemeinsam und in Frieden zu gestalten", mitteilt, dass in Frankreich in Zukunft der 8. Mai nicht mehr offiziell begangen werde. Der 8. Mai 1975, so der französische Präsident, werde „somit der dreißigste und letzte sein".[66] Der Bundeskanzler antwortete mit Datum vom 2. Juni 1975 unter anderem, die Deutschen habe diese französische Entscheidung stark berührt. Sie sähen darin keinen „Ausdruck der Absicht zu vergessen", sondern den „Ausdruck des französischen Vertrauens in die einigende Kraft der europäischen Idee und des durch sie bewirkten immer engeren Zusammenschlusses unserer Völker."[67] Warum ein französisches Begehen des 8. Mai dem Vertrauen in die europäische Idee und dem deutsch-französischen Zusammenschluss entgegen stehen könnte, erläutert Helmut Schmidt nicht. Ein besonders reflektiertes Verständnis vom Wert der Erinnerung lässt sich auch hier nicht erkennen.

Gesellschaftliche und publizistische Öffnungen

Da es 1975 im Gegensatz zu 1970 kein Gedenken an den 8. Mai im Deutschen Bundestag gab, äußerten sich führende Bundespolitiker vor allem in schriftlicher Form. Der außenpolitische Sprecher der CDU/CSU-Bundestagsfraktion Werner Marx sah in diesem Datum keinen Anlass zum Feiern und brachte damit den auf politischer Ebene nahezu einhelligen Konsens zum Ausdruck. Marx merkte außerdem an, der 8. Mai sei der Tag, „der auf den Trümmern des Hitler-Reiches die neue Unterwerfung Osteuropas unter die kommunistische Diktatur besiegelte."[68] Verfolge man die Feiern in der DDR „und die peinliche und würdelose Art, in der dort die eigene Unterjochung beklatscht und mit falschem Pathos gerühmt" werde, dann empfinde man „Ekel gegenüber jenen, die nicht sehen wollen."[69] Dennoch übernimmt Marx die Lesart als „Befreiung", die er mit Blick in die DDR zu-

---

66 Bulletin des Presse- und Informationsamtes der Bundesregierung vom 10.6.75
67 SCHMIDT H. 1975b.
68 Zitiert nach: Neue Zürcher Zeitung vom 9.5.75.
69 Zitiert nach: Die Welt vom 9.5.75.

gleich erweitert: „Der 8. Mai ist ein Tag der Befreiung, aber auch der Trauer und neuer Knechtschaft."[70]

Auch der CDU-Bundestagsabgeordnete Herbert Hupka kritisierte, mit dem Schlagwort „Befreiung vom Faschismus" erhebe die eine Seite permanent Anklage, ohne die eigene Schuld einzugestehen.[71] Der Vorsitzende der CDU/CSU-Bundestagsfraktion Karl Carstens erklärte, am 8. Mai 1945 sei deutlich geworden, dass „das Deutsche Reich einen großen Teil seines Gebietes verlor und daß Millionen Menschen ihre Heimat verloren. Ich kann beim besten Willen keinen Grund erkennen, ein solches Ereignis zu feiern."[72] Der CDU-Abgeordnete Alois Mertes erinnerte anlässlich dieses Datums daran, „nicht der deutsche Staat, sondern die deutsche Wehrmacht" habe 1945 kapituliert.[73] Er erklärte, die Zerschlagung der staatlichen Einheit Deutschlands sei „im Gegensatz zu einer heute weit verbreiteten Ansicht" ausschließlich Folge missbrauchten Besatzungsrechts.[74]

Die „Neue Zürcher Zeitung" stellte zutreffend als eines der Hauptkennzeichen des 30. Jahrestages heraus, in den Äußerungen Bonner Politiker habe sich übereinstimmend die Aussage gefunden, „der 8. Mai könne für die Deutschen kein Anlass zu Feiern sein."[75] So urteilten 1975 neben Marx und Carstens unter anderem auch der CDU-Vorsitzende Helmut Kohl und der SPD-Vorsitzende Willy Brandt.[76] Das Präsidium der SPD erklärte zum „30. Jahrestag der Kapitulation am 8. Mai 1945", dieser Tag sei zwar „von Millionen Menschen als Ende einer menschenverachtenden Diktatur und eines sinnlosen Gemetzels begrüßt" worden. Dennoch biete die Kapitulation „als Abschluß des düstersten Kapitels unserer Geschichte keinen Anlaß zum Feiern, zumal die Spaltung unseres Volkes, die daraus entstand, nicht überwunden ist." Etwas zusammenhanglos wird an diesen Satz angefügt: „Die letzten 30 Jahre haben bewiesen, daß unser Volk aus der Geschichte gelernt hat."[77]

Im Gegensatz zu diesen wenig ambitionierten Äußerungen der politischen Ebene entwickelte sich die Erinnerung auf gesellschaftlicher Ebene pluralistischer. Bereits vor dem 30. Jahrestag des 8. Mai kam im Jahr 1975 erstmals auch dem Tag der Befreiung des Konzentrationslagers Auschwitz (am 27. Januar 1945) eine etwas größere Aufmerksamkeit zu. So wurde z.B.

---

70 Zitiert nach: Frankfurter Rundschau vom 9.5.75. Vgl. auch ALTENHÖNER 1996, S. 86.
71 Vgl. Frankfurter Rundschau vom 9.5.75.
72 Zitiert nach: Klaus Hillenbrand: „Deutsche gehen lieber ins Grüne", in: die tageszeitung vom 27.4.95.
73 Zitiert nach: Gunter Hofmann: Vom schwierigen Umgang mit historischen Gedenktagen, in: Stuttgarter Zeitung vom 7.5.75. Vgl. auch COBLER 1985, S. 24.
74 Zitiert nach: Klaus Hillenbrand: „Deutsche gehen lieber ins Grüne", in: die tageszeitung vom 27.4.95.
75 Neue Zürcher Zeitung vom 9.5.75.
76 Vgl. KENNZEICHEN D 1975.
77 SPD 1975, S. 465.

im Dritten Fernsehprogramm des Hessischen Rundfunks unter dem Titel „30 Jahre nach Auschwitz" eine Live-Sendung ausgestrahlt, in der Gymnasiasten mit den ehemaligen KZ-Häftlingen Eugen Kogon und Hermann Langbein diskutierten.[78] An den 8. Mai 1945 selbst wurde zum einen ereignisgeschichtlich gedacht,[79] zum anderen wurden vereinzelt Erlebnisberichte veröffentlicht.[80]

Unter dem Motto „30 Jahre Befreiung vom Hitler-Faschismus – 30 Jahre Kampf um ein Europa des Friedens" demonstrierten am 10. Mai 1975 in Frankfurt (Main) 25.000 Personen – in dieser Stadt die größte Kundgebung seit 1945.[81] In seiner dortigen Rede wertete der Schriftsteller Bernt Engelmann „die Tatsache, daß hierzulande der 30. Jahrestag der Befreiung kein Staatsfeiertag ist", als Beleg dafür, dass „der Faschismus als latente Gefahr weiter vorhanden ist."[82] Andere Initiativen und Interessengruppen gaben der Erinnerung an den 8. Mai andere Intentionen. In einem Appell anlässlich des 30. Jahrestages rief der Präsident des Volksbundes Deutsche Kriegsgräberfürsorge, Willi Thiele, dazu auf, den „Zugang zu den Gräbern" zu eröffnen, „die heute für uns noch unerreichbar sind." Denn „seiner Toten zu gedenken", dürfe „auch dem Besiegten nicht verwehrt werden."[83]

In einer Feierstunde der Jüdischen Gemeinde zu Berlin hielt (neben dem Regierenden Bürgermeister Klaus Schütz) deren Vorsitzender Heinz Galinski eine Gedenkrede. Für die Juden Europas, so Galinski, sei „der Tag der Befreiung der Tag unserer Wiedergeburt". Er habe für die jüdische Gemeinschaft „eine Bedeutung, die sich von der unterscheidet, die dieser Tag für andere Völker besitzt." Während deren Wunden geheilt seien, bleibe das jüdische Volk „das einzige Volk, dessen nationale Invalidität unheilbar ist". Andere Völker hätten ihre Kriegsverluste gezählt, „wir zählten, was übrig geblieben war." Galinski beschreibt damit einen Bedeutungsgehalt des 8. Mai 1945, der zu allen seinen Jahrestagen unterrepräsentiert blieb. Anschließend äußert er Zweifel daran, „ob die Lehren des 8. Mai 1945 die Spanne einer Generation überdauert" hätten. Diese Zweifel erläutert er anhand aktueller terminologischer Zuschreibungen und akzentuiert zugleich

---

78 Bei RUTTMANN 1975 wird die Sendung zusammenfassend dokumentiert. Vgl. auch LANGBEIN 1975 (Beitrag zur Befreiung des KZ Auschwitz) und LANGBEIN 1976, der eine Diskussion aus gleichem Anlass an der Hochschule in Linz zusammenfasst.
79 „Deutschland nach dem Krieg – Kapitulation – Neubeginn – Teilung" lautete z.B. der Titel einer Wanderausstellung, die das „Sekretariat für gemeinsame Kulturarbeit" in Bochum, Dortmund, Köln, Mülheim, Recklinghausen und Wuppertal zeigte (vgl. Frankfurter Hefte, Heft 8/1975, S. 75).
80 So etwa zum ersten Mal derjenige von Arnulf Baring, der in den folgenden Jahrzehnten noch öfter publiziert wurde (vgl. BARING 1975).
81 Vgl. Frankfurter Rundschau vom 12.5.75.
82 Zitiert nach: ALTENHÖNER 1996, S. 87. Zur Kundgebung vgl. auch SEITZ 1985a, S. 122, der die Teilnehmerzahl als einziger mit 40.000 angibt.
83 THIELE W. 1975.

den politisch-systemischen Befreiungscharakter des 8. Mai: Galinski zeigt sich verwundert darüber, dass auch Menschen, die von sich erklärten, „völlig auf dem Boden" des Grundgesetzes zu stehen, „vom 8. Mai 1945 nur als vom ‚Tag der Kapitulation' oder vom ‚Tag des Zusammenbruchs'" sprächen und sich nur „schwer oder gar nicht dazu durchringen, ihn als Tag der Befreiung zu betrachten". Der 8. Mai 1945 sei aber „die unabdingbare Voraussetzung" dafür gewesen, dass „in diesem Teil Deutschlands rechtsstaatliche Verhältnisse herrschen, Verhältnisse, die jedem Bürger das denkbar höchste Maß an Freiheit gewährleisten."[84] Diese Beobachtung Galinskis weist zutreffend auf einen die Rezeptionsgeschichte des 8. Mai 1945 ständig begleitenden immanenten Widerspruch hin: Wer zwar die Wende zum politisch Besseren betont, diese aber in *ausschließlich* negativen Lesarten beschreibt, müsste auch nach seinem Verhältnis zu diesem politisch Besseren befragt werden.

Diese Ausschnitte verschiedener Stellungnahmen zum 30. Jahrestag des 8. Mai verdeutlichen das gestiegene gesellschaftliche Interesse an diesem Tag. Im Jahr 1975 wurde auch eine erste empirische Erhebung zu den Begriffen, mit denen dieser Tag belegt wurde, durchgeführt. In einer repräsentativen Umfrage des Münchner Instituts für Jugendforschung unter den 18- bis 20-jährigen Westdeutschen wurde die Haltung dieser Bevölkerungsgruppe „zur deutschen Kapitulation 1945" erfragt. Auf die Frage „Am 8. Mai 1945 ging der 2. Weltkrieg zu Ende. Ist für Sie dieser Tag ein Tag der Niederlage oder ein Tag der Befreiung?" antworteten 16% der Befragten mit „Niederlage", 44% der 18- bis 20-Jährigen mit „Befreiung". Unentschieden waren 39%. Von den jungen Westdeutschen, die einen Mittelschul- bzw. Gymnasialabschluss hatten, antworteten jeweils 51% mit „Befreiung".[85] Inwieweit sich anhand dieser Zahlen behaupten lässt, in der jüngeren Generation habe sich im Jahr 1975 das Befreiungsverständnis mehrheitlich durchgesetzt, muss eine offene Frage bleiben. Die terminologische Bezeichnung, die sich im übrigen allein auf das Ende des Krieges bezog, reicht für ein solches Urteil nicht aus. Jedenfalls war im Jahr 1975 die Sensibilität für diese Lesart, die ja auch vom Bundespräsidenten und vom Bundeskanzler vertreten wurde, gestiegen. In den Kommentierungen des 30. Jahrestages in Presse und Publizistik stand diese Lesart jedoch noch nicht mehrheitlich im Mittelpunkt.

---

84 Heinz Galinski: Der Tag unserer Wiedergeburt. Rede in einer Feierstunde der Jüdischen Gemeinde zu Berlin zum 30. Jahrestag der Befreiung am 8. Mai 1975, in: Allgemeine Jüdische Wochenzeitung vom 16.5.75.
85 Vgl. KENNZEICHEN D 1975.

Gleichwohl zählte die Befreiungslesart erstmals zu den Leitmotiven, nicht mehr zu der raren Ausnahme in Presse und Publizistik. In einem Artikel der „Frankfurter Rundschau" lassen sich exemplarisch einige dieser Leitmotive des 30. Jahrestages herauslesen. Hans-Herbert Gaebel stellt z.B. heraus, es gebe keinen „deutschen Grund zum Feiern". Dennoch müsse versucht werden, mit diesem „wirklich widersprüchlichsten Tag der deutschen Geschichte" ganz „fertig zu werden." Für Gaebel haben die Deutschen zwar aus der Geschichte gelernt, es handele sich jedoch um einen noch andauernden „Lernprozeß", um einen „langen Weg zu einem neuen Selbstverständnis", den er eng an die Bewertung des 8. Mai knüpft: Dieser Weg werde „wohl erst dann zu Ende sein, wenn der 8. Mai 1945 auch in unserem Teil Deutschlands nicht nur als Tag der Trauer und der Bedrückung gewertet, sondern außerdem als ein Tag der Befreiung, wennschon nicht gefeiert, so doch gewürdigt wird". Denn „ohne diesen dunklen 8. Mai 1945" wäre nicht „der bisher freieste und menschenwürdigste Staat auf deutschem Boden entstanden, von dem der Bundespräsident sprach." Davon dürfe man sich auch nicht durch dessen Inanspruchnahme in der DDR abbringen lassen: „So sehr uns Welten von der offiziellen Geschichtsklitterung der DDR trennen mögen", könne „das Wort ‚Befreiung', das drüben so wohlfeil" sei, „richtig verstanden, bei uns ebenfalls dem 8. Mai 1945 etwas von seinem absoluten Schrecken nehmen."[86] Den Charakter des „absoluten Schreckens" bestreitet Gaebel somit gleichwohl nicht.

Neben den Leitmotiven des Jahres 1975 von einem „widersprüchlichen Tag", der Feststellung, es gebe keinen Grund zum Feiern, der Öffnung für die Befreiungslesart und den Negativkennzeichnungen des 8. Mai ist Gaeblers Perspektive durch den Blick auf das 8. Mai-Gedenken in der DDR geprägt. Vor allem darin ist sein Artikel exemplarisch, denn das Hauptthema der Berichterstattung im Jahre 1975 – noch stärker als in den Jahren zuvor – ist die Rezeption der Feierlichkeiten in der DDR. So stellte z.B. Peter Pragal fest, es solle der „Eindruck vermittelt werden, als habe die DDR 1945 den Krieg gleichsam mitgewonnen."[87] In einem anderen Artikel wurde die Frage gestellt, ob es angesichts der heutigen „Ehrenempfänge, Festveranstaltungen und Siegesfeiern der Ostberliner Staatsführung" im Jahr 1945 nur zwei Sieger gegeben habe: „Die ‚ruhmreiche Rote Armee' und die DDR."[88] Joachim Nawrocki erinnerte in diesem Zusammenhang an die hohen SED-Funktionäre Willi Stoph, Oskar Fischer und Günter Mittag, die Wehrmachtssolda-

---

86 Hans-Herbert Gaebel: Ein befreites Volk, in: Frankfurter Rundschau vom 7.5.75.
87 Peter Pragal: Beim Gedenken wird Vergessen zur Taktik, in: Süddeutsche Zeitung vom 22.4.75. Ähnlich auch: Marlies Menge: Parolen und Paraden, in: Die Zeit vom 9.5.75.
88 Süddeutsche Zeitung vom 9.5.75. Ähnlich auch: BEER 1975, S. 94.

ten, zum Teil im Unteroffiziersrang, gewesen seien: „Und heute gehören sie zu den Siegern der Geschichte?" So einfach sei es nicht, „sich an der gemeinsamen deutschen Vergangenheit, an Schuld und Schicksal vorbeizumogeln, sie zu überwältigen, statt zu bewältigen."[89]

Dass in der Bundesrepublik das Gedenken an den 8. Mai immer in hohem Maße mit der Rezeption dieses Tages in der DDR zusammenhing, verdeutlichte auch Bundestagspräsidentin Annemarie Renger in der Sondersitzung des Deutschen Bundestages am 17. Juni 1975. Renger führte in ihrer Gedenkrede zum 17. Juni einführend aus: „Wir sind vor kurzem – vor allem durch die Feiern in der DDR – an den nunmehr 30 Jahre zurückliegenden Tag der bedingungslosen deutschen Kapitulation erinnert worden."[90] Demnach waren es die Feiern in der DDR, die vorrangig dafür gesorgt haben, dass sich die Bundesrepublik überhaupt an den 8. Mai 1945 erinnerte. Ebenfalls aus Anlass des 17. Juni 1953 stellte der Bundesminister für innerdeutsche Beziehungen Egon Franke fest, am 30. Jahrestag des 8. Mai 1945 habe sich erst jüngst wieder gezeigt, dass die Bundesrepublik die Kraft habe, „sich zur ganzen deutschen Geschichte zu bekennen, auch zu deren dunklen Tagen."[91]

Ob dieser Befund tatsächlich schon für den 30. Jahrestag Bestand haben kann, ist indes zweifelhaft. Jedenfalls wurde das Gedenken an den 8. Mai in der Presse genauer betrachtet als in den Jahren zuvor. So artikulierte etwa Joachim Sobotta in der „Rheinischen Post" Unbehagen gegenüber dem offiziellen Gedenken an den 8. Mai. Er stellt gegen jede empirische Evidenz fest, die Westdeutschen hätten sich bereits „10, 20 und 25 Jahre danach – und auch an dazwischenliegenden Jahrestagen – daran erinnert, was vor und nach dem 8. Mai 1945 geschehen ist." Da doch inzwischen „die Mehrheit unserer Bürger keine persönliche Erinnerung mehr mit diesem schicksalsträchtigen Datum" verbinde, müsse da „die Erinnerung immer wieder beschworen werden"? Trotz dieser Skepsis bezeichnet Sobotta es anschließend als „Flucht vor der eigenen Geschichte, wollte man hierzulande diesen Tag stillschweigend und damit verlegen übergehen." Vielmehr seien die Westdeutschen „geradezu herausgefordert, abermals Stellung zu beziehen, nicht zuletzt deshalb, weil unsere Nachbarn den 8. Mai auf ihre Weise begehen." Sobottas Antrieb ist demnach primär der Wunsch nach einer westdeutschen Reaktion auf das Gedenken in der DDR. Der 8. Mai habe für die Deutschen nicht in erster Linie Befreiung gebracht, „sondern

---

89 NAWROCKI 1975, S. 564. Vgl. als Beschreibung der DDR-Feierlichkeiten auch Peter Jochen Winters: Die Schlachtgemälde von Karlshorst, in: Frankfurter Allgemeine Zeitung vom 7.5.75.
90 Annemarie Renger: Rede in der Sondersitzung des Deutschen Bundestages zum 17. Juni 1953, in: Das Parlament vom 21.6.75.
91 FRANKE 1975.

zunächst vieles andere: Gefangenschaft und Tod, Hunger und Not, Flucht und Vertreibung, Demütigung und Scham und das Ende des gemeinsamen Vaterlandes". Nur wenn „die Sieger ein einheitliches, freiheitliches und demokratisches Staatsgebilde zugelassen" hätten, wäre „der Rückblick auf den 8. Mai 1945 um manches erleichtert."[92]

Aus ähnlicher Perspektive wurde im „Deutschen Allgemeinen Sonntagsblatt" ebenfalls ein negatives Fazit gezogen – in diesem Fall nicht nur für Deutschland, sondern gleich für ganz Europa. Dort heißt es, es wäre „frivol, davon zu sprechen, daß der Zusammenbruch des Deutschen Reiches vor dreißig Jahren für uns ein ‚Segen'" gewesen sei. Vielmehr sei am 30. Jahrestag der „Niederlage Deutschlands" klarer als je zuvor, dass sie „zugleich eine erstrangige Niederlage Europas" gewesen sei. „Nein," so heißt es weiter, „man kann wahrhaftig nicht sagen, daß uns aus der Niederlage von 1945 sonderlich Segen erwachsen wäre."[93]

Diesen Deutungsansatz wählte auch Theo Sommer in der „Zeit". Zwar gebe es noch immer „Grund genug, uns der Niederlage zu entsinnen, die an jenem 8. Mai 1945 vor der Geschichte aktenkundig" geworden sei. Der Krieg, „den wir damals verloren, war ein Krieg, den wir selbst begonnen hatten: verbrecherisch, mit übler imperialistischer Absicht, letztlich – Gott sei Dank – ohne Erfolg." Sein eigentliches Interesse gilt jedoch nicht der Rückschau (und in dieser ohnehin nur dem Krieg), auch Sommer geht es darum, die Nachkriegsentwicklungen zu betrachten: „Für die Niederlage, für das Anfangen, haben wir weidlich bezahlt, mit dem Verlust eines Drittels einstigen Staatsgebietes, mit der Teilung dessen, was von unserem Land übriggeblieben ist, mit Seufzern, Mark und Pfennig." Im übrigen hätten die Deutschen „bereut, gebüßt, bezahlt", daher könne niemand von ihnen verlangen „auf ewig am 8. Mai in Sack und Asche" zu gehen. Zum Geschichtsbewusstsein gehöre „die Einsicht, daß manches erledigt, abgebucht, vergeben und vergessen" sei. Die Gegenwart zähle mehr „als eine Vergangenheit, die über die Hälfte unserer Bevölkerung gar nicht mehr am eigenen Leibe erfahren hat". In Wahrheit sei das, „was 1945 zu Ende ging, Eiszeiten von uns entfernt."[94] Sommers Artikel ist ein elaboriertes Beispiel dafür, wie die Beschränkung des Rückblicks auf die nationalen Folgen des Jahres 1945 eine Niederlagenlesart nahe zu legen scheint und zu welcher Geringschätzung der Vergangenheitsthematisierung dieser Ansatz führt.

---

92 Joachim Sobotta: Der 8. Mai, in: Rheinische Post vom 7.5.75.
93 Günter Zehm: Der Lohn des Sieges schmeckte bitter, in: Deutsches Allgemeines Sonntagsblatt vom 11.5.75.
94 Theo Sommer: Alte Rechnungen und Überlegungen für morgen, in: Die Zeit vom 9.5.75.

Neben solchen, zu diesem Zeitpunkt schon fast als konventionell zu bezeichnenden Kommentaren, wurden 1975 aber auch Beiträge publiziert, die das Gedenken in Richtung einer Pluralisierung der Deutungen des 8. Mai öffneten.[95] Als ein wichtiges Beispiel prägte Eugen Kogon in den „Frankfurter Heften" ein dialektisch deutendes Begriffspaar, das in den folgenden Jahrzehnten in vielen Beiträgen zum 8. Mai verwendet werden sollte: Er kennzeichnet das „historische Datum des 8./9. Mai 1945" als „Befreiung durch Niederlage". Kogon kritisiert, dass im „Land, das für das Unheil verantwortlich geworden ist", die Vergangenheit als erledigt betrachtet werde – „von den Reden zu einigen Gedenktagen abgesehen". Durch das „verdrängte Verhältnis zu jener Vergangenheit" besitze der Nationalsozialismus noch immer eine „latente Präsenz".[96] Für Kogon ist somit die Befreiung, die aus der Niederlage resultierte, noch nicht vollendet, sondern eine weiter zu leistende Aufgabe.

Ebenfalls in den „Frankfurter Heften" erschien der im Jahr 1975 wohl bemerkenswerteste Aufsatz über das Gedenken an den 8. Mai 1945. Franz Neumann veröffentlichte eine Analyse, die als der Beginn der Rezeptionsgeschichte des 8. Mai-Gedenkens in der Bundesrepublik bezeichnet werden kann.[97] Naumann kritisiert in dieser frühen textanalytischen Studie empirisch zutreffend, dass die „herausragende Bedeutung des 8. Mai" in den politischen Reden der Bundesrepublik überwiegend „als Ende des Weltkrieges und nur verhalten als Ende der nationalsozialistischen Diktatur gewürdigt" werde. Es fänden sich „Bezeichnungen wie: Deutsche Kapitulation, Zusammenbruch des Dritten Reiches und Ende der Hitler-Diktatur". „Tag der Befreiung" sage dagegen keiner der führenden Politiker, so Neumann, der mit dieser Feststellung z.B. die Reden Scheels und Schmidts ignoriert. Zutreffend ist dagegen wieder seine Beobachtung, in einem seien sich alle einig: Die Deutschen hätten keinen Anlass zu feiern. Wenn in den Reden überhaupt „von einem Befreiungsakt" Kenntnis genommen werde, so analysiert Neumann weiter, „dann werden mit der Formel ‚Wir wurden befreit, aber...' die Folgen des verlorenen Krieges in den Vordergrund geschoben." Der „Preis, den das deutsche Volk für seine Befreiung bezahlen mußte", erscheine den Redenden zu hoch.

Neumann arbeitet in großen Teilen zutreffende Rezeptionsleitlinien des 8. Mai 1945 heraus und liefert damit zugleich ein Beispiel für die gestiegene Sensibilität für die Relevanz dieses Gedenktages. Obwohl er mit einiger Berechtigung kritisiert, dass die Reden zum 8. Mai in hohem Maß durch Ge-

---

95 Vgl. z.B. FRIED 1975.
96 KOGON 1975, S. 7, S. 10 bzw. S. 13.
97 Vgl. zum folgenden: NEUMANN F. 1975.

genwartsbezüge und fehlende historische Reflexionen gekennzeichnet seien, hebt sich seine Perspektive davon nicht positiv ab. Denn ihm geht es vorrangig darum, über das aktuelle Wesen des Kapitalismus zu sprechen, ebenso über „die soziale Basis des Faschismus". Dies sei aber in den Reden tabu, die stattdessen außenpolitische Konsequenzen des 8. Mai in den Mittelpunkt stellen würden. Aber selbst wenn man nur diese Konsequenzen betrachte, müsse doch festgestellt werden, dass der 8. Mai der „Anfang von etwas Besserem gewesen" sei. Warum aber, so lautet seine bilanzierende Kritik, werde dann nicht gefeiert?

Relativierung durch Überbetonung

Diese Frage musste in Richtung DDR auch in diesem Jahr nicht gestellt werden. Im April 1975 wurde bekannt gegeben, dass der 9. Mai 1975 als staatlicher Feiertag festlich begangen werden solle.[98] Der „Tag der Befreiung" war als arbeitsfreier Feiertag bereits abgeschafft und wurde nur für dieses Jahr, datiert auf den 9. Mai, wieder eingeführt. Die Neudatierung stellte einen zusätzlichen Ausdruck der engen Ausrichtung an die Sowjetunion dar. Am offiziellen Staatsakt nahm auch der Leiter der Bonner Vertretung in der DDR, Staatssekretär Günter Gaus, teil,[99] während das Auswärtige Amt ansonsten angeordnet hatte, dass bundesdeutsche Vertreter im Ausland „nicht an Siegesfeiern, wohl aber an Gedenkstunden der Trauer" teilnehmen könnten.[100]

In verschiedenen Reden des Jahres 1975 wiederholte vor allem Erich Honecker, der Walter Ulbricht 1971 abgelöst hatte, die gewohnten 8. Mai-Lesarten der Staats- und Parteiführung. Das „Vermächtnis" des 8. Mai 1945 sei eingegangen in die „sozialistische Wirklichkeit unserer Deutschen Demokratischen Republik. Wir geben es weiter an neue Generationen."[101] Die DDR habe „die historische Chance genutzt und sich unwiderruflich auf die Seite des Fortschritts, des Sozialismus und des Friedens gestellt."[102] Für die „Werktätigen unseres Landes" habe „die totale militärische Niederlage des Faschismus in der Tat eine gewaltige Chance" bedeutet. Diese Chance wahrzunehmen, „war ihre Avantgarde vorbereitet."[103] Die zentrale Festveranstaltung in der Ostberliner Staatsoper schloss am 7. Mai 1975 mit einer Rede Honeckers eine lange Reihe von Gedenkveranstaltungen ab, mit denen die

---

98 Vgl. Neues Deutschland vom 23.4.75
99 Vgl. Neue Zürcher Zeitung vom 10.5.75. Zehn Jahre später hat sein Nachfolger, Hans-Otto Bräutigam, an dem entsprechenden Staatsakt zum 40. Jahrestag nicht teilgenommen.
100 Vgl. H.E.: Kein Feiertag, in: Bonner General-Anzeiger vom 7.5.75.
101 HONECKER 1975c, S. 428.
102 HONECKER 1975d, S. 429.
103 HONECKER 1975a, S. 401.

SED wochenlang den sowjetischen Sieg im Zweiten Weltkrieg feierte.[104] Wie gewohnt wurde der 8. Mai zum Anlass genommen, auf unterschiedlichsten Gebieten an die Befreiung zu erinnern: Auf dem Quedlinburger Wochenmarkt wurden Gurken, Geschirrhandtücher und emaillierte Trinkbecher „zu Ehren des 30. Jahrestages der Befreiung" verkauft. Die Pestalozzi-Oberschule in Weißensee erhielt zum 30. Jahrestag einen neuen Schulhof. NVA-Soldaten waren zur „Soldateninitiative 75" aufgerufen: 17.000 Tonnen Altpapier und 22.000 Tonnen Sammelschrott waren das Ergebnis. 990 Wohnungen wurden wiederhergestellt und 4,4 Millionen Quadratmeter Grünfläche in Pflege genommen. Das Berliner Fleischkombinat verpflichtete sich, „mehr preisgünstige, schmackhafte und gern gekaufte Fleisch- und Wurstwaren" herzustellen. Und dies alles zu Ehren der Befreiung.[105]

Den Auftakt der zahlreichen Feierlichkeiten stellte ein Aufruf vom Januar 1975 dar. Neben den üblichen Inhalten wurde in diesem Aufruf auch daran erinnert, dass die Sowjetunion nicht die alleinige Befreierin war. Sie wird als „Hauptkraft der Antihitlerkoalition" bezeichnet, „in der sich die UdSSR, die USA, Großbritannien, Frankreich und andere Staaten zusammengeschlossen hatten." Diese Ausweitung war nicht an jedem Jahrestag üblich. Eine grundlegende Erweiterung der Erinnerungsinhalte lässt sich daraus gleichwohl nicht herauslesen. Gleiches gilt auch für die Benennung der Opfer, die in diesem Aufruf ebenfalls eher unüblich aufgezählt werden: Erinnert wird an „50 Millionen Menschen, die Opfer des Krieges geworden" seien: „Zu ihnen zählen 20 Millionen Sowjetbürger, über 6 Millionen Polen, 1.700.000 Jugoslawen, 600.000 Franzosen, 400.000 Amerikaner, 375.000 Briten. Vom deutschen Volk forderte der faschistische Krieg über 6 Millionen Menschen." An den Völkermord an den Juden Europas wird nicht erinnert, wenngleich die deutschen Konzentrationslager angesprochen werden. Dies aber nur im Kontext der Erinnerung an den kommunistischen Widerstand: Viele hätten Schulter an Schulter gekämpft „gegen die blutbesudelten Massenmörder von Auschwitz, Maidanek, Buchenwald und Ravensbrück."[106]

Ein Beispiel, dass und wie die Zäsurlesart in der DDR durch den starren Blick auf die Sowjetunion zugleich relativiert wurde, bot ein Beitrag in der „Zeitschrift für Geschichtswissenschaft" aus dem Jahr 1975. Günter Benser versucht darin, die Vorstellung, es habe 1945 eine „Stunde Null" gegeben,

---

104 Vgl. HONECKER 1975c.
105 Vgl. Marlies Menge: Parolen und Paraden, in: Die Zeit vom 9.5.75 und ALTENHÖNER 1996, S. 87.
106 Aufruf des ZK der SED, des Ministerrates, des Staatsrates und des Nationalrates der Nationalen Front der DDR zum 30. Jahrestag der Befreiung vom Hitlerfaschismus, in: Neues Deutschland vom 22.1.75.

aus SED-Sicht zu widerlegen: Der Begriff „Stunde Null" sei „wissenschaftlich unsinnig und politisch fehlorientierend." Vielmehr habe der Sieg der Sowjetunion eine neue „Stufe eines aufsteigenden welthistorischen Prozesses" dargestellt, dessen Ausgangspunkt die „Große Sozialistische Oktoberrevolution" gewesen sei.[107] Benser stellt somit das Jahr 1945 lediglich als Entwicklungsstufe eines Prozesses dar, der bereits 1917 begonnen hatte. Durch die Überbetonung der sowjetischen Lesart relativiert Benser in kommunistischer Geschichtsbetrachtung die Zäsur des Jahres 1945, die für die DDR doch eigentlich als konsequent genutzte historische Chance zu einer fundamentalen politischen Wende zu gelten hatte.

6.4 Die Konturierung des Ausdeutungspotentials in den 1970er Jahren

Während der 8. Mai in den 1960er Jahren langsam am politisch-historischen Horizont der Bundesrepublik als ein Tag des Gedenkens aufgetaucht war, wurde sein Ausdeutungspotential erst in den 1970er Jahren konturiert. Von den pluralen Ausdeutungsformen und Kontroversen, die spätere Diskussionen über dieses Datum kennzeichnen sollten, waren zu diesem Zeitpunkt freilich nur die ersten Ansätze vorhanden. Weiterhin war es vor allem Konsens, im 8. Mai vornehmlich den Jahrestag der Beendigung des Zweiten Weltkrieges und den Beginn der deutschen Teilung zu sehen und ihn vorrangig mit Blick in die DDR aus nationaler Perspektive auszudeuten. Lesarten des Zusammenbruchs, der Niederlage oder der Erlösung von der personalisierten Hitler-Diktatur entsprachen diesen Perspektiven eher als die der Befreiung. Erinnert wurde in der Regel allgemein an die Opfer von Krieg und Gewaltherrschaft, nicht an die spezifischen NS-Verbrechen. Auf höchster staatlicher Ebene war es Bundespräsident Walter Scheel, der mit seiner Rede zum 30. Jahrestag die Lesarten öffnete und die Spannweite der Bedeutungsinhalte im Ansatz entwickelte. Im Ergebnis kam er daher nicht zufällig zur Deutung als Befreiung. Eine breite öffentliche Kontroverse schloss sich dieser Neuakzentuierung jedoch nicht an.

Vor diesem empirischen Hintergrund lässt sich das Urteil von Helmut Dubiel, nach dem sich ab den 1970er Jahren im Parlament „allmählich eine Liturgie der Gedenktage (vor allem des 8. Mai)" entwickelt habe, nur sehr eingeschränkt teilen.[108] Jedenfalls lässt sich dieser Befund nicht am 8. Mai festmachen. Im Gegensatz zu anderen Gedenktagen (vor allem dem 17.

---

107 BENSER 1975, S. 357 bzw. S. 359.
108 Vgl. DUBIEL 1999, S. 11.

Juni, der als Anniversarium begangen wurde), fand der 8. Mai als eigener Gedenkanlass erst 1985 – fünfzehn Jahre nach der Regierungserklärung Willy Brandts – wieder Einzug in das Parlament. Auch eine zweite Feststellung Dubiels für die 1970er Jahre findet in den Gedenkreden zum 8. Mai empirisch keine signifikante Bestätigung: Für ihn waren die parlamentarischen Auseinandersetzungen über die Vergangenheit der Diktatur und die Zukunft der Demokratie in den 1970er Jahren „nur der Reflex eines politischen Generationenkonflikts", der „sich weitgehend in der vorparlamentarischen Öffentlichkeit abspielte."[109] In der offiziellen Rezeption des 8. Mai war kein hervorstechender „Reflex eines politischen Generationenkonflikts" zu finden. Selbst für die „vorparlamentarische Öffentlichkeit" lässt sich, jedenfalls auf den 8. Mai bezogen, kaum von generationsbedingten Veränderungen sprechen. Im Gegenteil: In der Betrachtung des Jahres 1975 fällt auf, dass es in erster Linie der Bundespräsident war, der das Gedenken an den 8. Mai öffnete. Eine Öffnung, die sich z.B. in Presse und Publizistik zwar in Ansätzen, aber so prononciert noch nicht widerspiegelte. Walter Scheel als „68er" zu bezeichnen, dürfte sicher schwer fallen.

Bei aller notwendigen Differenzierung lässt sich – vor allem für Presse und Publizistik – in der Tendenz von einer gestiegenen Aufmerksamkeit für die Relevanz des 8. Mai 1945 sprechen. Neben der bewussteren Wahrnehmung seines Stellenwertes in der DDR, auf den in der Bundesrepublik reagiert werden musste, dürfte ein wichtiger Grund dafür darin bestehen, dass sich die Bundesrepublik in den 1970er Jahren verstärkt selber zum Thema machte. Mit der Selbstanerkennung der Bundesrepublik als deutsche Nachkriegsdemokratie trat zugleich ihre Vorgeschichte verstärkt in den Mittelpunkt des Interesses. In diesem Kontext wurden auch politisch-historische Gedenktage zu einem wichtigeren Referenzpunkt für das neue bundesdeutsche Selbstverständnis. Als Ausdruck dieses neuen Bewusstseins wurden in der zweiten Hälfte der 1970er Jahre einige Versuche unternommen, einen neuen nationalen Feiertag zu installieren. Als Alternativen zum 17. Juni 1953 wurden dabei vor allem der 18. März (in Erinnerung an die Märzrevolution 1848) und der 23. Mai (Verkündung des Grundgesetzes 1949) vorgeschlagen.[110] Der 8. Mai 1945 wurde dabei nicht thematisiert, vor allem wohl deshalb, weil er – das Wort einseitig missverstehend – als *Feier*tag für ungeeignet und durch die Gedenkpraxis in der DDR als diskreditiert betrachtet wurde. Gleichwohl hatte es auch für die Rezeption des 8. Mai Auswirkungen, dass in den 1970er Jahren, in den Worten Ute Freverts, die weitgehen-

---

109 Ebd., S. 132.
110 Vgl. z.B. Süddeutsche Zeitung vom 18.6.75; AKTION 1979; WOLFRUM 1996, S. 440.

de „Abwesenheit symbolischer Erinnerungsakte" immer häufiger „als Mangel wahrgenommen und beklagt" wurde.[111]

So waren am Ende der 1970er Jahre die erinnerungspolitischen Kontexte des Gedenkens an den 8. Mai 1945 vor allem dadurch geprägt, dass sich die Bundesrepublik als erfolgreiche Demokratie selbst anerkannte und sich langsam ein reflektierteres Verständnis für Gedenken und Gedenksymbolik abzeichnete, das diesem Selbstverständnis entsprechen könnte. Der Hauptgrund der Ablehnung des 8. Mai als Feier- oder Gedenktag blieb weiterhin, dass seine historische Bedeutung primär mit Blick auf den Krieg und seine nationalen Folgen, nicht auf den Nationalsozialismus bewertet wurde. Aber auch diese eingeschränkte Perspektive wurde, wie vor allem im Jahr 1975 zu sehen war, langsam geöffnet. 1979, im 40. Jahr nach dem Beginn des Zweiten Weltkrieges, brachte Walter Dirks die Notwendigkeit eines erweiterten Blickwinkels auf den Punkt: Die „Identität von Nationalsozialismus und Krieg" ist für ihn die „verdrängte Wahrheit jener Epoche". Dirks spricht von der „nachträglichen Normalisierung eines Krieges", die Wahrheit sei aber: „Der Nationalsozialismus und dieser Krieg waren und sind identisch".[112] Erst mit dieser Erkenntnis konnte der 8. Mai 1945 in seinen verschiedenen Bedeutungsinhalten umfassend betrachtet und differenziert werden. Zugleich ließ sich erst aus einer solchen erweiterten Perspektive bei allen Ambivalenzen ein politisch-systemisches Befreiungsverständnis entwickeln. Nicht zufällig erinnerte deshalb auch Walter Dirks zum Abschluss seines Artikels an die Freunde, „die uns befreit haben."

Mit der Erweiterung der Perspektive auf den Nationalsozialismus hing eine weitere Öffnung des Gedenkens zusammen: Die Wahrnehmung und Anerkennung der Opfer des Nationalsozialismus. Auch in dieser Hinsicht lassen sich die späten 1970er Jahre mit Einschränkungen als ein Wendepunkt in der Erinnerungskultur der Bundesrepublik beschreiben. Die letzte der Verjährungsdebatten führte 1979 zur generellen Aufhebung der Verjährungsfrist für Mord, und im längsten aller NS-Prozesse, dem Majdanek-Prozess, begann die Schlussphase, die im Sommer 1981 mit einem Freispruch endete.[113] Für das öffentliche Bewusstsein wohl noch wichtiger war die 1979 ausgestrahlte Fernsehserie „Holocaust". Mit ihr bekamen die nationalsozialistischen Verbrechen überhaupt erst einen Namen. Die erste Folge der Serie, die zwischen dem 22. und 26. Januar 1979 ausgestrahlt wurde, sahen rund elf Millionen Zuschauer, die vierte und letzte Folge fünfzehn Millio-

---

111 ASSMANN A./FREVERT 1999, S. 246.
112 DIRKS 1979, S. 13f.
113 Vgl. Peter Reichel: Wenn Auschwitz aufhört weh zu tun, in: Frankfurter Allgemeine Zeitung vom 25.1.00.

nen – jeweils ein Viertel bis ein Drittel der westdeutschen Bevölkerung.[114] Was die Fachwissenschaften nur begrenzt erreichten und das offizielle Gedenken noch nicht ausreichend zum Ausdruck brachte, bewirkte eine Fernsehserie: Die Darstellung der Verbrechen aus der Empathie ermöglichenden Sicht der Opfer.[115]

In der Bundesrepublik veränderten sich somit die Erinnerungskontexte an der Schwelle zu den 1980er Jahren, die zu einem Jahrzehnt verstärkter und vielfältiger Vergangenheitsthematisierungen werden sollten. In dem ideologisch vorgegebenen Rahmen änderte sich auch in der DDR der erinnerungspolitische Kontext des offiziellen Gedenkens. Walter Ulbricht wurde 1971 durch Erich Honecker abgelöst. Seitdem wurde die Orientierung an der Sowjetunion, die an der Absetzung Ulbrichts maßgeblich beteiligt war, noch stärker und die nationale Interpretationskomponente, Ulbrichts gesamtdeutscher Akzent, zurückgenommen. Die Politik der Zurückdrängung des Nationalen und der noch stärkeren Anlehnung an die Sowjetunion wurde allerdings Ende der 1970er Jahre stillschweigend wieder aufgegeben.[116] Stattdessen setzte sich ein erweitertes „Erbe- und Traditionsverständnis" durch: Während „Erbe" die gesamte Geschichte umfassen sollte, gehörten zur „Tradition" nur diejenigen Entwicklungslinien, auf die sich die offizielle DDR berufen, deren Verkörperung sie darstellen und die sie bewahren und fortführen wollte. Die „Tradition" war demnach nur ein Teil, der ausgewählte Anteil am nun umfassender verstandenen Gesamterbe.[117] Wie weit sich dieses erweiterte Erbe- und veränderte Traditionsverständnis auf die 8. Mai-Rezeption auswirkte, wird im Folgenden zu untersuchen sein.

---

114 Vgl. KREMER 1979, S. 89. Zwar hatte es auch schon in den 1960er Jahren Fernsehserien über die nationalsozialistische Vergangenheit gegeben, die in absoluten Zahlen sogar mehr Zuschauer, aber keine auch nur annähernd so breite öffentliche Resonanz zur Folge hatten (vgl. ebd.).
115 So auch MÜNZ 1995, S. 49.
116 Vgl. SCHUBERT 1995, S. 1787 bzw. S. 1790.
117 Vgl. ebd., S. 1787 bzw. S. 1796. Vgl. zum Erbe- und Traditionsverständnis z.B. auch: Ackermann A. 1995; FISCHER/HEYDEMANN 1992; HEYDEMANN 1987; KUPPE 1986; BADSTÜBNER 1985; SCHMIDT W. 1985.

7. Der 40. Jahrestag in der Bundesrepublik

7.1 Passagen des Übergangs zum 40. Jahrestag

Trotz der Rede von Bundespräsident Walter Scheel fünf Jahre zuvor, mit der dieser eine erste Zäsur in der Anerkennung dieses Gedenkdatums gesetzt hatte, war die historische und politische Relevanz des 8. Mai auch im Jahr 1980 kaum präsent. Offizielle Gedenkveranstaltungen der staatlichen Institutionen und Repräsentanten gab es nicht. Allerdings bezog sich Bundeskanzler Schmidt auf einer Wahlkampfveranstaltung am 7. Mai 1980 nebenbei auf den 35. Jahrestag. Der Bundeskanzler variierte dabei die bekannten Muster des 8. Mai-Gedenkens: Er spricht von der „deutschen Katastrophe" und erinnert in erster Linie an den Zweiten Weltkrieg und dessen Opfer, wenngleich er die „Schrecken der Konzentrationslager" explizit anspricht.[1] Neben diesem en passant-Gedenken des Bundeskanzlers erinnerte auch das Präsidium der SPD in einer Erklärung „zum 35. Jahrestag der deutschen Kapitulation" an das Ende des Zweiten Weltkrieges und die „50 Millionen Menschen in Uniform und Zivil", die ihm zum Opfer gefallen seien – unter die Kriegsopfer werden auch die Ermordeten in den Konzentrationslagern subsumiert. Zugleich wird der 8. Mai 1980 als Jahrestag der „Befreiung vom Alptraum der menschenverachtenden und verbrecherischen Nazi-Herrschaft" bezeichnet, der zur Erhaltung und Festigung des inneren und äußeren Friedens aufrufe.[2]

Auch in der bundesdeutschen Presse und Publizistik ging der 8. Mai 1980 weitgehend unbeachtet vorüber.[3] In der DDR wurden dagegen zum 35. Jahrestag die schon lange institutionalisierten Gedenkfeiern abgehalten. In diesem Jahr hielt Horst Sindermann die zentrale Rede, in der er den 8. Mai 1945 als „das historische Ereignis unserer Geschichte" bezeichnet, „das dem Weg unseres Volkes eine grundsätzliche Wende gab".[4] In den wissen-

---

1 Vgl. SCHMIDT H. 1980.
2 SPD 1980, S. 547f.
3 Vgl. aber einen (nicht direkt aus Anlass des 8. Mai 1980 geschriebenen) Aufsatz, der sich mit Zäsuren in der deutschen Geschichte beschäftigt: ARETIN 1980. Aufgrund der historischen Erfahrungen, die die Deutschen mit zahlreichen Zusammenbrüchen und Wiederaufstiegen gesammelt hätten, so lässt sich der Kerngedanke dieses Aufsatzes interpretieren, dürfe man die „Katastrophe von 1945" in ihrem Zäsurcharakter nicht überbewerten. Durch den „Wiederaufstieg" nach 1945 sei die NS-Vergangenheit hinreichend „bewältigt".
4 Horst Sindermann: Befreiungstat der Sowjetunion gab dem Weg unseres Volkes die Wende. Rede auf der Festveranstaltung zum 35. Jahrestag der Befreiung, in: Neues Deutschland vom 10./11.5.80. Vgl. auch die Reden auf Kundgebungen zur Befreiung der Konzentrationslager Sachsenhausen, Brandenburg-Görden bzw. Ravensbrück: Horst Sindermann: Im Namen der Opfer: Eindringlicher Appell zu Frieden und Entspannung. Rede auf einer Kundgebung in Sachsenhausen, in: Neues

schaftlichen Begleitveröffentlichungen[5] zum 35. Jahrestag deutete allein ein Beitrag von Günter Benser Akzentverschiebungen gegenüber der offiziellen SED-Lesart an, ohne diese jedoch konsequent auszudeuten. Benser spricht von Gründen, „den Mai 1945 nicht als starre Zäsur festzuschreiben" und will das Augenmerk stattdessen auf „Übergangsprozesse des Jahres 1945" lenken, auf „eine ganze Reihe historischer Ereignisse und Wirkungen, die Prozeßcharakter tragen" und im Datum 8. Mai 1945 lediglich gebündelt worden seien. Damit beschreibt er einen Forschungsansatz, der Raum für interessante Ausdeutungen des 8. Mai 1945 bieten könnte. Die „Übergangsprozesse", die er anschließend beschreibt, sind jedoch lediglich die konventionellen SED-Geschichtsbilder: So sei etwa der Faschismus nicht nur ein Phänomen der Vergangenheit, sondern eine „Realität der Gegenwart".[6] Auf diese Weise verspielt Benser einen Interpretationsansatz, der den 8. Mai offener hätte ausdeuten können.

Wenngleich in der Bundesrepublik nach der Rede Walter Scheels zehn Jahre lang ein Bogen der Nicht-Thematisierung um den 8. Mai gezogen blieb, trat in der ersten Hälfte der 1980er Jahre in der politischen Öffentlichkeit jenseits des 8. Mai-Gedenkens eine deutliche Veränderung ein: Frequenz und Schärfe von Debatten um die Relevanz der NS-Vergangenheit nahmen signifikant zu. Die sprunghaft steigende Zahl von historischen Ausstellungen war dabei nur ein Kennzeichen verstärkter Vergangenheitsbezüge.[7] Das neue Geschichtsinteresse in der Bundesrepublik korrespondierte nahezu zeitgleich mit der politisch motivierten Neuakzentuierung der DDR-Historiographie unter dem Zeichen von „Erbe und Tradition". Diese Korrespondenz zeigte sich am deutlichsten in der deutsch-deutschen Preußen-Renaissance zu Beginn der 1980er Jahre.[8] Als Anlässe für Rückblicke in die Vergangenheit wurden fortan auch historische Jubiläen sehr viel intensiver zur Kenntnis genommen. Die wichtigsten Gedenkanlässe boten „runde" Jahrestage, die an den Nationalsozialismus erinnerten: Der 30. Januar 1983, der 20. Juli 1984, der 8. Mai 1985, der 9. November 1988 und der 1. September 1989 – aber auch der 35. und 40. Jahrestag der Gründung von Bundesrepublik und DDR in den Jahren 1984 und 1989.

Deutschland vom 21.4.80; HONECKER 1980a; Kurt Hager: Das Vermächtnis der Antifaschisten hat sich in unserem Land erfüllt. Rede zum 35. Jahrestag der Befreiung, in: Neues Deutschland vom 5.5.80.
5 Vgl. z.B. NEHRIG/PISKOL 1980; HEINZ 1980; PETZOLD 1980.
6 BENSER 1980, bes. S. 311 bzw. S. 316.
7 Die wohl wichtigsten Ausstellungen waren: „Die Zeit der Staufer" (Stuttgart 1977), „Tendenzen der zwanziger Jahre" (Berlin 1977), „Wittelsbach und Bayern" (München 1980) und „Preußen – Versuch einer Bilanz" (Berlin 1981) (vgl. z.B. WOLFRUM 1999, S. 318).
8 Vgl. z.B. ebd., S. 319.

Die 1980er Jahre wurden zu einem Jahrzehnt politischer Gedenktage, sie waren, so Helmut Dubiel, „gespickt mit zeitgeschichtlichen Anlässen, die eine Bezugnahme auf diese zwölf Jahre deutscher Geschichte immer wieder erzwangen."[9] Dies unterschied sie aber nicht von den Jahrzehnten zuvor. Das Neue bestand in dem nun entwickelten Gespür, dass diese Anlässe für das politische Selbstverständnis relevant sind und entsprechend beachtet werden sollten. Dieses verstärkte Bewusstsein hatte, neben den zuvor bereits skizzierten Faktoren des Wandels, damit zu tun, dass sich sowohl im politischen Personal als auch in der Gesamtbevölkerung ein Generationenwechsel abzeichnete. Die Erlebnisgenerationen traten 40 Jahre nach Ende von Krieg und Nationalsozialismus langsam zurück. Der signifikante Wandel in der Aufmerksamkeit für politische Gedenktage stand auch im Zusammenhang mit dem Regierungswechsel des Jahres 1982. Die neue Bundesregierung unter Helmut Kohl sah darin explizit nicht nur einen politischen Wechsel, sondern erklärte die Übernahme der Regierungsgeschäfte zum Beginn einer „geistig-moralischen Wende", mit der verstärkte Bezüge auf die Vergangenheit einher gingen.[10]

In den vergangenheitsbezogenen Reden des Nachfolgers von Walter Scheel im Amt des Bundespräsidenten spiegelten sich die veränderten erinnerungspolitischen Kontexte der 1980er Jahre nur graduell. Spätestens seit Scheels Amtszeit, durch die Präsidentschaft von Heinemann vorbereitet, ist die Betonung der Notwendigkeit der „Aufarbeitung der Vergangenheit" Konsens in den Reden aller deutschen Bundespräsidenten. Auch Karl Carstens betonte, „die Vergangenheit bleibt und wirkt weiter, auch wenn man sich weigert, von ihr Kenntnis zu nehmen."[11] Für Carstens ist die „Aufarbeitung des Geschehens von 1933 bis 1945" nicht abgeschlossen, sie werde auch kommende Generationen noch beschäftigen.[12] In einer Rede zum 30. Jahrestag des 17. Juni 1953 sprach Carstens von der „Erfahrung der nationalsozialistischen Diktatur und des Zusammenbruchs von 1945." Ein so „einschneidendes Erlebnis eines Volkes kann aus seinem Gedächtnis nicht mehr gelöscht werden. Es ist Teil des deutschen Schicksals."[13] Auch für die Zeit des Nationalsozialismus gelte, so Carstens in einer anderen Rede, dass Geschichte „Teil unseres Selbstverständnisses, unserer Identität" sei. Geschichte sage „nicht nur etwas über unsere Vergangenheit und unseren gegenwärtigen Standort aus. Geschichtskenntnis und Geschichtsbewußtsein

---

9 DUBIEL 1999, S. 207.
10 Vgl. als geschichtsprogrammatischen Beitrag zur „Wende" von 1982: HERRMANN 1983.
11 CARSTENS 1982, S. 85.
12 Vgl. CARSTENS 1983a, S. 348.
13 Ebd.

geben auch Orientierung für die Zukunft."[14] Diese Formulierungen sind auf staatlich-repräsentativer Ebene spätestens seit Mitte der 1970er Jahre nahezu Konsens. Allerdings bleiben sie ohne die Erläuterung, welche Inhalte, Formen und Ziele der Umgang mit der Geschichte haben sollte, wenig aussagekräftig. In diesen konkreten Fragen weisen Carstens vergangenheitsbezogene Reden aber kaum klare Konturen auf.[15]

Karl Carstens hat als Bundespräsident keine Rede zum 8. Mai 1945 gehalten. Auch anlässlich einer Rede zum 25-jährigen Beitritt der Bundesrepublik zur NATO, die Carstens am 6. Mai 1980 hielt, fand der Paralleljahrestag keine Erwähnung.[16] In einer Einschätzung, welche Gedenktage er als „Symbole nationalen Bewußtseins" für relevant hält, nannte Carstens ausschließlich den 20. Juli 1944 und den 17. Juni 1953.[17] Erst nach seinem Ausscheiden aus dem Amt äußerte er sich – anlässlich des 40. Jahrestages – explizit (und rein biographisch) zum 8. Mai 1945.[18] Dieser Bundespräsident weist erinnerungspolitisch kaum Konturen auf.

7.2 Der sperrige Gedenktag

Die entscheidende Zäsur im Grad der Aufmerksamkeit für den 8. Mai 1945 markierte das Jahr 1985. Zum ersten Mal lässt sich davon sprechen, dass in der Bundesrepublik eine umfassende öffentliche Diskussion um die Bedeutung dieses politischen Gedenktages geführt wurde. Eine Debatte, die erstmals auch an Quantität – von der pluralen Qualität ganz abgesehen – die Würdigung in der DDR überstieg. Während die ohnehin wenigen Beiträge zum 8. Mai in den vorangegangenen Jahrzehnten in der Bundesrepublik wenig beachtet wurden und entsprechend schnell verhallten, brach 1985 ein mehrdimensionaler Streit aus. Sobald eine demokratisch-pluralistische Öffentlichkeit einen politischen Gedenktag als relevant zur Kenntnis nimmt, so ließe sich thesenartig am Beispiel des 40. Jahrestages vertreten, birgt dieser das Potential einer vielschichtigen Auseinandersetzung um das eigene politische Selbstverständnis.

Was gäbe es da zu feiern?

Dass der 40. Jahrestag zum Anlass für die bis dahin heftigsten erinnerungspolitischen Auseinandersetzungen wurde, zeichnete sich bereits Ende des

---

14 CARSTENS 1983b, S. 168.
15 Vgl. auch CARSTENS 1979, CARSTENS 1981 und CARSTENS 1982.
16 Vgl. CARSTENS 1980.
17 Vgl. CARSTENS 1983a, S. 351.
18 Vgl. CARSTENS 1985.

Jahres 1984 ab, als die ersten Planungsüberlegungen zum bevorstehenden Gedenkjahr öffentlich wurden. Die gemeinsame Intention von Bundestag und Bundesregierung war dabei zunächst, den 40. Jahrestag auf einem repräsentativ niedrigen Niveau zu begehen. So erklärte etwa der Pressesprecher der Bundesregierung, Peter Boenisch, im Dezember 1984: „In Ehrfurcht vor den Opfern, allen Opfern dieses Krieges, wollen wir den 8. Mai im stillen Gedenken begehen und für den Frieden von heute und morgen beten."[19] Die FDP-Abgeordnete Hildegard Hamm-Brücher erhielt Ende 1984, als sie beim Bundestagspräsidenten anfragte, was zum 40. Jahrestag des 8. Mai geplant werde, zur lapidaren Antwort, dieser falle in eine sitzungsfreie Woche.[20] Auch die Planungen des Kanzleramtes sahen zunächst eine große Zurückhaltung in Bezug auf Gedenkveranstaltungen vor, sie richteten sich ursprünglich lediglich auf einen ökumenischen Gottesdienst im Kölner Dom.[21] Die CDU/CSU-Bundestagsfraktion unterstützte diesen Vorschlag, während die SPD Ende 1984 vorschlug, der Bundespräsident solle am 8. Mai 1985 im Rahmen eines Gedenkaktes des Deutschen Bundestages sprechen.[22]

Damit ist die erste der Leitmelodien dieses an unterschiedlichen Motiven reichen Gedenkjahres beschrieben: Seit Jahresbeginn wurde ein Grundsatzstreit darüber geführt, ob dieser Tag überhaupt des Gedenkens oder des „Feierns" wert sei. In diesem ersten Debattenstrang spiegelten sich bereits die kontroversen Lesarten zum 40. Jahrestag, denn auch diejenigen, die das Begehen dieses Tages zum Teil vehement ablehnten, offenbarten gerade durch ihre Abwehr des 8. Mai als Gedenktag dessen neu entdeckte Bedeutung. So erklärte z.B. Alfred Dregger im Januar 1985, „über die Niederlage Hitlers" könne sich „jeder Europäer und jeder Demokrat" freuen; über den Sieg Stalins dagegen nicht. Am „Ende dieses 30jährigen Krieges" habe die größte Katastrophe der europäischen Geschichte gestanden. Und Katastrophen, so Dregger weiter, „kann man nicht feiern." Einen „vordergründigen Triumph" möge allenfalls die Sowjetunion empfinden. Die ihrem Einfluss unterworfenen Länder würden wohl mitfeiern müssen – „von uns, die wir in Freiheit leben, kann das niemand erwarten."[23] Der Generalsekretär der CDU, Heiner Geißler, stimmte dieser Auffassung zu – es bestehe kein

---

19 Zitiert nach: Der Spiegel vom 24.12.84, S. 20.
20 Vgl. Die Zeit vom 8.2.85.
21 Wogegen sich v.a. der Präses der rheinischen Evangelischen Kirche, Gerhard Brandt, mit dem Hinweis wandte, die Kirche sei als kultisches Instrument für staatliche Gedenkfeiern kein geeigneter Ort (vgl. REICHEL 1995, S. 281).
22 Vgl. Die Welt vom 12.1.85.
23 DREGGER 1985, S. 30 bzw. S. 33.

Anlass, den „Sieg des kommunistischen Sozialismus über den Faschismus zu feiern".[24]

Auch in Presse und Publizistik resultierte die Ablehnung von „Feiern" zum 40. Jahrestag zumeist aus einer Perspektive, in der die sowjetische Expansion nach 1945 und die deutsche Teilung als Gegenargumente angeführt wurden. So betitelte beispielsweise der „Spiegel" seine zweite Ausgabe des Jahres 1985 mit dem Bild eines Soldaten vor der Ruine des Reichstages, darüber in altdeutscher Schrift der Text „Der Zusammenbruch – 8. Mai 1945". Deutet schon diese terminologische und bildliche Gestaltung die Lesart eines geschlagenen Deutschland an, wird in der „Hausmitteilung" entsprechend Kritik an der „Veranstaltung unnützer Siegesfeiern" geübt, die als „Gipfel aller Abstrusitäten" bezeichnet werden. In der Titelgeschichte wird die Situation im Berlin des Jahres 1945 geschildert und bebildert. Eine thematische Ausweitung auf die Jahre vor 1945 wird, wie im „Spiegel" bislang üblich, nicht vorgenommen.[25]

In dieser Ausgabe meldete sich auch der Herausgeber des „Spiegels", Rudolf Augstein, zu Wort. Er wendet sich pointiert dagegen, die „Befreiung vom Hitler-Joch mal wieder zu feiern, als ob es nichts dringlicheres gäbe". Stattdessen schlägt er vor: „Laßt doch die Amerikaner mit den Sowjets zusammen feiern." Für Deutschland gelte hingegen: „Die Befreiung vom Nazi-Terror zu feiern, das kann nur einem Tölpel eingefallen sein. Wir haben uns nicht selbst befreit, und ein beträchtlicher Teil Europas ist überhaupt nicht befreit worden." Er sei sich in dieser Frage, wie er schreibt, „ausnahmsweise" einmal mit Alfred Dregger einig: „Laßt sie feiern, weil sie den Krieg gewonnen haben. Wir gucken zu und feiern nicht mit, sowenig wie in der Normandie."[26]

Aus national-identifikatorischer Sicht, aus welcher der 8. Mai für ihn Demütigungs-Konnotationen enthält, schrieb Rudolf Augstein auch seinen später im „Spiegel" erschienenen zentralen Kommentar zum 8. Mai 1985. Darin stellt er fest, nur „der nichtsnutzige Teil unseres Herrscher- und Politikertums" könne Interesse daran haben, „den 8. Mai 1945 zu begehen, den man vor zehn oder zwanzig Jahren nicht begangen" habe. Die „Sowjetrussen" hätten ein echtes politisches Interesse daran, um Keile zwischen ihre „jetzigen Feinde zu treiben". Auch die Israelis hätten, so Augstein mit antisemitischen Implikationen, „von den unbedingt achtenswerten Emotionen abgesehen, ein politisches Interesse. Sie wollen die Erinnerung an die deut-

---

24 Zitiert nach: Der Spiegel vom 11.2.85.
25 Vgl. Der Spiegel vom 7.1.85. Vgl. mit ähnlicher Ausrichtung auch die fünfteilige Serie im Spiegel: Zusammenbruch und Besatzung 1945: „Absturz ins Bodenlose" (Der Spiegel vom 8.4.85 bis 6.5.85).
26 Rudolf Augstein: „Auf die schiefe Ebene zur Republik", in: Der Spiegel vom 7.1.85, S. 22–32, S. 29f. bzw. S. 32.

sche Schuld wachhalten, um materieller und rüstungstechnischer Gründe willen." Diese „beiden Mächte" hätten also „handfeste Interessen", den „letzten runden Jahrestag zu instrumentieren". Fragen müsse man sich allerdings, so Augstein weiter, „warum *wir* feiern sollen. Tun es die anderen, so kränkt uns das doch gar nicht." Was aber gehe „uns die Feierei an?"[27]

Andere politische Kommentatoren schlossen sich dieser Argumentationsweise an. In der „Welt" sprach Wilfried Hertz-Eichenrode von einem bevorstehenden „Glanz-und-Gloria-Fest des imperialen Territorial-Prinzips der Sowjetunion".[28] Ebenfalls in der „Welt" wandte sich Herbert Kremp gegen „Agitationen zum Jahrestag" und dagegen, ihn überhaupt für relevant zu halten. Denn der 40. Jahrestag sei „ein krummes Datum". Am „sozusagen runden dreißigsten Jahrestag, der dem denkwürdigen Ereignis näher lag," sei es dagegen „sehr gemessen zugegangen." Die für ihn empfehlenswerte „Gelassenheit von damals" gegenüber der „Aufgeregtheit von heute" erklärt Kremp damit, dass die Sowjetunion im Jahre 1975 „leise Töne angeschlagen" habe, während sie heute das Thema Revanchismus „volltönend orchestriert." Die Bundesdeutschen hätten „jedenfalls keinen Anlaß, uns den Sinngehalt der deutschen Kapitulation von der jeweiligen sowjetischen Stimmungslage – mal gehoben, mal bedrückt – vorschreiben zu lassen."[29] Auch Wolfgang Pohrt sah keinen Anlass, den 40. Jahrestag „festlich zu begehen". Deutsche, „die sich als solche verstehen", hätten selbst dann keinen Grund dazu, wenn sie den Sieg der Alliierten als notwendig oder nützlich betrachten würden – schließlich, so sein Vergleich, stoße auch ein geheilter Patient nicht auf den Tag an, an dem ihm das Bein amputiert worden sei. Alle Versuche, den 8. Mai 1945 „in ein für Deutschland sinnträchtiges Ereignis umzumünzen" würden an dem vorbei gehen, was dieser Tag „wirklich war, nämlich der Tag der bedingungslosen Kapitulation, einer kompletten lupenreinen Niederlage mit Sieg durch K.o. für die Alliierten".[30]

Harry Pross lehnte das Begehen des 40. Jahrestages aus anderen Gründen ab, indem er das „Zahlendiktat", das einem „kalendarischen Ritual" entspreche, kritisiert. Die „symbolische Gewalt der Zeitrechnung" solle das Denken synchronisieren. Obzwar der 8. Mai sich als ein „fester Punkt" der Erinnerung anzubieten scheine, wisse doch jeder, „der damals gelebt hat", dass der 8. Mai 1945 „ein Alltag war und dahinging, ohne daß seine ‚historische' Bedeutung den Zeitgenossen" sichtbar geworden sei. „Befreiung"

---

27 Rudolf Augstein: Bitte kein Bit!, in: Der Spiegel vom 29.4.85, S. 18 (Hervorhebung im Original).
28 Wilfried Hertz-Eichenrode: Recht oder Macht, in: Die Welt vom 12.1.85.
29 Herbert Kremp: Agitation zum Jahrestag, in: Die Welt vom 23.1.85. Vgl. auch Golo Mann: Gedenktage, die Wunden aufreißen, in: Die Zeit vom 15.2.85.
30 POHRT 1985, S. 76f. Vgl. mit ähnlicher Intention auch: BUSCHE 1985, S. 69 und WASSERMANN 1985, S. 3.

oder „Katastrophe" seien „für die einzelnen in den seltensten Fällen an jenes Datum gebunden" gewesen.[31] Pross wendet den Blick somit allein auf die Erlebnisgenerationen, ohne deren Erfahrungen 40 Jahre später für politisch-kulturell ausdeutbar zu halten.

Der Deutsche Gewerkschaftsbund dagegen vertrat die Auffassung, die „Tatsache, daß Deutschland vom Nationalsozialismus befreit wurde", sei Grund genug, „diesen Tag mit dem Gefühl der Erleichterung zu begehen", wie Ilse Brusis als Mitglied des DGB-Bundesvorstandes erklärte. Ob man das als „Freudenfeier aufziehen" sollte, sei dabei eine andere Frage.[32] Auf der Neujahrspressekonferenz des DGB sagte dessen Vorsitzender Breit, er empfinde die Unsicherheit über die Frage, in welcher Weise der Jahrestag begangen werden solle, als beklemmend. Für die Arbeitnehmer, so Breit in einer merkwürdigen Opferkategorisierung, bedeute dieser Tag die endgültige Befreiung von einem Joch, unter dem sie – nach den Juden – am meisten gelitten hätten. „Deshalb wird der DGB den 8. Mai als einen Tag der Befreiung begehen."[33]

Dass der Begriff der „Feier" in der Regel bewusst despektierlich verwendet wurde, um der Frage eines differenzierteren Gedenkens auszuweichen oder dem 8. Mai positive Bedeutungsinhalte abzusprechen, wurde nur selten direkt thematisiert. Als Ausnahme merkte Alfred Grosser in einem Vortrag am 8. Mai 1985 an der Freien Universität Berlin an, dass „entgegen einem in Deutschland offenbar weitverbreiteten Mißverständnis" eine „Feier nicht notwendigerweise mit Freude verbunden sein" müsse. Feier heiße „in diesem Sinne erinnern und sehen, was geschehen war, damit es nicht mehr geschehen kann." Der 40. Jahrestag müsse deshalb ebenso wie im Jahre 1975 begangen werden, in dem im übrigen Walter Scheel „so ziemlich alles gesagt zu haben" schien, „was zu sagen war."[34]

Im klaren Kontrast zu denjenigen, die ein „Feiern" im Jahr 1985 ablehnten, meldeten sich auch vereinzelte Stimmen zu Wort, die den 8. Mai nicht nur in diesem Jahr, sondern auch künftig in institutionalisierter Form begehen wollten. So schlug etwa Eugen Kogon vor, den 8. Mai künftig zum „Tag der Zivilisation" zu erklären und ihn alljährlich als Gedenktag zu begehen.[35] Alfred Grosser schlug den Deutschen vor, diesem Tag eine euro-

---

31 PROSS 1985, S. 440f.
32 Zitiert nach: Die Welt vom 12.1.85.
33 Zitiert nach: Süddeutsche Zeitung vom 16.1.85.
34 GROSSER 1985, S. 20. Differenzierter zur Frage nach einer „Feier" des 8. Mai äußerten sich auch: Marion Gräfin Dönhoff: Die Last der Kindeskinder. Gedanken zum 8. Mai: Die Vergangenheit haftet an uns, aber wir Deutschen sind anders geworden, in: Die Zeit vom 10.5.85 und Johann Georg Reißmüller: Was tun wir Deutschen am 8. Mai?, in: Frankfurter Allgemeine Zeitung vom 14.1.85.
35 Eugen Kogon: Tag der Niederlage, Tag der Befreiung, in: Die Zeit vom 19.4.85. Den 8. Mai zum nationalen Feiertag zu erklären, schlug DOORMANN 1985, S. 315 vor.

päische Note zu verleihen, indem der 8. Mai, der „Befreiung und nationale Katastrophe zugleich" gewesen sei, als „Wiedergeburt der Freiheit" gemeinsam mit Frankreich gefeiert werden sollte.[36]

Die bereits Ende des Jahres 1984 einsetzende Debatte um die eher schlichte Frage, ob der 8. Mai „gefeiert" werden solle oder nicht, entfaltete eine Eigendynamik, die es im Ergebnis unmöglich machte, den 40. Jahrestag öffentlich-offiziell zu ignorieren oder auch nur repräsentativ klein zu halten. Wie konfliktträchtig und antagonistisch die Debattenlage bereits zu dieser Frage war, verdeutlichte ein polemischer Einwurf von Klaus Naumann aus dem Februar 1985: Für ihn gehöre noch immer „Mut dazu, die schlichte Tatsache unumwunden auszusprechen, daß der 8. Mai 1945 ein Datum der *Befreiung* von Krieg und Faschismus und der Chance eines demokratischen Neubeginns ist." Die Bundesregierung bringe dieses Bekenntnis nicht über die Lippen. Stattdessen versuche sie, öffentliche Veranstaltungen zu vermeiden und den 8. Mai „im stillen Kämmerlein" zu begehen. „Wie sollte man auch einen Tag feiern", so Naumann, „dessen Konsequenzen man revidieren will?" Naumann erkennt in seinem seinerseits nicht sehr differenzierten Beitrag an, dass der 8. Mai Differenzierungsvermögen benötige. Jenseits der notwendigen Abwägungen, so betont er, sei jedoch „die Anstrengung gefordert, die Konsequenzen des 8. Mai für die Bundesrepublik auf den Begriff zu bringen." Dieser Tag sei kein „nächtlicher Begriff", an dem „alle Katzen grau" seien; er verlange vielmehr „Konkretheit und Konsequenz einer heute gültigen Antwort."[37] Unter anderem im Zeichen dieser Forderung nach Konkretheit stand das Gedenkjahr 1985 dann auch in seinem weiteren Verlauf.

Die Inszenierung von Bitburg und ihre nicht-intendierten Folgen

Statt direkt auf den 8. Mai zielten die Planungen von Bundeskanzler Helmut Kohl zunächst in eine andere Richtung. Dem 40. Jahrestag im Jahre 1985 war im Vorjahr ein von vielen als ärgerlich oder gar entwürdigend empfundenes Übergehen der bundesdeutschen Repräsentanten bei den Feiern zum 40. Jahrestag der Landung der Alliierten in der Normandie vorausgegangen. Da in erster Linie eine Geste der „Versöhnung" vermisst worden war, setzte es sich der Bundeskanzler zum Ziel, anlässlich des 8. Mai 1985 eine solche Geste gleichsam nachzuholen. Aus diesem Grund hatte Helmut Kohl im Herbst 1984 gegenüber Präsident Ronald Reagan den Wunsch geäußert, dieser möge im Rahmen seines Besuches im Mai 1985, anlässlich

---

36 Vgl. Alfred Grosser: Mit dem Widerspruch leben, in: Die Zeit vom 1.3.85.
37 NAUMANN 1985a, S. 132f. bzw. S. 135 (Hervorhebung im Original).

des Weltwirtschaftsgipfels in Bonn, ein Versöhnungszeichen zwischen Amerikanern und Deutschen setzen. Als das selten explizit gemachte Vorbild schwebte dem Bundeskanzler der Handschlag zwischen ihm und dem französischen Staatspräsidenten Francois Mitterand vom September 1984 auf dem Gräberfeld von Verdun vor. Als Ort dieser Geste wurde der Soldatenfriedhof in Bitburg vorgesehen.

Der Besuch Reagans in Bitburg wurde zu einem der wichtigsten Konfliktfelder des 40. Jahrestages. Er wurde von Anfang an als eine Versöhnungsgeste rezipiert, in der Kritisches im Verhältnis zur NS-Vergangenheit bewusst ausgeklammert werden sollte. Die Debatte verschärfte sich zusätzlich, als bekannt wurde, dass in Bitburg auch Angehörige der Waffen-SS begraben lagen. Die Bundesregierung drängte dennoch weiter auf den Besuch, am 16. April wurde aber ein Brief des Bundeskanzlers an den amerikanischen Präsidenten veröffentlicht, in dem dieser gebeten wurde, die Bitburg-Geste durch den zusätzlichen Besuch einer NS-Gedenkstätte gewissermaßen abzufedern.[38] Wenig später gaben beide Seiten bekannt, dass Kohl und Reagan am 5. Mai vor ihrem Friedhofsbesuch in Bitburg an einer Feier in der Gedenkstätte Bergen-Belsen teilnehmen würden.[39]

Die öffentliche Diskussion war damit keineswegs beruhigt. Der Bundeskanzler rechtfertigte im April 1985 im amerikanischen Nachrichtenmagazin „Time" noch einmal die geplante Zeremonie: „Wenn wir nicht nach Bitburg gehen" so Helmut Kohl, „werden wir die Gefühle unseres Volkes tief verletzen." Kohl vertrat in diesem Beitrag ferner die Auffassung, der 8. Mai solle als Gedenktag begangen werden, um deutlich zu machen, dass „wir aus unserer Geschichte gelernt haben".[40] Auch der niedersächsische Ministerpräsident Ernst Albrecht forderte am 29. April 1985 in der „Bild"-Zeitung, Reagan solle trotz aller Diskussionen nach Bitburg kommen. Es werde „nie Friede unter den Völkern geben, wenn wir selbst nach 40 Jahren unfähig sind, einander zu vergeben."[41] Was die deutsche Seite in Bitburg gegenüber den USA „zu vergeben" hätte, erläuterte der Ministerpräsident nicht. Alois Mertes, Staatsminister im Auswärtigen Amt, versuchte am 2. Mai, eine argumentative Brücke zwischen Moskau und Bitburg zu schlagen: Er fürchte, dass „der Streit um Bitburg ipso facto die psychologischen Einflußchancen Moskaus bei der jungen Generation in Deutschland erhöht hat."[42]

---

38 Vgl. z.B. WOLFRUM 1999, S. 339 und ALTENHÖNER 1996, S. 88.
39 Ein weiterer Teil des Besuchsprogramms des amerikanischen Präsidenten war eine Begegnung mit deutschen Jugendlichen am 6. Mai 1985 auf Schloss Hambach (vgl. REAGAN 1985).
40 Zitiert nach: Frankfurter Allgemeine Zeitung vom 29.4.85.
41 Zitiert nach: Blätter für deutsche und internationale Politik, Heft 5/1985, S. 519.
42 MERTES 1986, S. 224.

Große Aufmerksamkeit erlangte ein offener Brief, den Alfred Dregger, der CDU/CSU-Fraktionsvorsitzende im Deutschen Bundestag, an 53 amerikanische Senatoren, die Reagan vom Besuch des Soldatenfriedhofs in Bitburg abhalten wollten, geschrieben hatte. Er habe, so schrieb Dregger, am 8. Mai 1945 mit seinem Bataillon „die Stadt Marklissa in Schlesien gegen Angriffe der Roten Armee verteidigt." Wenn Ronald Reagan nun aufgefordert werde, „die von ihm geplante noble Geste auf dem Soldatenfriedhof in Bitburg zu unterlassen, muß ich das als Beleidigung meines Bruders und meiner gefallenen Kameraden empfinden." Anschließend richtet Dregger drei Fragen an die amerikanischen Senatoren:

> „Ich möchte Sie fragen, ob man den toten Soldaten, deren Leiber verwest sind, die letzte Ehre verweigern darf? Ich frage Sie, ob eine solche Haltung unseren gemeinsamen Idealen von Anstand, Menschenwürde und Achtung vor den Toten entspricht? Ich frage Sie, ob Sie im deutschen Volk, das zwölf Jahre lang einer braunen Diktatur unterworfen war und das seit vierzig Jahren an der Seite des Westens steht, einen Verbündeten sehen?"[43]

In diesem fordernden und drohenden Gestus formulierte auch Fritz Ullrich Fack in der „Frankfurter Allgemeinen Zeitung", „jene Amerikaner, die sich heute die Hirne vernebeln" ließen, die „vier Jahrzehnte einer gewachsenen Freundschaft bedenkenlos aufs Spiel" setzten und „dem Freund das gemeinsame Gedächtnis an Millionen unschuldig Hingeopferter verweigern" würden: „sie werden es noch bereuen."[44] Die Implikationen, die sich hinter solchen Aussagen verbargen, griff zeitgenössisch z.B. Klaus Naumann scharf an. Die eigentliche Intention der „Farce von Bitburg" sei nicht „Versöhnung", sondern: „Wollt ihr eine gemeinsame Zukunft mit uns (und wir wissen, daß wir für euch unverzichtbar sind), dann macht einen Schlußstrich unter unsere NS-Vergangenheit."[45]

Die Zeremonie in Bitburg fand schließlich am 5. Mai 1985 statt. Die Kranzniederlegung und der Händedruck zweier Weltkriegsoffiziere geriet, wie die „Süddeutsche Zeitung" kommentierte, zu „einem Weltrekord von 4 Minuten im Besuchen von Soldatenfriedhöfen".[46] Entgegen der hohen zeitgenössischen Zustimmung in der Bevölkerung der Bundesrepublik[47] wird die Zeremonie von Bitburg retrospektiv in der Regel als ein bedenkli-

---

43 Zitiert nach: Blätter für deutsche und internationale Politik, Heft 5/1985, S. 519.
44 Fritz Ullrich Fack: Ein Scherbenhaufen, in: Frankfurter Allgemeine Zeitung vom 29.4.85, zitiert nach: Blätter für deutsche und internationale Politik, Heft 5/1985, S. 519.
45 NAUMANN 1985b, S. 517 bzw. S. 522.
46 Süddeutsche Zeitung vom 6.5.85, zitiert nach: ALTENHÖNER 1996, S. 88.
47 Vgl. ALLENSBACH 1993, S. 976f.

ches und im übrigen gescheitertes Symbol betrachtet.[48] Zweifellos stellte die Inszenierung der „Versöhnung" über den Soldatengräbern von Bitburg den Versuch dar, den Zweiten Weltkrieg zu einem „europäischen Normalkrieg" umzustilisieren.[49] Damit stand sie in der Tradition der Hauptlesarten des 8. Mai 1945, in denen die Opfer des Nationalsozialismus sowie Fragen nach Schuld und Verantwortung weitgehend unthematisiert blieben. „Bitburg" ging aber noch einen Schritt weiter: Jeffrey Herf hält zutreffend fest, dieses Symbol habe „eine Rückprojektion moralischer Gleichheit in die Vergangenheit" enthalten.[50] Wenn selbst Angehörige der Waffen-SS offenbar unschuldige Opfer gewesen waren, welchen relevanten Unterschied kann es dann noch zwischen Tätern und Opfern des Nationalsozialismus geben?

Zugleich zeigte sich, dass die „Schwelle zur Skandalisierung" geschichtspolitischer Symbolik über die Jahrzehnte deutlich gesenkt worden war – „Bitburg" hätte in den 1950er und 1960er Jahren kaum zu einem größeren öffentlichen Konflikt geführt.[51] Andererseits, um diese wenig empirische Überlegung fortzuführen, hätte es in den frühen Jahren der Bundesrepublik auch gar keinen Anlass für eine solche Inszenierung gegeben. Denn was in Bitburg zum Ausdruck gebracht werden sollte, war zu dieser Zeit Konsens. Insofern war „Bitburg" auch ein Indikator dafür, dass sich das Selbstverständnis der Bundesrepublik gewandelt hatte: Nun musste ein Geschichtsbild inszeniert werden, das zuvor gar nicht hinterfragt worden wäre. Der Bitburger Versuch, die prekäre Grenze zwischen Kriegsopfern und Opfern der deutschen Vernichtungspolitik im Zeichen der „Versöhnung" zu verwischen – eine Grenze, die in den Auseinandersetzungen um den 8. Mai lange Jahrzehnte ignoriert worden war –, hatte in den 1980er Jahren, als die Opfer des Nationalsozialismus endlich anerkannt wurden, nur noch knappe Ressourcen an historischer Legitimität und politischer Akzeptanz.

Im Ergebnis stellte sich die geschichtspolitische Inszenierung von Bitburg bereits im Jahr 1985 als kontraproduktiv heraus. Sie löste einen nichtintendierten Thematisierungsschub der NS-Vergangenheit aus.[52] So wurde z.B. mit der Rolle der Waffen-SS kurzfristig ein Thema evoziert, das anlässlich des 8. Mai-Gedenkens nie eine Rolle gespielt hatte. Eine Auseinandersetzung mit der Rolle der Wehrmacht fand dagegen selbst im Kontext der

---

48 Als prononcierte Kritik vgl. z.B. DINER 1987b, S. 196; DINER 1987a, S. 63; WOLFRUM 2000, S. 240; WOLFRUM 1999, S. 339; HERF 1998, S. 416; SCHIRMER 1988, S. 195 und S. 202.
49 So zutreffend WINKLER 1991, S. 256 und WINKLER 2002b, S. 441.
50 HERF 1998, S. 416.
51 So auch BERGMANN 1995, S. 87.
52 Auch Jan-Holger Kirsch stellt zutreffend fest, die Ergebnisse der „Bitburg-Affäre" hätten gezeigt, dass geschichtspolitische Inszenierungen nicht-indentierte Folgen auslösen können, „die den kollektiven Lernprozeß in eine ganz andere Richtung lenken." (KIRSCH 1999, S. 86.)

Bitburg-Debatte nicht statt. Deren Ausklammerung gilt im übrigen auch für die Rede von Richard von Weizsäcker, was in der Regel nicht bemerkt oder gar kritisiert wurde.[53] Dennoch gehörte gerade die zeitgenössische Rezeption der 8. Mai-Rede von Richard von Weizsäcker zu den nicht-intendierten Folgen der Bitburg-Zeremonie: Je mehr der Streit um Bitburg an Schärfe zunahm, desto mehr gewann die bis dahin noch wenig profilierte Gedenkfeier im Bundestag an Bedeutung. Vor dem Hintergrund Bitburgs wurde die Rede des Bundespräsidenten gleichsam als erinnerungspolitischer Kontrapunkt betrachtet.[54]

Lektionen der Geschichte

Die Zeremonie von Bitburg lässt sich – jedenfalls in der öffentlichen Wahrnehmung – als der zentrale Beitrag des Bundeskanzlers zum 40. Jahrestag des 8. Mai bezeichnen. Helmut Kohls unterschiedliche Reden im Jahr 1985 bleiben dabei zumeist unberücksichtigt. Die erinnerungspolitischen Symbole und Reden Helmut Kohls während seiner Kanzlerschaft von 1982 bis 1998 werden insgesamt häufig kritisch rezipiert. So habe etwa, einer der Hauptkritikpunkte, hinter Kohls Worten von der „Gnade der späten Geburt" der Versuch gestanden, „die Last der NS-Vergangenheit von sich abzuladen".[55] Die Formulierung „Gnade der späten Geburt" hatte der Bundeskanzler am 25. Januar 1984 in einer Ansprache in der israelischen Knesset verwendet. Dort wies er darauf hin, die Mehrheit der heute lebenden Deutschen habe die Verbrechen des Nationalsozialismus nicht erlebt. Daraus folge aber „keine Abkehr von der Verantwortung." Auch die junge deutsche Generation sei bereit, Verantwortung zu übernehmen, aber sie weigere sich, „sich selbst kollektiv für die Taten der Väter schuldig zu bekennen." Als jemand, „der in der Nazizeit nicht in Schuld geraten konnte, weil er die Gnade der späten Geburt und das Glück eines besonderen Elternhauses gehabt" habe, füge er hinzu: In Deutschland hätten auch „die vielen, die einmal anders gedacht hatten", inzwischen „innere Einkehr gehalten."[56]

Vergleicht man diese Formulierungen z.B. mit denen von Bundeskanzler Schmidt im November 1977 in Auschwitz, nach denen die „heutigen Deutschen" generell „als Personen nicht schuldig" seien, relativieren sich die Skandalisierungsmöglichkeiten. Schmidts Worte hatten jedenfalls keine

---

53 Vgl. NAUMANN 1998, S. 142f.
54 Nach eigener Aussage Richard von Weizsäckers habe jedoch kein Zusammenhang zwischen Bitburg und „der Tonart" seiner Rede bestanden. Er habe an ihr schon lange bevor über den Bitburg-Besuch überhaupt diskutiert worden sei, gearbeitet (vgl. WEIZSÄCKER 2001, S. 61).
55 WOLFRUM 1999, S. 338.
56 Zitiert nach: GRIX/KNÖLL 1987, S. 81.

Empörung hervorgerufen. Dennoch ist der Verweis auf die „Gnade der späten Geburt" ein typisches Argumentationsmuster zur Beurteilung erinnerungspolitischer Grundtendenzen bei Helmut Kohl. Er habe in dieser Formel die „politische Folgenlosigkeit der nationalsozialistischen Erfahrung" zum Ausdruck bringen wollen, so urteilte exemplarisch Hans Mommsen.[57] Helmut Kohl versuchte zu verschiedenen Gelegenheiten, die Kritik an dieser Formulierung zu entkräften. So erläuterte er z.b. im Jahr 1995 unmissverständlich, „Gnade" bedeute „nicht das Recht, sich der gemeinsamen Haftung für das im deutschen Namen begangene Unrecht zu entziehen." Vielmehr bedeute sie, dass es nicht „das moralische Verdienst meiner Generation" sei, der „Verstrickung in Schuld entgangen zu sein. Der Zufall des Geburtsdatums hat uns davor bewahrt, zwischen Anpassung oder Mitmachen einerseits und Märtyrertum andererseits wählen zu müssen."[58]

Helmut Kohl rekurrierte in seinen sechzehn Regierungsjahren in sehr viel stärkerem Maße als alle anderen Bundeskanzler auf die deutsche Vergangenheit. Seine erste wichtige vergangenheitsbezogene Rede in diesem Amt hielt Kohl im Jahre 1983 anlässlich des 50. Jahrestages der nationalsozialistischen Machtergreifung. Darin bekannte er sich einerseits zur „Verantwortung für die Vergangenheit" und zu „Trauer und Erinnerung", um zugleich darauf hinzuweisen, die deutsche Geschichte, „der der Diktator eine so verhängnisvolle Wendung gab", müsse gegen Hitler „gerettet" werden. Gegen Ende seiner Rede bewertet Kohl das Jahr 1945 en passant als eine „nationale Katastrophe": Dass „unser Land, das 1945 geistig und materiell in Trümmern lag", Hoffnung gefasst und eine Zukunft gefunden habe, sei „in der nationalen Katastrophe die historische Leistung der Gründergeneration" der Bundesrepublik gewesen.[59]

Fünf Jahre später, am 9. November 1988, erklärte der Bundeskanzler auf der zentralen Gedenkveranstaltung zum 50. Jahrestag der Reichspogromnacht die Perspektive der Opfer zu einem entscheidenden Maßstab des Gedenkens: Nur wenn die Deutschen sich die „Fähigkeit zum Mit-Leiden, zur Identifikation mit den Opfern bewahren", könne es ihnen „dauerhaft gelingen, eine gerechte Gesellschaft zu gestalten."[60] Nicht nur in dieser Rede aus dem Jahr 1988 entfaltete der Kanzler deutlicher als seine Amtsvorgänger ein Gespür für die Opfer des Nationalsozialismus. Auch zum 50. Jahrestag des Kriegsbeginns bezog Kohl am 1. September 1989 im Deutschen

---

57 MOMMSEN 1986, S. 869. Für Ralph Giordano ist diese Formulierung von ihrer „innersten Natur her falsch und unaufrichtig", sie lege „verräterisch die unumkehrbare Fehlentwicklung eines weitverbreiteten Lebensgefühls der betreffenden Generationen bloß." (GIORDANO 1987, S. 357.)
58 Helmut Kohl in: APPEL 1995, S. 195.
59 KOHL 1983a, S. 113f.
60 KOHL 1988, S. 57.

Bundestag das Gedenken vor allem auf die Opfer. Die Erinnerung, so Kohl,

> „schulden wir den unschuldigen Opfern, allen voran jenen der Shoah, des beispiellosen Völkermords an den europäischen Juden; den Polen, denen Hitler den totalen Versklavungs- und Ausrottungskrieg erklärt hatte; den Sinti und Roma; den vielen anderen Opfern der nationalsozialistischen Gewaltherrschaft. Wir trauern um die Opfer von Entrechtung und Unterdrückung, die Hitlers Diktatur zunächst über Deutschland und dann über die Welt gebracht hat; um die unschuldigen Opfer an den Fronten des Kriegs und der Heimat; um die Opfer der Vertreibungen."[61]

Im September 1989 erinnerte der Bundeskanzler somit umfassend an die Opfer des Krieges, ohne den spezifischen Vernichtungscharakter des (allerdings mit Hitler gleich gesetzten) Nationalsozialismus zu ignorieren. Die jahrzehntelang auf staatsrepräsentativer Ebene vorherrschende alleinige Fokussierung auf den Krieg findet sich in dieser Rede des Bundeskanzlers nicht. Neben dieser differenzierenden Eindeutigkeit offeriert er zugleich ein bekanntes Entlastungsangebot, indem er mit starker Personalisierung Hitler und das deutsche Volk als Antagonisten präsentiert.

Nach diesem kurzen Ausblick kehren wir zurück in das Gedenkjahr 1985. Eine Rede aus unmittelbarem Anlass des 40. Jahrestages des 8. Mai hat Helmut Kohl nicht gehalten. Zu verschiedenen anderen Gelegenheiten nahm er jedoch zu diesem Datum – in unterschiedlicher Weise – Stellung. Am 6. Februar 1985 sprach der Bundeskanzler in einer Aktuellen Stunde des Deutschen Bundestages über die „Politik der Aussöhnung und Verständigung mit Polen". In dieser Rede spiegelt sich bereits der bevorstehende 40. Jahrestag des 8. Mai. So zitiert Kohl mit ausdrücklicher Zustimmung den im Juli 1945 zum Ersten Vorsitzenden des Reichsverbandes der Christlichen Union Deutschlands gewählten Andreas Hermes. Im „Angesicht des Galgens" habe Hermes im Februar 1945 geschrieben:

> „Nachdem wir uns aus eigener Kraft aus der teuflischen Verstrickung nicht haben befreien können, müssen wir die Befreiung aus der Hand unserer Kriegsgegner entgegennehmen. Aber wir tun es mit großer Bitterkeit und zwiespältigen Gefühlen in der Seele, da diese Befreiung nur durch den Preis einer beispiellosen Niederlage unseres Landes erkauft werden kann und nicht einmal wahre Befreiung ist. Gewiß, wir werden frei von der brutalen, niederträchtigen Knechtschaft durch satanische Verbrecher aus dem eigenen Volk, aber wir tauschen doch ein bitteres Joch der Abhängigkeit und Unterordnung auch unter fremde Völker."

---

61 KOHL 1989.

Mit dieser zustimmenden Zitation spricht der Kanzler indirekt von Befreiung, der er zugleich ihren „wahren" Befreiungscharakter abspricht. Kohl kommentiert diese Zeilen mit dem Hinweis, in diesen Worten spiegele sich „die ganze Not deutscher Geschichte, der Generation von damals und der Generation von heute wider."[62] Inwiefern sich die Not der heutigen Generation, also im Jahre 1985, in den Worten von Andreas Hermes immer noch widerspiegelt, erläutert der Kanzler nicht. Einen Prozess der veränderten Bewertung des 8. Mai 1945 erkennt er damit jedenfalls nicht an.

Kohls Rede zum 40. Jahrestag der Befreiung des Konzentrationslagers Bergen-Belsen, die er dort am 21. April 1985 gehalten hat, lässt sich – abgesehen von der Bitburg-Zeremonie – als sein zentraler Beitrag für das Gedenkjahr 1985 bezeichnen.[63] Anders als noch im Februar benennt er hier unmissverständlich die Verbrechen des Nationalsozialismus und erinnert zunächst an die Opfer, die in Bergen-Belsen „gequält, gedemütigt und in den Tod getrieben wurden." „Versöhnung" sei nur möglich, „wenn wir unsere Geschichte annehmen, so wie sie wirklich war, wenn wir uns als Deutsche bekennen: zu unserer Scham, zu unserer Verantwortung vor der Geschichte." Der Kanzler spricht in seiner wichtigsten Rede des Jahres 1985 mehrfach von Scham, nicht von Schuld. Diese Kategorie verwendet er auch nicht bei der Entwicklung seines Verantwortungskonzeptes: Für die „Untaten der NS-Gewaltherrschaft" trage „Deutschland die Verantwortung vor der Geschichte. Diese Verantwortung äußert sich auch in nie verjährender Scham."

Anschließend bewertet Kohl den 8. Mai als einen Tag der Befreiung: „Der Zusammenbruch der NS-Diktatur am 8. Mai 1945 wurde für die Deutschen ein Tag der Befreiung. Nicht allen aber verhieß er, wie es sich rasch erwies, neue Freiheit." Dass der „freie Teil Deutschlands" nach Auschwitz und Treblinka wieder als „Partner in die freie Welt" aufgenommen worden sei, sei nicht zuletzt in der Erwartung geschehen, dass „wir das, was im deutschen Namen den Völkern angetan wurde, nicht verleugnen würden". Zu „dieser historischen Haftung bekennen wir uns auch heute, 40 Jahre danach." Was Kohl genau unter „Haftung" versteht, bleibt nicht nur in dieser Rede unklar. Die „im deutschen Namen" begangenen Verbrechen nicht zu „verleugnen", ist als inhaltliche Ausgestaltung der „Haftung" sehr unkonkret. Kohls Fazit in Bergen-Belsen ist eine insbesondere für ihn typische Formulierung, die auch in sehr vielen anderen Gedenkreden der Bundesrepublik verwendet wurde und wird. Mit anderen Konnotationen prägte sie im übrigen auch die Reden in der DDR – gleichsam eine deutsch-deutsche

---

62 KOHL 1985a, S. 48.
63 Vgl. zum folgenden: KOHL 1985b.

Gemeinsamkeit mit unterschiedlichen Vorzeichen: „Wir haben die Lektion der Geschichte, die Lektion der Erfahrung dieses Jahrhunderts gelernt."[64]

In der Bergen-Belsen-Rede wird die eigentliche Konstante in Kohls Vergangenheitsbezügen exemplarisch deutlich: Wie kein Bundeskanzler vor ihm erinnerte Kohl an die deutsche Vergangenheit der Jahre 1933 bis 1945; sein Blick richtete sich dabei nicht nur auf den Krieg, sondern auch auf den Nationalsozialismus und seine Verbrechen. Aber der Anerkennung der verbrecherischen deutschen Vergangenheit und ihrer Opfer entsprachen kaum selbstkritische Konsequenzen für die Gegenwart. „Haftung" und „Verantwortung" wurden zwar thematisiert, sie blieben aber in der Regel ohne Konkretisierung. Helmut Kohl erkannte die NS-Vergangenheit sehr viel deutlicher als seine Amtsvorgänger als relevant, als „Lektion" an; er behandelte sie aber als ein abgeschlossenes Kapitel. Diese Konstante in Kohls Reden spiegelt die Veränderungen des politisch-historischen Horizontes der Bundesrepublik wider: An der Notwendigkeit der Thematisierung der Vergangenheit gab es kaum noch Zweifel, ob und welche Konsequenzen für das politische Selbstverständnis daraus zu ziehen waren, blieb dagegen umstritten oder einfach nur offen. Insofern trifft die Beurteilung von der „politischen Folgenlosigkeit der nationalsozialistischen Erfahrung", die Hans Mommsen am falschen Beispiel der Formulierung von der „Gnade der späten Geburt" getroffen hatte, tatsächlich den Kern der vergangenheitsbezogenen Reden Helmut Kohls. In diese Konstante ordnet sich auch die Bitburg-Inszenierung ein: Der Wunsch nach „Versöhnung" ohne vorherige Konkretisierung und Differenzierung der Schuldfrage.

Nach dem 8. Mai 1985 bezog sich Kohl in einigen seiner Reden resümierend auf den 40. Jahrestag.[65] Am 25. Juni 1985 betonte der Kanzler, niemand habe „das Recht, die Zeit von 1933 bis 1945 zu verdrängen", aber man könne „die deutsche Geschichte auch nicht auf diesen Zeitraum reduzieren." Der Besuch in Bergen-Belsen, „im Gedenken an die Opfer des NS-Terrors", in Bitburg, eine „Geste der Trauer und der Versöhnung", sowie das Treffen auf dem Hambacher Schloss hätten „keinen Raum für irgendwelche Mißdeutungen" gelassen.[66] Im September 1985 resümierte Kohl, die Deutschen seien in diesem Jahr „in einer besonderen Weise" mit ihrer Geschichte konfrontiert worden. Sein „Versöhnungszeichen" mit dem französischen Präsidenten „über den Gräbern von Verdun" habe „vor aller Welt in Erinnerung gerufen, daß es Völkern möglich ist, vermeintliche Erbfeind-

---

64 Der Topos „Wir haben aus der Geschichte gelernt" findet sich in sehr vielen vergangenheitsbezogenen Reden von Helmut Kohl. Vgl. z.B. KOHL 1983b, S. 175 und S. 180; KOHL 1987, S. 48; KOHL 1990, S. 220.
65 Vgl. neben dem folgenden auch: KOHL 1985c, S. 311; KOHL 1985f, S. 105.
66 KOHL 1985d, S. 25.

schaft zu überwinden und eine dauerhafte Freundschaft zu schließen."[67] Auffällig ist, dass der Kanzler bei seinem Rückblick auf das Gedenkjahr 1985 diesen Gedanken nicht etwa am Beispiel der umstrittenen Bitburg-Zeremonie entwickelt, sondern sich auf die Verdun-Symbolik des Vorjahres beruft – somit auf ein Symbol, das an den Ersten Weltkrieg erinnerte, nicht an den Nationalsozialismus oder den Zweiten Weltkrieg.

Der sperrige Gedenktag

Im März 1985 fragte das Institut für Demoskopie Allensbach danach, wie wichtig der westdeutschen Bevölkerung unterschiedliche historische Daten sind. Einzuordnen waren sie jeweils auf einer Skala von 0 (unwichtig) bis 10 (besonders wichtig, immer noch stark berührend). Gefragt wurde unter anderem nach dem 1. Mai (der im Durchschnitt bei 4,9 eingeordnet wurde), dem 20. Juli (6,0) und dem 17. Juni (5,2). Dem 8. Mai 1945 wurde nach dieser Umfrage mit 7,3 Punkten die größte Bedeutung unter allen erfragten Ereignissen zugemessen. Bei den Befragten über 60 Jahren lag der Wert bei 8,7, bei den Befragten unter 30 Jahren bei 5,9.[68] Außerdem fragte Allensbach nach der biographischen Rezeption dieses Datums. Auf die Frage, ob ihre Empfindungen am 8. Mai 1945 sich eher als Gefühl der Niederlage oder mehr als Gefühl der Befreiung beschreiben ließen, antworteten von den vor 1933 Geborenen 26% (ein Drittel der Männer und ein Fünftel der Frauen), primär ein Gefühl der Niederlage empfunden zu haben. Die Mehrheit (58% insgesamt, 47% der Männer, 65% der Frauen) gab an, den Tag als Befreiung erlebt zu haben. Eine andere Frage lautete: *"Welche Rolle hat in Ihrem Leben das Jahr 1945 gespielt? Hatten Sie das Gefühl, daß vieles, woran Sie geglaubt haben, was für Ihr Leben gegolten hat, plötzlich zusammengebrochen war, oder hat sich durch das Jahr 1945 für Sie nicht viel geändert?"* Darauf antworteten ein Drittel der vor 1933 Geborenen: „Nicht viel geändert" und 50%: „Ich hatte das Gefühl, daß plötzlich alles zusammenbricht."[69] Das Jahr 1945 wurde von einem Großteil dieser Jahrgänge biographisch also als „Jahr des Zusammenbruchs" erlebt, das Datum 8. Mai 1945 selbst aber, mit deutlichen Geschlechterunterschieden, überwiegend als „Tag der Befreiung" empfunden.[70] Dieses Ergebnis lässt sich mit Einschränkungen als Indikator dafür lesen,

---

67 KOHL 1985e, S. 42 bzw. S. 45.
68 Vgl. ALLENSBACH 1993, S. 373f.
69 Vgl. Elisabeth Noelle-Neumann: Ein Volk, gebeutelt und gezeichnet, in: Die Zeit vom 10.5.85 und HENTSCHEL 1985.
70 Vgl. zu dieser Umfrage auch einen Kommentar in der Frankfurter Rundschau vom 8.5.85. Nach einer anderen Umfrage glaubten im März 1985 73% der Bevölkerung über sechzehn Jahren, dass am 8. Mai 1945 in Deutschland ein Gefühl der Erleichterung über das Kriegsende vorgeherrscht habe. 7% meinten, es sei ein Gefühl der Niederlage gewesen (vgl. ebd.).

dass zwischen dem eigenen Erleben des Jahres 1945 und der Einschätzung der politisch-systemischen Bedeutung des 8. Mai retrospektiv ein Differenzierungsprozess stattgefunden hatte. Allerdings müsste die Selbsteinschätzung, den 8. Mai 1945 bereits zeitgenössisch als Befreiung empfunden zu haben, einer genaueren Analyse, die Allensbach nicht vorgenommen hat, unterzogen werden.

Hartmut Hentschel, wissenschaftlicher Mitarbeiter in Allensbach, berief sich in einem Meinungsartikel auf die Ergebnisse dieser Umfrage, um seine eigenen politischen Konsequenzen zu ziehen: Da der 8. Mai inzwischen als Tag der Befreiung nachempfunden werde, erwiesen sich die Deutschen mit ihren „zur Schau gestellten Selbstzweifeln einen schlechten Dienst." Das „Bohren in vernarbten Wunden" mache niemanden gesund. Die Demokratie in der Bundesrepublik sei so breit verankert, dass ihr Fortbestand nicht davon abhängig sei, „ob auch der letzte den 8. Mai als antifaschistischen Feiertag" begehe. Dieser Tag sei „nicht mehr unbewältigt" und biete deshalb keinen Anlass, „an ihm nationale Identität zu messen."[71] Dass Hentschel mit diesem letzten Urteil falsch lag, wurde im Verlauf des Gedenkjahres 1985 deutlich. Vor den offiziellen politischen Reden und Erklärungen zum 40. Jahrestag sollen zunächst die zahlreichen Beiträge in Publizistik und Presse, von gesellschaftlichen Organisationen, an Universitäten und von Personen des öffentlichen Lebens skizziert werden, in die das offizielle Gedenken eingebettet war.

So stand das Gedenken im Jahr 1985 z.B. im Zeichen kirchlicher Veranstaltungen. In fast allen Städten fanden gemeinsame Gottesdienste beider christlicher Kirchen statt. Das nahm, wie Peter Reichel zutreffend feststellt, „dem Tag gewiß viel von seinem politisch-kontroversen Charakter".[72] Der Berliner Altbischof Kurt Scharf lieferte ein anschauliches Beispiel für eine unpolitische 8. Mai-Lesart: Der Tag vor 40 Jahren sei der „Inbegriff und Gipfel göttlichen Gerichtes an unserm Volk". Zugleich sei er „ein Angebot der Gnade Gottes an die grauenvoll schuldig gewordenen Deutschen" gewesen, „denen in ihrem – nur allzu verdienten – Elend, in ihrer Schwachheit und Armut und Schmach nichts geblieben war als allein das Wort Gottes, als allein die Zuflucht zu ihm."[73] Mit deutlicher politischer Motivation betonte dagegen der Vorsitzende der Deutschen Bischofskonferenz und Erzbischof von Köln, Kardinal Höffner, in einem am 14. April 1985 ausgestrahlten Radiobeitrag des RIAS Berlin, das Ergebnis des 8. Mai bestehe

---

71 HENTSCHEL 1985, S. 24.
72 REICHEL 1995, S. 290.
73 SCHARF 1985, S. 327.

darin, dass der Bolschewismus bis nach Warschau, Prag, Budapest und Berlin hätte vordringen können und Deutschland gespalten worden sei.[74]

In einer Feierstunde der jüdischen Gemeinde in Berlin deutete Heinz Galinski diesen Tag, wie bereits zehn Jahre zuvor, aus deutsch-jüdischer Perspektive aus – auch dies ist ein Teil der bundesdeutschen 8. Mai-Lesarten. Galinski bezeichnet den „Tag der Befreiung" als den „Tag unserer Wiedergeburt" und wiederholt im Folgenden fast wortgleich Passagen aus seiner bereits betrachteten Rede aus dem Jahr 1975. Erneut betont er, der 8. Mai 1945 habe für die jüdische Gemeinschaft „eine Bedeutung, die sich von der unterscheidet, die dieser Tag für andere Völker besitzt." Auch an seinen Zweifeln, ob die „Lehren des 8. Mai 1945 die Spanne einer Generation überdauert haben", hatte sich in den letzten zehn Jahren nichts geändert. Wiederum verweist Galinski darauf, dass selbst Menschen, die erklärten, auf dem Boden des Grundgesetzes zu stehen, vom 8. Mai als „Tag des Zusammenbruchs" sprächen und sich damit der Erkenntnis verschließen würden, dass „eine solche Charakterisierung in Wahrheit auf den 30. Januar 1933 anzuwenden" sei. Insgesamt, so Galinski, sei im Gedenkjahr 1985 in „geradezu peinlicher Weise vor den Augen und Ohren der Öffentlichkeit über die Gestaltung des 8. Mai debattiert" worden.[75]

Neben den Religionsgemeinschaften äußerten sich 1985 auch viele gesellschaftspolitische Gruppierungen. So wurde im Januar ein Aufruf einer „Initiative 40. Jahrestag der Befreiung und des Friedens" veröffentlicht, den, wie die Initiatoren festhielten, „über 1000 Persönlichkeiten aus Politik und Wissenschaft, antifaschistischen Widerstandsorganisationen, Gewerkschaften und Initiativen" unterzeichnet hätten. In dem Aufruf heißt es unter anderem, der 8. Mai werde „seit langem und heute mehr denn je" unterschiedlich bewertet: „Für die einen ist dies der Tag der Niederlage, des Zusammenbruchs, des ‚verlorengegangenen' Krieges." Dies sei die Denktradition „der Industriellen, der Generäle und der Rechtskonservativen, die die Nazis 1933 an die Macht brachten, die den faschistischen Raubkrieg wollten und an ihm" verdient hätten. Für die anderen – so die antagonistische Einteilung des Aufrufes – sei der 8. Mai „der Tag der Befreiung auch unseres Volkes vom Faschismus und Krieg." Der Aufruf schließt mit den emphatischen Worten: „Machen wir den 8. Mai zu einem nationalen Feiertag der Befreiung und des Friedens!"[76] Außerdem enthält er die Aufforderung, am 4. Mai 1985 in Hamburg, Frankfurt und Köln zu demonstrieren. Neben

---

74 Zitiert nach: Tagesspiegel vom 16.4.85.
75 Heinz Galinski: 8. Mai 1945 – Tag unserer Wiedergeburt. Rede auf der Kundgebung der jüdischen Gemeinde in Berlin, in: die tageszeitung vom 9.5.85.
76 INITIATIVE 1985, S. 119f.

diesen Kundgebungen fand in der Bundesrepublik des Jahres 1985 insgesamt eine sehr große Anzahl von Veranstaltungen und Demonstrationen statt.[77]

Auch im Fernsehen nahm der 8. Mai 1945 eine bis dahin nicht gekannte Bedeutung ein. Nicht nur durch die Übertragung der zentralen Gedenkfeiern, sondern erstmals auch durch ein breit gefächertes Programm, quer durch alle Sparten. Allein zwischen dem 5. und 11. Mai 1985 nahm der 40. Jahrestag in ARD und ZDF zusammen 1815 Sendeminuten ein, ein quantitatives Ausmaß, dass weder zuvor (anlässlich des 30. Januars 1983 oder des 20. Juli 1984) noch danach (zum 9. November 1988 oder 1. September 1989) auch nur annähernd erreicht wurde.[78] Außerdem unterschied sich der 40. Jahrestag des 8. Mai von denen in den Jahrzehnten zuvor durch die große Zahl von Vorlesungsreihen an Universitäten und durch die Fülle von lokalen Gedenkveranstaltungen.[79]

Vor allem aber beschäftigten sich Presse und Publizistik in einem bis dahin unbekannten Ausmaß mit dem Jahr 1945. Die meisten Tages- und Wochenzeitungen druckten umfangreiche Sonderbeilagen zum 40. Jahrestag, in einigen wurden lange Artikelserien veröffentlicht. So startete die Wochenzeitung „Die Zeit" zu Beginn des Jahres 1985 eine elfteilige Serie unter einem Titel, der anschließend in vielen Beiträgen und Reden aufgenommen wurde: „8. Mai 1985. Der sperrige Gedenktag".[80] In dem Eröffnungsbeitrag zu dieser Serie – unter dem gleichen Titel – prognostizierte Gunter Hofmann im Januar 1985, der 8. Mai werde sich zu einem „Lehrstück in Deutsch-Kunde" entwickeln. Leicht sei es den Deutschen nie gefallen, „angemessen und ehrlich an den Tag zu erinnern", an dem „Deutschland besiegt und befreit" worden sei. „Oft, immer öfter, gerann die Erinnerung zum bloßen Ritual. Nun die Zäsur." Die Zäsur sei bereits jetzt, zu Beginn des Jahres, daran zu erkennen, dass der 8. Mai die Politik „in neue Verlegenheit,

---

77 Eine Auswahl findet sich z.B. in: Blätter für deutsche und internationale Politik, Heft 3/1985, S. 337.
78 Vgl. SCHILLER 1993a, S. 27.
79 Als Beispiel für eine universitäre Vorlesungsreihe vgl. z.B. ALBRECHT/ALTVATER/KRIPPENDORFF 1986.
80 Aus einigen der Beiträgen wird im Folgenden zitiert. Vgl. Gunter Hofmann: Der sperrige Gedenktag, in: Die Zeit vom 18.1.85; Michael Stürmer: Keine Angst vor gemischten Gefühlen, in: Die Zeit vom 25.1.85; Saul Friedländer: Bewältigung – oder nur Verdrängung?, in: Die Zeit vom 8.2.85; Golo Mann: Gedenktage, die Wunden aufreißen, in: Die Zeit vom 15.2.85; Michael Howard: Ende der europäischen Ära, in: Die Zeit vom 22.2.85; Alfred Grosser: Mit dem Widerspruch leben, in: Die Zeit vom 1.3.85; Ingo von Münch: Ein Staat, eine Nation – oder ein Nichts?, in: Die Zeit vom 8.3.85; Gordon Craig: Eine Selbstverpflichtung für den Frieden, in: Die Zeit vom 22.3.85; Eugen Kogon: Tag der Niederlage, Tag der Befreiung, in: Die Zeit vom 19.4.85; Marlies Menge: Wenn die Besiegten den Sieg feiern, in: Die Zeit vom 3.5.85; Elisabeth Noelle-Neumann: Ein Volk, gebeutelt und gezeichnet, in: Die Zeit vom 10.5.85.

Verkrampfung, auch Verlogenheit" stürze. Zwar rücke die Vergangenheit weiter weg, „aber die Geschichtsstunden – selbst im Parlament – werden aufgeregter, gefühlsträchtiger, aggressiver." Was „das genaue Benennen und die bohrenden Fragen betrifft", habe sich in den letzten Jahrzehnten viel verändert.[81]

In der Folgewoche rief Michael Stürmer im Rahmen der „Zeit"-Serie dazu auf, angesichts des 8. Mai vor „gemischten Gefühlen" keine Angst zu haben. Für die „Befreiung von Erniedrigung und Schrecken der Diktatur" müsse man bis heute dankbar sein. Zugleich müsse aber gefragt werden, wie weit es der Krieg Hitlers gewesen sei, und wie weit der Krieg der Deutschen. Außerdem dürfe nicht vergessen werden, dass für viele der Krieg in Gefangenschaft, Zwangsarbeit und Vertreibung weiter gegangen sei. Dennoch, so Stürmer, sollten nicht nur „Trauer und Bitternis, Aufatmen und Dankbarkeit" die Erinnerung an diesen Tag prägen, sondern „auch die Einsicht in die Chance der Deutschen, eine zivilisierte politische Ordnung zu entwickeln an der Seite des Westens." Dies wiederum bedeute, zugleich daran zu erinnern, dass „die Deutschen im Gewahrsam der Sowjetunion seit 40 Jahren nicht aufhören, den 2. Weltkrieg zu verlieren." Für „polemische Profile" gebe der 8. Mai nichts her, eine „Parade der Gesinnungstüchtigkeit" sollten die Deutschen sich ersparen. Dieser Tag bleibe bis heute „eine Stunde der Wahrheit von der bittersten Art."[82]

Während Stürmer aufgrund der Trennung von Nationalsozialismus und Krieg und der Fokussierung auf die Nachkriegsentwicklungen zu einer inzwischen konventionellen „bitteren" Lesart kommt, deutete Gordon Craig, ebenfalls im Rahmen dieser Artikel-Serie, den 8. Mai anders. Für ihn droht dieser Tag in der deutschen Diskussion „jeden historischen Gehalt und jede Aussagekraft zu verlieren, keine Erinnerung an Schrecken oder Schmach oder Schuld mehr aufzurühren, sondern zu einem von vielen Tagesthemen zu verkommen, ein Anlaß für Party- und Diplomatengeschwätz." Wenn dieser Jahrestag überhaupt etwas bedeute, so Craig weiter, dann dürfe er „die Gefühle von niemandem schonen". Das ganze Jahr über sei genug Zeit, „die Vergangenheit und ihre Mahnungen wieder zu vergessen." Da sollte dieser Tag „doch wirklich ein Tag der Erinnerung sein – an den Krieg, mit allen seinen schreckliche Facetten". Als die „entscheidende notwendige Voraussetzung eines angemessenen deutschen Gedenkens zum 8. Mai" bezeichnet Craig das „neuerliche Bekenntnis zu der Tatsache", dass dieser „gewollte Krieg und die systematische Vernichtung der Juden, die er aus-

---

81 Gunter Hofmann: Der sperrige Gedenktag, in: Die Zeit vom 18.1.85.
82 Michael Stürmer: Keine Angst vor gemischten Gefühlen, in: Die Zeit vom 25.1.85.

löste", ein „unauslöschbares Kapitel deutscher Geschichte" sei.[83] Auch Craig fokussiert auf den Krieg, unter den er aber Auschwitz subsumiert, und kommt damit zu ganz anderen Einschätzungen als Stürmer. Bereits mit diesen drei Beiträgen ist ein Teil des inhaltlichen Spektrums der Debatten zum 40. Jahrestag angedeutet, ein Spektrum, das noch wesentlich weiter entwickelt wurde. Exemplarisch lassen sich die unterschiedlichen Näherungen an den 8. Mai anhand eines Aufsatzes von Hans-Adolf Jacobsen aus dem März 1985 zusammenfassen. Jacobsen beschreibt das Jahr 1945 aus unterschiedlichen ereignis- und erlebensgeschichtlichen Blickwinkeln, die einen Eindruck des Themenspektrums des Jahres 1985 vermitteln. Seine Kapitelüberschriften lauten unter anderem: „Die Soldaten: Totale militärische Niederlage", „Die KZ-Häftlinge: Holocaust, Tod und Befreiung aus unwürdiger Knechtschaft", „Die Oppositionellen: Letzter Opfertod für das andere Deutschland", „Die Flüchtlinge: Vertreibung von Haus und Hof", „Die Kriegsgefangenen: Leiden ohne Ende". Unter der Überschrift „Der 8. Mai – ein ‚sperriger Gedenktag'?" versucht Jacobsen eine Art synoptisches Fazit. Der Mai 1945 habe für die Deutschen eine vielfache Bedeutung: „Zuerst und vor allem" sei er „*Andenken* an die *Augenblicke* des *Schmerzes* und tiefer *Trauer* ob der millionenfachen sinnlosen Opfer und des Opfertodes für das andere Deutschland." Zugleich sei er „*Erinnerung* an die *selbstverschuldete militärische Niederlage*". Sodann sei er „*Gedenken* an das *Schicksal von Gefangenen* und *Vertriebenen*, damit an den Verlust der geliebten Heimat". Und schließlich sei er „*Anlaß zu doppelter Dankbarkeit*" für die „Erlösung" vom Bombenkrieg und die „Befreiung" von der „NS-Gewaltherrschaft". Die letzte Bedeutung, die der Befreiung, könnten die Deutschen, so Jacobsen, wahrscheinlich „erst heute voll begreifen und gebührend würdigen."[84] Jacobsen skizziert somit mehrdimensionale Bedeutungen, die sich sowohl zeitgenössisch als auch retrospektiv mit dem 8. Mai verbinden lassen. Damit bringt er, allerdings noch unter starker Hervorhebung der Opfererfahrungen der Deutschen, die Öffnung des Rezeptionsprozesses zum Ausdruck, die im Jahr 1985 langsam vollzogen wurde.

Antagonistischer Pluralismus

1985, im Jahr seines Todes, veröffentlichte Heinrich Böll einen fiktiven Brief an seine Söhne, in dem er seine letzten Kriegsmonate im Jahr 1945 schildert. Darin vertritt er eine Dichotomie, die die Bewertung der Bedeutungsinhalte des Jahres 1945 in der Bundesrepublik bis heute prägt. In an-

---

83 Gordon Craig: Eine Selbstverpflichtung für den Frieden, in: Die Zeit vom 22.3.85.
84 JACOBSEN 1985, S. 18f. (Hervorhebungen im Original).

tagonistischer Zuspitzung schrieb er die viel zitierten Worte an seine Söhne: „Ihr werdet die Deutschen immer wieder daran erkennen können, ob sie den 8. Mai als Tag der Niederlage oder der Befreiung bezeichnen."[85] Bei aller thematischen Vielfalt war der 40. Jahrestag vor allem durch diese Frage nach der kategorialen Einordnung des 8. Mai gekennzeichnet: Befreiung oder Niederlage bzw. Katastrophe?

Für die terminologisch-dichotomische Ausdeutung des 8. Mai kann das Editorial der April-Ausgabe der „Blätter für deutsche und internationale Politik" als exemplarisch betrachtet werden. Dort heißt es, „hinter dem Streit um die Qualifikation des Datums als ‚Katastrophe' oder ‚Befreiung' stand und steht immer auch die grundsätzliche Frage nach dem Charakter dieses deutschen Nachfolgestaates, der Bonner Republik."[86] In der März-Ausgabe dieser Zeitschrift wurden unter der Überschrift „Historische Katastrophe oder Befreiung" verschiedene Stellungnahmen zum 8. Mai veröffentlicht, in denen der terminologische Antagonismus ebenfalls zum Ausdruck gebracht wurde. So betonte z. B. der Geschäftsführer der Aktion Sühnezeichen, Volkmar Deile, eine Gesellschaft, die den NS-Staat als Unrechtsstaat verurteile, könne den 8. Mai 1945 „gerade auch 40 Jahre später nur als *Tag der Befreiung* sehen." Eine „Katastrophe" könne er „nur für die sein, die Vorteile aus dem Unrecht des NS-Staates hatten, die ihn unterstützten, zu dem Unrecht schwiegen oder zu wenig gegen ihn getan haben."[87] Der Vorsitzende der Deutschen Journalisten-Union, Eckart Spoo, variierte diesen Gedanken: „Einige trauern, weil sie 1945 den Krieg verloren. Sie hätten ihn gern noch behalten."[88]

Auch Walter Dirks äußerte sich in dieser Ausgabe der „Blätter für deutsche und internationale Politik". Er pronnonciert, die „Streitfrage, ob wir am 8. Mai die Befreiung vom Kriegs- und Nazijoch feiern sollten oder aber die Niederlage und gewisse schlimme Folgen betrauern sollten", lasse sich leicht klären, „wenn wir uns nur an das hielten, was speziell an jenem Tag, am 8. Mai 1945, geschehen ist." Dies seien mit der „Kapitulation der deutschen Wehrmacht" und dem „Ende der Kriegshandlungen", sowie mit dem Ende von NSDAP und SS „ausschließlich produktive Ereignisse" gewesen. Wer dagegen an diesem Tag die Niederlage beklage, solle wenigstens mitfeiern, dass an jenem Tag die Luftangriffe aufgehört und die SS ihre Macht verloren habe – „es sei denn, er trauere gerade dieser SS nach…" Dirks greift zusammenfassend zu einer den terminologischen Antagonismus überwinden-

---

85 BÖLL 1985a, S. 98f. Böll hatte diesen fiktiven Brief zwischen dem 8. und 13. Mai 1984 geschrieben, aber erst ein Jahr später veröffentlicht.
86 Blätter für deutsche und internationale Politik, Heft 4/1985, S. 396.
87 DEILE 1985, S. 312f. (Hervorhebung im Original). Ähnlich auch ABENDROTH 1985, S. 308f.
88 SPOO 1985, S. 329.

den Synopse: „Niederlage oder Befreiung – das ist eine falsche Alternative: am 8. Mai geschah die Befreiung durch eine Niederlage."[89]

Damit akzentuierte Walter Dirks eine weitere Lesart, die zu den Charakteristika des 40. Jahrestages gehörte: Die dichotomische Begriffspaarung von Befreiung oder Niederlage wurde im Verlauf der Debatten des Jahres 1985, gleichsam als eines ihrer reflektierteren Ergebnisse, in einigen Bewertungen durch retrospektive Kontextualisierungen aufzulösen versucht. Aus diesen Bemühungen resultierten die später häufiger vertretenen Formulierungen wie „Befreiung durch Niederlage", die Anerkenntnis, dass die Befreiung vom Nationalsozialismus „nicht anders als durch eine totale Niederlage möglich" war.[90] Walter Dirks, der wie kaum ein anderer Publizist das Ende von Krieg und Nationalsozialismus kontinuierlich seit 1945 thematisiert hatte, resümierte an anderer Stelle das Gedenkjahr 1985 erneut aus dieser Perspektive. Die „Niederlage der deutschen Wehrmacht" sei „die Voraussetzung für die Befreiung vom doppelten Joch des Krieges und der Diktatur" gewesen. „Wir konnten das eine nicht haben ohne das andere." An diesen Gedanken schließt Dirks den Versuch an, das individuelle Erleben anzuerkennen, ohne die historische Bedeutung des 8. Mai an das Einzelschicksal zu koppeln: Man müsse Verständnis dafür haben, wenn sich ein Kriegsgefangener „eher ingrimmig" an das Kriegsende erinnere oder Vertriebene und Flüchtlinge das Jahr 1945 als „Katastrophe" empfänden. Nur, so fährt Dirks fort, „wir sind nicht sehr genau, wenn wir diese Bewertung ausgerechnet an den 8. Mai fixieren. Die Kapitulation war nicht im geringsten eine Ursache für den Verlust des deutschen Ostens."[91]

Auch für Eugen Kogon, neben Dirks der kontinuierlichste Betrachter des Jahres 1945, lagen die Schwierigkeiten der Deutschen mit dem 8. Mai darin, dass „Niederlage und Freiheit eine Einheit bilden. Die Niederlage war die Voraussetzung für die Freiheit – die Niederlage nicht nur des Terror-Regimes, sondern die Niederlage Deutschlands und der Deutschen."[92] Die symbiotische Lesart des 8. Mai vertrat auch Hermann Glaser: „Befreiung und Katastrophe des Jahres 1945" hätten „eine Einheit" dargestellt: „Die Befreiung erfolgte durch eine Katastrophe; nur durch eine Katastrophe war eine Befreiung möglich."[93] Auch der Deutsche Gewerkschaftsbund unterstrich in seiner zentralen Gedenkveranstaltung in Aachen, erst die vollständige Niederlage habe die Befreiung vom Nationalsozialismus ermöglicht.[94]

---

89 DIRKS 1985, S. 314.
90 HILL 1986, S. 7.
91 DIRKS 1986, S. 35f.
92 Eugen Kogon: Tag der Niederlage, Tag der Befreiung, in: Die Zeit vom 19.4.85.
93 GLASER 1985, S. 21.
94 Vgl. KIRSCH 1999, S. 112.

Schließlich, als vorerst letztes Beispiel einer synoptischen Lesart des 8. Mai im Jahr 1985, akzentuierte Iring Fetscher den Unterschied zwischen den Erfahrungen der Erlebnisgenerationen und der retrospektiven, in Jahrzehnten gewachsenen Bewertung des Jahres 1945. Der 8. Mai dürfe nicht als „Trauertag" deklariert werden, er sei vielmehr ein Tag der selbstkritischen Bilanzierung und Besinnung. Dabei könne es nicht um das „einsame Gewissen" im „stillen Kämmerlein" gehen. Aus den individuellen Emotionen könne nur dann „etwas Sinnvolles erwachsen", wenn sie „mit einem umfassenden historischen Verständnis verbunden" würden. Die Erinnerung an den 8. Mai, so Fetscher, müsse eine „politische Erinnerung" an die Verbrechen des Nationalsozialismus sein.[95]

Diesen Deutungen, in denen die unterschiedlichen Erfahrungsgehalte und retrospektive politische Bewertungen integrativ verstanden wurden, standen im Jahr 1985 weiterhin viele national-bedauernde Lesarten gegenüber. So bezeichnete z. B. Alexander Demandt das Jahr 1945 als den „Tiefpunkt deutscher Geschichte" – allerdings seien „Kriegsausgänge" keine „Gottesurteile."[96] Als Negativkennzeichnung des 8. Mai diente auch 1985 vor allem der Begriff der „Katastrophe". In einem Vortrag am 17. April 1985 äußerte sich der Historiker Andreas Hillgruber in Düsseldorf äußerst prononciert zur, wie er es nennt, „Schlußkatastrophe 1945". Vehement wendet er sich gegen die wehrmachtskritische Auffassung, die Massenvernichtungen in den Konzentrationslagern hätten „solange die deutschen Fronten hielten" weitergehen können. Dieser These stellt Hillgruber entgegen, es sei einer „verantwortungsethischen Position" entsprungen, an der ostpreußischen Grenze zu versuchen, „das Schlimmste zu verhindern: die zu befürchtende Orgie der Rache der Roten Armee an der deutschen Bevölkerung". Dass Hillgruber die Befreiungslesart ablehnt, dürfte vor diesem Hintergrund kaum überraschen. Der Begriff der „Befreiung" sei zwar „für die aus den Konzentrationslagern und Gefängnissen befreiten Opfer des nationalsozialistischen Regimes" berechtigt, „auf das Schicksal der deutschen Nation als Ganzes bezogen" jedoch „unangebracht". Für die „Racheorgien der Roten Armee", die „Massenvergewaltigungen" und die „willkürlichen" Morde und Deportationen sei der „Begriff des Tragischen" angemessen. Hillgruber spricht abschließend von einer „mit Verbrechen extremen Ausmaßes verbundenen Katastrophe 1945", in der „im weiteren Sinne" ganz Europa der Verlierer gewesen sei.[97]

---

95 FETSCHER 1985, S. 47f.
96 DEMANDT 1985, S. 18f.
97 HILLGRUBER 1985; S. 7ff., S. 11, S. 29 und S. 33.

Neben dieser sehr prononciert negativen, aus anhaltender nationaler Identifizierung resultierenden Bewertung durch Hillgruber trugen auch andere Historiker im Jahr 1985 Einschätzungen des Jahres 1945 vor. Die Terminologie als strukturierenden Rahmen seiner Argumentation wählte z. B. Ernst Nolte am 8. Mai 1985 an der Freien Universität Berlin.[98] Nolte stellt fest, „die Begriffe, mit denen man das Ereignis des 8. Mai 1945 zu fassen sucht" seien „inadäquat". Werde der Begriff der „Niederlage" verwendet, müsse es als eine „bloße Ungeheuerlichkeit erscheinen", dass „die Sieger von den Besiegten verlangen, den Sieg mitzufeiern." Der Begriff „Zusammenbruch" sei durch das Ende des Ersten Weltkrieges besetzt. Eine „Katastrophe" sei die Kapitulation wohl für die deutsche Staatlichkeit gewesen, aber die Zeitgenossen hätten davon noch nichts wissen können. Große gedankliche Klarheit wird man diesen Zurückweisungen terminologischer Charakterisierungen des 8. Mai, die zwischen zeitgenössischen und retrospektiven „Begründungen" mäandern, nicht bescheinigen können. Gleiches gilt für Noltes Ablehnung des Befreiungsbegriffs, der noch „fragwürdiger" sei. Die „große Mehrheit des deutschen Volkes" habe sich nicht für befreit gehalten. Und selbst wenn sie es getan hätten, „dann hätte die alliierte Kollektivschuldthese sie rasch eines anderen belehrt." Außerdem, so Nolte weiter: „Wann in der Geschichte hätten die Befreier jemals den Befreiten ein Viertel ihres Staatsgebietes fortgenommen und die Bevölkerung ausgetrieben?"

Für Nolte bedeutet der 8. Mai dagegen „eine definitive Entscheidung oder besser das Offenbarwerden einer solchen Entscheidung". Ein Sieg Hitlers hätte die „definitive Entscheidung gegen alles, was man mit historischer Begründung die deutsche und die europäische Identität nennen" könne, bedeutet. Mit Hitlers „Niederlage fiel die definitive Entscheidung gegen Deutschland als Weltmacht und gegen Deutschland als militärisch voll souveränen Staat." Mit dem Neubeginn des Jahres 1945 hätten „diejenigen Überzeugungen und Lebensformen, die nach einem Siege Hitlers zum Untergang verurteilt gewesen wären, sich wieder darstellen und fortbilden" können – nach Noltes Argumentationsführung also „die deutsche und die europäische Identität". Damit trete zugleich der „rationale Kern des Begriffs der ‚Befreiung' in den Blick". Worin diese Identität und damit der „rationale Kern" des Befreiungsbegriffs besteht, erläutert Nolte nicht. Im Ergebnis lässt er, wie in sehr vielen seiner Texte, offen, worum genau es ihm geht. Der mangelnden Eindeutigkeit und scheinbaren normativen Neutralität entspricht auch sein Begriff der „Entscheidung" – eine Kategorie, die

---

98 Vgl. zum folgenden: NOLTE 1985. Beitrag auch in: NOLTE 1991, S. 213–223.

weder politisch noch historisch zu urteilen scheint, sondern lediglich eine „kühl zu konstatierende und moralisch nicht gesondert zu bewertende" Tatsache impliziert.[99]

Das Gedenkjahr 1985 stand auch jenseits der Lesarten von Hillgruber und Nolte zu einem großen Teil im Zeichen geschichtswissenschaftlicher Deutungen.[100] In diesen Kontext gehört z.B. der „Ploetz – Die Bundesrepublik Deutschland" aus dem Jahre 1985. In diesem historiographischen Standardwerk wird das Jahr 1945 als belanglos eingestuft: Zwar werde es von einigen als „Stunde Null" oder als „Befreiung" bewertet. Das Jahr 1945 könne jedoch „weder international noch aus der Perspektive der gesellschaftlichen Entwicklung der späteren Bundesrepublik" als „Zäsur bezeichnet werden", so lautet die bemerkenswerte Einschätzung im „Ploetz". Gerechtfertigt sei die „Akzentuierung als Einschnitt" dagegen vor allem im Hinblick auf die „territoriale Aufteilung des früheren Reichsgebiets."[101]

Hans Jürgen Syberberg nutzte den 40. Jahrestag zu einer vehementen Abrechnung mit den Siegern des Zweiten Weltkrieges.[102] Zwar sei ihr Krieg gegen Deutschland moralisch gerechtfertigt gewesen, allerdings hätten sie danach durch ihr „Schuld- und Vergeltungssystem" nicht moralisch gehandelt und ihren Sieg verwirkt. Heute, so Syberberg, werde derjenige, der in Deutschland über den Verlust der Heimat klage, bestraft „als verschleiere er die Greueltaten, die dieser Verlust hervorgebracht" habe. Dies sei „der Hohn der neuen Rassisten des Leidens durch Geburt gegen die, die nichts verstehen dürfen durch Geburt, außer dienlich zu sein zu billiger Akklamation für den Sieger." Heute gebe es „Leid-Gewinnler, wie früher Kriegsgewinnler". Syberberg spricht von einer „neuen Herrenrasse der Opfer" und ihren „Leidens-Ideologen und ihrer Geschäfte." Mit dieser Wortwahl dreht er die Täter-Opfer-Konstellation kurzerhand um und schreibt dem Jahr 1945 eine ganz eigene Bedeutung zu: Die Deutschen sind für ihn durch die Zäsur des 8. Mai zu den Opfern der Sieger und der „neuen Herrenrasse der Opfer" geworden. Syberbergs Beitrag zum Gedenkjahr 1985 ist neben dieser antisemitisch konnotierten Pervertierung der Opferperspektive von starken antiwestlichen, antiliberalen und antirationalen Ressentiments geprägt: Er wertet den 8. Mai als das „Ende Europas", das für ihn „im Verlust jenes Heimatgefühls" besteht, das Europa gefunden habe „im Sehnen nach dem ewigen Jerusalem, das es nun verlor, wie es einst gewachsen war durch die Symbiose mit jenem Gott aus Israel." Übrig geblieben sei stattdessen „der

---

99 So zutreffend WÖLL 1997a, S. 123.
100 Vgl. z.B. HANSEN 1985.
101 Zitiert nach: GRIX/KNÖLL 1987, S. 170.
102 Vgl. zum folgenden: SYBERBERG 1985.

Massenkonsum als Diktatur, die Meinungen als Industrie und die Freiheit als Marktwirtschaft." Deutschland sei mit dem 8. Mai 1945 „für die Assimilation der neuen Mächte entleert der alten Mythen der europäischen Geschichte" und „zum Körper der neuen Kolonisatoren aus Ost und West" gemacht worden.

Gleichsam als Gegenpol zu Syberbergs Lesarten lassen sich zwei Stellungnahmen von Heinrich Böll verstehen. Bereits im September 1984 griff Böll eine Frage auf, die bis dahin in der Bundesrepublik kaum thematisiert worden war: Er plädiert dafür, die Rolle der Sowjetunion positiv in das Gedenken an das Jahr 1945 einzubeziehen. Denn, so fragt Böll, verdanke Westeuropa seine Befreiung nicht auch der sowjetischen Armee, „deren Opfer Deutschland ‚reif' machte für den letzten Befreiungsschlag der Amerikaner? Und wäre da nicht auch der Opfer der sowjetischen Zivilbevölkerung zu gedenken, der Zigtausend zerstörten Städte und Dörfer?"[103] In einem anderen Essay (vom November 1984) griff Böll diese Frage in anderer Form auf: Die meisten Deutschen hätten bis heute nicht begriffen, dass „sie nicht eingeladen waren, nach Stalingrad zu kommen, daß sie als Sieger unmenschlich waren, als Besiegte menschlich wurden".[104] Während Syberberg in düsteren, gleichermaßen antiöstlichen wie antiwestlichen Bildern den Verlust vorpolitischer Mythen beklagt und die Deutschen mit dem Jahr 1945 als Opfer einer „neuen Herrenrasse" beschreibt, plädiert Böll dafür, in das Gedenken an die „Befreiung" auch die Sowjetunion einzubeziehen und akzentuiert das Jahr 1945 als Ausgangspunkt der Humanisierung der Deutschen. In dieser Gegenüberstellung kommt das plurale, in erheblichem Maß antagonistische Spektrum der 8. Mai-Lesarten des Jahres 1985 exemplarisch zum Ausdruck.

Bestandteil dieses Spektrums waren auch nationalistische und revisionistische Deutungen. Prononciert, aber gleichwohl exemplarisch wurden diese Lesarten z. B. auf einem Seminar der „Burschenschaftlichen Gemeinschaft" aus Anlass des 40. Jahrestages vorgetragen.[105] In den hier gehaltenen Referaten wurde nahezu das gesamte Spektrum der revisionistischen Lesarten des Jahres 1945 entfaltet: Die „Alleinkriegsschuldthese" Deutschlands am Zweiten Weltkrieg soll widerlegt werden.[106] Unter wiederholtem Bezug auf die Direktive JCS 1067 wird der Vorwurf erhoben, die Siegermächte hätten Deutschland und Europa nicht befreien wollen.[107] Stattdessen wird ein

---

103 BÖLL 1984a, S. 148.
104 BÖLL 1984b, S. 217f.
105 Dokumentation der Referate in: HUEBER 1987.
106 Vgl. v.a. KUNERT 1987.
107 Vgl. v.a. SCHICKEL 1987; WILLMS 1987. Die Direktive enthielt folgenden Wortlaut: „Germany will not be occupied for the purpose of liberation but as a defeated enemy nation." (Vgl. den deutschen Text in Auszügen z.B. in: KLESSMANN 1991, S. 352f.)

„alliierter Vernichtungswillen" behauptet.[108] Der Schwerpunkt liegt auf der Beschreibung der Vertreibung der Deutschen als „organisiertem Völkermord" (unter anderem werden die Deutschen als die „neuen Juden Europas"[109] bezeichnet), der als unvereinbar mit der „Befreiungsthese" angesehen und gegen die NS-Verbrechen aufgerechnet wird.[110] Die Kriegsverbrecherprozesse werden als Ausdruck einer „scheinheiligen Doppelmoral" dargestellt.[111] Die Reparationszahlungen nach 1945 werden als Ausbeutung Deutschlands bewertet, die ebenfalls den Befreiungsbegriff widerlege.[112] Die „Umerziehung" der Deutschen nach 1945 wird als Waffe gegen eine national-revisionistisch beschriebene „deutsche Identität" gedeutet. Unter „Umerziehung" wird dabei vor allem „Vergangenheitsbewältigung" unter dem Signum einer „Kollektivschuldanklage" verstanden.[113] Schließlich werden die völkerrechtliche Lage Deutschlands im Jahre 1985 und die deutsche Teilung als weitere Belege dafür ausgedeutet, dass von Befreiung im Jahre 1945 keine Rede sein könne.[114]

Der Tenor der Referate wird durch die Einschätzung bestimmt, die Umdeutung der „grausamsten Niederlage" zur „Befreiung" sei die „Lebenslüge der Deutschen nach dem Zweiten Weltkrieg".[115] Die „Erklärungen zum Anlaß des Jahrestages vom 8. Mai", die „geistige Szene von 1985" seien immer noch durch „die desolate Ruinenlandschaft von 1945" beherrscht.[116] Der 8. Mai 1945 markiere den Zeitpunkt, an dem Deutschland „vom Subjekt zum Objekt der Geschichte" geworden sei.[117] Die „geistige Lage der Nation" wird anhand des Verhältnisses, in dem „Niederlagenrealität, Befreiungsideologie und Schuldzuweisung" zueinander stünden, analysiert.[118] Schließlich heißt es, um die „Niederlage als Befreiung" ausgeben zu können, habe nach 1945 der „vorhergehende Zustand als Hölle ausgegeben werden" müssen.[119]

In diesen revisionistischen Kontext gehört auch ein Aufsatz, der zuerst 1983 erschienen war und den die Zeitschrift „Politische Studien" aus Anlass des 8. Mai 1985 nachdruckte.[120] Bernard Willms, Mitherausgeber der Zeit-

---

108 HOFMANN 1987, S. 9.
109 NAWRATIL 1987, S. 155.
110 Vgl. v.a. ebd.
111 Vgl. v.a. SEIDL 1987.
112 Vgl. v.a. RUMPF 1987.
113 Vgl. v.a. SCHRENCK-NOTZING 1987; NAWRATIL 1987; RUMPF 1987.
114 Vgl. v.a. WILLMS 1987; SCHICKEL 1987.
115 WILLMS 1987, S. 291.
116 KUNERT 1987, S. 87.
117 HOFMANN 1987, S. 12.
118 WILLMS 1987, S. 297f.
119 Ebd., S. 286.
120 Vgl. zum folgenden: WILLMS 1985.

schrift „Der Staat", stellt darin unter anderem fest, es sei „durchaus verständlich", dass „die Sieger nach dem Krieg diktieren, was Verbrechen war und was nicht". Unverständlich sei hingegen, „wenn das Volk der Besiegten selbst diese Unterscheidung annimmt und jahrzehntelang sich auch selbst als den Verbrecher ansieht, der sich selbst für moralisch disqualifiziert hält und nicht sieht, daß der nationale Masochismus von den anderen nur zu politischen Erpressungen benutzt wird." Willms leugnet hier die Verbrechen der Deutschen nicht, er impliziert vielmehr, es stelle sich als eine Frage der Definition dar, ob sie überhaupt als Verbrechen zu betrachten seien. Im weiteren Verlauf seines Beitrages nationalisiert Willms selbst die Moral: „Für jede einzelne Nation" ergäben sich „ihre je konkreten Aufgaben, ihre konkrete Moral und ihre nationale Ethik, und diese sind von niemandem auf der Welt den Völkern vorschreibbar." Damit, so liest sich der Subtext, sind die Deutschen für Willms frei, aus ihrer „konkreten Moral", aus ihrer „nationalen Ethik" heraus zu bestimmen, ob Auschwitz überhaupt ein Verbrechen war. Auch die abschließenden Überlegungen dieses Textes stehen in direktem Gegensatz zu den wenigen im Jahre 1985 konsensualen Lesarten: Über alle Kontroversen hinweg wurde der 8. Mai zumindest als Ausgangspunkt des Friedens begrüßt. Nicht so bei Bernard Willms:

„Wer ‚den Frieden' mehr liebt als seine Nation und ihre Freiheit, ist nur ein blökendes Schaf. Wer ‚den Menschen' mehr liebt, ist schon ein leibhaftiger Schwachkopf, und wer ‚die Demokratie' oder ‚den Sozialismus' mehr liebt als sein Vaterland, verurteilt sich selbst zum Raketenfutter in der Hand der geballten Nationalismen der Supermächte."

Die „Nation" über Frieden, Menschenrechte und Demokratie zu stellen, die Verbrechen des Nationalsozialismus zu einer Frage nationaler Moralautonomie zu erklären – das ist eine rechtsextremistische Facette der 8. Mai-Rezeption, die nur jenseits des demokratischen Spektrums geäußert wird, das in dieser Studie im eigentlichen Mittelpunkt steht.

Bevor auf die staatsrepräsentativen Deutungsangebote eingegangen wird, sollen noch einige weitere Leitmelodien des Jahres 1985 skizziert werden, in die das offizielle Gedenken eingebettet war. Ein Leitfaden der Erinnerungen an den 8. Mai war für beide deutsche Staaten der jeweilige Blick auf die andere Seite der Grenze. Dies gilt auch für den 40. Jahrestag, eine Konstante, die hier nicht noch einmal im Detail betrachtet werden muss.[121] Daneben zeigten sich 1985 erste Ansätze vergangenheitspolitischer Kon-

---

121 Vgl. z.B. Me. (Ernst-Otto Maetzke): Ohne Bräutigam, in: Frankfurter Allgemeine Zeitung vom 30.4.85 und Gerd Ressing: Kein westliches Unisono zur Kapitulation im Mai 1985, in: Rheinischer Merkur/Christ und Welt vom 26.1.85.

troversen, die erst in den nachfolgenden Jahren intensiv diskutiert werden sollten. So veröffentlichte Martin Broszat sein wirkungsmächtiges „Plädoyer für eine Historisierung des Nationalsozialismus" aus Anlass des 8. Mai 1985.[122] Eine weitere Facette der 8. Mai-Debatten des Jahres 1985 wurde auch in der Rede Richard von Weizsäckers aufgegriffen und anschließend zum Teil heftig kritisiert: Die erinnernde Verknüpfung des Jahres 1945 mit dem Jahr 1933. Prononciert formulierte z. b. Dorothee Sölle: „Die deutsche Katastrophe begann 1933 und wurde 1945 beendet; die deutsche Befreiung begann am 8.5.1945 und ist keineswegs beendet."[123] Vor der Akademie der Künste in Berlin hielt deren Präsident Günter Grass eine Rede, in der er kritisierte, dass für den 8. Mai viele Schön- und Schonwörter wie Zusammenbruch, Katastrophe, Kapitulation oder Stunde Null im Umlauf seien. Das moralisch und politisch eigentlich bedeutende Datum sei dagegen der 30. Januar 1933, denn bereits zu diesem Zeitpunkt hätten die Deutschen „bedingungslos kapituliert".[124]

Ekkehart Krippendorf dagegen hielt die im Jahr 1985 mehrfach formulierte Feststellung, man dürfe den 8. Mai 1945 nicht vom 30. Januar 1933 trennen, für falsch und irreführend.[125] Nur wenn das nationalsozialistische Deutschland nach dem 30. Januar 1933 aus der Völkergemeinschaft ausgeschlossen worden wäre, ließe sich dieses Datum mit dem 8. Mai 1945 verknüpfen. Denn das hätte einer moralischen Reaktion der Völkergemeinschaft entsprochen. Stattdessen müsse der 8. Mai in einer „realpolitischen" Lesart mit den Daten des Überfalls auf Polen und den deutschen Kriegserklärungen an England, Frankreich und die USA verbunden werden. Denn das Deutsche Reich sei 1945 nicht etwa deshalb militärisch besiegt worden sei, weil die Alliierten die Welt vom Nationalsozialismus befreien wollten, sondern erst nachdem und weil die Staaten in Ost und West selbst angegriffen worden seien. Die Befreiung vom Nationalsozialismus sei nicht das Ziel der Alliierten gewesen – soweit bewegt sich Krippendorfs etwas diffuse Argumentation noch in den Bahnen einer verbreiteten Begründung der Ablehnung des Befreiungsbegriffs. Der besondere Akzent Krippendorfs resultiert jedoch aus einer antiamerikanischen Deutungsperspektive. Für ihn können auch im Jahre 1985 die Meinungen noch darüber geteilt sein, ob sich die „politische Klasse" in der Bundesrepublik oder in der DDR gegenüber ihren jeweiligen Bündnispartnern „größerer Freiheit" erfreuten. Schließlich sei die „Befreiung von (Klassen-)Herrschaft" bis heute nicht das Ziel der

---

122 Vgl. BROSZAT 1985.
123 SÖLLE 1985, S. 329.
124 Zitiert nach: REICHEL 1995, S. 293.
125 Vgl. zum folgenden: KRIPPENDORFF 1986.

USA und ihrer Verbündeten. Die Ablehnung des Befreiungsbegriffs aus antiamerikanischer und klassenkämpferischer Perspektive – auch das ist eine Facette der pluralen, antagonistischen Lesarten des 8. Mai in der Bundesrepublik des Jahres 1985.

Staatlich-repräsentatives und parteipolitisches Gedenken

Der 8. Mai 1985 war in der Bundesrepublik der erste Jahrestag des Endes von Krieg und Nationalsozialismus, der von einer mehrdimensionalen und kontroversen Debatte begleitet wurde. Auch auf staatlich-repräsentativer Ebene wurden so viele Reden gehalten oder Erklärungen abgegeben wie nie zuvor. So nutzte z.B. der Bundesminister für innerdeutsche Beziehungen Heinrich Windelen eine Rede zum Thema „30 Jahre Deutschlandvertrag" am 24. April, um das Jahr 1985 als ein „markantes, reiches Gedenkjahr" zu beschreiben.[126] Zuweilen habe es im Laufe der letzten Monate den Anschein gehabt, „als wolle man uns, besonders von interessierter östlicher Seite, bei der Frage ‚Wie hältst du's mit dem 8. Mai' vor das Entweder-Oder treiben: Befreiung oder Katastrophe." Diese „törichte Alternative" hätten sich die Westdeutschen „nicht aufdrängen" lassen. Sie entspreche, so Windelen weiter, „auch nicht dem, was wir geistig und moralisch im Hinblick auf den 8. Mai 1945 für angemessen halten und was uns unser erster Bundespräsident, Theodor Heuss, in das prägnante Wort faßte, wir seien an jenem Tag ‚erlöst und vernichtet in einem' gewesen." In diesen Worten komme noch heute die Auffassung der Bundesregierung zum Ausdruck.

Anschließend zitiert Windelen einige Passagen aus dem „Bericht zur Lage der Nation im geteilten Deutschland" vom 27. Februar 1985, in dem bereits des 8. Mai gedacht worden war. Dort hieß es, der 8. Mai sei „ein Tag der Selbstbesinnung, ein Tag der Erinnerung und der Trauer ebenso wie der Dankbarkeit und der Hoffnung." Getrauert werde um „die Opfer der Gewaltherrschaft, des Rassenwahns und eines total geführten Krieges." In diese Trauer mische sich „die Scham für das, was im deutschen Namen an Verbrechen geschah." Erinnerung sei „angesichts der fortdauernden Haftung, die uns für die Schreckenstaten des Dritten Reiches obliegt", notwendig. Der 8. Mai, so hieß es im Bericht zur Lage der Nation weiter, erwecke „aber auch Gedanken der Dankbarkeit." Die Deutschen „waren befreit vom Schrecken des Krieges und von den tausend Verstrickungen, die der totalitäre NS-Staat geschaffen hatte." Deshalb sei der 8. Mai „ein Tag der Befreiung. Aber Befreiung brachte er nicht allen. Unser Vaterland, die Mitte Europas, wurde geteilt. Für die Deutschen in der DDR und für unsere öst-

---

126 Vgl. zum folgenden: WINDELEN 1985a, S. 206f.

lichen europäischen Nachbarvölker wurde der 8. Mai auf bisher unabsehbare Zeit zum Tag der Ablösung der einen Diktatur durch eine andere." In dieser Erklärung der Bundesregierung, aus der Windelen zitiert, wird dem 8. Mai somit ein differenziertes Deutungsspektrum aus Trauer, Haftung, Befreiung und neuer Unfreiheit zugewiesen, das in Schamkategorien ausformuliert wird.[127]

Der Blick in die DDR war erneut eine der zentralen Perspektiven in vielen der offiziellen Reden der Bundesrepublik. Auch der Parlamentarische Staatssekretär beim Bundesminister für innerdeutsche Beziehungen, Ottfried Hennig, nutzte eine Rede im April 1985 dazu, die bundesdeutsche Variante der Abgrenzung zu entwickeln. „Der Osten" erinnere derzeit an den 8. Mai in einer Form, die „das Ansehen des freien Teils Deutschlands" beeinträchtigen solle. „Leute" jedoch, „die Buchenwald beim Zusammenbruch der Nazi-Diktatur keineswegs geschlossen, sondern für politische Gegner weitergeführt haben, brauchen uns da wirklich keine Ratschläge zu geben." Hennig führt weiter aus, es sei „wieder erlaubt, dieses Land zu lieben." Daran ändere keine Debatte um den 8. Mai etwas. „Deutschland ist unser heiliges Vaterland, so hat es Graf Stauffenberg ausgedrückt, und die deutsche Geschichte umfaßt viel mehr als zwölf böse Jahre" – so beschließt der Staatssekretär seine Rede, damit implizierend, dass Kontroversen um die Deutungen des 8. Mai Ausdruck unpatriotischer Gesinnung sein könnten.[128]

Nicht nur Vertreter der Bundesregierung[129] gaben im Gedenkjahr 1985 vermehrt Erklärungen ab, auch auf der Ebene der Parteien wurde der 40. Jahrestag stärker beachtet. Bereits im November 1984 veröffentlichte der Parteivorstand der SPD einen Aufruf zum 8. Mai 1985, der zu einem Tag „gegen Geschichtslosigkeit, soziale oder rassische Gehässigkeit, für Toleranz und Demokratie, für Menschenrechte und demokratisch verbürgte Freiheit" werden solle. Der 8. Mai 1945 bedeute, so heißt es im Aufruf mit dem Schwerpunkt auf Opfer und Leiden der Deutschen, „für uns Deutsche das Ende vom Krieg und die Befreiung von nationalsozialistischer Gewaltherrschaft, ebenso auch die Erinnerung an unbeschreibliches Elend, nie gekannte Zerstörung und tiefes Leid." Was „die Hitler-Diktatur im deutschen Namen vielen Millionen Menschen aus vielen Völkern angetan hatte, mußte von unserem eigenen Volk und seinen Menschen teuer bezahlt werden."[130]

---

127 Auf einer öffentlichen Kundgebung des „Kuratoriums Unteilbares Deutschland" zum Tag der deutschen Einheit in Travemünde wiederholte Windelen diese Rede nahezu wortgleich. Vgl. WINDELEN 1985c. Vgl. auch WINDELEN 1985b, S. 337f.
128 HENNIG 1985, S. 195f. bzw. S. 205.
129 Vgl. z.B. auch MERTES 1986, S. 219ff.
130 SPD 1984.

Gerhard Schröder, der Spitzenkandidat der SPD für die niedersächsischen Landtagswahlen, bezeichnete es in einer Rede in der KZ-Gedenkstätte Sandbostel am 2. Mai 1985 als „Pflicht, das Datum des Sieges über den Faschismus als Tag der Befreiung zu begehen, als Tag der Freude über das Ende des nationalsozialistischen Terror-Regimes." Zugleich sei der 8. Mai ein „Tag der Trauer um die Opfer der Naziherrschaft". Es sei „bedrückend", so Schröder, wenn heute „nicht die zwölf Jahre der Naziherrschaft mit ihren Greueln und ihrer Menschenverachtung von etlichen unserer Mitbürger als Schande empfunden" werde, sondern „die Tatsache der bedingungslosen Kapitulation." Der „schwärzeste Tag der deutschen Geschichte" sei nicht der 8. Mai 1945 gewesen, sondern der 30. Januar 1933. Selbst „der Unbelehrbarste" müsse „eigentlich erkennen, daß der 8. Mai 1945 nur die zwingende Folge des 30. Januar 1933 war." Von solchen „Unbelehrbaren" gebe es viele, da die „Nazi-Barbarei" nicht aufgearbeitet worden sei.[131]

In Kontinuität zu seinen früheren Stellungnahmen warnte der SPD-Vorsitzende Willy Brandt im Dezember 1984 davor, an diesem Gedenktag „wieder tiefer reinzugreifen in die alte Kiste". Im Interesse der heranwachsenden Generationen solle der 8. Mai „nicht dazu verführen, den einzelnen Menschen weismachen zu wollen, sie hätten das verbrochen." Brandt fügt hinzu: „Ich bin auch Deutschland. Ich bin nicht besiegt worden. Nazi-Deutschland ist besiegt worden."[132] Ende April 1985 veröffentlichte der Parteivorstand der SPD seine zentrale Erklärung zum 40. Jahrestag des 8. Mai, das so genannte „Nürnberger Manifest". Darin spiegelt sich zwar ein Teil der bis dahin stattgefundenen Debatten über die Bedeutung des 8. Mai wider, denn im Gegensatz zu dem Aufruf vom Dezember 1984 werden die NS-Verbrechen deutlicher angesprochen. Dennoch bleibt die Perspektive weiterhin im wesentlichen national bestimmt. Im „Nürnberger Manifest" heißt es, die meisten Deutschen hätten am 8. Mai 1945 ein „Gefühl der Erleichterung, ja der Befreiung" empfunden, in das sich zugleich „Trauer um Millionen Tote und Verstümmelte" gemischt habe. Zur Trauer sei die „Scham über die Verbrechen" gekommen. Nicht alle Deutschen seien gleich schuldig an der Barbarei gewesen, aber alle hätten Grund, „sich über eigene Irrtümer, eigene Versäumnisse und eigenes Versagen Rechenschaft abzulegen."[133] Auf der zentralen Gedenkveranstaltung der SPD im Mai 1985, dem „Nürnberger Friedensgespräch" mit Überlebenden des Nationalsozialismus aus vielen Ländern, betonte Willy Brandt, die eigentliche Niederlage

---

131 SCHRÖDER 1985.
132 Zitiert nach: Der Spiegel vom 24.12.84, S. 21 bzw. S. 23.
133 SPD 1985.

der Deutschen habe am Beginn der NS-Zeit, nicht an deren Ende gestanden.[134]

Der 40. Jahrestag wurde auch zu einer parteipolitischen Auseinandersetzung genutzt. Peter Glotz, Bundesgeschäftsführer der SPD, erklärte Mitte Januar 1985, die Deutschen sollten sich am 8. Mai 1985 „nicht zum stillen Gebet dispensieren", sie dürften „an diesem Tag, an dem viel geredet werden wird in der ganzen Welt, nicht schweigen – auch nicht über ihre eigene Schuld." Vor allem aber dürften sie an diesem Tag nicht lügen. So sei z.B. „die Redeweise, der 8. Mai 1945 sei der Tag des ‚Zusammenbruchs' eine beschönigende Lüge." Er sei vielmehr „auch ein Tag der Befreiung – von der Herrschaft der Nazi-Diktatur." Dieses Wort gehe „den Konservativen schwer ein; sie vergraben diese Tatsache gern unter den Metaphern von der ‚dunkelsten Stunde Deutschlands'". Im übrigen würden sich die Konservativen, so Glotz, daran stoßen, dass „der Begriff ‚Befreiung' auch von den Kommunisten gebraucht" werde. Diese „Sprachstrategie" sei zum Scheitern verurteilt. Ergänzend hält Glotz fest, der 8. Mai eigne sich für Deutsche „nur schlecht als ‚Feier'-Tag, weil er die Erinnerung an so viele Tote wachruft."[135]

Am Vortag des 40. Jahrestages gab auch Heiner Geißler, Generalsekretär der CDU, den Auseinandersetzungen um den 8. Mai 1985 eine prononciert parteipolitisch-antagonistische Note. Geißler warf der SPD die Aufkündigung des antitotalitären Konsenses vor. Die SPD verurteile einseitig den Nationalsozialismus, verharmlose die Sowjetunion und kriminalisiere die Politik der USA. In ihrem „Nürnberger Manifest" verfälsche sie die Geschichte. Denn die Chance eines demokratischen Neuanfangs sei nur den Menschen in den drei westlichen Besatzungszonen gegeben worden. In der DDR und in ganz Osteuropa sei dagegen „die braune Diktatur durch die rote Diktatur ersetzt" worden. Der 40. Jahrestag des 8. Mai sollte nach Auffassung Geißlers daher zum Anlass für eine „grundsätzliche geistige Auseinandersetzung über die Standorte der politischen Parteien" genommen werden. Dazu sei die Klarheit der Begriffe nötig, denn derjenige, der die Meinungsführerschaft gewinne oder behalte, entscheide letztlich über den Sieg „des Totalitarismus oder der Freiheit".[136]

Auch auf föderaler Ebene der Bundesrepublik spiegelte sich unterschiedliches Gedenken. In den meisten Bundesländern wurden eigene Gedenkstunden zum 40. Jahrestag abgehalten. Auf einer Gedenkveranstaltung von Berliner Senat und Abgeordnetenhaus bezeichnete der Regierende Bürger-

---

134 Vgl. REICHEL 1995, S. 293.
135 GLOTZ 1985.
136 Zitiert nach: Süddeutsche Zeitung vom 8.5.85.

meister Eberhard Diepgen es als Aufgabe, aus dem 8. Mai 1945 „weiter Befreiung wachsen zu lassen". Die Deutschen wollten befreit sein zur Versöhnung, für den Blick auf die ganze deutsche Geschichte und auf eine friedliche Zukunft.[137] Diepgen hatte noch im Januar 1985 dazu aufgerufen, sich in der Diskussion um den 8. Mai nicht an Begriffen wie „Kapitulation", „Zusammenbruch" oder „Befreiung" zu verkrampfen. Man solle besser neutral vom „Kriegsende" sprechen.[138] Insofern sind seine unterschiedlichen Akzentuierungen im Verlauf von vier Monaten als ein Beispiel dafür zu betrachten, dass sich in den offiziellen Stellungnahmen im Jahr 1985 die vielfältigeren politischen und publizistischen Debatten in Nuancen widerspiegelten.

Dieser Befund gilt jedoch nicht für die Gedenkstunde, zu der die bayerische Staatsregierung aus Anlass des 40. Jahrestages eingeladen hatte und in der Ministerpräsident Franz-Josef Strauß die zentrale Gedenkrede hielt. Diese Rede ist ein Beispiel für eine negative und schuldentlastende Lesart des 8. Mai durch einen hohen Repräsentanten der Bundesrepublik.[139] Strauß betrachtet die erste Hälfte des 20. Jahrhunderts als eine „zusammenhängende Epoche in der europäischen Geschichte": Was am 1. August 1914 begonnen habe „und am 8. Mai 1945 endete, ist nichts anderes als der furchtbare Prozeß europäischer Selbstzerstörung." Strauß spricht von den „beiden europäischen Bürgerkriegen" zwischen 1914 und 1945 und entwickelt damit einen nicht nur von ihm gern verwendeten universalisierenden Blick, in dem die Zäsur des Jahres 1933 abgeschwächt wird. Auf dieses Jahr bezogen, stellt Strauß fest, zwar sei der 30. Januar 1933 „von vielen Deutschen als Anbruch einer neuen Zeit empfunden" worden. Um „der Wahrheit willen" müsse aber gesagt werden, dass „es Hitler niemals gelang, in freien Wahlen mehr als 37 Prozent der deutschen Wähler hinter sich zu bringen". Außerdem, so Strauß, habe die „westliche Beschwichtigungspolitik" eine „verhängnisvolle Rolle" gespielt.

Anschließend spricht Strauß die Opfer des Nationalsozialismus kurz an: „Im Namen des deutschen Volkes" seien „Millionen unschuldiger Menschen, Juden, Zigeuner, Geisteskranke, Russen, Polen, Widerstandskämpfer einfach umgebracht" worden. „Im Namen des deutschen Volkes" sei aber „auch jeder Deutsche umgebracht" worden, der „es wagte, sich gegen das Regime auch nur andeutungsweise zu stellen." Der Ministerpräsident beschreibt im Folgenden die „Massaker der berauschten Sieger", deren Schilderung er ungleich viel mehr Platz als den in wenigen Sätzen skizzierten

---

137 Vgl. Süddeutsche Zeitung vom 8.5.85 und Die Welt vom 8.5.85.
138 Vgl. Der Tagesspiegel vom 18.1.85.
139 Vgl. zu folgendem: STRAUSS 1985.

Verbrechen der Deutschen einräumt. In diese Passagen schließt er explizit auch „die Luftwaffen der Amerikaner und Engländer" ein, die sich „an dieser blutigen Ernte, als der Krieg schon längst für die Alliierten gewonnen war", beteiligt hätten. Strauß zitiert in seiner Rede zum 40. Jahrestag des 8. Mai außerdem zustimmend aus einem Leserbrief in der „Welt" vom 13. März 1985, mit dessen Hilfe er seinen europäisch-verallgemeinernden Blick unterstreicht. Darin hatte es geheißen, es sei „höchste Zeit, daß Europa 1945 nicht als eine Niederlage Deutschlands, sondern als seine eigene Niederlage ansieht und daß es unter seinen Völkern die Schuld am größten Verbrechen, das es jemals gegen seine eigene Zivilisation beging, gleichmäßig verteilt." Diese hoch problematischen, die Schuld universalisierenden Formulierungen nutzt Strauß, um den Deutschen einen anderen Umgang mit ihrer Vergangenheit zu empfehlen: „Kein Volk kann auf Dauer mit einer kriminalisierten Geschichte leben." Deshalb dürfe „unsere Scham über die Verbrechen", dürfe „unser Blick zurück auf unsere Trauer, auf unser Versagen, unsere Schuld, unsere Leiden nicht zu einem alles hemmenden Zweifel und einer moralischen Selbstlähmung führen."

Dieses Verhältnis zur nationalsozialistischen deutschen Vergangenheit, in dem die Schuld nicht geleugnet, aber gleichmäßig verteilt und in ihren Folgen als erledigt betrachtet wird, ist typisch für die vergangenheitsbezogenen Reden von Franz-Josef Strauß. So hatte er bereits im Jahre 1969 in erstaunlicher Direktheit festgestellt, dass „ein Volk, das diese wirtschaftlichen Leistungen erbracht" habe, ein Recht darauf habe, „von Auschwitz nicht mehr hören zu wollen" – eine Aussage, die der sonst eher nüchterne Christian Meier später in genauso lapidarer wie scharfer Form kommentierte: „Offenbar macht Arbeit immer noch frei."[140] Im September 1979, aus Anlass des 40. Jahrestages des Kriegsbeginns, hatte Strauß den Ausgang des Zweiten Weltkrieges als den „tragischen Tiefstpunkt" des Abstieges Europas, der 1914 begonnen habe, bezeichnet. Außerdem stellte er fest, es sei nicht anzunehmen, dass Hitler den Zweiten Weltkrieg gewollt habe. Das Jahr 1945 bezeichnete er als „totale Niederlage".[141] Die Negativkennzeichnung des Jahres 1945 zieht sich konstant durch viele Beiträge des bayerischen Ministerpräsidenten. So sprach er etwa im Juni 1984 von der „nationalen Katastrophe" um zugleich festzustellen, heute, „auf dem Marsch nach Europa", gebe es „keinen Unterschied zwischen Siegern und Besiegten. Wir sind beide Geschlagene des Zweiten Weltkrieges."[142] Auch im Dezember 1984 sprach Strauß von der „totalen vollständigen Niederlage", um

---

140 MEIER 1989, S. 1029.
141 STRAUSS 1979, S. 143, S. 158 und S. 160.
142 STRAUSS 1984a, S. 431.

unter anderem hinzuzufügen, die Deutschen bräuchten sich nicht „als ein Volk von Missetätern zu fühlen und uns viele Generationen lang lähmen zu lassen vom Gewicht einer behaupteten Kollektivschuld." Strauß fasste hier seine entlastenden Überlegungen so zusammen: Die deutsche Geschichte stelle keinen von der europäischen Entwicklung abweichenden Sonderweg dar.[143]

Das ohne Zweifel herausragende staatlich-offizielle Ereignis zum 40. Jahrestag war die auf hohem protokollarischen und öffentlichen Niveau gehaltene Gedenkstunde im Deutschen Bundestag am 8. Mai 1985. Vor der Rede des Bundespräsidenten hielt Bundestagspräsident Philipp Jenninger eine Ansprache, in der er zunächst unterschiedliche Erfahrungen des 8. Mai 1945 benannte.[144] Anschließend hält Jenninger wie Strauß fest, es bleibe wahr, dass „Hitler eine Mehrheit der Deutschen in freien Wahlen niemals hinter sich gebracht" habe. Im Gegensatz zum bayerischen Ministerpräsidenten fügt der Bundestagspräsident jedoch hinzu, wahr sei auch, dass „1938 die überwältigende Mehrheit der Deutschen hinter ihm stand und daß das deutsche Volk sich – teils widerwillig, teils mit Begeisterung – von ihm blenden und verführen ließ." Jenninger spricht anschließend von einem „schauerlichen Vernichtungswerk ohne Beispiel in der Geschichte der Menschheit", dessen „grausame Einzelheiten vor den Bürgern Deutschlands" zwar „sorgfältig geheim gehalten" worden seien, für das die Deutschen aber „für immer vor der Geschichte die Verantwortung" zu tragen hätten und „für immer Scham empfinden" müssten. Die Notwendigkeit der „Befreiung" bezieht Jenninger allein auf Hitler: „Die Menschheit mußte von Hitler befreit werden." Neben dieser entlastenden Personalisierung greift der Bundestagspräsident außerdem den ebenfalls populären Gedanken des „Büßens" auf. Wie in vielen anderen 8. Mai-Reden auch, versteht Jenninger unter „Buße" primär den Untergang des Deutschen Reiches: „Für die Verbrechen des Nationalsozialismus hat das deutsche Volk gebüßt: Am 8. Mai 1945 fiel nicht nur Hitlers Gewaltherrschaft, es fiel auch das Deutsche Reich." Die Ambivalenzen des 8. Mai spricht Jenninger, ebenfalls wie viele andere, unter Bezug auf Theodor Heuss an: Der 8. Mai 1945 werde „immer widersprüchliche Empfindungen wecken." Keiner habe „dies besser zum Ausdruck gebracht als Theodor Heuss, als er davon sprach, daß wir ,erlöst und vernichtet in einem gewesen sind'." Der 8. Mai 1945, so Jenningers Fazit, dürfe niemals vergessen werden, „Wahrhaftigkeit ist das Fundament für eine bessere, eine glücklichere Zukunft." Diese Ansprache des Bundestagspräsidenten ist in der öffentlichen Wahrnehmung angesichts

---

143 Vgl. STRAUSS 1984b, S. 451, S. 453 bzw. S. 481.
144 Vgl. zum folgenden: JENNINGER 1985.

der sich anschließenden Rede des Bundespräsidenten kaum rezipiert worden. Sie setzte ohnehin keine eigenen Akzente, sondern war eher eine Zusammenstellung bis dahin üblicher Lesarten dieses Zäsurdatums. Im Mittelpunkt des Interesses stand und steht bis heute die wohl aufsehenerregendste Rede eines Bundespräsidenten – und dies nicht nur aus Anlass des 8. Mai 1945.

7.3 Die Rede Richard von Weizsäckers

Richard von Weizsäcker hat sich in seinem Amt als Bundespräsident intensiver als seine Vorgänger mit den Fragen nach Formen, Inhalt und Bedeutung des Umgangs mit der Vergangenheit beschäftigt. Besonders in seiner ersten Amtsperiode, nach seiner Rede zum 8. Mai, die in dieser Hinsicht für ihn Auftakt und Höhepunkt zugleich darstellte, in einer Zeit, in der der öffentliche Diskurs über die nationalsozialistische Vergangenheit nicht nur mit dem so genannten „Historikerstreit" eine sehr intensive Phase erlebte, schaltete er sich häufig in die kontroversen Debatten ein.[145] Unterscheidet er sich schon darin von seinen Vorgängern (und Nachfolgern), so auch in der Deutlichkeit der Formulierung von moralischen Ansprüchen an den Umgang mit der Vergangenheit: „Nicht hinzusehen, das bedeutet Belastung. Aber sich der Vergangenheit zu stellen, das macht uns frei, das erleichtert uns unsere Gegenwartsaufgaben."[146]

Anlässlich des ersten Staatsbesuches eines deutschen Bundespräsidenten in Israel äußerte Weizsäcker sich im Oktober 1985 zu den Zusammenhängen von Schuld, Erinnerung und Verantwortung: „Schuld ist, wie Unschuld, persönlich." Schuld oder Unschuld eines ganzen Volkes gebe es nicht, jedoch trage jeder Deutsche „die Erbschaft der Geschichte seines Volkes – die Erbschaft der ganzen Geschichte mit ihren hellen und dunklen Kapiteln." Es stehe den Deutschen „nicht frei, die dunklen Teile auszuschlagen. Das Erinnern in Wahrhaftigkeit gibt uns Deutschen die Freiheit, unserer heutigen Verantwortung gerecht zu werden."[147] Zu dieser Einschätzung kam Weizsäcker vor allem deshalb, weil er – im nächsten Beispiel im Oktober 1988 und bereits unter dem Eindruck des „Historikerstreits" – wie keiner seiner Vorgänger die Singularität des Holocaust benannte: „Auschwitz bleibt singulär. Es geschah in deutschem Namen durch Deutsche. Diese Wahrheit

---

145 Vgl. neben den unten zitierten Beiträgen v.a. auch: WEIZSÄCKER 1987; WEIZSÄCKER 1989.
146 WEIZSÄCKER 1985b, S. 54.
147 WEIZSÄCKER 1985c, S. 141.

ist unumstößlich. Und sie wird nicht vergessen." Es könne „nicht darum gehen und nicht gelingen, sich mit Geschichte auszusöhnen."[148] Weizsäckers Rede zum 40. Jahrestag des 8. Mai 1945 war in die hier skizzierte politische, publizistische und wissenschaftliche Debatte eingebettet, die schon Monate vor dem eigentlichen Gedenktag begann und auch nach ihm kein Ende fand. Schon darin unterschied sich dieser Jahrestag von allen anderen zuvor, ebenso in der Form und bei der Wahl des Ortes des zentralen staatsrepräsentativen Gedenkens. Ursprünglich hatte der Bundeskanzler im Parlament reden, der Bundespräsident dagegen im Fernsehen eine Ansprache halten sollen. Vornehmlich auf Drängen der parlamentarischen Opposition sprach dann doch von Weizsäcker im Parlament.[149] Festgelegt wurde die Gedenkstunde als eine Feierstunde *im* Bundestag, nicht *des* Bundestages – und damit ohne Präsenzpflicht der Abgeordneten.[150]

Noch am Tag der Veranstaltung selbst wurde die Gedenkstunde von offenen Kontroversen begleitet. Die Fraktion der Grünen blieb der Sitzung im Bundestag fast vollständig mit der Begründung fern, sie protestiere gegen die Versuche, den 8. Mai zum „deutschen Heldengedenktag" umzufunktionieren.[151] Stattdessen fuhr eine Delegation der Grünen zusammen mit Überlebenden am 8. Mai nach Auschwitz, dem „einzig sinnvollen Ort, an dem junge Deutsche dieses Tages gedenken können", wie Antje Vollmer in ihrer dortigen Rede feststellte.[152] Lediglich der Grünen-Abgeordnete Otto Schily war in den Bundestag gekommen, er verließ aber zusammen mit einigen SPD-Abgeordneten den Plenarsaal in Bonn, weil auch der frühere Ministerpräsident Hans Filbinger, der 1978 wegen seiner umstrittenen Tätigkeit als NS-Marinerichter zurückgetreten war, unter den Anwesenden weilte. Ferngeblieben war auch der CSU-Abgeordnete Lorenz Niegel, der zur Begründung angab, der 8. Mai sei für „die überwältigende Mehrheit der Deutschen kein Tag der Befreiung". Die Kapitulation sei im „Erleben des deutschen Volkes einer der traurigsten Tage", ein „Tag der tiefsten Demütigung."[153]

Weizsäcker hielt seine live im Fernsehen übertragene Rede somit in einem kontroversen und damit für einen Bundespräsidenten schwierigen Umfeld.[154] Bereits die erste differenzierende Passage seiner Ansprache for-

---

148 WEIZSÄCKER 1988, S. 121.
149 Vgl. REICHEL 1995, S. 294; ALTENHÖNER 1996, S. 89.
150 Vgl. Der Spiegel vom 4.2.85, S. 27.
151 Vgl. z.B. Neue Zürcher Zeitung vom 10.5.85.
152 Zitiert nach: REICHEL 1995, S. 293.
153 Zitiert nach: ALTENHÖNER 1996, S. 89.
154 Zur optischen Präsentation der Rede Richard von Weizsäckers und deren Bilddramaturgie vgl. SCHILLER 1993a, S. 30ff.

mulierte einen hohen intellektuellen und ethisch-moralischen Anspruch an die Vergegenwärtigung der belasteten deutschen Vergangenheit.[155] An diesem Tag, so beginnt der Bundespräsident seine Rede, habe jedes Volk „seinem Schicksal gemäß" seine eigenen Gefühle: „Sieg oder Niederlage, Befreiung von Unrecht und Fremdherrschaft oder Übergang zu neuer Abhängigkeit, Teilung, neue Bündnisse, gewaltige Machtverschiebungen" – der 8. Mai 1945 sei „ein Datum von entscheidender historischer Bedeutung in Europa." Die Deutschen, so Weizsäcker, den Blick auf das eigene Land wendend, würden diesen Tag unter sich begehen,

> „und das ist notwendig. Wir müssen die Maßstäbe allein finden. Schonung unserer Gefühle durch uns selbst oder durch andere hilft nicht weiter. Wir brauchen und wir haben die Kraft, der Wahrheit, so gut wir es können, ins Auge zu sehen, ohne Beschönigung und ohne Einseitigkeit."

Für die Deutschen sei der 8. Mai „vor allem ein Tag der Erinnerung an das, was Menschen erleiden mußten." Zugleich sei er „ein Tag des Nachdenkens über den Gang unserer Geschichte. Je ehrlicher wir ihn begehen, desto freier sind wir, uns seinen Folgen verantwortlich zu stellen."

Nach der Differenzierung unterschiedlicher nationaler Rezeptionsformen wendet sich Weizsäcker der individuellen Ebene zu und erinnert – zum Teil wortgleich mit seiner Rede vom 8. Mai 1970 – an die disparaten biographischen Erfahrungen des 8. Mai, der deshalb „für uns Deutsche kein Tag zum Feiern" sei. Die Menschen, die ihn bewusst erlebt hätten, würden „an ganz persönliche und damit ganz unterschiedliche Erfahrungen" zurückdenken. „Der eine kehrte heim, der andere wurde heimatlos. Dieser wurde befreit, für jenen begann die Gefangenschaft." Viele seien „einfach nur dafür dankbar" gewesen, dass „Bombennächte und Angst vorüber und sie mit dem Leben davon gekommen waren." Andere hätten Schmerz empfunden „über die vollständige Niederlage des eigenen Vaterlandes. Verbittert standen Deutsche vor zerrissenen Illusionen, dankbar andere Deutsche für den geschenkten neuen Anfang." Es sei schwer gewesen, „sich alsbald klar zu orientieren. Ungewißheit erfüllte das Land. Die militärische Kapitulation war bedingungslos. Unser Schicksal lag in der Hand der Feinde."

Schon zu Beginn seiner Rede stellt Weizsäcker heraus, trotz dieser unterschiedlichen Empfindungen sei in der Rückschau nach 40 Jahren eine politische Bewertung im Sinne des Befreiungscharakters angemessen und notwendig. Gleichzeitig ordnet er Ursache und Wirkungen in historische Kontexte ein. Damit bezieht er in einer kontroversen öffentlichen Debatte

---

155 Vgl. zu folgendem: WEIZSÄCKER 1985a.

deutlich Stellung: „Erschöpfung, Ratlosigkeit und neue Sorgen" hätten 1945 die Gefühle der meisten gekennzeichnet.

„Und dennoch wurde von Tag zu Tag klarer, was es heute für uns alle gemeinsam zu sagen gilt: Der 8. Mai war ein Tag der Befreiung. Er hat uns alle befreit von dem menschenverachtenden System der nationalsozialistischen Gewaltherrschaft."

Niemand werde „um dieser Befreiung willen vergessen, welche schweren Leiden für viele Menschen mit dem 8. Mai erst begannen und danach folgten." Aber die Deutschen dürften „nicht im Ende des Krieges die Ursache für Flucht, Vertreibung und Unfreiheit sehen." Sie liege „vielmehr in seinem Anfang und im Beginn jener Gewaltherrschaft, die zum Krieg führte. Wir dürfen den 8. Mai 1945 nicht vom 30. Januar 1933 trennen." Ebenso klar äußert Weizsäcker sich zu der Form, in der dieser 40. Jahrestag begangen werden sollte. Er plädiert mit hohem moralischen Anspruch für eine „wahrhaftige" und verinnerlichte Form des Erinnerns: „Der 8. Mai ist ein Tag der Erinnerung." Erinnern bedeute, „eines Geschehens so ehrlich und rein zu gedenken, daß es zu einem Teil des eigenen Innern wird. Das stellt große Anforderungen an unsere Wahrhaftigkeit."

Weizsäckers Rede unterscheidet ferner nicht nur deutlicher zwischen Opfern und Tätern, als dies in sehr vielen anderen Reden der Fall war, er benennt vor allem die verschiedenen Opfergruppen ausdrücklich und ausführlich beim Namen. Damit wird er einer wichtigen Aufgabe des Gedenkens gerecht. Gleichzeitig verdeutlicht seine Aufzählung den eminent politischen Charakter dieser Rede. Der Bundespräsident bezieht zu heftig umstrittenen Fragen Stellung, etwa zum kommunistischen Widerstand, den er explizit in das Gedenken einbezieht. Der sechs Millionen ermordeten Juden gedenkt Weizsäcker an erster Stelle, andere Opfergruppen finden überhaupt zum ersten Mal Erwähnung in einer staatsrepräsentativen Gedenkrede der Bundesrepublik, z.B. die getöteten Homosexuellen und Geisteskranken. Zugleich vermeidet der Bundespräsident – seinem Amt gemäß – die provozierende Zuspitzung indem er alle und damit auch die deutschen Opfergruppen zusammen anspricht.

Zu dieser Kombination aus deutlicher Positionierung bei gleichzeitiger Einbettung in integrative Kontexte greift Weizsäcker auch in seinen Ausführungen über die Beteiligung der Deutschen an den Verbrechen. Zwar gebe es kaum einen Staat, der in seiner Geschichte immer frei „von schuldhafter Verstrickung in Krieg und Gewalt" geblieben sei. „Der Völkermord an den Juden jedoch ist beispiellos in der Geschichte." Die Ausführung dieser Verbrechen, so der Bundespräsident, habe in der Hand weniger gelegen und sei „vor den Augen der Öffentlichkeit" abgeschirmt worden. Nach diesen entlastenden Deutungsangeboten geht Weizsäcker zur Frage der Mitverantwortung über: „Aber jeder Deutsche konnte miterleben, was jüdische Mitbürger erleiden mußten, von kalter Gleichgültigkeit über versteckte Intoleranz bis zu offenem Haß." Wer „seine Ohren und Augen aufmachte, wer sich informieren wollte, dem konnte nicht entgehen, daß Deportationszüge rollten." In Wirklichkeit sei „zu den Verbrechen selbst der Versuch allzu vieler" getreten, „nicht zur Kenntnis zu nehmen, was geschah." Es habe viele Formen gegeben, „das Gewissen ablenken zu lassen, nicht zuständig zu sein, wegzuschauen, zu schweigen."

Auf diese Überlegungen aufbauend, gelangt Weizsäcker zu Reflexionen über Schuld und Verantwortung. Zunächst formuliert er eine Einschätzung, die er im Oktober 1985 in Israel wiederholen sollte: „Schuld oder Unschuld eines ganzen Volkes gibt es nicht. Schuld ist, wie Unschuld, nicht kollektiv, sondern persönlich." Der Bundespräsident belässt es aber nicht bei dieser Feststellung, sondern schließt Differenzierungsbemühungen zur Bestimmung von Schuld an: Es gebe „verdeckte und verborgen gebliebene Schuld von Menschen. Es gibt Schuld, die sich Menschen eingestanden oder abgeleugnet haben." Jeder, der den Nationalsozialismus „mit vollem Bewußtsein erlebt hat, frage sich heute im Stillen selbst nach seiner Verstrickung." An dieser Stelle plädiert der Bundespräsident somit für eine privatisierte Form der Schuldverarbeitung, die er in der abmildernden Kategorie der „Verstrickung" formuliert. Und er schließt die häufig gehörte Formulierung an: Der ganz überwiegende Teil der heutigen Bevölkerung sei „zur damaligen Zeit entweder im Kindesalter oder noch gar nicht geboren" und könne deshalb „nicht eigene Schuld bekennen für Taten, die sie gar nicht begangen haben. Kein fühlender Mensch erwartet von ihnen, ein Büßerhemd zu tragen, nur weil sie Deutsche sind." Erneut aber belässt es der Bundespräsident nicht bei dieser Beurteilung, wie es in zahlreichen anderen Gedenkreden der Fall war. Weizsäcker schließt die Feststellung an, „die Vorfahren" hätten dieser Generation „eine schwere Erbschaft hinterlassen. Wir alle, ob schuldig oder nicht, ob alt oder jung, müssen die Vergangenheit annehmen. Wir alle sind von ihren Folgen betroffen und für sie in Haftung genommen." Wiederholt spricht er die Bedeutung der Aufarbeitung der Vergangenheit als einen individuellen und gesellschaftlichen Selbstverständigungsprozess an – es gehe nicht darum, „Vergangenheit zu bewältigen. Das kann man gar nicht." Sie lasse sich schließlich „nicht nachträglich ändern oder ungeschehen machen." Wer vor der Vergangenheit die Augen verschließe, werde „blind für die Gegenwart. Wer sich der Unmenschlichkeit nicht erinnern will, der wird wieder anfällig für neue Ansteckungsgefahren." Mit erneut hohem moralischen Anspruch formuliert der Bundespräsident sein Erinnerungskonzept: „Für uns kommt es auf ein Mahnmal des Denkens und Fühlens in unserem eigenen Inneren an."

Weizsäcker stellt sich der anspruchsvollen Aufgabe, möglichst umfassend die Geschehnisse vor, während und nach den Jahren 1933 bis 1945 anzusprechen. Dieser Anspruch hat zur Folge, dass der Bundespräsident einerseits zu vielen historisch-politischen Kontroversen Stellung bezieht, andererseits so viele Aspekte anspricht, dass im Ergebnis jeder Zuhörer eigene Identifikationsmöglichkeiten finden konnte. Seine Rede spitzt zu und integriert zugleich. Sie hatte vor allem deshalb eine hohe Integrationswirkung, weil Weizsäcker, bei aller Konkretheit in der Beurteilung der deutschen Verbrechen, auch zahlreiche entlastende Aspekte benennt, die erinnerungspolitisch keineswegs unproblematisch sind. Dazu gehört sein Hinweis, die Ausführung der Verbrechen habe „in der Hand weniger" gelegen und sei „vor den Augen der Öffentlichkeit" abgeschirmt worden. Ferner die Personalisierung auf Hitler und der entlastende Hinweis auf das Verhalten des Auslandes: Weizsäcker stellt fest, „auf dem Weg ins Unheil" sei Hitler „die treibende Kraft" geworden, er habe Massenwahn erzeugt und genutzt. „Eine schwache Demokratie war unfähig, ihm Einhalt zu gebieten." Die „europäischen Westmächte, nach Churchills Urteil ‚arglos, nicht schuldlos'", hätten „durch Schwäche zur verhängnisvollen Entwicklung" beigetragen. Schließlich wendet auch Weizsäcker den Blick auf die Opfer der Deutschen, freilich nicht, ohne diese Frage zu kontextualisieren: Viele andere Völker seien „zunächst Opfer eines von Deutschland ausgehenden Krieges" geworden, „bevor wir selbst zu Opfern unseres eigenen Krieges wurden." In diesen Passagen der Weizsäcker-Rede wird erneut deutlich, dass die Betrachtung des Krieges zu anderen Lesarten des 8. Mai führt als die Betrachtung des Nationalsozialismus. Immerhin aber spricht Weizsäcker von „unserem eigenen Krieg". An wenig exponierter Stelle spricht er eine Frage an, die die Diskussionen um den 8. Mai 1945 bis heute begleitet. „Bei uns selbst wurde das Schwerste den Heimatvertriebenen abverlangt. Ihnen ist noch lange nach dem 8. Mai bitteres Leid und schweres Unrecht widerfahren."

Der klaren Positionierung zur Befreiungslesart entspricht Weizsäckers Stellungnahme zur Debatte darüber, ob es 1945 eine „Stunde Null" gegeben habe. Auch in dieser Frage unterscheidet er sich von vielen anderen Rednern zum 8. Mai: „Es gab keine ‚Stunde Null', aber wir hatten die Chance zu einem Neubeginn." Er unterscheidet sich ebenso in seinen Schlusssätzen von den meisten seiner Vorredner, da er hier – auf seine Eingangsworte zurückkommend – erneut einen sehr viel höheren politischen, intellektuellen und moralischen Wahrheitsanspruch vertritt:

"Ehren wir die Freiheit. Arbeiten wir für den Frieden. Halten wir uns an das Recht. Dienen wir unseren inneren Maßstäben der Gerechtigkeit. Schauen wir am heutigen 8. Mai, so gut wir es können, der Wahrheit ins Auge."

Weizsäckers Rede am 8. Mai 1985 war innerhalb der ihm gestellten integrativen Aufgabe der Repräsentanz der ganzen Bevölkerung eine erstaunlich deutlich Stellung beziehende umfassende Reflexion über das Verhältnis der Deutschen zu ihrer Vergangenheit. Innerhalb eines antagonistischen erinnerungspolitischen Umfeldes plädierte er für Erinnerungsformen und Wertorientierungen, die keineswegs unumstritten waren. Kein Bundespräsident vor und nach ihm hat sich auf diese Weise in die öffentlichen Diskurse eingeblendet. Weder brachte Weizsäcker eine allgemein zustimmungsfähige Lesart des 8. Mai zum Ausdruck noch schuf er einen gesellschaftlichen Konsens in der Beurteilung dieser Zäsurerfahrung. Sein deutliches Bekenntnis zur Bewertung als Tag der Befreiung ist bis heute Gegenstand politischer Auseinandersetzungen. Dies vor allem deshalb, weil Weizsäcker den Begriff der Befreiung nicht nur als Ausdruck einer politisch-systemischen Wende zur Demokratie verwendete, was schon für sich keineswegs Konsens war. Wie auch in einer späteren Rede dieses Bundespräsidenten deutlich wurde, verstand er ihn umfassender zugleich als innere Befreiung zur „Wahrheit": „Die Befreiung" so Weizsäcker im Oktober 1988, vollende sich „gerade darin, sich in Freiheit der Wahrheit zu stellen, sich von ihr überwältigen zu lassen."[156]

7.4 Die Rezeption der Weizsäcker-Rede

Mit der Rede des Bundespräsidenten waren die Auseinandersetzungen um den 8. Mai im Jahre 1985 keineswegs beendet. Vielmehr lässt sich die zeitgenössische Rezeption dieser Rede als letzter Akt des 40. Jahrestages beschreiben. Sie erfuhr unmittelbar große Anerkennung und Verbreitung – eine öffentliche Resonanz, die für eine politische Gedenkrede ganz ungewöhnlich war und ist. Allein vom „Bulletin" des Presse- und Informationsamtes der Bundesregierung, das den Redetext enthielt, wurden 200.000 Exemplare gedruckt. Die Bundeszentrale für Politische Bildung kündigte unmittelbar nach der Rede an, 250.000 Hefte mit dem vollen Wortlaut zu drucken. Ebenso kündigte die Deutsche Philipps-Gesellschaft an, eine Schallplattenausgabe herauszugeben.[157] An vielen Schulen wurde die Rede

---

156 WEIZSÄCKER 1988, S. 121.
157 Vgl. NAUMANN 1985c, S. 644.

des Bundespräsidenten kostenlos verteilt, insgesamt wurden allein bis Ende 1986 zwei Millionen Exemplare in Umlauf gebracht.[158]

Das zeitgenössische Rezeptions-Phänomen bestand jedoch nicht allein in der ungewöhnlich hohen Auflage, mit der diese Rede verbreitet wurde, sondern auch darin, dass sie unmittelbar anschließend positiv als eine wichtige, geradezu zäsurhafte Rede aufgenommen wurde.[159] So tagte etwa der Niedersächsische Landtag am Folgetag, am 9. Mai 1985. Zu Beginn der Plenarsitzung hob Vizepräsident Bosse explizit „die großartige Rede" des Bundespräsidenten vom Vortag hervor, sie habe ihn „tief bewegt."[160] Anerkannt wurde in den meisten Kommentaren, dass Weizsäcker keine unverbindliche Ansprache, sondern eine eminent politische Rede gehalten hatte – dies erklärt wohl vor allem die große Resonanz in der Presse. In der „Badischen Zeitung" hieß es am 9. Mai 1985, jeder solle diese Rede lesen und sich einprägen. Sie sei eine „Geschichtslektion, die befreien kann vom Krampf des Verdrängens, eine der großen politischen Reden dieser Republik" und „in einer Zeit dumpfer populistischer Politik ein unerwartetes Geschenk."[161] Am selben Tag wies auch die „Süddeutsche Zeitung" dieser Rede bereits historischen Rang zu. Gestern sei „alles Notwendige gesagt" worden – „und (daher die befreiende Wirkung!) darüber hinaus noch einiges mehr, mit der Kraft der geistigen Disziplin und der einfühlsamen Humanität."[162]

Auch in kleineren Regionalzeitungen, wie exemplarisch im „Volksblatt Berlin", wurde die Rede geradezu euphorisch aufgenommen: Wenn es je Anlass gegeben habe, „Gesagtes auch noch zu broschüren", dann in diesem Fall. Weizsäckers Rede gehöre „dokumentarisch in die Hände der Kriegs- wie der Nachkriegsgeneration." Hätte diese Rede am Anfang der Bonner Gedenkfeiern zum 8. Mai gestanden, hätte sie „manche Peinlichkeit, die Bundeskanzler Helmut Kohl mit seinen fernsehgerechten Versöhnung-über-den-Gräbern-Inszenierungen dieser Republik wie dem amerikanischen Präsidenten bescherte, übertönen können." Immerhin komme sie nicht zu spät, „um manchen fatalen Zungenschlag, wie er in den vergangenen Tagen aus Politikermund wie aus den Mündern sich übersättigt fühlender Bürger kam, zu korrigieren."[163] Auch Heinrich Böll stellte einen Monat später fest,

---

158 Vgl. Einleitung der Herausgeber in: GRIX/KNÖLL 1987, S. XVIII; ALBRECHT 1986, S. 5.
159 Vgl. als Sammelband, der Weizsäckers Rede zum Anlass nimmt, sich mit deren Themenfeldern im Detail auseinander zu setzen. GRIX/KNÖLL 1987. Vgl. zur Wirkungsgeschichte der Rede z.B. GILL/STEFFANI 1986.
160 Niedersächsischer Landtag, 10. Wahlperiode, 81. Plenarsitzung am 9. Mai 1985. Stenographische Berichte, Band 7, Hannover 1985, S. 7623.
161 Zitiert nach: GRIX/KNÖLL 1987, S. XVII.
162 Zitiert nach: Ebd., S. XV.
163 Hans Höppner: Geschichte läßt sich nicht spalten, in: Volksblatt Berlin vom 12.5.85.

durch Weizsäckers Rede habe die „Woche der Peinlichkeiten" dann doch noch einen „würdigen Abschluß" gefunden. Weizsäcker habe in seiner Rede „aufgeräumt und zurechtgerückt", sie sollte „in die Schulbücher eingehen als die bestmögliche Einführung, auch Einstimmung in die Beschäftigung mit der Geschichte des Nazireichs." Die Bundesdeutschen sollten nun wissen, „was sie den Opfern des Krieges, und nicht nur ihren eigenen, schulden."[164]

Neben der Abgrenzung zu den Konfliktfeldern des 40. Jahrestages, vor allem der Bitburg-Inszenierung, wurde häufig auf die politische Herkunft des Bundespräsidenten verwiesen, um den ungewöhnlichen Charakter seiner Rede zu kennzeichnen: Jürgen Leinemann kommentierte im „Spiegel", Richard von Weizsäcker, ein „konservativer Mann der Union", habe mit seiner Rede deutlich gemacht, dass „die Grenzen noch keineswegs klar durch Parteiherkunft oder Zugehörigkeit bestimmt werden."[165] Im „Deutschen Allgemeinen Sonntagsblatt" konstatierte Werner A. Perger empirisch unzutreffend, zum ersten Mal werde in dieser Rede „der 8. Mai 1945 ein ,Tag der Befreiung' genannt, im bewußten Widerspruch zu einer breiten Strömung im politischen Herkunftslager des Präsidenten." Als eine weitere Schlüsselstelle der Rede bezeichnet Perger die Feststellung: „Wir dürfen den 8. Mai 1945 nicht vom 30. Januar 1933 trennen." Wenn zu diesem Satz, so fragt Perger sich, „heute politischer Mut gehört, was sagt dies dann aus über das Umfeld und die Atmosphäre, in die hinein die Rede gesprochen wird?"[166] Dass einige der Inhalte der Weizsäcker-Rede – z. B. die Kennzeichnung als Tag der Befreiung und der Bezug auf den 30. Januar 1933 – auf staatlich-offizieller Ebene der Bundesrepublik faktisch kein Novum waren, wurde im Jahre 1985 (und auch in der nachfolgenden Rezeptionsgeschichte) weitgehend übersehen.

Selbst der Teil der politischen Publizistik, der das Gedenkjahr 1985 insgesamt oder offizielle Erinnerung generell negativ-kritisch kommentierte, rezipierte Weizsäckers Rede mehrheitlich positiv. So urteilte etwa Klaus Naumann im Juni 1985, die Rede des Bundespräsidenten verdiene das Aufsehen, das sie erregt habe. Er stellt zeitgenössisch – und sicher zutreffend – fest, das „Bitburger Debakel" habe dazu beigetragen, der Rede des Bundespräsidenten einen hohen Stellenwert zu verschaffen. Für Naumann sorgte das „skandalöse Verhalten der Bundesregierung" dafür, dass die Worte

---

164 BÖLL 1985b, S. 281f. (Kommentar im Südwestfunk am 2.6.85, Erstveröffentlichung in der Frankfurter Rundschau vom 8.6.85).
165 Jürgen Leinemann: „Möglichkeiten, das Gewissen abzulenken", in: Der Spiegel vom 13.5.85, S. 24–26, S. 26.
166 Werner A. Perger im „Deutschen Allgemeinen Sonntagsblatt" vom 26.6.85, zitiert nach: GRIX/KNÖLL 1987, S. XV.

Weizsäckers „auch dort Aufmerksamkeit fanden, wo sie – an europäischen Maßstäben gemessen – schlechthin Selbstverständliches zur Sprache brachten." Gerade darin könne „das Außergewöhnliche dieser Rede gesehen werden: in der *Annäherung an das in West- und Osteuropa längst Selbstverständliche.*" Mit dieser letzten Feststellung verkürzt Naumann Weizsäckers Rede auf die schlichte Terminologie – Weizsäcker füllte den Befreiungsbegriff mit ganz anderen Inhalten als Naumanns Bezugsgröße Osteuropa. Eine Rede dieser Differenziertheit und Reflexivität wurde dort bis zum Ende der 1980er Jahre gerade nicht gehalten. Insofern bringt auch dieses Urteil nicht mehr als die nur begrenzt erkenntnisreiche Auseinandersetzung um Begriffe zum Ausdruck. Insgesamt bewertet Klaus Naumann die Rede des Bundespräsidenten äußerst positiv als „das Angebot zu einem die sozialen und politischen Gegensätze übergreifenden, nationalen ‚Basiskonsens' im Hinblick auf den historischen Ort und das aktuelle Selbstbild dieser Republik und ihrer Bürger."[167]

Selbstverständlich ist mit diesen positiven Kommentaren nicht das ganze zeitgenössische Rezeptionsspektrum beschrieben. Neben ambivalent-zustimmenden Kommentaren – in der „Stuttgarter Zeitung" hieß es etwa am 9. Mai 1985, die Worte Weizsäckers seien „in der erniedrigenden Erinnerung Grund zu ein wenig Stolz"[168] – erfuhr diese politische Rede auch inhaltliche Kritik bis hin zu vehementer Ablehnung. In der „Welt" vom 9. Mai 1985 vermisste etwa Wilfried Hertz-Eichenrode „die Sehschärfe des Blicks auf die Gegenwart." Zwar werde „das Auge zu Recht auf die Vergangenheit gelenkt", in der Rede werde alles, was gesagt werden müsse, gesagt. Aber „die Aussagen zur Gegenwart gewinnen keine Kontur." Wie jedoch könne man insbesondere der Jugend die Verantwortung für das, was damals geschah, „auf die Schultern legen, wenn man ihr den Blick in die Gegenwart verschleiert?"[169]

Die Kommentare in der Zeitschrift „Der Schlesier" vom 17. Mai 1985 kritisierten insbesondere die Passagen, in denen der Bundespräsident die Themen Flucht und Vertreibung ansprach und in denen die Verbindung vom 8. Mai 1945 zum 30. Januar 1933 hergestellt wurde. Martin Jenke etwa fragte, ob denn die deutsche und europäische Geschichte erst am 30. Januar 1933 angefangen habe. Wie könne „der heutige Bundespräsident bei diesem geschichtlichen Rückblick das Versailler Diktat außer acht lassen?" Auch hinsichtlich der Ursachen des Zweiten Weltkrieges mache er es sich „sehr einfach, wenn er alle Schuld allein Hitler und Deutschland aufbürdet." Im

---
167 NAUMANN 1985c, S. 644f. (Hervorhebungen im Original).
168 Zitiert nach: GRIX/KNÖLL 1987, S. XVII.
169 Zitiert nach: Ebd., S. XIV.

übrigen müsse sich der Bundespräsident fragen lassen, wo denn sein damaliger Widerstand gewesen sei, wenn er behaupte, die Deportationszüge seien niemandem verborgen geblieben. Weizsäcker betreibe „Vergangenheitsbewältigung auf Kosten des deutschen Volkes".[170] In einem anderen Kommentar dieser Ausgabe des „Schlesiers" kritisierte Karlheinz Bruns, die „Verhandlungs- und Ansprechpartner im kommunistischen Ostblock" wüssten solche „Gesten permanenter Devotion stets für ihre Ziele auszunutzen."[171]

Die trotz dieser Beispiele ganz überwiegend positive Rezeption der Weizsäcker-Rede hat sich mit zeitlichem Abstand zu ihr sogar noch verstärkt. Bis heute ist keine andere politische Gedenkrede in Deutschland umfassender kommentiert und rezipiert worden. Weizsäcker habe in seiner Rede „ein Zeichen des Geschichtsbewußtseins" gesetzt, das „die billige Polarisierung und die vage Harmonisierung" hinter sich gelassen habe, so Karl-Ernst Jeismann im Jahr 1986.[172] In anderen Rückblicken wird als Hauptmerkmal herausgestellt, die Rede habe „die Inszenierung von Bitburg in ihren Kerngehalten frontal" angegangen[173] bzw. die „schiefe Erinnerungspolitik" von Bitburg „mit einer sorgsam differenzierenden Reflexion" beantwortet.[174] Weizsäcker habe damit einen „Kontrapunkt zu Kohls Gedächtnispolitik" gesetzt.[175] Hermann Glaser stellt rückblickend drei wesentliche Charakteristika der Weizsäcker-Rede heraus, die er als „unbequeme Wahrheiten" bezeichnet: „Die Priorität des Befreiungsmotivs, die ungeteilte Reverenz gegenüber allen Opfern des Nationalsozialismus und die kritische Bewertung des Mitläufertums."[176] Kritische Betrachtungen der Weizsäcker-Rede werden retrospektiv nur selten formuliert. Als eines der wenigen Beispiele spricht Volker Ackermann davon, in dieser Rede habe es „an euphemistischen Umschreibungen und Auslassungen" nicht gefehlt. Im Besonderen kritisiert Ackermann, dass Weizsäcker „die noch bis weit in den Krieg hinein reichende hohe Zustimmung der meisten Deutschen zur NS-Herrschaft" nicht erwähnt habe. „Irreführend und beschönigend" sei auch die Behauptung des Bundespräsidenten gewesen, „die Ausführung des Judenmordes habe in der Hand weniger Menschen gelegen."[177] Ackermann spricht damit zutreffend Defizite dieser Rede an, der er, in Anlehnung an Peter Reichel, deshalb zwar

---

170 Martin Jenke: Was Weizsäcker leider nicht sagte („Der Schlesier" vom 17.5.85), zitiert nach: Blätter für deutsche und internationale Politik, Heft 6/1985, S. 766
171 Karlheinz Bruns: Weizsäcker an die Adresse der Heimatvertriebenen („Der Schlesier" vom 24.5.85), zitiert nach: Blätter für deutsche und internationale Politik, Heft 6/1985, S. 768.
172 JEISMANN 1986, S. 15.
173 FUNKE H. 1995, S. 39.
174 ASSMANN A./FREVERT 1999, S. 270.
175 DUBIEL 1999, S. 206.
176 GLASER 1997, S. 30.
177 ACKERMANN V. 1997, S. 318.

einen politischen, aber keinen provokativen Charakter zuschreibt.[178] Ob die Provokation eine Intention der Rede eines Bundespräsidenten sein sollte, ist indes zweifelhaft.

Auch die nachfolgenden staatlich-repräsentativen Bezüge auf diese Rede finden in der deutschen Geschichte nach 1945 kein Äquivalent. Für Ernst Benda, den ehemaligen Präsidenten des Bundesverfassungsgerichts, gehört sie „zu den bedeutendsten Ereignissen in der Geschichte der Bundesrepublik".[179] Als Ministerpräsident bezeichnete Johannes Rau im April 1995 die Rede gar als „wirkliches Jahrhundertereignis".[180] Weizsäckers Benennung unterschiedlicher Opfergruppen ist heute am Eingang der „Neuen Wache" in Berlin eingraviert, dem offiziellen Mahnmal der Bundesrepublik für die „Opfer von Krieg- und Gewaltherrschaft". Auch wenn Weizsäckers Rede dabei nicht explizit als Quelle genannt wird, ist diese Inschrift ein sehr gutes Beispiel für ihre weit in die Gegenwart reichende Bedeutung und Anerkennung.

Zugleich ist die eingemeißelte Inschrift auch ein Inbild für die Kanonisierung dieser Rede und gleichsam auch für deren Alibi- und Stellvertreterfunktion, die ihr bis heute häufig dort zukommt, wo eine eigenständige Auseinandersetzung mit der Vergangenheit unterlassen wird. Dieser Stellvertretercharakter – auf den im Verlauf dieser Studie noch zurückzukommen sein wird – lässt sich z.B. anhand einer Randnotiz verdeutlichen: Am 16. Januar 2001 erklärte Bundesaußenminister Joseph Fischer als Zeuge in einem RAF-Terrorismus-Prozess, Ende der 1960er Jahre habe man gegen die Bundesrepublik wegen des Schweigens über den Nationalsozialismus einen „Kontinuitätsverdacht" gehegt. Er sehe das heute anders, halte aber die damalige Einstellung weiterhin für legitim. Dabei greift er zu einer unhistorisch-absurden Alibikonstruktion: Hätte Richard von Weizsäcker seine berühmte Rede von 1985 schon 1965 gehalten, „dann säßen wir alle heute nicht hier."[181]

7.5 Zu schön, um wahr zu sein?

Wird die Rede des Bundespräsidenten am 8. Mai 1985 bis heute in einem ganz ungewöhnlichen Maße fast konsensual positiv bewertet, so gilt dies keineswegs für retrospektive Bewertungen des 40. Jahrestages insgesamt.[182] So bilanzierte z.B. Norbert Seitz das Gedenkjahr 1985 als „unwürdig".

---

178 Vgl. ebd. Ackermann bezieht sich dabei auf REICHEL 1995, S. 296.
179 Vorwort in: GRIX/KNÖLL 1987, S. VII.
180 Johannes Rau: Interview im Deutschlandfunk am 18. April 1995, in: Fernseh- und Hörfunkspiegel Inland des Presse- und Informationsamtes der Bundesregierung vom 18.4.95.
181 Zitiert nach: Frankfurter Allgemeine Zeitung vom 17.1.01.
182 Vgl. z.B. die bitter-ironische, zuweilen zynische Bilanz bei DEMSKI 1987.

Eher politisch-polemisch als kritisch-empirisch stellt er fest, die Regierung Kohl habe, selbst wenn sie es gewollt hätte, des 8. Mai gar nicht gedenken können. Denn „im Zeitalter des heraufbrechenden Neokonservativismus" habe die Bundesregierung die Gedenkwürdigkeit des 8. Mai „längst neopatriotisch dementiert". Sie habe, so Seitz, „ein PR-gerechtes Staatstheater" inszeniert und gleichzeitig dessen Anlass, den 8. Mai 1945, „loszuwerden" versucht, eine „feierliche Um-Gehung des 8. Mai im Zeichen seiner Begehung". Im Ergebnis sei der 8. Mai „restlos zerredet, entwürdigt und damit historisch nach 40 Jahren erledigt worden."[183] Dem sehr viel vielschichtigeren Gedenkjahr 1985 wird Seitz mit dieser Bilanz empirisch nicht gerecht.

Ähnliches gilt für Dietmar Schirmer, der den 40. Jahrestag rückblickend als einen Tag „zwischen Lübbes Klage und Noltes Geschichtsprogramm" bewertet.[184] In dieser Linie markiere der 8. Mai 1985 einen Wendepunkt: Während Lübbe „noch nach den alten Regeln der Vergangenheitsbewältigung durch Abwehr" verfahren sei, habe die Debatte um Bitburg „bereits vieles von der neuen Geschichtsdeutung vorweg" genommen, „die Nolte und ein Teil seiner Fachkollegen später mit wissenschaftlicher Autorität auszustatten und in den Rang eines Faktums zu heben" versucht hätten.[185] Diese Feststellungen Schirmers treffen für Teile des Gedenkjahres 1985 zu. Bemerkenswert ist jedoch, dass bei der Bilanzierung des 40. Jahrestages die Weizsäcker-Rede nicht einmal erwähnt, geschweige denn analysiert wird. Sie könnte immerhin als ein prägnantes Gegenbeispiel zu der hier diagnostizierten Entwicklung verstanden werden. Gleiches gilt für Edgar Wolfrum, der berechtigte Kritik an der Bitburg-Zeremonie formuliert, bei der Bilanzierung des Gedenkjahres 1985 freilich nicht einmal in einem Seitenblick auf die Rede des Bundespräsidenten, die Wolfrums These des „Kults um den Nationalstaat" entgegensteht, hinweist.[186] Zwar lassen sich die mehrdimensionalen, in ihren erinnerungspolitischen Ausrichtungen antagonistischen Debatten nicht einebnen und in eine Art präsidial-offiziellen Konsens überführen. Andererseits kann der 40. Jahrestag des 8. Mai ohne Berücksichtigung der Weizsäcker-Rede nicht angemessen bilanziert werden. Es ist bemerkenswert genug, dass diese tatsächlich epochemachende Rede zu einem Gedenktag gehalten wurde, der bis dahin kaum im offiziellen Gedenken gewürdigt wurde. Sie verdeutlicht, dass der 8. Mai 1945, einmal als Gedenktag entdeckt und umfassend ausgedeutet, ein großes erinnerungspolitisches Potential enthält.

---

183 SEITZ 1985b, S. 9, S. 18 bzw. S. 24.
184 Schirmer bezieht sich auf LÜBBE 1983.
185 SCHIRMER 1988, S. 190.
186 Vgl. WOLFRUM 2000, S. 239f.

Die große Resonanz erklärt sich vor allem aus den kontroversen Kontexten des Jahres 1985, in dem – verkürzt formuliert – am Ende „Bitburg" gegen „die Rede" stand.[187] Hinzu kam, dass Weizsäckers Rede angesichts seiner politischen Herkunft häufig als ungewöhnlich betrachtet wurde. Dieser Einschätzung lag und liegt jedoch erstens ein falsches Verständnis der Aufgaben eines Bundespräsidenten und zweitens eine verkürzende, parteipolitisch-instrumentelle Analyse des Gedenkens an den Nationalsozialismus zugrunde. So hält es etwa Heinrich August Winkler für bemerkenswert, dass sich ein Staatsoberhaupt, „das aus der Union hervorgegangen war", mit „konservativen Deutungen deutscher Geschichte beinahe so kritisch" auseinandergesetzt habe „wie eineinhalb Jahrzehnte zuvor der sozialdemokratische Bundespräsident Gustav Heinemann."[188] Weder lassen sich Reden der Bundespräsidenten allein parteipolitisch ausdeuten, noch kann empirisch davon die Rede sein, dass Heinemann ein kritisch-reflexiveres Geschichtsbild als Weizsäcker vertreten hatte. Schon zeitgenössisch stellte dagegen Alfred Grosser zutreffend fest, mit einer „Rechts-Links-Einteilung" habe es „wenig zu tun, daß es eine enorme Diskrepanz gibt zwischen zweierlei Arten, den 8. Mai und die damalige Katastrophe darzustellen".[189] Für diese Feststellung muss der Blick nicht einmal auf die Rede des Bundespräsidenten gelenkt werden. Sie findet innerhalb des „konservativen Lagers" z.B. im Vergleich der Rede von Bundeskanzler Kohl in Bergen-Belsen und den Äußerungen des bayerischen Ministerpräsidenten Strauß einen anschaulichen Beleg – diese beiden Reden haben inhaltlich nur sehr wenig gemeinsam.

Retrospektiv betrachtet ergibt sich die anhaltende Bedeutung der Rede Richard von Weizsäckers wohl vor allem daraus, dass sie für eine Gedenkrede eine bis dahin kaum gekannte Konkretheit und nur wenig konsensgenerierende Leerformeln aufwies. So tauchte etwa die sehr häufig verwendete Formel „wir haben aus der Geschichte gelernt" in Weizsäckers Rede nicht auf. Vielmehr versuchte er zu entwickeln, was hinter dieser Leerformel eigentlich an konkreten Inhalten stehen könnte. Uwe Pörksen verweist in seinem Essay zur politischen Rede auf ein Wort von Aristoteles: „Die Darlegung wird dann befriedigen, wenn sie jenen Klarheitsgrad erreicht, den der gegebene Stoff gestattet."[190] In diesem Sinne lässt sich festhalten, dass erst Richard von Weizsäcker den „Klarheitsgrad" erreichte, den das gegebene Thema, der 8. Mai 1945, auch seinen zahlreichen Vorrednern gestattet hätte.

---

187 So NAUMANN 1998, S. 231.
188 WINKLER 2002b, S. 442.
189 GROSSER 1985, S. 22.
190 PÖRKSEN 2002, S. 76.

Weizsäcker zollte den unterschiedlichen Empfindungen und Erinnerungen der Erlebnisgenerationen des Jahres 1945 seinen Respekt und bestand zugleich auf einer politisch eindeutigen Charakterisierung des 8. Mai als „Tag der Befreiung". Dieser Aspekt, obwohl bis heute so rezipiert, ist jedoch keineswegs der „neue" oder „originelle" Kern seiner Rede. Dieser besteht eher darin, dass der Bundespräsident umfassend und differenziert die Opfer des Nationalsozialismus ansprach. Dabei gedachte er auch der deutschen Opfer vor und nach 1945, indem er diese als eine Gruppe von vielen und keineswegs in exponierter Position ansprach. Für eine staatlich-offizielle Rede in der Bundesrepublik bis 1985 ungewöhnlich war auch der große Stellenwert, den Weizsäcker der ehrlichen und kritischen Erinnerung an den Nationalsozialismus für die politische Kultur der Demokratie einräumte. All dies tat er „aus der Perspektive der ihre Verantwortung reflektierenden Tätergeneration"[191] – in dieser konsequenten Form eine Art Paradigmenwechsel in der offiziellen bundesdeutschen Erzählhaltung.

Damit eng zusammenhängend und das Bemerkenswerteste an dieser Rede, rückte Richard von Weizsäcker die Fragen nach Schuld und Verantwortung des Einzelnen in den Mittelpunkt öffentlich-offizieller Reflexionen über die deutsche Vergangenheit. Diese Schuldperspektive war es, die den Weizsäckerschen Befreiungsbegriff zumindest auf staatlich-repräsentativer Ebene mit einem neuem Bedeutungsgehalt füllte. Nicht der Terminus selbst, den er keineswegs als erster in das offizielle Gedenken einführte, war neu oder ungewöhnlich. Neu war die inhaltliche Ausdeutung des Begriffs, der Anspruch, sich in Freiheit der Wahrheit zu stellen. Insofern ist eine Behauptung von Aleida Assmann unzutreffend, nach der sich „in diesem Fall" – was Aufmerksamkeit und Terminologie für dieses Gedenkdatum betrifft – das „Geschichtsbewußtsein der BRD ausnahmsweise einmal an das der DDR angeglichen" habe.[192] Das Geschichtsbewusstsein lediglich anhand der Begriffe und der offiziellen und öffentlichen Aufmerksamkeit zu beurteilen, greift entscheidend zu kurz. Der Weizsäckersche Befreiungsbegriff hatte mit dem Erich Honeckers oder Horst Sindermanns so gut wie nichts gemeinsam.

Für Uwe Pörksen ist eine „gute Rede" eine, „die auf der Ebene der Sprache das richtige Wort wählt, aber zugleich auf der Ebene der Sache, in einer bestimmten Situation, das angemessene Wort findet." Eine „außerordentliche Rede" sei diejenige, „der auf dieser Basis eine Neuorientierung, ein Schritt voran gelingt."[193] In diesem Sinne ist die Weizsäcker-Rede eine außer-

---

191 DUBIEL 1999, S. 209.
192 ASSMANN A./FREVERT 1999, S. 302, Fn. 102.
193 PÖRKSEN 2002, S. 42.

ordentliche Rede. Deshalb trifft es ebenfalls nicht zu, dass Weizsäcker, wie Jeffrey Herf behauptet, die „auf Heuss zurückgehende Tradition der Erinnerung" erneuerte.[194] Vielmehr schuf er eine neue Form der staatlich-repräsentativen Erinnerung an den Nationalsozialismus. Ob das unmittelbar einsetzende und bis in die Gegenwart andauernde Interesse an dieser Rede tatsächlich als „Katharsis in der deutschen Nachkriegsgeschichte"[195] bezeichnet werden kann, sei dahingestellt. Wohl eher trifft das abwägende Urteil Peter Steinbachs zu, der im Jahre 1995 resümierte, Weizsäcker habe es „augenscheinlich verstanden, durch eine deutliche Aufnahme ambivalenter Argumentationsmuster eine breitere Öffentlichkeit anzusprechen und so deutlich zu machen, daß auch in einer pluralistischen Gesellschaft ein gemeinsames Gedenken über politische Scheidelinien möglich war."[196] Dennoch, so hält auch Steinbach fest, blieb das geschichtspolitische Klima auch nach dieser Rede gespannt. In mancher Hinsicht verstärkten sich die Spannungen danach erst. Weizsäckers Rede kann nicht als pars pro toto gelten, sie brachte den Stand der bundesdeutschen Erinnerungskultur nicht exemplarisch zum Ausdruck.

Es bleibt die Frage, warum 40 Jahre nach dem Ende von Nationalsozialismus und Zweitem Weltkrieg das Gespür für die Bedeutung des 8. Mai in diesem Maße erwacht ist. So wundert sich z.B. Andreas Wöll, warum „nicht der Emigrant Willy Brandt zum großen Deuter des 8. Mai" geworden sei, „warum nicht der in der Bewertung des Tages die eigentliche Zäsur setzende Walter Scheel" in Erinnerung geblieben sei, sondern „der Aristokrat und ehemalige Wehrmachtsoffizier Richard von Weizsäcker?" Warum habe die Rede von der Befreiung 1985 in solch einem Ausmaß verfangen, „wo ähnliche Worte bereits zehn Jahre zuvor ausgesprochen worden waren?"[197] Wenngleich diese Fragestellungen wenig empirisch sind, beschreibt gleichwohl ein Phänomen, das, soweit das in Bezug auf Konjunkturen der Erinnerung überhaupt möglich ist, nach Erklärungen sucht.

Für Jan Assmann lässt sich mit einiger Evidenz beobachten, dass nach einem Zeitraum von 40 Jahren ein Einschnitt in der Erinnerungskultur erfolgt. Das Ende einer Zeitzeugengeneration stelle immer eine Schwelle dar, denn nach 40 Jahren „treten die Zeitzeugen, die ein bedeutsames Ereignis als Erwachsene erlebt haben", in ein Alter ein, „in dem die Erinnerung

---

194 HERF 1998, S. 396.
195 Einleitung der Herausgeber in: GRIX/KNÖLL 1987, S. XVIII.
196 STEINBACH 1995b, S. 122. Diese Einschätzung Steinbachs lehnt Volker Ackermann explizit ab, weil er in der Rede Weizsäckers keine „ambivalenten Argumentationsmuster" zu erkennen vermag. (vgl. ACKERMANN V. 1997, S. 318f.).
197 WÖLL 1997a, S. 127.

wächst und mit ihr der Wunsch nach Fixierung und Weitergabe."[198] In diesem Zusammenhang wird häufig auf das Deuteronomium Bezug genommen, das 5. Buch Mose, das als grundlegend für die Entstehung einer kollektiven jüdischen Erinnerungskultur oder gar als „Paradigma kultureller Mnemotechnik"[199] betrachtet wird.[200] Hier habe am Ende der 40-jährigen Wanderschaft durch die Wüste das Abtreten der Generation der Zeitzeugen des Auszugs aus Ägypten bevor gestanden. Sie waren „nun die Alten geworden, mit deren Tod die lebendige Erinnerung an die Ereignisse des Auszugs, des Bundesschlusses am Sinai und der Wüstenwanderung verlorengehen wird."[201] Ihnen werde deshalb eingeschärft, nicht zu vergessen, was sie erlebt und gesehen haben.

Dies ist ein Bezug, den auch Weizsäcker in seiner Rede explizit herstellte[202] und den in der DDR Landesbischof Johannes Hempel in einer Predigt in Dresden aus Anlass des 40. Jahrestages der Bombardierung der Stadt aufgriff. Hempel verglich die Lage seiner Landsleute mit dem Volk Israel, das nach 40-jähriger Knechtschaft den Weg aus der ägyptischen Gefangenschaft quer durch die Wüste antreten durfte und sich dennoch unglücklich gefühlt habe. Auch die Christen seien 1945 „heilfroh" gewesen, „aus der Nazi-Zeit herausgerettet worden" zu sein. Aber auch für sie sei der Weg danach das Problem gewesen: „Die Landschaft ist nicht sehr angenehm. An unseren Füßen sind Blasen. Wir sehen viel Gutes, aber wir tragen an Unverkraftetem, seit vierzig Jahren Unverkraftetem."[203]

Weniger biblisch gesprochen, geht es darum, die Erinnerungen der Erlebnisgenerationen über den Zeitraum ihres Lebens hinaus zu bewahren. 40 Jahre sind ganz offenbar insofern ein Einschnitt, als dass sich nach diesem Zeitraum verstärkt die Aufgabe stellt, das kommunikative in das kulturelle Gedächtnis zu überführen. Die zum Zeitpunkt des betreffenden Ereignisses 20- bis 30-Jährigen erreichen dann ein Alter, in dem die Notwendigkeit offensichtlich wird, ihre biographische Erinnerung, wenn sie nicht verloren gehen soll, in das kulturelle Gedächtnis zu transformieren. Deshalb ist es für Jan Assmann kein Zufall, dass Richard von Weizsäcker mit seiner Rede genau 40 Jahre nach dem Ende von Krieg und Nationalsozialismus einen „Erinnerungsschub" in Gang gesetzt habe, der ein Jahr später zu der als

---

198 ASSMANN J. 1997, S. 51. Vgl. auch Aleida und Jan Assmann: Niemand lebt im Augenblick. Ein Gespräch, in: Die Zeit vom 3.12.98.
199 ACKERMANN V. 1997, S. 332.
200 Vgl. v.a. ASSMANN J. 1991 und das 5. Kapitel bei ASSMANN J. 1997. Vgl. auch REICHEL 1995, S. 20.
201 ASSMANN J. 1991, S. 338f.
202 Vgl. WEIZSÄCKER 1985a, S. 45.
203 Zitiert nach: Die Welt vom 15.2.85.

„Historikerstreit" bekannt gewordenen Krise geführt habe.[204] Peter Steinbach gibt diesem Gedanken mit Blick auf die Bedeutung des Wortes „Holocaust" („gänzlich verbrannt") eine bittere Wendung.[205] Denn, so Steinbach, man könne auch „zynisch formulieren", dass immer 40 Jahre vergehen müssten, bis eine Geschichte so weit „ausgebrannt" sei, dass sie erträglich werde. Dann „können wir uns in der Regel erinnern, weil wir mit einer Geschichte umgehen, die eben ‚nicht mehr qualmt und brennt', sondern die etwas Ästhetisches bekommt." Deshalb würden offenbar 40 Jahre gebraucht, „um einen Gedenktag zu akzeptieren."[206]

Die Akzeptanz des 8. Mai 1945 als Gedenktag, und sei es in Form der Ablehnung oder Negativbewertung, lässt sich als ein wichtiges Ergebnis des 40. Jahrestages festhalten. In Anlehnung an Klaus Naumann kann eine „doppelte Akzentverschiebung" konstatiert werden: Zum einen waren die Bewertungsmaßstäbe des Umgangs mit der nationalsozialistischen deutschen Vergangenheit vor allem in der Rede Richard von Weizsäckers, auch wenn sie keinen allgemeinen Konsens zum Ausdruck brachte, offiziell neu ausgedeutet worden. Zum zweiten erlebte der 8. Mai selbst eine deutliche Aufwertung – „erst seit 1985 ist dieser Tag unzweideutig in den Mittelpunkt gedenkkultureller Praktiken gerückt".[207] Mit der Einschränkung, dass dieser „Mittelpunkt gedenkkultureller Praktiken" auch weiterhin nur punktuell, als Jubiläum zu runden Gedenktagen, aufgerufen wurde, treffen diese Feststellungen den Kern der Bedeutung des 40. Jahrestages und seiner zentralen Rede in der Bundesrepublik.

7.6 Zu wahr, um schön zu sein?

Nach dem 40. Jahrestag des 8. Mai 1945 – und zum Teil als dessen Folge – gewann der Streit über den Ort von Nationalsozialismus und Völkermord im politisch-kulturellen Selbstverständnis der Bundesrepublik an Pointiertheit und Schärfe. Am deutlichsten manifestierte sich dies im so genannten „Historikerstreit", in dem sich eine kritische „Holocaust-Identität"[208] und eine „nationalidentitäre"[209], affirmativ auf eine „normalisierte" Nation gerichtete Lesart der deutschen Zeitgeschichte gegenüberstanden.[210] Eine stark

---

204 Vgl. ASSMANN J. 1991, S. 343 und ASSMANN J. 1997, S. 51.
205 Das griechische Wort ‚holókaustos' bedeutet „gänzlich verbrannt". Vgl. z.B. Yehuda Radday: Zum Begriff „Holocaust", in: Das Parlament vom 24.1.97; DUBIEL 1999, S. 12; STEINBACH 1999, S. 50.
206 STEINBACH 1999, S. 44 bzw. S. 55.
207 NAUMANN 1998, S. 231.
208 WOLFRUM 1998b, S. 15.
209 BRACHER 1987, S. 4.
210 Vgl. als Dokumentation der wichtigsten Beiträge: HISTORIKERSTREIT 1991.

verkürzende Kontrastierung, die sich in ersten Ansätzen bereits im Jahr 1985 beobachten ließ. Bei allen Differenzen wurde spätestens nach dem „Historikerstreit" die Relevanz der Vergangenheit nicht mehr allein im Krieg und dessen Folgen sondern zumindest auch im Nationalsozialismus und seinen Verbrechen gesehen. In der bekannten Formulierung von Rainer Maria Lepsius war der Nationalsozialismus inzwischen „in seinem moralischen Gehalt als Bezugsereignis in die politische Kultur normativ inkorporiert worden."[211] In welcher Form, mit welchem Stellenwert und mit welchen Auswirkungen der Nationalsozialismus normativ inkorporiert werden sollte, das freilich blieb dauerhaft umstritten.

Die 8. Mai-Rede Richard von Weizsäckers und der „Historikerstreit" entfalteten ihre Wirkungen nicht zuletzt auch auf das Gedenkjahr 1988, insbesondere auf die zeitgenössische Rezeption der Rede von Bundestagspräsident Philipp Jenninger zum 50. Jahrestag der Novemberpogromnacht. Die Rede Jenningers, obwohl nicht aus Anlass des 8. Mai 1945 gehalten, ist in den Kontexten dieser Studie in mehrfacher Hinsicht von Interesse: Sie weist für eine Gedenkrede eines der höchsten Staatsrepräsentanten der Bundesrepublik äußerst ungewöhnliche Inhalte auf, sie wurde in einem erinnerungspolitischen Umfeld gehalten, das in der Nachfolge des 8. Mai 1985 in hohem Maße für offizielles Gedenken sensibilisiert war und schließlich hat kaum eine politische Gedenkrede in der Bundesrepublik ähnliche Folgen gehabt. Jenninger musste nach dieser Rede sehr schnell vom Amt des Bundestagspräsidenten zurücktreten.

Obwohl es eine lohnende Aufgabe wäre, die Reden Jenningers und Weizsäckers einem direkten inhaltsanalytischen Vergleich zu unterziehen, können hier nur die Grundlinien der Jenninger-Rede nachgezeichnet werden.[212] Ihr formales Hauptkennzeichen besteht darin, dass der Bundestagspräsident mehrfach die Erzählperspektive wechselt, um sich der Vergangenheit jeweils aus subjektiv-zeitgenössischer Sichtweise zu nähern. Jenninger schildert die Vorgeschichte der Pogromnacht unter den Stichworten „Faszinosum" und des „Triumphzuges" von Hitler. Deutlich beschreibt er verbreitete antisemitische Einstellungen und deren Auswirkungen auf die umfassende Folgebereitschaft der Deutschen. Danach schildert Jenninger die nationalsozialistischen Verbrechen in einer bis dahin nicht gehörten Deutlichkeit. Auch „vor diesem Letzten, Schrecklichsten", so der Bundestagspräsident, „wollen wir am heutigen Tag nicht die Augen verschließen." Jenninger zitiert ausführlich aus einem Augenzeugenbericht über eine Massenerschießung der SS an einem offenen Grab. Dieser Teil seiner Rede ist

---

211 LEPSIUS 1989, S. 263.
212 Vgl. zum folgenden: JENNINGER 1988.

ein Unikat in der staatlich-offiziellen deutschen Erinnerungskultur. In einer so quälenden Deutlichkeit wird in keiner anderen staatlich-repräsentativen Gedenkrede nach 1945 die Wirklichkeit des Massensterbens, die grausame Empathielosigkeit der Täter und die Qual der Opfer beschrieben. Unmittelbar nach dieser Passage wechselt Jenninger erneut die Erzählperspektive und gibt Auszüge aus Himmlers Posener Rede vom Oktober 1942 wider. Deren Kälte und Unmenschlichkeit konfrontiert er auf das deutlichste mit dem zuvor aus Opferperspektive dargestellten Verbrechen.

Anschließend geht Jenninger zur Geschichte nach 1945 über, dabei wird seine Sicht der Zäsur von 1945 deutlich: „Die Niederlage war total, die Kapitulation bedingungslos. Alle Anstrengungen und Opfer waren sinnlos gewesen." Zu der „entsetzlichen Wahrheit des Holocaust" sei „die vielleicht bis heute nicht völlig verinnerlichte Erkenntnis" getreten, dass „die Planung des Krieges im Osten und die Vernichtung der Juden unlösbar miteinander verbunden gewesen waren, daß das eine ohne das andere nicht möglich gewesen wäre." Die Trennung von Krieg und Nationalsozialismus, die Grundkonstante in der 8. Mai-Rezeption bis zum Jahr 1985 – bei Jenninger wird sie offensiv-kritisch thematisiert. Zugleich kann diese Passage als ein Beispiel für nahe gelegte Missverständnisse analysiert werden: Wären „alle Anstrengungen und Opfer" sinnvoll gewesen, wenn die Niederlage nicht total und die Kapitulation nicht bedingungslos gewesen wäre, wenn es also einen „Sieg" gegeben hätte?[213] Der Bundestagspräsident spricht hier aus der Perspektive der Erlebnisgenerationen des Jahres 1945, die in ihrer Mehrheit so gedacht haben mag.

Jenningers nächster Gedankengang gilt den „Wandlungen" der Deutschen nach 1945. Die „Abkehr von Hitler" sei „beinahe blitzartig" erfolgt. Darin habe sich „auch die Abwehr von Trauer und Schuld, der Widerwille gegen eine schonungslose Auseinandersetzung mit der Vergangenheit" geäußert. Die „rasche Identifizierung mit den westlichen Siegern" habe zudem die Überzeugung gefördert, „letzten Endes – ebenso wie andere Völker – von den NS-Herrschern nur mißbraucht, ‚besetzt' und schließlich befreit worden zu sein." Die Kritik am Befreiungsbegriff aus dieser Perspektive ist ebenfalls eine ungewöhnliche Deutung auf staatlich-repräsentativer Ebene. Der Bundestagspräsident schildert die mentalen Dispositionen der Nachkriegsdeutschen wie er zuvor die Verbrechen illustriert hatte: Kritisch und klar beim Namen nennend. Jenninger benennt außerdem die demokratische Relevanz der vorbehaltlosen Konfrontation mit der Vergangenheit, für die seine Rede ein Beispiel darstellt, und spricht in diesem Zu-

---

213 So kritisieren auch WODAK/MENZ/MITTEN/STERN 1994, S. 177.

sammenhang von der „Selbstbefreiung" durch Erinnerung: Auch für die „Psyche eines Volkes" gelte, dass „die Verarbeitung des Vergangenen nur in der schmerzlichen Erfahrung der Wahrheit" möglich sei. „Diese Selbstbefreiung in der Konfrontation mit dem Grauen ist weniger quälend als seine Verdrängung."

Jenninger hatte sich in dieser Rede sehr viel vorgenommen, vielleicht mehr, als in einer staatlich-repräsentativen Gedenkrede akzeptiert wird. Dabei gelang es ihm nicht, seine Intentionen und seine Fähigkeiten, diese zu vermitteln, in ein angemessenes Verhältnis zu setzen.[214] Davon abgesehen wurde Jenninger der anspruchsvollen Komposition seiner Rede, der schwierigen, mehrdimensionalen und häufig wechselnden Erzählhaltung nicht in jedem Fall gerecht. Die Darstellung des Verhaltens und der Werthaltungen der deutschen Mehrheitsbevölkerung diente ihm zwar nicht als Entschuldigung, gleichwohl stehen einige Passagen dieser Rede ohne retrospektive Einordnung in der Gefahr, apologetisch interpretierbar zu sein. Jenninger versäumte es, den subjektiv-zeitgenössischen Sichtweisen retrospektiv politisch-kulturelle Deutungen zur Seite zu stellen.

Hier liegt der berechtigte Kern der heftigen und folgenreichen Kritik, bei der aber zwei Aspekte zumeist übersehen werden: Zum einen wagte sich Jenninger als erster herausgehobener Repräsentant der Bundesrepublik daran, das schweigend zustimmende Verhalten der Mehrheitsbevölkerung aus deren Perspektive darzustellen und in seinen Motiven zu untersuchen. Zum zweiten haben zwei Drittel seiner Rede in ihrer Deutlichkeit der Darstellung der Opferleiden und des Täterhandelns in der bundesdeutschen Gedenktagskultur kaum einen Vergleich. Auch Richard von Weizsäcker näherte sich dieser Darstellungsebene in seiner Rede am 8. Mai 1985 nicht. Jenningers Rede war auf Darstellung und – soweit das überhaupt erreichbar ist – auf Authentizität gerichtet. Sie durchbrach die Erwartungen konsensorientierter Gedenkstunden, „indem sie den Schrecken, der ihr Anlaß war, auch zum Thema nahm."[215] Der Bundestagspräsident hielt den Deutschen einen Spiegel vor, „in dem viele sich selbst und das dunkelste Kapitel deutscher Geschichte nicht wieder erkennen wollten, denn was er reflektierte, war schonungslos, ja brutal."[216]

---

214 Die „Süddeutsche Zeitung" kritisierte am 12.11.88, da sei „ein Funktionär gewichtig ans Rednerpult" geschritten, „der mit der gleichen Emotion für die Erhöhung der Bundestagsdiäten eintreten könnte, mit der er die Ermordung der Juden verurteilt" (zitiert nach: LASCHET/MALANGRÉ 1989, S. 52f.).
215 Ralf Rytlewski: Vorwort in: SCHILLER 1993a, S. VIII.
216 Salomon Korn: Die unaufhörliche Qual der Erinnerung. Ungetilgtes Unrecht: Ansprache zur 61. Wiederkehr des 9. November 1938 in der Westendsynagoge, Frankfurt am Main, in: Frankfurter Allgemeine Zeitung vom 10.11.99.

Jenninger berührte den das individuelle und politische Selbstverständnis der Deutschen eigentlich „kränkenden Kern".[217] Für eine Gedenkrede zum Nationalsozialismus ist das eine ungewöhnliche Wirkung und ganz sicher nicht die unangemessenste. Die Rezeption dieser bis heute nachwirkenden Rede spiegelt diese ungewöhnliche Näherung an die Verbrechen der deutschen Geschichte wider.[218] Sehr häufig wird sie mit der für politische Gedenkreden auf andere Weise Maßstäbe setzenden 8. Mai-Rede von Richard von Weizsäcker verglichen.[219] Die Wirkungen der beiden Reden lassen sich zugespitzt so gegenüberstellen: Weizsäckers Rede war in ihrer Intellektualität, in ihrer abwägend-kritischen Komposition eine deutlich Stellung beziehende Reflexion über die politische Kultur der Bundesrepublik. Sie war „schön" in dem Sinne, dass sie klar und durchdacht auf den Punkt brachte, was der 8. Mai 1945 für die Deutschen im Jahre 1985 bedeuten könnte. Deshalb stellt sie bis heute zu Recht eine zentrale Berufungsinstanz in der deutschen Erinnerungskultur dar. Sie brachte (und bringt) aber keineswegs einen allgemeinen Reflexionsstand zum Ausdruck: Sie war insofern zu schön, um wahr zu sein. Jenningers Rede dagegen war unbeholfen, sehr viel weniger intellektuell-reflektiert, aber „ehrlicher" in dem Sinne, dass er sich der Vergangenheit schonungslos aus einer Nahperspektive zuwandte. Sie war in langen Passagen „wahr" in dem Sinne, dass sie authentisch schildern wollte, was geschehen ist. Jenningers Rede erzeugte verstörende, schmerzhafte Empfindungen: Sie war zu wahr, um schön zu sein.[220]

---

217 Peter Reichel: Tausche 8. Mai gegen 9. November, in: die tageszeitung vom 8.5.95.
218 Als Literatur zur Rezeption der Jenninger-Rede vgl. z.B.: LASCHET/MALANGRÉ 1989; WASMUTH/ WOLLEFS 1992, S. 225–286; HERINGER 1990, S. 163–176; WODAK/MENZ/MITTEN/STERN 1994, S. 163–190; SCHILLER 1993a; REICHEL 1995, S. 313–320; LEISI 1989.
219 Vgl. zahlreiche Beispiele in: LASCHET/MALANGRÉ 1989. Uwe Pörksen bezeichnet sie gar als „rivalisierendes Gegenstück zu Weizsäckers Rede." (PÖRKSEN 2002, S. 172.)
220 „Weizsäcker, das ist zu schön, um wahr zu sein; Jenninger, das ist zu wahr, um schön zu sein" – so hieß es in der Frankfurter Szenezeitschrift „Kommune" (zitiert nach: BIANCHIN/GÖTZ/LEHMANN/ WEBER 1992, S. 268).

8. Der lange Weg zur Öffnung des Gedächtnisses – Die DDR von 1985 bis 1990

8.1 Der 40. Jahrestag in der offiziellen DDR

Im Januar 1985 wurde der 8. Mai in der DDR erneut – nur für dieses Jahr – zum arbeitsfreien Feiertag erklärt. Außerdem wurde für alle Dienstgebäude und volkseigenen Kombinate Beflaggung angeordnet, die am 7. Mai 1985 um zwölf Uhr begann und am Abend des 9. Mai 1985 endete.[1] Der „Aufwand an Agitation und Propaganda" war in diesem Jahr „so groß wie nie zuvor an früheren Jahrestagen des 8. Mai 1945", stellte der aufmerksame Beobachter Karl Wilhelm Fricke fest.[2] Die Festveranstaltungen erstreckten sich über Monate. Auf eine Militärparade wurde erstmals verzichtet.[3] Gefeiert wurde nicht nur der 40. Jahrestag des 8. Mai, sondern verschiedene Gedenkanlässe des Jahres 1985. So marschierten etwa im Februar in Dresden 150.000 bis 200.000 Menschen am 40. Jahrestag der Bombardierung der Stadt vor Erich Honecker auf – mit Marschmusik und einem siebenmal wiederholten Ständchen für den Staats- und Parteichef: „Hoch soll er leben, hoch soll er leben, dreimal hoch".[4]

Noch deutlicher als zu den früheren Jubiläen und Anniversarien wurde der 40. Jahrestag des 8. Mai als ein Fest der Legitimierung der SED-Herrschaft begangen, ein wichtiges Instrument war wie immer der abgrenzende Blick in die Bundesrepublik. So erklärte z.B. Erich Honecker am 1. Februar 1985, er habe sehr wohl zur Kenntnis genommen, dass es „westlich unserer Grenzen Leute gibt, denen die Erinnerung an den 8. Mai 1945 eine Qual ist und die deshalb nicht wissen, wie sie ihn begehen sollen." Sie empfänden „diesen Tag als Kapitulation, als ‚Katastrophe' und nicht als Befreiung von der eigentlichen Katastrophe, dem Hitlerfaschismus". Nach wie vor offenbarten sie damit ihre Unfähigkeit, „die Geschichte zu bewältigen und die unabdingbaren Lehren daraus zu ziehen."[5] Auch Heinz Hoffmann, der Minister für Nationale Verteidigung, verdeutlichte die deutsch-deutsche Abgrenzungsfunktion des 8. Mai-Gedenkens, indem er festhielt, „wer im

---

1 Vgl. Neues Deutschland vom 16.1.85.
2 FRICKE 1985, S. 561.
3 Vgl. Frankfurter Allgemeine Zeitung vom 8.5.85. Vgl. als Überblick: REICHEL 1995, S. 289f.
4 Vgl. Die Welt vom 15.2.85.
5 HONECKER 1985a, S. 455.

Westen den 8. Mai als Trauertag begehen möchte, der hätte die faschistischen Mordbrenner wohl lieber siegen gesehen!"[6]

Erich Honecker äußerte sich zu verschiedenen Gelegenheiten zum 40. Jahrestag.[7] Entgegen der allgemeinen Erwartungen hielt aber nicht er als Partei- und Staatschef auf der zentralen Veranstaltung am 7. Mai 1985 die Festrede, sondern, wie bereits 1980, der Präsident der Volkskammer, Horst Sindermann. Nicht nur der Korrespondent der „Frankfurter Allgemeinen Zeitung" stellte fest, es sei ungewöhnlich, dass Sindermann, die „Nummer drei nach dem offiziellen Protokoll in der DDR", die Festrede gehalten habe.[8] Unter der Überschrift „Gedämpfte ‚Siegesfeier' in Ostberlin" zeigte sich die „Neue Zürcher Zeitung" erstaunt darüber, dass die sowjetische Delegation lediglich von einem Kandidaten des Politbüros geleitet worden sei. Es werde vermutet, dass „Moskau mit der Entsendung einer zweitrangigen Delegation ein Signal gegenüber einer allzu großen Penetranz des Ostberliner Verbündeten, sich in die Reihe der Sieger einzuordnen, setzen wollte." Darin sei vermutlich auch der Grund zu finden, warum nicht Honecker die Festrede gehalten habe.[9]

Auf der zentralen Veranstaltung im Palast der Republik sprach Horst Sindermann von einem „großen Festtag unseres Volkes" und beglückwünschte alle Anwesenden „zum 40. Jahrestag des Sieges über den Hitlerfaschismus und der Befreiung des deutschen Volkes."[10] Das Volk der DDR verneige sich „in tiefer Ehrfurcht" vor „den 50 Millionen Gefallenen und Ermordeten, den Opfern dieser furchtbarsten Tyrannei in der Geschichte der Menschheit." Die „Vernichtungspolitik" habe sich „gegen religiöse Kreise" gerichtet, „die der Ideologie des Rassenwahns entgegentraten und gegen den barbarischen Antisemitismus protestierten". Ohne unterschiedliche Opfergruppen zu differenzieren, ohne insbesondere den Völkermord an den Juden Europas explizit anzusprechen, deutet Sindermann mit diesen Formulierungen, gemessen an den kanonisierten Bahnen der SED, eine Öffnung des Gedenkens an die NS-Opfer wenigstens an. Ähnliches gilt für die Rolle der Alliierten, in deren Darstellung der Volkskammerpräsident nicht allein die Sowjetunion anspricht, sondern mit Blick auf die USA ergänzend erklärt, im „amerikanischen Volke" seien „die Ideen eines Abraham

---

6   Heinz Hoffmann: Unsere Freundschaft hat tiefe Wurzeln geschlagen. Ansprache auf der Kundgebung auf den Seelower Höhen, in: Neues Deutschland vom 17.4.85.
7   Vgl. z.B. HONECKER 1985b; HONECKER 1985e.
8   Frankfurter Allgemeine Zeitung vom 9.5.85.
9   Neue Zürcher Zeitung vom 10.5.85.
10 Vgl. zum folgenden: Horst Sindermann: Im Kampf für den Frieden als treuer Verbündeter an der Seite der Sowjetunion. Ansprache auf der Festveranstaltung zum 40. Jahrestag des 8. Mai 1945 in Berlin, in: Neues Deutschland vom 9.5.85.

Lincoln erwacht, der die Sklaverei niederkämpfte und das Banner der Demokratie in seinem Land aufgepflanzt hatte."

Sindermanns Aufzählung des originär deutschen Anteils an europäischen Freiheitstraditionen spiegelt den veränderten Erbe- und Traditionsbegriff der SED wider. Er spricht nicht mehr nur von Marx und Engels, sondern benennt zusätzlich die „Ideale" von „Thomas Müntzer und Martin Luther und anderer deutscher Humanisten", die von der Antihitlerkoalition verteidigt worden seien. Beim Blick in die Gegenwart bewegt er sich allerdings in den gewohnten Bahnen: Die „Werktätigen der DDR" hätten „zu Ehren des 40. Jahrestages des Sieges über den Faschismus im Sinne der Sieger eine gute Tat" vollbracht – „die Übererfüllung des Planes der Warenproduktion bis zum 8. Mai um mehr als eine Tagesproduktion."

8.2 Alternative Lesarten zum 40. Jahrestag

An den grundlegenden Interpretationen des 8. Mai veränderten die angedeuteten Akzentverschiebungen von offizieller Seite nichts. Zum 40. Jahrestag verschafften sich jedoch andere Stimmen begrenztes Gehör, die den 8. Mai 1945 ebenfalls als „Tag der Befreiung" einschätzten, dabei aber deutlich andere Akzente setzten. Die nur spärlich überlieferten Dokumente solcher abweichenden Bewertungen stammen ganz überwiegend aus der evangelischen Kirche in der DDR. Der für Kirchenfragen zuständige DDR-Staatssekretär Klaus Gysi hatte am 2. April 1985 aus Anlass des bevorstehenden 40. Jahrestages Vertreter der evangelischen Kirchen empfangen. In dem Gespräch wurde laut einer Meldung der staatlichen Nachrichtenagentur ADN volle Übereinstimmung über den „Grundcharakter des Tages der Befreiung" erzielt.[11] Einige konkrete Bewertungen des 8. Mai 1945 unterschieden sich jedoch von den stereotypen offiziellen SED-Verlautbarungen in durchaus signifikanter Weise.

So stellte z. B. Bischof Leich in einer nicht-öffentlichen Sitzung auf der Frühjahrssynode der thüringischen Landeskirche in Eisenach fest, nur ein kleiner Teil des deutschen Volkes könne auf Grund seines antifaschistischen Widerstands zur „Front der Sieger" gerechnet werden. Außerdem plädiert Leich dafür, nicht die schweren Nöte zu übergehen, die für viele Menschen mit der Befreiung verbunden gewesen seien. Als Tabubruch muss sein Hinweis verstanden werden, dass auf dem Gelände des früheren Konzentrationslagers Buchenwald noch bis 1950 ein Internierungslager für politische Häftlinge bestanden habe.[12] Dies könne jedoch nicht, erklärte Leich auf

---
11 Vgl. Neue Zürcher Zeitung vom 5.4.85.
12 Vgl. Neue Zürcher Zeitung vom 5.4.85.

einer Gedenkfeier anlässlich der Befreiung Buchenwalds, „in einem Atemzug mit dem KZ" genannt werden. Eine solche Gleichsetzung habe nach 1945 der „Versuchung des schnellen Vergessens'" gedient.[13] Der Vorsitzende des evangelischen Kirchenbundes, Bischof Hempel, griff in seiner Predigt am 8. Mai in der Ostberliner Marienkirche einen anderen Aspekt auf, der zum unabänderlichen Kanon der SED-Gedenkrhetorik gehörte – die enge Freundschaft zur Sowjetunion. Hempel stellt die Frage, „ob nicht ‚viele von uns' die westeuropäische Kultur stimmungsmäßig für wertvoller halten als die osteuropäische." Ohne es explizit auszusprechen, bezweifelt Hempel, dass die Freundschaft zur Sowjetunion trotz aller gemeinsamen Siegesfeiern in der Bevölkerung fest verankert sei. Vielmehr deutet er an, dass alte, unterschwellige Vorbehalte weiterwirkten: Manchmal denke er, dass „wir den sowjetischen Soldaten ihre Härte noch nicht vergeben haben, die sie im Vollzug des Sieges mitbrachten. Es wird Zeit, das zu begleichen! Versöhnung tut weh und ist keine Idylle."[14] Wohl am deutlichsten abweichend äußerte sich der Ostberliner Altbischof Albrecht Schönherr am 40. Todestag des Theologen Dietrich Bonhoeffer, der im KZ Flossenbürg ermordet worden war. In der Weimarer Stephanuskirche sagte Schönherr, die Befreiung habe von außen kommen müssen, „da sich die Deutschen nicht selber befreien konnten und wollten." Wirklich Neues könne „aber nur werden, wenn die innere Befreiung gelingt." Diese setze voraus, dass „wir Deutschen uns wieder auf das besinnen, was das nationalsozialistische Regime vergiftet hat: die Wahrheit zu sagen, statt zu lügen, das Recht zu achten, Unrecht Unrecht nennen, für die einzutreten, die sich selber das Recht nicht verschaffen können".[15]

Ähnliche Stellungnahmen der katholischen Kirche in der DDR waren weitaus seltener zu vernehmen. In der „Frankfurter Rundschau" berichtete Karl-Heinz Baum jedoch über einen „Sühne- und Versöhnungsgottesdienst" vom 5. März 1985 (aus Anlass des Gedenkens an den 8. Mai 1945) in der Hedwigskathedrale in Ost-Berlin, an dem alle zehn in der DDR amtierenden katholischen Bischöfe teilgenommen hatten. Beim Verlassen der Kirche habe ein Teilnehmer festgestellt, eine „so politische Predigt wie heute habe ich bei uns noch nie gehört." Baum geht auf die Inhalte der Predigt nicht genauer ein, bezieht sich aber auf einen offenbar ähnlichen Text, der im „Hedwigs-Blatt", der Kirchenzeitung des katholischen Bistums Berlin, schon zu Beginn des Jahres 1985 veröffentlicht worden war und der an die „bohrende Frage nach der Schuld vieler an dem furchtbaren Unrecht" erinnert

---

13 Zitiert nach: URBAN D. 1985, S. 566.
14 Zitiert nach: Ebd.
15 Zitiert nach: Marlies Menge: Wenn die Besiegten den Sieg feiern, in: Die Zeit vom 3.5.85.

habe. Dies werde den 8. Mai „auch 1985 nicht zu einem fröhlichen Tag werden lassen." Ähnliche Akzente seien in der Hedwigskirche gesetzt worden. Baum resümiert: „Für die katholischen Christen in der DDR, die sonst gewohnt sind, daß sich die Kirchenführer mit politischen Stellungnahmen zurückhalten, war dieser Gottesdienst denn durchaus eine Sensation."[16]

Dass die Gedenkgottesdienste zum 8. Mai von der SED als eine Bedrohung ihres (gedenk-)politischen Monopols aufgefasst wurden, geht exemplarisch aus einem offenen Brief an Erich Honecker hervor, den der „Friedens- und Umweltkreis der evangelischen Pfarr- und Glaubenskirche Berlin" am 25. Mai 1985 an den Staats- und Parteichef schickte und der heute im Matthias-Domaschk-Archiv Berlin zu finden ist. Darin wird geschildert, dass „anläßlich des 40. Jahrestages der Befreiung vom nationalsoz. Hitlerregime" in der Pfarrkirche in Berlin-Lichtenberg eine Andacht stattgefunden hatte. Nachdem sich „ein größerer Teil der Andachtsbesucher" nach deren Ende entschlossen habe, „an dem Gedenkgottesdienst um 19.30 Uhr in der Marienkirche teilzunehmen", seien sie strengen Ausweiskontrollen unterworfen worden.[17] Die Beschwerde über diese Kontrollen ist der Anlass des Briefes, der somit verdeutlicht, dass das von der SED abweichende religiöse Gedenken an den 8. Mai von dieser als oppositionelles Handeln verstanden und aufmerksam beobachtet und kontrolliert wurde.

Im Matthias-Domaschk-Archiv Berlin ist auch ein „Kurzbericht aus der Erinnerung über ein Seminar zum 8. Mai in Berlin (DDR)" überliefert, in dem Dirk Schneider ein Treffen schildert, das in den Räumen der Samariter-Gemeinde Berlin stattgefunden hatte. An dem von Rainer Eppelmann organisierten Seminar nahmen ca. 50 Personen teil. Vormittags sei über die Erfahrungen unmittelbar am 8. Mai 1945 gesprochen worden. Unter anderem sei dabei, so berichtet Dirk Schneider, eine Antwort darauf gesucht worden, „wie denn die Menschen mit der Schuld und dem Elend der Nachkriegszeit überhaupt hätten fertig werden können. Flucht ins Vergessen, Verdrängungen, Kampf ums Überleben, Hinein in die Arme der Sieger waren Erklärungsversuche." Auch sei lange über den „latenten und historisch immer wieder aufflammenden Antisemitismus" geredet worden.[18]

Ebenfalls im Matthias-Domaschk-Archiv ist ein anderes Dokument zu finden, in dem alternative Beschäftigungen mit dem 8. Mai in der DDR zumindest angedeutet werden. Der Friedensarbeitskreis der Evangelischen Studentengemeinde Naumburg veröffentlichte (vermutlich zu Beginn des Jahres 1986) einen undatierten Artikel, in dem eine Bilanz des 40. Jahrestages

---

16 Vgl. Karl-Heinz Baum: Neue Akzente der Kirchen, in: Frankfurter Rundschau vom 7.3.85.
17 FRIEDENSKREIS 1985.
18 SCHNEIDER 1985.

gezogen wird. Darin ist unter anderem die Rede von der „Nichtbewältigung" des „dunkelsten Kapitels deutscher Vergangenheit". Zwar böten die Gesetze der DDR „gute Voraussetzungen, gegen neofaschistische Tendenzen", doch könnten Gesetze allein „nicht das Bewußtsein der Menschen ändern." Dazu bedürfe „es auch einer rückhaltlosen, offenen und ehrlichen Aufarbeitung der Geschichte." Mit diesem Gedanken ist ein alternativer Zugang zur Vergangenheit beschrieben, der anhand verschiedener Opfergruppen weiter entwickelt wird, „die in dem Gedenken der Opfer des 3. Reiches entweder nicht oder nur am Rande erwähnt werden." Namentlich angesprochen werden „homosexuelle Menschen", „Deserteure und Wehrdienstverweigerer", die „Zeugen Jehovas" sowie „Sinti und Roma". Der Artikel stellt fest, während in Bezug „auf die jüdischen Menschen" ein „gewisser Bewußtseinswandel" vollzogen worden sei, könne man dies „gegenüber jenen Gruppen kaum feststellen." Die „genannten Minderheiten" seien jedoch „wie die Juden und die vielen anderen aktiv oder passiv Widerstandleistenden den schwersten Verfolgungen und extremsten Lagerbedingungen ausgesetzt" gewesen. Dennoch komme es „vor, daß sie nicht zu den Opfern der NS-Zeit gezählt oder den Frauen und Männern des aktiven Widerstandes abwertend gegenübergestellt werden."[19] Dieser Artikel liefert ein Beispiel für nicht-offizielles Gedenken in der DDR, das sich anhand eines anderen Blicks auf die Opfer des Nationalsozialismus von den kanonisierten SED-Vorgaben unterscheidet.

Neben diesen kirchlich geprägten Ausdeutungen wurden im Jahr 1985 auch vereinzelte Stellungnahmen abgegeben, die ohne religiösen Hintergrund zu anderen Akzenten in der Betrachtung des 8. Mai gelangten. Für den Deutschlandfunk sprach Harald Kleinschmid im Vorfeld des 40. Jahrestages mit prominenten Schriftstellern aus der DDR. Einige der Äußerungen deuteten den politisch eingeengten Befreiungsbegriff der offiziellen DDR anders aus: So urteilte etwa der Präsident des DDR-Schriftstellerverbandes, Hermann Kant, man könne das Gefühl im Jahre 1945 durchaus „Befreiung" nennen. Aber „die Versuchung, sich schöner und klüger zu machen als man war", sei dabei groß. „Wohl ist man nicht auf Täuschung aus, aber man täuscht sich. Man sieht sich, wie man gerne gewesen wäre – also Obacht! Aber Erleichterung ist schon das richtige Wort." Stefan Heym stellte fest, es sei nicht „die Aufgabe der amerikanischen Armee" gewesen, „Deutschland zu befreien." Dass mit dem Sieg über die deutsche Armee „auch das Hitler-Regime geschlagen wurde" und dass dann Änderungen kamen, „die für einige, für Teile der deutschen Bevölkerung eine Befreiung bedeuteten",

---

19 ESG NAUMBURG 1986.

sei eine andere Frage. Die Nachfrage, ob er diese Einschätzung auch auf die sowjetische Armee beziehe, bejaht Heym. Zudem glaube er nicht, dass „die sowjetische Armee sich als Befreier aufgeführt hat." Im übrigen seien die Gefühle der Deutschen damals „ganz anders als später dann" gewesen. Ob „die Deutschen sich als befreit empfunden haben in ihrer großen Mehrheit, das wage ich auch heute noch zu bezweifeln."[20] Dass diese letzte Aussage Heyms zwar dem monotonen Befreiungsbegriff der SED widersprach, aber im Jahr 1985 keineswegs in jedem Fall Ausdruck eines oppositionellen Verständnisses war, verdeutlicht ein Artikel, in dem Markus Wolf, der Chef der Hauptverwaltung Aufklärung im Ministerium für Staatssicherheit, einen angesichts seiner Position im SED-Staat bis dahin ungewöhnlichen Satz schrieb: „Die Zerschlagung der Naziherrschaft wurde nicht als Befreiung empfunden."[21]

Das bemerkenswerteste Dokument zum 40. Jahrestag in der DDR stammt aber wieder aus dem kirchlichem Umfeld. Es ist ein von Markus Meckel und Martin Gutzeit verfasstes „Positionspapier für die Diskussion", das unter anderem im Arbeitskreis „Theologie und Philosophie" bei der Studienabteilung des Bundes der Evangelischen Kirchen diskutiert wurde. Der Text trägt die Überschrift: „8. Mai 1945 – unsere Verantwortung für den Frieden".[22] Die beiden Autoren sprechen von einem „Tag der Befreiung von einem Unrechtssystem, das in seinem ganzen Wesen menschenverachtend und menschenvernichtend war." Dieser Befreiung entspreche ihr „Dank an die Alliierten und besonders an die Sowjetunion, die die größten Opfer und Leiden getragen hat." Die anschließende Benennung der Opfer und die Folgerungen daraus unterscheiden sich grundlegend von denen der SED-Führung: „Die Grausamkeit des Krieges und der Vernichtungsfeldzug gegen Juden, Sinti, Polen und viele andere übersteigt unser Begreifen. Wir sind erschüttert und zugleich unfähig, das Grauen zu ertragen." Dies mache auch die Nachgeborenen geneigt, „uns diese Ereignisse fern zu halten: Wir haben damit nichts zu tun!"

Anschließend formulieren Gutzeit und Meckel einen Satz, der als direkte erinnerungspolitische Konfrontation zur SED zu verstehen ist: „Auch wenn wir es oft nicht wahrhaben wollen: Unsere Gegenwart ist entscheidend von den unbewältigten Schuldzusammenhängen unserer Geschichte geprägt." In der DDR – eine tabubrechende Feststellung – war und ist für die beiden Autoren „von eigener Schuld" nicht die Rede. Ein „häufig nur äußerlich vollzogener, durch den Wechsel der politischen Machtverhältnisse bestimm-

---
20 Zitiert nach: KLEINSCHMID 1985, S. 660 bzw. S. 663.
21 Sonntag, Nr. 18/85, S. 4, zitiert nach FRICKE 1985, S. 564.
22 Vgl. zum folgenden: MECKEL/GUTZEIT 1994.

ter Prozeß der Entnazifizierung" habe eine „wirkliche Bewältigung eigener schuldhafter Vergangenheit nicht leisten" können, „da das dafür notwendige Bekennen eigener geschichtlicher Schuld und die anerkennende Übernahme ihrer Folgen nicht ausreichend vollzogen" worden sei.

Das bemerkenswerte Fazit dieser alternativen Gedanken zum 8. Mai 1985 in der DDR formulieren Gutzeit und Meckel so:

„Zur Übernahme geschichtlicher Schuld gehört auch die Identifizierung solcher Schuldzusammenhänge in unserer eigenen politischen und gesellschaftlichen Wirklichkeit. Auch in unserer Gesellschaft sind Strukturen und Einstellungen wirksam, die schon damals die bekannten Folgen hatten. Bewältigung der Vergangenheit enthält die Verpflichtung, gegen das System von Angst und Bedrohung auch innerhalb der Gesellschaft, gegen Unrecht und Machtmißbrauch aufzutreten, Zivilcourage und die Fähigkeit zur Übernahme politischer Verantwortung zu fördern und dafür einzutreten, daß Recht und Würde aller Menschen geachtet werden und sie unabhängig von Weltanschauung, Rasse und Geschlecht aktiv und gleichberechtigt an der Gestaltung der Gesellschaft mitarbeiten können."

Dieser Text ist ein ebenso herausragendes wie seltenes Beispiel, dass und wie über eine aus der Schuldperspektive resultierende Lesart der Bedeutungsinhalte des 8. Mai 1945 jenseits der kanonisierten Bewertungen der SED auch in der DDR demokratische Folgerungen gezogen worden sind. Die Erinnerung an Schuldfragen führt Meckel und Gutzeit zur Forderung nach der Übernahme von persönlicher und politischer Verantwortung in einem zu demokratisierenden politischen System.

Diese alternativen Bewertungen erfolgten nur selten und nicht öffentlich. Insofern ist der Bilanz von Jan-Holger Kirsch, nach der die Erinnerungskultur in der DDR „durch eine veränderte Trägerschaft" des kollektiven Gedächtnisses vielschichtiger geworden sei, zwar in der Tendenz zuzustimmen. Dabei müssen aber die begrenzenden Rahmenbedingungen einer Diktatur berücksichtigt bleiben. In Ansätzen lassen sich tatsächlich die Staats- und Parteiführung, die im Kern auf den seit den 1950er Jahren kanonisierten Gedenkinhalten beharrte; die evangelische Kirche, in der sich ein partiell eigenständiges Gedenken zu artikulieren begann; sowie unabhängige gesellschaftliche Gruppen, die sich im wesentlichen als Friedensgruppen im kirchlichen Umfeld zu organisieren begannen, unterscheiden. Ob letztere sich aber tatsächlich, wie Kirsch feststellt, „bereits als eigene Gedächtnisgemeinschaft" bezeichnen lassen, „die die NS-Zeit als Anstoß für ein verantwortliches Handeln in der Gegenwart empfand", ist angesichts des vorhandenen Quellenmaterials empirisch kaum zu verallgemeinern.[23]

---

23 Vgl. KIRSCH 1999, S. 131 bzw. S. 139.

Jedenfalls wenn es um die Frage geht, ob tatsächlich die Erinnerung *an den Nationalsozialismus* einen zentralen Bezugspunkt oppositioneller Selbstverständnisse darstellte. Diese Frage wird am Ende dieses Kapitels noch einmal aufgegriffen.

8.3 Konstanten und Akzentverschiebungen

Blicken wir zuvor vergleichend noch einmal auf die staatlich-offizielle Rezeptionsgeschichte des 8. Mai in der DDR. In den 1980er Jahren war der gesamte Feiertagskatalog voll entfaltet. Der 8. Mai wurde in der Regel in der Deutschen Staatsoper Unter den Linden oder im Palast der Republik begangen, die Hymnen der Sowjetunion und der DDR wurden zu Beginn der Gedenkveranstaltungen gespielt, die „Internationale" zu deren Abschluss. Wie schon im Jahrzehnt zuvor hielten auch in den 1980er Jahren verschiedene Mitglieder des Politbüros des ZK der SED die zentralen Reden, die am Folgetag im Neuen Deutschland in voller Länge abgedruckt wurden.[24] Diese Reden waren nicht nur durch monotone Variationen bekannter Lesarten geprägt, sondern auch durch ihren exorbitanten Umfang. Hier gab es ein gleichsam umgekehrt proportionales Verhältnis: Je weniger pluralistisch die Lesarten, desto umfangreicher die Gedenkreden. In den Tageszeitungen und der „wissenschaftlichen" Publizistik wurden stets eine große Anzahl von inhaltlich kaum variierenden Beiträgen veröffentlicht. Auch die Ikonographie blieb in der Regel gleich: Hinter der Tribüne, auf der die SED-Funktionäre versammelt waren, prankte das Abbild des Befreierdenkmals im Treptower Park. An diesem sowjetischen Ehrenmal (sowie am „Denkmal des polnischen Soldaten und des deutschen Antifaschisten" am Rande des Volksparks Friedrichshain) legte das SED-Politbüro vor der Gedenkveranstaltung in jedem Jahr in voller Besetzung Kränze nieder.

Auch die Reden von Erich Honecker, seit 1971 Nachfolger von Walter Ulbricht, zeichneten sich durch die ständige formelhafte Wiederholung der gleichen Lesarten aus. Mit dem Übergang von Ulbricht zu Honecker waren allenfalls kleine Akzentverschiebungen bezüglich der Rezeption des 8. Mai verbunden. Honecker betonte die Orientierung an der Sowjetunion noch stärker und nahm vor allem die nationale Komponente in der Interpretation der jüngsten deutschen Zeitgeschichte, Ulbrichts gesamtdeutschen Akzent, zurück. Mit der Konzeption der eigenständigen sozialistischen Nation der DDR verlor der 8. Mai endgültig seinen Charakter als ein für beide Teile

---

24 Die zentrale Ansprache zum 41. Jahrestag hielt Joachim Herrmann. Ein Jahr später, 1987, war es Erich Mielke. Zum 43. Jahrestag sprach mit Günther Kleiber ein weiteres Mitglied des Politbüros des ZK der SED.

Deutschlands gleichermaßen verbindliches Ereignis. Da dem 8. Mai 1945 auch für Honecker stets eine herausragende selbstlegitimierende Funktion zukam, stand er auch bei ihm nicht nur zu „runden" Jahrestagen im Mittelpunkt seiner Reden und Artikel, sondern fast kontinuierlich über den gesamten Zeitraum bis 1989.[25]

Der Bezug auf die Opfer des „Hitlerfaschismus" fand bei Honecker fast ausschließlich mit Formulierungen wie „Ehre und ewiges Gedenken bewahren wir den mehr als 20 Millionen Töchtern und Söhnen des Sowjetlandes, die dafür ihr Leben gegeben haben", statt.[26] Erst seit Mitte der 1980er Jahre bezog Honecker andere Opfergruppen mit ein. So etwa in einer Rede vom April 1985 in Brandenburg, in der er zunächst der Opfer der Sowjetunion gedachte, um anschließend an die „Mitkämpfer in der Antihitlerkoalition aus Polen, Jugoslawien, Griechenland, Italien, den USA, England, Frankreich, Dänemark und Norwegen" zu erinnern, „die an den verschiedenen Fronten ihr Leben für die Befreiung von der braunen Pest gaben."[27] Stets bezog sich Honecker primär auf die Opfer der militärischen Niederschlagung durch die Antihitlerkoalition. Dazu kamen die antifaschistischen Widerstandskämpfer, bei ihnen bis Mitte der 1980er Jahre fast ausschließlich die kommunistischen. Danach zählte Honecker auch „Sozialdemokraten, Christen, Menschen verschiedenster Herkunft und Bekenntnisse" zum antifaschistischen Widerstand.[28] Zu keinem Zeitpunkt aber, in keiner der Reden von Ulbricht und Honecker zum 8. Mai wurden explizit Juden, Sinti und Roma, Homosexuelle, Behinderte oder andere als „volksfremd" oder „minderwertig" erklärte Opfergruppen erwähnt. Selbst wenn Honecker von den „Henkern von Buchenwald, Auschwitz und Theresienstadt"[29] sprach, gedachte er nicht der Vernichtung der europäischen Judenheiten. Auschwitz als Ausdruck der Singularität der nationalsozialistischen Massenverbrechen stand dem Mythos, die Lehren aus dem „Hitlerfaschismus" vollständig, unveränderlich und bereits unmittelbar nach 1945 gezogen zu haben, im Wege und wurde deshalb ausgeblendet.

Erst anlässlich des 50. Jahrestages des Beginns des Zweiten Weltkrieges, am 1. September 1989 und somit kurz vor dem Untergang der SED-Diktatur, erinnerte die SED-Führung in der Volkskammer an die jüdischen Opfer

---

25 Vgl. als weitere Reden bzw. Aufsätze zum 8. Mai von Erich Honecker: HONECKER 1970; HONECKER 1975b; HONECKER 1975c; HONECKER 1975d; HONECKER 1980a; HONECKER 1980b; HONECKER 1980c; HONECKER 1983; HONECKER 1985b; HONECKER 1985d; HONECKER 1985e; HONECKER 1986; HONECKER 1987.
26 HONECKER 1984, S. 310.
27 HONECKER 1985c, S. 594.
28 Ebd., S. 593.
29 HONECKER 1965, S. 111.

des Nationalsozialismus – sowohl Horst Sindermann[30] als auch Außenminister Oskar Fischer. Fischer sprach in dieser live im DDR-Fernsehen und -Hörfunk übertragenen Sondersitzung explizit den „faschistischen Befehl zur so genannten Endlösung" an, der für „Millionen Männer, Frauen und Kinder jüdischer Herkunft" die „kaltblütige, grausame Ermordung" bedeutet habe.[31] In den Kanon des 8. Mai-Gedenkens wurde der Völkermord an den Juden Europas dagegen bis 1990 nie einbezogen, obwohl sich in der DDR in der zweiten Hälfte der 1980er Jahre vor allem im Gedenken an den 9. November die Opfererinnerungen zaghaft öffneten.[32]

Gewichtigere Akzentverschiebungen, die den kanonisierten Kern des 8. Mai-Gedenkens der SED allerdings ebenfalls nicht auflösten, finden sich erst in der letzten offiziellen Rede zum 8. Mai unter den Bedingungen der Diktatur der SED.[33] Kurt Hager, Mitglied des Politbüros und Sekretär des ZK der SED, sprach am 8. Mai 1989 zu Beginn seiner Rede – wenn auch halbherzig – die Verbrechen des Nationalsozialismus, die Täterschaft der Deutschen und unterschiedliche Widerstandsgruppen an: Für das deutsche Volk, so Hager, seien mit dem Tag der Befreiung „Verstrickung in Rassenwahn und Herrenmenschentum, Gestapoterror und Unterdrückung vorüber" gewesen. Ein „neues Kapitel der Geschichte" habe beginnen können, ein Kapitel, das „die deutschen Antifaschisten eröffnet" hätten, auch „die Kommunisten, Sozialdemokraten und Gewerkschafter, die Christen, bürgerliche Demokraten und Männer des 20. Juli 1944, die Mitglieder des Nationalkomitees ‚Freies Deutschland' und der Freien Deutschen Bewegung".

Eine signifikante Akzentverschiebung in Hagers Rede spiegelt die sich verändernden politischen Verhältnisse in der Sowjetunion wider. War bislang der 8. Mai die Gelegenheit, die „unzerstörbare Freundschaft" zur Sowjetunion zu feiern und zu bekräftigen, wählt Hager am 8. Mai 1989 andere Töne: In den „ersten Jahren des Neuaufbaus" sei es „natürlich und erklärbar" gewesen, dass „wir dem in der Sowjetunion beschrittenen Weg einen besonders hohen Grad von Allgemeingültigkeit beigemessen haben." Doch hätten sich in den 40 Jahren des Bestehens der DDR „die ihr eigenen We-

---

30 Vgl. Horst Sindermann: In Ehrfurcht gedenken wir der Toten des Zweiten Weltkrieges. Eröffnungsworte des Präsidenten der Volkskammer zur außerordentlichen Plenartagung der Volkskammer der DDR zur 50. Wiederkehr des Beginns des zweiten Weltkrieges, in: Neues Deutschland vom 2./3.9.89.
31 Oskar Fischer: Die Frage des Friedens – die alles übergreifende Frage unserer Zeit. Ansprache des Ministers für Auswärtige Angelegenheiten auf der außerordentlichen Plenartagung der Volkskammer der DDR zur 50. Wiederkehr des Beginns des zweiten Weltkrieges, in: Neues Deutschland vom 2./3.9.89. Vgl. auch die Rede von Christa Wolf in der Akademie der Künste in West-Berlin zum selben Anlass: WOLF 1989.
32 Zum erinnerungspolitischen Umgang mit dem 9. November in der DDR vgl. z.B.: TIMM 1994; TIMM 1995; ECKERT 1998; KESSLER 1999.
33 Vgl. zum folgenden: Kurt Hager: Die Verpflichtung des 8. Mai 1945. Rede zum 44. Jahrestag der Befreiung vom Faschismus, in: Neues Deutschland vom 9.5.89.

sensmerkmale immer stärker ausgeprägt, und zwar nicht im Widerspruch zu unseren sowjetischen Freunden, sondern begleitet von ihrer Unterstützung und ihren Ratschlägen." Auf diese Weise habe sich „der Sozialismus in den Farben der DDR" entwickelt. Die SED gehe davon aus, dass „jede Bruderpartei und jedes Volk eines sozialistischen Landes den Kurs, der eingeschlagen wird, selbst bestimmen" könne. Acht Jahre zuvor, am 8. Mai 1981, hatte Hager sich zum Verhältnis zur Sowjetunion noch signifikant anders geäußert. In dieser Rede bezeichnete er den 8. Mai als einen „heiligen Tag", um euphorisch auszurufen: „Dank Euch, Ihr Sowjetsoldaten, Euch Helden der Sowjetunion!" Die „Freundschaft und Zusammenarbeit mit dem Sowjetvolk" sei „für alle Zeiten fest und unerschütterlich."[34]

Zwar kam in Hagers Rede von 1989 der unterschiedliche Weg von Sowjetunion und SED-Diktatur zum Ausdruck, insgesamt aber blieb auch sie in den vorgegebenen Bahnen der offiziellen 8. Mai-Rhetorik der SED. Bei allen im Detail zu analysierenden Akzentverschiebungen änderten sich die kanonisierten Inhalte der offiziellen 8. Mai-Rhetorik in der DDR erst mit den Erfolgen der demokratischen Oppositionsbewegung – und mit diesen gleich fundamental. Ein beeindruckendes und anschauliches Beispiel dafür, wie eng der Zusammenhang zwischen pluralistischen Institutionen und einem demokratischen Erinnerungs- und Verantwortungsverständnis, zwischen Erinnerung und Demokratie ist.

8.4 Der demokratische Paradigmenwechsel des Jahres 1990

Zu Beginn ihrer zweiten Sitzung, gleichsam als erste politische Handlung nach der Konstituierung des ersten frei gewählten Parlamentes in der DDR, verabschiedete die Volkskammer am 12. April 1990 mit 379 Stimmen – bei 21 Enthaltungen – eine Erklärung aller Fraktionen, in der die Verantwortung für die Verbrechen des Nationalsozialismus, die Bereitschaft zu Wiedergutmachungszahlungen und zur Aufnahme diplomatischer Beziehungen mit Israel zum Ausdruck gebracht werden. Gleich zu Beginn heißt es:

> „Wir, die ersten frei gewählten Parlamentarier der DDR, bekennen uns zur Verantwortung der Deutschen in der DDR für ihre Geschichte und ihre Zukunft und erklären einmütig vor der Weltöffentlichkeit: Durch Deutsche ist während der Zeit des Nationalsozialismus den Völkern der Welt unermeßliches Leid zugefügt worden. Nationalismus und Rassenwahn führten zum Völkermord, ins-

---

[34] Kurt Hager: Sozialismus und Frieden sind eine untrennbare Einheit. Rede auf der Festveranstaltung zum 36. Jahrestag der Befreiung, in: Neues Deutschland vom 9./10.5.81.

besondere an den Juden aus allen europäischen Ländern, an den Völkern der Sowjetunion, am polnischen Volk und am Volk der Sinti und Roma. Diese Schuld darf niemals vergessen werden. Aus ihr wollen wir unsere Verantwortung für die Zukunft ableiten. Das erste frei gewählte Parlament der DDR bekennt sich im Namen der Bürgerinnen und Bürger dieses Landes zur Mitverantwortung für Demütigung, Vertreibung und Ermordung jüdischer Frauen, Männer und Kinder. Wir empfinden Trauer und Scham und bekennen uns zu dieser Last der deutschen Geschichte. Wir bitten die Juden in aller Welt um Verzeihung."[35]

Diese Erklärung ist einer der bemerkenswertesten Belege dafür, dass in Bezug auf die staatlich-repräsentative Erinnerung an den Nationalsozialismus kein pauschales Urteil über *die* DDR zu fällen ist. Wenn auch nur kurz, gab es doch eine demokratische DDR, was sich auch am Umgang mit der Vergangenheit ablesen ließ. Zugleich dokumentiert diese Erklärung den Zusammenhang zwischen Demokratie und der Übernahme der Verantwortung für die nationalsozialistische deutsche Geschichte. Eine Schlagzeile der „Frankfurter Rundschau" veranschaulichte diesen Zusammenhang in knapper Form: „Volkskammer bekennt Schuld am Holocaust: Erste frei gewählte Regierung im Amt."[36]

Die Vermutung einer untrennbaren Verbindung zwischen der Entwicklung der Demokratie in Deutschland und einer ehrlichen Auseinandersetzung mit der NS-Vergangenheit, findet ihre Bestätigung auch in den staatlich-offiziellen Gedenkreden der DDR zum 8. Mai 1990. Zum ersten Mal in der Geschichte der DDR wurde der 8. Mai 1945 in der Volkskammer zum Anlass genommen, über Schuld und Verantwortung nachzudenken. Die Präsidentin der Volkskammer, Sabine Bergmann-Pohl, die vor dieser Sondersitzung als amtierendes Staatsoberhaupt der DDR am Sowjetischen Ehrenmal in Berlin-Treptow und im Berliner Friedrichshain Kränze niedergelegt hatte,[37] hielt am 8. Mai 1990 die zentrale parlamentarische Gedenkrede.[38] Sie erinnert an die Millionen Toten des Krieges und an das Ende des Nationalsozialismus. Anschließend gedenkt sie der Opfer auf eine Weise, die in der Diktatur der SED nicht zu hören war:

„Sechs Millionen Juden wurden in deutschen Konzentrationslagern ermordet. Sie starben als Opfer einer rassistischen, menschenverachtenden Ideologie, so

---

35 Erklärung der Volkskammer der DDR zur „Verantwortung der Deutschen in der DDR für ihre Geschichte und ihre Zukunft", in: Allgemeine Jüdische Wochenzeitung vom 19.4.90.
36 Zitiert nach: HERF 1998, S. 430.
37 Vgl. Frankfurter Allgemeine Zeitung vom 9.5.90.
38 Vgl. zum folgenden: Sabine Bergmann-Pohl: Rede der Volkskammerpräsidentin anläßlich des Tages der Befreiung vom Nationalsozialismus am 8. Mai 1990 in der Volkskammer der DDR, in: Frankfurter Rundschau vom 9.5.90.

in Auschwitz und Maidanek, Belcec und Chelmno, Sobibor und Treblinka. Millionen von Menschen in ganz Europa – vor allem in der Sowjetunion und in Polen – fanden den Tod. Nicht nur Soldaten, auch Frauen und Kinder wurden Opfer einer Macht, die die Herrschaft über ganz Europa anstrebte und die Völker Osteuropas versklaven wollte."

Entgegen des früheren offiziellen Geschichtsbildes benennt die Volkskammerpräsidentin die Singularität des Holocaust und leitet aus Schuldüberlegungen die entsprechende Verantwortung ab: Das „im deutschen Namen begangene Verbrechen ist einmalig in der Geschichte der Menschen." Deshalb sei der 8. Mai „für uns Deutsche ein Tag, an dem wir uns in Trauer vor den Opfern des Krieges und der Gewaltherrschaft verneigen." Viele seien damals „schuldig geworden. Alle sind verantwortlich und verpflichtet." Schuld dürfe „niemals vergessen und Verantwortung nicht verleugnet werden." Der 8. Mai 1945 sei „für alle Völker Europas, auch für unser Volk, ein Tag der Befreiung von der nationalsozialistischen Gewaltherrschaft" gewesen. Heute müsse gefragt werden: „Wie haben wir diese historische Chance genutzt?"

Bergmann-Pohl behandelt diese Frage zunächst mit Blick auf die Gründergeneration der DDR – „auf die damalige entschiedene Wendung gegen den Faschismus können wir stolz sein." Vor allem „die Verfolgten des Nationalsozialismus, die Emigranten und Widerstandskämpfer" hätten „unseren neuen Staat" geschaffen. „Sie waren die Träger der Hoffnung auf Demokratie und Gerechtigkeit, auf Toleranz und Humanität." Weil aber „zu viele die Gewalttaten des nationalsozialistischen Reiches nicht wahrhaben wollten, weil zu viele dasselbe erfahrene Leid nicht auszusprechen wagten", hätten „Blindheit und Angst unsere Kräfte" gelähmt, „haben wir Chancen der Befreiung nicht wahrgenommen." Die „Versuchung, schnell, allzuschnell auf der Seite der Sieger stehen zu können, machte manchen bald wieder zum Handlanger gewaltsamer Machtausübung." Daher müsse erkannt werden: „Die Last unserer Geschichte geht über das Jahr 1945 hinaus. Im deutschen Namen wurde erneut das freie Denken unterdrückt."

Das Jahr 1989 stelle deshalb eine neue Befreiung dar, die Befreiung zu ehrlicher Erinnerung: Die „demokratische Revolution in der DDR hat uns dazu befreit, mit der Erinnerung an das Geschehene so ehrlich und wahrhaftig wie möglich umzugehen." In ihren Schlussworten verknüpft Bergmann-Pohl in emphatischen Worten eine demokratische Zukunft mit der Übernahme der Verantwortung aus der Geschichte:

„Nehmen wir die 45. Wiederkehr jenes 8. Mai zum Anlaß, uns der geschichtlichen Wahrheit in Freiheit zu stellen. Lassen wir uns zu wunderkräftigen Taten ermutigen, indem wir der Verantwortung vor unserer Geschichte gerecht werden."

Diese 8. Mai-Rede der Präsidentin der ersten frei gewählten Volkskammer spiegelt den Zusammenhang von Erinnerung und Demokratie auf anschauliche Weise wider. Der Begriff der Befreiung wird für die DDR mit neuen Inhalten gefüllt, indem er an die Erinnerung an das Unrecht der Vergangenheit geknüpft wird. Bergmann-Pohl spricht von der Befreiung *zur* Erinnerung und liefert damit zugleich ein Beispiel für Befreiung *durch* Erinnerung.

Am 8. Mai 1990 sprach auch der Ministerpräsident der DDR, Lothar de Maizière, auf dem Jüdischen Weltkongress in Berlin.[39] Er erinnert zunächst daran, dass vor 45 Jahren „der größte Krieg des Jahrhunderts" endete. Ob dieses Datum „mit ‚Befreiung' oder ‚Kapitulation' zu beschreiben ist, daran polarisiert sich seitdem die Meinung der Deutschen", stellt der Ministerpräsident der DDR fest, als spreche er über die Rezeptionsgeschichte in der Bundesrepublik. Der 8. Mai werfe „lange Schatten auf die Nachkriegsgeschichte der Deutschen", er zeige auch „ihre Unfähigkeit zu trauern. Aber für Juden in Deutschland und Europa war dieses Datum 8. Mai 1945 nun jedenfalls Befreiung, und dies im Wortsinn." Während sich de Maizière zu einer politischen Bewertung als „Befreiung" aus deutscher Sicht offenbar nicht durchringen kann, formuliert auch er einen Satz, der die Demokratisierung der Erinnerung in der DDR zum Ausdruck bringt: Für die Deutschen gehe es darum „mit dieser Geschichte ehrlich und wahrhaftig zu leben, sich von ihr mahnen und erinnern zu lassen." Auch de Maizière stellt den Zusammenhang zwischen Erinnerung und Demokratie her: „Unsere Geschichtsfähigkeit liefert den Bezugsrahmen unserer heutigen Politikfähigkeit." Anschließend erinnert er an die sechs Millionen ermordeten Juden und fügt hinzu, bislang sei diese Geschichte „hinweggeschwiegen" worden, „als sei in der DDR alles getan". Nun erst habe der Weg „des Erkennens und Mittragens unserer geschichtlichen Schuld" begonnen. „Geschichte gänzlich wegzuwerfen wie auch, sie gänzlich zu verklären", seien „beides Haltungen der Lernverweigerung."

Diese beiden Reden veranschaulichen, bei allen Unterschieden (nicht zuletzt *wegen* der Unterschiede), dass die kritischere Auseinandersetzung mit der eigenen Vergangenheit in der DDR untrennbar mit deren Demokratisierung verbunden war – und umgekehrt. Nicht zufällig verdeutlichten de Maizière und Bergmann-Pohl dies anlässlich des 8. Mai, dem als zentraler Bestandteil des offiziellen Gedenkkalenders der DDR große Bedeutung zukam. Auch gesellschaftspolitische Initiativen, die von der SED bestimmt worden waren, sahen mit der Demokratisierung des politischen Systems und mit der damit verbundenen Öffnung des Gedenkens die Notwendigkeit zu

---

39 Vgl. zum folgenden: Lothar de Maizière: Rede des Ministerpräsidenten am 8. Mai 1990 auf dem Jüdischen Weltkongreß in Berlin, in: Allgemeine Jüdische Wochenzeitung vom 17.5.90.

Neuinterpretationen. So empfahl etwa die „Deutsch-Sowjetische Freundschaftsgesellschaft" (DSF), sich dem 8. Mai auf neue Art zu nähern. Er solle künftig als „Tag der Mahnung und des Gedenkens, als Tag der Versöhnung und der Freundschaft" begangen werden.[40] Im „Neuen Deutschland" wurde für die DDR eine „historische Problemverdrängung" diagnostiziert, die in der „staatsoffiziellen Bezeichnung" des 8. Mai zum Ausdruck gekommen sei: „Tag der Befreiung" habe „so beruhigend endgültig" geklungen und damit „Gelegenheit zu unzähligen Feierstunden" geboten, bei denen „falsches Pathos aufrichtigen Dank überwucherte, ehrliche Fragen erstickte." Die „offizielle Politik" sei von dem Fehlschluss ausgegangen, dass „eine militärische Niederlage zwingend die Niederlage einer Ideologie" nach sich ziehe. Heute, am 45. Jahrestag des 8. Mai, müsse „eine wirkliche Aufarbeitung der mit diesem Tag zusammenhängenden Geschichte" erfolgen. Worin diese bestehen könnte, erläutert der Autor nicht. Er belässt es bei dem unspezifischen Vorschlag, der „Tag der Befreiung vom Hitlerfaschismus" solle künftig „Deutscher Antifaschistischer Aktionstag" heißen – „und es auch werden."[41]

Zum 45. Jahrestag im Jahr 1990 äußerten sich in der DDR außerdem Stimmen, die auf ihre Weise ebenso neu waren, indem sie ein Ende der Erinnerung forderten. So bezog sich etwa Helga Schubert in einem Artikel vom Januar 1990 indirekt auf den 8. Mai: 45 Jahre nach dem Ende des Zweiten Weltkrieges, „an dessen Beginn ich erst geboren wurde", sei ihre Geduld zu Ende. Sie wolle „nicht mehr für die Vater-Mutter-Großväter-Großmütter-Generationen büßen" und sich nicht mehr „künstlich schuldig fühlen." Die „Kriegsfolgen und die Nachkriegsfolgen und die Folgen des Stalinismus und die Rechtfertigungen der Stalinisten" könne sie nicht mehr länger ertragen.[42] Auch diese Verweigerungshaltung gehört in das Spektrum des sich nach 45 Jahren öffnenden Gedenkens in der demokratischen DDR.

Während sich in der DDR ein Paradigmenwechsel vollzog, wurde der 8. Mai 1990 in der Bundesrepublik wie gewohnt weitgehend ignoriert.[43] Auf politischer Ebene nutzte lediglich Außenminister Hans-Dietrich Genscher die Eröffnung des Außenministertreffens der Zwei-plus-Vier-Konferenz am 5. Mai 1990 in Bonn, um an den bald darauf folgenden Jahrestag zu erin-

---

40 Zitiert nach: Me. (Ernst-Otto Maetzke): Nicht befreit, in: Frankfurter Allgemeine Zeitung vom 17.4.90. Vgl. auch Klaus Weber: Was wird aus dem 8. Mai?, in: Neues Deutschland vom 3.5.90.
41 Vgl. Michael Müller: Anregungen, in: Neues Deutschland vom 8.5.90.
42 Helga Schubert: Wo soll man anfangen?, in: Frankfurter Allgemeine Zeitung vom 24.1.90.
43 Vgl. als Ausnahme: Me. (Ernst-Otto Maetzke): Nicht befreit, in: Frankfurter Allgemeine Zeitung vom 17.4.90. Am 8. Mai 1990 gedachte aber der in Berlin tagende Jüdische Weltkongress mit einer Mahnung gegen das Vergessen des Friedensnobelpreisträgers Elie Wiesel des 45. Jahrestages. Vgl. Frankfurter Allgemeine Zeitung vom 9.5.90. Auszüge aus diesem Text in: GALINSKI 1992, S. 11f.

nern. Diese kurze Erklärung ist ein Beispiel für die Stellvertreterfunktion der Weizsäcker-Rede: Ohne einen eigenen Gedankengang zu entfalten, erklärte Genscher, „Bundespräsident Richard von Weizsäcker hat am 8. Mai 1985 für alle Deutschen gesprochen."[44] Parlamentarisch wurde des 8. Mai im Jahre 1990 nur in der Volkskammer gedacht, der 17. Juni 1990 dagegen wurde als ein gesamtdeutscher Gedenktag, mit einer gemeinsamen Gedenkstunde von Bundestag und Volkskammer begangen.[45] Diese unterschiedliche parlamentarische Würdigung lässt sich als Indikator für die im Vergleich untergeordnete Bedeutung des 8. Mai im staatlich-repräsentativen Gedenken der Bundesrepublik interpretieren.

8.5 Zur Bedeutung alternativer Erinnerungen an den Nationalsozialismus für die politische Opposition in der DDR

Der Zusammenhang zwischen selbstkritischen Erinnerungen an den Nationalsozialismus und der Demokratisierung der politischen Kultur bildet einen zentralen Untersuchungsgegenstand dieser Studie. Deshalb ist die Frage, ob und in welcher Weise abweichende Lesarten dieser Vergangenheit für die Konstituierung der Opposition in der DDR von Bedeutung waren, von einigem Interesse. Die Erklärung der ersten frei gewählten Volkskammer und die staatlich-offiziellen Reden zum 8. Mai 1990 hatten gewiss einen gesellschaftlichen Vorlauf in der DDR. Zum 8. Mai 1985 wurden dazu einige Beispiele vorgestellt. Inwieweit angesichts der überlieferten Quellen allerdings davon gesprochen werden kann, dass alternative Erinnerungen an den Nationalsozialismus ein zentrales Medium bei der Herausbildung politischer Opposition gewesen sind, soll hier als eine offene Frage, als wichtiges Forschungsdesiderat skizziert werden.

Zweifellos ist 1989/90, so schreibt Ehrhart Neubert zu Recht, „ansatzweise geglückt, was sich als dauernde Aufgabe stellt: die Vergesellschaftung der Verantwortung für die Geschichte und die Rückgewinnung des politischen Raumes."[46] Dass alternative Erinnerungen an den Nationalsozialismus dabei eine zentrale Rolle gespielt haben, wird in der Literatur häufig behauptet, aber nur selten belegt. Für Olaf Groehler etwa „erweist sich die um Kristallnacht und Holocaust in den späten achtziger Jahren in der DDR geführte Diskussion als *ein*, zwar bei weitem nicht *der* wichtigste, Kristallisa-

---

44 GENSCHER 1990.
45 Die Reden im Berliner Schauspielhaus hielten die Volkskammerpräsidentin Sabine Bergmann-Pohl, Bundestagspräsidentin Rita Süssmuth und Manfred Stolpe. Vgl. den Wortlaut der Reden in: Bulletin des Presse- und Informationsamtes der Bundesregierung vom 20.6.90, S. 669–675.
46 NEUBERT 1998, S. 883.

tionspunkt einer geistigen Opposition, die mit verkrusteten Denkmodellen zu brechen begann."[47] Der Schlussbericht der Enquête-Kommission des Deutschen Bundestages „Überwindung der Folgen der SED-Diktatur im Prozeß der deutschen Einheit" vom 10. Juni 1998 betont, von den ideologischen Gedenkvorgaben der SED müsse „deutlich die Bereitschaft vieler Menschen in der DDR unterschieden werden, sich – soweit es im Rahmen der SED-Diktatur möglich war – ehrlich mit der NS-Diktatur zu beschäftigen" und „das Andenken an die Opfer der NS-Diktatur zu bewahren." Ein „ehrliches Erinnern und Gedenken" habe „eher individuell und außerhalb staatlicher Aufmärsche und Rituale" stattgefunden.[48] So notwendig und wahrscheinlich zutreffend die hier angemahnte Unterscheidung zwischen den offiziellen, nicht-pluralistischen Gedenkriten der SED und der individuellen, kritischeren Erinnerung in der DDR auch ist, bleibt diese Feststellung doch auf der Ebene der Behauptung stehen. Im Schlussbericht der Enquête-Kommission wird sie jedenfalls nicht empirisch untermauert.

Ähnliches gilt für die ansonsten materialreiche Studie von Jeffrey Herf. Er vertritt die These, „so wie die Unterdrückung der Bedeutung des Holocaust ein Kapitel der Konsolidierung der Diktatur" gewesen sei, so sei „das Wiederauftauchen des Themas in den achtziger Jahren untrennbar mit der Infragestellung der ostdeutschen Diktatur und ihrer antifaschistischen Legitimationsformeln durch die Dissidenten" verbunden gewesen. Empirisch-konkret verweist er allein auf den Text von Markus Meckel und Martin Gutzeit, dem er zu Recht eine „besondere Sprengkraft" attestiert, da er den „Zusammenhang von Erinnerung und Demokratie" betont.[49] In den selben Kontext gehört Jan-Holger Kirschs Feststellung, der „Umgang mit dem Nationalsozialismus" habe „für viele Schriftsteller, Christen und Bürgerrechtler ein wesentliches Element ihrer Kritik am SED-Staat" gebildet. Diese Kritik sei zunächst systemimmanent geblieben, um „dem Antifaschismus eine höhere Glaubwürdigkeit" zu verschaffen.[50] Auch diese Diagnose wird, abgesehen von dem Diskussionspapier Meckels und Gutzeits, das im übrigen nicht systemimmanent blieb, weitgehend ohne Quellenbelege getroffen. Als weiteres Beispiel konstatiert auch Heinrich August Winkler, für viele Bürgerrechtler in der DDR sei der Nationalsozialismus als Orientierungspunkt wichtig gewesen. Als Quelle, die seinen Befund empirisch belegen könnte, vermag auch Winkler allein auf diesen Text zum 8. Mai 1985 zu verweisen.[51]

---

47 GROEHLER 1995, S. 300 (Hervorhebungen im Original).
48 SCHLUSSBERICHT 1998, S. 231.
49 Vgl. HERF 1998, S. 428f.
50 KIRSCH 1999, S. 144.
51 Vgl. WINKLER 2002b, S. 439.

Ein Blick in Untersuchungen zur Genese der Opposition in der DDR führt ebenfalls zu keinen gesicherten Erkenntnissen. Als eines der Grundlagenwerke lässt sich Ehrhart Neuberts Studie „Geschichte der Opposition in der DDR 1949–1989" aus dem Jahre 1997 bezeichnen.[52] Die Auseinandersetzung mit dem Nationalsozialismus spielt in Neuberts umfangreicher Studie weder explizit noch implizit eine wichtige Rolle. In einem anderen Text behauptet Neubert, die „Antifaschismuslegende" habe schon zu DDR-Zeiten die ersten Risse bekommen, „gerade auch" Oppositionelle hätten den „inszenierten Antifaschismus der SED" seit Ende der 1970er Jahre hinterfragt.[53] Diese Einschätzung ist zweifellos richtig, ungeklärt bleibt aber die Frage, inwieweit die Infragestellung des verordneten Antifaschismus aus alternativen Lesarten des Nationalsozialismus resultierte. Ähnliches gilt für die materialreiche (wenn auch radikal-subjektive) Darstellung der DDR-Opposition von 1986 bis 1989 von Wolfgang Rüddenklau. In dieser Studie finden sich eindrucksvolle Dokumente über Gedenkdemonstrationen zur Bombardierung Dresdens, über „Pilgerwege" zwischen Ravensbrück und Sachsenhausen oder auch über eigenständiges Gedenken an den November 1938.[54] Rüddenklau arbeitet aber weder eine spezifische Rolle der Thematisierung des Nationalsozialismus bei der Herausbildung der Opposition in der DDR heraus, noch spiegeln die Dokumente eine solche Bedeutung wider.

Die skizzierte Forschungslücke kann auch an dieser Stelle nicht geschlossen werden. Im Folgenden sollen nur ein paar Beispiele aufgerufen werden, in denen alternative Umgangsformen mit dem Nationalsozialismus deutlich werden. Wenn ein für die politische Opposition der 1980er Jahre konstitutiver Zusammenhang zwischen der Demokratisierung der DDR und der Aufarbeitung der Vergangenheit explizit deutlich wird, so bezieht er sich – aus ebenso nahe liegenden wie verständlichen Gründen – fast ausschließlich auf die kritische Auseinandersetzung mit dem Stalinismus und der Diktaturgeschichte der DDR, in der Regel nicht auf den Nationalsozialismus. So plädierte etwa Jürgen Fuchs im Jahre 1989 geradezu paradigmatisch: Ohne Erinnerung, „ohne die ganze Wahrheit über all die Jahre", könne es „keinen Ausweg, keine Demokratisierung, kein Überwinden des Stalinismus" geben.[55] Anfang des Jahres 1989 wurde ganz ähnlich in einem offenen Brief, der in der oppositionellen Zeitschrift „Grenzfall" abgedruckt wurde, eine Thematisierung der Verbrechen in der DDR gefordert: Die „Aufarbeitung des Stalinismus und seiner Auswirkungen auf die DDR" sei „bitter notwendig,

---

52 Vgl. NEUBERT 1997.
53 NEUBERT 1996, S. 67.
54 Vgl. RÜDDENKLAU 1992, bes. S. 31, S. 109ff., S. 117 und S. 357ff.
55 FUCHS 1989, S. 61.

nicht nur aus Gründen geschichtlicher Redlichkeit und aus Achtung der Würde ihrer Opfer." Die Verdrängung dieser Wirklichkeit habe „negative Folgen für die Chancen demokratischer Entwicklungen in unserem Land."[55] Ludwig Mehlhorn, Mitinitiator von „Demokratie Jetzt", stellte im Herbst 1989 fest, der DDR fehle der „Unterbau einer demokratischen Kultur". Nur wenn es gelinge, „Pluralität in Gesellschaft und Kultur auch strukturell zu erreichen", sei „der Herbst '89 nicht nur der Anfang einer friedlichen Revolution, sondern auch die Weiterführung der in diktatorischer Bevormundung steckengebliebenen Befreiung vom Nationalsozialismus."[57] Der demokratische Wandel in der DDR als die verspätete politisch-kulturelle Befreiung vom Nationalsozialismus – Mehlhorn spricht damit ein mögliches implizites Leitmotiv des Herbstes 1989 an. An anderer Stelle beleuchtete Mehlhorn diesen Gedanken in ähnlicher Weise. Ein Staatswesen zu entwickeln, das sich grundsätzlich von der „antidemokratischen Diktatur" des Nationalsozialismus unterscheide, sei nur möglich, „wenn die Bürger sich für die öffentlichen Angelegenheiten interessieren, sich einsetzen für Mitsprache, für eine freie Willensbildung und auf diese Weise an der politischen Kultur beteiligt sind." In der DDR, so Mehlhorn, sei „die Gewissenserforschung des einzelnen in eine ganz private Ecke abgedrängt, jedenfalls nicht öffentlich zur Sprache gebracht" worden. Das habe „zusammen mit der neuen Diktatur des Stalinismus zu weitreichenden, bis in unsere Gegenwart reichenden Deformationen des historischen Bewußtseins geführt."[58]

Die Erinnerungen von Olaf G. Klein lassen sich als ein Beispiel für die Bedeutung der Anerkennung der Verbrechen des Nationalsozialismus für das Selbstverständnis eines politischen Oppositionellen in der DDR lesen. Im Jahr 1989 berichtet Klein, Mitglied des Sprecherrates des Neuen Forums in Berlin-Mitte, bei einem Besuch im ehemaligen Konzentrationslager Auschwitz habe ihn eine „tiefe Scham, ein Deutscher zu sein", überfallen. Er schildert seinen „verzweifelten Wunsch, heraustreten zu können aus meiner Sprache, meiner Geschichte, meiner Herkunft." Aber, so Klein weiter, „wohin ich auch ginge, ich nähme mich immer mit und auch meine Vergangenheit." Angesichts dieser für ihn offenbar existenziellen Erfahrung beschreibt Klein seine Empfindungen bei der Rückkehr in die DDR: „Und dann kommt man zurück und liest und hört diese Sprüche: ‚Wir haben an der Seite der Sowjetarmee Deutschland vom Faschismus befreit.' Und der Vater war in der Wehrmacht."[59] Auch in der Samisdat-Literatur der DDR

---

56 Zitiert nach: ROSENTHAL R. 1989, S. 52f.
57 MEHLHORN 1989b, S. 177.
58 MEHLHORN 1989a, S. 73f.
59 KLEIN 1989, S. 74.

wurden die Verbrechen und Folgen des Nationalsozialismus anders als in der offiziellen Lesart der SED aufgegriffen. So stellte z. B. Edelbert Richter in einer von einer Antifa-Gruppe 1989 veröffentlichten Fortsetzungsreihe unter dem Titel „Zweierlei Land – eine Lektion" fest, das „Nachdenken über die Wurzeln des Nationalsozialismus" sei „eine Besinnung auf unsere eigene, noch nicht abgegoltene Schuld als Deutsche."[60]

Solche direkten Bezüge auf den Nationalsozialismus stellen, soweit übersehbar, eher Ausnahmen dar. Der Fokus der Opposition lag, gleichsam selbstverständlich, auf dem aktuellen Diktaturcharakter des Staates, in dem sie wirkten. Mit der Kritik an den herrschaftsstabilisierenden Funktionen des SED-Antifaschismus wurde dabei jedoch häufig zugleich der offizielle Umgang mit dem Nationalsozialismus in Frage gestellt. Implizit – und in unseren Kontexten von besonderem Interesse – verschafften sich damit auch andere Lesarten der Zäsurerfahrung von 1945 Ausdruck. So entwickelte z. B. Christoph Hein am 14. September 1989 vor dem Ostberliner Schriftstellerverband das treffende Bild von der „fünften Grundrechenart". Diese bestehe darin, dass „zuerst der Schlußstrich gezogen und das erforderliche und gewünschte Ergebnis darunter geschrieben" werde. Das gebe einen „festen Halt für die waghalsigen Operationen, die anschließend und über dem Schlußstrich erfolgen." In einer Geschichtsbetrachtung, so Hein, die dieser fünften Grundrechenart huldige, werde „verschwiegen und geglättet, um aus dem Labyrinth der Geschichte möglichst fleckenlos und schnell zu jenem Ausgang in die Gegenwart zu gelangen, der dem gewünschten Selbstverständnis am nächsten kommt." Unter dem Schlussstrich der DDR-Geschichtsbetrachtung stehe deshalb das „kräftige Wort vom ‚Sieger der Geschichte'". Hein bezieht diese Überlegungen nicht direkt auf den Nationalsozialismus. Indem er den antifaschistischen Gründungsmythos hinterfragt, zielt er implizit gleichwohl auf diese Vergangenheit – und zugleich auf die Zäsur des Jahres 1945. Die DDR sei nicht der „Sieger der Geschichte", allenfalls der „Sieger der Geschichtsschreibung" – und „Hybris war stets der Anfang vom Ende."[61] Anfang November 1989 betonte Hein in einem Gespräch mit der „Berliner Zeitung", die Ursache für viele aktuelle Probleme läge darin, dass „1945 als eine Stunde Null angenommen" worden sei. Der „riesige Konflikt" des Weiterbestehens faschistischen Gedankenguts nach 1945 sei seinerzeit „rot oder demokratisch oder wie auch immer übertüncht" worden. Diese „Tünche" halte jetzt, im Jahr 1989, nicht mehr, „und es kommen Geschichten zum Vorschein, über die wir 40 Jahre lang nie gesprochen haben."[62]

---

60 RICHTER 1989.
61 HEIN 1989a, S. 163–166 bzw. S. 171. Vgl. auch HEIN 1990, S. 146.
62 HEIN 1989b, S. 190. Ähnlich auch WEISS 1989, S. 296f.

Günter de Bruyn stellte im Mai 1989 auf einer PEN-Tagung in Köln fest, in beiden deutschen Staaten sei 1945 die „Gunst der Stunde, nämlich die militärische Niederlage, die moralischen Gewinn hätte bringen können", ungenutzt geblieben. Der „Vorgang der Schuldverdrängung" sei „psychologisch hier und da ähnlich" gewesen, „auch wenn er politisch und ideologisch unter anderem Vorzeichen geschah." Mit Blick auf die DDR kritisiert er, dort sei der Eindruck vermittelt worden, das „neue Staatsvolk" sei 1945 „nicht nur befreit worden, sondern es habe gesiegt." Man habe „den Faschismus, wie es hieß, mit der Wurzel ausgerottet – und die Schuld an die Bewohner des anderen deutschen Staates delegiert."[63] Der Zusammenhang zwischen Befreiung und Schuldfrage findet sich auch bei Heino Falcke, evangelischer Probst in Erfurt. Er forderte Mitte November 1989 das „Eingeständnis von Schuld", das eine „neue Lebenschance" eröffne. Dies könne echte Befreiung bedeuten, die „Befreiung zum offenen Umgang mit der Schuld". Befreiung, so Falcke, gebe es nicht „ohne Auseinandersetzung mit der Vergangenheit."[64]

Blicken wir abschließend auf retrospektive Einschätzungen von Akteuren der politischen Oppositionsbewegung in der DDR. Für „eine freie und differenzierte Auseinandersetzung mit der NS-Vergangenheit" habe es in der DDR, so beschreibt es Markus Meckel, keinen Ort gegeben. Nur in den Kirchen, durch einzelne Intellektuelle und oppositionelle Gruppen sei die „Verdrängung und Geschichtsklitterung" durchbrochen worden. Dies sei, so Meckel, „von großer, ja identitätsbildender Bedeutung" gewesen. Vor diesem Hintergrund hätten er und Martin Gutzeit ihr Positionspapier zum 8. Mai 1945 geschrieben.[65] Auch Hans Misselwitz betont rückblickend, in der DDR habe der „Konflikt um ‚unbewältigte' Vergangenheit" zumindest „unbewußt eine politisch-pädagogische Schlüsselfunktion" gehabt – und dies „nicht nur in seiner psychologischen Ableitung als Generationenkonflikt." Es sei vor allem die „bewußte oder unbewußte Identifikation von Teilen der nachgeborenen Generation mit der Seite des Widerstands" gewesen, die „eine sozial-moralische Basis in der DDR" geschaffen habe. „Den geistigen Kern einer breiteren Opposition bildeten weniger die sehr unklaren Visionen einer künftigen Gesellschaft, sondern das historisch abgeleitete Recht auf Widerstand gegen die Diktatur."[66] Die Legitimierung ihres Handelns durch die Berufung auf die Tradition des Widerstandes gegen den Nationalsozialismus – das ist für Misselwitz der Kern des NS-Bezugs der

---

63 BRUYN 1989, S. 161 bzw. S. 166f.
64 FALCKE 1989, S. 223.
65 MECKEL 1993, S. 122.
66 MISSELWITZ 1995a, S. 14ff.

politischen Opposition in der DDR. An anderer Stelle hält er fest, die DDR-Opposition habe sich „bis in die politische Symbolik" auf diese Tradition bezogen.[67]

Die letzte Feststellung stammt aus einem kurzen Text von Misselwitz, der in unseren Zusammenhängen von besonderem Interesse ist. Im Jahr 1995 beschäftigte er sich aus autobiographischer Perspektive mit der „Aneignung und Wirkungsgeschichte des 8. Mai 1945" in der DDR. Neben den offiziellen Erinnerungsformen habe es immer auch eine individuelle Beschäftigung mit diesem Datum gegeben. Während sich das offizielle Gedenken zum 8. Mai „auf Kranzniederlegungen an den Kriegsdenkmälern der Sowjetarmee" beschränkt habe, sei für die Erlebnisgenerationen in der DDR „der Widerspruch zwischen der Verarbeitung der eigenen Erinnerung und der offiziellen" geblieben. Dies könne auch positiv gesehen werden: „Viele ‚Traditionen' der DDR waren ‚von oben' inszeniert. Damit aber waren sie zumindest ein Angebot, sich mit dem Thema auseinanderzusetzen." Misselwitz will nicht beurteilen, „ob die Menschen dadurch aufgeklärter wurden als im Westen". Aber, so urteilt er dann doch, so sehr in der DDR auch eine große Opfergruppe vernachlässigt worden sei, „die jüdischen Opfer hinter den Namen ihrer Heimatnationen in Ravensbrück oder anderswo versteckt blieben – die Tatsachen und Verbrechen wurden mehr als im Westen öffentlich verbreitet." Diese Aussage kann einer empirischen Überprüfung sicher nicht standhalten, auch wenn es problematisch ist, biographische Erinnerungen, wie Misselwitz sie hier schildert, an empirischen Fakten zu messen. Die persönliche Erinnerung liefert in der Regel ein anderes, subjektiv nicht weniger zutreffendes Bild der historischen Realität als die überlieferten Quellen zu zeichnen vermögen. So kommt Misselwitz' biographischer Blick aus dem Jahr 1995 zu einem Ergebnis, das in dieser Studie empirisch nicht bestätigt werden kann: „Das Geschehen des 8. Mai 1945 – ein Datum, das in der DDR sehr eng an die Befreiung durch die Rote Armee erinnerte – ist durch Generationen hindurch bearbeitet und verarbeitet worden."[68]

Wer Dokumente der politischen Opposition in der DDR liest, findet beeindruckende Beispiele demokratischer Alternativvorstellungen, Zeugnisse von Mut, Zivilcourage und dem Versuch, vom Objekt zum Subjekt des gesellschaftlichen und politischen Lebens zu werden. Die Erkenntnis, dass Handeln und Unterlassen dem Individuum in eigener Verantwortung zuzuordnen sind, ist eines der wesentlichen Elemente einer demokratischen politischen Kultur. So haben es viele Oppositionelle in der DDR auch ver-

---

67 MISSELWITZ 1995b, S. 256.
68 Ebd., S. 255 ff.

standen – sie sind deshalb ein lebender Beweis dafür, dass persönliche Verantwortung auch in der Diktatur möglich ist. Darin liegt der Kern des politisch-kulturellen Erbes der demokratischen Oppositionsbewegung der DDR für das seit 1990 vereinte Deutschland. Eine Äußerung von Arnulf Baring (und nicht nur von ihm), nach welcher der demokratische Umbruch von 1989/90 der „größte Erfolg der alten Bundesrepublik" gewesen sei, stellt sich insofern als selbstgerechter Unsinn dar.[69]

Das alternative politische Selbstverständnis vieler DDR-Oppositioneller manifestierte sich auch in ihrem Verständnis vom Umgang mit fehlgeschlagener, schuldhafter Vergangenheit – sie bezogen es jedoch primär auf die DDR-Zeitgeschichte. Sucht man in den oppositionellen Überlieferungen nach expliziten oder impliziten Reflexionen über den Umgang mit der NS-Vergangenheit, vermittelt sich nicht der Eindruck, dies sei ein zentrales Medium für die Herausbildung politischer Alternativvorstellungen gewesen. Ausgangspunkt für die Entwicklung persönlicher Verantwortung waren die gegenwärtige Diktatur, die Verbrechen des Stalinismus und die antifaschistische Legitimationsideologie der SED, nicht die Auseinandersetzung mit der NS-Vergangenheit. Angesichts der politischen Rahmenbedingungen, in denen sich die Opposition in der DDR konstituierte, ist dies keine überraschende oder gar Kritik implizierende Feststellung. Sie musste sich innerhalb der gegebenen politischen Konstellationen überhaupt erst die Freiräume schaffen, in denen alternative Lesarten der Vergangenheit diskutiert werden konnten. Hinzu kommt, dass die schriftliche Überlieferung von Selbstverständigungsdebatten angesichts der nicht-pluralistisch strukturierten Öffentlichkeit und der drohenden und realen Repressalien sehr gering ist. Hier steht nicht nur diese Studie vor einem generellen Forschungsproblem: Sie basiert auf schriftlich überlieferten Quellen, in denen persönliche Interaktionen und Diskussionen, die für die politische Opposition in einer Diktatur wichtige Vermittlungsmedien sind, in der Regel nicht erfasst werden. Zudem beruht dieser Exkurs lediglich auf einer groben Stichprobe der Quellen. Die Frage, inwieweit alternative Deutungen der NS-Vergangenheit in der DDR als Kristallisationspunkt der Herausbildung politischer Opposition zu betrachten sind, bleibt ein wichtiges Forschungsdesiderat.

Festgehalten werden kann aber, dass die SED jede Form abweichender Erinnerung als Ausdruck politischer Opposition auffasste, selbst wenn dies gar nicht dem Selbstverständnis der Akteure entsprach. Schon darin zeigt sich ein konstitutiver Zusammenhang zwischen Erinnerung und Demokratie: In den Worten Jan Assmanns kann Erinnerung „unter den Bedingun-

---

69 BARING 1991, S. 13.

gen der Unterdrückung" zu einem „Akt des Widerstands" werden. Dann nämlich „bestätigen die Überlieferungen das Gegebene nicht, sondern stellen es in Frage und rufen zu seiner Veränderung und zum Umsturz auf."[70] Oder, von Stefan Wolle existenzieller formuliert, „der Kampf um die persönliche Erinnerungsfähigkeit" wird unter diktatorischen Rahmenbedingungen „zum Überlebenskampf. Das Gedächtnis kann zum Refugium der Freiheit werden oder zum wehrlosen Objekt der Manipulation."[71] Spätestens 1989/90 wurde das Gedächtnis in der DDR zum Refugium der Freiheit.

---

70 ASSMANN J. 1997, S. 80 bzw. S. 84.
71 WOLLE 1992, S. 235.

9. Deutschland nach der Zäsur von 1989/90

9.1 Wechselwirkungen zweier Zäsuren

Das Jahr 1989 bedeutete einen tief greifenden Einschnitt in der Geschichte der beiden deutschen Staaten. Die Bevölkerung der DDR befreite sich – durch externe Faktoren begünstigt – selbst und von innen heraus. Die friedliche Überwindung der SED-Diktatur und die Demokratie in der DDR waren die Voraussetzung für die spätere Vereinigung der beiden deutschen Staaten. Zu der Zäsur des Jahres 1945 trat die Zäsur der Jahre 1989/90, seitdem geht es in Deutschland um die Aufarbeitung einer doppelten Diktaturgeschichte, um die Aufarbeitung der „doppelten Vergangenheit".[1] Sie stellt zusätzliche Anforderungen an das Differenzierungsvermögen: Wie wird das Verständnis der Zäsuren von 1945 und 1989/90 im Licht der jeweils anderen Erfahrungen reflektiert? Wer etwa der Auffassung ist, der Nationalsozialismus habe vorrangig durch die Teilung Deutschlands und Europas bis in die Gegenwart hineingereicht (eine der zentralen Lesarten des 8. Mai), wird feststellen wollen, dass mit dem Zusammenbruch der Nachkriegsordnung die Verbindung mit dem Nationalsozialismus abgebrochen ist. Diese Einschätzung hat offensichtliche Auswirkungen auf die Einordnung der Zäsur von 1945.

In der ersten Hälfte der 1990er Jahre wurde vor diesem Hintergrund ein Streit um die „Interpunktion der Zeitgeschichte"[2] ausgetragen, in dem im wesentlichen zwei Lesarten im Mittelpunkt standen. Beide stimmen in der Konsequenz überein, so Jürgen Habermas, dass „die Epochenwende von 1989/90 eine vorübergehende Anomalie beendet, die scheinbare Zäsur von 1945 eingeebnet und den Zivilisationsbruch wohltuend relativiert hat."[3] Für die eine Lesart bietet die These des „Weltbürgerkrieges" den Leitfaden. Wer den Zeitraum von 1914 bis 1989 zu einer einheitlichen Epoche zusammenzieht, schreibt der NS-Periode einen anderen Stellenwert zu, als jemand, der im Nationalsozialismus einen singulären Zivilisationsbruch erkennt und das Jahr 1945 als den Beginn einer demokratischen Entwicklung betrachtet. Aus der Perspektive eines 75 Jahre währenden Kampfes gegen den Bolschewismus oder Kommunismus lässt sich der Nationalsozialismus lediglich als eine (wenn auch besonders radikale) Phase in dieser Auseinandersetzung einordnen. Der Schritt, den Ernst Nolte, der profilierteste Vertreter dieser Lesart,

---
1   Zur „doppelten Vergangenheit" vgl. z.B. HABERMAS 1992.
2   HABERMAS 1994, S. 59.
3   HABERMAS 1995e, S. 173.

vollzieht, ist ihr immanent: Nach dem Ende des Kalten Krieges steht der Nationalsozialismus mit auf der „Siegerseite" der Geschichte. Als Antibolschewismus, als Gegenbewegung im „europäischen Einigungskrieg", war er für Nolte notwendig und sogar historisch im Recht.[4] Das Jahr 1945 stellt in dieser Perspektive lediglich den Beginn einer neuen Phase in einer fortdauernden Auseinandersetzung dar.

Für die zweite Lesart, die eine andere Interpunktion der Zeitgeschichte vornimmt, bietet die Nationalgeschichte den Leitfaden. In ihr wird vorausgesetzt, die Nation sei der natürliche Orientierungspunkt für die Identitätsbestimmung einer Gemeinschaft, die „gegebene Bezugsgröße des modernen Staates".[5] Aus diesem Blickwinkel hat das seit 1945 geteilte Deutschland erst 1990 seine „normale" Form als Nation zurückgewonnen. Neben antiliberalen und antizivilisatorischen Elementen ist die vorpolitische Konzeption der „Normalität des Nationalen" in der Regel mit der Abkehr von der Geschichte der Bundesrepublik als eigentlichem Sonderweg verbunden. Die Konsequenz beschreiben die Herausgeber des kurzfristig viel beachteten Sammelbandes „Die selbstbewußte Nation" aus dem Jahre 1994: Die „Zeit deutscher Sonderwege" sei vorbei, „was bedeutet: den eigenen endlich wieder wagen zu können."[6] Die Umkehrung der Sonderweg-These geht regelmäßig mit der Kritik an der „Aufarbeitung der Vergangenheit" in der Bundesrepublik einher, die in der ersten Hälfte der 1990er Jahre verstärkt mit pejorativ gemeinten Begriffen wie „Schuldmetaphysik", „Nationalmasochismus", „Dauerbeschimpfung", oder „Mentalität der Selbstzerknirschung" diskreditiert wurde.

Diese in der ersten Hälfte der 1990er Jahre weit verbreitete „normalisierende" nationale Lesart hat bedeutsame Implikationen für die Identitätsbestimmung des vereinten Deutschlands und für die Einschätzung der Relevanz der Zäsur von 1945. In ihr hat die Zäsur von 1989/90 eine vorübergehende Anomalie beendet, die 1945 begonnen habe. Die Bundesrepublik bis 1990 erscheint nur noch als mehr oder weniger pathologisches Interim.

---

4 Vgl. z.B. NOLTE 1991, S. 34; Ernst Nolte: „Ein historisches Recht Hitlers"? Spiegel-Gespräch, in: Der Spiegel 40/94, S. 83–103; NOLTE 1995; Ernst Nolte: Nach dem Weltbürgerkrieg, in: Frankfurter Allgemeine Zeitung vom 17.2.90; Ernst Nolte: Das Zeitalter des Kommunismus, in: Frankfurter Allgemeine Zeitung vom 12.10.91; Ernst Nolte: Die fortwirkende Verblendung. Über Gleichsetzungen und Vergleiche von Drittem Reich, DDR und Bundesrepublik, in: Frankfurter Allgemeine Zeitung vom 22.2.92.
5 WEISSMANN 1992, S. 135. Vgl. z.B. auch Karlheinz Weißmann: Die Nation denken. Wir sind keine Verschwörer, in: Frankfurter Allgemeine Zeitung vom 22.4.94; GRAW 1993; MAYER T. 1993.
6 Einleitung in: SCHWILK/SCHACHT 1994, S. 17. Vgl. auch ZITELMANN 1994; EDER 1993; KONDYLIS 1993. Vgl. als komprimiertes Beispiel für die Umkehrung der Sonderweg-These, die Ablehnung einer postnationalen Identität und die Zuwendung zur „Normalität des Nationalen" Wolfgang Jäger: Die Legitimität freiheitlicher Selbstschöpfung, in: Frankfurter Allgemeine Zeitung vom 25.6.91.

Mit dem Mauerbruch von 1989 schienen nun, in den Worten Gunter Hofmanns, „nicht die Revisionisten unter den Historikern, sondern schien die Geschichte selbst eine Revision vorzunehmen."[7] Die politisch-kulturelle Gefahr eines solchen „Rückrufs in die Geschichte"[8] besteht darin, dass die „Dialektik der Normalisierung"[9] nicht länger reflektiert wird: Nur die Abkehr von einer als „Normalität" verstandenen nationalen Identitätsfindung hat nach der Zäsur von 1945 in der Bundesrepublik „normale" demokratische Verhältnisse entstehen lassen.

Auch jenseits dieser nicht nur kurzfristig erfolgreichen Lesarten werden seit 1990 Neudeutungen der (west)deutschen Geschichte vorgenommen, in denen die deutsche Vereinigung die eigentliche Zäsur des 20. Jahrhunderts darstellt. Dabei wird die Bundesrepublik auf andere Weise als „Sonderweg" charakterisiert: Als eine erfolgreiche Etappe auf dem langen Weg Deutschlands zu einem demokratischen Nationalstaat westlicher Prägung. Die anerkannteste Variante dieser seit 1990 sehr weit verbreiteten Lesart wurde im Jahr 2002 veröffentlicht. In seiner Studie „Der lange Weg nach Westen" beschreibt Heinrich August Winkler die deutsche Geschichte aus der Perspektive des „Fluchtpunktes 1990".[10] Auf ihn sei die deutsche Geschichte zugelaufen, in diesem Jahr endete für Winkler der „historische Ausnahmezustand, in dem Deutschland nicht souverän gewesen war".[11] Dies ist eine – forschungsstrategisch legitime – Analyse- und Darstellungsperspektive, die den Blick auf die nationale Frage der Deutschen fokussiert und damit zugleich verengt. Im Kern läuft Winklers Darstellung auf ein zufriedenes Fazit hinaus:

„Im Jahre 1945 endete der antiwestliche Sonderweg des Deutschen Reiches. 1990 endete der postnationale Sonderweg der alten Bundesrepublik und der internationalistische Sonderweg der DDR. Das wiedervereinigte Deutschland ist keine ‚postnationale Demokratie unter Nationalstaaten', sondern ein demokratischer, postklassischer Nationalstaat unter anderen."[12]

Winklers Bestimmung nationaler Identität unterscheidet sich von den zuvor skizzierten, sie enthält keine antidemokratischen Untertöne. Aber auch seine

---

7 Gunter Hofmann: Mach's nicht noch mal, Deutschland!, in: Die Zeit vom 29.10.93.
8 So der programmatische Titel einer 1992 von Karlheinz Weißmann veröffentlichten Studie (WEISSMANN 1992).
9 HABERMAS 1995e, S. 171 und HABERMAS 1993, S. 40. Vgl. auch ebd. S. 35f., S. 41f., S. 179ff.; Jürgen Habermas: Die zweite Lebenslüge der Bundesrepublik: Wir sind wieder „normal" geworden, in: Die Zeit vom 11.12.92. Vgl. zur Kritik an Normalitätsbestrebungen auch KÖNIG 1992, S. 360f.; Gunter Hofmann: Endlich bei den Siegern sein, in: Die Zeit vom 31.3.95 und HURRELBRINK 1997.
10 WINKLER 2002a, S. 2.
11 WINKLER 2002b, S. 654.
12 Ebd., S. 655.

inzwischen fast als politisch-kulturelle Mehrheitsauffassung zu bezeichnende Lesart weist der Geschichte der beiden deutschen Staaten nach der Zäsur des Jahres 1945 einen neuen Platz zu: Einen lediglich transitorischen Status zweier unterschiedlich pathologischer Sonderwege. Die Geschichte nach 1945 ist für Winkler auf den „Fluchtpunkt" nationalstaatlicher Einheit zugelaufen – für einen Historiker ein erstaunlich unhistorisches Geschichtsverständnis.

Winklers Historiographie ist der elaborierteste Ausdruck einer sehr verbreiteten Form der Geschichtsbetrachtung, die zu einer historischen und politischen Perspektivenverschiebung geführt hat: Die Geschichte der Bundesrepublik wird als (immerhin erfolgreicher) „postnationaler" Sonderweg beschrieben – den eigentlichen zäsurhaften Bezugspunkt und Bewertungsmaßstab bildet die staatliche Einheit des Jahres 1990. Nicht der 8. Mai 1945 symbolisiert die Wende zum politisch Anzustrebenden, sondern der 3. Oktober 1990. Politische Zäsuren und interpretatorische Neudeutungen der Vergangenheit sind eng miteinander verbunden: Diese transitorische, national-affirmative Lesart deutscher Zeitgeschichte hatte (und hat) erhebliche Auswirkungen auf die Bewertung der Zäsur von 1945 im vereinten Deutschland, die sich vor allem anlässlich des 50. Jahrestages des 8. Mai zeigen sollten.

Auch nach 1990 blieb es dabei, dass der 8. Mai jenseits seiner Jubiläen, wenn überhaupt, nur abgeleitet thematisiert wurde, z.B. im Kontext anderer politisch-historischer Gedenktage, die als Anniversarien begangen wurden. So stellte etwa Enno von Loewenstern im Jahr 1991 aus Anlass des 20. Juli fest, die Deutschen hätten „zwei Tage der Ehre in ihrer Geschichte aufzuweisen": Den 17. Juni und den 20. Juli. Statt diese entsprechend zu feiern, würden sie sich darauf „kaprizieren", die „Tage der Schande herauszustellen". Als einen solchen „Tag der Schande" bezeichnet von Loewenstern explizit auch den 8. Mai.[13] Der erste gesamtdeutsche, auf den Nationalsozialismus bezogene Gedenktag, dem größere Aufmerksamkeit zukam, war der 50. Jahrestag des 20. Juli. Der ein Jahr später folgende 50. Jahrestag des 8. Mai war bereits zu dieser Gelegenheit im Bewusstsein vieler Beitragenden präsent. So nahm z.B. Bundeskanzler Helmut Kohl in seiner Ansprache am 20. Juli 1994 eine Einschätzung des 8. Mai 1945 vor, die in den Jahren zuvor und auch im Folgejahr in dieser oder ähnlicher Form oft zu hören war: „Der 8. Mai 1945 war ein Tag der Befreiung, aber Freiheit brachte er nicht allen Deutschen."[14]

---

13 Enno von Loewenstern: Verdrängter Ehrentag, in: Die Welt vom 20.7.91.
14 KOHL 1994, S. 11.

Im Mai 1994 wurde außerdem eine der ersten größer angelegten demoskopischen Untersuchungen nach der deutschen Vereinigung durchgeführt, die das Verhältnis der Deutschen in Ost und West zum Nationalsozialismus ermittelte.[15] Nach den Ergebnissen des FORSA-Instituts fanden es fast zwei Drittel (64%) der Deutschen in Ost und West „gut, daß Deutschland den Krieg verloren hat." 69% werteten „das Ende des Zweiten Weltkrieges und die Folgen für Deutschland" als eine Befreiung, 13% als Niederlage und 14% teils als Befreiung, teils als Niederlage. Der Anteil der „Teils/Teils"-Antworten war dabei im Osten mit 22% höher als im Westen (13%). Während 60% der Ostdeutschen das Kriegsende und dessen Folgen als Befreiung einstuften, waren es im Westen des Landes 71%. Die nach 1940 Geborenen neigten mit 74% stärker zur Beurteilung als Befreiung als die vor diesem Jahr Geborenen (58%).

Bei der ganz überwiegend positiven retrospektiven Beurteilung des Jahres 1945 war allerdings nur nach dem Ende des Krieges, nicht des Nationalsozialismus gefragt worden. Auf die Frage: „Tragen Deutsche, die 1945 Kinder waren oder später geboren wurden, noch eine Verantwortung für die Nazi-Verbrechen?" antwortete mit 76% die große Mehrheit mit Nein. Gefragt wurde ausdrücklich nicht nach Schuld, sondern nach einer weiter bestehenden Verantwortung, die nur 12% empfanden. Mit 83% war die Ablehnung unter den Jugendlichen am größten. Vor diesem Hintergrund überrascht es nicht, dass die Mehrheit der Deutschen (53%) einen „Schlussstrich unter die NS-Vergangenheit" befürwortete, 41% lehnten ihn ab. In der Frage nach einem „Schlussstrich" wurde nicht nach Teilaspekten der Auseinandersetzung mit dem Nationalsozialismus – etwa die juristische oder personelle Aufarbeitung – gefragt. Gemeint war ein genereller „Schlussstrich". Mit der Anerkennung des Befreiungscharakters des Kriegsendes ging im Mai 1994 die Ablehnung der Verantwortung für den Nationalsozialismus sowie die Befürwortung eines Schlussstriches einher.

9.2 Leitmelodien des 50. Jahrestages

Der parlamentarische Beginn eines Gedenkmarathons

Diese Tendenzen bilden einen der Hintergründe für die Debatten um den 50. Jahrestag des 8. Mai, die sich zu den umfangreichsten Auseinandersetzungen mit der nationalsozialistischen Vergangenheit im vereinten Deutschland entwickeln sollten. Dass der 50. Jahrestag erneut zu politisch-histori-

---

15 Vgl. zum folgenden: FORSA-Institut im Auftrag der Woche: Die Deutschen und die NS-Vergangenheit, in: Die Woche vom 1.6.94.

schen Kontroversen führen sollte, zeichnete sich für viele Kommentatoren bereits zu Beginn des Jahres 1995 ab. So diagnostizierte etwa Gunter Hofmann Anfang Januar, es lägen „viele Revisionsabsichten in der Luft." Die „Peinlichkeiten" begännen von neuem: „Wieder erhebt sich Gezeter, ob das Parlament des 8. Mai 1945 gedenken soll und ob man von einem Tag der ‚Befreiung' sprechen darf. Endet dieser kleingeistige Unfug denn nie?"[16] Den kontroversen Charakter des 50. Jahrestages verdeutlichte spätestens die so genannte „Kanzlerdebatte" zur Vorlage des Haushaltsentwurfs im Deutschen Bundestag am 30. März 1995, in der bei fast allen Rednern die Gestaltung und Ausrichtung des bevorstehenden 50. Jahrestages eine herausgehobene Rolle spielte. Diese Generalaussprache stellte gleichsam den parlamentarischen Startschuss des „Gedenkmarathons"[17] im Jahr 1995 dar.

Eröffnet wurde die parlamentarische Kontroverse durch Rudolf Scharping, den Vorsitzenden der Fraktion der SPD.[18] Er stellte fest, die Vorbereitungen des 50. Jahrestages seien von „beschämender Peinlichkeit". Diese Kritik bezog er insbesondere darauf, dass der „studierte Historiker an der Spitze der Bundesregierung" den Wunsch des polnischen Staatspräsidenten zurückgewiesen habe, an den deutschen Feierlichkeiten zum 50. Jahrestag teilzunehmen. Damit werde „Bitburg und anderen mißlungenen Symbolen ein weiteres hinzugefügt." Obwohl in einer Volkspartei „vielerlei Standpunkte" möglich sein müssten, sei es nicht vertretbar, dass „in manchen Bereichen der Union" behauptet werde, mit Blick auf den 8. Mai habe Deutschland „mehr zu trauern als zu feiern."

Der Vorsitzende der CDU/CSU-Fraktion Wolfgang Schäuble nannte die Äußerungen Scharpings „wahrheitswidrig" und „unverantwortlich". In der Frage, „ob der 8. Mai zu Freude oder Trauer, zu Feier oder Gedenken" Anlass gebe, dürften „diejenigen, die ihre Väter, Söhne, Brüder verloren haben" nicht dafür kritisiert werden, dass sie um diese trauern. Deshalb empfände er diese Art von Streit als „schäbig, kleinlich und verantwortungslos". Vielmehr sollten sich die Deutschen darüber einig sein, dass „50 Jahre Frieden und europäische Einigung" sowie die deutsche Einheit Grund zur Freude seien. In einer Kurzintervention bezog Otto Schily (SPD) sich auf diese Passage. Er betonte, dass der 8. Mai der Ausgangspunkt eben dieser „50 Jahre des Friedens und der europäischen Einigung" gewesen sei. Deshalb hätten die Deutschen „großen Anlaß, diesen Tag als Geburtsstunde der Freiheit in Gesamteuropa zu feiern."

---

16 Vgl. Gunter Hofmann: Deutsche Sucht, in: Die Zeit vom 6.1.95.
17 Anita Kugler: 50 Jahre danach, in: die tageszeitung vom 5.1.95.
18 Vgl. zum folgenden: Deutscher Bundestag, 13. Wahlperiode, 31. Sitzung, 30. März 1995, S. 2332–2389.

Gregor Gysi (PDS) erklärte es für „erschreckend", dass Richard von Weizsäckers Positionen aus dem Jahr 1985 „nach wie vor in Teilen der CDU/CSU keinen Anklang" fänden. Ihr Verhältnis zum 8. Mai bleibe daher „– gelinde formuliert – ambivalent". An diesem Tag, so Gysis Bewertung, hätten „die deutschen Kriegstreiber, die Massenmörder, die gesamte nazistische Barbarei ihre Niederlage" erlebt. Die „zahlreichen Vertreter der Union", die diesen Tag ebenfalls als Niederlage empfänden, begäben sich „damit mit jenen in eine Reihe". Warum, so fragt Gysi, würden diejenigen, die den 8. Mai angesichts des Verlustes von Vätern, Söhnen und Brüdern als Tag der Trauer empfänden, nicht den 30. Januar oder den 1. September als „Trauertag" begehen: „Warum gerade der Tag, an dem der Spuk endlich ein Ende hatte?" 50 Jahre „nach dem Ende des Hitler-Faschismus und des Zweiten Weltkrieges" sei es höchste Zeit, dass auch die Union „ein klares, eindeutiges und unmißverständliches Bekenntnis" ablege, dass der 8. Mai „ein Tag der Befreiung und nichts anderes war."

Hans Klein (CSU) erkannte in einer Zwischenfrage an Gysi an, dass es am 8. Mai 1945 „ungezählte Deutsche" (andere Staatsbürgerschaften erwähnt er nicht) gegeben habe, „die als Juden, als Sozialisten, als Christlich-Soziale" diesen Tag als Befreiung empfunden hätten. Zugleich, so Klein weiter, habe es „ungezählte Deutsche" gegeben, die, „als Kriegsgefangene oder – wie ich – als Sudetendeutsche oder Schlesier von einer Flucht heimkehrend, erfuhren, daß drei ihrer 13jährigen Schulkameradinnen von Sowjetsoldaten zu Tode vergewaltigt worden sind, und nachher aus ihrer Heimat vertrieben" worden seien. Diese Deutschen könnten den 8. Mai „nicht als Befreiung empfunden haben, sondern als einen Tag der Trauer". Dies widerspreche sich nicht, „weil beide diesen Tag nachher natürlich" als eine „Chance" erkannt hätten. In seiner Reaktion auf diese Intervention erkannte Gysi an, dass „die Gefühle der Menschen am 8. Mai 1945 sehr unterschiedlich waren". Jedoch sollten „auch die Menschen, die danach gelitten haben", begreifen, dass „dieses Leid seine Ursachen nicht im 8. Mai, sondern im 30. Januar" gehabt habe. Auch sie müssten „den 8. Mai als Tag der Befreiung" werten, weil ohne ihn „die Greuel immer weiter angedauert hätten und auch der Krieg fortgesetzt worden wäre."

In seinem Debattenbeitrag, der zu einer Art vergangenheitspolitischen Regierungserklärung geriet, ging auch Bundeskanzler Helmut Kohl ausführlich auf den 8. Mai ein. Der 50. Jahrestag müsse „für uns alle in allererster Linie ein Tag des Gedenkens und der Selbstbesinnung sein, auch bei ganz unterschiedlichen Lebensläufen." Nach einer umfangreichen und differenzierten Benennung verschiedener Opfergruppen bewertet der Bundeskanzler das Jahr 1945 aus politischer Perspektive, ohne den Befreiungsbegriff zu verwenden: Das Kriegsende habe „für uns Deutsche die Chance zum Neubeginn" bedeutet. Es ermöglichte „Frieden und Versöhnung zwischen den Völkern, hat dem größeren Teil unseres Volkes in der dann gegründeten Bundesrepublik 40 Jahre Freiheit geschenkt. 1990 kam dann die Wiedervereinigung." Damit beschreibt Bundeskanzler Kohl die im Jahre 1995 in vielen Beiträgen dominierende Perspektive: Der 8. Mai 1945 ist ihm Anlass, an das Jahr 1990 zu denken.

Der saarländische Ministerpräsident Oskar Lafontaine erklärte in seinem Debattenbeitrag, sein Vater sei am 25. April 1945 gefallen. „Wenn das Ende des Krieges früher gekommen wäre, bräuchte ich seinen Tod nicht zu betrauern." Lafontaine betont, „die Opfer und die Leiden" der Deutschen müssten „nicht unbedingt am 8. Mai" betrauert werden, „wir betrauern sie ständig. Wir betrauern sie, wenn wir ihres Todestages gedenken oder wenn wir der Tage gedenken, an denen das Unglück eingetreten ist." Niemand stelle in Abrede, dass „viel Unrecht auch nach dem 8. Mai" geschehen sei. Was er beklage, sei, dass „sich viele immer noch weigern einzusehen, daß der 8. Mai 1945 das Ende der Schreckensherrschaft des Nazi-Systems war." Nur darum aber gehe es an diesem Tag. Heinrich Graf von Einsiedel (PDS) schließlich betonte, im Zusammenhang mit dem 8. Mai solle nicht nur von den deutschen Toten gesprochen werden. Er erinnert daran, dass „auf Seiten unserer Befreier" Millionen gefallen seien: „Es war verdammt schwer, uns zu befreien." Der 8. Mai sei ein Tag der „Befreiung wider Willen." Die Versuchung sei groß „,- und ihr wird auch kräftig nachgegeben –, diesen 50. Jahrestag zu einer neuen Art von ‚Tag von Potsdam' umzufunktionieren, in einen Tag der nationalen Wiedergeburt."

Die katalysatorische Wirkung einer Anzeige

Diese nur fast spontane Debatte im Deutschen Bundestag brachte einige der Inhalte und kontroversen Melodien zum Ausdruck, die das Gedenken an den 8. Mai zu seinem 50. Jahrestag prägen sollten, vor allem die Frage, in welchem Verhältnis zeitgenössisches Erleben und retrospektive politische Bewertungen zueinander stehen. Sehr zahlreiche Beiträge auf politischer, gesellschaftlicher und publizistischer Ebene hatten sich zuvor und sollten sich in den folgenden Wochen und Monaten mit dem 50. Jahrestag beschäftigen. Die öffentliche Debatte wurde am 7. April 1995 zusätzlich durch eine Anzeige in der „Frankfurter Allgemeinen Zeitung" intensiviert, in der unter der Überschrift „8. Mai – gegen das Vergessen" mit Bezug auf die Paradoxie-Formulierung von Theodor Heuss aus dem Parlamentarischen Rat („erlöst und vernichtet in einem") behauptet wurde, diese trete „zunehmend in den Hintergrund". Stattdessen werde der 8. Mai „einseitig" als Befreiung charakterisiert. Dabei drohe „in Vergessenheit zu geraten, daß dieser Tag nicht nur das Ende der nationalsozialistischen Schreckensherrschaft bedeutete, sondern zugleich auch den Beginn von Vertreibungsterror und neuer Unterdrückung im Osten und den Beginn der Teilung unseres Landes." Ein Geschichtsbild, das „diese Wahrheiten verschweigt, verdrängt oder relativiert", könne „nicht die Grundlage für das Selbstverständnis einer selbstbewußten Nation sein, die wir Deutschen in der europäischen Völkerfamilie werden müssen, um vergleichbare Katastrophen künftig auszuschließen."[19]

Die Diskussion über die Inhalte dieser Anzeige prägte einen Hauptstrang der Debatten des 50. Jahrestages. Vor allem die von Theodor Heuss 1949 geprägte Formel spielte in vielen nachfolgenden Beiträgen eine Rolle. Die Anzeige ist zugleich ein gutes Beispiel für eine einflussreiche gesellschaftspolitische Initiative, deren Inhalte die Debatten auch auf staatlicher Ebene mitgeprägt haben. Die Träger dieser sich „Initiative 8. Mai" nennenden Gruppe bestanden im Kern aus den Herausgebern und Autoren des 1994 veröffentlichten nationalkonservativen Sammelbandes „Die selbstbewußte Nation", dessen Titel eine ihrer Leitforderungen war.[20] Selbstbewusstsein wurde dabei als mit kritischer Erinnerung unvereinbar dargestellt. Die Anzeige implementierte gewiss keine neuen Aspekte in die Debatten um das Jahr 1945 und gab im übrigen den Diskussionsstand um den 8. Mai falsch wieder. Dennoch beeinflusste sie das Themenspektrum der intensiven und vielschichtigen Debatten im Gedenkjahr 1995.

Selbstverständlich lässt sich eine in der „Frankfurter Allgemeinen Zeitung" geschaltete Anzeige nicht als Meinung dieser Zeitung interpretieren.[21] Aber ihr Inhalt war Ausdruck einer verbreiteten Meinungsrichtung in dieser politisch und intellektuell sehr einflussreichen Zeitung, die eine eigene Beleuchtung lohnenswert macht. So wehrte sich Eckhard Fuhr bereits eine Woche vor dem Erscheinen der Anzeige unter der Überschrift „Selbstbewußte Nation?" dagegen, „was der gute Deutsche politisch korrekt am 8. Mai zu empfinden habe: Freude, nicht Trauer." Solche Eindeutigkeit wüchse nur auf dem Boden „naiver Geschichtsvergessenheit." Man sollte hoffen, so Fuhr, dass „nach den geschichtspolitischen Schlachten der letzten Jahre solche Naivität nicht mehr möglich" sei und die Deutschen „soweit erwachsen geworden sind, die Mehrdeutigkeit des 8. Mai 1945 auszuhal-

---

19 Frankfurter Allgemeine Zeitung vom 7.4.95.
20 Vgl. SCHWILK/SCHACHT 1994.
21 Der Hinweis, dass die Unterzeichner Rainer Zitelmann, Peter Gauweiler, Herbert Ammon, Klaus Hornung, Heimo Schwilk und Karlheinz Weißmann Autoren der Frankfurter Allgemeinen Zeitung waren, griffe jedenfalls zu kurz.

ten."[22] Unter direktem Bezug auf die Anzeige und die öffentlichen Reaktionen nahm Fuhr in weiteren Artikeln zugunsten der genannten Inhalte Stellung. Er bezeichnete sie indirekt als „politische und historische Wahrheiten", die aber zu einer Frage der „political correctness" geworden seien. Es habe „jetzt also, so will es die moralisierende Klasse in diesem Lande, der 8. Mai als Tag der Befreiung zu gelten. Und wehe dem, der das nicht in der gebotenen Plattheit täglich wiederholt." Deutschland sei aber nicht befreit, „sondern tatsächlich zunächst überwunden worden." Da aber nun „'Rechte' an solche Schmerzen erinnern, dürfen, ja müssen die guten Deutschen die Geschichte endlich einmal positiv sehen: Befreiung und sonst nichts."[23]

Aus dem Leitartikel vom 8. Mai 1995 lassen sich dagegen differenziertere Aspekte der Diskussionen in der „Frankfurter Allgemeinen Zeitung" herausfiltern. Zunächst verkennt auch Johann Georg Reißmüller die Bedeutung der Befreiungslesart, wenn er behauptet, dem „rückblickenden Anspruch", die „Deutschen hätten sich damals freudig befreit fühlen müssen" sei „das menschliche Maß abhanden" gekommen. Vielleicht werde man auch noch hören, die Deutschen hätten 1945 Genugtuung darüber empfinden sollen, dass „damals so viele von ihnen grausamer Sieger-Rache zum Opfer fielen." Dann aber wendet er sich deutlich gegen jeden Versuch der Aufrechnung. Diese wäre „eine moralische und historiographische Monstrosität." Seine Wertung hindert ihn jedoch nicht daran, denjenigen, die vor dieser Gefahr warnen, verurteilenswerte Motive zu unterstellen: „Die Alarmrufe gegen Aufrechnen" hätten den „erkennbaren Zweck" zu verhindern, dass „an Deutschen begangene Kriegs- und Nachkriegsverbrechen überhaupt genannt werden." Zum Schluss aber kommt Reißmüller zu einer abwägenden Einschätzung des 8. Mai: Die Deutschen hätten „ein Recht, ihrer Leiden am Kriegsende und in den ersten Nachkriegsjahren zu gedenken – würdevoll, ohne agitatorische Untertöne." Dieses Recht mindere nicht „die Pflicht, die nach Millionen zählenden Opfer mörderischer deutscher NS-Gewalt zu beklagen, die vor der Gewalt der Sieger war." Beides bezeichne „den Spannungsbogen, in welchem die Deutschen des 8. Mai 1945 gedenken."[24]

Dieser ambivalente Leitartikel vom 8. Mai 1995 zeigt, dass die problematische Tendenz der erneuten deutschen Opferstilisierung, die ihren Ausdruck in der zitierten Anzeige und den Sympathie bekundenden Artikeln fand, in der „Frankfurter Allgemeinen Zeitung" nicht allein bestimmend war.

---

22 E.F. (Eckhard Fuhr): Selbstbewußte Nation?, in: Frankfurter Allgemeine Zeitung vom 31.3.95.
23 Eckhard Fuhr: Überwunden, nicht befreit, in: Frankfurter Allgemeine Zeitung vom 11.4.95. Vgl. auch Eckhard Fuhr: Was ist hinter den Masken?, in: Frankfurter Allgemeine Zeitung vom 25.4.95.
24 Johann Georg Reißmüller: Tag des Zwiespalts, in: Frankfurter Allgemeine Zeitung vom 8.5.95.

Michael Wolffsohn etwa bewertete den 8. Mai als „Befreiung für die gesamte Menschheit".[25] Auch der Hinweis, der 8. Mai bedeute die „Rückkehr zu Europa", eine wichtige neue Lesart des Jahres 1995, wies in diese Richtung.[26] Mehrheitlich aber war die Debatte in der „Frankfurter Allgemeinen Zeitung" durch das Bemühen bestimmt, die Auseinandersetzung um den 8. Mai und um den zitierten Aufruf zu diskreditieren. So war z.B. von einem „Gedenkexzeß"[27] die Rede. In einigen Beiträgen wurde angedeutet, dass mit dem 8. Mai 1995 die Erinnerung an den Nationalsozialismus eine Wende erfahren sollte. Eckhard Fuhr, der sich auch in dieser Hinsicht besonders exponierte, deutete an, dass er der Erinnerung überdrüssig sei: Seit Wochen gehe auf Deutschland „ein Dauerregen des historischen Erinnerns und Moralisierens nieder, der Vernunft, Nüchternheit und intellektuelle Wahrhaftigkeit wegzuschwemmen" drohe. Die „Beschwörung der Vergangenheit" nehme in Deutschland „schon die Züge eines allgegenwärtigen Nationalkultes an."[28]

Auch Friedrich Karl Fromme gab wie viele andere zu erkennen, dass er die Gestaltung der Zukunft mit der Erinnerung an die Vergangenheit für schwer vereinbar hält: Den Aufbaugenerationen gebe ihre Leistung „das Recht, nach vorne zu schauen und ihre Gegenwart zu gestalten." Mit Verdrängung der Vergangenheit habe das nichts zu tun. Dass „sich nur langsam der Staub des Vergessens auf sie legt, ist schon ein hohes Maß an menschlicher Selbstentäußerung."[29] Bemerkenswert an diesen Ausführungen ist nicht nur Frommes Auffassung, Erinnerung bedeute „menschliche Selbstentäußerung", sondern auch, dass ähnliche Formulierungen von ihm in zahlreichen anderen Artikeln, die sich auf die Aufarbeitung der SED-Diktatur beziehen, nicht zu finden sind.[30] Der „Staub des Vergessens" ist somit keine allgemeine Sehnsucht Frommes, er legt asymmetrische Maßstäbe an die Auseinandersetzung mit den verbrecherischen deutschen Vergangenheiten an.

---

25 Michael Wolffsohn: Deutsche und Juden sind aneinandergekettet, in: Frankfurter Allgemeine Zeitung vom 24.1.95.
26 Vgl. ba. (Erik-Michael Bader): Rückkehr zu Europa, in: Frankfurter Allgemeine Zeitung vom 29.4.95.
27 Jens Jessen: Wurden die Deutschen von den Nazis unterdrückt?, in: Frankfurter Allgemeine Zeitung vom 9.5.95.
28 E.F. (Eckhard Fuhr): Im Regen, in: Frankfurter Allgemeine Zeitung vom 4.5.95.
29 Friedrich Karl Fromme: Was nach der Erinnerung kommt, in: Frankfurter Allgemeine Zeitung vom 12.5.95.
30 Dies gilt primär für die Artikel, in denen sich Fromme mit der strafrechtlichen Aufarbeitung der beiden unrechtsgeprägten deutschen Vergangenheiten beschäftigt. Vgl. als Auswahl von Frommes Artikeln in der Frankfurter Allgemeinen Zeitung z.B.: Unter Anklage (14.3.94); Ein Denunziant (10.8.94); Noch kein Schlußstrich (23.12.94); Noch nicht Zeit für den Schlußstrich (10.2.95); Noch ein Gedenken (5.5.95); Verständlicher Mißgriff (17.6.95); Wie Unrecht Recht wird (1.8.95); Mielke und Modrow (3.8.95); Schalcks Untaten (9.8.95).

Die Initiatoren der Anzeige „8. Mai 1945 – Gegen das Vergessen" waren erfolgreich in dem Versuch, die Debatten um den 8. Mai zumindest eine zeitlang mitzubestimmen. Es gab fortan kaum einen Beitrag, der sich nicht zumindest implizit auf ihre Inhalte bezogen hätte, freilich zumeist in differenzierterer Form. So schrieb etwa Bundesfinanzminister Theo Waigel, zugleich Vorsitzender der CSU, im April 1995 einen Artikel für den „Bayernkurier", in dem die Inhalte der Anzeige gespiegelt werden. Waigel bezieht sich darin z.B. auf Heuss' Formulierung vom „Tag der Paradoxie", seine Folgerungen sind jedoch ungleich differenzierter: Es wäre völlig abwegig, so Waigel, „Leid, das von Deutschen ausging, mit Leid, das Deutsche erfahren mußten, aufrechnen zu wollen." Das Bekenntnis zur historischen Verantwortung sei „richtig und wichtig". Aber „die Identität des wiedervereinigten Deutschland auf die Aufarbeitung des ‚Tausendjährigen Reiches' zu verengen, hieße, den Deutschen auf ewig ein in allen anderen Nationen übliches und geläutertes Nationalbewußtsein vorenthalten zu wollen." Mit diesen Formulierungen nähert Waigel sich wieder den Inhalten der Anzeige an. Ein Volk, „das geschichtlich nur von der Vergangenheitsbewältigung" lebe, könne „auf Dauer keine unseren befreundeten und benachbarten Staaten entsprechende nationale und historische Identität ausbilden."[31]

Alfred Dregger, der Ehrenvorsitzende der CDU/CSU-Bundestagsfraktion und Mitunterzeichner der zitierten Anzeige, warnte Anfang April davor, den 8. Mai allein als „Befreiung" zu deuten. Für viele Deutsche seien mit diesem Tag auch der „Beginn von Vertreibungsterror und neuer Unterdrückung im Osten" sowie die Teilung Deutschlands verbunden.[32] Damit übernahm er die Formulierungen der Anzeige, die er von Anfang an unterstützte, wörtlich. Im Mai erklärte Dregger, das Wort „Befreiung" passe zwar „cum grano salis" für die Westdeutschen und die „von den Nazis eingekerkerten und gequälten Juden", müsse aber für die Vertriebenen und die „jahrelang zurückgehaltenen Kriegsgefangenen" wie „eine Provokation und eine mutwillige Grausamkeit wirken."[33]

Die Lesarten des 8. Mai waren in der Bundesrepublik zu keinem Zeitpunkt primär oder gar ausschließlich anhand parteipolitischer „Lager" zu unterscheiden. So waren auch 1995 z.B. innerhalb der CDU gegensätzliche Töne zu hören. Als ein Beispiel forderte der Vizevorsitzende der CDU/CSU-Bundestagsfraktion Heiner Geißler, die geschichtliche Bewertung des 8. Mai müsse „ganz eindeutig sein". Es handele sich für die Deutschen um

---

31 Theo Waigel: Vor 50 Jahren: Ein Ende und ein Anfang, in: Bayernkurier vom 15.4.95. Vgl. als Artikel bzw. als Rede, in denen Waigel sich ebenfalls auf den 8. Mai bezieht: Theo Waigel: Mit Maß und Würde, in: Bayernkurier vom 13.5.95 und WAIGEL 1995, S. 341f.
32 Zitiert nach: Die Welt vom 1./2.4.95.
33 Zitiert nach: Die Welt vom 6./7.5.95.

den Tag der Befreiung vom Nationalsozialismus. Wahr sei jedoch auch, dass der Tag für viele der „nahtlose Übergang von der braunen Diktatur in eine rote Diktatur" gewesen sei.[34] An anderer Stelle formulierte Geißler noch klarer: Zwar habe jeder das Kriegsende subjektiv anders erlebt, es gehe jedoch um eine „historisch-politische Bewertung". Und diese sei „eindeutig": Als gesellschaftlicher Konsens dürfe „nichts anderes tragfähig sein", als den 8. Mai als Tag der Befreiung zu bewerten.[35]

Nicht nur auf politischer Ebene, auch innerhalb verschiedener gesellschaftspolitischer Organisationen wurden die Inhalte des Aufrufes vertreten.[36] Ohne die starke öffentliche Reaktion auf das nationalkonservative Manifest, so lässt sich vermuten, wäre es wohl nicht in diesem Ausmaß zu der antagonistischen Polarisierung vieler Debatten gekommen. Die Gegenreaktionen wurden schließlich so stark, dass die Initiatoren der Anzeige eine ursprünglich geplante öffentliche Veranstaltung zum 50. Jahrestag des 8. Mai absagten.[37] Dies sei, so kommentierte Kurt Sontheimer, „nicht gerade ein Triumph der Toleranz" gewesen, „aber jedenfalls ein Zeichen dafür, daß die herrschende Meinung über die Beurteilung des 8. Mai 1945 die Aufrechnung der Naziverbrechen mit vergleichbaren Reaktionen der von den deutschen Eroberern heimgesuchten Völker nicht hinzunehmen bereit war."[38] In einer Nachfolgeanzeige beklagte die „Initiative 8. Mai" eine „aggressive Kampagne linker Medien". Die Absage ihrer Veranstaltung wird bedauert, gleichzeitig hätten sie aber ein „wesentliches Ziel" erreicht: Die „Einheitssprachregelung von der ‚Befreiung' zu durchbrechen." Sie wollten auch künftig „das Deutungsmonopol der veröffentlichten Meinung" nicht mehr hinnehmen. Eine „selbstbewußte Nation" müsse vor allem „ein Zusammenschluß selbstbewußter Bürger sein, die sich in ihrem Engagement für die geistige Freiheit durch keinerlei Diffamierungskampagne beirren lassen. Wir machen alle weiter."[39]

---

34 Zitiert nach: Die Welt vom 1./2.4.95.
35 Heiner Geißler in: SWF 1 vom 2.5.95, in: Fernseh- und Hörfunkspiegel Inland des Presse- und Informationsamtes der Bundesregierung vom 2.5.95.
36 Vgl. z.B. die Erklärung des Präsidenten des Bundes der Vertriebenen zum 8. Mai 1995: WITTMANN 1995.
37 Sie sollte am 7. Mai in München stattfinden, die Hauptrede sollte Alfred Dregger halten. Das sich anschließende Podiumsgespräch sollte von Bruno Bandulet, Manfred Brunner, Ernst Nolte, Klaus Rainer Röhl, Heimo Schwilk, Alexander von Stahl, Karlheinz Weißmann und Rainer Zitelmann geführt werden, als Schlussredner war der Schriftsteller Ulrich Schacht vorgesehen. Diese Feier wurde Ende April abgesagt, nachdem Dregger seine Teilnahme zurückgezogen hatte (vgl. z.B. Frankfurter Rundschau vom 7.4.95 bzw. 29.4.95). Eine gekürzte Fassung der Rede, die Ulrich Schacht in München halten wollte, findet sich in: Junge Freiheit vom 19.5.95.
38 Kurt Sontheimer: Selbstverständlich war das nicht, in: Süddeutsche Zeitung vom 21.7.95.
39 Frankfurter Allgemeine Zeitung vom 5.5.95. Vgl. auch eine in der „Frankfurter Allgemeinen Zeitung" und der „Frankfurter Rundschau" am 6. Mai 1995 zeitgleich veröffentlichte Anzeige mit dem Titel „Wider das Vergessen", die eine gegen die anderen Anzeigen gerichtete Position vertritt und von der Familie Artur Brauner unterzeichnet ist. Darin heißt es u.a.: „Am 8. Mai 1945 endete die Tyrannei, die in der Geschichte der Menschheit beispiellos dasteht. Ein Datum ohne Vergleich. Ein Datum, das eine Aufrechnung nicht zuläßt. Ein Datum ohne Alternative."

Der „Initiative 8. Mai" ging es nicht um die von Heuss entwickelte „Paradoxie" von „Vernichtung und Erlösung". Ihr Ziel war es, die spätestens mit der Rede Richard von Weizsäckers anerkannte Befreiungslesart in der öffentlichen Diskussion zurückzudrängen. Die Bezugnahme auf die frühe Äußerung eines späteren Bundespräsidenten diente dabei lediglich als „Respektabilität garantierendes Feigenblatt."[40] Insbesondere zu der Behauptung, die Paradoxielesart trete zunehmend in den Hintergrund, konnte nur gelangen, wer „sich dem öffentlichen Leben in Deutschland verweigert", wie es in einem zeitgenössischen Kommentar zutreffend hieß.[41] Auch die Feststellung, der 8. Mai werde „einseitig" als Befreiung charakterisiert, war empirisch falsch. Die viel zitierte Formulierung von Heuss diente als Instrument der Polarisierung und der Frontenbildung. Dieses Kalkül einer gesellschaftspolitischen Initiative, so eine andere zeitgenössische Beurteilung, „ist ja auch aufgegangen: die Frage, ob der 8. Mai als Tag der Befreiung begangen werden soll oder nicht", sei zu einem Punkt geworden, „an dem sich die Geister und Gesinnungen scheiden."[42]

Themen und Zugangsformen

Bevor diese und andere Leitmelodien weiter verfolgt werden, soll ein wichtiges Charakteristikum des Jahres 1995 skizziert werden, in dem sich der zeitliche Abstand zum Jahr 1945 deutlich manifestierte: In dem breiten Spektrum an Themen und Beschäftigungsformen, die aus Anlass des 50. Jahrestages in der wissenschaftlichen Publizistik, in der Presse und durch verschiedene gesellschaftliche Initiativen aufgegriffen wurden. So veranschaulicht z. B. Michael Bechtels Studie über die Presseberichterstattung im Jahr 1995, welchen umfangreichen Niederschlag der 50. Jahrestag vor allem in der Lokalpresse gefunden hat.[43] Einerseits erreichen lokale Thematisierungsformen sehr viele Menschen in ihrem konkreten Lebensumfeld. Andererseits wird in Bechtels Sammlung deutlich, dass lokale Erlebnis- und Ereignisberichte in den allermeisten Fällen auf den Krieg, nicht auf den Nationalsozialismus fokussierten und damit erneut die bereits bekannte, lange vorherrschende Perspektive breitenwirksam vermittelten, in der die Deutschen sich als Opfer beschrieben fanden.

In diesen Zusammenhang gehören auch die zahlreichen, in ihrer Quantität kaum zu erfassenden lokalhistorischen Studien und Initiativen zum 50.

---

40 Neue Zürcher Zeitung vom 11.4.95.
41 Lorenz Marolds: Lange Listen mit kurzen Gedanken, in: Der Tagesspiegel vom 19.4.95.
42 Hermann Rudolph: Tag des Untergangs, Tag des Neuanfangs, Tag der Widersprüche, in: Der Tagesspiegel vom 21.4.95.
43 Vgl. BECHTEL 1997.

Jahrestag, die eine große Zahl von Menschen in einen konkreten Bezug zum 8. Mai brachten.⁴⁴ Kaum eine Stadt verzichtete auf eine ausführliche Dokumentation ihrer Geschichte im Jahre 1945. Worin der positive Wert einer „lokalgeschichtlichen Konkretion der Erinnerung"⁴⁵ besteht, beschreiben die Träger einer solchen Initiative: In der Lokalgeschichte treffe man auf ganz widersprüchliche Geschichtsbilder und werde „mit den Brüchen zwischen historischen Dokumenten und persönlichen Erfahrungen konfrontiert. Eindimensionale Deutungen lassen sich nicht durchhalten." Die „wichtige Fähigkeit, Ambivalenz und Widersprüche auszuhalten und verschiedene Perspektiven einzunehmen", könne „exemplarisch durch lokalgeschichtliches forschendes Lernen einsichtig gemacht, geübt und gestärkt werden."⁴⁶

Das Jahr 1945 fordert diese Fähigkeiten in besonderem Maße heraus. Die Lokalgeschichte sträubt sich einerseits gegen die Delegation der Verantwortung auf ein scheinbar losgelöstes, überpersonales Systemunrecht. Andererseits geraten historisch-politische Gesamtdeutungen durch die lokale Perspektive leicht in den Hintergrund. Die lokalgeschichtlichen Fokussierungen des Jahres 1995, ein markantes Kennzeichen dieses Gedenkjahres, hatten insofern ambivalente Auswirkungen: Einerseits wird durch den lokalen Blick die Notwendigkeit offensichtlich, Widersprüche und Erfahrungsdisparitäten anzuerkennen, andererseits können lokalgeschichtliche Betrachtungen die Deckerinnerung an das Ende des Krieges verstärken und die Erinnerung an die Verbrechen und das eigene Verhalten im Nationalsozialismus in den Hintergrund rücken. Insofern waren die sehr häufigen lokalen Zugänge zum 8. Mai im Jahre 1995 Ausdruck von pluralistisch geöffneten und traditionellen Zugangsformen zugleich.

Das inhaltlich-thematische Spektrum nicht nur der Studien mit Lokalbezug war im Jahr 1995 so vielschichtig wie nie zuvor: Bilanzierungen des Zweiten Weltkrieges, Bombennächte, Flucht und Vertreibung, die Verbrechen in den und die Befreiung der Konzentrationslager, Kriegsgefangenschaft, Begegnungen mit den Siegern, biographische Schilderungen des Jahres 1945, Besatzungszeit, Flucht und Vertreibung, Displaced Persons, Trümmerlandschaften, Entnazifizierung und politischer Neubeginn, die Geschichte der Bundesrepublik und der DDR.⁴⁷ Die Gesamtheit dieser Beiträge

---

44 Vgl. als ein Beispiel für regional- (Land Brandenburg) und lokalgeschichtliche Studien (einzelne Städte in Brandenburg): STANG 1995; darin bes. SCHRAMM 1995.
45 ALY 1992, S. 47.
46 RAA 1996, S. 9.
47 Vgl. zum Themenspektrum des Jahres 1995 exemplarisch eine Serie in der „Zeit" mit dem Titel „1945 und heute". Die Serie versammelt Aufsätze zu wichtigen Stichworten des Jahres 1945. Die Stichworte und die jeweiligen Autoren sind Erinnern (Klaus Naumann), Diktatur (Alan Bullock), Soldat (Gerd Schmückle), Deserteur (Wolfram Wette), Widerstand (Franca Magnani), Lager (Andrzej Szczypiorski, Besatzung (Hermann Glaser), Vertreibung (Peter Glotz), Normalität (Gunter Hofmann),

zeichnete einerseits ein umfassendes, ausdifferenziertes Bild des Jahres 1945. Andererseits besteht das eigentliche, anspruchsvolle Problem einer demokratischen Erinnerungskultur darin, in welche Relation diese Einzelaspekte des Jahres 1945 zueinander und zu dem gebracht werden, was vor dieser Zäsur geschehen war. Zwar bedeuten historische Kontextualisierungen nicht, nach dem 8. Mai 1945 begangenes Unrecht durch das zu rechtfertigen, was zuvor an deutschen Verbrechen begangen worden war. „Aber die Tatsache, *daß* es ein zeitliches Vorher und Nachher gab", so wurde auf einer Podiumsdiskussion an der Universität Bielefeld zutreffend festgehalten, müsse zur Kenntnis genommen werden, „dies ist ganz essentiell."[48] Nach diesem Grad der Differenzierung wurde – jedenfalls anlässlich des 8. Mai – erst im Jahre 1995 umfassend und ernsthaft gesucht.

Diese Problematik lässt sich anhand der Erinnerung an die Vertreibung der Deutschen nach 1945 exemplarisch veranschaulichen. Die Erinnerungsnarrative von Flucht und Vertreibung stehen vor einem Gedenkdilemma, das den 8. Mai insgesamt prägt. Nicht zuletzt deshalb standen und stehen sie seit 1945, wenn auch diskontinuierlich, im Mittelpunkt gedenkkultureller Praxis. Einerseits erfüllt das Vertreibungsnarrativ in seiner kollektiven, organisierten Form in vielen Fällen die Funktion einer schuldentlastenden Deckerinnerung, in der historische Kontextualisierungen und politische Differenzierungen vermieden werden. Andererseits wird die notwendige Erinnerung an die individuellen, oft traumatischen Erfahrungen häufig diskreditiert, weil dem vermeintlichen Kollektiv der Vertriebenen generell ein politisch fragwürdiges Gedenken unterstellt wird. Durch die Ent-Individualisierung, die Homogenisierung der subjektiven Erfahrungen gerät das Einzelschicksal, das einen Anspruch auf öffentliche Anerkennung hat, aus dem Blick. Bis heute werden nur selten Erinnerungsformen gefunden, die von Flucht und Vertreibung im Bewusstsein der deutschen Schuld an Krieg und Völkermord sprechen und zugleich die traumatischen Leiderfahrungen der Einzelnen ernst nehmen. Ein Gedenkdilemma, das Gespür für Differenzierungen erfordert und das nicht nur aus Anlass des 8. Mai zu immer neuen erinnerungspolitischen Kontroversen führt.

Neben dem ausdifferenzierten inhaltlichen Spektrum wurde zum 50. Jahrestag des 8. Mai zunehmend eine Art Metadiskussion über Gedenken und Erinnerung geführt – auch dies ein wichtiges Kennzeichen des Jahres 1995. So stellte etwa Manfred Funke scheinbar verwundert fest, dass „um-

---

Siegerjustiz (Uwe Wesel), Verdrängen (Volker Ullrich), One World (Theo Sommer) und Befreiung (Klaus Harpprecht). Vgl. als Beispiel des Themenspektrums auch die Ausgabe 7–8/95 von „Aus Politik und Zeitgeschichte": JACOBSEN 1995; LEHMANN 1995; THEISEN 1995; WETZEL 1995b.
48 Jörg Drews in: KRUCKIS 1996, S. 25 (Hervorhebung im Original).

gekehrt proportional zum zeitlichen Abstand vom Dritten Reich dessen Erforschung und öffentliche Diskussion an Intensität zugenommen" hätten. Zugleich fordert er, „auch das öffentliche Gedenken an deutsche Kriegstote, Verschleppte, Vertriebene, Vergewaltigte, Verkrüppelte und Geschändete" zuzulassen. Rhetorisch (und ohne empirische Basis) fragt er, ob „man allen Opfern" gerecht werde, „indem man deutsche Schuld totalisiert?"[49] Vielen Kommentatoren ging die öffentliche Auseinandersetzung entschieden zu weit – so war pejorativ von einer „Parade der Gesinnungstüchtigkeit"[50] zum 50. Jahrestag die Rede. In der „Abendzeitung" war die Aufforderung zu lesen: „Bitte schweigen!" Das Gedenken an den 8. Mai hängt dem Kommentator, in eigenen Worten, „zum Halse heraus." Deutschland habe den Krieg verloren. „Und wir, mit der Gnade der späten Geburt Versehenen, können den linken und rechten Erinnerern nur sagen: Das war gut so. Und jetzt seid still!"[51]

Unter der Überschrift „Zuviel des Guten" wandte sich Hans-Peter Schwarz am prononciertesten gegen eine öffentlichkeitswirksame staatlich-offizielle Erinnerung an den 8. Mai 1945. Er plädiert dafür, Bundespräsident und Bundeskanzler sollten zum 50. Jahrestag lediglich „einen Gottesdienst in würdigem Rahmen" besuchen. Kein Fernsehen, sondern „ein stilles Gebet und eine unpolitische Predigt". Schwarz hält es für kein „Zeichen großer Staatskunst", wenn „bemühte Politiker in dürftiger Zeit unablässig in alten Wunden wühlen". Zwar seien die Planungen zum 50. Jahrestag „zuviel des Guten", immerhin mache der protokollarische Ablauf aber deutlich, so stellt Schwarz befriedigt fest, dass „die Deutschen zwar nicht den Krieg gewonnen haben, wohl aber den Frieden." Aus dieser Siegerperspektive geht Schwarz zu kaum kaschierten Drohungen gegenüber Polen über: Warschau sei „nicht besonders gut beraten, den Nachbarn Deutschland ausgerechnet an das – von ihm ja sehr wohl wahrgenommene – schreckliche Jahr 1945 zu erinnern." Wenn runde Gedenktage „denn schon großartig begangen werden" müssten, dann würde es den Deutschen „wohl anstehen", diejenigen Nachbarstaaten „besonders pfleglich einzubeziehen, die den Deutschen ihre Untaten nicht wie andere mit Zins und Zinseszins vergolten haben."[52] Viel deutlicher lässt sich eine arrogant-auftrumpfende Siegerhaltung 50 Jahre nach dem Ende von Krieg und Nationalsozialismus nicht formulieren.

---

49 FUNKE M. 1995, S. 17.
50 Werner Birkenmaier: Sowohl erlöst als auch vernichtet?, in: Stuttgarter Zeitung vom 11.4.95.
51 Uwe Zimmer: Bitte schweigen!, in: Abendzeitung vom 24.4.95.
52 Hans-Peter Schwarz: Zuviel des Guten, in: Die Welt vom 3.4.95.

Auch einige derjenigen Kommentatoren, die mit Blick auf den Nationalsozialismus eine öffentliche Erinnerungskultur für notwendig hielten, schlossen sich – wenn auch mit gänzlich anderen Intentionen – dem Urteil des „Zuviel des Guten" an. Norbert Seitz etwa schrieb dem „bemühten Umgang" mit dem 8. Mai pathologische Züge zu: Die Deutschen würden am 50. Jahrestag „auf dem Festbankett" mit den Siegermächten „bechern", unterdessen rüste „die linksliberale Szene zu einem Befreiungsspektakel, das so tut, als könne man inzwischen den 8. Mai in Deutschland so begehen wie die Franzosen ihren 14. Juli."[53] Im „Spiegel" hieß es, „landauf, landab" tobe sich „ein bislang nicht erlebter Erinnerungsdrang" aus. Der „Erinnerungsmarathon '95" trage „inflationäre Züge". Bei der heraufbeschworenen „Apokalypse" aus Schrecken, Ruinen und Toten dürfe sich „jeder Zeitgenosse irgendwie als Opfer dumpfer Schicksalsmacht fühlen."[54]

Neben diesen und anderen Kommentierungen der öffentlichen Erinnerungskultur der Bundesrepublik war das Gedenkjahr 1995 erstmals auch in umfangreicherem Maße durch Bilanzierungen der bisherigen Rezeptionsgeschichte des 8. Mai gekennzeichnet.[55] Dabei erscheint es bemerkenswert, dass in diesem Kontext die Bedeutung und Behandlung des 8. Mai in der DDR – obgleich als ein jahrzehntelanges Leitmotiv eigentlich nahe liegend – kaum thematisiert wurde. Nicht nur deshalb kann für das Jahr 1995 kaum von einer differenzierten gesamtdeutschen Erinnerungskultur gesprochen werden. In den Metadiskussionen und Bilanzierungen von 50 Jahren deutscher Erinnerungen an Krieg und Nationalsozialismus spielten die Thematisierungsformen in der DDR – so defizitär sie insgesamt auch waren – eine nur marginale Rolle.[56] Ein weiteres gleichsam übergeordnetes Gedenkthema war die Frage, welche Auswirkungen das Abtreten der Zeitzeugen auf die öffentliche Erinnerung an das Jahr 1945 haben werde. Auf diesen Aspekt, der in sehr vielen Stellungnahmen aufgegriffen wurde, wird im Verlauf dieses Kapitels noch einzugehen sein.

Als weitere Metadiskussion wurde vereinzelt explizit thematisiert, welche Auswirkungen die veränderten Kontexte des Erinnerns durch die Umbrüche von 1989/90 haben bzw. haben sollten. So sprach z.B. Wilfried Loth von der Gefahr, dass „nach der Erfahrung der Epochenwende von 1989–1991" die „Zäsur von 1945 nicht mehr so ernst zu nehmen" sei.[57] In vielen

---

53 Norbert Seitz: Bemühter Umgang. 50 Jahre 8. Mai – eine deutsche Pathologie, in: Süddeutsche Zeitung vom 15./16./17.4.95.
54 Der Spiegel vom 24.4.95, S. 18ff.
55 Vgl. z.B.: GLASER 1995 b und WEISBROD 1995.
56 Als eine der Ausnahmen nahm Markus Meckel aus ostdeutscher Perspektive eine Bilanzierung der Rezeption des 8. Mai in der DDR vor. Vgl. MECKEL 1995.
57 LOTH 1995, S. 31.

Stellungnahmen zum 50. Jahrestag lässt sich diese Gefahr, von der Loth spricht, tatsächlich mindestens implizit analysieren. Als ein explizit-offensives Beispiel vertrat Michael Rutz im „Rheinischen Merkur" die Auffassung, die „Wiedervereinigung" und das „Ende des Besatzungsstatuts" seien das eigentliche, „wirkliche Kriegsende". Dieser 8. Mai 1995 sei „eine Zäsur", denn die „Zeit von Schuld und Sühne weicht jener selbstverantwortlichen Handelns in westlich verbundener Partnerschaft."[58] Zur Zäsur wird hier also der Jahrestag selber, nicht etwa der 8. Mai 1945 als historisch-politische Wendeerfahrung. Auch für Gustav Trampe hatte sich aufgrund der veränderten politischen Konstellationen des Jahres 1995 die „geschichtliche Wahrnehmung des Jahres 1945" geändert. Die Nachkriegszeit könne „jetzt von ihrem glücklichen Ende her" betrachtet werden. Da erscheine „auch ihr Anfang in einem anderen Licht." Trampe beschreibt damit eine Perspektive, die den 50. Jahrestag wesentlich prägte. Das „Lebenslang für Deutschland" sei von der Geschichte „in eine zeitlich begrenzte Strafe umgewandelt" worden.[59]

Ein anderes Beispiel für eine Neubewertung und Abschwächung der Zäsur des Jahres 1945 akzentuierte Horst Möller. Für ihn hat sich der Topos „Befreiung" in den letzten Jahrzehnten zu Unrecht „verselbständigt". Denn „erst das Jahr 1989 – das tatsächlich ein Jahr der Befreiung wurde" – habe „die Ambivalenz des 8. Mai 1945" verdeutlicht: „Es war ein Tag der Befreiung *und* der Niederlage, ein Tag des Endes *und* des Aufbruchs, ein Tag der Vernichtung *und* der Hoffnung." Das „Ende der kommunistischen Diktaturen seit 1989/1991", so Möller, verändere die „Perzeption des Jahres 1945", indem es die lediglich „transitorische Bedeutung des Jahres 1945" erwiesen habe.[60] Wurde der Zusammenhang zwischen den Zäsuren von 1945 und 1989/90 explizit thematisiert, stand Möllers exemplarischem Versuch der Marginalisierung des 8. Mai auch die Sorge gegenüber, die Zäsur von 1989/90 könne gleichsam zur „Antithese" des Jahres 1945 werden.[61] In der „Frankfurter Rundschau" kritisierte Thomas Assheuer, es werde „die Manipulation an einer historischen Zäsur" angestrebt. Nicht das Kriegsende, sondern erst die deutsche Einheit des Jahres 1990 habe „die machtentwohnten Deutschen befreit; 1989, nicht 1945 ist die eigentliche, die tiefe Zäsur", so Assheuers deprimiertes Fazit.[62]

Einige wesentliche Tendenzen des Gedenkens fasste Klaus Naumann bereits im Februar 1995 prägnant zusammen. Die Erinnerung, so Naumann,

---

58 Michael Rutz: Dankbarkeit für 50 Jahre Frieden und Freiheit, in: Rheinischer Merkur vom 5.5.95.
59 Vorwort in: TRAMPE 1995, S. 13.
60 MÖLLER 1995, S. 3f. bzw. S. 9 (Hervorhebungen im Original).
61 So z.B. FAULENBACH 1995. Vgl. auch DINER 1995, S. 550.
62 Thomas Assheuer: Ein Testfall für Konservative, in: Frankfurter Rundschau vom 11.4.95.

werde zunehmend „von vier Furien des Verschwindens gehetzt": Erstens von einem „medialen Überangebot", bei dem „Überfluß in Überdruß" umschlagen und ein „Schlußstrich mit anderen Mitteln" gezogen werden könnte. Zweitens wachse die „Skepsis gegenüber den „ritualisierten Formen öffentlichen Gedenkens", die immer weniger geeignet seien, „Zugänge zur Vergangenheit zu eröffnen". Als dritte „Furie des Verschwindens" identifiziert Naumann den Wechsel der Generationen, als vierte den Wandel der Kontexte des Gedenkens durch die Umbrüche von 1989/90. Die alte Bundesrepublik sei „zum Pufferstaat zwischen der Gegenwart und der NS-Vergangenheit geworden." Die „neonationalen Erinnerungskonstruktionen" würden, so Naumann, von der „Suggestivität der Geschichtswende von 1989/90" leben. 1945 werde aus dieser Perspektive zu einem „nationalen Negativdatum."[63] Einige weitere Aspekte könnten einer solchen Auflistung des Themenspektrums anlässlich des 50. Jahrestages hinzugefügt werden. Interessant für die Bandbreite an Lesarten des 8. Mai 1945 wäre z.B. eine detaillierte Analyse von Beiträgen, die den 50. Jahrestag zum Anlass nahmen, die Geschichte der DDR apologetisch zu deuten und die Diktatur der SED mindestens teilweise zu rehabilitieren.[64] Insgesamt kann die hier skizzierte Vielfalt der Themen und Zugangsformen als ein wesentliches Charakteristikum des Jahres 1995 bezeichnet werden, das den fünfzigjährigen Entwicklungsprozess der deutschen Erinnerungskultur veranschaulicht. Einige der Hauptlinien sollen im Folgenden näher beleuchtet werden.

Die Integration der Erlebnisgeschichte

Neben den zumeist unter Bezugnahme auf Heuss angesprochenen ereignisgeschichtlichen Ausdeutungen des 8. Mai 1945 bestand eine der relevantesten Leitmelodien des 50. Jahrestages – mit der anderen eng verbunden – in der Frage, welchen Platz die persönlichen Erinnerungen im Rahmen des Gedenkens einnehmen sollten. Diese Frage, die unter der Prämisse demokratisch-pluralistischen Gedenkens von erheblicher Bedeutung ist, wurde in der öffentlichen Diskussion (nach einem zaghaften Beginn zum 40. Jahrestag) erst 1995 umfassend thematisiert.

Der amtierende Bundesratspräsident Johannes Rau ging in einem Rundfunkinterview am 18. April 1995 auf dieses Leitmotiv ein. Der 8. Mai solle, so Rau, „als ein Tag der Befreiung im Politischen, im Historischen" began-

---

63 Klaus Naumann: Die Sehnsucht des Mitläufers nach dem Schlußstrich, in: Die Zeit vom 3.2.95. Auch Konrad H. Jarausch bündelte in einem Vortrag im März 1995 exemplarisch viele der relevanten Debattenstränge des Jahres 1995: Vgl. JARAUSCH 1995.
64 Vgl. z.B. einen von Hans Modrow herausgegebenen Sammelband: MODROW 1995. Darin exemplarisch v.a. SELBMANN 1995. Vgl. auch BEHREND 1995.

gen werden. Dem stehe nicht entgegen, dass „nicht für jeden einzelnen dieser 8. Mai als Datum der Befreiung bewußt" gewesen sei. Dies könne er „erst heute, das konnte er vielleicht damals gar nicht." Den persönlichen Erinnerungen müsse Raum gegeben werden, „Ursache und Wirkung" dürften aber nicht auseinander gebracht werden. Das „schreckliche Geschehen", das viele nach dem 8. Mai „mit der Vertreibung, mit Vergewaltigung" getroffen habe, bleibe zu Recht als „persönliche Erinnerung". Aber all das habe es nur gegeben, „weil es vor dem 8. Mai den 1. September '39" und den 30. Januar 1933 gegeben habe. Rau bezeichnet sich als „bedrückt" darüber, dass „manche, die jahrzehntelang politische Ämter innehatten und zum Teil noch heute haben", die Trennlinie zwischen „geistig-historischer Bewältigung" des 8. Mai und der persönlichen Erinnerung an dieses Datum „verwischen" würden. Die Rede Weizsäckers empfänden sie als „Pfahl im Fleisch".[65]

Dezidiert anders als der nordrhein-westfälische Ministerpräsident äußerte sich Bundeskanzler Helmut Kohl zwei Tage später in einem Fernsehinterview, in dem er – entgegen eigener vorheriger Bewertungen – angesichts der ambivalenten erlebensgeschichtlichen Gehalte dieses Datums zu keiner eindeutigen politisch-systemischen Bewertung bereit ist. Der Bundeskanzler hält die aktuelle Diskussion für „zutiefst deprimierend". Denjenigen, die wie er „den Krieg und den Zusammenbruch erlebt haben, gehen Empfindungen durch den Kopf, die vieles von dem, was da jetzt diskutiert und gesagt wird, peinlich erscheinen lassen." Es sei zum einen ganz klar, dass der 8. Mai „für Millionen Menschen" die „Befreiung von der Nazibarbarei" gewesen sei. Zum anderen plädiere er für die Generation seiner Eltern, für die der 8. Mai „nicht nur Befreiung, sondern der Tiefpunkt ihrer menschlichen Existenz" gewesen sei. Daher sei es „nicht so einfach" zu sagen, „das ist Befreiung, das ist es selbstverständlich, aber es ist auch eine bittere, bittere Stunde der Deutschen." Bei diesen Wertungen handele es sich nicht um seine „persönliche Gefühlslage", sondern um die „historische Lage". Der aktuelle Streit, so der Kanzler, werde „bewußt herbeigeführt", ohne Zweifel „aus politisch sehr durchsichtigen Gründen. 1955, '65, '75, '85 hatten wir einen solchen Streit in dieser Form nicht, als die Generation noch lebte, die das alles viel stärker erlebt hat." Er brauche keinen „Nachhilfeunterricht in der Würdigung unserer Geschichte" und sei „zutiefst davon überzeugt, daß beides zusammengehört: Das war ein Akt der Befreiung der Welt, den die Welt gegen die Deutschen führte, um die Deutschen von Hitler zu befreien. Das war für Millionen Deutsche eine Stunde der bitteren Niederlage und der

---

65 Johannes Rau: Interview im Deutschlandfunk am 18. April 1995, in: Fernseh- und Hörfunkspiegel Inland des Presse- und Informationsamtes der Bundesregierung vom 18.4.95.

Erniedrigung und schrecklichste Erinnerung." Dies sei „kein Aufrechnen", sondern „der Ablauf des Geschehens."[66]

Die erlebensgeschichtliche Perspektive zum wichtigsten Maßstab erhebend, definiert der Kanzler über den Befreiungsbegriff eine Opferrolle der Deutschen (die von Hitler befreit werden mussten) und kennzeichnet den 8. Mai nicht nur als Befreiung, sondern gleichrangig auch als Stunde der Niederlage und Erniedrigung. Einige Tage später warnte Kohl erneut vor einer für ihn einseitigen Bewertung des 8. Mai: „Niemand hat das Recht, festzulegen, was die Menschen in ihrer Erinnerung zu denken haben." Er „plädiere leidenschaftlich dafür, daß dieser Tag Raum gibt für vielerlei Empfindungen." Im übrigen verbiete sich im Umgang mit diesem Datum „Linkslastigkeit": Es dürfe nicht verschwiegen werden, dass auf die braune die rote Diktatur im anderen Teil Deutschlands gefolgt sei. Eine solche Betrachtung habe nichts mit Aufrechnung zu tun.[67]

Die problematischen Implikationen dieser Weigerung des Kanzlers – entgegen anderer Reden in den Vorjahren –, den 8. Mai retrospektiv politisch zu bewerten, wurden in der ansonsten mit Blick auf Nuancen geführten öffentlichen Debatte des Jahres 1995 kaum thematisiert. Als eine der Ausnahmen kommentierte Jürgen Leinemann im „Spiegel", Helmut Kohl gelinge es nicht, „in einem Prozeß des Nachdenkens die Gefühle und Empfindungen der eigenen Person in einen Zusammenhang zu stellen mit den Ereignissen und Tatsachen, die diese Gefühle auslösen." Nur das aber wäre politisch. „Aber Helmut Kohl denkt Politik nicht, er fühlt sie."[68] In der „Frankfurter Rundschau" hielt Roderich Reifenrath in diesem Debattenkontext zutreffend fest, vielfach werde einfach aufgelistet, ein „definitorischer Augenblick der deutschen Geschichte" stehe dann „gleichgewichtig neben einem Konglomerat individueller Einschätzungen, Erfahrungen, Gefühle." Diese Methode, Geschichte lediglich zu katalogisieren, müsse zwangsläufig zu „Verwischungen" führen. Warum solle es nicht möglich sein, „den objektiven Kern des 8. Mai *Befreiung* zu nennen, um anschließend, nach einer Pause der Anerkennung, die anderen Kapitel aufzuschlagen?" Was solle die „Infamie, das Wort *Befreiung* sei inzwischen darauf angelegt, darüber zu richten, wer was empfinden darf?" Und was denke Bundeskanzler Kohl, wenn er feststelle, für all diese Erinnerungen und Gefühle gebe es keinen gemeinsamen Nenner?[69]

---

66 Helmut Kohl: Interview in der ARD („Farbe bekennen") am 20. April 1995, in: Fernseh- und Hörfunkspiegel Inland des Presse- und Informationsamtes der Bundesregierung vom 20.4.95.
67 Zitiert nach: Rheinische Post vom 24.4.95.
68 Jürgen Leinemann: „Unheimlich gelöst", in: Der Spiegel vom 15.5.95, S. 24–27, S. 27.
69 Roderich Reifenrath: Befreiung, in: Frankfurter Rundschau vom 8.5.95 (Hervorhebungen im Original).

Damit ist der Kern einer der relevantesten Debatten des Jahres 1995 beschrieben: Einerseits wurde zum 50. Jahrestag so deutlich wie nie zuvor herausgearbeitet, dass die „Erfahrungswelt der Zeitgenossen und die Bedeutung, die die nachher Lebenden der früheren Zeit" zuschreiben, nicht identisch sein müssen.[70] Andererseits resultierte daraus die Kontroverse, ob das Ende von Krieg und Nationalsozialismus gegen die Mehrheitsempfindungen der Zeitgenossen unter dem Begriff der Befreiung zusammengefasst werden dürfe. Bemerkenswert an diesem Debattenstrang waren vor allem zwei Aspekte: Zum einen, dass sich 50 Jahre nach 1945, so wurde schon zeitgenössisch festgestellt, die meisten Autoren „der Betrachtungen zum Kriegsende nahezu ausnahmslos und zwanghaft der eigenen Biographie zuwenden".[71] Zum anderen, dass der häufig erhobene Vorwurf, es bedürfe schon „erheblicher ideologischer Verblendung, um als Folge des 8. Mai ausschließlich die Befreiung der Deutschen zu sehen",[72] in den äußerst umfangreichen Betrachtungen zum 50. Jahrestag nur selten eine empirische Grundlage hatte. Von einer „ausschließlichen" Bewertung des 8. Mai als Befreiung sprachen die wenigsten Autoren und Gedenkredner.

Vielmehr differenzierte sich die Debatte aus und stellte neben die retrospektive politisch-systemische Befreiungsbewertung auch die dieser Lesart nur selten entsprechenden Primärerfahrungen. Eine Äußerung des CDU-Bundestagsabgeordneten Friedbert Pflüger, in der die Unterschiede zwischen subjektiv-individueller und politischer Bewertung des 8. Mai prononciert akzentuiert werden, kann dies exemplarisch illustrieren: Die individuellen Empfindungen, so Pflüger, seien nicht moralisch zu verurteilen, sondern zu respektieren. Aber so legitim der Ausdruck „subjektiver Gefühle" auch sei, so unverständlich sei es, „wenn es über die objektive Bedeutung des 8. Mai keine Einigung gibt." Der 8. Mai sei „der Tag der Befreiung vom Nationalsozialismus. Die militärische Niederlage war ein politischer Sieg der Demokratie über die Diktatur."[73]

Obwohl diese Unterscheidung als stellvertretend für die Mehrheit der Kommentierungen im Jahr 1995 gelten kann, wurde sehr häufig unterstellt, der Begriff der Befreiung wolle individuelle Lebenserfahrungen doktrinär einebnen. So lehnte z.B. der Vizepräsident des Deutschen Bundestages, Hans Klein, in einem Artikel für den „Bayernkurier" eine retrospektive Differenzierung ausdrücklich ab: Er vermöge nicht, seine damaligen Empfindungen „durch die in fünf Jahrzehnten gesammelten Geschichtskenntnisse,

---

70 FAULENBACH 1995.
71 Klaus Harpprecht: Der Tag der Rettung, in: Die Zeit vom 5.5.95.
72 Werner Kaltefleiter: Die Lehren werden nicht beherzigt, in: Handelsblatt vom 8.5.95.
73 PFLÜGER 1995, S. 88.

politischen Erfahrungen und menschlichen Einsichten nachträglich zu belehren und als Gefühl der Befreiung auszugeben." Klein schreibt von einer „Tendenz, dem ganzen deutschen Volk den 8. Mai 1945 als ‚Tag der Befreiung' zu verordnen". Während für „alle, Juden wie Christen, die KZ oder Gestapohaft überlebt hatten", das Kriegsende Befreiung bedeutet habe, hätten Millionen Soldaten, die Opfer des Bombenkrieges, der Vertreibungen und der Mord- und Vergewaltigungsorgien den 8. Mai 1945 nicht als Tag der Befreiung erlebt. Ihnen dürfe „in diesem Gedenkjahr niemand die Gründe für Trauer und Tränen vorschreiben oder bestreiten."[74]

In den Kontext der Integration der Erlebnisgeschichte in die Lesarten des 8. Mai 1945 gehört ganz wesentlich, dass zum 50. Jahrestag in einem bis dahin ungekannten Ausmaß Monographien und Sammelbände veröffentlicht wurden, die sich mit dem Jahr 1945 und dessen Folgen beschäftigten.[75] In diesen Veröffentlichungen lag der Schwerpunkt auf Berichten von Zeitzeugen.[76] Dieses zentrale Charakteristikum des 50. Jahrestages beschreibt Ute Frevert mit zeitlichem Abstand sehr prägnant: Ermuntert „durch Zeitungen, Zeitschriften, Rundfunk- und Fernsehsender" hätten sich „Zeitzeugen in großer Zahl zu Wort gemeldet und ihre – sehr verschiedenen – Erinnerungen mitgeteilt". Die „mediale Choreographie dieser Mitteilungen" habe „einen vielstimmigen, variantenreichen Text" hervorgebracht, der verdeutliche, dass „das kollektive Gedächtnis nicht immer identisch war mit den individuellen, im Familien- und Freundeskreis weitergegebenen Erfahrungen und Erinnerungen."[77] Im Vorwort eines der zahlreichen Zeitzeugen-Sammelbände, in denen primär an das Ende des Krieges, nicht des Nationalsozialismus erinnert wurde, wurde eine Fragestellung formuliert, die eine 1995 nicht mehr adäquate Alternativkonstellation zum Ausdruck brachte. 50 Jahre nach 1945 würden sich die Deutschen fragen: „Haben wir den letzten Weltkrieg verloren, oder wurden wir vom Faschismus befreit?"[78] Im Vorwort eines anderen Sammelbandes beschreibt Gustav Trampe eine der Wirkungen dieser zahlreichen Publikationen – und wählt die häufig daraus folgende terminologische Beschreibung: Trampe stellt fest, die Berichte der

---

74 Hans Klein: Der 8. Mai 1945 – Tag der Trauer, Tag der Freiheit, in: Bayernkurier vom 6.5.95.
75 Vgl. als Auswahl z.B. BAUERKÄMPER/KLESSMANN/MISSELWITZ 1995; LANDESZENTRALE 1995; STANG 1995; MODROW 1995; NOLTE 1995; GLASER 1995a; VOLKMANN 1995; NEHLS/SCHILDE 1996; PLATO/LEH 1997.
76 Vgl. als Auswahl von Zeitzeugen-Sammelbänden z.B. TRAMPE 1995; KRAUSS/KÜCHENMEISTER 1995; MITTAG 1995; APPEL 1995; SARKOWICZ 1995; FILMER/SCHWAN 1995. Als Beispiel für Zeitzeugen- und Lebensberichte, die nach 1995 erschienen sind, vgl. DOMANSKY/DE JONG 2000.
77 ASSMANN A./FREVERT 1999, S. 280.
78 Vorwort in: FILMER/SCHWAN 1995, S. 11.

Zeitzeugen ergänzten sich „zu einem dramatischen Zeitgemälde, das das ganze Ausmaß der deutschen Katastrophe zeigt."[79]
Dass anlässlich des 50. Jahrestages die Erlebnisberichte der Zeitzeugen in einem signifikant großen Ausmaß in die öffentliche Erinnerungskultur inkorporiert wurden, lässt sich wohl vor allem auf drei Gründe zurückführen: Zum einen spiegelte sich darin die immer deutlicher werdende Notwendigkeit des Übergangs vom kommunikativen zum kulturellen Gedächtnis, in dem sich die kommunikativ geteilten Erinnerungen verstärkt Gehör verschafften. Zum zweiten war es bis 1989 in der DDR nicht möglich, die privat tradierten Erinnerungen auch öffentlich zu artikulieren. Hier hatte eine ganze Erlebnisgeneration öffentlichen Nachholbedarf. Ein dritter Grund für die erinnerungskulturelle Schwerpunktsetzung auf Erlebnisnarrative mag spekulativ erscheinen: Die Mehrheit der 1995 zu Wort kommenden Zeitzeugen hatte den Nationalsozialismus und das Ende des Zweiten Weltkrieges nicht als Erwachsene erlebt, sondern als Kinder oder Jugendliche. Von den Deutschen, die vor 1945 als Erwachsene schuldhaft gehandelt hatten, lebten 1995 nicht mehr viele. Für die Art der Erinnerungen, die als authentische Beispiele für die Zeit vor und nach 1945 präsentiert wurden, hatte dies Auswirkungen, die freilich nicht thematisiert wurden: Sie waren in Bezug auf die Schuldfrage weniger verstörend, als es noch zehn oder zwanzig Jahre zuvor der Fall gewesen wäre.

Dennoch stellte die Integration der Erlebnisberichte insgesamt eine wichtige Öffnung des Gedenkens an das Ende von Krieg und Nationalsozialismus dar. Wenn der zeitgenössische Erfahrungspluralismus nicht dazu führt, eine retrospektive politische Bewertung des 8. Mai zu verweigern, ist seine öffentliche Thematisierung ein Indikator für eine ausdifferenzierte, demokratisch-pluralistische Erinnerungskultur. Die Verschränkung einer politischen Bewertung des 8. Mai mit der gleichzeitigen Anerkennung der subjektiven Lebensgeschichten setzt jedoch Gespür für Differenzierungen und Ambivalenzen voraus. Ein Gespür, das in den 1995 erneut pluralisierten Stellungnahmen, die sich zwischen neuen und alten Deutungen bewegten, in unterschiedlichem Ausmaß vorhanden war.

Pluralisiertes Gedenken zwischen neuen und alten Deutungen

Neben den Publikationen zur lokalen Ereignisgeschichte und den Erlebnisberichten waren auch die Stellungnahmen staatlich-offizieller Repräsentanten im Gedenkjahr 1995 so zahlreich wie nie zuvor. Während etwa Kanzleramtsminister Friedrich Bohl ganz im Sinne des Bundeskanzlers er-

---
79 Vorwort in: TRAMPE 1995, S. 11.

klärte, es dürfe nicht vorgeschrieben werden, „welche Gefühle, Empfindungen und Gedanken die Menschen in Deutschland im Zusammenhang mit dem 8. Mai bewegen",[80] abstrahierte Außenminister Klaus Kinkel von der erlebnisgeschichtlichen Perspektive. In einem Vortrag an der Universität Düsseldorf führte Kinkel aus, mittlerweile habe der „Streit um die heutige Einordnung" des 8. Mai „unwürdige Formen" angenommen. Statt zu versöhnen, schaffe „ein kleinmütiges Aufrechnen der Kriegsopfer gegen den Tatbestand der Befreiung nur neue Gräben." Der 8. Mai werde „in der ganzen Welt als Tag der Befreiung begangen, und ein Tag der Befreiung ist er auch für uns Deutsche."[81]

Ähnlich nahm auch Bundestagspräsidentin Rita Süssmuth am 23. April 1995 in einer Rede in Ravensbrück Stellung. Es sei „unverantwortlich, darüber zu streiten, ob wir befreit oder nicht befreit" wurden. „Objektiv", so die Bundestagspräsidentin, seien die Deutschen „von dem verbrecherischen Naziregime befreit worden, subjektiv ist das von vielen am Kriegsende und angesichts der Kriegsfolgen anders erlebt worden."[82] Bundesjustizministerin Sabine Leutheusser-Schnarrenberger erklärte, wenn sie sich vor Augen führe, „welches Gesicht der NS-Staat allein im Justizbereich hatte", könne sie nicht anders, „als den 8. Mai 1945 als Tag der Befreiung zu empfinden."[83] In der Gedenkveranstaltung zum 50. Jahrestag der Befreiung des Konzentrationslagers Bergen-Belsen wandte sich der niedersächsische Ministerpräsident Gerhard Schröder gegen diejenigen, die im 8. Mai keinen Tag der Befreiung sehen wollten. Wer vom „Hitler-Faschismus" nur reden wolle, wenn gleichzeitig von der deutschen Teilung und der Vertreibung geredet werde, der fälsche die Geschichte: „Nein, für uns Deutsche gibt es keine Alternative: Wir müssen die Geschichte annehmen. Ein ,Ja-aber' vor der Geschichte gibt es nicht."[84] Der thüringische Ministerpräsident Bernhard Vogel bewertete den 8. Mai 1945 in einer Art Kompromissformel als „Tag der befreienden Katastrophe für Deutschland, der die Chance für ein demokratisches Staatswesen schuf."[85]

Prononciert anders meldete sich der sächsische Justizminister Steffen Heitmann in einem Zeitungsbeitrag zu Wort.[86] Er sei es leid, sich „vorschreiben zu lassen, wie ich zu gedenken habe." Wer es wage, so der säch-

---

80 Zitiert nach: Welt am Sonntag vom 30.4.95.
81 KINKEL 1995.
82 SÜSSMUTH 1995a, S. 73.
83 Zitiert nach: Frankfurter Allgemeine Zeitung vom 5.5.95.
84 SCHRÖDER 1995, S. 289.
85 Zitiert nach: Süddeutsche Zeitung vom 8.5.95.
86 Vgl. zu folgendem: Steffen Heitmann: Dieses Scham- und Schuldsyndrom ist unaufrichtig, in: Rheinischer Merkur vom 5.5.95.

sische Justizminister mit einer offensichtlichen Wahrnehmungssperre, „die Befreiungsbedeutung zu relativieren, die Ambivalenz des Kriegsendes für uns Deutsche auch nur zu erwähnen", unterliege dem Verdacht, „ein Nazi zu sein." Diese „unsägliche Debatte" sei „nicht etwa der Ausdruck der unterschiedlichen Erfahrungen der Menschen in Ost und West", sondern „eine westliche Debatte", die Ausdruck „eines seelisch kranken Volkes" sei. Auch in anderer Hinsicht äußert sich Heitmann ganz untypisch für Stellungnahmen auf staatlich-repräsentativer Ebene: Er habe sich oft gefragt, „was denn das Bedeutende an der als epochal bezeichneten Rede Richard von Weizsäckers" sei. Als „DDR-Bürger" habe er in ihr „immer nur aneinandergereihte Selbstverständlichkeiten" finden können. Heute erkenne er das Besondere: „Mit der Befreiungsbedeutung erhielt ein weiteres Symbol aus höchstem Munde die Weihe, die es brauchte, um künftig rituell zur Unterscheidung von Gut und Böse Verwendung finden zu können." Mit der „postulierten Einzigartigkeit der nationalsozialistischen Verbrechen", so Heitmann, die Singularität bezweifelnd, „korrespondierte die einseitige Interpretation des Kriegsendes als Befreiung." Dass „so ideologisch um dieses Symbol gekämpft" werde, erklärt Heitmann mit „einem tiefsitzenden kollektiven Scham- und Schuldsyndrom der westdeutschen Nachkriegsgeneration." Während die Deutschen früher „die Besten der Welt" sein wollten, „sollten sie nun die Schlechtesten der Welt sein." Für den sächsischen Justizminister trägt dieses von ihm diagnostizierte „Scham- und Schuldsyndrom" unaufrichtige Züge, weil „keine eigene Schuld getragen" werde. Unaufrichtig sei auch „die Tatsache der Schuldverliebtheit." Wer sich „wirklich Gott schuldig weiß, der trägt seine Schuld nicht öffentlich vor sich her." Aufrichtige Schuldbekenntnisse seien „selten und kosten Überwindung, und sie sind höchst persönlich. Die Diskussion um eine Kollektivschuld liegt hinter uns." Diese furiose Schuldabwehr und radikal antagonistische Stellungnahme eines staatlichen Repräsentanten, der im Herbst 1993 immerhin, wenn auch nur kurzfristig, Kandidat der CDU/CSU für das Amt des Bundespräsidenten war, stellt eine extreme Ausnahme im Jahr 1995 dar.

Wiederum ganz anders – das Spektrum der Deutungen zum 50. Jahrestag abermals verdeutlichend – gedachte der bayerische Ministerpräsident Edmund Stoiber des 8. Mai 1945 auf einer Feierstunde in Aschaffenburg.[87] Stoiber erklärt, die Deutschen wüssten um „die deutsche Schuld. Wir verneigen uns daher in Ehrfurcht und in Scham vor den Toten aller Nationen." Der Ministerpräsident erinnert daran, dass am 8. Mai „der Holocaust

---

87 Vgl. zum folgenden: STOIBER 1995.

für das jüdische Volk zu Ende" gegangen sei. Er werde „immer für tiefsten sittlichen Verfall in der Menschheitsgeschichte stehen." Die „Angst vor SS-Terror" sei von den Völkern Europas und den Deutschen genommen worden, „Millionen von KZ-Häftlingen, ausländischen Zwangsarbeitern und Kriegsgefangenen waren frei." Schon deshalb sei „der 8. Mai 1945, wer kann das ernsthaft bestreiten, ein Tag der Befreiung" gewesen. Spätestens mit diesem Tag seien die nationalsozialistischen Gräueltaten in ihrem ganzen Ausmaß offenbar geworden. „Erst der 8. Mai machte deshalb auch die geistige Befreiung vom Nationalsozialismus möglich." Im Angesicht der „unfaßbaren Verbrechen des Dritten Reiches bekennen wir uns zu unserer historischen Verantwortung." Aus ihr könne sich niemand „davonstehlen". Es bleibe „der entschiedene Appell an uns alle: Kein Vergessen, kein Verfälschen, kein Schlußstrich, keine Wiederholung! Wer sich nicht erinnert, hat keine Zukunft!"

Nach diesem emphatischen Bekenntnis zu einer politisch-systemischen und geistigen Befreiung spricht Stoiber die Ambivalenzen des 8. Mai 1945 an. Er sei ein Tag, „an dem es wie nie zuvor in der Geschichte die Gleichzeitigkeit des Gegensätzlichen" gegeben habe: „Freude und Trauer, Hoffnung und Verzweiflung, Befreiung und neue Knechtschaft, Bewahrung und Verlust der Heimat. Es gab Ende und Neubeginn zugleich." Diese „Gleichzeitigkeit des Gegensätzlichen" zeige sich „in den unterschiedlichen persönlichen Erinnerungen und Empfindungen der Erlebnisgeneration." Trotz alledem gelte es festzuhalten: „Es war zuerst ein Tag der Befreiung vom Nationalsozialismus. Es ist dennoch kein Tag des unbeschwerten Feierns, sondern auch ein Tag des Gedenkens an Millionen von Toten. Es ist ebenso der Tag, an dem der Neubeginn möglich wurde." Deshalb sei der 8. Mai „mehr als ein Jahrestag des Kriegsendes. Er ist ein epochales Datum. Er markiert eine historische Wende in der deutschen und europäischen Geschichte. Der 8. Mai ist stete Mahnung." Die Deutschen, so stellt Stoiber wie viele andere fest, hätten „aus der Geschichte gelernt, wir haben die historische Lektion verstanden". Diesem zufriedenen Fazit stellt er den Hinweis zur Seite, es gebe noch immer „Verdrängung von Schuld und einen Mangel an geistiger Aufarbeitung der Vergangenheit." Seine Rede abschließend, benennt Stoiber als „Grundlage der Versöhnung" die „Bereitschaft zur historischen Wahrheit und die Anerkennung von Verantwortung."

Aus einer deutlich formulierten Verantwortungsposition für die deutschen Verbrechen kommt Stoiber zu einer politischen und mentalen Befreiungslesart, die in dieser Pointiertheit im Jahr 1995 nur selten formuliert wurde. Diese Rede des bayerischen Ministerpräsidenten kontrastiert nicht nur mit dem Beitrag von Steffen Heitmann, sondern ganz besonders auch mit der Gedenkrede von Franz-Josef Strauß aus dem Jahre 1985. Zehn Jahre zuvor hatte der bayerische Ministerpräsident eine schuldentlastende Lesart präsentiert, die ihrerseits deutliche Parallelen zur Stellungnahme des sächsischen Justizministers aus dem Jahr 1995 aufwies. Diese Beispiele verdeutlichen erneut, dass sich die offiziellen Lesarten des 8. Mai 1945 nicht anhand der Parteizugehörigkeit der jeweils Redenden kategorisieren lassen und dass sich die öffentliche Rezeptionsgeschichte des 8. Mai keineswegs linear entwickelte.

Zum 50. Jahrestag des 8. Mai fanden in allen Bundesländern Veranstaltungen und Gedenkstunden statt, auf denen unter anderem auch fast alle Ministerpräsidenten auftraten. Exemplarisch soll hier, neben den bereits angesprochenen Gedenkreden, das offizielle Gedenken im Land Brandenburg untersucht werden. In einer Gedenkveranstaltung des Landtages sprachen am 13. April dessen Präsident Herbert Knoblich sowie Gottfried Forck. Der Landtagspräsident appellierte eindringlich, diesen Gedenktag auch künftig „nicht aus dem Gedächtnis zu streichen." Zustimmend zitiert er Karl Jaspers: Erst „aus dem Schuldbewußtsein" könne das „Bewußtsein der Solidarität und Mitverantwortung, ohne die Freiheit nicht möglich ist", entstehen. Knoblich übersetzt diesen Gedanken in eigene Worte: „Wer Versöhnung sucht, muß wissen, daß er sie ohne das Erinnern nicht bekommt."[88] Gottfried Forck schilderte in seiner Rede zunächst unterschiedliche Erfahrungen des Jahres 1945, aufgrund derer der 8. Mai nicht als Befreiung erlebt worden sei. Wer jedoch den Blick auf den Nationalsozialismus richte, der könne „die Zäsur des Jahres 1945 nur als Befreiung werten, auch wenn er damit nicht leugnen will, daß sie von vielen anderen in unserem Volk als Katastrophe erlebt worden" sei. Man dürfe den Fehler der „DDR-Diktatur", so Forck, nicht verlängern, indem die „Mithaftung für die NS-Vergangenheit verdrängt und eine besondere Schuld unseres Volkes gegenüber den Juden geleugnet" werde.[89]

Der brandenburgische Ministerpräsident Manfred Stolpe erklärte bei der Eröffnung einer Historiker-Konferenz zum 8. Mai 1945 in Potsdam, „die glücklichen wie die unglücklichen Folgen der deutschen Niederlage" ließen sich auf den 8. Mai zurückführen. Deshalb seien die Begriffspaare „Niederlage und Befreiung, Zusammenbruch und Neuanfang" zur Beschreibung des Verhältnisses der Deutschen zu diesem Datum „über lange Zeit zutreffend" gewesen. Im Laufe der Zeit, so Stolpe weiter, habe sich deren Bedeutung jedoch gewandelt: Dieselben Menschen, „die sich zunächst als Ge-

---

88 KNOBLICH 1995, S. 7.
89 FORCK 1995, S. 21 f.

schlagene und Besiegte begriffen, lernten im Nachhinein, die Niederlage als Befreiung zu begreifen." Bei diesem Prozess, so resümiert Stolpe, „haben wir es mit Lernerfahrungen, mit Identitätsbildung zu tun." Der Ministerpräsident akzentuiert damit eine weitere wichtige Leitmelodie des Jahres 1995 (auf die noch zurück zu kommen sein wird), in der Befreiung als Lernprozess begriffen wurde. Einen „historischen Perspektivenwechsel", der in einem seit 1990 „veränderten Rezeptionsfeld" angestrebt werde, lehnt Stolpe, ein anderes Leitmotiv aufgreifend, eindeutig ab: Wer behaupte, die „heute maßgebende geschichtliche Zäsur sind die Ereignisse von 1989/90", unterstelle, dass „die Lehren von 1945 hinfällig geworden" seien. Dies sei „keine bloß akademische Frage", vielmehr treffe sie „den Kern dessen, was die Bundesrepublik seit ihrer Gründung ist."[90]

Neben den bereits skizzierten (und den noch folgenden) Deutungsschwerpunkten des Jahres 1995 fallen bei den staatlich-repräsentativen Gedenkakten drei weitere Leitlinien auf: Zum einen fand das Gedenken nahezu bundesweit auch an den Orten der Verbrechen statt. Dies war eine im Vergleich zu früheren Jahrestagen wichtige Veränderung, in der sich die Anerkennung der Opfer des Nationalsozialismus manifestierte. Im Widerspruch dazu fokussierte die Mehrheit der Gedenkveranstaltungen dennoch weiterhin primär auf das Kriegsende, weniger auf das Ende des Nationalsozialismus. Diese zweite Leitlinie, parallel zur ersten, verdeutlicht auf ihre Weise, dass es in der Rezeptionsgeschichte des 8. Mai 1945 keine linearen Entwicklungslinien gibt. Drittens schließlich war das Gedenkjahr 1995 von einem Phänomen gekennzeichnet, das im Kontext des Berliner Staatsaktes vom 8. Mai 1995 noch näher thematisiert werden muss: Von der Europäisierung des Gedenkens, das unter anderem in der Teilnahme vieler Repräsentanten anderer Staaten zum Ausdruck kam.

So fand etwa am 3. Mai 1995 in Hamburg ein Staatsakt statt, auf dem Prinz Charles vor 20.000 Menschen auf dem Rathausmarkt eine Rede hielt, die, so die Einschätzung der „Welt", „ganz im Zeichen der Versöhnung stand".[91] Ebenfalls am 3. Mai fand in Plötzensee eine Gedenkveranstaltung „50 Jahre Frieden in Deutschland" statt, an der unter anderem die ehemalige polnische Ministerpräsidentin Hanna Suchocka, der Erzbischof von Paris und der Domkapitular von Coventry teilnahmen.[92] Auf einer Feierstunde des Zentralkomitees der deutschen Katholiken sprach unter anderem der ehemalige polnische Ministerpräsident Tadeusz Mazowiecki.[93] Auch auf

---
90 STOLPE 1995, S. 28 bzw. S. 32.
91 Außerdem sprachen Bürgermeister Henning Voscherau und der frühere Bundestagsabgeordnete Hellmut Kalbitzer (vgl. Die Welt vom 4.5.95).
92 Vgl. Der Tagesspiegel vom 4.5.95.
93 Vgl. Süddeutsche Zeitung vom 6.5.95.

der Gedenkveranstaltung der SPD zum 50. Jahrestag in Köln stand der Europagedanke im Vordergrund. Neben dem SPD-Vorsitzenden Scharping und Ministerpräsident Johannes Rau sprachen der frühere Präsident der EU-Kommission Delors, Jorge Semprún, Hans Koschnick sowie die Bürgermeister von Warschau und St. Petersburg.[94]

Zu der großen Zahl staatlich-repräsentativer Gedenkbeiträge traten auch im Jahre 1995 die Deutungsangebote der Kirchen in Deutschland.[95] Dabei nahm die katholische Kirche ihr „Wort der Bischöfe zum 50. Jahrestag des Kriegsendes" zum Anlass eines selbstgerechten Rückblicks: Wer „von heute aus auf das Verhalten der katholischen Gläubigen und der kirchlichen Verantwortlichen" zurückblicke, stelle fest, dass „zwischen dem nationalsozialistischen Unrechtssystem und der katholischen Kirche eine tiefe Kluft und eine wechselseitige Ablehnung bestanden" habe. Zugleich „können und wollen" die Bischöfe „freilich nicht übersehen, daß es auch innerhalb der katholischen Kirche unkluges Schweigen und falsche Zurückhaltung, ängstliche Reaktion und schuldhaftes Versagen gegeben hat."[96]

Auch an den Universitäten wurden aus Anlass des 50. Jahrestages in bisher nicht gekannter Quantität eigene Veranstaltungen durchgeführt. Besonders umfangreich waren die der Philipps-Universität Marburg. Unter anderem hielt dort Walter Höltermann unter dem schönen Titel „Vergangenheit die ruht, kann sich erholen" eine Rede, in der er einen „breiten Konsens über den Umgang mit der Erinnerung" fordert, eine „allgemein verbindliche Kultur der Erinnerung", die dafür Sorge trage, dass Erinnerung nicht politisch instrumentalisiert werde, sondern Lernprozesse ermögliche.[97] Diese Rede ist ein Beispiel für die Unsicherheit, die angesichts der weit ausdifferenzierten Debatten zum 50. Jahrestag zu beobachten war: Ein allgemeiner Konsens, eine allgemein verbindliche Kultur der Erinnerung ist in der Demokratie kein unproblematisches Ziel. Andererseits sprach Holtmann damit eine Frage an, die aufgrund der fehlenden Ausdifferenzierung der 8. Mai-Lesarten in den Anfangsjahren der Bundesrepublik so kaum möglich gewesen wäre. Dies gilt auch für einen Satz aus der zentralen Gedenkrede an der Philipps-Universität Marburg. Klaus Rehbein forderte darin: „Wer über den Nationalsozialismus reden will, darf vom Krieg nicht schweigen."[98]

---

94 Vgl. Frankfurter Allgemeine Zeitung vom 5.5.95.
95 Als ein Beispiel für eine Stellungnahme aus Sicht der evangelischen Kirche vgl. Klaus Engelhardt: Schuld und Leid dürfen nicht verdrängt werden, in: Süddeutsche Zeitung vom 3.5.95.
96 Wort der Bischöfe zum 50. Jahrestag des Kriegsendes, in: Frankfurter Allgemeine Zeitung vom 26.4.95.
97 Vgl. HÖLTERMANN 1995, S. 8.
98 REHBEIN 1995, S. 9. Vgl. als weitere Reden an der Philipps-Universität Marburg: SCHAAL 1995; NAGEL 1995; MAIER-METZ 1995.

Bemerkenswert an diesem Satz ist, dass seine Bedeutung bis weit in die 1980er Jahre gerade in seiner Umkehrung bestand: Wer vom Ende des Zweiten Weltkrieges in Deutschland sprach, hätte vom Nationalsozialismus nicht schweigen sollen.

An der Universität Göttingen versuchte Bernd Weisbrod in seinem Vortrag zum 50. Jahrestag des 8. Mai, die strittigen Fragen dieses Gedenkjahres politisch-kulturell zu kanalisieren: Es gehe „gar nicht um die Frage, warum der eine das Kriegsende als Befreiung, der andere als Niederlage" wahrgenommen habe. „Es geht und ging schon immer um die Frage, was zur Identität des neuen Deutschland aus der kollektiven Erfahrung der Niederlage sagbar ist, und zwar im Osten wie im Westen."[99] Als weiterer Ausdruck der quantitativ nie zuvor auch nur annähernd erreichten Thematisierungen des 8. Mai widmete sich nicht zuletzt der bedeutendste gesellschaftliche Multiplikator, das Fernsehen, dem 50. Jahrestag in einem sehr großen Umfang.[100] Das Publizistische Institut der Universität Mainz zählte allein in den deutschen Fernsehprogrammen 450 Sendungen zu diesem Thema.[101] Auch diese bezogen sich überwiegend auf das Ende des Krieges, weniger auf das Ende der nationalsozialistischen Verbrechen.

Integrativer Pluralismus

Die bislang herausgegriffenen Beispiele verdeutlichen: Es gab auch zum 50. Jahrestag des 8. Mai keine einheitlichen Lesarten dieses Epochendatums. Und erneut standen, wie Klaus Naumann zutreffend analysiert, „binnen kurzem" die „alten geschichtspolitischen Gegensätze wieder auf der Tagesordnung. ‚Befreiung' stand gegen ‚Niederlage', Bewertungsfragen gegen (oder neben) Erinnerungen."[102] Der Streit um die zumeist antithetisch zugespitzte Frage nach der Terminologie war dabei – dies ist eine Konstante der bundesdeutschen Rezeptionsgeschichte – immer auch ein Vehikel für vergangenheitspolitische Geltungsansprüche, die weit über den Oberflächenkonflikt um angemessene Begriffe hinausreichten. Dass der Streit über die Einschätzung dieses Datums „nur mehr der Denunziation des politischen Gegners"[103] diente, wäre dabei – trotz eines wahren Kerns – zu kurz gegriffen. Vielmehr spielten insbesondere die Schuldfrage und die daraus resultierende Verantwortung für die Befreiungslesarten und nationale Identifikationen, die über

---

99 WEISBROD 1995, S. 78.
100 Als Übersicht vgl. z.B. Neue Zürcher Zeitung vom 21.4.95 und Rheinischer Merkur vom 5.5.95.
101 Vgl. Axel Wermelskirchen: Wer einmal ein Geschichtsbild hat, will nie mehr davon lassen, in: Frankfurter Allgemeine Zeitung (Berliner Seiten) vom 2.12.99.
102 NAUMANN 1998, S. 227.
103 Jens Jessen: Wurden die Deutschen von den Nazis unterdrückt?, in: Frankfurter Allgemeine Zeitung vom 9.5.95.

das Jahr 1945 hinausreichen, bei den Niederlagendeutungen die zentralen Rollen.

So operierte etwa Herbert Kremp in der „Welt am Sonntag" mit dem eine bedauernde Niederlagenlesart kaum kaschierenden Argument, die „Befreiung Deutschlands oder der Deutschen" sei „nicht das Kriegsziel" der Alliierten gewesen. Deshalb sei der „Streit darüber, ob Deutschland befreit worden sei, ob es sich sogar lohnen könnte, den 8. Mai zum Feiertag zu erklären", eine „an den Kriegsergebnissen gemessen unhistorische Diskussion."[104] In einem anderen Artikel sprach Kremp davon, die „Totalbefreiung" werde wie eine „Monstranz" präsentiert, „entgegen historischer Akkuratesse und intellektueller Redlichkeit".[105] Ein anderer Autor der „Welt am Sonntag" erklärte es ebenfalls für „historisch falsch", den 8. Mai generell als Tag der Befreiung begehen zu wollen. Er sei „vielmehr, trotz des Sieges über den Nationalsozialismus, der die Welt so positiv veränderte, ein Tag vielfältiger Trauer."[106] Auch die Vizepräsidentin des Bundes der Vertriebenen, Erika Steinbach, vertrat die These, der 8. Mai werde unzulässig einseitig als „Tag der Befreiung" gedeutet, dies sei eine „monochrome Sicht". Der „fanatische Eifer", mit dem andere Auffassungen diffamiert würden, müsse „hellhörig machen".[107]

Eine an diese Bewertungen anknüpfende Lesart bestand in der Einschätzung, Deutschland sei 1945 „besiegt, nicht befreit" worden: Der 8. Mai 1945, so war z. B. in der „Jungen Freiheit" zu lesen, symbolisiere „einen Prozeß des Niedergangs, der schon vor 1945 einsetzte und bis heute andauert." Die Deutschen seien „auch 1995 ein geschlagenes Volk und tragen die entstellten Gesichtszüge des Entseelten." Mit der „Kapitulation am 8. Mai 1945" sei „unsere Niederlage" nicht beendet gewesen, vielmehr sei sie noch immer „Bestandteil unserer Lebensumstände."[108] Heimo Schwilk, einer der Initiatoren der in der „Frankfurter Allgemeinen Zeitung" veröffentlichten Anzeige, begründete seine Kritik an der Befreiungslesart damit, mit dieser werde ein „Begriff der Sowjets" übernommen – eine im Jahr 1995 schon fast antiquiert anmutende Begründung.[109]

Argumente dieser Ausrichtung wurden auf staatlich-repräsentativer Ebene, obwohl publizistisch häufig vertreten, selten formuliert. Von den Bewer-

---

104 Herbert Kremp: Deutschlands Befreiung war nicht das Kriegsziel, in: Welt am Sonntag vom 9.4.95. Vgl. auch die ähnliche Argumentation bei Günter Kießling: Warum sie trotz allem nicht aufgegeben haben, in: Das Parlament vom 28.4/5.5.95.
105 Herbert Kremp: Sensibles Gedächtnis, in: Die Welt vom 12.4.95.
106 Ernst Cramer: 8. Mai, in: Welt am Sonntag vom 16.4.95.
107 Erika Steinbach: „Tag der Befreiung, das ist eine zu leichte Floskel", in: Frankfurter Allgemeine Sonntagszeitung vom 16.4.95.
108 Roland Bubik: Die totale Niederlage, in: Junge Freiheit vom 7.4.95.
109 Zitiert nach: Süddeutsche Zeitung vom 8./9.4.95.

tungen des sächsischen Justizministers Heitmann abgesehen, wurden Vorbehalte gegen den Befreiungsbegriff von Seiten staatlicher Repräsentanten mit anderen Argumenten vorgebracht. In der Regel jedoch unter der grundsätzlichen Anerkennung, dass die Befreiungslesart zumindest *ein* Teil des Deutungsspektrums des 8. Mai sei. Als ein Beispiel für diese Argumentationsweise warf der baden-württembergische Finanzminister Mayer-Vorfelder der „vereinigten Linken" in Deutschland vor, sie betreibe eine „unerträgliche Tabuisierungskampagne" gegen konservative Politiker. Es sei „ein Trauerspiel, in welcher Weise die historische Wahrheit verkürzt und verbogen" werde und „diejenigen in die rechtsextreme Ecke gestellt" würden, „die hiergegen ihre Stimme erheben". Der 8. Mai 1945 stehe für die Befreiung und den Zusammenbruch der Nazi-Herrschaft, so erkennt auch Mayer-Vorfelder an. Gleichzeitig sei er Auftakt für gezielte „ethnische Säuberungen" im Osten und großes Vertreibungsunrecht gewesen. Es müsse auch daran erinnert werden, dass „etwa im KZ Buchenwald mit der Befreiung die Insassen ausgetauscht und andere dort inhaftiert und gefoltert" worden seien.[110]

Die Kritik an dem – sofern lediglich als Auseinandersetzung um Begriffe geführten – wenig produktiven Streit um „Befreiung oder Niederlage" fasste Wolfgang Schäuble exemplarisch zusammen: Für ihn stellte der 8. Mai 1945 einen „definitorischen Moment der deutschen Geschichte" dar, ein Datum „das sich jeder eindeutigen und unanfechtbaren Bewertung entzieht." Wer versuche, „sie auf den einen, den allein gültigen Punkt" zu bringen, lande dort, „wo wir gerade wieder einmal sind: beim verletzenden Streit um Befreiung oder Niederlage."[111] Vor diesem Hintergrund rief auch der Ratsvorsitzende der Evangelischen Kirche in Deutschland Klaus Engelhardt dazu auf, „um des inneren Friedens willen" der „unseligen Diskussion" ein Ende zu machen, „ob das Gedenken an den 8. Mai 1945 im Zeichen der Befreiung steht oder nicht". Das Ende der „unvorstellbaren Unmenschlichkeit" könne nur als Befreiung gewertet werden, ohne dabei das „Leid der Vertreibung von der Heimat, das Elend der Flüchtlingstrecks oder die Schmach der Vergewaltigungen" zu verdrängen.[112]

Der Kern des „verletzenden Streites", so lässt sich resümieren, bestand einerseits darin, dass sich viele Beiträge darauf beschränkten, unterschiedliche Bedeutungsinhalte des 8. Mai 1945 unverbunden aufzulisten. Ein solches nicht näher reflektiertes Konglomerat von ereignisgeschichtlichen Tatbeständen, politischen Bewertungen und individuellen Erfahrungen muss

---

110 Zitiert nach: Frankfurter Allgemeine Zeitung vom 21.4.95.
111 Wolfgang Schäuble: Trauma und Chance. Der 8. Mai 1945 in der deutschen Geschichte, in: Süddeutsche Zeitung vom 4.5.95.
112 Zitiert nach: Süddeutsche Zeitung vom 18.4.95.

geradezu zu scheinbar unversöhnlichen Gegensätzen führen. Einer pluralistischen Erinnerungsanstrengung wird es jedenfalls nicht gerecht. Andererseits, so stellte z. B. Dan Diner etwas martialisch, aber zutreffend fest, „entwaffneten" sich diejenigen, die den 8. Mai dogmatisch und ausschließlich als Tag der Befreiung behandelten, indem sie sich „erfolgversprechenden Angriffen von rechts" aussetzten, „im Stile ‚die volle Wahrheit muß an den Tag'". Eben deshalb müsse „die Ambivalenz des Datums ausgehalten werden."[113] Insofern trifft eine Feststellung aus dem „Rheinischen Merkur" vom April 1995 zu, nach der ein auf beiden Seiten „fehlpolitisierter" Streit um Begriffe „müßig, so sinnlos und ermüdend" sei.[114] In der „Woche" wurde festgehalten, der Streit um die Frage nach Niederlage oder Befreiung sei „anachronistisch" – verbunden allerdings mit dem notwendigen Hinweis, er sei deshalb keineswegs irrelevant: Denn mit dem Wort „Niederlage" werde häufig nicht einfach auf ein historisches Faktum hingewiesen, sondern darauf, dass die militärische Niederlage „im Grunde zu bedauern ist, trotz Juden-Vergasung, Staatsterror und Staatsmord."[115]

In der ermittelten öffentlichen Meinung schien der Streit um die Terminologie entschieden: Nach einer EMNID-Untersuchung vom Frühjahr 1995 sahen 80% der Deutschen im 8. Mai eher Befreiung denn Niederlage – eine signifikante Steigerung gegenüber dem Jahr 1985. Von den 18- bis 34-Jährigen sprachen sogar 87% von Befreiung, in der Altersgruppe zwischen 50 und 64 Jahren waren es mit 74 % etwas weniger. Trotz der sehr intensiv geführten öffentlichen Diskussion konnten allerdings nur 39% der Befragten (Westdeutsche: 34%, Ostdeutsche 55%) das Kriegsende auf den 8. Mai 1945 terminieren.[116] In einer anderen, ebenfalls von EMNID durchgeführten demoskopischen Erhebung stellten sich die Ergebnisse aufgrund einer dritten Antwortmöglichkeit etwas anders dar. Nach dieser Umfrage antworteten insgesamt 56% der Befragten mit „Tag der Befreiung", 6% mit „Tag der Niederlage", 22% sprachen dem 8. Mai beide Kennzeichnungen zu (15% „egal").[117] Die Mannheimer Forschungsgruppe Wahlen ermittelte ebenfalls aufschlussreiche Ergebnisse. Nach dieser repräsentativen Erhebung aus dem April 1995 schätzten 80 % der Befragten die Ereignisse des 8. Mai 1945 eher als Befreiung und 12% eher als Niederlage ein. Gleichzei-

---

113 DINER 1995, S. 548.
114 Torsten Krauel: Müßig, sinnlos, ermüdend. Der Streit um den 8. Mai geht an der Wirklichkeit vorbei, in: Rheinischer Merkur/Christ und Welt vom 14.4.95.
115 Tyll Schönemann: Was tun am 8. Mai?, in: Die Woche vom 21.4.95.
116 Vgl. Die Jungen denken anders. Umfrage von EMNID im Auftrag des Spiegels über Einsichten und Ansichten der Deutschen zum Ende des Zweiten Weltkriegs, in: Der Spiegel vom 8.5.95, S. 76f.
117 Repräsentative wöchentliche Meinungsumfrage von EMNID im Auftrag von n-tv, vorgestellt in n-tv am 7. Mai 1995, in: Fernseh- und Hörfunkspiegel Inland des Presse- und Informationsamtes der Bundesregierung vom 8.5.95.

tig aber wurde dieses Datum als abgeschlossenes, für die Gegenwart irrelevantes historisches Ereignis eingeschätzt: Während 26% der Befragten erklärten, der 8. Mai sei heute „sehr wichtig", stuften ihn 46% als „nicht so wichtig" und 26% als „überhaupt nicht wichtig" ein.[118] Auch an diesen Ergebnissen zeigt sich: Ob der 8. Mai begrifflich als Befreiung eingeordnet wird oder nicht, sagt nicht viel darüber aus, welche Relevanz ihm für die Gegenwart zugeschrieben wird.

Insgesamt wurde in den öffentlichen Debatten häufig übersehen, dass der 8. Mai zumindest auf staatlich-repräsentativer Ebene in nahezu allen Beiträgen zumindest *auch* als Befreiung interpretiert wurde. Insofern lässt sich für das Jahr 1995, im Gegensatz zum antagonistischen Pluralismus des Jahres 1985, von einem fragilen integrativen Pluralismus sprechen. In der Beurteilung des 8. Mai hatte sich zumindest das Verständnis einer „unauflöslichen Dialektik von Niederlage und Befreiung"[119] durchgesetzt. Zugleich wuchs damit das Gespür für mögliche verkürzende Implikationen des Befreiungsbegriffs. So ließ z.B. Robert Leicht keinen Zweifel an der politischen Notwendigkeit der „Rede von der Befreiung". Sie dürfe jedoch nicht „in ritueller Abstraktion und Beschwörung" wichtige Unterschiede verwischen, etwa „zwischen Schuldigen und Unschuldigen, zwischen Deutschland und seinen Nachbarn, zwischen den Opfern und den Gegnern Hitlers, den Mitläufern und mutlos Duldenden". Sie alle würden nicht gemeinsam „unter einen pauschalen – und dann blassen – Begriff der Befreiung" passen. Der 8. Mai 1945 habe die Deutschen „von Hitlers Macht" befreit, „nicht jedoch von unserer Schuld."[120]

Im Gedenkjahr 1995 ging es insofern nicht primär um ein (freilich dennoch häufig unterstelltes) „Vergessen" der schuldhaften Anteile der deutschen Geschichte, das sich unter anderem in einer Ablehnung des Befreiungsbegriffes äußern könnte. Wenngleich die Schuldfrage auch im Jahre 1995 nur äußerst selten explizit zum Thema gemacht wurde. Als eine der Ausnahmen sprach die Präsidentin des Bundesverfassungsgerichtes Jutta Limbach sie am 23. April 1995 auf einer Gedenkveranstaltung in Sachsenhausen direkt an. Sie unterstrich vehement, dass die „bohrende Frage nach individueller Schuld und Verantwortung" wichtig sei, „weil sie das angebliche Rädchen im Getriebe in einen Menschen zurückverwandelt und deutlich macht, daß staatlicher Gewaltmißbrauch in einer Diktatur nicht einfach eine

---

118 ZDF-Politbarometer vom 28.4.95 (Repräsentative Meinungsumfrage der Mannheimer Forschungsgruppe Wahlen vom April 1995), in: Fernseh- und Hörfunkspiegel Inland des Presse- und Informationsamtes der Bundesregierung vom 2.5.95.
119 Thomas Kielinger: Ein unaufhörliches Tasten nach dem Schmerz, in: Rheinischer Merkur vom 5.5.95. Vgl. wortgleich auch: KIELINGER 1995, S. 12.
120 Robert Leicht: Nur im Untergang lag die Befreiung, in: Die Zeit vom 5.5.95.

Naturkatastrophe ist, sondern ein Mosaik aus individuellen Einzelakten individueller verantwortlicher Menschen bildet."[121] Obwohl die Schuldfrage in dieser deutlichen Form nur sehr selten thematisiert wurde, stand das Gedenkjahr 1995 nicht im Zeichen des Verdrängens deutscher Schuld. Vielmehr lassen sich relevante Debattentendenzen als „Umwidmung" kennzeichnen: Etwa die erneute Neigung, an Deutschen begangene Nachkriegsverbrechen in den Vordergrund zu stellen. Oder aber – wie sich besonders prominent anhand des zentralen Staatsaktes zeigen lassen wird –, die Tendenz, den Blick von der Vorgeschichte des 8. Mai 1945 in Richtung der Darstellung der bundesrepublikanischen Erfolgsgeschichte nach 1945 abzulenken, die im Jahr 1990 mit der nationalen Einheit ihren „Fluchtpunkt" erreicht zu haben glaubte.

Befreiung als (Lern-)Prozess

Eine wichtige Leitmelodie des Jahres 1995, die den Bedeutungsimplikationen des Befreiungsbegriffs eine vielschichtigere Dimension gab, konnte erst mit zeitlichem Abstand entwickelt werden: Befreiung als (Lern-)Prozess. Diese Lesart setzte sich von dem unproduktiven terminologischen Streit ab, indem sie den Befreiungsbegriff demokratisch-normativ und gleichsam erinnerungstheoretisch herleitete und begründete. So schrieb etwa Hermann Rudolph, die Bewertung als Befreiung sei dem 8. Mai selbst abzugewinnen, sondern „das Resultat des langen Weges, den die Deutschen seit diesem 8. Mai 1945 zurückgelegt" hätten, „in ihrem Handeln wie in ihrem Denken, im Verhältnis zu den anderen wie zu sich selbst." Insbesondere „dieser Ertrag der Nachkriegszeit" werde verspielt, „wenn diese Paradoxie preisgegeben" werde. Das geschehe, wenn „deutsche Schuld und deutsches Leid gegeneinander aufgerechnet werden, aber auch, wo die gegenseitige Bedingtheit von Befreiung und Niederlage aufgelöst" würden. Dass sich viele mit diesem Tag schwer täten, könne kein Grund sein, „es sich mit ihm zu leicht zu machen."[122]

An anderer Stelle bilanzierte Rudolph den 8. Mai in ähnlicher Weise: Der deutsche Umgang mit diesem Gedenktag zeige, wie wenig es sich von selbst verstehe, ihn als Tag der Befreiung zu begehen, „und wieviel Umdenken, Erkenntniszuwachs, ja auch gelungene Geschichte in diesen Entschluß eingegangen" sei. Es sei ohne Frage „ein Fortschritt im Bewußtsein von Freiheit, Demokratie und Zivilität, der da zu begehen ist." Die Botschaft

---

121 LIMBACH 1995, S. 86.
122 Hermann Rudolph: Tag des Untergangs, Tag des Neuanfangs, Tag der Widersprüche, in: Der Tagesspiegel vom 21.4.95.

dieses Jahrestages könne jedoch nicht lauten, dass „wir es nun endlich erreicht hätten, diesem Tag gerecht zu werden. Ihm ist in diesem selbstgerechten, mehr noch: ihm ist in keinem selbstgerechten Sinne gerecht zu werden."[123] Rudolph nimmt mit dieser Einschätzung eine zutreffende Bilanzierung des Rezeptionsprozesses zwischen 1945 und 1995 vor: Die zunehmende Bereitschaft, im 8. Mai den Tag der Befreiung zum politisch Besseren zu sehen, korrespondierte, wenn auch nicht-linear, mit der Anerkennung und Verankerung der bundesdeutschen Nachkriegsdemokratie. Diese wiederum wurde nicht zuletzt – ein Aspekt, den Rudolph nicht benennt – durch die Übernahme von Schuld und Verantwortung normativ gefestigt.

Die prozesshafte Lesart integriert außerdem die unterschiedlichen biographischen Erinnerungen, ohne die Zeitgenossen 50 Jahre danach aus der demokratischen Erinnerungsverantwortung zu entlassen. In diesem Verständnis schrieb etwa Dieter Schröder im Mai 1995 in der „Süddeutschen Zeitung", jeder habe „ein Recht auf seine eigene Erinnerung." Niemandem sei ein Vorwurf zu machen, wenn er „aus seiner eigenen Lage heraus – auf der Flucht, in der Gefangenschaft – den 8. Mai 1945 als Niederlage erlebte und in der Erinnerung" behalte. Er müsse „sich aber Fragen gefallen lassen, wenn er auch heute noch nicht erkennen würde, daß sich für die Deutschen nur mit der Niederlage die Chance eröffnete, ein neues Deutschland aufzubauen, von den Irrtümern der Vergangenheit Abschied zu nehmen und sich in die politische Kultur westlicher Zivilisationen zu integrieren." Die Befreiung, so Schröder, sei ein Prozess gewesen, „und sie ist noch ein Prozeß."[124]

Das Verständnis der Befreiung als ein „lang andauernder und vielschichtiger Prozeß",[125] als „kollektiver Lernprozeß",[126] stellte eine der demokratietheoretisch relevantesten Leitmelodien des 50. Jahrestages dar. In den Worten Heribert Prantls ist Befreiung „kein Zustand, sondern ein langer Weg, der Weg in die Demokratie."[127] An prominenter Stelle, am 7. Mai 1995 in der Frankfurter Paulskirche, brachte auch Jürgen Habermas dieses prozesshafte Befreiungsverständnis prononciert zum Ausdruck. Habermas hatte

---

123 Hermann Rudolph: Der Lange Weg zum Tag der Befreiung, in: Der Tagesspiegel vom 7.5.95.
124 Dieter Schröder: Im Schatten Hitlers, in: Süddeutsche Zeitung vom 6.5.95. Zum Verhältnis von Primärerfahrungen und retrospektiven Lernprozessen vgl. auch Reinhart Koselleck: Glühende Lava, zur Erinnerung geronnen, in: Frankfurter Allgemeine Zeitung vom 9.5.95.
125 Günter Morsch in: BRANDENBURG 1996, S. 159. Ähnlich auch Ralph Giordano in: SARKOWICZ 1995, S. 131.
126 So z.B. Norbert Seitz: Bemühter Umgang. 50 Jahre 8. Mai – eine deutsche Pathologie, in: Süddeutsche Zeitung vom 15./16./17.4.95 und Klaus Naumann: Die Sehnsucht des Mitläufers nach dem Schlußstrich, in: Die Zeit vom 3.2.95.
127 Heribert Prantl: Gegen das Vergessen, in: Süddeutsche Zeitung vom 11.4.95. Ähnlich auch Heribert Prantl: Immer nicht befreit, in: Süddeutsche Zeitung vom 22./23.4.95.

sich in der ersten Hälfte der 1990er Jahre in mehreren Veröffentlichungen auf das Jahr 1945 bezogen, das er verschiedentlich als eine identitätsprägende Zäsurerfahrung seiner Generation charakterisierte. So bezeichnete er es als ein „augenöffnendes Datum", als Herausforderung „zu einer skrupulösen Überprüfung" gescheiterter Traditionen.[128] Viele Daten der jüngeren deutschen Geschichte, nicht nur das Jahr 1945, so Habermas an anderer Stelle, „hatten eine solche dementierende Kraft."[129]

Seine Rede zum 50. Jahrestag des 8. Mai in der Frankfurter Paulskirche stellte Habermas unter den Titel „1989 im Schatten von 1945. Zur Normalität einer künftigen Berliner Republik".[130] Damit ist der programmatische Schwerpunkt zusammengefasst: Habermas geht es darum, die Auswirkungen des Jahres 1989 auf die Rezeption des Jahres 1945 und damit auf die Entwicklung des deutschen Selbstverständnisses zu untersuchen. Zu Beginn betont er, es sei keineswegs selbstverständlich, dass eine Nation „den Tag, an dem sie nach fast sechsjährigem Eroberungskrieg vor der Übermacht der gegnerischen Streitkräfte bedingungslos kapitulieren mußte, als Tag der Befreiung" feiere. Diese Interpretation spiegele „eine retrospektive Erkenntnis, aber keine zeitgenössische Erfahrung." Im „politischen Sinne" sei der 8. Mai unmittelbar nicht als Befreiung erfahren worden. Dennoch werde dieses Tages 50 Jahre danach „entgegen der überwiegenden Erfahrung der Zeitgenossen" in zahlreichen öffentlichen Veranstaltungen „auch mit einem Element von Genugtuung über die Wende zum politisch Besseren" gefeiert.

Freilich dürfe dabei, so Habermas, nie der historische Abstand ignoriert werden; „sonst geraten wir in Versuchung, unsere Interpretation auf ein von den Nazis unterdrücktes Volk, auf die eigene Jugend oder die der Eltern und Großeltern zurückzuprojizieren." Ebenso wenig dürfe „dem Text der Befreiung vom Faschismus" ein rechtfertigender „Subtext eines Weltbürgerkriegs" zugeordnet werden, „wonach wir immer schon ‚auf der richtigen Seite' gestanden hätten." Diese Linie habe vor zehn Jahren zu Bitburg geführt. „Die Bürger der Bundesrepublik", so eine der zentralen Passagen in Habermas' Rede, die den Prozesscharakter seines Befreiungsverständnisses prononciert, könnten den 8. Mai als „Tag der Befreiung" nur dann „aufrichtig zum Ausgangspunkt einer politischen Selbstverständigung machen, wenn wir uns dieser retrospektiven Deutung zugleich als des Ergebnisses eines Jahrzehnte währenden Lernprozesses vergewissern."

---

128 HABERMAS 1995 a, S. 15f.
129 HABERMAS 1994, S. 49. Vgl. auch: HABERMAS 1995c, bes. S. 107f.; HABERMAS 1995b, bes. S. 95f. und HABERMAS 1995d, bes. S. 119f.
130 Vgl. zum folgenden: HABERMAS 1995e (Hervorhebungen im Original).

Anschließend analysiert Habermas den Verlauf des nach 1945 notwendigen Mentalitätswandels der Deutschen. Diese Überlegungen fasst er in der These zusammen, dass „sich die Bundesrepublik erst in dem Maße politisch zivilisiert hat, wie sich unsere Wahrnehmungssperren gegen einen bis dahin undenkbar gewesenen Zivilisationsbruch gelockert" hätten. Die Deutschen hätten lernen müssen, sich mit „einer traumatischen Vergangenheit öffentlich zu konfrontieren." Bis 1989 habe es gute Gründe gegeben, „1945 zwar nicht als Nullpunkt, aber als eine Zäsur in der jüngeren deutschen Geschichte zu betrachten." Seit 1989 stelle sich jedoch „die Frage, *wie* tief dieser Einschnitt tatsächlich reicht." Die „Wendezeit um 1945" habe einen handlungsorientierenden „Angelpunkt" des Selbstverständnisses der Deutschen gebildet. Habermas' rhetorische Frage lautet: „Soll damit nun Schluß sein? Müssen wir unser Verständnis der Zäsur von 1945 im Lichte der Ereignisse von 1989/90 revidieren?"

In längeren Passagen analysiert Habermas im Folgenden die von ihm konstatierten „zwei revisionistischen Lesarten", die „eine *andere* Interpunktion der Zeitgeschichte" vornähmen, und die den gemeinsamen Kern hätten, dass die Zäsur von 1989/90 „die scheinbare Zäsur von 1945 eingeebnet und den Zivilisationsbruch wohltuend relativiert hat." Auf diese beiden Lesarten (die des „Weltbürgerkrieges" zwischen 1914 und 1989/90 und die der „Normalität des Nationalen") ist zu Beginn dieses Kapitels bereits eingegangen worden. Anschließend behandelt Habermas ein Konglomerat unterschiedlicher Themenfelder, die er in einem Zusammenhang mit der aktuellen Rezeption des 8. Mai sieht: So setzt er sich etwa „mit dem nur halb verstandenen Ausdruck ‚political correctness'" auseinander, wendet sich politischen Fragen nach der Aushöhlung nationalstaatlicher Souveränität zu, er thematisiert die Zukunft der Europäischen Union, der Vereinten Nationen und des globalisierten Welthandels. Wer auf diese Entwicklungen „mit dem Appell an die ‚Selbstbewußte Nation' oder mit dem Rückruf zur ‚Normalität' der wiederhergestellten nationalstaatlichen Existenz" antworte, treibe „den Teufel mit dem Beelzebub aus." Habermas beschließt seine Rede mit Reflexionen über normative Implikationen des Blicks in die Vergangenheit: Zur „Lehrmeisterin" tauge die Geschichte „nur als kritische Instanz. Sie sagt uns im besten Fall, wie wir es *nicht* machen sollen. Es sind Erfahrungen negativer Art, aus denen wir lernen." Deshalb werde „1989 nur so lange ein glückliches Datum bleiben, wie wir 1945 als das eigentlich lehrreiche respektieren."

Insgesamt ist diese Rede von Jürgen Habermas in ihren zentralen Passagen eine der reflektiertesten, die aus Anlass des 8. Mai gehalten worden sind. Sie enthält in weiten Teilen hochkomplexe Interpretationen, bei denen es Habermas um die Frage geht, welche politische Bedeutung die Zäsur von 1945 für das deutsche Selbstverständnis auch in Zukunft haben sollte. Er hielt keine integrierende Rede, sondern entscheidet sich eindeutig für eine bestimmte Lesart der Bedeutung des Jahres 1945 und greift diejenigen, die einen undialektischen Sprung zur „Normalität des Nationalen" anstrebten, scharf an. Die Rede eines politischen Intellektuellen, darin erscheint Habermas' Rede zum 8. Mai exemplarisch, unterscheidet sich grundsätzlich von den stets um Integration verschiedener Standpunkte bemühten Ansprachen staatlich-offizieller Repräsentanten. Zugleich liegen in dieser Ausrichtung auch die Defizite, die Ausblendungen und die in weiten Passagen inadäquaten Schwerpunktsetzungen dieser Rede. Zum 50. Jahrestag des 8. Mai 1945 z. B. auf die ökonomische Standortdebatte einzugehen, bedeutet, sich sehr weit vom Anlass der Rede zu entfernen. Die Ambivalenzen des 8. Mai 1945 reflektiert Habermas nicht sehr differenziert, auf die verbrecherische Vorgeschichte dieses Tages geht er nicht ein, an die Opfer des Nationalsozialismus erinnert er mit keinem Wort. Die Befreiungslesart zu akzentuieren, ohne an die Opfer und daraus resultierende Schuldfragen zu erinnern, nimmt dieser Lesart eine wichtige normativ-demokratische Bedeutungsebene. Auch diese Rede zeigt auf ihre Weise die Verschiedenartigkeit der Herangehensweisen an den 8. Mai. Diese Vielfalt ist ein entscheidendes Kennzeichen der demokratisch-pluralistischen Ausdifferenzierung dieses Gedenktages im Jahre 1995.

9.3 Die Neuausrichtung der Gedenkintentionen

Habermas' Bilanzierung, nach der sich die Bundesrepublik in dem Maße politisch zivilisiert habe, in dem sich die Wahrnehmungssperren gegen den Zivilisationsbruch Auschwitz gelockert hätten, formuliert in knappen Worten den Entwicklungsprozess von den 1950er zu den 1990er Jahren. Blicken wir jedoch vor einem zu optimistischen Fazit empirisch auf die zentralen staatlichen Gedenkfeiern des Jahres 1995. Zum 50. Jahrestag des 8. Mai kam es zu einem Unikum in der Geschichte der Bundesrepublik: Es fanden gleich zwei gesamtstaatlich-offizielle Gedenkfeiern statt – die eine am 28. April 1995 im Deutschen Bundestag in Bonn, die andere am 8. Mai 1995 als Staatsakt im Berliner Konzerthaus. Um diese Besonderheit erklären und um die inhaltliche und symbolische Ausrichtung des Staatsaktes einordnen zu können, ist ein Blick auf die Gedenkplanungen des Jahres 1995 notwendig. In ihnen wurden die Hauptmotivationen der Bundesregierung deutlich, sie können als ein eigener, integrativer Bestandteil des staatlichen Gedenkens betrachtet werden.

Zu den Planungen der Bundesregierung äußerte sich Bundeskanzler Kohl ausführlich in der bereits skizzierten Bundestagsdebatte am 30. März 1995. In den ersten Gesprächen der höchsten Verfassungsorgane seien sich alle Beteiligten einig gewesen, so der Kanzler, dass „wir versuchen wollten, diesen Tag unter uns zu begehen." Es sei geplant gewesen, dass der Bundespräsident wie schon zehn Jahre zuvor die Hauptrede halten sollte, eingerahmt von Ansprachen der Bundestagspräsidentin und des Bundesratspräsidenten. Dann aber habe der französische Präsident François Mitterand den Wunsch geäußert, an diesem Tag in Deutschland eine Rede halten zu wollen. Angesichts dessen habe es nahe gelegen, alle „Vier Mächte", die „für das, was dann zur deutschen Einheit führte, ganz entscheidend waren", zum 50. Jahrestag einzuladen. Dieses Konzept, so der Kanzler, entspreche „der Würde unseres Landes" und „den Beziehungen zu unseren Freunden und Partnern". Ein Konzept, das „– was mir vor allem wichtig ist – nicht rückwärtsgerichtet ist, sondern Perspektiven für die Zukunft aufweist."[131]

Die ursprünglichen Planungen, eine Gedenkfeier ähnlich der des Jahres 1985 durchzuführen, wurden also zugunsten einer an den „Vier Mächten" orientierten Gedenkfeier aufgegeben. Orientierungspunkt war „das, was dann zur deutschen Einheit führte", nicht der 8. Mai und seine Vorgeschichte. Mit dieser für einen Jahrestag des 8. Mai neuen personellen und repräsentativen Ausrichtung, die nicht nur eine Hommage an den todkranken französischen Staatspräsidenten war, schuf sich der Kanzler ein Problem: Denn nun ging es um die Frage, ob zu einem solchen Staatsakt nicht auch weitere Vertreter derjenigen Staaten eingeladen werden müssten, die zu den Opfernationen des Nationalsozialismus zu zählen sind. Vorrangig ging es um die Frage, wie mit dem Anliegen des polnischen Staatspräsidenten Walesa umzugehen sei, an dem Staatsakt teilzunehmen. Dieser Wunsch wurde mit dem Hinweis abgelehnt, der Kreis der Eingeladenen und der Redner dürfe nicht zu groß werden. Ende März 1995 war außerdem noch nicht entschieden, ob der Bundeskanzler an den Gedenkfeiern am 9. Mai in Moskau teilnehmen werde. Die „Frankfurter Allgemeine Zeitung" meldete, Kohl wolle erst das dortige Programm prüfen. Er wolle nicht an einer militärisch geprägten Gedenkfeier teilnehmen. Vielmehr solle der Staatsakt in Moskau über das Gedenken zum Kriegsende hinaus die künftige Zusammenarbeit in Europa fördern.[132]

Die Gedenkintentionen der Bundesregierung waren eindeutig: Im März 1995 kommentierte Christoph von Marschall im „Tagesspiegel", es gehe um die „feierliche Beschwörung des Abschlusses einer Epoche." Beim runden

---

131 Deutscher Bundestag, 13. Wahlperiode, 31. Sitzung, 30. März 1995, S. 2366f.
132 Vgl. Frankfurter Allgemeine Zeitung vom 23.3.95.

Jubiläum im Mai 1995 solle der Blick in die Zukunft gerichtet werden. Als primäres Ziel der Bundesregierung beschreibt von Marschall die Aufhebung der Trennung zwischen Siegern und Besiegten: „Aus vier Kontrollmächten und dem besetzten Land sind die Großen Fünf geworden." Die Bundesregierung erwarte 50 Jahre nach 1945 bereits wieder so viel Rücksichtnahme, dass sie Bedingungen stelle: „An einer Parade, die den militärischen Sieg herausstellt, möchte der Kanzler nicht teilnehmen. Von dem Tag müsse eine der Zukunft zugewandte Geste ausgehen."[133]

Deutlich wurde ein neues Selbstbewusstsein der Bundesregierung, eine fordernd auftretende Neuausrichtung des Gedenkens an den 8. Mai 1945. Diese Politik, selbst ein Teil des offiziellen Gedenkens, wurde heftig angegriffen. So kritisierte etwa Helmut Schmidt, Kohl habe „einen peinlichen Hang zu photowirksamen Versöhnungsgesten – von Bitburg bis Verdun und von der Normandie (wohin er gerne wollte, aber nicht eingeladen wurde) bis zu den Feiern zum 8. Mai an mehreren Orten Europas." In diese für ihn peinliche Neigung ordnet Schmidt die Nichteinladung Polens ein.[134] Sachsen-Anhalts Ministerpräsident Reinhard Höppner warf dem Kanzler vor, „mit seiner Einladungspolitik" den Eindruck zu erwecken, als stünde Deutschland auf der Seite der Siegermächte.[135] Diese treffende Beobachtung überspitzte Gunter Hofmann mit der Feststellung, wenn es „mit der Osmose zwischen Befreiern und Befreiten" so weiter gehe, werde der 8. Mai „am Ende als ein Akt der schieren Selbstbefreiung erscheinen."[136] Thomas Schmid stellte in der „Wochenpost" eine Parallele zur DDR her: Die Bundesrepublik solle sich am 8. Mai nicht mit den Siegermächten schmücken, „sich nicht – wie einst die unselige DDR – auf die Seite der Sieger" stellen, sondern „unter sich bleiben" und „deutscher Schuld wie der Befreiung" gedenken.[137]

Trotz der zum Teil scharfen Kritik blieb es bei der Weigerung, den polnischen Staatspräsidenten zu den Feierlichkeiten am 8. Mai nach Berlin einzuladen. Als politisch-diplomatische Kompensation wurde jedoch Außen-

---

133 Christoph von Marschall: Ein Platz an der Seite der vier Siegermächte, in: Der Tagesspiegel vom 23.3.95.
134 Helmut Schmidt: Falsche Symbole, in: Die Zeit vom 31.3.95. Zum 60. Jahrestag der Landung in der Normandie wurde im Jahr 2004 allerdings bekannt, dass Bundeskanzler Helmut Kohl am 50. Jahrestag des 6. Juni 1944 nicht, wie bis dahin angenommen, vergeblich auf eine Einladung zu den Feierlichkeiten gewartet hatte. Vielmehr hatte Kohl eine entsprechende Einladung des französischen Präsidenten Mitterand dezent abgelehnt (vgl. z. B. Die Welt vom 7.6.04). Zum 50. Jahrestag der Landung der Alliierten in der Normandie vgl. z.B. Timothy Garton Ash: Väter und Söhne. Fünfzig Jahre nach D-Day, in: Frankfurter Allgemeine Zeitung vom 6.6.94. Dieses Ereignis wird auf Französisch als „libération", auf Deutsch jedoch als „Invasion" bezeichnet.
135 Vgl. Süddeutsche Zeitung vom 18.4.95.
136 Gunter Hofmann: Endlich bei den Siegern sein, in: Die Zeit vom 31.3.95.
137 Thomas Schmid: Befreiung von alten Weltbildern, in: Wochenpost vom 6.4.95.

minister Wladyslaw Bartoszewski als Hauptredner zu einer eigens im Deutschen Bundestag festgesetzten Gedenkfeier eingeladen. In der „Frankfurter Rundschau" kommentierte Edith Heller, das Gedenken zum 50. Jahrestag drohe zu „einer Farce" zu werden: „Wer feiert wann und wo mit wem?" Dass der polnische Außenminister Bartoszewski in Bonn „zum Bittsteller" geworden sei, zeige „besser als alles andere, wer heute zu den Siegern und wer zu den Verlierern zählt."[138] Die Gedenkstunde zum 50. Jahrestag des 8. Mai im Deutschen Bundestag fand am 28. April 1995 statt. Über 100 Plätze von Abgeordneten der CDU/CSU-Fraktion blieben unbesetzt, auf der Regierungsbank fehlte Carl-Dieter Spranger, ein Mitunterzeichner der umstrittenen Anzeige zum 8. Mai.[139]

Vor dem polnischen Außenminister hielt die Bundestagspräsidentin eine kurze Ansprache. Rita Süssmuth betonte dabei unter anderem die Notwendigkeit der Unterscheidung zwischen dem subjektiven Erleben von Kriegsende und Kriegsfolgen und dem, was der 8. Mai 1945 in ihren Worten „objektiv" bedeute. Millionen seien von „einer mörderischen Diktatur befreit" worden; ohne diese „Befreiung von außen, verbunden mit der totalen Kapitulation, hätte es den Neuanfang nicht gegeben, der den Menschen in der früheren DDR noch Jahrzehnte versagt wurde." Wie in vielen ihrer zahlreichen Gedenkreden betont die Bundestagspräsidentin auch zum 50. Jahrestag des 8. Mai deutlicher als andere führende Staatsrepräsentanten explizit, dass „Erinnern nicht Schwäche bedeutet, sondern daß aus Erinnern vielmehr Stärke erwächst für ein politisch verantwortliches Handeln."[140] Ebenso wie andere Gedenkreden dieses Jahres nimmt sie außerdem Bezug auf die Weizsäcker-Rede des Jahres 1985. Der 8. Mai 1945 sei nicht zu trennen vom 30. Januar 1933 – hinter diese Position, so Rita Süssmuth, dürfe spätestens seit dieser Rede „kein Deutscher mehr zurückfallen."[141]

Auch Wladyslaw Bartoszewski erinnerte zu Beginn seiner Ansprache zitierend an die Rede von Weizsäckers. Dieser „heute schon klassische Text" gehöre „zu den Leistungen des politischen und moralischen deutschen und europäischen Denkens." Er wolle den Deutschen, so der polnische Außenminister, keine Antwort auf die Frage empfehlen, „ob dies für sie ein Tag der Befreiung oder der Niederlage, ein Tag der Freude oder der Trauer

---

138 Edith Heller: Gedenkfeier – nur für Sieger?, in: Frankfurter Rundschau vom 22.3.95.
139 Vgl. Thomas Wittke: „Ein großer Tag für Bonn und Warschau", in: Bonner General-Anzeiger vom 29.4.95.
140 Im Kontext des 50. Jahrestages des 8. Mai 1995 stellte Rita Süssmuth z.B. in der „Zeit" fest, Erinnerung belaste „nicht nur, sie befreit zugleich." Sich der Wahrheit zu stellen mindere „nicht das Selbstwertgefühl, sondern gibt Stärke für ein geläutertes Selbstbewußtsein." (Vgl. Rita Süssmuth: Vergessen heißt Flucht, in: Die Zeit vom 28.4.95.) Diesen Gedanken variierte die Bundestagspräsidentin in vielen ihrer Reden.
141 SÜSSMUTH 1995b, S. 294f.

gewesen" sei. Den Streit in Deutschland mit diesen Worten immerhin als relevant ansprechend, greift Bartoszewski zu einer versöhnlichen, aber deutlich Stellung beziehenden Wendung: „Voll verständlich ist ihr Schmerzgefühl wegen des Verlustes von Angehörigen, jedoch schwer zu akzeptieren wäre ein Schmerzgefühl wegen des verlorenen Krieges". Er persönlich fühle sich „auch nach Ablauf eines halben Jahrhunderts" verbunden „mit den Opfern von Aggression und Gewalt, mit den Opfern von Unterdrückung und Verbrechen." Er könne „nicht in einem Atemzug Opfer und Täter nennen oder auch jene, die das Böse passiv akzeptiert haben. Ich denke, daß eine solche Unterscheidung im Interesse von uns allen liegt".[142]

Nach dem polnischen Außenminister beschloss Bundesratspräsident Johannes Rau die Gedenkstunde im Deutschen Bundestag. Rau stellte unter anderem fest, die „schrecklichen Folgen" des Krieges seien in den vergangenen 50 Jahren nicht verschwiegen worden. Viele hätten aber „lange Zeit gebraucht, bis sich bei ihnen auch die Einsicht durchsetzte, daß ein Ende des Zweiten Weltkrieges ohne Befreiung von Hitler oder gar mit seinem Sieg das Schrecklichste überhaupt gewesen wäre, und zwar auch und gerade für die Deutschen." Rau, der an anderer Stelle in seiner Rede den 8. Mai 1945 als „selbstverschuldete Katastrophe" bezeichnet, stellt fest, die Mehrheit der Deutschen bewerte diesen Tag heute „als Tag der Befreiung und der Scham und nicht als Tag des Zusammenbruchs und der Schande". Diese Einsicht sei „gewachsen aus der ehrlichen Auseinandersetzung mit der Vergangenheit, aus dem Wissen um das, was geschehen ist, und aus der Bereitschaft, auszuhalten und anzunehmen, daß es so und nicht anders gewesen ist".[143] Der Bundesratspräsident schloss sich somit explizit der prozesshaften Befreiungslesart an, die er in Schamkategorien formuliert. Erst aus der „ehrlichen Auseinandersetzung mit der Vergangenheit" sei die Einsicht erwachsen, den 8. Mai als einen Tag der Befreiung zu deuten.

Zwei Tage vor dem eigentlichen 50. Jahrestag, an dem er selber nicht sprach, gab auch der Bundeskanzler eine Erklärung ab, in der er erneut auf eines der Leitmotive des Gedenkjahres 1995 einging: Wie lassen sich unterschiedliche Erfahrungen des 8. Mai im Gedenken an diese Epochenwende verbinden? In diesen Tagen, so Helmut Kohl, würden „vielfältige Erinnerungen" wach, für die es „keinen gemeinsamen Nenner" gebe. „Wir sollten sie daher als existenzielle Erfahrung des jeweils anderen respektieren und sie nicht zerreden." In der „Achtung vor jedem einzelnen Schicksal" komme „die Überzeugung von der allen Menschen gemeinsamen unantastbaren Würde" zum Ausdruck. Anschließend spricht Kohl mit der „Hölle der

---

142 BARTOSZEWSKI 1995, S. 295 bzw. S. 301.
143 RAU 1995, S. 302f.

Konzentrationslager", dem „Leiden und Sterben auf den Schlachtfeldern des Krieges" und der „Trauer von Vertriebenen und Flüchtlingen" einige der unterschiedlichen Erfahrungen des Jahres 1945 an. Zwar betont er, es gebe keinen „gemeinsamen Nenner" für die Primärerfahrungen, auf eine retrospektive Bewertung des 8. Mai verzichtet Kohl in dieser Erklärung jedoch nicht: Es könne keinen Zweifel daran geben, dass „die Befreiung von der Hitler-Barbarei notwendig war, um in Deutschland einen freiheitlichen Rechtsstaat und in Europa Frieden und Versöhnung zwischen den Völkern zu ermöglichen." Wahr sei aber auch, dass „in Teilen Deutschlands und Europas die Hoffnung auf neues Recht und neue Freiheit sehr schnell bitter enttäuscht wurden. Unser Vaterland und unser Kontinent wurden geteilt."[144]

Am 9. Mai 1995 nahm der Bundeskanzler an den Feierlichkeiten in Moskau teil, bei denen er in einer kurzen Ansprache andere Schwerpunkte setzte. Im Großen Saal des Kreml-Palastes betonte Kohl „die historische Verantwortung" der Deutschen: Das „nationalsozialistische Regime in Deutschland hat den Zweiten Weltkrieg entfesselt. Es hat den Vernichtungsfeldzug – zuerst gegen Polen – und dann den Völkermord an den europäischen Juden geplant und begangen." Er verneige sich als Bundeskanzler „hier in dieser Stunde vor den Toten und ich trauere mit den Müttern, mit den Witwen und den Waisen. Wir gedenken der Soldaten aus so vielen Völkern, die gefallen sind oder in Kriegsgefangenschaft ums Leben kamen." Zugleich erinnere er an „die Millionen von Vertriebenen und Flüchtlingen, auch in meinem eigenem Land." 50 Jahre „nach der Befreiung der Welt – auch Deutschlands – von dem nationalsozialistischen Regime" sei Europa noch nicht frei von Unfrieden und Unterdrückung. An diesem Tag dürfe außerdem nicht verschwiegen werden, dass „das Ende des Zweiten Weltkrieges nicht allen Menschen in Europa – auch nicht in Deutschland – Freiheit und die Herrschaft des Rechts verhieß."[145]

Der repräsentative Höhepunkt des 50. Jahrestages war die Gedenkveranstaltung im Konzerthaus Berlin am 8. Mai 1995, auf der Bundespräsident Herzog die zentrale Gedenkrede für die Bundesrepublik hielt. Aus der ursprünglich angedachten, eher leisen Gedenkfeier der Verfassungsorgane war inzwischen ein vom Bundespräsidenten angeordneter Staatsakt mit den

---

144 KOHL 1995a, S. 48f. bzw. S. 51.
145 KOHL 1995b, S. 55f. Vgl. als weitere Reden von Helmut Kohl aus dem Jahr 1995, in denen er sich auf den 8. Mai bezieht: KOHL 1995c; KOHL 1995d; Helmut Kohl: Für Freiheit und Selbstbestimmung. Rede vor Sejm und Senat der Republik Polen in Warschau am 6. Juli 1995, in: Das Parlament vom 5./12.1.96.

Vertretern der vier Siegermächte geworden.[146] Der Berliner Staatsakt stand voll und ganz im Zeichen einer Neuausrichtung des Gedenkens an den 8. Mai, in der die unterschiedlichen historischen Bedeutungen dieses Datums für die beteiligten Länder aufgehoben wurden. So erklärte z.B. der russische Ministerpräsident Viktor Tschernomyrdin, der Abzug der russischen Truppen aus Deutschland habe „den Schlußstrich unter das Vergangene gezogen." Jetzt, „da wir aufgehört haben, uns in Sieger und Besiegte zu unterteilen", würden sich „qualitativ neue Perspektiven des russisch-deutschen Zusammenwirkens" eröffnen.[147] Der britische Ministerpräsident John Major mahnte in seiner Rede zwar, die Vergangenheit dürfe nicht vergessen werden, ähnlich wie der deutsche Bundespräsident in seiner später folgenden Rede erklärt er aber explizit, er wolle an diesem Abend in Berlin „nicht an die Vergangenheit, sondern an die Zukunft denken."[148] Der Vizepräsident der USA, Al Gore, erinnerte zwar an „die Schrecken des Holocaust", die „jegliches menschliches Vorstellungsvermögen" überstiegen, anschließend nimmt er aber eine egalisierende Perspektive ein: „Jetzt, ein halbes Jahrhundert später, können wir sagen, daß der V-E Day (Victory in Europe) nicht nur den Sieg in Europa bedeutet, sondern den Sieg für Europa."[149]

Die neben der von Roman Herzog bemerkenswerteste Rede auf dem Berliner Staatsakt hielt der französische Präsident Francois Mitterand. Von einer nostalgisch-pathetischen Grundstimmung getragen, akzentuierte er die gesamteuropäische „Versöhnungs"-Intention dieses Staatsaktes besonders deutlich. Der 8. Mai, so Mitterand, sei „der Sieg der Freiheit über die Unterdrückung", vor allem aber – „und das ist die einzige Botschaft, die ich hinterlassen möchte – ein Sieg Europas über sich selbst." Damit integriert der französische Präsident Deutschland in die Reihe der Siegermächte des Zweiten Weltkrieges. Explizit möchte er „heute Zeugnis ablegen ohne zu urteilen. Sieg? Niederlage? Sieg für wen? Niederlage für wen?" Die Europäer, so Mitterand, seien Brüder, sie waren „auch wenn sie Feinde waren, in erster Linie doch Brüder". Er sei „nicht gekommen, um die Niederlage herauszustellen", weil er schon 1945 die „Stärken" des deutschen Volkes gekannt habe, die „Tugenden" und den „Mut". Mitterand geht noch weiter als die anderen anwesenden Staatsrepräsentanten, indem er in die gesamteuropäi-

---

146 Staatsakte finden nur selten und dann zumeist aus Anlass des Todes staatlicher Repräsentanten statt. Positiv veranlasst hatte es sie laut Helmut Dubiel bis 1995 überhaupt nur viermal gegeben: Anlässlich verschiedener Grundgesetzjubiläen sowie am 3. Oktober 1990. In dieser Reihe stellte der 50. Jahrestag des 8. Mai eine Besonderheit dar. Außerdem kamen zum ersten Mal in der Geschichte der Staatsakte nicht-deutsche politische Repräsentanten zu Wort (vgl. DUBIEL 1999, S. 267f.).
147 TSCHERNOMYRDIN 1995, S. 27.
148 MAJOR 1995, S. 33.
149 GORE 1995, S. 40f.

sche Versöhnungsperspektive explizit die Soldaten der Wehrmacht integriert: „Sie waren mutig. Sie nahmen den Verlust ihres Lebens hin. Für eine schlechte Sache, aber ihre Taten hatten damit nichts zu tun. Sie liebten ihr Vaterland."[150]

Während Mitterands Rede in Frankreich zum Teil scharf kritisiert wurde,[151] war die Resonanz in Deutschland überwiegend dankbar-positiv. So hätte etwa der Kommentator des „Münchner Merkurs" einiges von dem, was Mitterand gesagt habe, „so auch gerne von deutschen Politikern" gehört.[152] In der „Neuen Osnabrücker Zeitung" wurde Mitterands Ansprache als eine „große Rede" eingestuft. Hier habe „nicht der Staatschef einer Siegermacht, sondern der Freund und Europäer" gesprochen. Auch „die anderen ausländischen Redner" hätten sich „mehr mit der Zukunft als mit dem eigentlichen Anlaß" des Staatsaktes beschäftigt, stellt der Kommentator zufrieden fest. Nichts könne „das Ende der Nachkriegsära besser dokumentieren", es gebe „in Europa keine Staaten erster und zweiter Klasse mehr."[153]

9.4 Die Rede Roman Herzogs

Damit war die erinnerungspolitische Bühne für die Rede des Bundespräsidenten bereitet. Roman Herzog hatte im Vorfeld des 50. Jahrestages mehrere Reden gehalten, die er – zusammen mit der Ansprache am 8. Mai 1995 selbst – explizit in einem inneren Zusammenhang betrachtet wissen wollte.[154] So wandte sich Herzog in einer Ansprache zum 50. Jahrestag der Zerstörung Dresdens gegen alle Versuche der Aufrechnung von historischer Schuld: „Man kann Geschichte nicht überwinden, man kann weder Ruhe noch Versöhnung finden, wenn man sich nicht der ganzen Geschichte stellt." Menschliches Leid könne nicht „saldiert werden", es müsse „gemeinsam überwunden werden, durch Mitleid, Besinnung und Lernen." Deshalb würden die Deutschen nicht versuchen, „eigene Lasten durch Vergleiche mit anderen zu verkleinern."[155]

Anlässlich des 50. Jahrestages der Befreiung des Konzentrationslagers Bergen-Belsen fokussierte Herzog am 27. April 1995 auf die Perspektive der

---

150 MITTERAND 1995, S. 49f. bzw. S. 53.
151 Vgl. z.B. Frankfurter Allgemeine Zeitung vom 11.5.95.
152 Werner Giers: Es ist alles gesagt, in: Münchner Merkur vom 9.5.95.
153 Jürgen Wermser: Unter Freunden, in: Neue Osnabrücker Zeitung vom 9.5.95. Ähnlich auch: Nm. (Günther Nonnenmacher): Mitterand in Berlin, in: Frankfurter Allgemeine Zeitung vom 10.5.95.
154 Die Neue Zürcher Zeitung vom 25.2.95 sprach in diesem Zusammenhang von „Präsident Herzogs deutschem Gedenkmarathon".
155 HERZOG 1995a, S. 7f.

Täter und die Zukunft der Erinnerung. Wer zulasse, dass „anderen die Freiheit geraubt wird, verliert am Ende die eigene Freiheit." Wer zulasse, dass „anderen die Würde genommen wird, der verliert am Ende die eigene Würde." Der Bundespräsident spricht nicht in erster Linie von Schuld, sondern von „Versagen", das „vor allem im Wegschauen" bestanden habe. Herzog erklärt außerdem, er sei „nicht sicher, ob wir die rechten Formen der Erinnerns für die Zukunft schon gefunden haben." Der Ablauf von 50 Jahren könne nicht das Ende des Erinnerns bedeuten. „Was wir jetzt brauchen", so der Bundespräsident in Bergen-Belsen, „ist eine Form des Gedenkens, die zuverlässig in die Zukunft wirkt." Vor allem gehe es darum, eine „dauerhafte Form", eine „lebendige Form der Erinnerung" zu finden. Sie müsse „Trauer über Leid und Verlust zum Ausdruck bringen, aber sie muß auch zur steten Wachsamkeit, zum Kampf gegen Wiederholungen ermutigen, sie muß Gefahren für die Zukunft bannen."[156]

Unter anderem an diesen eigenen Ansprüchen musste Herzog sich in seiner Rede zum 50. Jahrestag des 8. Mai messen lassen. Dass er ebenfalls an der 8. Mai-Rede seines Amtsvorgängers gemessen werden würde, war dem Bundespräsidenten bewusst. Bei einem Empfang für Richard von Weizsäcker gab Herzog Ende April 1995 zu verstehen, er wolle in der Bewertung des Nationalsozialismus den Positionen seines Vorgängers folgen. Weizsäcker habe durch seine Reden, insbesondere mit der zum 8. Mai, „den Umgang mit der nationalsozialistischen Geschichte Deutschlands ein großes Stück weiter gebracht" und „den Deutschen Mut gemacht" zu einer „wahrhaftigen Sicht der Dinge." Er sehe seine Aufgabe darin, dies fortzusetzen.[157] Hatte Richard von Weizsäcker 1985 noch von der Notwendigkeit gesprochen, die Deutschen müssten den 8. Mai „unter sich" begehen, um ihre Maßstäbe allein zu finden, hielt Roman Herzog seine 8. Mai-Rede in einem vollkommen anderen inszenatorischen Rahmen. Dies sollte nicht der einzige Unterschied zwischen den beiden Reden bleiben.

Zu Beginn seiner Ansprache am 8. Mai 1995 im Berliner Konzerthaus zeichnete Herzog ein umfassendes, katastrophisches Bild Nachkriegseuropas:[158] „Gestern und heute vor fünfzig Jahren ging der Zweite Weltkrieg zu Ende." Man müsse diese Tage selbst erlebt haben, um halbwegs zu begreifen, was damals geschehen sei: „Deutschland hatte den furchtbarsten Krieg entfesselt, den es bis dahin gegeben hatte, und es erlebt nun die furchtbarste Niederlage, die man sich vorstellen konnte." Nach dieser Niederlagenlesart, die aus der Fokussierung auf den Krieg resultiert, beschreibt Herzog das

---
156 HERZOG 1995b, S. 23f. bzw. S. 26f.
157 Zitiert nach: Der Tagesspiegel vom 28.4.95.
158 Vgl. zum folgenden: HERZOG 1995 c.

Europa des Jahres 1945 als „Trümmerfeld, vom Atlantik bis zum Ural und vom Polarkreis bis zur Mittelmeerküste." Millionen Menschen „aus allen europäischen Völkern, auch aus dem deutschen, waren tot, gefallen, in Bombenangriffen zerfetzt, in Lagern verhungert, auf den Straßen der Flucht erfroren". Andere Millionen Menschen „- vor allem Juden, Roma und Sinti, Polen und Russen, Tschechen und Slowaken, – waren den größten Vernichtungsaktionen zum Opfer gefallen, die menschliche Hirne je ersonnen haben." Millionen hätten ihre Verwandten, ihre Freunde, ihre Heimat verloren oder seien gerade dabei gewesen, sie zu verlieren. Millionen seien aus Kriegsgefangenenlagern gekommen oder wanderten gerade dorthin, „Millionen waren zu Krüppeln geschossen. Hunderttausende von Frauen wurden vergewaltigt. Der Geruch der Krematorien und der schwelenden Ruinen lastete über Europa. Die Herzen der Menschen waren verstört von Leid und Haß, von Angst und Verzweiflung, von Rachegefühlen und Hoffnungslosigkeit."

Mögliche Einwände gegen dieses apokalyptische Eröffnungspanorama versucht Herzog selbst zu entkräften, indem er von vermeintlichen Selbstverständlichkeiten spricht: Er „male dieses Gemälde nicht, um die Schuld der deutschen Machthaber hinter dem Bild des allgemeinen Ruins verschwinden oder auch nur kleiner werden zu lassen." Den „Holocaust an den Unschuldigen vieler Völker" hätten „Deutsche begangen – darüber brauchen wir heute wohl nicht noch einmal zu diskutieren." Die Deutschen wüssten „auch heute noch sehr wohl – heute vielleicht sogar deutlicher als vor fünfzig Jahren –," dass „ihre damalige Regierung und viele ihrer Väter es gewesen waren, die für den Holocaust verantwortlich waren und Verderben über die Völker Europas gebracht hatten". Die meisten Deutschen würden noch heute darunter leiden, „auch wenn sie ihre eigenen Leiden ebenfalls nicht vergessen haben." Gewiss, so Herzog weiter, als sich „das Ausmaß der Verbrechen Hitler-Deutschlands herausstellte", habe es „auch nicht an Versuchen der Aufrechnung, nicht an Kollektivausreden und nicht an Versuchen zu kollektiver Beschönigung" gefehlt. Aber das Grundgefühl sei doch, „je länger desto klarer, die Kollektivscham, wie es Theodor Heuss so treffend genannt hat", gewesen.

Roman Herzog erklärt, er wolle an diesem Tag „nicht in erster Linie" über Schuld und Verantwortung reden, er weist explizit darauf hin, über „die Vorgeschichte des 8. Mai 1945" in den letzten Monaten oft gesprochen zu haben – namentlich erinnert er an seine Reden in Warschau, Jerusalem, Dresden und Bergen-Belsen. All das gehöre „zum Gedenken an den 8. Mai, zum Erinnern und zum ehrlichen, rückhaltlosen Umgang mit der Geschichte." Aber heute müsse „auch von dem gesprochen werden, was auf das Ende des Krieges folgte." Bei diesem Verweis auf zuvor gehaltene Reden belässt es der Bundespräsident. Reflexionen über den Wert der Erinnerung, über Schuld und Verantwortung, über den Nationalsozialismus und seine Opfer sowie über das Verhalten der Deutschen finden sich in dieser Rede nicht mehr. Statt dessen wendet er sich in sehr umfangreichen Passagen der (west)deutschen Nachkriegsgeschichte und dem westeuropäischen „Versöhnungs"- und Einigungsprozess zu.

Die auch im Jahre 1995 breit diskutierte Frage, ob der 8. Mai 1945 als ein Tag der Befreiung oder der Niederlage aufzufassen sei – Herzog spricht im ersten Satz seiner Rede von der „furchtbarsten Niederlage" –, erklärt der Bundespräsident kurzerhand für wenig relevant: Es sei „in den vergangenen Wochen leidenschaftlich darüber gestritten worden, ob der 8. Mai 1945 für die Deutschen ein Tag der Niederlage oder ein Tag der Befreiung gewesen sei." Diese Frage, so Roman Herzog, sei

> „schon deshalb nicht sehr fruchtbar, weil sie den verschiedenen Erfahrungen verschiedener Menschen nicht ausreichend Raum gibt und das, obwohl meine Vorgänger Theodor Heuss und Richard von Weizsäcker dazu schon Richtungsweisendes, ja Abschließendes gesagt haben."

Als „Angehöriger einer jüngeren Generation, die den 8. Mai 1945 entweder überhaupt nicht bewußt oder – wie ich – jedenfalls nur im Kindesalter erlebt hat", erklärt der Bundespräsident aus autobiographischer Sicht: Er begreife den 8. Mai, „wenn auch nachträglich", vor allem als einen Tag, „an dem ein Tor in die Zukunft aufgestoßen wurde. Nach ungeheuren Opfern und unter ungeheuren Opfern. Aber doch ein Tor in die Zukunft." Herzog beurteilt den 8. Mai 1945 somit selbst retrospektiv nicht explizit als Tag der Befreiung. Er findet stattdessen – neben dem „Tor in die Zukunft" – eine weitere neue Formulierung für die Einschätzung und den Stellenwert des 8. Mai 1945 für die deutsche Demokratie: „Das Kriegsende war eine Rückkehr zu den besseren geistigen Traditionen Europas und, wie das Werk Kants zeigt, auch Deutschlands. Es war eine Rückkehr in die Zukunft."

In der deutschen Tagespresse wurde diese Rede des Bundespräsidenten ganz überwiegend positiv, zum Teil gar euphorisch rezipiert. So hieß es etwa in der „Westfälischen Rundschau", Herzog habe die Herausforderung „eindeutig bestanden", er habe gar nicht erst versucht „sich an der historischen Rede zu messen, die sein Amtsvorgänger Richard von Weizsäcker vor zehn Jahren gehalten hatte." Herzogs Berliner Rede zum 8. Mai sei „historisch präzise, politisch klug, moralisch eindeutig." Sie habe „durch ihren Blick nach vorn" befreiend gewirkt. Herzogs Worte könne man „getrost auf die Goldwaage legen."[159] Für den Kommentator des „Münchner Merkurs" war

---

159 Joachim Westhoff: Klug und präzise, in: Westfälische Rundschau vom 9.5.95.

Herzogs Rede „eine gediegene, solide und im positiven Sinne Sowohl-als-auch-Rede, die vorhandene gegensätzliche Standpunkte nicht noch weiter auseinanderschob." Nun sei „alles bis zum letzten Punkt gesagt."[160] Im Bonner „Express" wurde Roman Herzog gedankt – „Dank für seine klaren und unmißverständlichen Worte zum 8. Mai 1945."[161] In der „Mitteldeutschen Zeitung" wurde festgestellt, Herzog habe für den 8. Mai 1945 „eine logische Interpretation gegeben".[162] Im Bonner „General-Anzeiger" hieß es, der Staatsakt habe „in einer bemerkenswert angemessenen Weise die Frage beantwortet, worin heute die Verpflichtung aus dem 8. Mai 1945 besteht." Auch wenn es manche Zuhörer überrascht haben möge, wie kurz Herzog die Passage des Rückblicks gehalten habe: „Es wäre zu wenig gewesen, im Erinnern zu verharren."[163] Auch „die tageszeitung" kommentierte Herzogs Rede wohlwollend: Seine 8. Mai-Rede sei „klug, einfühlsam und realistisch" gewesen. Kritik wird jedoch daran geäußert, dass er nicht von der „ganzen Wahrheit" gesprochen habe: „Vierzig Jahre DDR kamen nur unter den Auspizien der demokratischen Revolution des Jahres 1989 vor."[164]

Auch die terminologischen Lesarten des Bundespräsidenten wurden zeitgenössisch ganz überwiegend positiv rezipiert. So wurde etwa in der „Frankfurter Rundschau" festgestellt, mit der Formulierung, der 8. Mai sei ein Tag, an dem ein Tor in die Zukunft aufgestoßen worden sei, habe Herzog „den Befreiungsgedanken fast schlüssig zu Ende" geführt.[165] In der „Stuttgarter Zeitung" war über Herzogs Lesart der „Rückkehr in die Zukunft" zu lesen: Allein damit habe der Bundespräsident „die hitzige Debatte über die Bewertung des Kriegsendes wieder vom Kopf auf die Füße gestellt." Auf dem Berliner Staatsakt hätten sich „in Trauer wie in Hoffnung" vereinte Freunde getroffen. Daher seien „Erinnerung, Trauer, Zorn" an diesem Tag „hinter dem Trost der Versöhnung" zurückgetreten. „Die Rückkehr in die Zukunft: Wer Frieden will, der richte seinen Blick nach vorn!"[166] In der „Hannoverschen Allgemeinen Zeitung" hieß es, Roman Herzog habe sich „auf den albernen Streit gar nicht erst eingelassen, ob der 8. Mai ein Tag der Niederlage oder ein Tag der Befreiung gewesen sei." Dies sei angemessen, da „Hitler-Deutschland" am 8. Mai 1945 „eine katastrophale Niederlage"

---

160 Werner Giers: Es ist alles gesagt, in: Münchner Merkur vom 9.5.95.
161 Maternus Hilger: Dank an Herzog, in: Bonner Express vom 9.5.95.
162 Heinz Verfürth: Zweierlei Perspektiven, in: Mitteldeutsche Zeitung vom 9.5.95.
163 Ulrich Lüke: Der Blick nach vorn, in: Bonner General-Anzeiger vom 9.5.95.
164 die tageszeitung vom 10.5.95.
165 rr (Roderich Reifenrath): Kein Schlußwort, in: Frankfurter Rundschau vom 9.5.95.
166 Wolfgang Molitor: Nach vorn, in: Stuttgarter Zeitung vom 9.5.95.

erlitten habe, „für die niemand außer ihm Schuld und Verantwortung trug."[167]

Andere Kommentatoren, deutlich in der Minderheit, urteilten dagegen, im Staatsakt seien die Gewichte ungleichmäßig verteilt gewesen. So hieß es etwa in der „Sächsischen Zeitung": „Zuviel hehre Vision, zuwenig notwendige Erinnerung." Insbesondere der Holocaust und die deutsche Schuld „drohten in Herzogs Rede von einer breiten Rückschau auf die (west-)deutsche Nachkriegsentwicklung, vom Dank an die (West-)Alliierten und vom Ausblick auf die Zukunft förmlich erdrückt zu werden." Die Botschaft von 1995, der 8. Mai habe das „Tor in die Zukunft" geöffnet, verdiene deshalb „das Prädikat problematisch." Die Auseinandersetzung um Befreiung oder Niederlage lasse sich „nicht einfach beenden, indem man die geschichtliche Bedeutung des 8. Mai in eine neue Formel zu pressen versucht."[168] Auch Martin Süskind sprach in der „Süddeutschen Zeitung" in kritischer Intention von dem „befreiten Aufatmen des Besiegten". Verwundert fragt er sich: „Sieger und Besiegte von ehedem vereint, ohne daß ein Unterschied sichtbar sein sollte?" Sei damit „die Nachkriegszeit angebrochen? Jetzt erst, da die letzte große Gedenkwoche hinter den Europäern liegt?"[169]

9.5 Von der Scham- zur Schuldkultur (und zurück)

Betrachten wir vergleichend die Reden seiner Amtsvorgänger, so war die Ansprache von Bundespräsident Herzog ein Rückschritt gegenüber dem ungleich komplexeren und reflektierteren Beitrag von Richard von Weizsäcker zehn Jahre zuvor. Sie war es auch gegenüber der Rede von Walter Scheel aus dem Jahre 1975. Herzogs Perspektive war nicht die einer äußeren und inneren Befreiung zur Demokratie. Seine Formulierung von der „Rückkehr in die Zukunft", mit der nicht der Bruch mit der verbrecherischen deutschen Geschichte, sondern die Anknüpfung an positive Traditionen betont wurde, schwächte den Zäsurcharakter des 8. Mai 1945 nicht nur semantisch, sondern auch politisch-historisch ab. Bis auf seine einleitenden Worte sprach er nicht über die Opfer der nationalsozialistischen Verbrechen – und auch dort nur im Kontext eines allgemeinen, düsteren Bildes des kriegsverwüsteten Europas im Jahr 1945. Herzog begnügte sich mit dem Verweis auf zuvor gehaltene Reden, in denen er (vor allem in Bergen-Belsen) tatsächlich den differenzierten Ansprüchen an politisch-historische Gedenkreden gerecht geworden war. So hatte er im Jahr 1994 anlässlich des Ge-

---

167 Wolfgang Mauersberg: Tor zur Zukunft, in: Hannoversche Allgemeine Zeitung vom 9.5.95.
168 Frank Grubitzsch: Das Tor in die Zukunft, in: Sächsische Zeitung vom 9.5.95.
169 Martin E. Süskind: Das befreite Aufatmen des Besiegten, in: Süddeutsche Zeitung vom 10.5.95.

denkens an den Warschauer Aufstand die viel beachteten Worte gefunden, er verneige sich „vor den Kämpfern des Warschauer Aufstandes wie vor allen polnischen Opfern des Krieges: Ich bitte um Vergebung für das, was ihnen von Deutschen angetan worden ist."[170] Auch in späteren Reden setzte Herzog andere Akzente als am 8. Mai 1995. Am 19. Januar 1996, in seiner Rede zum ersten Gedenktag für die Opfer des Nationalsozialismus, erklärte der Bundespräsident unter anderem, sollten sich die Deutschen eine „Auslöschung" der Erinnerung wünschen, würden sie „selbst die ersten Opfer einer Selbsttäuschung." Die „Erinnerung gibt uns Kraft, weil sie Irrwege vermeiden hilft."[171] Auch in einer anderen Rede aus dem Jahre 1996 erläuterte Herzog sein Verständnis vom Wert der Erinnerung: „Ohne Zweifel" hätten viele Deutsche Schuld auf sich geladen. Die Generation derer, die den Nationalsozialismus und den Krieg als Erwachsene erlebt hatten, sei zunächst dankbar dafür gewesen, dass „ihr Fragen nach Schuld oder Verantwortung nicht wirklich nachdrücklich gestellt" worden seien. „Verdrängen" aber lasse „nicht wirklich vergessen; und Vergessen würde auch die Chance begraben, aus Gewesenem zu lernen." Erst das Erinnern erlaube, „der Zukunft alle Chancen abzugewinnen." In dieser Rede betonte Herzog außerdem, die „Perspektive der Opfer" sei für ihn „die wichtigste Sichtweise überhaupt".[172]

Während der Bundespräsident in diesen späteren und auch in einigen früheren Reden seinem in Bergen-Belsen selbst erhobenen Anspruch nach einer Form der Erinnerung, die Trauer über Leid und Verlust zum Ausdruck bringt, gerecht wurde, kann davon in Bezug auf seine Ansprache zum 8. Mai keine Rede sein. Zum 50. Jahrestag stellte Herzog keine Überlegungen an, welcher Wert der Erinnerung für die Demokratie zukommt, auch das Gedenken an die Opfer kam in dieser Rede zu kurz. Im Vergleich zu anderen, sehr viel reflektierteren Herzog-Reden, auf die er selbst explizit verwies, und angesichts der Diskussionen des Gedenkjahres 1995 waren seine Ausführungen am 8. Mai 1995 von verblüffender Schlichtheit. Herzog blendete Schuld und Verantwortung weitgehend aus und wies dem Gedenken an dieses Zäsurdatum andere politische Funktionen zu, indem er das Verhältnis zwischen Vergangenheitsbezug und Zukunftsperspektive neu austarierte. Im März des Gedenkjahres 1995 hatte Bernd Mosebach, Folgenlosigkeit vermutend, geringschätzig prognostiziert, „wie jede feiertägliche Ansprache der letzten Jahrzehnte" werde „auch die Festrede dieses Jahres um drei Kernbegriffe kreisen: Trauer, Erinnerung und Gedenken, vielleicht noch

---

170 HERZOG 1994, S. 44.
171 HERZOG 1996b.
172 HERZOG 1996c.

ergänzt durch Mahnung und Ehrung."[173] Mosebach lag mit seiner Prognose falsch – die zentrale Rede dieses Jahres enthielt nicht einmal das. Dieser Mangel resultierte vor allem aus ihrer Erzählhaltung: Wie Helmut Dubiel zu Recht festhält, hatte Richard von Weizsäcker zehn Jahre zuvor „konsequent aus der Teilnehmerperspektive eines historischen Akteurs, der seine Geschichte erzählt und die Verantwortung für sie übernimmt", gesprochen. Roman Herzog dagegen rekonstruierte „das Dritte Reich bereits aus der forciert externen Perspektive des Europäers".[174]

Damit sind einige der Kritikpunkte benannt, die aus der Forschungsperspektive dieser Studie resultieren. Vor allem aber kann Herzogs Äußerung zur Kontroverse, wie der 8. Mai politisch-kulturell einzuordnen sei, nicht unbefragt bleiben. Der Bundespräsident erklärte den Streit um Befreiung oder Niederlage schlicht für wenig „fruchtbar", weil er „den verschiedenen Erfahrungen verschiedener Menschen nicht ausreichend Raum" gebe. Hätte der Bundespräsident damit auf den unproduktiven Kern einer rein terminologischen Debatte hinweisen wollen, wäre er einem Leitmotiv des 50. Jahrestages, in dem die Erlebnisgeschichte differenziert integriert wurde, gerecht geworden. Herzog aber bezog mit dieser zentralen Passage seiner Rede zu einem anderen Leitmotiv des 50. Jahrestages Stellung, indem er eine eigene Stellungnahme verweigerte: Der Bundespräsident schloss sich implizit der Auffassung an, dass eine politisch-systemische Bewertung des 8. Mai 1945 für die deutsche Demokratie aufgrund der disparaten Erfahrungen der Erlebnisgenerationen nicht möglich ist. Herzog enthielt sich angesichts der individuellen Erinnerungen, die nie einheitlich sein können, einer retrospektiven Bewertung und spielte auf diese Weise das kommunikative gegen das kulturelle Gedächtnis aus. Dem Amt eines Bundespräsidenten ist dies kaum angemessen. Zudem lag darin ein gleichsam autoritäres Element: Der Bundespräsident versuchte, eine Debatte zu beenden, die ausdifferenziert und pluralistisch geführt wurde und in der sich das deutsche Selbstverständnis in unterschiedlichen Facetten spiegelte. Während z. B. die Reden seiner Amtsvorgänger Scheel und Weizsäcker die Interpretationen und Lesarten des 8. Mai in ihren jeweiligen Zeitkontexten geöffnet hatten, verengte Herzog das Bild des 8. Mai und versuchte, einen Abschluss des Interpretationsprozesses zu verkünden.

Diesen Abschluss versuchte der Bundespräsident mit einer Synthese der Überlegungen von Theodor Heuss und Richard von Weizsäcker zu erreichen, die „Richtungsweisendes, ja Abschließendes" gesagt hätten. Bei genauer Betrachtung sind deren Aussagen aber kaum kompatibel, sie eignen

---

173 MOSEBACH 1995, S. 218.
174 DUBIEL 1999, S. 209.

sich jedenfalls nicht dazu, einen allgemeinen Konsens auszudrücken, der die Deutungskontroversen um den 8. Mai beenden könnte. Heuss' Bewertung aus dem Jahre 1949 ging zwar für ihre Zeit ungewohnt differenziert mit dem 8. Mai um. Ihre unkonkrete, metaphysische Unverbindlichkeit gab den Diskussionsstand 46 Jahre später aber nicht adäquat wieder. Herzog ignorierte somit einen viele Jahrzehnte dauernden Interpretationsprozess, in dem sich die politische Kultur der Bundesrepublik in Richtung Demokratie entwickelt hatte. Sein gleichzeitiger Verweis auf Weizsäcker stellte zwar den Versuch dar, Ergebnisse dieses Wandels der politischen Kultur mit anzuerkennen – angesichts der Unterschiedlichkeit der Deutungen von Heuss und Weizsäcker konnte dieser Versuch jedoch nicht gelingen.

Die Gegensätze lassen sich anhand der demokratietheoretisch relevanten Unterscheidung zwischen Schuld- und Schamkulturen verdeutlichen. Heuss deklinierte die nationalsozialistische deutsche Vergangenheit in Kategorien der Tragik, Weizsäcker in denen der persönlichen Verantwortung. Heuss (und Herzog) sprachen von Scham, Weizsäckers Rede war dagegen durch Kategorien der Schuld geprägt. Während das Bewusstsein von Schuld innere, subjektiv-individuelle Klärungsprozesse und ein eigenverantwortliches Selbstverständnis zum Ausdruck bringt, entspricht Scham einem äußerlich empfundenen Makel und der Furcht vor externer Verurteilung. Schuld ist eine Kategorie der eigenen personalen Integrität, das Ich ist die selbstverantwortliche Instanz universaler Normen und Werte. Scham und Schande sind dagegen Kategorien externer Verhaltensregulierung, die ein rollenkonformes, jedenfalls kein selbstverantwortliches Verhalten, von dem die Demokratie lebt, anstreben. Das Individuum wächst mit der Auseinandersetzung um Schuld, während Scham und Schande Ausdruck der Abspaltung vom eigenen Ich sind.

Anhand dieser idealtypischen Unterscheidung ließe sich die Rezeptionsgeschichte des 8. Mai in der Bundesrepublik als ein – keineswegs linearer oder kontinuierlicher – Entwicklungsprozess von scham- hin zu schuldkulturellen Lesarten beschreiben. Ein mühsamer Prozess, der neben der verstärkten Auseinandersetzung mit Schuldfragen – damit eng verbunden – die zunehmende Anerkennung der Opfer des Nationalsozialismus beinhaltet hat. Für die schuldkulturelle Lesart ist die Rede von Richard von Weizsäcker auf staatlich-repräsentativer Ebene der Bundesrepublik das wichtigste Beispiel. So gesehen war Herzogs Rede zehn Jahre später ein Rückfall in die schamkulturell geprägten 1950er Jahre, für die Heuss' Beiträge ein wichtiger Ausdruck waren.

9.6 Bilanzierungen und Folgen des 50. Jahrestages

„Der Bundeskanzler ist hochzufrieden" – so wurde in der Umgebung Helmut Kohls die Bilanz des 50. Jahrestages zusammengefasst. Der Kanzler habe „deutlich gespürt", dass der Beitrag Deutschlands zu einem von Frieden und Freiheit bestimmten Europa weltweit anerkannt werde.[175] Diese Bilanz bezog sich nicht nur auf den Berliner Staatsakt, sondern auf die internationalen Gedenkfeiern zum 50. Jahrestag insgesamt, die als eine europäisch abgestimmte Großveranstaltung inszeniert wurden. Erstes Ziel war dabei am 6. und 7. Mai London, unter anderem mit einer Ansprache der Queen und einem Festbankett mit 52 Staats- und Regierungschefs. Am Morgen des 8. Mai reiste man gemeinsam zu einer Militärparade nach Paris, an der Staatsführer aus über 50 Ländern teilnahmen. Noch am Nachmittag des selben Tages flog man zum Staatsakt nach Berlin. Der „reisende Gedenk-Zyklus der Staatsmänner"[176] endete am 10. Mai in Moskau. Auch an den dortigen Gedenkfeiern, inklusive zweier militärischer Paraden, nahmen über 50 Staats- und Regierungschefs teil.[177]

Unter der Überschrift: „Kohl in Moskau. Kranz und Trompeten-Solo für gefallene Deutsche" illustrierte ein Artikel in der „Bild"-Zeitung die Atmosphäre der Gedenkfeiern zum 50. Jahrestag: „Helmut Kohl verharrte in Andacht, den Blick gesenkt. Über den Gräbern des deutschen Soldatenfriedhofs in Lublino bei Moskau erklang zart und klar als Trompetensolo das Lied ‚Ich hatt' einen Kameraden, einen beßren find'st du nicht'..." Als Kohl „die Ruhestätte mit marmornen Grabkreuzen verließ, rief die Menge rhythmisch ‚druschba, druschba!' – Freundschaft, Freundschaft. Beseelt ergriff er die entgegengestreckten Hände. ‚Danke, danke, danke.'"[178] Auch der „Münchner Merkur" titelte mit „Druschba' über den Gräbern".[179] Als ein politisches Fazit formulierte Bundeskanzler Helmut Kohl in Moskau: „Das eigentlich bestimmende Gefühl in diesen Tagen, übrigens jetzt auch hier, heute, war, daß ungeachtet dessen, was im deutschen Namen geschehen ist, man sagt – Gott sei Dank, ihr seid wieder da."[180]

Erleichtert vermeldete auch Peter Philipps in der „Welt": „Es ist vollbracht, der 8. Mai ist bewältigt." Habe die „anschwellende Kakophonie im Vorfeld der Festivitäten" noch zu Befürchtungen Anlass gegeben, könne

---

175 Vgl. Neue Osnabrücker Zeitung vom 11.5.95.
176 Der Spiegel vom 15.5.95, S. 24.
177 Zum Ablauf des europäischen Gedenkzyklusses vgl. z.B. ALTENHÖNER 1996, S. 91f.
178 Bild-Zeitung vom 10.5.95.
179 Münchner Merkur vom 10.5.95.
180 Zitiert nach: Jürgen Leinemann: „Unheimlich gelöst", in: Der Spiegel vom 15.5.95, S. 24–27, S. 27.

nun festgestellt werden: „Aus den Siegern sind Partner geworden."[181] Mit Befriedigung vermeldeten viele Kommentatoren das glückliche Ende des öffentlichen Streites um den 8. Mai. So zog z.B. Kurt Schatz in der „Politischen Meinung" Bilanz: In Deutschland habe sich „ein kleines Wunder ereignet". Ein „sanfter, beharrlicher ‚Aufstand'" gegen „die Diktatur der ‚richtigen Gesinnung'" sei erfolgreich gewesen. Seit dem „vielgelobten und in millionenfacher Auflage verbreiteten Diktum des damaligen Bundespräsidenten Richard von Weizsäcker vom ‚Tag der Befreiung'" habe die „deutsche Klasse der ‚political correctness'" mit ihrer Würdigung des 8. Mai 1945 die öffentliche Meinung „dogmatisch beherrscht." 1995 aber hätten sich die Deutschen von diesem „Diktum" befreit „und sich für Offenheit, Liberalität und Toleranz ausgesprochen."[182] Dass damit der Begriff der Befreiung keine politische Gültigkeit mehr beanspruchen könne, ist die nur wenig implizite Intention dieses Artikels.

Doch die zeitgenössischen Bilanzierungen des 50. Jahrestages waren so unterschiedlich wie das Gedenken selbst. Ganz anders fiel das Fazit z.B. in der „Westfälischen Rundschau" aus – hier wurde eine Regression in der Rezeption des 8. Mai festgestellt: Deutschland sei in der Bewertung dieses Tages „schon einmal aufgeklärter" gewesen, hätten „doch vor einem Jahrzehnt Politik und öffentliche Meinung fast einstimmig die Einschätzung Richard von Weizsäckers geteilt, daß dieser 8. Mai ein Tag der Befreiung sei."[183] Eine Einschätzung, die bei genauer Betrachtung keine empirische Bestätigung findet, sondern im Gegenteil erst für das Jahr 1995 annähernd zutraf. Auch in anderen Rückblicken auf den 50. Jahrestag des 8. Mai wurde die zehn Jahre zurückliegende Rede Richard von Weizsäckers zum Maßstab der Beurteilung gemacht. So zog etwa die amerikanische Publizistin Jane Kramer im November 1995 das kritische Fazit, „Befreiung" sei „heute kein Verlustgeschäft mehr, sondern ein narrensicheres Konzept", das nichts mehr mit dem zu tun habe, „was Richard von Weizsäcker im Sinne" gehabt habe.[184] Christoph Dieckmann hielt bereits vor dem 50. Jahrestag in ähnlicher Intention fest, Weizsäckers Rede vom 8. Mai 1985 gelte unverändert, nur sei das Land ein anderes geworden.[185]

Mit zeitlichem Abstand hält Jan-Holger Kirsch in überzeichnender Diktion fest, Weizsäckers Bewertung des 8. Mai sei im Jahre 1995 zur „Orthodoxie der politischen Deutungskultur" geworden. Zwar hätten viele der Aus-

---

181 Peter Philipps: Der Geist, der vereint, in: Die Welt vom 13./14.5.95.
182 SCHATZ 1995, S. 57 bzw. S. 59.
183 Norbert Bicher: Der Streit um den 8. Mai – Notwendig, in: Westfälische Rundschau vom 24.4.95.
184 Jane Kramer: Deutschland – das Opfer. Geschichte, ihre Verarbeitung und die pflichtbewußte Politik der Erinnerung, in: Die Zeit vom 3.11.95.
185 Vgl. Christoph Dieckmann: Dresden klagt nicht an, in: Die Zeit vom 10.2.95.

einandersetzungen denen des 40. Jahrestages geähnelt, „doch verlor das Wort von der ‚Befreiung' seinen provokativen Gehalt." Es sei eine wachsende Bereitschaft vorhanden gewesen, „individuelle Leiderfahrungen des Jahres 1945 anzuerkennen, ohne darin historische Relativierungen zu vermuten." Wie diese trifft auch Kirschs Beobachtung zu, nach der sich 1995 dennoch „noch immer – oder schon wieder – die Schablonen der 1950er Jahre (‚Opfer des Krieges und der Gewaltherrschaft', ‚Hitler-Barbarei' etc.)" wieder gefunden hätten. Als Fazit des 50. Jahrestages hält Kirsch zutreffend fest, kulturelle und kommunikative Elemente des kollektiven Gedächtnisses hätten sich ergänzt: „Das absehbare Ende der Zeitgenossenschaft verstärkte zwar die Suche nach kulturellen Repräsentationen des Nationalsozialismus, intensivierte aber auch das kommunikative Erinnern."[186]

Als unzutreffend erscheint jedoch die Feststellung, die „Veränderungen, die 1995 gegenüber 1985 eintraten", hätten „in keinem direkten Zusammenhang mit dem Ende der DDR" gestanden.[187] Zwar war die Geschichte der DDR bemerkenswert selten öffentlich präsent, aber die Zäsur von 1989/90 bestimmte den 50. Jahrestag entscheidend mit. Die Debatten des Jahres 1995 waren zu einem großen Teil ein – so freilich nur selten ausformulierter – Anlass, über das politische Selbstverständnis des vereinigten Deutschland zu diskutieren. Eine Debatte, die zu führen bis dahin weitgehend versäumt worden war. Dass für diese notwendige Selbstverständigungsdebatte der Jahrestag des 8. Mai gewählt wurde, zeigte gleichsam implizit und unbewusst seine Relevanz für die politische Kultur der Demokratie in Deutschland.

Der 50. Jahrestag des 8. Mai wurde auf höchster Staatsebene zu einer Neujustierung des politischen Gedenkens an das Jahr 1945 genutzt. Als handele es sich um einen „runden" Jahrestag des 3. Oktober, war der Staatsakt eine Feier der deutschen Einheit – zu einem dafür nicht geeigneten, jedenfalls umfunktionierten Anlass. In zeitgenössischen Kommentierungen wurde diese Ausrichtung des 8. Mai-Gedenkens überspitzt-zutreffend als „Konfirmationsfeier für die Bundesrepublik"[188] oder auch als „nationales Erntedankfest für das ‚Geschenk der Einheit'" bezeichnet, bei dem die deutsche Vereinigung zum neuen moralischen Bewertungsmedium von europäischer Geschichte aufgestiegen sei.[189] Die schmerzlichen, Schuldfragen thematisierenden und zur Selbstprüfung zwingenden Anteile des 8. Mai wurden im Berliner Staatsakt ausgeblendet. Die Rede Richard von

---

186 KIRSCH 1999, S. 203, S. 206 bzw. S. 208.
187 Ebd., S. 207.
188 Tom Schimmeck: Deutschland, erwachsen, in: Die Woche vom 12.5.95.
189 Norbert Seitz: Bemühter Umgang. 50 Jahre 8. Mai – eine deutsche Pathologie, in: Süddeutsche Zeitung vom 15./16./17.4.95.

Weizsäckers wurde zwar fast konsensual positiv rezipiert, sie geriet aber zunehmend in Gefahr – auch dies hat Herzogs Rede deutlich gemacht –, als eine die offiziellen Stellungnahmen abschließendes, stellvertretendes Alibi missbraucht zu werden. Der selbstkritische Tenor der Weizsäcker-Rede, der hohe moralische Anspruch, der „Wahrheit ins Auge" zu blicken, konnte dann zugunsten einer eher selbstgerechten Darstellung der (west)deutschen Nachkriegsgeschichte ignoriert werden, die in der nationalen Einheit Deutschlands ihre Erfüllung gefunden zu haben glaubte.

Die Ausblendungen resultierten neben der nationalen auch aus einer europäischen Perspektive, die zu den Jahrestagen des 8. Mai schon immer, mit unterschiedlichen Ausmaßen und Intentionen, eine Rolle gespielt hatte. Sofern darunter die Integration der Bundesrepublik in die politische Kultur (West-)Europas verstanden wurde, ist diese Lesart ein positiver Teil der politisch-systemischen und demokratisch-normativen Befreiungsdeutung. Seit 1995 wurde diese Perspektive aber zunehmend zumindest *auch* mit einem nivellierenden gesamteuropäischen Blick eingenommen. In dieser Lesart, auf die noch zurückzukommen sein wird, drohte der spezifische deutsche Anteil an der europäischen Geschichte vor 1945 zu verschwinden. Im Gedenkjahr 1995 fand diese retrospektiv-internationalisierende Lesart des 8. Mai auf politischer Ebene nur wenig Kritik. Als eines der wenigen Beispiele setzte der Oberbürgermeister von Frankfurt (Main), Andreas von Schoeler, andere Akzente: Europa könne „kein Alibi für die Behauptung bieten, jetzt sei die Vergangenheit endgültig vergangen. Vor dem Grauen dessen, was geschah, können wir nicht in die Europäische Union flüchten." Unter dem „europäischen Mantel" dauere „das Unvergängliche fort, die Deutschen können sich von Deutschland nicht befreien."[190]

Während der 50. Jahrestag des 8. Mai auf höchster Staatsebene zu einer prägnanten Umdeutung der Funktionen und Inhalte des Gedenkens an das Jahr 1945 genutzt wurde, war das Gedenkjahr 1995 jenseits des zentralen Staatsaktes – zweifellos ein Kennzeichen einer pluralistischen Demokratie – durch eine weit ausdifferenzierte Debatte um die Bedeutungsinhalte des 8. Mai gekennzeichnet. Mit unterschiedlichen inhaltlichen Schwerpunkten und Zugangsformen, in denen vor allem die Erlebnisgeschichte inkorporiert, kommunikative und kulturelle Gedächtnisformen einander angenähert und eine integrative, prozesshafte Befreiungslesart akzentuiert wurde, verschränkten sich verschiedene Leitmotive und Lesarten zu einer pluralistischen Annäherung an die Zäsurerfahrung des Jahres 1945. Offenbar, so lautet die positive retrospektive Bilanz von Andreas Wöll, seien weite Kreise

---

190 Andreas von Schoeler: „Für ein europäisches Deutschland", in: Frankfurter Rundschau vom 13.4.95.

der Deutschen mittlerweile in der Lage, „einen moralischen Abstand zwischen ihrer eigenen Existenz und der nationalen Vergangenheit anzuerkennen". Erfreulich sei zugleich, „wie vorsichtig und doch souverän – in keineswegs revisionistischer Absicht – neben der Wahrnehmung des befreienden Charakters dieses Tages die schmerzvollen, bis heute schmerzenden Aspekte des 8. Mai 1945 artikuliert werden können."[191]

Wie zu keinem der Jahrestage zuvor wurde 1995 deutlich, wie tiefgehend, wenn auch häufig unbewusst, der 8. Mai 1945 das individuelle, gesellschaftliche und politische Selbstverständnis der Deutschen mitgeprägt hat. Zugleich wurde bei genauem Blick auf die Debatten des Jahres 1995, von Ausnahmen abgesehen, im Kern „nur" darüber gestritten ob der 8. Mai *auch* oder *gänzlich* als ein Tag der Befreiung begangen werden solle. Schon allein daran lässt sich eine Art fragiler demokratischer Konsens, entstanden nach einem schwierigen Anerkennungsprozess, ablesen. Außerdem wurde deutlich, dass die staatlich-offizielle Erinnerungspolitik in der Demokratie nie unbefragt bleiben darf. Sie braucht den Austausch mit pluralistischen Norm- und Wertvorstellungen, die sich unter anderem im Medium unterschiedlicher Vergangenheitsinterpretationen entwickeln und über die in öffentlichen Debatten verhandelt werden muss. Durch solche Debatten war das Jahr 1995 gekennzeichnet. Der Neuausrichtung der Gedenkintentionen durch Bundeskanzler und Bundespräsident stand eine pluralistische Erinnerungskultur gegenüber, in denen das staatsrepräsentative Gedenken wichtige Impulse setzte, aber die politische Kultur nicht allein zu prägen vermochte.

Mit dem Gedenkjahr 1995 war die erinnernde Wiederholung der zwölf Jahre des Nationalsozialismus anhand der jeweiligen 50. Jahrestage vorbei, der „Erinnerungszyklus 1983 bis 1995"[192] beendet. Damit stellten sich sogleich Fragen nach der Zukunft der Erinnerung. Im Vorfeld des 50. Jahrestages wurde vereinzelt diskutiert, ob der 8. Mai zum Feiertag erklärt werden sollte – worauf Alfred Dregger mit den Worten reagierte, er warne „vor einer solchen Provokation großer Teile unseres Volkes. Das wäre eine schreckliche Dummheit."[193] Die Diskussion um die Institutionalisierung des zukünftigen Gedenkens zielte jedoch nicht primär auf den 8. Mai. So gab z.B. Ignatz Bubis in einem ARD-Interview am 8. Mai 1995 seiner Hoffnung Ausdruck, dass „ein Gedenktag an die Opfer des Nationalsozialismus" etabliert werde. Explizit schlug er den 20. Januar (Tag der Wannsee-Konferenz), den 27. Januar (Tag der Befreiung von Auschwitz) oder einen Tag im April

---
191 WÖLL 1997a, S. 126.
192 NAUMANN 1998, S. 304.
193 Zitiert nach: Frankfurter Allgemeine Sonntagszeitung vom 9.4.95.

vor (in diesem Monat wurden die meisten Lager befreit).[194] Unmittelbar nach dem 50. Jahrestag unterstützten alle Parteien die Überlegung über einen solchen Gedenktag, „wohlgemerkt: über einen Gedenktag, keinen zusätzlichen Feiertag", betonte Bundeskanzler Kohl in diesem Zusammenhang.[195] Auch Bundespräsident Roman Herzog hatte 1995 mehrfach darauf hingewiesen, mit diesem Gedenkjahr dürfe die Erinnerung nicht enden, in Bergen-Belsen hatte er nach einer „dauerhaften Form der Erinnerung", die in die Zukunft wirke, gefragt. Als staatlich-offizielle Form, die Zukunft der Erinnerung an die Opfer zu sichern, wurde schließlich der 27. Januar in den Gedenkkalender eingeführt. Der Bundespräsident proklamierte ihn am 3. Januar 1996 zum „Tag des Gedenkens an die Opfer des Nationalsozialismus."[196] Er wird seitdem als Anniversarium begangen, ein Novum in der Geschichte der Bundesrepublik.

Der 50. Jahrestag des 8. Mai 1945 hinterließ somit bleibende erinnerungspolitische Spuren, indem er als Katalysator zur Einführung eines Gedenktages für die Opfer des Nationalsozialismus wirkte. Damit verhalf er der in dieser Studie als die wichtigste Perspektive der Erinnerung an schuldhafte Vergangenheiten betrachteten Gedenkdimension zu institutionalisierter staatlicher Anerkennung. Vor dem Hintergrund der hier am Beispiel des 8. Mai 1945 beschriebenen Geschichte der deutschen Erinnerungskultur ist dies eine für das politische Selbstverständnis der Bundesrepublik kaum zu überschätzende Neuerung. In ihrer Gedenkrede am 27. Januar 2004 hielt Simone Veil im Deutschen Bundestag zu Recht fest, dass dieses Datum zum Tag des Gedenkens an die Opfer des Nationalsozialismus erklärt wurde, sei „allein schon ein Sieg, der durch die Erinnerungsarbeit errungen wurde".[197]

---

194 Ignatz Bubis: Interview in der ARD am 8. Mai 1995, in: Fernseh- und Hörfunkspiegel Inland des Presse- und Informationsamtes der Bundesregierung vom 9.5.95.
195 Zitiert nach: Die Welt vom 12.5.95.
196 Vgl. HERZOG 1996a.
197 VEIL 2004. Mit dem Jahr 2003 beginnend, beschloss der Europarat, den 27. Januar künftig als Tag des Gedenkens an die Opfer des Nationalsozialismus europaweit zu begehen (vgl. z.B. Otto Kallscheuer: Auschwitz und Europa, in: Frankfurter Allgemeine Sonntagszeitung vom 26.1.03).

10. Der 8. Mai nach dem Generationswechsel auf Regierungsebene

Während mit der Institutionalisierung eines jährlichen Gedenktages für die Opfer des Nationalsozialismus ein qualitativer Sprung in der Erinnerungskultur der Bundesrepublik vollzogen worden war, verblasste das Interesse am 8. Mai nach dessen 50. Jahrestag in gewohnter Weise. Am 26. Oktober 1998 wurde der 8. Mai dagegen, wenn auch so gut wie unbeachtet, parlamentarisch thematisiert. An diesem Tag eröffnete der PDS-Abgeordnete Fred Gebhardt als Alterspräsident die konstituierende Sitzung des 14. Deutschen Bundestages und machte dabei einen ungewöhnlichen Vorschlag: Gebhardt regte an, dass „wir uns vor Beendigung dieses Jahrhunderts darauf verständigen sollten, den 8. Mai 1945 zum Tag der Befreiung zu erklären und ihn jährlich entsprechend zu begehen."[1] Eine Diskussion löste dieser Vorschlag, der praktischen Irrelevanz der Reden der Alterspräsidenten entsprechend, nicht einmal im Ansatz aus.

Der Beginn der neuen Legislaturperiode verweist zugleich auf den erinnerungspolitisch bedeutsamen Regierungswechsel des Jahres 1998. Mit Gerhard Schröder wurde erstmals ein Mitglied einer Generation Bundeskanzler, die keine eigenen Erinnerungen an den Nationalsozialismus hat. Eine Tatsache, die Schröder, 1944 geboren, in seiner ersten Regierungserklärung als Bundeskanzler explizit zum Thema machte, in dem er den Regierungswechsel zum „Generationswechsel im Leben unserer Nation" erklärte. Es wäre gefährlich, so der neue Bundeskanzler, „dies als einen Ausstieg aus unserer historischen Verantwortung mißzuverstehen"; niemand könne „sich mit der ‚Gnade' einer ‚späten Geburt' herausreden." Schröder spricht stattdessen vom „Selbstbewußtsein einer erwachsenen Nation", die sich „der Geschichte und ihrer Verantwortung stellt, aber dabei nach vorne blickt."[2]

10.1 Zwischen Desinteresse und Differenzierung

Gerhard Schröders Verhältnis zur Vergangenheit wurde von Anfang an sehr kritisch beobachtet und analysiert. So sprach etwa Werner A. Perger vom „Kanzler der Unbefangenheit", von einem „Vertreter einer neuen Genera-

---

1 Fred Gebhardt: Rede des Alterspräsidenten bei der Konstituierung des 14. Deutschen Bundestages am 26. Oktober 1998 in Bonn, in: Das Parlament vom 30.10.98.
2 Gerhard Schröder: Erste Regierungserklärung des Bundeskanzlers, 3. Sitzung des 14. Deutschen Bundestages am 10. November 1998, in: Das Parlament vom 20.11.98.

323

tion, die vor allem in die Zukunft sehen" wolle. Die „Last der Geschichte" solle nicht ignoriert, aber auch nicht übertrieben werden: „Vorrang habe fortan die Lust an der Zukunft."[3] Sehr kritisch beurteilte Jürgen Habermas des Kanzlers Verhältnis zur deutschen Vergangenheit: Schröder sei „alles Normative Wurscht", wenn es „öffentliche Argumentation erfordert und nicht auf dem kurzen Wege der Talk-Show ‚rüberzubringen'" sei. Auf diese „telegen-trivialisierende Weise", so Habermas, gelinge ihm „mit wenigen Bemerkungen eine Entsorgung der Vergangenheit, die Kohl auf seine pompös-historisierende Art in Bitburg noch verfehlt" habe.[4] Mit ähnlicher Intention bezeichnete Christoph von Marschall den Kanzler als „salopp, fast unbedarft im Umgang mit der Historie, ohne Bemühen um besonderes Einfühlungsvermögen für die Wunden aus der Geschichte."[5]

Die erste vergangenheitsbezogene Erklärung Schröders als Bundeskanzler verdeutlicht den berechtigten Kern dieser Vorbehalte. Sein Beitrag zum 60. Jahrestag des 9. November 1938 ist ein Beispiel für eine weitgehend gegenwartsbezogene politisch-historische Stellungnahme. Zwar bezeichnet Schröder den 9. November als einen „wahren Schicksalstag für die Deutschen", der für „beispiellose Verbrechen" stehe und für immer „mit der Erinnerung an unermeßliches Leid" verbunden bleibe. Heute jedoch, „60 Jahre später", so beendet der Bundeskanzler seine historischen Bezüge, „schauen wir nach vorn, ohne das Vergangene zu vergessen. Die Welt hat sich von Grund auf verändert." So zeuge es „von der demokratischen Reife unseres Volkes, daß es zu rechtsextremistischen Parolen kritische Distanz" halte. Damit das so bleibe, habe die Bundesregierung „die Bekämpfung der Arbeitslosigkeit zu ihrem wichtigsten Ziel erklärt." Der Bundeskanzler stellt damit einen anlässlich eines Jahrestages des 9. November 1938 ungewöhnlichen Bezug auf die aktuelle Regierungsprogrammatik her. Auf das Verhältnis von Vergangenheitsbezug und Gegenwartsgestaltung geht Schröder mit einer inhaltsleeren Formel ein: „Unsere Aufgabe ist es, Gegenwart und Zukunft zu gestalten, damit sich die Vergangenheit nicht wiederholen kann."[6]

Auch in einem Gespräch mit der „Zeit" im Februar 1999 offenbarte Schröder ein wenig reflektiertes und uninteressiertes Verhältnis zur Vergangenheit. Der Bundeskanzler hält unter anderem fest, „eine bestimmte Form des

---

3 Werner A. Perger: Wir Unbefangenen. Gerhard Schröders besonders entspanntes Verhältnis zur deutschen Geschichte – ein Mißverständnis?, in: Die Zeit vom 12.11.98.
4 Jürgen Habermas: Der Zeigefinger. Die Deutschen und ihr Denkmal, in: Die Zeit vom 31.3.99. Vgl. als sehr kritische Analyse von Schröders Verhältnis zur Vergangenheit auch: Bernard-Henri Lévy: Ein paar Versuche, in Deutschland spazierenzugehen, in: Frankfurter Allgemeine Zeitung vom 17.2.99.
5 Christoph von Marschall: Ende und Anfang eines Jahrhunderts, in: Der Tagesspiegel vom 11.11.98. Vgl. auch Christoph von Marschall: Liebesgrüße aus Warschau, in: Der Tagesspiegel vom 5.9.99.
6 SCHRÖDER 1998.

Sicherinnerns" sei aufgezwungen und ritualisiert, das solle nicht sein. „Leute, die keine eigene Erinnerung haben – das betrifft meine Generation und die Generationen, die danach kommen –, sollten ohne Schuldkomplexe herumlaufen können." Auf seine wenig einfühlsame, Desinteresse zum Ausdruck bringende Äußerung in einem Fernsehinterview vom November 1998 angesprochen, er wünsche sich ein Holocaust-Mahnmal, zu dem „man gerne hingehen" könne, gesteht Schröder zu, dies sei ein „mißverständlicher Begriff" gewesen. Er habe damit zum Ausdruck bringen wollen, er „möchte nicht, daß da Schulklassen hingeschleppt werden, weil es sich so gehört." Vielmehr solle „man hingehen, weil man das Bedürfnis hat, sich zu erinnern und auseinanderzusetzen."[7] In der ersten Sitzung des Deutschen Bundestages im Reichstagsgebäude in Berlin, am 23. April 1999, stellte der Bundeskanzler einen für ihn typischen Konnex zwischen Vergangenheit und Gegenwart her: Die Deutschen stünden „nicht nur in einer historischen Verantwortung: als Land zweier Diktaturen in diesem Jahrhundert, als Land, das Völkermord und Aggression über unseren Kontinent gebracht" habe. Sie stünden „auch in einer Verantwortung, die aus unserer Wirtschaftskraft erwächst."[8]

Deutlich wurde Schröders weitgehend interesseloses Verhältnis zur Vergangenheit auch in einer Rede, die er unter dem Titel „Historische Erinnerung und Identität" am 25. September 1999 in Genshagen hielt. Der Bundeskanzler betont, die deutsche Identität werde auch in Zukunft „eng mit der Geschichte verknüpft" bleiben; dies werde „niemand leugnen wollen." Aber „natürlich erschwert die historische Hypothek des Nationalsozialismus es den Deutschen, sich mit ihrer Geschichte in vollem Umfang zu identifizieren". Jedoch sei es „schon früher" nicht unproblematisch gewesen, „die Geschichte für deutsche Gegenwartspolitik nutzbar zu machen." Ein besonders hohes Reflexionsniveau lässt sich dieser Passage nicht bescheinigen: Die Problematik des Leugnens bezieht sich auf die Verbrechen des Nationalsozialismus, nicht auf den Zusammenhang zwischen Identität und Geschichte. Auch die Formulierung von der „Nutzbarmachung" der Geschichte für die Gegenwartspolitik bleibt schwer verständlich: Stellt dies für Schröder das eigentliche Ziel historisch-politischer Erinnerung dar, das aber wegen der Verbrechen des Nationalsozialismus in Deutschland leider nicht möglich ist? Im weiteren Verlauf seiner Rede führt der Bundeskanzler durchaus ernsthaft aus, die Deutschen wüssten um ihre Vergangenheit, „die in ihrer Grausamkeit für die Ewigkeit in die Geschichte eingemeißelt"

---

7   Gerhard Schröder: Eine offene Republik. Ein Gespräch über das geplante Holocaust-Mahnmal, die Folgen der Walser-Bubis-Debatte und den Wiederaufbau des Berliner Schlosses, in: Die Zeit vom 4.2.99.
8   Erste Sitzung des Deutschen Bundestages im Reichstagsgebäude in Berlin. 33. Sitzung des 14. Deutschen Bundestages am 19. April 1999, in: Das Parlament vom 23.4.99.

sei. Darunter könne kein Schlussstrich gezogen werden, aus der Erinnerung könne „man sich nicht davonstehlen. Das wissen wir. Das weiß jede Generation von politisch Verantwortlichen." Deshalb würden sich die Deutschen „mit zugeschnürten Kehlen" erinnern, „mit Trauer und auch mit Schaudern."[9] Anschließend aber spricht Schröder in seiner Rede nur noch über aktuelle, vor allem finanzpolitische Fragen.

Zugleich aber lässt sich in Schröders vergangenheitsbezogenen Reden im Verlauf des Jahres 1999 ein Entwicklungsprozess erkennen. So äußerte er sich z. B. in der Gedenkstätte Sachsenhausen am 22. September 1999 nachdenklicher: Sachsenhausen sei ein „Ort, der zum Symbol geworden ist für etwas, das zu beschreiben eigentlich keine Sprache der Welt ausreicht." Es falle ihm „nicht leicht, an diesem Ort tiefster Demütigung und Qual der Menschen, die hier waren, zu sprechen." Der Name Sachsenhausen stehe, zusammen mit vielen anderen Lagernamen, „für das schlimmste Verbrechen in der deutschen Geschichte", für „die planmäßige Vernichtung von Millionen von Juden und anderen Opfern." Aus diesem Opferbezug folgert Schröder, es gebe „nur einen Weg, mit dem Unvorstellbaren dieser Verbrechen umzugehen: Wir müssen uns und alle anderen wieder und wieder daran erinnern." Diese klare Erinnerung an die Opfer findet sich in den Schröder-Reden zuvor nicht in dieser Unmissverständlichkeit. Gleiches gilt für seine Feststellungen zum Stellenwert der Erinnerung für die deutsche Demokratie. Es sei in Deutschland gelungen, „eine Demokratie aufzubauen, die auf einem sicheren moralischen Fundament beruht". Dieses Fundament sei „die Auseinandersetzung mit der deutschen Geschichte und die Fähigkeit, diese Geschichte auch anzunehmen."[10] Den Zusammenhang zwischen Erinnerung und Demokratie, für den Schröder in seinen ersten Reden als Bundeskanzler noch kein Gespür hatte, erläuterte er im September 2000 mit den Worten, die Erinnerung an die „Verbrechen der Vergangenheit wachzuhalten, die Menschen mit der Erfahrung von Rassenhass und Völkermord zu konfrontieren", gehöre „zu den Grundvoraussetzungen einer zivilen, freiheitlichen Gesellschaft."[11]

Anhand dieser unterschiedlichen vergangenheitspolitischen Äußerungen lässt sich andeuten, dass Gerhard Schröders Verhältnis zur nationalsozialistischen deutschen Vergangenheit in den ersten Jahren seiner Kanzlerschaft ambivalent und unentschlossen war: Gegenwartsorientierter „Pragmatismus", flapsig-desinteressierte Floskeln und uninspirierte Gedankenlo-

---

9   SCHRÖDER 1999d, S. 662f.
10 SCHRÖDER 1999c, S. 597.
11 SCHRÖDER 2000e. Vgl. als weiteres Gegenbeispiel zu den hier kritisch angesprochenen Reden auch die differenzierte und nachdenkliche Rede Schröders zum 10. Jahrestag des Mauerfalls: SCHRÖDER 1999e. Vgl. auch: SCHRÖDER 2004a; SCHRÖDER 2004b; SCHRÖDER 2004c.

sigkeit finden sich in diesen Stellungnahmen ebenso wie die reflektierte und differenzierte Anerkennung der Bedeutung der Erinnerung für die Demokratie und ein sensibler Umgang mit Opfer- und Widerstandsbiographien.[12] Vielleicht lassen sich seine Beiträge als Indikator dafür deuten, dass Schröder der Repräsentant einer Generation ist, die auf staatlich-offizieller Ebene noch nach der Rolle sucht, die der Vergangenheit für die aktuelle Verfasstheit der Demokratie zukommt. Im Juli 2001 thematisierte Schröder seinen Lernprozess als Bundeskanzler, in dem er feststellt, „eine geschichtsvergessene Kultur und Politik" würde „an der Aufgabe, Gegenwart zu begreifen und auf dieser Basis Zukunft zu gestalten, notwendig scheitern." Dass dies für Deutschland „in besonderem Maße" gelte, habe er in seinem Amt „in einer Heftigkeit erfahren, die mich gelegentlich – ich muss es so sagen – überrascht hat." Das eigentlich Überraschende an diesen Worten ist, dass dies einen Bundeskanzler tatsächlich überraschen kann. Als wolle er belegen, dies inzwischen verstanden zu haben, betont der Kanzler, „eine selbstbewusste, demokratische Gesellschaft" brauche „das historische Erinnern".[13]

10.2 Der 8. Mai 2000 und die Europäisierung der Erinnerung

Eine der wichtigsten politisch-historischen Gedenkreden in seiner ersten Amtsperiode hielt Bundeskanzler Schröder am 8. Mai 2000. Aus Anlass des 55. Jahrestages fand dieses Gedenkdatum auch in der Tagespresse wieder begrenzte Aufmerksamkeit. So stellte Matthias Arning in der „Frankfurter Rundschau" fest, der 8. Mai habe erst viele Jahrzehnte nach 1945 „Impulse zu einer Verständigungsdebatte" geliefert. Der 50. Jahrestag im Jahr 1995 sei dann „zu einem Stichtag für das wiedervereinigte Land" geworden, das „eine Debatte über sein Selbstverständnis unmittelbar nach 1989 verpasst hatte."[14] In der „Süddeutschen Zeitung" fasste Heribert Prantl einen erinnerungspolitischen Trend zusammen: Aus der Erinnerung werde „mehr und mehr auch die Erinnerung an die Erinnerung". Für Prantl ist Erinnerung kein Objekt, sondern ein Zustand: „Erinnerung ist die Unruhe, die einen packt angesichts von Anschlägen auf jüdische Synagogen". Diese Form der Erinnerung sei die „Lehre des 8. Mai."[15] Die „tageszeitung" erinnerte im

---

12 Vgl. neben den bereits zitierten und den im weiteren Verlauf noch zu analysierenden vergangenheitsbezogenen Reden von Bundeskanzler Schröder auch SCHRÖDER 1999a; SCHRÖDER 1999b; SCHRÖDER 2000b; SCHRÖDER 2000d; SCHRÖDER 2001a; SCHRÖDER 2001b.
13 SCHRÖDER 2001c.
14 Matthias Arning: Als sich in der Berliner Republik plötzlich alles änderte, in: Frankfurter Rundschau vom 8.5.00.
15 Heribert Prantl: Wie geht Erinnerung?, in: Süddeutsche Zeitung vom 8.5.00.

Jahr 2000 in ungewohnter Weise an den 8. Mai – in Form satirisch-ironischer Kurzgedichte über verschiedene Personen. Etwa über Ernst Jünger: „Ernst Jünger sprach am 8. Mai/Zu seiner Gattin Nummer zwei:/‚Nun ist auch dieser Krieg vorbei/Und damit meine letzte Chance/Für eine zünftige Revanche.'/Unter diesem unerfreulichen Aspekt/Zertrat der Dichter ein Insekt." Oder über Sepp Herberger: „‚Die Nazis ham den Krieg verhaun',/Riefen Nachbarn über Zaun./Drauf hat der Sepp zurückgebellt:/‚Ich hab die Jungs nicht aufgestellt.'/Neun Jahre später zeigt er dann,/Was ein echter Volkssturm kann."[16] Die Erinnerung an den 8. Mai hat somit die Ebene der Satire erreicht – ein weiteres Beispiel dafür, dass dieser Tag inzwischen umfassend ausgeleuchtet und in ganz unterschiedlichen Formen thematisiert wird.

Auf offizieller Ebene wurde am 8. Mai 2000 in Gegenwart von Bundesverteidigungsminister Scharping eine Kaserne in Rendsburg umbenannt. Bis dahin trug sie den Namen eines Offiziers der Wehrmacht, Generaloberst Rüdel, fortan den Namen des Feldwebels Anton Schmid. Schmid war 1967 von der Gedenkstätte Yad Vashem als ein „Gerechter unter den Völkern" ausgezeichnet worden, da er verfolgte Juden gerettet und dafür selbst 1942 mit dem Leben bezahlt hatte.[17] Bei der Feierstunde in Rendsburg bezeichnete Fritz Stern die Tatsache, dass die Umbenennung der Kaserne bewusst auf den 8. Mai datiert wurde, als „ein historisch-symbolträchtiges Ereignis".[18] Bundespräsident Johannes Rau nahm den 55. Jahrestag zum Anlass, an die deutsche Wirtschaft zu appellieren, sich an dem Entschädigungsfonds für Zwangsarbeiter zu beteiligen. Rau erklärte, die Frage der Entschädigung von Zwangsarbeitern verdeutliche, dass die Jahre von 1933 bis 1945 kein abgeschlossenes Kapitel seien. Die Entschädigung müsse „jetzt endlich stattfinden. Darum appelliere ich noch einmal an die deutsche Wirtschaft: Nehmen Sie Ihre Verantwortung wahr. Das sind wir den Opfern schuldig, und das ist im deutschen Interesse."[19]

Das wichtigste staatlich-offizielle Erinnerungszeichen zum 55. Jahrestag setzte Bundeskanzler Schröder, der anlässlich der Eröffnung einer Ausstellung im Centrum Judaicum am 8. Mai 2000 in Berlin seine bis dahin reflektierteste und differenzierteste Gedenkrede hielt.[20] Der 8. Mai 1945 sei, so

---

16 Michael Quasthoff: Was machte am 8. Mai 1945 eigentlich…, in: die tageszeitung vom 8.5.00.
17 Zur Vorgeschichte der Umbenennung und zur Person des Anton Schmid vgl. Wolfram Wette: „Ich habe nur als Mensch gehandelt", in: Frankfurter Rundschau vom 8.5.01.
18 Fritz Stern: Am Grab des unbekannten Retters, in: Frankfurter Allgemeine Zeitung vom 17.5.00. Vgl. auch die Rede des Bundesverteidigungsministers beim öffentlichen Gelöbnis am 20. Juli 2000 im Bendlerblock Berlin: SCHARPING 2000.
19 RAU 2000f.
20 Vgl. zum folgenden: SCHRÖDER 2000c.

der Kanzler, in ganz besonderer Weise „prägend für die Geschichte der Deutschen". Niemand bestreite heute mehr ernsthaft, dass er „ein Tag der Befreiung gewesen ist, der Befreiung von nationalsozialistischer Herrschaft, von Völkermord und vom Grauen des Krieges." Aber er sei „nicht nur ein Tag der Befreiung, sondern auch ein Tag des Gedenkens und der Erinnerung." Das „schreckliche Vermächtnis der nationalsozialistischen Barbarei" gebe den Deutschen auf, „weder zu verdrängen noch zu vergessen, sondern die Erinnerung wach zu halten, also zu verstehen, was gewesen ist." Zwar könne und wolle niemand „die heutige Jugend in Haftung nehmen für Taten, die sie nicht zu verantworten hat." Aber ihr „die grausamen Verbrechen der Vergangenheit vor Augen zu führen und sie mit der Verstrickung von Menschen in Rassenhass und Völkermord zu konfrontieren", das gehöre zur notwendigen Erinnerungsarbeit.

Der 8. Mai, so die Bewertung des Kanzlers, stehe „als Tag der Befreiung in unserer Geschichte", habe aber die Deutschen nicht von ihrer Geschichte befreit. Noch auf lange Zeit werde er „ein Tag des Gedenkens und des Nachdenkens" sein müssen, „‚ein Mahnmal des Denkens und Fühlens in unserem eigenen Innern'" – so habe es Richard von Weizsäcker in seiner „unverändert gültigen Rede zum 8. Mai 1985" formuliert. Anschließend spricht Schröder die deutschen Opfererfahrungen an, indem er feststellt, mit dem 8. Mai sei „auch die Erinnerung an Bombennächte verbunden, an die Vertreibung aus der Heimat, an die schreckliche Gewissheit, für eine mörderische Sache gekämpft zu haben." Der Bundeskanzler wendet sich sogleich „entschieden gegen jede Diskussion über eine Hierarchie der Opfer." Die Deutschen sollten sich stattdessen stets neu vergegenwärtigen: „Der Krieg und die Verbrechen von Auschwitz und Treblinka, von Warschau und eben auch von Berlin, das waren alles keine Naturkatastrophen." Vielmehr hätten „menschliche Wesen mit zunächst ganz gewöhnlichen Ambitionen" Europa „Schritt für Schritt in eine Mordstätte verwandelt und Auschwitz und die anderen Vernichtungslager, aber eben auch Städte wie Rotterdam oder Oradour zu Orten des Zivilisationsbruches schlechthin gemacht, zu Orten des namenlosen und andauernden Entsetzens."

Aus der Hervorhebung des „Zivilisationsbruches" entwickelt Schröder Gedanken zu Schuld und Verantwortung: „Am 8. Mai sprechen wir nicht von einer kollektiven Schuld des deutschen Volkes, aber wir müssen immer wieder von seiner Verantwortung sprechen, besser: von unserer Verantwortung für Menschlichkeit und Toleranz und von der Verantwortung, die wir alle für die Freiheit haben." Dass Krieg und Völkermord mitten „in der so genannten zivilisierten Welt" möglich gewesen seien, mache deutlich: „Eine aufgeklärte, eine freie und friedlich-tolerante Gesellschaft dürfen wir nie als selbstverständlich annehmen." Auch die europäische Perspektive – die inzwischen ein fester Bestandteil der meisten 8. Mai-Reden geworden war – entwickelt Schröder mit Blick auf den „Zivilisationsbruch": Der europäische Einigungsprozess habe ihn nicht ungeschehen machen können, aber: „Die Erinnerung an diesen Zivilisationsbruch gehört zu den geistigen Fundamenten des sich einigenden Europas."

Der Kanzler akzentuiert in dieser Rede ferner eine untrennbare Verbindung zwischen Erinnerung und Demokratie: Zwar zeigten die 55 Jahre, die seit dem 8. Mai 1945 vergangen seien, dass es in der deutschen Geschichte „auch ein Gelingen" gebe, auf das die Deutschen stolz sein könnten. Allerdings müssten sie sich stets bewusst sein, „dass alles, was wir an Demokratie, Freiheit, Liberalität und Toleranz erreicht haben, untrennbar mit dem Schrecken und dem Leid der Jahre vor 1945 verbunden ist." Das „wirklich Bleibende" am Nationalsozialismus sei „die Schande und die historische Verantwortung, die Hitler und seine Komplizen den Deutschen hinterlassen" hätten. Die Erinnerung, zu der der 8. Mai zwinge, sei „kein totes Wissen und schon gar keine Pflichtübung. Hinter jeder Zahl von Getöteten und Geschundenen stehen menschliche Schicksale und menschliche Grausamkeiten, und in jeder Erinnerung steht die Aufforderung zur Menschlichkeit und zum Widerstand gegen das Unrecht."

In dieser Rede finden sich die ambivalenten Tendenzen in Schröders Umgang mit der Vergangenheit nicht. Vergleichend betrachtet, lässt sich im Gegenteil sogar festhalten: Kein Bundeskanzler vor ihm hat aus unmittelbarem Anlass des 8. Mai eine Rede ähnlicher Intensität und schuldkultureller Ausprägung (wenngleich Schröder mit dem Begriff der „Schande" auf schamkulturelles Vokabular zurückgreift) zu diesem Gedenktag gehalten.[21] Zugleich brachte Schröder in dieser Rede eine erinnerungspolitische Tendenz zum Ausdruck, die seit dem 8. Mai 1995 immer deutlicher konturiert wurde und neben positiven Aspekten auch problematische Implikationen enthält: Der Kanzler rechnet die Erinnerung an Auschwitz „zu den geistigen Fundamenten des sich einigenden Europas". Seit Mitte der 1990er Jahre ist die Erinnerung an Auschwitz zunehmend zu einer europäischen oder gar universalen Chiffre geworden, die über nationale und ethnische Grenzen hinausgeht.

Im Sinne einer gemeinsam geteilten europäischen Werte- und Demokratiegemeinschaft, die sich auch im Medium der Erinnerung entwickelt, ist mit der Europäisierung der Erinnerung eine produktive Perspektive be-

---

21 Insofern ist Schröders Rede deutlich positiver zu bewerten, als es etwa im „Tagesspiegel" der Fall war. Dort wurde festgehalten, Schröders Rede zum 8. Mai sei „ohne größere Peinlichkeit" gewesen. Angesichts des „nassforschen Desinteresses, mit dem der Bundeskanzler Fragen der Vergangenheit normalerweise behandelt", sei dies schon ein Erfolg (Stefan Reinecke: Vorwärts und nicht vergessen, in: Der Tagesspiegel vom 9.5.00).

schrieben. Problematisch wird die Europäisierung der Erinnerung jedoch dann, wenn Auschwitz als eine Art negativer europäischer Gründungsmythos dazu führt, die spezifischen deutschen Anteile in internationalen Kontexten zu neutralisieren. Den problematischen Anteil der spätestens seit Beginn des 21. Jahrhunderts dominanten europäisierenden Lesart bringt Peter Reichel in der Feststellung auf den Punkt, es drohe in Vergessenheit zu geraten, „was Auschwitz zu einem deutschen Erinnerungsort macht."[22]

An zwei staatlich-offiziellen Beispielen lassen sich sowohl die positiven als auch die problematischen Aspekte der „Europäisierung des Holocaust"[23] andeuten. In seiner Ansprache zum 27. Januar 2004 stellte Bundestagspräsident Wolfgang Thierse als eine positive Entwicklung zutreffend heraus, die Europäische Union sei „die Konsequenz aus der zivilisatorischen Katastrophe von Nationalsozialismus und Zweitem Weltkrieg." Zustimmend zitiert der Bundestagspräsident Simone Veil, die festgestellt hatte, der Holocaust sei ein „integraler Bestandteil unserer nationalen und europäischen Identität. In gewisser Hinsicht stellt er sogar das europäischste aller Ereignisse des 20. Jahrhunderts dar." Der Holocaust als das „europäischste aller Ereignisse" – diese Kennzeichnung, so wird man hinzufügen müssen, trifft ausschließlich deshalb zu, weil Auschwitz „das Zentrum einer ganz Europa umfassenden Todesmaschinerie" gewesen ist – eine Klarstellung, die Thierse am 27. Januar 2004 nicht versäumte.[24] Die ganz und gar asymmetrischen Schuldanteile an dieser „europäischen Todesmaschinerie" lassen sich auch in einem zusammenwachsenden Europa nicht ignorieren.

Ein anderes Beispiel für internationalisierte Formen der Erinnerung war das „Internationale Holocaust-Forum" im Januar 2000 in Stockholm. Gerhard Schröders Rede auf dieser Konferenz zeigte, wie bedenklich das an sich begrüßenswerte international koordinierte Arbeiten gegen das Vergessen sein kann, wenn und insoweit die spezifische deutsche Verantwortung darin eingeebnet wird. Schröder bekennt sich in seiner Rede zwar eindeutig zu einer „tagtäglich zu leistenden Arbeit des Erinnerns" und spricht ausdrücklich davon, dass die „seit Mitte der 60er-Jahre sehr intensive politische Diskussion" über Schuld und Verantwortung wesentlich „zur Stabilität der demokratischen Ordnung und zur Wertebindung in der bundesrepublikanischen Gesellschaft" beigetragen habe. Die Zukunft der Erinnerung ordnet er dann aber ausschließlich in einen europäischen Kontext ein: „Wir wollen, dass sich die Jugendlichen in unseren Ländern mit dem Grauen des Holocaust auch in Zukunft auseinander setzen." In der Bundesrepublik

---

22 REICHEL 2001, S. 210.
23 Eckhard Fuhr: Robuste Geschichtspolitik, in: Frankfurter Allgemeine Zeitung vom 11.2.00.
24 THIERSE 2004.

sei dies „seit langem ein fester Bestandteil des Unterrichts für die Schülerinnen und Schüler. So wird es bleiben."[25]

Die Lehrplangestaltung allein garantiert sicher kein historisch-politisches Orientierungswissen.[26] Vor allem aber thematisiert Schröder in Stockholm an keiner Stelle die doch offensichtlich besondere Position, die er als deutscher Bundeskanzler auf dieser Konferenz einnimmt. Anmerkungen zu den Besonderheiten des Erinnerns in Deutschland hätten der asymmetrischen Verantwortungskonstellation auf diesem „Internationalen Holocaust-Forum" entsprochen. Schröder spricht aber im wesentlichen nur davon, dass in Auschwitz „menschliche Wesen, meist Deutsche" eine Mordstätte errichtet hätten und im übrigen der Holocaust in den deutschen Schulen Bestandteil des Unterrichts bleibe. Bei allen vorhandenen und anzustrebenden europäischen Gemeinsamkeiten trägt die Beschäftigung mit der Vergangenheit in Deutschland doch besondere Züge, die der Bundeskanzler hier nicht akzentuiert.[27]

Eine der positiven Konsequenzen aus den Erfahrungen der Jahre 1933 bis 1945 ist die Zentralforderung „Nie wieder Krieg!" Eine Folgerung, die in Deutschland aus Anlass des 8. Mai (seinen Bedeutungsgehalt damit freilich auf den Krieg reduzierend) kontinuierlich gezogen wurde und deren Europäisierung im Sinne einer gemeinsamen demokratischen politischen Kultur in Europa positiv zu bewerten ist. Andererseits sind die historischen Erfahrungen in Europa, vor allem die Beteiligungen am Holocaust verschieden, sie entsprechen einander nicht und sind dementsprechend in den jeweiligen kollektiven Gedächtnissen ganz unterschiedlich verankert. Die europäische Erinnerung lässt sich insofern nicht vereinheitlichen, sondern muss pluralistisch und differenziert in ihrer Vielzahl und Heterogenität, auch in ihrer Gegensätzlichkeit der Erfahrungen und Lebensgeschichten zum Ausdruck gebracht und vermittelt werden. Die Europäisierung des Gedenkens darf jedenfalls nicht der Eskamotage der spezifischen deutschen Vergangenheit dienen.

---

25 SCHRÖDER 2000a, S. 55.
26 So konnte laut einer Umfrage vom Anfang des Jahres 2000 trotz der zahlreichen öffentlichen Diskussionen und obwohl der Nationalsozialismus fester Bestandteil der schulischen Lehrpläne ist, jeder fünfte Jugendliche (21,9%) zwischen 14 und 17 Jahren die Frage „Wissen Sie, wer oder was Auschwitz ist?" nicht beantworten. Rund drei Millionen Deutsche konnten mit dem Begriff „Auschwitz" nichts anfangen. Zugleich waren 15% aller Befragten der Meinung, die Berichte über Konzentrationslager seien übertrieben (Empirisches Material aus dem Buch: Alphons Silbermann/Manfred Stoffers: Auschwitz: Nie davon gehört? Erinnern und Vergessen in Deutschland, Berlin 2000, hier zitiert nach: Claudia von Salzen: Erschreckende Ahnungslosigkeit über Holocaust, in: Der Tagesspiegel vom 18.2.00).
27 In drei Reden aus dem Jahr 2004 ordnete Gerhard Schröder dagegen die spezifische Verantwortung Deutschlands differenziert und mit Gespür für Unterschiede und Besonderheiten in die europäische Gedenkperspektive ein: Bei den Gedenkfeiern zum 60. Jahrestag der Landung der Alliierten in der Normandie am 6. Juni 2004 in Caen, zum 60. Jahrestag des 20. Juli in Berlin und zum 60. Jahrestag des Warschauer Aufstandes am 1. August 2004 in Warschau (vgl. SCHRÖDER 2004a, SCHRÖDER 2004b und SCHRÖDER 2004c).

10.3 Über die Zukunft der Erinnerung

Damit ist eine der zentralen Fragen nach der Zukunft der Erinnerung angesprochen – Fragen, die im Mittelpunkt der vergangenheitsbezogenen Reden von Bundespräsident Johannes Rau standen. Als eine erinnerungspolitische Grundsatzrede dieses Bundespräsidenten lässt sich eine Ansprache vom 16. März 2000 in Berlin bezeichnen. Rau stellte dort unter anderem fest, die Aufarbeitung der Vergangenheit verlange „Mut zur Aufrichtigkeit". Geschichte sei „nicht allein das Verzeichnis dessen, worauf wir stolz sein können. Wir sollten unseren Stolz eher darein setzen, der Wahrheit ins Auge zu blicken und dafür zu sorgen, dass sich ihre dunklen Kapitel nicht wiederholen." Das setze Aufarbeitung voraus, „auch wenn sie manchem unbequem ist und Widerstände überwinden muss."[28]

Anhand der Reden von Bundespräsident Rau lassen sich viele der relevanten Überlegungen zur Zukunft der Erinnerung nachzeichnen, die die späten 1990er und frühen 2000er Jahre prägen. So findet sich in einer seiner Reden die gerade beleuchtete Tendenz zur Europäisierung der Erinnerung. Am 1. September 1999 hielt Rau aus Anlass des 60. Jahrestages des Beginns des Zweiten Weltkrieges auf der Westerplatte bei Danzig als erster Bundespräsident eine Gedenkrede. In dieser kurzen Ansprache rekurriert er zu Beginn auf die besondere historische Bedeutung dieses Ortes, er erinnert an das „unaussprechliche Leid" und gibt der Trauer um „alle Opfer der Barbarei" Ausdruck. Danach spricht Rau nur noch von „Versöhnung und guter Nachbarschaft". Er zählt verschiedene Träger der deutsch-polnischen Beziehungen auf und erinnert an die positiven Aspekte der deutsch-polnischen Geschichte. Abschließend entwickelt er eine gemeinsame europäische Perspektive für Deutschland und Polen.[29] Zweifellos ist dieser Blick ein legitimer Bestandteil historisch-politischer Gedenkreden. Der Anlass für die Rede des Bundespräsidenten ist jedoch der 60. Jahrestag des Kriegsbeginns, ihr Ort ist die Westerplatte bei Danzig. Da erscheint es zumindest defizitär, dass der Bundespräsident auf den Vernichtungskrieg und die Verbrechen des nationalsozialistischen Deutschland allenfalls am Rande eingeht.

Die „versöhnenden" europäischen Aspekte sind jedoch nur ein Leitmotiv der vergangenheitspolitischen Reden dieses Bundespräsidenten. Ebenso deutlich sind sie durch die klare Anerkennung der Leiden der Opfer geprägt, sowohl der Opfer des Nationalsozialismus als auch der SED-Diktatur.[30] Für Rau bedeutet Verantwortung vor der deutschen Geschichte „auch und

---
28 RAU 2000c, S. 101.
29 Vgl. RAU 1999.
30 Für letztere vgl. v.a. die Rede des Bundespräsidenten zum 50. Jahrestag des 17. Juni 1953: RAU 2003d.

gerade Verantwortung gegenüber den Opfern des Nationalsozialismus."[31] Wer die Opferperspektive ernst nimmt, kommt an Fragen nach Schuld und Verantwortung nicht vorbei. Auch diesen Aspekt behandelte Rau in mehreren seiner Reden. So z.B. in einer Ansprache auf allerhöchstem diplomatischen Niveau. Am 16. Februar 2000 griff Rau vor der israelischen Knesset in Jerusalem in einer so zuvor selten gehörten Deutlichkeit zu Kategorien wie Demut und „Vergebung":

> „Im Angesicht des Volkes Israel verneige ich mich in Demut vor den Ermordeten, die keine Gräber haben, an denen ich sie um Vergebung bitten könnte. Ich bitte um Vergebung für das, was Deutsche getan haben, für mich und meine Generation, um unserer Kinder und Kindeskinder willen, deren Zukunft ich an der Seite der Kinder Israels sehen möchte."

Der Bundespräsident stellt anschließend fest, die „persönliche Schuld mag der Täter mit ins Grab nehmen. Die Folgen einer Schuld, die die Grundlagen menschlicher Sittlichkeit erschüttert hat, tragen die nach ihm kommenden Generationen."[32] Diesen Satz der Differenzierung zwischen persönlicher Schuld und deren Nachwirkungen für die folgenden Generationen, verwendete Rau in dieser oder ähnlicher Form in mehreren seiner politisch-historischen Gedenkreden.[33]

Im Januar 2000 hatte Bundespräsident Rau in Tutzing eine Frage behandelt, die er auch in Jerusalem kurz ansprach: Die Frage nach der Zukunft der Erinnerung nach dem Generationenwechsel. Die „Erfahrung des Nationalsozialismus" bleibe „für unser Selbstverständnis" entscheidend. „Auch wenn in naher Zukunft kein Täter und kein Opfer mehr leben wird, darf der Blick nicht verloren gehen für das historische Exempel, das der Nationalsozialismus war und bleibt."[34] Konkrete Überlegungen, wie die Erinnerung an diesen Bezugspunkt des deutschen Selbstverständnisses aufrechterhalten werden könnte, stellt er jedoch, trotz der Problembenennung zu Beginn seiner Rede, nicht an.

Am 27. Januar 2001 ging Rau unter anderem auch auf die Zäsur von 1945 ein: Deutschland sei „mit der bedingungslosen Kapitulation vom Nationalsozialismus befreit" worden. Bis zum Schluss seien „viele, vielleicht sogar die meisten Deutschen dem Regime treu geblieben". Deshalb habe es, so Rau in einer prozesshaften Befreiungslesart (die er bereits als Bundesratspräsident im Jahr 1995 akzentuiert hatte), „lange gedauert, bis wir erkannt haben, dass die militärische Niederlage wirklich auch die Befreiung

---

31 RAU 2000e. Vgl. auch RAU 2003a.
32 RAU 2000b.
33 Vgl. RAU 2001b; RAU 2001d; RAU 2002a.
34 RAU 2000a.

und die Möglichkeit für einen neuen Anfang war." Außerdem spricht Rau am 27. Januar 2001 erneut deutlich und differenzierend von der „deutschen Schuld damals" und der „bleibenden Verantwortung" heute. Die Verbrechen, so Rau, seien „von Deutschen begangen worden" – er sage „ausdrücklich: von Deutschen, nicht von den Deutschen, aber auch nicht ‚im deutschen Namen', wie oft gesagt wird."[35]

Schließlich, als letzter inhaltlicher Schwerpunkt, dachte der Bundespräsident im September 2002 über den Zusammenhang von Identität und Erinnerung nach. Rau stellt fest, die „Identität einer bestimmten Gruppe, auch einer Nation", könne man nicht verstehen „ohne die Erzählung ihrer Geschichte – ihrer ganzen Geschichte." In diesem Zusammenhang behandelt er einen für die Zukunft der Erinnerung höchst relevanten Aspekt: Inzwischen stelle sich „die Frage nach dem Subjekt, nach dem ‚Wir' dieser Geschichte" ganz anders, da Deutschland ein Einwanderungsland geworden sei. Gelte die „besondere Verantwortung der Deutschen auch für die Zugewanderten?" Oder sei „die ‚Verantwortungsfrage' der letzte Hort des jus sanguinis?"[36] Für die Rede eines Bundespräsidenten ist es unüblich, Fragen zu stellen, ohne auf diese Antworten geben zu können. Der Bundespräsident thematisiert das für eine multiethnische und kulturenpluralistische Gesellschaft bislang kaum aufgegriffene Problem, dass sich die Erinnerung der Deutschen an die Verbrechen des Nationalsozialismus in dem Dilemma befindet, im erinnernden „Wir" die ethnische Verengung der nationalsozialistischen Volksgemeinschaft gewissermaßen fortzuschreiben.[37]

Insgesamt lässt sich festhalten, dass Johannes Rau in seiner Amtszeit von 1999 bis 2004 eine große Zahl vergangenheitsbezogener Reden gehalten hat, in denen er der Aufgabe eines Bundespräsidenten nach politischkultureller Orientierung im Medium der Auseinandersetzung mit der Vergangenheit in der Regel differenziert gerecht geworden ist.[38] Zentrale Fragen nach der Zukunft der Erinnerung an den Nationalsozialismus bildeten dabei das wichtigste Leitmotiv seiner Reden. Bis auf seinen kurzen Verweis im Jahre 2000 äußerte sich Johannes Rau im Amt des Bundespräsidenten nicht direkt zum 8. Mai 1945.

---

35 RAU 2001a.
36 RAU 2002b.
37 Vgl. z.B. Thomas Lutz in: BRANDENBURG 1996, S. 58; DINER 1994, S. 944f.
38 Vgl. als weitere Gedenkreden: RAU 2000d; RAU 2000e; RAU 2001c; RAU 2003b; RAU 2003c; RAU 2003d. Vgl. auch RAU 2004.

10.4 Die Wiederkehr der „Chiffre 1945"

Im Kontext der außenpolitischen Paradigmenwechsel, die die neue Bundesregierung seit 1998 vollzogen hatte, wurden in hohem Maße vergangenheitspolitische Begründungen herangezogen – vor allem gilt dies für den Einsatz der Bundeswehr im Kosovo. Die Argumentationslinie lässt sich dabei unter der Formulierung zusammenfassen, die „Lehre" der deutschen Geschichte sei nicht nur „Nie wieder Krieg", sondern auch „Nie wieder Völkermord". In dieser Begründung (und in der Kritik an ihr) spielte auch der 8. Mai 1945 eine Rolle. So stand etwa das Frühjahr 1999 im Zeichen des Kosovo-Krieges, in dessen Kontext der 8. Mai, wenn auch am Rande, thematisiert wurde.[39] Als ein Beispiel titelte das „Neue Deutschland" mit einem großen Foto eines zerstörten und brennenden Hauses in Novi Sad – mit der Überschrift: „8. Mai 1945 – 8. Mai 1999".[40] Neben den außenpolitischen Kontexten des Jahres 1999 sorgte der 50. Jahrestag des 8. Mai 1949, an dem der Parlamentarische Rat das Grundgesetz verabschiedet hatte, dafür, dass sich der Blick vereinzelt auch auf den 54. Jahrestag des 8. Mai 1945 richtete.[41] Über erneute biographische Schilderungen dieses Tages gingen die Reflexionen jedoch selten hinaus.[42]

Im November 2001 thematisierte der Vorsitzende der Bundestagsfraktion von Bündnis 90/Die Grünen, Rezzo Schlauch, den 8. Mai im Kontext des Afghanistan-Einsatzes der Bundeswehr. Er bezeichnet den 8. Mai 1945 explizit als eine „Lehre für Afghanistan", mit dem sich das militärische Engagement der Bundesrepublik rechtfertigen lasse. Schlauch stellt unter anderem fest, der Satz „Gewalt gegen Gewalt kann nichts Gutes hervorbringen" werde durch den 8. Mai 1945 widerlegt. Als weiteren Grund, „sich angesichts Afghanistans den 8. Mai 1945 ins Gedächtnis zu rufen", führt Schlauch aus, dieses Datum habe gezeigt, dass Kriege zwar ein „Terrorregime beenden", aber nicht „Demokratie und Rechtsstaatlichkeit schaffen" können. Außerdem helfe die Erinnerung „an den 8. Mai und seine Folgen", so Schlauch mit Blick auf die Nürnberger Prozesse, die Aufmerksamkeit dafür zu steigern, „wie die internationale Gemeinschaft mit den Hauptverantwortlichen umgeht."[43]

---

39 Vgl. z.B. Christian Semler: 8. Mai: Wenn der Krieg zu Ende ist, in: die tageszeitung vom 8./9.5.99; Götz Aly: Das lange Jahrhundert, in: Berliner Zeitung vom 8./9.5.99.
40 Vgl. Neues Deutschland vom 8./9.5.99. Vgl. auch: Gerhard Zwerenz: Zur Hölle mit allen Generälen, in: Neues Deutschland vom 8./9.5.99.
41 Vgl. z.B. Hans Maier: Die Herrschaft des Rechts über die Politik. Das Grundgesetz nach fünfzig Jahren – Versuch einer historischen Würdigung, in: Frankfurter Allgemeine Zeitung vom 7.5.99; Hermann Rudolph: Das Grundgesetz – eine Liebe aus Gewohnheit?, in: Der Tagesspiegel vom 8.5.99; Kurt Sontheimer: Deutschland war nie, wie es sein wird, in: Der Tagesspiegel vom 8.5.99.
42 So befragte etwa die tageszeitung vom 8./9.5.99 führende Berliner Politiker: „Was bedeutet Ihnen der 8. Mai?"
43 Rezzo Schlauch: Vier Lehren für Afghanistan, in: Die Zeit vom 22.11.01.

Zuvor im Jahr 2001, direkt zum 56. Jahrestag des 8. Mai, startete der „Spiegel" eine Artikelserie unter dem Titel „Die Gegenwart der Vergangenheit". Das dazugehörige Titelbild vom 7. Mai 2001 zeigte, wie so häufig, ein großes, martialisches Bild von Adolf Hitler mit zum „Führergruß" erhobenen Arm. Durch den Titel „Hitlers langer Schatten" unterstützt, brachte diese Ausgabe des „Spiegel" zum wiederholten Male zwei durchgängige Rezeptionsmerkmale der nationalsozialistischen Vergangenheit zum Ausdruck: Zum einen die Verwunderung darüber, dass die NS-Vergangenheit noch immer gegenwärtig ist und zum zweiten die starke Personalisierung auf die Person Adolf Hitlers.[44] Teil der Artikelserie war die Dokumentation eines „Spiegel"-Forums vom 8. Mai 2001 in Berlin – unter der die Opferrolle der Deutschen betonenden Überschrift: „Was die Nazis uns angetan haben". An diesem Gespräch nahmen unter anderem Arnulf Baring und Außenminister Joseph Fischer teil, die am 56. Jahrestag des 8. Mai deutlich unterschiedliche Positionen zur gegenwärtigen Relevanz der NS-Vergangenheit vertraten. Während Baring von einer „obsessiven Dauerbeschäftigung mit dem trübsten Kapitel" der deutschen Vergangenheit spricht, die eine „Identitätsschwäche" hervorgebracht habe, weist der Außenminister der fortdauernden Auseinandersetzung mit der Vergangenheit einen anderen Stellenwert zu. Autobiographisch erklärt er, zu seinem „politischen Wachwerden" habe der Auschwitz-Prozess geführt. Die Gesellschaft der Bundesrepublik habe „einen weiten Weg zurückgelegt: von den Vorwürfen, die man gegen Willy Brandt erhob, weil er emigriert war, bis zur breiten Zustimmung zur Rede Richard von Weizsäckers zur 40. Wiederkehr des Kriegsendes 1985." Dass Fischer den „weiten Weg" noch nicht für abgeschlossen hält, verdeutlicht seine Feststellung, es sei „absolut illusionär" zu glauben, man könne dem Holocaust entkommen – „diese Vergangenheit bleibt Kernbestand unserer Identität." Die Positionierung des Außenministers kontrastiert deutlich mit der Auffassung von Arnulf Baring, die „Zahl 2000 mit ihren drei Nullen" lege eine Distanz zum 20. Jahrhundert; eine Distanz, die Baring ausdrücklich begrüßt. Die „neue Generation" könne „die Ereignisse jetzt neu mischen."[45]

Wie Baring hatten viele Kommentatoren nach dem 50. Jahrestag des 8. Mai im Jahre 1995 gehofft (und andere befürchtet), mit diesem Großereignis habe sich die Auseinandersetzung mit der Vergangenheit erschöpft. Erneut stellte sich eine solche Prognose angesichts der singulären deutschen Vergangenheit als wirklichkeitsfremd heraus. Die deutsche Erinnerungskul-

---

44 Vgl. Der Spiegel vom 7.5.01.
45 „Was die Nazis uns angetan haben" – Auszüge aus dem Spiegel-Forum „Die Gegenwart der Vergangenheit" am 8. Mai in Berlin, in: Der Spiegel vom 14.5.01, S. 194–197.

tur blieb weiterhin durch viele Anlässe geprägt, an denen Konflikte aufbrachen – und immer wieder aufbrechen werden. Kursorisch kann z.B. auf die Debatten um das Holocaust-Mahnmal,[46] die Wehrmachtsausstellung[47] oder auch die Entschädigung der Zwangsarbeiter[48] hingewiesen werden. Implizit waren dabei immer auch Anklänge der Debatten um den 8. Mai herauszulesen.

Die Windungen und Konjunkturen der deutschen Perspektiven auf Krieg und Nationalsozialismus lassen sich auch daran verdeutlichen, dass nach der Repersonalisierung der Täter im Zuge der „Goldhagen-Debatte"[49] der Jahre 1996/97 zu Beginn des 21. Jahrhunderts die deutschen Leidens- und Opfergeschichten wieder stärker in den Fokus des Interesses gerieten. So erschien etwa im Frühjahr 2002 im „Spiegel" eine vierteilige Artikelserie über Flucht und Vertreibung der Deutschen nach 1945. Ebenfalls im Februar 2002 erschien die Novelle „Im Krebsgang" von Günter Grass. Vor allem im Kontext der Diskussion um diese Novelle sowie in der Debatte um nationale versus europäische Dokumentationsformen wurde das Vertreibungsthema neu aufgelegt.[50] In diesem Zusammenhang wurde gelegentlich die Zäsur des Jahres 1945 explizit problematisiert und die Weizsäcker-Rede von 1985 mit Blick auf ihre Passage zur Vertreibung hinterfragt.[51] Wie seit 1945 sehr häufig wurde davon gesprochen, nun endlich werde ein Tabuthema öffentlich thematisiert. So hieß es in der „Frankfurter Allgemeinen Zeitung" exemplarisch, dieser Teil der Geschichte sei aus dem öffentlichen Bewusstsein verbannt worden, weil die Erinnerung an eigene Schuld „zur Tabuisierung eigenen Leids" geführt habe. Noch heute drücke sich die politische Klasse Deutschlands davor, „eigenes individuelles Leid anzuerkennen, ohne es zugleich mit dem Kollektivschuldvorwurf zu relativieren."[52]

---

46 Vgl. z.B. die Debatte im Deutschen Bundestag zur Errichtung eines Holocaust-Mahnmals. Deutscher Bundestag, Stenographischer Bericht, 48. Sitzung des 14. Deutschen Bundestages am 25. Juni 1999. Vgl. auch Jürgen Habermas: Der Zeigefinger. Die Deutschen und ihr Denkmal, in: Die Zeit vom 31.3.99.
47 Vgl. z.B. THIELE H.-G. 1997 (darin auch eine Dokumentation der Debatte im Bundestag am 13. März 1997).
48 Zum sehr langen Weg zur Zwangsarbeiterentschädigung vgl. als komprimierten Überblick z.B. REICHEL 2001, S. 81–96 und Matthias Arning: Über Zwangsarbeiter, Schlussstriche und Berliner Verständigungen, in: Frankfurter Rundschau vom 26.4.01.
49 Vgl. GOLDHAGEN 1996. Zur Diskussion um dieses Buch vgl. die Dokumentation SCHOEPS 1996. Vgl. auch Jürgen Habermas: Warum ein „Demokratiepreis" für Daniel J. Goldhagen? Eine Laudatio, in: Die Zeit vom 14.3.97; SCHÖNHOVEN 1998.
50 Vgl. z.B. das Titelthema „Die deutsche Titanic", in: Der Spiegel vom 4.2.02. Zur Debatte um ein Zentrum gegen Vertreibung vgl. exemplarisch HIRSCH 2003 und Daniel Brössler: Ein „nationales Projekt" verstört die Nachbarn, in: Süddeutsche Zeitung vom 16.7.03.
51 Vgl. z.B. Rainer Blasius: Keine Wanderer auf der Ostsee, in: Frankfurter Allgemeine Zeitung vom 9.2.02.
52 Stefan Dietrich: Deutsche unter andern, in: Frankfurter Allgemeine Zeitung vom 27.7.02.

Empirisch betrachtet, war dieser vermeintliche Tabubruch keiner: In der Bundesrepublik wurde sehr oft, wenn auch in unterschiedlichen Konjunkturen, zu denen auch Phasen des Verschweigens und Tabuisierens gehörten, über das Vertreibungsleid der Deutschen geschrieben und debattiert. In der kollektiven Erinnerung der Bundesrepublik spielten Flucht und Vertreibung von Anfang an, lange vor der Erinnerung an die Opfer in den deutschen Konzentrations- und Vernichtungslagern, eine zentrale Rolle, ebenso wie andere eigene Opfererfahrungen. Diese Erinnerungsnarrative fanden nicht zuletzt an den Gedenktagen des 8. Mai 1945 öffentliche Aufmerksamkeit. Zu den vermeintlichen Tabubrüchen gehört auch, dass die ebenfalls 2002 veröffentlichte Darstellung „Der Brand. Deutschland im Bombenkrieg 1940–1945" von Jörg Friedrich großes Aufsehen erregte.[53] Auch die kurze Debatte um dieses Buch brachte nicht nur implizite Bewertungen des Jahres 1945 hervor. So stand z.B. ein Gespräch mit Jörg Friedrich im „Kölner Stadt-Anzeiger" unter der Überschrift „Die Befreier als Vernichter".[54]

Insgesamt lässt sich für die Jahre seit 2002 von einer Rückkehr oder Wiederbelebung der deutschen Leidens- und Opfererinnerungen sprechen, die in ihren Argumentationsmustern an die 1950er und 1960er Jahre erinnern. Für Nicolas Berg kehrte mit der erneuten Diskussion der Themen Bombenkrieg, Flucht und Vertreibung, Massenvergewaltigungen und Kriegsgefangenschaft die „Chiffre ‚1945'" in das deutsche „Erinnerungskollektiv" zurück. Offenbar, so Berg, bestehe Einigkeit darüber, dass die „Wiederkehr des Jahres 1945 ins Gedächtnis der Deutschen neu sei und die damit verbundenen Themen lange verdrängt wurden." Tatsächlich jedoch, so hält er dieser weit verbreiteten Auffassung zu Recht entgegen, sei „‚1945' ein historisches Dauerargument", und es habe in der Nachkriegsgeschichte nicht an Vehemenz gefehlt, es vorzutragen. Im Kern sieht Berg in der Chiffre und dem Dauerargument „1945" eine Entlastungsstrategie, den Versuch der deutschen „Selbstversöhnung", indem neben die NS-Verbrechen die Leiden des deutschen Volkes gestellt würden.[55]

Dieser in großen Teilen zutreffenden Analyse muss hinzugefügt werden, dass die „Chiffre 1945" einen Rezeptionsprozess erlebt hat, dessen mehrdimensionale Ergebnisse Nicolas Berg ignoriert. Das Jahr 1945 steht inzwischen

---

53 Vgl. z.B. die Spiegel-Serie „Als Feuer vom Himmel fiel", beginnend mit: Der Spiegel vom 6.1.03; Volker Ullrich: Weltuntergang kann nicht schlimmer sein, in: Die Zeit vom 28.11.02; Rainer Jung: Das Mausefallen-Gefühl, in: Frankfurter Rundschau vom 12.12.02; Christoph Jahr: Bis zum bitteren Ende, in: Neue Zürcher Zeitung vom 12.12.02.
54 Kölner Stadt-Anzeiger vom 23.1.03. Als knappe, komprimierte Darstellungen der genannten Debatten vgl. z.B. FREVERT 2003 und Achatz von Müller: Volk der Täter, Volk der Opfer, in: Die Zeit vom 23.10.03.
55 Nicolas Berg: Eine deutsche Sehnsucht, in: Die Zeit vom 6.11.03.

nicht mehr allein für ein selbstversöhnendes deutsches Opfernarrativ, sondern wurde durch Schuld und Verantwortung annehmende Lesarten pluralisiert. Dieser Prozess, das zeigen die Debatten am Anfang des 21. Jahrhunderts erneut, verläuft nicht linear, sondern ist durch unterschiedliche Konjunkturen, Parallelitäten und Regressionen geprägt. Jedenfalls entsprechen die Kontexte der deutschen Opfererinnerungen heute nicht mehr denen der 1950er und 1960er Jahre. Im Gegensatz zur Frühphase der Bundesrepublik tragen heute nicht mehr allein die Erlebnisgenerationen das „Dauerargument 1945" vor. Im Übergang vom kommunikativen zum kulturellen Gedächtnis verschaffen sie sich noch einmal verstärkt Gehör, dies jedoch in einem gegenüber den formativen Jahren mehrfach erweiterten Rahmen, in den vor allem unterschiedliche Erinnerungsnarrative, zu denen auch die der Opfer des Nationalsozialismus gehören, normativ inkorporiert worden sind.

10.5 Der Versuch der öffentlichen Privatisierung der Erinnerung

Die Rückkehr der deutschen Opfererinnerungen hat einen mehr als mittelbaren Bezug zur Rezeption des 8. Mai 1945. Auf andere Weise gilt dies auch für eine weitere erinnerungspolitische Kontroverse, die im Gegensatz zu den hier knapp skizzierten direkte Auswirkungen auf das offizielle Gedenken an den 8. Mai hatte: Die so genannte „Walser-Kontroverse" aus dem Herbst 1998 wirkte sich unmittelbar auf den 8. Mai des Jahres 2002 aus. Am 11. Oktober 1998 hatte Martin Walser in der Frankfurter Paulskirche eine viel diskutierte Rede zur Verleihung des Friedenspreises des Deutschen Buchhandels gehalten.[56] In dieser Rede stellte er unter anderem fest, in ihm wehre sich etwas gegen die „Dauerpräsentation unserer Schande". Er fange an wegzuschauen und versuche, die „Vorhaltung unserer Schande auf Motive hin abzuhören", als die er die „Instrumentalisierung unserer Schande zu gegenwärtigen Zwecken" ausmache. Zwar immer zu „guten Zwecken, ehrenwerten. Aber doch Instrumentalisierung." Walser spricht von Auschwitz als „Drohroutine", „Einschüchterungsmittel" und „Moralkeule". Bei diesen Kennzeichnungen stellt er immer zugleich fest, dies werde Auschwitz nicht gerecht, ihm geht es an keiner Stelle um die Relativierung des Völkermordes. Walsers Perspektive bleibt aber stets eine externalisierte: Auschwitz wird ihm von außen präsentiert, darauf habe er – unwillig – zu reagieren. Walser ist der Vertreter einer Scham-, keiner Schuldkultur.[57]

---

56 Vgl. zum folgenden: WALSER 1998.
57 Unter diesem Gesichtspunkt analysiert auch Karl Heinz Bohrer die Walser-Rede. Vgl. Karl Heinz Bohrer: Schuldkultur oder Schamkultur. Und der Verlust an historischem Gedächtnis, in: Neue Zürcher Zeitung vom 12.12.98. Vgl. auch ASSMANN A./FREVERT 1999, S. 94.

Das eigentliche Leitmotiv von Walsers Rede, das seltener rezipiert wurde, auf das es aber in den Kontexten dieser Studie sehr viel mehr ankommt, besteht darin, seine subjektive Kindheitsperspektive in der Zeit des Nationalsozialismus ungebrochen erhalten zu wollen. Dies ist eine legitime Lesart der eigenen Biographie – für einen öffentlich redenden Friedenspreisträger jedoch vermeintlich naiv und politisch-kulturell problematisch. Walser stellt das privatisierte Gewissen der von außen herangetragenen und als Nötigung verstandenen Aufforderung entgegen, sich an die Verbrechen des Nationalsozialismus öffentlich zu erinnern. Dieses Grundmotiv variiert Walser in seiner Friedenspreisrede – und auch in anderen Reden – in unterschiedlichen Formen.[58] In Walsers Privatisierungskonzept bleibt der Umgang mit dem Nationalsozialismus auf das individuelle Gewissen beschränkt. Mit seinem Gewissen sei jeder allein, so stellt er 1998 in der Paulskirche fest. Walser plädiert für „innerliche Einsamkeit" statt öffentlicher Thematisierung. „Öffentliche Gewissensakte" seien „in der Gefahr, symbolisch zu werden." Das Gewissen, „sich selbst überlassen, produziert noch Schein genug. Öffentlich gefordert, regiert nur der Schein." Walser nutzte das öffentliche Podium, um öffentliches Gedenken als fremdbestimmt zu diskreditieren. Er akzeptiert keine Form der öffentlichen Auseinandersetzung mit Schuld und Verantwortung – und erklärt sie damit, ohne sie zu leugnen, politisch-kulturell für bedeutungslos.

Worin die problematischen Bezüge eines rein privatisierten Gewissens für die Rezeption des 8. Mai bestehen, veranschaulicht ein Blick in die Laudatio auf den Friedenspreisträger Martin Walser. Frank Schirrmacher zitierte in der Frankfurter Paulskirche mit explizitem Bezug auf die Zäsur des Jahres 1945 den berühmten ersten Satz aus Franz Kafkas Erzählung „Die Verwandlung": „Als Gregor Samsa eines Morgens aus unruhigen Träumen erwachte, fand er sich in seinem Bett zu einem ungeheuren Ungeziefer verwandelt." Dieses Bild bezeichnet Schirrmacher als „die Urerfahrung" von Walsers Generation: „Erwachend im Jahr 1945" habe sie feststellen müssen, dass „sich ihr Land und meist auch ihre Väter und Familien in den Augen der Welt in etwas Abstoßendes verwandelt hatten." In den 1970er und 1980er Jahren, „als erwachsene Männer" zurückblickend, hätten sie gewahr werden müssen, dass „auch ihre Kindheit, das Ich, das sie einmal waren, sich ins Ungezieferartige verwandelte."[59]

Offenbar hält Schirrmacher das Jahr 1945 vor allem insofern für eine Zäsur, als dass sich eine von außen auferlegte Perspektive auf Generationen

---

58 Vgl. z.B. WALSER 1995, bes. S. 16 und S. 20; WALSER 1988, bes. S. 76ff. Als ältere Rede, mit anderen Akzenten, vgl. z.B. WALSER 1979.
59 SCHIRRMACHER 1998, S. 38.

von Deutschen geändert hatte. Die Verwandlung „ins Ungezieferartige" geschah, um im inadäquaten Bild zu bleiben, buchstäblich über Nacht. Erst das Aufwachen im Jahre 1945 machte Deutschland zu „etwas Abstoßendem", nicht etwa die Verbrechen zuvor. Und dies auch nur „in den Augen der Welt". Die Jahre vor 1945 waren für Schirrmacher anscheinend durch einen Samsaschen Tiefschlaf, also durch unschuldige Passivität, gekennzeichnet. Schirrmachers Bild entspricht den Intentionen von Walser, nach denen es unverantwortlich sei, die originären Erinnerungen durch nachfolgende Erkenntnisse zu erweitern. Dass ein privatisierendes Beharren auf der eigenen Biographie, kontextlos zum gesellschaftlichen Umfeld und unberührt von retrospektiven Reflexionen, eine öffentliche ethisch-politische Selbstverständigung im Medium der Erinnerung an den Nationalsozialismus unmöglich macht, ist ein Gedanke, der sowohl von Walser als auch von Schirrmacher als Fremdbestimmung abgelehnt wird.

10.6 Der Kanzler und der Autor am 8. Mai 2002

Anders als etwa Philipp Jenninger zehn Jahre zuvor, so wurde in der „Frankfurter Allgemeinen Zeitung" scheinbar verwundert festgestellt, wurde Walser nicht zur Unperson, „sondern zum gefragten Gesprächspartner".[60] Auch wenn beide Reden weder inhaltlich noch kontextual gewinnbringend zu vergleichen sind, enthält diese Feststellung einen berechtigten Kern – die Thesen Walsers trafen offenbar auf eine zustimmende Tiefschicht der deutschen Erinnerungskultur. Sie wurden auch auf staatlicher Ebene rezipiert – in durchaus unterschiedlicher Form. So lässt sich etwa eine Passage in der Rede des Bundestagspräsidenten zum 27. Januar 2000 als kritischer Bezug auf Walsers Gewissenskonzept auffassen. Wolfgang Thierse konzeptionalisierte darin ein Schuldverständnis, das sich von Walsers Schandekategorien absetzt, und vertrat, ohne sich namentlich auf Walser zu beziehen, ein gegen die Privatisierung der Erinnerung gerichtetes öffentliches Gedenkkonzept: Es gehöre „zu unserem nationalen Selbstverständnis, dass wir den Umgang mit unserer Geschichte nicht zur Privatsache jedes Einzelnen erklären. Wir können und wir wollen auf öffentliches Gedenken nicht verzichten." Zur „Auseinandersetzung mit der Vergangenheit gehört das kollektive Gedenken ebenso wie die individuelle Erinnerung."[61]

Ganz anders dagegen bezog sich der Bundeskanzler auf Walsers Thesen. Bereits 1998 hatte Schröder, auf die Walser-Formulierung von der „Moral-

---

60 Konrad Schuller: Reise zum Mittelpunkt der Diskurse, in: Frankfurter Allgemeine Zeitung vom 22.1.00.
61 THIERSE 2000, S. 50.

keule" Auschwitz angesprochen, geantwortet: „Ich denke, ein Schriftsteller muß das sagen dürfen, der Bundeskanzler nicht."[62] Was er damit sagen wollte, blieb unklar: Sollte das bedeuten, er könne nur aufgrund seines Amtes diese These Walsers nicht öffentlich teilen? Im Februar 1999 sprach Schröder von einem „berechtigten Einwand der Walserschen Argumentation", den er freilich nicht weiter erläutert. Er deutet jedoch an, darunter das schnelle Aufkommen von Missverständnissen in den Debatten über die deutsche Vergangenheit zu verstehen; ein Punkt, den Walser gar nicht thematisiert hatte. Zugleich gibt Schröder zu erkennen, dass er eine Ablehnung des Holocaust-Mahnmals für überlegenswert gehalten hätte. Nach der „Walser-Debatte" gehe das aber nicht mehr – so sei „das eben manchmal im Leben."[63]

In diesen Äußerungen zeigte sich wieder der desinteressierte und hier offenbar auch uninformierte Gerhard Schröder der Jahre 1998 und 1999. In diesem Fall zog sich die Spur aber weiter: Zum 57. Jahrestag des 8. Mai im Jahr 2002 lud der Kanzler Martin Walser zu einem öffentlichen Gespräch in das Willy-Brandt-Haus ein, um über das Thema „Nation, Patriotismus und demokratische Kultur in Deutschland" zu sprechen.[64] Die erst Anfang Mai 2002 angekündigte Veranstaltung stieß unmittelbar auf zum Teil heftige Kritik. So erklärte etwa der stellvertretende Vorsitzende des Zentralrats der Juden, Michel Friedman, „Martin Walser und seine untragbaren Thesen" ausgerechnet zum 8. Mai „aufzuwerten", sei ein nicht nachvollziehbares Signal.[65] Die Kritiker der geplanten 8. Mai-Veranstaltung verwiesen zumeist auf Walsers Paulskirchen-Formulierungen von der „Instrumentalisierung unserer Schande" und der „Moralkeule" Auschwitz. Auf den hier besonders problematisierten trotzig-infantil vorgetragenen Wunsch nach der Privatisierung der Erinnerung bezog sich die Kritik in der Regel nicht.

SPD-Generalsekretär Franz Müntefering verteidigte das Vorhaben der Diskussion mit Walser mit dem Hinweis, es gebe „wieder eine politische Kultur der Offenheit und der Toleranz in Deutschland. Wir in Deutschland, das sagen wir heute mit Stolz auf unser Land, selbstkritisch, aber auch selbstbewußt patriotisch."[66] Auch in der Einladung zu der Veranstaltung tauchte

---

62 Zitiert nach: Werner A. Perger: Wir Unbefangenen. Gerhard Schröders besonders entspanntes Verhältnis zur deutschen Geschichte – ein Mißverständnis?, in: Die Zeit vom 12.11.98.
63 Gerhard Schröder: Eine offene Republik. Ein Gespräch über das geplante Holocaust-Mahnmal, die Folgen der Walser-Bubis-Debatte und den Wiederaufbau des Berliner Schlosses, in: Die Zeit vom 4.2.99.
64 Der gewählte Ort, die Parteizentrale der SPD, ist insofern von Bedeutung, als damit versucht wurde, Schröder in seiner Funktion als SPD-Vorsitzender, nicht als Bundeskanzler auftreten zu lassen – eine Trennung, die in der öffentlichen Wahrnehmung jedoch nicht zu vermitteln ist.
65 Zitiert nach: Frankfurter Rundschau vom 7.5.02.
66 Zitiert nach: Frankfurter Rundschau vom 7.5.02. Mit der Formulierung „Wir in Deutschland" gibt Müntefering den Bezug dieser 8. Mai-Veranstaltung zum Bundestagswahlkampf zu erkennen, denn

diese Formulierung auf, ergänzt durch den Hinweis, Deutschland sei schließlich „eine normale Nation."⁶⁷ Müntefering stellte in seiner Rechtfertigung der Veranstaltung außerdem fest, der 8. Mai sei „natürlich ein wichtiger Termin in der deutschen Geschichte. Durch den muss sich niemand belastet fühlen."⁶⁸ Niemand müsse sich durch den 8. Mai belastet fühlen – eine ungewöhnliche Formulierung, die im übrigen an der geäußerten Kritik vorbei argumentierte. Zugleich stellten die Äußerungen des SPD-Generalsekretärs ein Beispiel für eine treffende Beobachtung der „Neuen Zürcher Zeitung" dar. Dort wurde zu Beginn des Jahres 2002 festgestellt, in Deutschland scheine mittlerweile das Bewusstsein historischer Schuld mit dem Gefühl, ein „normales Volk" zu sein, umstandslos kompatibel zu sein.⁶⁹

In diesem Sinne wurde auch die 8. Mai-Veranstaltung des Jahres 2002 in der Presse primär als Ausdruck des Wunsches interpretiert, Schröder suche „Normalität" und wolle sich zu diesem Zweck von der Vergangenheit verabschieden. So bemerkte etwa Matthias Arning in der „Frankfurter Rundschau", für den Pragmatiker Schröder habe die Aufarbeitung „ihre Schuldigkeit getan." Jetzt müsse es möglich sein, „mit dem oft gescholtenen Walser über Patriotismus und Selbstbewusstsein zu sprechen. Auf Wiedersehen damals."⁷⁰ Besonders scharf kritisierte Schröders ehemaliger Kulturstaatsminister Michael Naumann die geplante Diskussion. Er unterstellte der SPD Wahlkampfintentionen, das „Terrain konservativer Empfindsamkeiten" solle dem Kanzlerkandidaten von CDU und CSU „nicht stillschweigend überlassen werden." Die Wahl Walsers als Gesprächspartner sei „überraschend, um nicht zu sagen politisch abenteuerlich". Naumann bezog seine Kritik als einer der wenigen Kommentatoren auch auf Walsers „private Sehnsucht nach den Segnungen des Wegschauens", die sich als ein „geistiger Rückschritt in einer langjährigen Debatte über die moralisch-politische Herkunft der Bundesrepublik aus der Niederlage des Nationalsozialismus" erwiesen habe.⁷¹

Die 8. Mai-Veranstaltung erregte somit einiges Aufsehen, bei der die Kritik an der Konstellation der Redenden überwog.⁷² Eine Kritik, die sich

---

der Titel des Wahlprogramms der SPD im Jahr 2002 lautete: „Erneuerung und Zusammenhalt – Wir in Deutschland."
67 Zitiert nach: Michael Naumann: Wie fühlt die Nation?, in: Die Zeit vom 8.5.02.
68 Zitiert nach: Frankfurter Rundschau vom 7.5.02.
69 Joachim Güntner: Identität im Wandel. Bestimmt Deutschland sich neu?, in: Neue Zürcher Zeitung vom 12.1.02.
70 Matthias Arning: Abschied von damals, in: Frankfurter Rundschau vom 7.5.02.
71 Michael Naumann: Wie fühlt die Nation?, in: Die Zeit vom 8.5.02. Als Kritik an den vermuteten Wahlkampfintentionen vgl. auch Richard Meng: Der Zauberhut ist leer, in: Frankfurter Rundschau vom 8.5.02.
72 Gerhard Schröder hatte angesichts der Kritik im Vorfeld der Veranstaltung versucht, die Wogen der Aufregung zu glätten, indem er den Präsidenten des Zentralrates der Juden in Deutschland, Paul

freilich in deren Vorfeld allein auf Mutmaßungen über die Intentionen der Veranstaltung bezog. Ausgerechnet am 8. Mai mit dem Erinnerungsprivatier Walser, der öffentliches Gedenken ablehnt, öffentlich über die „normale Nation" diskutieren zu wollen, war gleichwohl bereits im Vorfeld mit guten Gründen als problematisches erinnerungspolitisches Zeichen kritisierbar. In der „tageszeitung" hieß es dazu, es werde versucht, „das Kriegsende, als Tag der Befreiung vom Nationalsozialismus, zu einem positiven Anknüpfungspunkt des deutschen Selbstverständnisses" zu machen.[73] Dass dieser Kommentar unberücksichtigt lässt, dass die Kennzeichnung als „Tag der Befreiung" den 8. Mai 1945 auf andere Weise (und zu Recht) „zu einem positiven Anknüpfungspunkt des deutschen Selbstverständnisses" machen kann, verdeutlicht die ziemlich unreflektierte Aufregung im Jahr 2002.

Gerhard Schröder begann seine Rede am 8. Mai 2002 mit einigen Sätzen zur „nationalen Frage".[74] Alle Versuche, sie ausschließlich „national" zu beantworten, hätten „bestenfalls in hohler Demagogie" geendet – „im schlimmen Fall haben sie in das größte Verbrechen des 20. Jahrhunderts geführt: den Zweiten Weltkrieg und den Völkermord der Deutschen an den europäischen Juden." Dies müsse, so Schröder, bedacht werden, „wenn wir am heutigen 8. Mai über Nation und Patriotismus sprechen." Anschließend erinnert der Kanzler differenziert an die Opfer von Krieg und Nationalsozialismus. Mit diesen klaren Worten zu den Opfern, in wenigen Sätzen zu Beginn seiner Rede, beendet Schröder die direkten Reflexionen über den 8. Mai. Fortan geht es ihm um die Definition einer „demokratischen Nation", um das Selbstbewusstsein als „aufgeklärte Nation im Herzen Europas." Schröder spricht unter anderem von der Nation als „Gedächtnisgemeinschaft" sowie vom Konzept des Verfassungspatriotismus, um hinzuzufügen, er drücke der deutschen Fußball-Nationalmannschaft „nicht deshalb die Daumen, weil wir ein so wunderbares Grundgesetz haben." Schröder verbindet seinen Nationsbegriff mit dem Appell an ein „selbstkritisches Selbstbewusstsein", zu dem auch die kritische Aneignung der eigenen Geschichte gehöre, „ohne etwas auszublenden und anderes zu verklären." Schröders Rede ist insgesamt eine inhaltlich kaum ausdifferenzierte, auf den 8. Mai nur am Rand Bezug nehmende, mit Blick auf den Begriff der Nation den Befürchtungen seiner Kritiker im Vorfeld keine Anknüpfungspunkte

---

Spiegel, ebenfalls als Redenden einlud. Spiegel sagte dem Kanzler jedoch unter Hinweis auf Terminschwierigkeiten ab.

73 Ralph Bollmann: Nation ohne Skandal, in: die tageszeitung vom 8./9.5.02.
74 Vgl. zum folgenden: Gerhard Schröder: Rede des SPD-Parteivorsitzenden, Bundeskanzler Gerhard Schröder, bei der Diskussion „Nation, Patriotismus, Demokratische Kultur" am 8. Mai 2002, in: www.spd.de am 10.5.02.

gebende Stellungnahme. Einen Beitrag zur Ausdeutung des 8. Mai, zu dessen 57. Jahrestag sie immerhin gehalten wurde, lieferte sie freilich kaum. Martin Walser überschrieb seine Rede mit einem für ihn typischen Terminus: „Über ein Geschichtsgefühl".[75] Prononciert anders als der Bundeskanzler äußert sich Walser zur „nationalen Frage": Die Deutschen seien lange vor ihrer Staatlichkeit bereits eine Nation gewesen, „und, bitte, nicht nur eine Kulturnation, sondern eine politisch tendierende Schicksalsgenossenschaft". Im weiteren Verlauf seiner Rede legt Walser eine historisch-chronologische Kausalkette dar, nach der es ohne den Ersten Weltkrieg kein Versailles gegeben hätte, „ohne Versailles kein Hitler, ohne Hitler kein Weltkrieg Zwei, ohne Weltkrieg Zwei nichts von dem, was jetzt unser Bewußtsein oder unser Gefühl bestimmt, wenn wir an Deutschland denken." Das „wichtigste Glied in der historischen Kette" bleibe: „Ohne Versailles kein Hitler." Zur Klarstellung betont Walser zugleich, Versailles sei „sicher nicht die einzige Ursache für 1933" gewesen. Sein öffentliches Lebensthema erneut aufgreifend, erhebt Walser die bereits gewohnte Forderung: „Sorge jeder für sein Gewissen und nicht für das Gewissen anderer." Pejorative Formulierungen wie „Gewissenspfleger der Nation" und „Auschwitz als Lippengebet" verdeutlichen die inhaltliche Kontinuität zu der Friedenspreisrede des Jahres 1998.[76] Auf den 8. Mai geht Walser, wie der Bundeskanzler zuvor, nur am Rande ein. Im Mittelpunkt steht für ihn der 9. November, demgegenüber der 8. Mai „ein einfacheres Datum" sei. An diese Einschätzung knüpft Walser einen Satz an, der in wenigen Worten den 8. Mai 1945 als historisches Bezugsdatum für das deutsche Selbstverständnis zu erledigen versucht: „Vom 8. Mai 1945 zum 3. Oktober 1990 oder doch, dem Geschichtsgefühl entsprechend, zum 9. November 1989, das ist, pathetisch gesagt, die Läuterungsstrecke der Nation." Walser erklärt somit, mit der nationalen Einheit der Deutschen sei die „Läuterung" vollzogen und der 8. Mai 1945 als politisch-kultureller Bezugspunkt obsolet geworden. Das Kriterium dieser „Analyse" ist wie gewohnt das nicht näher zu bestimmende „Geschichtsgefühl" des Martin Walser.

Die sich den beiden Reden anschließende Diskussion nutzte Gerhard Schröder, um sich von einigen Thesen Walsers abzugrenzen. So erklärte er etwa, eine monokausale Erklärungskette halte er für unhistorisch und falsch. In einem Ursachenbündel habe Versailles für den Aufstieg des Nationalsozialismus sicher eine Rolle gespielt, fatal wäre jedoch die Folgerung, „Ver-

---

75 Vgl. zum folgenden: Martin Walser: Über ein Geschichtsgefühl, in: Frankfurter Allgemeine Zeitung vom 10.5.02.
76 Insofern ist die redaktionelle Einleitung der Frankfurter Allgemeinen Zeitung zur Dokumentation dieser Walser-Rede verfehlt: Dort heißt es, „Walsers neue Äußerungen" würden „die Rede von damals in einem anderen Licht erscheinen lassen." (Vgl. Frankfurter Allgemeine Zeitung vom 10.5.02.)

sailles habe naturnotwendig den Faschismus bewirkt."[77] Auch den Begriff der „Schicksalsgenossenschaft" wolle er ausdrücklich nicht übernehmen.[78] Im Anschluss an diese 8. Mai-Veranstaltung bezeichnete Wolfgang Schäuble sie als „Provokation" aus Wahlkampfkalkül. Zwar könne und solle man über Nation und Patriotismus diskutieren, auch mit Martin Walser. Der 8. Mai sei dafür jedoch das falsche Datum, weil er mit ganz unterschiedlichen Empfindungen verbunden sei.[79] Auch Paul Spiegel bezeichnete das Datum 8. Mai als den „denkbar ungünstigsten Termin".[80] Mit Blick auf Schröders Verbindung zwischen der deutschen Fußball-Nationalmannschaft und dem Konzept des Verfassungspatriotismus lieferte „die tageszeitung" eine ihrer gewohnt überspitzten, in diesem Fall zutreffenden Kommentierungen: „Selten kamen sich Auschwitz und der Kalauer so nah wie beim gemütlichen Beisammensein von Martin Walser und Gerhard Schröder am 8. Mai in Berlin."[81]

Neben der Kritik an der gewählten Verknüpfung von Datum und Thema bezog sich die anschließende, überwiegend negative Rezeption primär auf Walsers Versailles-Thesen, die im Kontext dieser Studie weniger von Interesse sind.[82] Eine Beurteilung in der „Süddeutschen Zeitung" kam dem Kern der hier interessierenden problematischen Auffassungen von Walser näher: Walser sei berühmt für seine „Ausbrüche in die Unbelangbarkeit", aus ihm spreche „ein tief in den Traditionen der deutschen Innerlichkeit verwurzeltes Ich, das jedem Begriff misstraut, weil ein kostbares Stück Erfahrung darin verloren gehen könnte."[83] Was dies für die nachwirkende, identitätsindizierende Relevanz des 8. Mai als Gedenktag bedeutet, wird aber auch hier nicht thematisiert.

Der Zweck der Veranstaltung war jedenfalls erreicht: Der Bundeskanzler nutzte (und benutzte) den 8. Mai, um mit den gefühlsbeladenen Nationsdefinitionen eines Martin Walser politisches Terrain zu sichern und gleichzeitig durch seine eigene Rede die grundlegenden Unterschiede zu Walsers Vorstellungen zu verdeutlichen. Politische Angriffsfläche bot er somit nicht. Wesentliches zum Gedenken an den 8. Mai hatte er, anders als noch zwei Jahre zuvor, nicht beizutragen. Dies war auch ganz offensichtlich nicht die Intention dieser Veranstaltung. Im Rückblick war aus „der angekündigten

---

77 Zitiert nach Peter von Becker: Schicksal und Genossen, in: Tagesspiegel vom 10.5.02. Vgl. auch Hubert Spiegel: Aus Erfahrung unklug, in: Frankfurter Allgemeine Zeitung vom 10.5.02.
78 Vgl. Eckhard Fuhr: Schröder und Walser tun es, in: Die Welt vom 10.5.02.
79 Vgl. Frankfurter Allgemeine Zeitung vom 10.5.02.
80 Paul Spiegel: „Das hat es seit 1945 nicht gegeben.", in: Berliner Zeitung vom 10.5.02.
81 Patrik Schwarz: Deutsch für Anfänger, in die tageszeitung vom 10.5.02.
82 Vgl. z.B. Heinrich August Winkler: Die Fallstricke der nationalen Apologie, in: Tagesspiegel vom 12.5.02; Hans Mommsen: Über ein Geschichtsgefühl, in: Die Zeit vom 16.5.02.
83 Lothar Müller: Der Lächler, in: Süddeutsche Zeitung vom 10.5.02.

skandalösen" eine „harmlose Veranstaltung" geworden.[84] In der „tageszeitung" wurde die vermutliche Intention gut zusammengefasst: Nicht „Skandal", sondern „Koketterie" sei das passende Wort zur Charakterisierung dieser Veranstaltung. „Martin Walser redet über die Nation – und vor allem über sich selbst." Nebenbei kokettiere er „mit Entlastungsmotiven – das hat mit Antisemitismus nichts, mit eitler Gespreiztheit viel zu tun." Und die SPD kokettiere „mit der Idee, mit Walser rechts ein bisschen Wahlkampf zu machen – um sogleich alles wieder richtig zu rücken." Es sei ein „Spiel mit bösen Erwartungen, die Schröder mit einer historisch korrekten Rede zu enttäuschen verstand."[85] Die optimistische Einschätzung von Klaus Staeck, nach der es ein positiver Nebeneffekt sei, dass wenigstens der 8. Mai als Gedenktag in Erinnerung gerufen worden sei,[86] kann nicht geteilt werden. Selten nur stand der 8. Mai auf einer Veranstaltung, die zu einem seiner Jahrestage angesetzt wurde, so wenig im Mittelpunkt des Interesses sowohl der Öffentlichkeit als auch der Redenden selbst.

10.7 Ein ganz gewöhnlicher Jahrestag

Während im Jahr 2002 ein neues, wenn auch kurzes Kapitel der unterschiedlichen Funktionen und Ausrichtungen des Gedenkens an den 8. Mai 1945 geschrieben wurde, verlief der 58. Jahrestag im Jahr 2003 in den inzwischen gewohnten Bahnen. Dieser Jahrestag soll hier in seinen eher unspektakulären Erscheinungsformen beleuchtet werden, in seinen gleichsam „typischen" Details, wie sie in den letzten zehn bis fünfzehn Jahren fast zu jedem Anniversarium hätten analysiert werden können. Der letzte hier betrachtete Jahrestag des 8. Mai soll als exemplarisch für sehr viele vor ihm, die hier nicht explizit behandelt wurden, skizziert werden.[87]

Exemplarisch für die Erinnerung an den 8. Mai ist z.B., dass auf seine Anniversarien in erster Linie dann Bezug genommen wird, wenn ein anderes aktuelles politisches Ereignis Parallelen nahe zu legen scheint. So stand im Frühjahr 2003 der Krieg im Irak im Mittelpunkt des Interesses. In diesem Kontext wurde vereinzelt der Terminus der Befreiung aufgegriffen, vor allem mit dem Hinweis, auch die dem Krieg gegenüber kritisch eingestellten

---

84 Ebd.
85 Stefan Reinecke: Ganz normal kokett, in: die tageszeitung vom 10.5.02.
86 Zitiert nach: www.spiegel.de am 9.5.02.
87 Zur sehr geringen und inhaltlich kaum substantiellen publizistischen Resonanz des 8. Mai im Jahr 2004 vgl. z.B. Elmar Krekeler: Erinnerung befreit, in: Die Welt vom 8.5.04; Gregor Gysi: Krieg macht Menschen grausam, in: Neues Deutschland vom 8.5.04; Lothar Heinke: Wo bitte geht's zum Führerbunker?, in: Der Tagesspiegel vom 8.5.04; Regina Mönch: Unbelehrbar selbstgerecht, in: Frankfurter Allgemeine Zeitung vom 10.5.04 sowie verschiedene Artikel in die „Junge Welt" vom 8./9.5.04.

Deutschen müssten aufgrund eigener historischer Erfahrungen doch zumindest den Befreiungscharakter für das irakische Volk anerkennen. So hielt etwa Thomas Schmid den deutschen Kriegsgegnern vor, sie könnten den Amerikanern immer noch „nicht verzeihen, daß sie uns befreit – oder soll man sagen: gedemütigt – haben." Und weil das so sei, würden „alle nur denkbaren Parallelen zwischen Deutschland 1945 und Irak 2003 stur geleugnet."[88] Ähnlich argumentierte Jörg Lau in der „Zeit" – er bezog sich dabei ausdrücklich auf die Weizsäcker-Rede des Jahres 1985. Man könne doch meinen, so Lau, „dass die Freude über eine Befreiung gerade hier einen Resonanzraum finden müsste." Ein „großer deutscher Politiker" habe schließlich eine Rede gehalten, „die sich mit der Ambivalenz der Befreiung befasste." Weizsäckers Rede, so Lau, „beweist – gegen den Strom der heutigen Stimmung –, dass die Dankbarkeit für eine Befreiung von Gewaltherrschaft nicht mit dem Vergessen der schrecklichen Leiden einhergehen muss, mit denen die Freiheit erkauft wurde."[89] Am 8. Mai 2003 selbst stand keineswegs der politisch-historische Gedenktag im Mittelpunkt, sondern der an diesem Tag proklamierte „Girls' Day", ein bundesweit ausgerichteter „Mädchen-Zukunftstag". Gewohnte Bahnen des Gedenkens heißt somit: Der 8. Mai war 2003 öffentlich kaum präsent und wurde primär im Kontext aktueller internationaler Konflikte thematisiert.[90]

Seit vielen Jahren ebenfalls gewohnt sind die Umwidmungsversuche des 8. Mai durch rechtsextremistische Gruppierungen. So wurde auch 2003 wieder gemeldet, ein bundesweit aktives „Nationales Ehrenkomitee 8. Mai" um einen Hamburger Neonazi versuche, durch öffentliche Kundgebungen den „Tag der Befreiung" in den „Tag der Ehre" umzudefinieren. Mit diesen Kundgebungen, so hieß es, solle die „Ehre" Deutschlands „an den Ehrenmalen und Gräbern der Frontsoldaten" und der „deutschen Freiheitskämpfer" wieder hergestellt werden. Während dieser Umwidmungsversuch das demokratische Deutungsspektrum des 8. Mai verlässt, versuchte ein sächsischer Vertriebenenverband eine andere, zwar radikal-einseitige, im Sinne des pluralistischen Deutungsgebots jedoch noch integrierbare Form der Umwidmung: Die „Junge Landsmannschaft Ostpreußen" gab ihre Absicht bekannt, auf einem Aufmarsch in Dresden den 8. Mai als „Tag der Gefangenschaft" begehen zu wollen.[91] Auch mit diesen kurzen Andeutungen ist beschrieben, wie sich das Deutungs- und Thematisierungsspektrum des 8. Mai jenseits seiner „runden" Jahrestage in der Regel darstellt: Der Tag wird,

---

88 Thomas Schmid: Ami go home, in: Frankfurter Allgemeine Sonntagszeitung vom 4.5.03.
89 Jörg Lau: Die Schmerzen der Befreiung, in: Die Zeit vom 16.4.03.
90 Vgl. als weiteres Beispiel des Bezugs zum Krieg im Irak: Axel Lehmann: Kreuzritter bringen keine Demokratie, in: Süddeutsche Zeitung vom 8.5.03.
91 Vgl. jeweils Junge Welt vom 7.5.03.

bei den Ausnahmen der bewussten Thematisierung, sehr häufig gleichsam aus der Sicht der 1950er Jahre aufgegriffen, in dem sich der Blick primär auf den Krieg und auf die eigene deutsche Opferrolle richtet.

Aus der zweiten Deutungsperspektive behandelte auch Volker Zastrow den 8. Mai in der „Frankfurter Allgemeinen Zeitung". Er erklärt die Bundesrepublik im Jahr 2003 zu einem immer noch „kriegsversehrten Land". Vor allem deshalb, weil die Deutschen keinen „moralischen Raum" für die „Wahrnehmung der deutschen Opfer" hätten, ihr Leid sei noch immer „verborgen unter Schleiern der Scham." Während „das Bild von deutschen Tätern" dominiere, „aus begründeter Verantwortlichkeit am meisten in Deutschland selbst", wie Zastrow immerhin konstatiert, besinne man sich erst in jüngster Zeit der deutschen Opfer. Zastrow ignoriert somit wie sehr viele andere einen deutschen Opferdiskurs, der die Bundesrepublik seit ihrer Gründung geprägt hat und gegen den sich die Perspektive auf den Nationalsozialismus, auf die Verbrechen und ihre Opfer sowie auf die deutschen Täter erst langsam und mühsam durchsetzen musste. Zastrow spricht ferner von Verletzungen, die der deutschen Zivilbevölkerung „von den Siegermächten mit Vorbedacht zugefügt worden" seien. Auch in deren Folge seien die „deutsche Mentalität" und das Land insgesamt bis heute „kriegsversehrt". „Die Unwirtlichkeit so vieler deutscher Städte, die über Generationen tradierte Entwurzelung der Flüchtlinge, die andauernde historische Unbehaustheit und Ungewißheit des deutschen Selbstbewußtseins", so fragt er, was seien „sie anderes als Kriegsfolgelasten?"[92] Zastrow liefert ein Beispiel für einen Leitartikel zum 8. Mai (in dem dieses Datum freilich nicht ein einziges Mal explizit erwähnt wird), in dem das vermeintlich mangelnde deutsche Selbstbewusstsein auch im Jahre 2003 noch auf die Folgen des verlorenen Krieges – und nur auf diesen – zurückgeführt wird. Der 8. Mai als ein „Tag der Befreiung", der die Chance zur Demokratie durch einen Prozess der erinnernden Übernahme von Verantwortung für die schuldhafte deutsche Vergangenheit eröffnete? In dieser Lesart der 1950er Jahre, veröffentlicht an publizistisch prominenter Stelle am 8. Mai 2003, findet diese retrospektive Lesart keinen Widerhall.

Es soll nicht gering geschätzt werden, dass aus der Perspektive der deutschen Opfer nach 1945 ebenso legitime wie notwendige Erinnerungen an den 8. Mai 1945 und seine Folgen geschildert werden. So veröffentlichte etwa die „Süddeutsche Zeitung" am 8. Mai 2003 unter der Überschrift „Als am Ende der Krieg kam" eine beklemmende Reportage, in der der Einmarsch der Roten Armee in ein Dorf in Vorpommern geschildert wird.

---

92 Volker Zastrow: Kriegsversehrte, in: Frankfurter Allgemeine Zeitung vom 8.5.03.

Darin heißt es unter anderem, es gebe Geschichten, an die sich jeder im Dorf, der alt genug sei, erinnere:

> „Es war Mai und Sonne war, und wenn die Wundränder der Wolken verblassten am Abend, schwärmten die Männer in Stiefeln aus, torkelten aus, gierige Stiefelschritte auf Pflasterstein, man hörte die Frauen schreien, auf den Wagen, gellende Schreie, sagen die, die alt genug sind, was sollten sie tun, und Schüsse, und dass sie das noch hören, manchmal, wenn Nacht wird, Schreie, in jeder Frau Hitler bezwingen, und die Kinder schrieen, und die Alten bäumten sich nicht auf. Am Morgen fand man Körper wie Streuobst unter den Bäumen der Allee."[93]

In den Kontext dieses öffentlich lange kaum vernehmbaren Erinnerungsnarratives gehört auch die im Frühjahr 2003 relativ breit rezipierte Veröffentlichung des Tagebuchs einer anonymen Autorin, in dem die Vergewaltigungen durch sowjetische Soldaten zwischen April und Juni 1945 in Berlin beschrieben werden. In einer Rezension zu diesem Tagebuch hieß es etwas undifferenziert (und auch darin gleichsam exemplarisch), „die private Rückseite der Geschichte des Zweiten Weltkriegs" habe nur diejenigen interessiert, „die sich an der politisch korrekten Sichtweise auf eine Befreiung stießen, die doch auch Rache des Sieger gewesen war."[94]

Es ginge gegen das hier postulierte plurale Gedenkverständnis, solchen, die Leidenszeit der Nachkriegsvergewaltigungen beklemmend deutlich schildernden Erinnerungsberichten Einseitigkeit oder mangelnde Kontextualisierung vorzuwerfen. Vielmehr ist die Rezeptions- und Wirkungsgeschichte des 8. Mai 1945 ohne diese Erlebnisdimension kaum zu verstehen. Es ist nicht die Aufgabe eines einzelnen Artikels und schon gar nicht eines Tagebuchs aus dem Jahr 1945, das ganze Deutungsspektrum abzubilden, sondern es ist der Anspruch öffentlich-pluralistischen Gedenkens, die verschiedenen, disparaten Ereignis- und Deutungsinhalte des 8. Mai insgesamt in ein Verhältnis zu bringen, das einer demokratischen politischen Erinnerungskultur entsprechen könnte. Daran jedoch mangelt es an den „nichtrunden" Jahrestagen des 8. Mai in der Regel. So wurde etwa im Jahre 2003 als einziges Bundesland in Mecklenburg-Vorpommern staatlich-offiziell an den 8. Mai 1945 (in Form einer Kranzniederlegung) erinnert.[95] Auch Bun-

---

93 Renate Meinhof: Als am Ende der Krieg kam, in: Süddeutsche Zeitung vom 8.5.03.
94 Katharina Döbler: Eilige Notizen eines Höhlenmenschen, in: Literaturbeilage der „Zeit", Juni 2003 (Rezension des Buches „Anonyma: Eine Frau in Berlin. Tagesbuchaufzeichnungen vom 20. April bis 22. Juni 1945, Frankfurt (Main) 2003.)
95 Der Landtag in Schwerin hatte im Herbst 2001 den 8. Mai zu einem offiziellen Gedenktag erklärt (vgl. Schweriner Volkszeitung vom 8.5.03 und Ostsee-Zeitung vom 9.5.03). Dagegen erklärte z.B. die thüringische Landesregierung auf Nachfrage, es seien keine Veranstaltungen zum Jahrestag des 8. Mai geplant, schließlich handele es sich um kein rundes Jubiläum (vgl. Thüringer Allgemeine Zeitung vom 8.5.03).

despräsident Rau ging in einer Rede am 9. Mai 2003, die er zum 70. Jahrestag der Bücherverbrennungen hielt, nicht auf den Jahrestag des 8. Mai 1945 ein.[96] Wenn die staatlich-offizielle Ebene und die politische Öffentlichkeit insgesamt das Gedenken an den 8. Mai nahezu ausschließlich auf seine „Jubiläen" konzentrieren, fehlen an den Anniversarien Deutungsangebote, die den notwendigen Erlebnisberichten an eigenes Leid politisch-kulturelle Kontextualisierungen und prozesshaft-retrospektive Lesarten zur Seite stellen könnten.

Auf privater und gesellschaftlicher Ebene bleibt dieser Gedenktag dagegen auch zwischen seinen runden Jahrestagen an verschiedenen Orten in Erinnerung und Würdigung. Als ein Beispiel, den empirischen Teil dieser Studie abschließend, kann für das Jahr 2003 der „Tag der Befreiung" im niedersächsischen Peine exemplarisch herausgegriffen werden. Am dortigen Gedenkstein versammelten sich etwa zwanzig Vertreter der Stadt und des Landkreises sowie Vertreter von Verfolgtenorganisationen und Gewerkschaften. In kurzen Reden des Kreisvorsitzenden der „Vereinigung der Verfolgten des Naziregimes" und des Vorstandsvorsitzenden des Stahlwerkes Peine/Salzgitter wurde vor dem Vergessen gewarnt und die Charakterisierung des 8. Mai als „Tag der Befreiung" prononciert. Ohne diese Form des Gedenkens gering schätzen oder ironisieren zu wollen, wirft der abschließende Satz der Lokalberichterstattung über diese Zeremonie ein Schlaglicht auf das Gedenken an den 8. Mai, das mit den staatlich-inszenierten Gedenktagen zu runden Jubiläen nur wenig gemeinsam hat: „Musikalisch begleitete das Salzgitteraner Gitarrenduo Heinz und Fuzzy die Veranstaltung. Sie endete mit Kranzniederlegungen."[97]

„Heinz und Fuzzy" am 58. Jahrestag des 8. Mai 1945 im Peiner Herzberg statt die Vertreter der Siegermächte im Berliner Konzerthaus an dessen 50. Jahrestag, live im Fernsehen übertragen und als Feier geglückter deutscher Nationalgeschichte (fehl)inszeniert – vielleicht verdeutlicht dieser etwas willkürlich gewählte Kontrast das pluralistische, mehrdimensionale Spektrum des Gedenkens an den 8. Mai auf ungewohnte, aber realistische Weise. Bürgerschaftliche Organisationen und Initiativen erinnern sich, im Gegensatz zur staatlich-offiziellen Ebene, jedenfalls auch jenseits der runden, öffentlichkeitswirksam inszenierbaren Gedenkanlässe an das Ende von Krieg und Nationalsozialismus.

---

96 Vgl. RAU 2003c.
97 Gifhorner Rundschau vom 9.5.03.

11. Befreiung durch Erinnerung – Versuch einer Bilanz

Die offiziellen Repräsentanten beider deutscher Staaten zeigten sich zu jedem Zeitpunkt darüber gewiss, dass ihr jeweiliges politisches System die richtigen Konsequenzen aus den Erfahrungen des Nationalsozialismus gezogen hat. Die Aussage, man habe die „Lehren aus der Geschichte" klar erkannt und in praktisches Handeln umgesetzt, erscheint als *der* gemeinsame Topos der offiziellen Beiträge zum 8. Mai 1945.[1] Nur: Worin diese normativ bestehen, in welcher Form, in welchen Medien und mit welchen Konsequenzen sie umgesetzt werden müssen – darin unterschieden sich beide deutschen Staaten fundamental. Die „Lektion der Geschichte", die gemeinsam erfahrene historische Zäsur des Jahres 1945, wurde zum Ausgangspunkt unterschiedlicher Erinnerungskulturen. Einer der Unterschiede manifestierte sich bereits in der offiziellen Aufmerksamkeit für diese Zäsur. Während die DDR-Führung den 8. Mai schon früh für die eigenen legitimatorischen Ziele nutzbar machte, lässt sich für die Bundesrepublik mit Blick auf den 8. Mai lange Zeit kaum von einem zentralen Thema sprechen, anhand dessen das eigene politische Selbstverständnis zu klären versucht worden wäre. Selbst bei einer Überschätzung dessen, worauf sich die Analyse fokussiert, beschränkte sich die Aufmerksamkeit für den 8. Mai in der Bundesrepublik weitgehend auf dessen „runden" Jahrestage. Jenseits dieser besonderen Gelegenheiten kollektiver Erinnerung war die Relevanz dieser Zäsur gleichwohl politisch-kulturell zumindest subkutan immer spürbar; einige Beispiele für diese implizite Präsenz wurden hier präsentiert.

Die hier erfolgte Betrachtung könnte dennoch eine Bedeutung dieses Zäsurdatums suggerieren, die ihm empirisch zumindest lange Jahrzehnte nicht zukam. In der Bundesrepublik hat der 8. Mai bis in die 1970er Jahre hinein als staatlich-offizieller Gedenktag keine im eigentlichen Sinne öffentliche Rolle gespielt, schon gar nicht mit den vielschichtigen Deutungsmustern, die ihm heute zugeschrieben werden. In einem wirklich großen Rahmen, begleitet von einer umfangreichen öffentlichen Debatte, beging die Bundesrepublik diesen Gedenktag erst 1985. Von Anfang an entscheidender waren vor allem der 20. Juli 1944 und der 17. Juni 1953, über die positivere Bezüge zu nationalen Traditionen hergestellt werden konnten.

---

[1] So auch KIRSCH 1999, S. 70, der aus diesem Topos den Titel seiner Studie bezieht.

In der DDR war der 8. Mai 1945 dagegen seit ihrer Gründung ein zentraler Gedenktag, der als Anniversarium das politische Gedenkjahr entscheidend mitstrukturierte. Generell war es für die kollektiv-offizielle Erinnerung in der nicht-demokratischen DDR bis 1989 kennzeichnend, die Anlässe zur Thematisierung der Vergangenheit in das ausgeprägte System von politischen Fest- und Feiertagen zu integrieren. Auf diese Weise sollten die Bürgerinnen und Bürger in ein dichtes Netz von kanonisierten Ritualen eingebunden werden. Als Mittel zur Entpluralisierung der Gesellschaft, zur Verhinderung von individuellen Reflexionen und eigener Urteils- und Wertfindung war diese Praxis Ausdruck einer antidemokratischen politischen Kultur, in der dem 8. Mai 1945 eine zentrale Rolle zukam. Während in der Frühphase der Bundesrepublik der Wunsch zur Vermeidung der Auseinandersetzung mit schuldhaften Anteilen der deutschen Vergangenheit vorherrschte und der 8. Mai deshalb kaum eine Rolle spielte, stürzte sich die SED von Anfang an in das Gedenken an diesen Tag. Sie flüchtete in eine determinierte Deutung des 8. Mai, der nach ihrem Willen ausschließlich als „Tag der Befreiung vom Hitlerfaschismus" zu gelten hatte. Helmut Dubiel weist in diesem Zusammenhang auf ein nur auf den ersten Blick paradoxes Phänomen hin: Nicht nur das kollektive Beschweigen historischer Schulderfahrungen, sondern auch die legitimationswirksame Dramatisierung eines historischen Kontinuitätsbruchs kann die öffentliche Reflexion der Teilhabe an einem verbrecherischen System verhindern.[2]

Der monopolisierte Antifaschismus des SED-Regimes war die Hauptquelle des Anspruchs, mit dem Nationalsozialismus und insgesamt der Geschichte des autoritären deutschen Obrigkeitsstaates gebrochen zu haben. Gefeiert wurde dieser Anspruch am 8. Mai – an ihm ließ sich „die gesamte legitimatorische Mythologie der DDR" entfalten.[3] Er diente der staatlich-offiziellen DDR – und dies nicht nur zu „runden" Gedenktagen – bis 1989 als Begründung für die enge Anbindung an die Sowjetunion (und damit zur Deklaration der DDR zum „Sieger der Geschichte" und quasi Mitbefreier), als Fundamentierung des antifaschistischen Gründungsmythos, zur Charakterisierung der DDR als erfolgreichem Ausweg aus der verhängnisvollen imperialistischen deutschen Geschichte sowie zur Abgrenzung vom westdeutschen Staat. Das Gedenken an den 8. Mai diente der Integration in die SED-Diktatur und als Verhinderungsideologie für gesellschaftliche Demokratisierungsbestrebungen. Bei allen in Details vorhandenen Unterschieden im Zeitverlauf blieben die Funktionen des 8. Mai-Gedenkens bis 1989 unter den Bedingungen der Diktatur der SED im Kern unverändert.

---

2 Vgl. DUBIEL 1999, S. 278f.
3 KIRSCH 1999, S. 68.

Wesentliche Inhalte eines normativ-demokratisch definierten Gedenkens, wie z.B. die umfassende Erinnerung an *alle* Opfer des Nationalsozialismus und die daraus resultierende Verantwortung, standen der Selbstlegitimierung als antifaschistischer Staat, der sich auf den Aufbau durch kämpfende Antifaschisten stützte, im Wege. Diese Inhalte fanden daher bis 1989, jedenfalls aus Anlass des 8. Mai, keinen Platz in der offiziellen Vergangenheitsthematisierung der DDR.[4] Im Gründungsmythos der SED-Diktatur, der am 8. Mai gefeiert wurde, wurden die antifaschistischen Biographien der DDR-Gründergeneration zur Exemplarität stilisiert und so den meisten Menschen erspart, sich mit ihrer eigenen Vergangenheit im Nationalsozialismus kritisch auseinander zu setzen. Dieser Gründungsmythos hatte somit entlastende, legitimationsgenerierende Funktionen, konnte aber erlebensgeschichtlich nicht verankert werden: Die Mehrheit der Deutschen hatte sich mit dem Nationalsozialismus identifiziert oder zumindest arrangiert – Widerstandsbiographien sind eine rare Ausnahme.

Der antifaschistische Gründungsmythos konnte deshalb nicht kommunikativ über die Erlebensgeschichte und die individuelle Erinnerung daran vermittelt werden. Der Nationalsozialismus wurde – als Faschismus verstanden – als eine für die DDR abgeschlossene Epoche behandelt und in die Bundesrepublik projiziert. Er wurde öffentlich weder als Teil der eigenen politischen Geschichte noch als Teil der eigenen Biographie oder Familiengeschichte thematisiert. Die in der DDR vorhandenen unterschiedlichen Erinnerungsgemeinschaften mussten sich daher, wenn überhaupt, im Verborgenen verständigen. Eine der Bundesrepublik vergleichbare öffentliche Generationendynamik in der Auseinandersetzung mit der Vergangenheit fand auf diese Weise kaum statt. Hinzu kam die Schwierigkeit, Akzeptanz für den 8. Mai als „Tag der Befreiung" zu erlangen, wenn zwar das Ende von Krieg und Nationalsozialismus begrüßt wurde, nicht aber die Ergebnisse und Folgen dieses Tages, die Etablierung einer neuen, anders gearteten Diktatur. Deshalb war der antifaschistische Gründungsmythos von Anfang an in hohem Maße auf kulturelle Vermittlungsformen angewiesen. Nur so konnte versucht werden, ihn als legitimierenden Teil des kollektiven Gedächtnisses zu etablieren.

Über das kulturelle Gedächtnis vermittelte Erinnerungen können leichter unter politische Kontrolle gebracht werden als dies beim kommunikativen Gedächtnis der Fall ist, das immer in einem Spannungsverhältnis zu offiziellen Überformungen steht. Insofern musste der Antifaschismus, um überhaupt Bestandteil der öffentlichen Erinnerungskultur werden zu kön-

---

4 Für andere Gedenktage, vor allem den 20. Juli und den 9. November, gilt partiell anderes. Vgl. z.B. DANYEL 2001; KESSLER 1999; TIMM 1995; TIMM 1994.

nen, verordnet werden. Gleichsam reziprok sorgten die diktatorischen politischen Machtverhältnisse dafür, dass er verordnet werden *konnte*. Zugleich lag hier jedoch das Problem der SED (und jeder Diktatur): Glaubwürdigkeit kann öffentlich-offizielles Gedenken dauerhaft nur einfordern, wenn es politisch-kulturell fest verankert ist und unterschiedlichen Erfahrungen im kommunikativen Gedächtnis ihren legitimen Raum lässt. Das Gedenken an den 8. Mai spiegelt dieses legitimatorische Dilemma einer Diktatur: Der Antifaschismus war, in den Worten von Monika Gibas, zunächst berechtigter Anlass für „Achtung vor dem Heroismus der Antifaschisten und Kommunisten", konnte aber kaum „erfahrungsgestützte Motivation für eigenes Handeln liefern."[5] Der Gründungsmythos wurde deshalb im Ablauf der Generationen zu einer „immer knapperen Legitimationsressource".[6] Im Ergebnis scheiterte der Versuch, die verordnete antifaschistische Legitimationsgrundlage von einer Generation an die nächste weiterzugeben.

Die kanonisierten Formen des Gedenkens an den 8. Mai auf der staatlichen Ebene der DDR bestätigen insofern die demokratietheoretische Hypothese, nach der eine öffentlich nicht-pluralistische Thematisierung der Vergangenheit zu determinierten Deutungen historischer Zäsuren und damit zu einer Nicht-Demokratisierung von politischen Systemen durch offene Selbstverständigungsdebatten führt. In der Diktatur der SED fehlte ein politisch-weltanschaulicher Pluralismus, die Anerkennung unterschiedlich gelebter Biographien, es gab auch keine eigenständigen intermediären Institutionen, über die diese Pluralität hätte vermittelt werden können. Gleichzeitig aber lässt sich am Beispiel der DDR der Jahre 1989/90 der Zusammenhang zwischen pluralistischen Institutionen und einer demokratischen Gedenkkultur aufzeigen, zu der die kritische Erinnerung an schuldhafte Anteile der eigenen Vergangenheit auch über Generationsgrenzen hinweg ihren Anteil leistet. Die kritische Auseinandersetzung mit der Vergangenheit ist, in den Worten von Andreas Wöll, ein Prozess, „in dem die Erinnerung an gemeinsam und zugleich verschieden erlebte geschichtliche Zentralerfahrungen die Zumutung autoritativer Deutungsmuster und asymmetrischer Kommunikationsformen delegitimiert."[7] Die politische Opposition der 1980er Jahre und die DDR des Jahres 1990 lieferten dafür anschauliche Beispiele: Die Demokratisierung des politischen Systems und die Öffnung des Gedenkens gingen eine untrennbare Verbindung ein.

Delegitimierung der Diktatur durch die Öffnung des Gedenkens: Dieser erinnerungs- und demokratietheoretische Ansatz kann – neben der bereits

---

5 GIBAS 1999, S. 324.
6 MÜNKLER 1998, S. 21.
7 WÖLL 1997b, S. 35.

skizzierten scham- und schuldkulturellen Unterscheidung – auch als Leitfaden zur Bilanzierung des Interpretationsprozesses in der Bundesrepublik verwendet werden. Dabei wäre es verfehlt, die Thematisierung des 8. Mai 1945 in der Bundesrepublik als eine lineare und abzuschließende Erfolgsgeschichte in Richtung Pluralismus und Demokratie zu beschreiben. Dieser Studie liegt ein erinnerungstheoretischer Ansatz zugrunde, der unter anderem davon ausgeht, dass Erinnerung und Gedenken nicht als wertfreie und voraussetzungslose Registraturen, sondern als subjektive und normativ geleitete Bilanzierungen zu begreifen sind. Dieser Ansatz enthält zudem die Vermutung, dass sich die Demokratisierung von kollektiver politischer Identität unter anderem als Integration unterschiedlicher Erinnerungen, Selbstbilder und Werthaltungen vollzieht. Vertreten wird die These, dass dem politischen System eines nachdiktatorischen Staates und seiner Gesellschaft in dem Maße eine demokratische politische Kultur zuwachsen, in dem den pluralistischen und kritischen Erinnerungen an die eigene schuldhafte Vergangenheit Raum gegeben wird. In diesen Fragen kann von einem eindimensional-linearen Prozess keine Rede sein.

Kaum ein anderes Datum der deutschen Geschichte ist mit so unterschiedlichen, in erheblichen Ausmaß sogar entgegengesetzten Erfahrungen, Erinnerungen und Bedeutungsinhalten aufgeladen wie der 8. Mai 1945. Die vielschichtigen erinnerungspolitischen Auseinandersetzungen resultierten primär aus genau diesem Umstand. Die Vielfalt der lebensgeschichtlich erfahrenen Einzelschicksale muss im Gedenken pluraler Gesellschaften gespiegelt und wechselseitig respektiert werden. Gleichzeitig darf der Erfahrungspluralismus jedoch zu keiner unverbundenen Parzellierung im öffentlichen Gedenken und damit zur normativen Unverbindlichkeit politischer Gedenktage führen. Der Nationalsozialismus kann nicht allein lebensgeschichtlich in zahlreiche Individualnarrative aufgelöst werden, sondern muss immer zugleich, in den Worten Peter Steinbachs, „im Bezug auf das schlechthin alles überwölbende Ereignis dieser Ära gedeutet werden: den langfristig geplanten, stufenweise vorbereiteten und zielstrebig verwirklichten industriemäßig betriebenen Mord an den Juden Europas."[8] Diese Perspektive aus den Augen zu verlieren, hieße Pluralismus, Respekt und Verantwortung ad absurdum zu führen und die normativen Implikationen öffentlicher Vergangenheitsthematisierungen zu ignorieren.

In einem pluralistischen Verständnis von öffentlicher Erinnerung, das einer demokratischen politischen Kultur entspricht, müssen auch die eigenen Toten und die eigenen Leiden ihren angemessenen Platz haben. Bei der

---

8 STEINBACH 1995b, S. 122.

Erinnerung an den Nationalsozialismus treten mit Auschwitz jedoch Opfererinnerungen hinzu, die verhindern, den Blick ausschließlich oder alle Toten einebnend auf die eigenen Opfer richten zu können. In den Anfangsjahren herrschte in beiden deutschen Staaten jedoch ein solches exklusives Selbstbild als Opfer vor, ein Selbstverständnis, das es ersparte, sich mit der eigenen Verantwortung auseinandersetzen zu müssen und das seine Entsprechung auch in den frühen Stellungnahmen zum 8. Mai findet. Dieses Opferselbstbild entsprang zunächst primär dem Gefühl, den Zweiten Weltkrieg ausschließlich erlitten und nicht etwa als Vernichtungskrieg geführt zu haben. Dementsprechend richtete sich der Blick lange Jahrzehnte nahezu ausschließlich auf den Krieg, nicht auf den Nationalsozialismus und seine Verbrechen. Das Opferselbstbild dominierte in der DDR auf offizieller Ebene sogar bis 1989, hier jedoch in heroischer und damit auf andere Weise entlastender Form. Verstärkt wurde die schuldentlastende Selbstviktimisierung durch zeitgenössische Erfahrungen von Hunger und Trümmern, Vertreibung, Vergewaltigungen, der als ungerecht empfundenen Entnazifizierung und langfristig vor allem der nationalen Teilung.

Ein weiteres verbreitetes Deutungsmuster der ersten Nachkriegsjahrzehnte, so Brigitte Rauschenbach zutreffend, war die Aufspaltung der Geschichte „in die Untaten des Dämonen und Verführers Hitler und eine eigene kontrapunktisch heilgebliebene und naiv verstandene Privatwelt."[9] Eine die Frühgeschichte der Bundesrepublik prägende Aufspaltung, die sich auch später noch in einem gleichsam retardierenden Prozess, etwa in der Friedenspreisrede von Martin Walser 1998, immer wieder Gehör verschaffen konnte. Auch in dieser Erinnerungskonstellation muss weder individuell noch öffentlich-kollektiv die eigene Verantwortung an dem Geschehen kritisch thematisiert werden. Gezeichnet wurden diese schuldentlastenden Selbstbilder in der Regel mit den Kategorien eines mythischen und tragischen Geschichtsverständnisses. Dafür bieten vor allem die viel zitierten Worte von Theodor Heuss ein anschauliches, bis heute auf breite Zustimmung treffendes Beispiel. Schuld und Verantwortung werden in diesen Kategorien externalisiert und allenfalls schamkulturell ausgedeutet. So konnten viele Deutsche nach 1945 ihre eigene Vergangenheit und Gegenwart im „Paradigma des Tragischen"[10] deuten und ein Selbstbild vertreten, das dem Ich keine Autonomie, keine Entscheidungsfreiheit und dem eigenen Handeln in der Vergangenheit keine Alternativen zubilligt.

Auch die deutsche Teilung lässt sich neben der Deckerinnerung an den Krieg und das eigene Opferselbstbild als ein kontinuierlicher Leitfaden in

---

9 RAUSCHENBACH 1995, S. 10.
10 SCHWAN 1997a, S. 66.

den Deutungsprozessen des 8. Mai bezeichnen, der dazu beitrug, dass dieses Datum bis in die 1970er Jahre hinein keinen eigenständigen Platz in der bundesdeutschen Erinnerungskultur fand. Solange und soweit die deutsche Teilung als herausragendes und manifest bis in die Gegenwart reichendes Hauptergebnis des Jahres 1945 betrachtet wurde, wurde der 8. Mai in seinen Folgen als negativ bewertet. Und solange der 8. Mai in der DDR mit großem Aufwand als „Tag der Befreiung" inszeniert wurde, tat sich die Bundesrepublik schwer, dieser Terminologie und diesem Zäsurdatum normativ-demokratische Inhalte zu verleihen. Je mehr die deutsche Teilung politisch (wenn auch unausgesprochen) akzeptiert wurde, und je mehr sich die Bundesrepublik selbst als eine erfolgreiche, eigenständige Nachkriegsdemokratie anerkannte, desto mehr entfiel ein die Befreiungslesart blockierendes Motiv. Da in jeder inhaltsanalytischen Studie das behandelte Material durch den Filter der erkenntnisleitenden Fragestellungen geht, sind viele weitere Aspekte, die das Gedenken an den 8. Mai gleichsam wie ein roter Faden durchzogen haben, notwendig unterrepräsentiert. Zum Beispiel der Bombenkrieg gegen Deutschland, die Erfahrungen der deutschen Soldaten, der deutsche Widerstand und vor allem die Frage von Flucht und Vertreibung. Auch in Bezug auf diese Erinnerungsnarrative gab es Prozesse der umdeutenden, integrierenden Neuinterpretationen, in denen der 8. Mai als ein Katalysator unter anderen wirkte.

Die Mehrzahl der Deutschen in Ost und West wollte zunächst nicht ergründen, was vor 1945 in ihrem Land, mit ihnen und durch sie geschehen war. Doch sie konnten diese Geschichte und ihre Selbstgeschichten nicht unwirklich machen. In einem vielstimmigen, diskontinuierlichen Prozess, der sich aus unterschiedlichen Quellen speiste und unterschiedliche Impulse erhielt, setzte sich in der Bundesrepublik die Anerkennung durch, dass sich der Blick auf die Jahre vor 1945 wenden muss, in denen es millionenfach Opfer gegeben hatte. Dadurch lösten sich Wahrnehmungssperren, und es konnte erkannt werden, dass die Jahre des Nationalsozialismus Jahre deutscher Verbrechen und deutscher Schuld gewesen waren. Je deutlicher die öffentlichen Kontroversen über die verschiedenen inhaltlichen Bedeutungsebenen des 8. Mai, die auf unterschiedlich kontingente Weise mit dem Nationalsozialismus verbunden sind, auf den deutschen Völkermord und dessen Opfer und damit auf die Schuldfrage fokussierten, desto deutlicher konturierte sich das heraus, was hier als eine demokratische politische Kultur im Medium der Erinnerung aufgefasst wird. Im kulturellen Gedächtnis setzte sich, wenn auch nie gesichert, die Erkenntnis durch, dass die Erinnerung an schuldhafte Vergangenheit zur Konstituierung demokratischer politischer Identität beiträgt.

Damit ist der entscheidende Unterschied zwischen der demokratisch-pluralistischen und der diktatorisch-determinierten Thematisierung des 8. Mai in der Bundesrepublik und der DDR beschrieben: Während in der DDR die SED die Auseinandersetzung mit der Vorgeschichte des 8. Mai 1945 bereits nach wenigen Jahren abbrach, erlebte die Bundesrepublik einen konflikthaften Prozess der inhaltlichen und normativen Deutung dieses Datums, der umstritten, mühsam, Widerständen abgerungen, zeitlich verzögert und keineswegs kontinuierlich erfolgte. Die Erinnerungskultur der Demokratie ist nie homogen, sondern geprägt von divergierenden Erinnerungen, Einstellungen und Lesarten der Vergangenheit. Trotz aller Brüche und Rückschritte lässt sich aber von einer Entwicklungstendenz sprechen, in der sich im Zeit- und Generationenablauf der Stellenwert, der dem 8. Mai in der Öffentlichkeit zugemessen wurde (wenn auch in der Regel nur zu „runden" Gedenktagen) und die Bereitschaft, ihn erinnerungspolitisch pluralistisch auszuleuchten, veränderten. Zunehmend, wenn auch nicht-linear, wurden unterschiedliche Deutungsperspektiven berücksichtigt, der offiziell-öffentliche Rahmen größer und die Opfergruppen stärker akzentuiert. Es war ein stets umstrittener Prozess in Richtung Ausdifferenzierung und Anerkennung unterschiedlicher legitimer Deutungsansprüche.

Als für diese Studie wichtigster Leitfaden lässt sich dabei herausheben, dass die späte Anerkennung der Opfer des Nationalsozialismus sowie die zunehmende Thematisierung von Schuldfragen und der aus ihnen resultierenden Verantwortung dazu geführt haben, dass neue Erinnerungsnarrative in das öffentliche Gedenken einbezogen wurden. Bis in die 1970er Jahre wurden kaum Erinnerungen an den Nationalsozialismus öffentlich thematisiert, der 8. Mai stand bis dahin primär für das Ende des Krieges. Diese Deckerinnerung war es vor allem, die eine eigenständige, kritische Auseinandersetzung mit den Verbrechen der Deutschen im Nationalsozialismus lange Jahrzehnte weitgehend verhindern half. Sie ermöglichte die Ansprache deutscher Opfererinnerungen und die eher larmoyante Kritik an den Besatzungsmächten und deren Entnazifizierungspolitik. Insbesondere in den Reden Konrad Adenauers, in der publizistischen und staatlich-offiziellen Thematisierung des 8. Mai im Jahr 1955 und in der Erklärung der Bundesregierung aus dem Jahr 1965 findet dieser schuldentlastende Leitfaden anschauliche Beispiele. Je deutlicher der 8. Mai darüber hinaus auch als Ende des Nationalsozialismus thematisiert wurde, desto deutlicher ließen sich auch andere Bedeutungsinhalte konturieren. Dieser Ausdifferenzierungsprozess setzte in Presse und Publizistik der Bundesrepublik früher ein als auf staatlich-offizieller Ebene: Vielschichtigere Konturen des 8. Mai wurden hier bereits im Jahr 1965 entwickelt. Mit dem Beginn der 1970er Jahre stieg zudem das Gespür für positive Bedeutungsgehalte dieser Zäsurerfahrung. Auch die Konturierung der Befreiungslesart, als wichtigste positive Ausdeutung des 8. Mai 1945, erfolgte staatlich-offiziell später als auf gesellschaftlicher und publizistischer Ebene. Obwohl schon bei Heuss vorbereitet – eine lineare Rezeptionsentwicklung gibt es eben nicht –, wurde sie auf staatlich-offizieller Ebene erst 1975 von Walter Scheel deutlich formuliert.

Wenn der 8. Mai auch als Ende des Nationalsozialismus verstanden wird, zwingt er dazu, sich an dessen Opfer zu erinnern. Unterschiedliche Opfergruppen – nicht mehr nur die eigenen – wurden auf staatlich-offizieller Ebene erst seit Mitte der 1970er Jahre differenziert gewürdigt. Gleiches, damit eng zusammenhängend, gilt für die Ausdifferenzierung von Täter- und Opfernarrativen – wenn die Opfer anerkannt werden, muss auch über Schuld, Verantwortung und Täterschaft gesprochen werden. Auch in dieser Hinsicht gingen gesellschaftliche und publizistische Stellungnahmen der staatlichen Ebene voraus, als ein Beispiel wurde die Rede von Helmuth Gollwitzer am 7. Mai 1955 herausgestellt. Während z. B. Ludwig Erhard (der allerdings eine politische Haftung anerkannte) und Willy Brandt (der die Schuldfrage gar nicht thematisierte) nur sehr unspezifisch von den Opfern sprachen (und damit die des Krieges, weniger die des Nationalsozialismus meinten), sprach Walter Scheel die Schuldfrage im Jahr 1975 direkt an und konstatierte das „Versagen" einer ganzen Generation. Eine Lesart, die zehn Jahre später durch Richard von Weizsäcker noch stärker akzentuiert werden sollte, in einem Jahr, in dem zeitgleich in Bitburg versucht wurde, die Verbrechen des Nationalsozialismus wieder in den Hintergrund zu drängen und den Zweiten Weltkrieg und dessen Opfer in einer versöhnenden Perspektive erneut in den Vordergrund zu stellen.

Richard von Weizsäckers Lesart des Befreiungsbegriffs korrespondierte mit der Anerkennung der Opfer des Nationalsozialismus und mit dem daraus resultierenden gestiegenen Bewusstsein für Schuld und Verantwortung. Sie war außerdem ein Ausdruck der Selbstanerkennung der Bundesrepublik als Demokratie und spiegelte einen Prozess von national-identifizierenden Geschichtsdeutungen hin zu universal-moralischen, menschenrechtlichen Betrachtungen der eigenen Vergangenheit. Kollektiv-öffentliches Gedenken und individuelle Erinnerungen ließen und lassen sich nur schwer in Gleichklang bringen – wenn dies in der Bundesrepublik schließlich in stets fragiler Hinsicht gelungen ist, so war das, in den Worten Peter Steinbachs, „die Folge einer gemeinsamen und im Laufe der Zeit akzeptierten Bemühung um ein ‚integrierendes Gedenken', in dem die Erinnerung an Schuld und Verantwortung im Vordergrund stand."[11] Für diese Bemühung ist die Rede

---

11 STEINBACH 2001, S. 3.

Richard von Weizsäckers ein herausragendes Dokument: Wie kein anderer staatlicher Repräsentant – jedenfalls aus Anlass des 8. Mai – entfaltete er einen integrierenden Ansatz, in dem gleichwohl die Schuldfrage unzweideutig im Mittelpunkt stand. Primär deshalb füllte Weizsäcker den Befreiungsbegriff, den er ja nicht „erfunden" hat, mit hohem demokratisch-normativen Gehalt. Darin manifestierte sich der entscheidende Deutungsunterschied beispielsweise zu dem von Heuss schon früh geprägten Begriff des „Befreit-Seins". Nachdem diese Lesart in der wohl spektakulärsten Rede zum 8. Mai auf höchster staatlicher Ebene, öffentlich weit beachtet, zum Ausdruck gebracht worden war, begann auf dieser normativen Basis ein erneuter, nun vertiefender Prozess der Differenzierung. Spätestens mit dieser Rede wurde das Gedenken an den 8. Mai 1945 auch auf staatlich-repräsentativer Ebene zu einer multiperspektivischen Erinnerung. Die Weizsäcker-Rede macht damit – prägnanter als andere – deutlich, welches Potential in öffentlichen Gedenkreden liegt: Die kollektiv-offizielle Erinnerung kann in doppelter Hinsicht ein Medium der Demokratisierung sein – sie ist ein *Spiegel* des Wandels der politischen Kultur und kann zugleich ein *Faktor* eben dieses Wandels sein.

Terminologisch betrachtet, bewegte sich dieser Wandel in einem Deutungsbogen, an dessen Enden die in der Regel dichotomisch verwendeten Begriffe „Niederlage" bzw. „Katastrophe" und „Befreiung" standen. Sie wurden lange Jahrzehnte als terminologische Signaturen zweier konkurrierender, sich ausschließender Erzählungen verwendet, die divergierende Erfahrungen repräsentieren sollten. Die schon früh erfolgte Fixierung auf Begriffe war der Debatte über die politisch-kulturell mit ihnen verbundenen Inhalte eher abträglich, da sie nicht zur Differenzierung, sondern zur Polarisierung beitrug. Die in der Regel antithetisch gesetzten Begriffe lassen sich zwar zu keiner Synthese verbinden, aber doch – etwa in der Formulierung „Befreiung durch Niederlage" – zusammendenken. „Der deutsche Sonderweg in die Freiheit ging durch das Nadelöhr der Niederlage", so hat es Peter Sloterdijk formuliert.[12] Auch in der Ausdifferenzierung des Sprachgebrauchs liegt eine Chance, diesem so erfahrungs- und bedeutungspluralistischen Tag nicht mehr terminologisch streitend entgegen zu treten, sondern seinen Bedeutungsgehalten auf unterschiedlichen Ebenen näher zu kommen. Der Weg dahin, diese Chance auch zu nutzen, wurde vornehmlich durch die Anerkennung der Schuldfrage, durch die Affirmation der Bundesrepublik als Demokratie und durch die Erkenntnis geebnet, dass zwischen den biographischen Erfahrungen und Erinnerungen der Deutschen im Jahre 1945

---

12 Peter Sloterdijk, zitiert nach: FEHRENBACH 1993, S. 16.

und der politisch-kulturellen Bedeutung der Zäsur aus der Retrospektive unterschieden werden muss.

Die Annäherung an die Überwindung der empirisch naiven und demokratietheoretisch verkürzenden Dichotomie der Begriffe deutete sich vor allem im Jahre 1995 in Form eines integrativen Pluralismus an. Gleichwohl stand dieses Jahr erneut unter konflikthaften Vorzeichen. Nicht nur auf höchster staatlicher Ebene wurde der 8. Mai vor dem Hintergrund der staatlichen Einheit erneut umgedeutet, indem er nationalgeschichtlich marginalisiert wurde. Die Zäsur des Jahres 1945 wurde insofern abgeschliffen, als sie zu einem Datum des historischen Übergangs erklärt wurde, dessen eigentlichen Fluchtpunkt die nationale Einheit des Jahres 1990 darstellt. In dieser Lesart verliert das Jahr 1945 als lediglich transitorische Zäsur an Bedeutung für die politische Kultur des vereinten Deutschland. Auch in dieser Frage bestehen jedoch keine unüberbrückbaren Gegensätze: Wenn die normativ indifferente nationale Lesart um die freiheitlichen und demokratischen Gehalte der Zäsur von 1989/90 erweitert wird, kann diese zweite Zäsur ebenfalls als ein wichtiger politisch-kultureller Bezugspunkt für die Demokratie ausgedeutet werden.[13] Diese notwendige Deutungserweiterung der Zäsur von 1989/90 könnte ihrerseits ein Ergebnis der Auseinandersetzung mit den befreienden Bedeutungsgehalten des Jahres 1945 sein. In den bereits zitierten Worten von Jürgen Habermas: 1989 wird „nur so lange ein glückliches Datum bleiben, wie wir 1945 als das eigentliche lehrreiche respektieren."[14]

Dass im zentralen Staatsakt des Jahres 1995 erneut nationalidentifikatorische Deutungsangebote im Mittelpunkt standen, war zwar ein Rückfall in die Lesarten der 1950er und 1960er Jahre, stellt aber den Befund eines sich inkonstant öffnenden Deutungsprozesses nicht in Frage. Der 8. Mai 2000, wenn auch öffentlich kaum wahrgenommen, brachte in der Rede des Bundeskanzlers wieder den erreichten Ausdifferenzierungsgrad der deutschen Demokratie im Umgang mit ihrer verbrecherischen Vorgeschichte zum Ausdruck. Ein Diskussionsstand, der zwei Jahre später freilich vom selben Bundeskanzler erneut unterschritten wurde. Auch daran wird deutlich: Die deutsche Erinnerungsgeschichte seit 1945, in der die politische Kultur der

---

13 Als nationaler Feiertag entspricht der 3. Oktober der nationalgeschichtlichen Lesart – mit ihm schuf sich das vereinte Deutschland einen neuen Gründungsmythos, der weder den Nationalsozialismus und seine Verbrechen, noch – mit Blick auf die demokratische Revolution in der DDR – Zivilcourage, Freiheitstraditionen oder Widerstand in den Mittelpunkt stellt, sondern einen nationalen Verwaltungsakt. Einem politisch-kulturellen Selbstverständnis, in das sowohl die Abgründe und Verbrechen der deutschen Geschichte als auch positive nationale Anknüpfungspunkte – insbesondere die freiheitlichen Gehalte des Jahres 1989 – inkorporiert werden könnten, entspräche dagegen der 9. November als nationaler Feiertag in Deutschland.
14 HABERMAS 1995e, S. 187.

Demokratie insgesamt an kritischer Reflexivität gewonnen hat, vollzog sich diskontinuierlich, mit Sprüngen und Rückschritten. Einen linearen Prozess, in dem einmal formulierte Bewertungen unveränderlich bleiben, einen gesicherten allgemeinen Konsens, der nie mehr in Frage gestellt würde, kennt die Demokratie nicht.

Gleichwohl ist in der öffentlichen Erinnerungskultur der Bundesrepublik auch mit Blick auf den 8. Mai eine Entwicklung von der pauschalen Abwehr einer vermeintlichen Kollektivschuld, die den Blick auch auf individuell strafrechtlich Schuldige versperrte, hin zur Anerkennung individueller Schuld und kollektiver Verantwortung vollzogen worden. In diesem eher wellenförmigen, in Teilen auch regressiven, keineswegs abgeschlossenen oder überhaupt abschließbaren Prozess korrespondierte die Bereitschaft, die eigene politische und moralische Schuld und die daraus resultierende Haftung und Verantwortung anzuerkennen, mit dem eigenen Selbstverständnis als freies, selbstverantwortliches Individuum und damit insgesamt mit der politischen Kultur der Demokratie. In diesem Verständnis war die Befreiung vom Nationalsozialismus ein „nachzuholendes Projekt",[15] denn erst in dem Maße, in dem sich die Bundesrepublik der Anerkennung der schuldhaften Anteile ihrer Vorgeschichte öffnete, erst in dem Maße, in dem sich im Medium dieser vorbehaltlosen Erinnerung ihre politische Kultur demokratisierte, konnte der 8. Mai als ein Tag der Befreiung zur Demokratie wahrgenommen werden – Befreiung durch Erinnerung.

Die Befreiung durch Erinnerung stellt sich auch in Zukunft als ein nicht abschließbarer Prozess dar. Einige der Fragen nach der Zukunft der Erinnerung sind im Verlauf dieser Studie bereits angesprochen worden – z.B. die spätestens seit 1985, mit der missglückten Inszenierung von Bitburg, verstärkt seit 1995 und explizit im Jahr 2000 aufgeworfene Frage nach dem internationalen Charakter des Gedenkens. Die zunehmende Tendenz zur Europäisierung der Erinnerung an Auschwitz hat nicht nur die hier bereits problematisierten Effekte. Sie folgt als Versuch, international und interkulturell tragfähige Erinnerungskonzepte zu entwickeln, auch der Akzeptanz einer demokratischen politischen Kultur, in der Menschen unterschiedlicher Herkunft und verschiedener Kulturen innerhalb Deutschlands und in einem politisch zunehmend vereinten Europa zusammenleben. Bundespräsident Johannes Rau hat darauf deutlich hingewiesen, freilich ohne bereits adäquate Erinnerungsformen für diese neuen Kontexte entwickelt zu haben.

---

15 WÖLL 1997a, S. 135.

Als weiterer Aspekt, der die Zukunft der Erinnerung mitbestimmen wird, wurde spätestens im Gedenkjahr 1995 erkannt, dass die kulturellen Formen der Erinnerung mit dem Wechsel der Generationen in ihrer Bedeutung eher zu- als abnehmen. Die Jahre seit 1990 sind insgesamt dadurch geprägt, dass das nun vereinte Deutschland vor dem Hintergrund einer doppelten diktatorischen Vergangenheit neue integrative Umgangsformen mit den eigenen Vergangenheiten sucht und zugleich vor der generationell bedingten Aufgabe steht, die Erinnerung an den Nationalsozialismus verstärkt von kommunikative in kulturelle Erinnerungs- und Gedächtnisformen überführen zu müssen. Diese Aufgabe wurde vor allem von den Bundespräsidenten Herzog und Rau deutlich erkannt und thematisiert, ohne dass ersterer in seiner Rede zum 8. Mai adäquate Ausdrucksformen dafür gefunden hat und ohne dass beide darauf schon differenzierte Antworten entwickelt haben. Die Erfahrungen der Überlebenden der deutschen Konzentrations- und Vernichtungslager werden in absehbarer Zeit nicht mehr in direkten Begegnungen zu vermitteln sein. Dies wird Auswirkungen auf die Zukunft der Erinnerung haben, die im Moment kaum absehbar sind. Als erste Ergebnisse dieser Entwicklung wurden mit dem 27. Januar ein Gedenktag für die Opfer des Nationalsozialismus institutionalisiert und die Errichtung eines „Mahnmals für die ermordeten Juden Europas" beschlossen. Dessen Einweihung wurde symbolträchtig auf den 60. Jahrestag des 8. Mai 1945 terminiert. Diese Formen der Erinnerungen an die Opfer stellen nach dem in dieser Studie vertretenen Verständnis der Erinnerung an schuldhafte Vergangenheit politisch-kulturelle Errungenschaften dar, die den demokratischen Entwicklungsprozess der Bundesrepublik auf gute Weise verkörpern.

Mit der transgenerationellen Weitergabe kommunikativer und kultureller Erinnerungsformen ist zugleich die wohl wichtigste Frage nach der Zukunft der Erinnerung angesprochen, die das Gedenken an den 8. Mai spätestens seit 1985, verstärkt in den Diskussionen des Jahres 1995, aber eigentlich immer zumindest implizit geprägt hat: Wie lassen sich die Primärerfahrungen der Erlebnisgenerationen, die sich in ihrer Mehrheit nicht unter den politischen Befreiungsbegriff subsumieren lassen, differenziert in die Debatte zum 8. Mai integrieren, ohne dass die politisch-kulturelle Bewertung als Befreiung zur Demokratie dadurch aufgehoben wird? Dass diese Fragestellung besonders deutlich im Jahre 1995 thematisiert wurde, resultierte zum einen aus dem Gedenkjahr 1985, in dem ein entscheidender Schritt in Richtung der Anerkennung des Befreiungscharakters getan worden war. Auf dieser Grundlage ließ sich die Bedeutung des 8. Mai auch kommunikativ ausdifferenzieren. Zum anderen spiegelte sich in der Debatte des Jahres 1995 der Wechsel hin zu Generationen, die keine erlebensgeschichtlichen

Erinnerungen mehr an Krieg und Nationalsozialismus haben. In dieser generationellen Grenzsituation verschaffte sich das kommunikative Gedächtnis der Zeitzeugen erneut verstärkt Gehör.

Die Einbeziehung des kommunikativen Gedächtnisses der Erlebnisgenerationen stellt einen unverzichtbaren Bestandteil einer demokratisch-pluralistischen Erinnerungskultur dar. In ihr werden verschiedene Sichtweisen und Bewertungen wechselseitig als legitim betrachtet, offen gelegt und diskutiert. Andererseits dürfen sie nicht zu einer Beliebigkeit und Unverbindlichkeit der Erinnerung führen. Das kulturelle Gedächtnis, als dessen Ausdruck und Erscheinungsform politische Gedenktage gelten können (ohne dass sie den Anschluss an das kommunikative Gedächtnis verlieren dürfen), braucht einen normativen Kern, der als Basis der Ausdifferenzierung dient. Die Relevanz der Erinnerung an die Verbrechen des Nationalsozialismus liegt heute kaum noch in der strafrechtlichen, politischen oder moralischen Identifizierung der biographisch schuldig gewordenen Akteure, sondern – in den bekannten Worten von Rainer Lepsius – „in der Bekräftigung von Wertvorstellungen", in der normativen Inkorporierung der moralischen Negativgehalte des Nationalsozialismus in die politische Kultur der Demokratie.[16] Für diese Aufgabe bedarf es politisch-kultureller Vermittlungsformen, die die individuellen Erlebensgeschichten integrieren, aber zugleich durch die Reflexion über universelle, demokratische Wertvorstellungen von ihnen abstrahieren können.

Ein wichtiger Leitfaden der Debatten rund um den 50. Jahrestag war dagegen gerade die gegenteilige Tendenz, die Primärerfahrungen der Deutschen zum alleinigen Maßstab der Beurteilung des 8. Mai zu machen – ein Maßstab, der bereits in den 1950er und 1960er Jahren dominierte. Wenn sich diese Tendenz fortsetzt, wofür es seit 2002 einige Indizien gibt, würde dies zum einen bedeuten, auf eine historisch-politische und politisch-kulturelle Bewertung zu verzichten und damit in Bezug auf das sich darin ausdrückende aktuelle politische Selbstverständnis indifferent zu bleiben. Zum anderen würde damit nicht berücksichtigt, dass über ein halbes Jahrhundert nach dem 8. Mai 1945 unterschiedliche Generationen gemeinsam gedenken, von denen die meisten keine eigenen Erinnerungen an dieses Symboldatum haben. Was sollte der 8. Mai unter diesen Prämissen noch für die Mehrheit der Deutschen bedeuten? Indem die biographische Perspektive auf den 8. Mai im Jahr 1995 (über-)betont wurde, wurde die politisch-systemische Bedeutung des Befreiungsbegriffs auf neue Weise relativiert. Zugespitzt formuliert: In dem Moment, in dem das kulturelle Gedächtnis den

---

16 LEPSIUS 1989, S. 263.

Befreiungsbegriff endlich thematisiert hatte, wurde er durch die späte Neu-Entdeckung des kommunikativen Gedächtnisses wieder aufgelöst. Nimmt man das für eine demokratische Erinnerungskultur formulierte Postulat der wechselseitigen Anschlussfähigkeit von kommunikativem und kulturellem Gedächtnis ernst, ergeben sich im Kern zwei Anforderungen: Einerseits muss den kommunikativ vermittelten deutschen Erinnerungen an den 8. Mai und dessen Nachwirkungen, die in erster Linie negative oder rein privat-unpolitische Erinnerungen sind, Raum gegeben werden, damit der Zeitzeugenschaft des Jahres 1945 nicht der Eindruck vermittelt wird, die kulturelle Erinnerung – den Bedingungen der SED-Diktatur vermeintlich ähnelnd – werde von den eigenen Lebenserfahrungen entkoppelt. Öffentliche Erinnerung in der Demokratie bedeutet, die Bereitschaft und die Fähigkeit aufzubringen, mit verschiedenen, zum Teil antagonistisch zueinander stehenden Erinnerungen umgehen zu können und sie als legitim und authentisch anzuerkennen. Andererseits und zugleich muss den Erlebnisgenerationen in einer demokratischen Erinnerungskultur zugemutet werden, von den eigenen biographischen Erfahrungen abstrahieren zu können und über die kritische Erinnerung an die Vorgeschichte des 8. Mai 1945 in einem – Widerständen abzuringenden – Prozess zu anderen politisch-kulturellen Einschätzungen zu kommen, auch wenn diese die eigene individuell und subjektiv erlebte Geschichte nicht unmittelbar widerspiegeln. Eben darin besteht die fordernde Haltung der Demokratie: Das eigene Leben und das eigene Erleben sind die Ergebnisse freier Entscheidungen von grundsätzlich selbstverantwortlichen Individuen. Dies mit Blick auf den 8. Mai 1945 anzuerkennen, bedeutet, Befreiung als einen Prozess der kritischen Erinnerung aufzufassen und in der Demokratie zu anderen Bewertungen zu kommen, als sie eine vermeintlich verantwortungsenteignende Diktatur vorzugeben scheint. Das eigene Leben wird damit nicht enteignet, sondern unter universaleren Gesichtspunkten neu beleuchtet. Eine demokratische politische Kultur lässt diesen Prozess zu, ohne das Leben des Einzelnen zu entwerten, zugleich konstituiert und stabilisiert sie sich erst in dem Maße, in dem solche kritischen Erinnerungen dauerhaft zum Maßstab der Vergangenheitsbetrachtungen gemacht werden. Es ist ein reziproker Prozess: Befreiung durch (selbst)kritische Erinnerung, eine Form der Erinnerung, die durch die Befreiung des 8. Mai 1945 möglich und notwendig zugleich geworden ist.

Dieses – der Demokratie gemäß anspruchsvolle – Erinnerungskonzept sollte die Grundlage der kulturellen Erinnerungsformen bleiben, die nach dem Abtreten der Erlebnisgenerationen, kommunikativ auf neue Weise vermittelt, über die Zukunft der Erinnerung an den 8. Mai 1945, den symbolhaften Endpunkt singulärer deutscher Menschheitsverbrechen und den Ausgangspunkt einer mühsam entwickelten, nie gesicherten demokratischen politischen Kultur, entscheiden werden. In der Bundesrepublik hat – wenn auch nicht-linear und nie unumstritten – die Aufmerksamkeit für die Bedeutung des 8. Mai 1945 wie für die Vergangenheit insgesamt im zeitlichen und generationellen Abstand vom Nationalsozialismus zu- statt abgenommen. Im Verlauf der Jahre seit 1945 sind in der Bundesrepublik die unterschiedlich geführten Gedenkdebatten zum 8. Mai vielschichtiger, öffentlicher und integrativer geworden. Zum eigentlichen Merkmal der Diskussionen ist das öffentliche Ringen um die Anerkennung miteinander konkurrierender, wechselseitig zu respektierender Deutungsansprüche geworden. In diesem Ringen sollten sich auch in Zukunft weder offizielle Bedeutungszuschreibungen autoritativ durchsetzen noch in einzelne Erinnerungsnarrative auflösen lassen. Der 8. Mai bleibt eine produktive Herausforderung für die politische Kultur der Demokratie – und Befreiung bleibt ein permanenter Prozess kritischer Erinnerung.

12. Quellen und Literatur

Tages- und Wochenpresse

Die vollständige Zitation der einzelnen Artikel erfolgt im Text.

Abendzeitung
Allgemeine Jüdische Wochenzeitung
Bayernkurier
Berliner Zeitung
Bild-Zeitung
Bonner Express
Bonner General-Anzeiger
Christ und Welt
Deutsches Allgemeines Sonntagsblatt
Fernseh- und Hörfunkspiegel Inland des Presse- und Informationsamtes der Bundesregierung
Frankfurter Allgemeine Sonntagszeitung
Frankfurter Allgemeine Zeitung
Frankfurter Rundschau
Gifhorner Rundschau
Hamburger Echo
Handelsblatt
Hannoversche Allgemeine Zeitung
Junge Freiheit
Junge Welt
Kölner Stadt-Anzeiger
Kölnische Rundschau
Mitteldeutsche Zeitung
Münchner Merkur
Neue Osnabrücker Zeitung
Neue Zürcher Zeitung
Neues Deutschland
Ostsee-Zeitung
Das Parlament
Rheinische Post
Rheinischer Merkur
Rheinischer Merkur/Christ und Welt
Sächsische Zeitung
Schweriner Volkszeitung
Der Spiegel
Stuttgarter Zeitung
Süddeutsche Zeitung
Der Tag
Der Tagesspiegel
die tageszeitung
Thüringer Allgemeine Zeitung
Volksblatt Berlin
Die Welt
Welt am Sonntag
Westfälische Rundschau
Die Woche
Wochenpost
Die Zeit

Quellen und Literatur

ABENDROTH 1985: Wolfgang Abendroth: Die Macht der Sieger und die Chance der Befreiten, in: Blätter für deutsche und internationale Politik, Heft 3/1985, S. 308f.

ACKERMANN A. 1995: Manfred Ackermann: Phasen und Zäsuren des Erbeverständnisses der DDR, in: Materialien der Enquête-Kommission „Aufarbeitung von Geschichte und Folgen der SED-Diktatur in Deutschland", hrsg. vom Deutschen Bundestag, Band III/2, Baden-Baden 1995, S. 768–795.

ACKERMANN V. 1997: Volker Ackermann: Zweierlei Gedenken. Der 8. Mai 1945 in der Erinnerung der Bundesrepublik Deutschland und der DDR, in: Holger Afflerbach/ Christoph Cornelißen (Hrsg.): Sieger und Besiegte. Materielle und ideelle Neuorientierungen nach 1945, Tübingen/Basel 1997, S. 315–334.

ADENAUER 1949: Konrad Adenauer: Regierungserklärung des Bundeskanzlers am 20.9.49 im Deutschen Bundestag, in: Verhandlungen des Deutschen Bundestages, I. Wahlperiode, Stenographische Berichte Band 1, 5. Sitzung, 20.9.49, S. 22–30.

ADENAUER 1955: Konrad Adenauer: Geleitwort zu „Deutschland heute", hrsg. v. Presse- und Informationsamt der Bundesregierung, in: Bulletin des Presse- und Informationsamtes der Bundesregierung vom 5.5.55.

ADENAUER-HEUSS 1997: Adenauer-Heuss: Unter vier Augen. Gespräche aus den Gründerjahren 1949–1959, bearbeitet von Hans-Peter Mensing (Adenauer. Rhöndorfer Ausgabe, 12. Band), Berlin 1997.

AHBE 1999: Thomas Ahbe: Zwiespältige Bilanz. Über Ostalgie und ihre Gründe, in: Universitas, April 1999, S. 339–351.

AKTION 1979: Aktion 18. März Nationalfeiertag in beiden deutschen Staaten. Material für die Diskussion, 2. erw. Auflage, Februar 1979.

ALBRECHT 1986: Ulrich Albrecht: Tag der Befreiung oder Tag des Zusammenbruchs?, in: Ulrich Albrecht/Elmar Altvater/Ekkehart Krippendorff (Hrsg.): Zusammenbruch oder Befreiung? Zur Aktualität des 8. Mai 1945. Eine Berliner Universitätsvorlesung, Berlin 1986, S. 5–13.

ALBRECHT/ALTVATER/KRIPPENDORFF 1986: Ulrich Albrecht/Elmar Altvater/ Ekkehart Krippendorff (Hrsg.): Zusammenbruch oder Befreiung? Zur Aktualität des 8. Mai 1945. Eine Berliner Universitätsvorlesung, Berlin 1986.

ALLENSBACH 1993: Allensbacher Jahrbuch der Demoskopie 1984–1992, Band 9, hrsg. v. Elisabeth Noelle-Neumann u. Renate Köcher, München/Leipzig/New Providence/London/Paris 1993.

ALTENHÖNER 1996: Florian Altenhöner: Der 8. Mai: (K)ein Feiertag. Zu einer Ausstellung der Fachschaft Geschichte, in: Konvent der Philipps-Universität Marburg (Hrsg.): Die Philipps-Universität im Nationalsozialismus. Veranstaltungen der Philipps-Universität zum 50. Jahrestag des Kriegsendes 8. Mai 1995, Marburg 1996, S. 79–94.

ALY 1992: Götz Aly: Wider das Bewältigungs-Kleinklein, in: Hanno Loewy (Hrsg.): Holocaust: Die Grenzen des Verstehens. Eine Debatte über die Besetzung der Geschichte, Hamburg 1992, S. 42–51.

APPEL 1995: Reinhard Appel (Hrsg.): Es wird nicht mehr zurückgeschossen... Erinnerungen an das Kriegsende 1945, Bergisch Gladbach 1995.

ARETIN 1980: Karl Otmar Freiherr von Aretin: Zusammenbruch und Wiederaufstieg. Konstitutive Elemente der deutschen Geschichte, in: Merkur, Heft 3/1980, S. 274–282.

ARNOLD 1948: Karl Arnold: Ansprache des nordrhein-westfälischen Ministerpräsidenten zur Eröffnung des Parlamentarischen Rates am 1. September 1948 in Bonn, in: Michael F. Feldkamp (Hrsg.): Die Entstehung des Grundgesetzes für die Bundesrepublik Deutschland 1949. Eine Dokumentation, Stuttgart 1999, S. 71–73.

ASSMANN A. 1991: Aleida Assmann: Zur Metaphorik der Erinnerung, in: Aleida Assmann/Dietrich Harth (Hrsg.): Mnemosyne. Formen und Funktionen der kulturellen Erinnerung, Frankfurt (Main) 1991, S. 13–35.

ASSMANN A. 1993: Aleida Assmann: Arbeit am nationalen Gedächtnis. Eine kurze Geschichte der deutschen Bildungsidee, Frankfurt (Main)/New York/Paris 1993.

ASSMANN A./FREVERT 1999: Aleida Assmann/Ute Frevert: Geschichtsvergessenheit – Geschichtsversessenheit. Vom Umgang mit deutschen Vergangenheiten nach 1945, Stuttgart 1999.

ASSMANN A./HARTH 1991: Aleida Assmann/Dietrich Harth (Hrsg.): Mnemosyne. Formen und Funktionen der kulturellen Erinnerung, Frankfurt (Main) 1991.

ASSMANN J. 1991: Jan Assmann: Die Katastrophe des Vergessens. Das Deuteronomium als Paradigma kultureller Mnemotechnik, in: Aleida Assmann/Dietrich Harth (Hrsg.): Mnemosyne. Formen und Funktionen der kulturellen Erinnerung, Frankfurt (Main) 1991, S. 337–355.

ASSMANN J. 1997: Jan Assmann: Das kulturelle Gedächtnis. Schrift, Erinnerung und politische Identität in frühen Hochkulturen, 2. durchgesehene Auflage, München 1997.

BADIA 1995: Gilbert Badia: Der Umgang mit dem Kriegsende in Frankreich und das deutsch-französische Verhältnis, in: Arnd Bauerkämper/Christoph Kleßmann/Hans Misselwitz (Hrsg.): Der 8. Mai 1945 als historische Zäsur. Strukturen – Erfahrungen – Deutungen, Potsdam 1995, S. 238–244.

BADSTÜBNER 1985: Rolf Badstübner: Die Geschichte der DDR unter dem Aspekt von Erbe und Tradition, in: Zeitschrift für Geschichtswissenschaft, Heft 4/1985, S. 338–347.

BAIER 1985: Lothar Baier: Schallgedämpftes Feiern. Frankreich und der 8. Mai, in: Norbert Seitz (Hrsg.): Die Unfähigkeit zu feiern. Der 8. Mai, Frankfurt (Main) 1985, S. 51–56.

BARING 1975: Arnulf Baring: 8. Mai 1945, in: Merkur, Heft 5/1975, S. 449–459.

BARING 1991: Arnulf Baring: Deutschland, was nun? Ein Gespräch mit Dirk Rumberg und Wolf Jobst Siedler, Berlin 1991.

BAR-ON 1993: Dan Bar-On: Die Last des Schweigens. Gespräche mit Kindern von Nazi-Tätern, Frankfurt (Main)/New York 1993.

BARSCHDORFF 1999: Signe Barschdorff: 8. Mai 1945: „Befreiung" oder „Niederlage"? Die öffentliche Diskussion und die Schulgeschichtsbücher 1949 bis 1995, Münster 1999.

BARTOSZEWSKI 1995: Wladyslaw Bartoszewski: Ansprache des polnischen Außenministers in der Gedenkstunde im Deutschen Bundestag aus Anlaß des 50. Jahrestages der Beendigung des Zweiten Weltkrieges und der nationalsozialistischen Gewaltherrschaft am 28. April 1995, in: Bulletin des Presse- und Informationsamtes der Bundesregierung vom 4.5.95, S. 295–302.

BAUERKÄMPER/KLESSMANN/MISSELWITZ 1995: Arnd Bauerkämper/Christoph Kleßmann/Hans Misselwitz (Hrsg.): Der 8. Mai 1945 als historische Zäsur. Strukturen – Erfahrungen – Deutungen, Potsdam 1995.

BAUMGART 1965: Reinhard Baumgart: Mit Mördern leben?, in: Merkur, Heft 5/1965, S. 482–485.

BAUMGARTNER/ESER 1983: Hans Michael Baumgartner/Albin Eser (Hrsg.): Schuld und Verantwortung. Philosophische und juristische Beiträge zur Zurechenbarkeit menschlichen Handelns, Tübingen 1983.

BAUMGARTNER/KRINGS/WILD 1974: Hans Michael Baumgartner/Hermann Krings/ Christoph Wild (Hrsg.): Handbuch philosophischer Grundbegriffe, Band III, München 1974.

BECHTEL 1997: Michael Bechtel (Hrsg.): Das Ende, das ein Anfang war. Das Jahr 1945 in den deutschen Tageszeitungen 1995, Bonn 1997.

BECKER 1992: Sophinette Becker: Bewußte und unbewußte Identifikationen der 68er Generation, in: Brigitte Rauschenbach: Erinnern, Wiederholen, Durcharbeiten. Zur Psycho-Analyse deutscher Wenden, Berlin 1992, S. 269–275.

BEER 1975: Karl-Willy Beer: Nach dem 30jährigen Frieden. Wie der Osten die Geschichte umdeutet, in: Die politische Meinung, Mai/Juni 1975, S. 93–95.

BEHREND 1995: Hanna Behrend: Das Ende des Nazi-Regimes und das Ende der DDR. Was ist und wem nützt Geschichtsaufarbeitung?, in: Das Argument, Heft 2/3 (1995), S. 259–272.

BENDER 1993: Peter Bender: Unsere Erbschaft. Was war die DDR – was bleibt von ihr?, 2. Auflage, Hamburg 1993.

BEN-NATAN 1995: Asher Ben-Natan: Das Ende des Zweiten Weltkriegs und die politische Kultur in Israel, in: Arnd Bauerkämper/Christoph Kleßmann/Hans Misselwitz (Hrsg.): Der 8. Mai 1945 als historische Zäsur. Strukturen – Erfahrungen – Deutungen, Potsdam 1995, S. 250–254.

BENSER 1975: Günter Benser: Die Befreiung Europas vom Faschismus durch die Sowjetunion und der Beginn des Übergangs vom Kapitalismus zum Sozialismus auf dem Territorium der DDR, in: Zeitschrift für Geschichtswissenschaft, Heft 4/1975, S. 357–372.

BENSER 1980: Günter Benser: Das Jahr 1945. Vom antifaschistischen Widerstand zur antifaschistisch-demokratischen Umwälzung, in: Zeitschrift für Geschichtswissenschaft, Heft 4/1980, S. 311–323.

BENZ 1992: Wolfgang Benz: Etappen bundesdeutscher Geschichte am Leitfaden unerledigter deutscher Vergangenheit, in: Brigitte Rauschenbach: Erinnern, Wiederholen, Durcharbeiten. Zur Psycho-Analyse deutscher Wenden, Berlin 1992, S. 119–131.

BENZ 1994a: Wolfgang Benz: Nachkriegsgesellschaft und Nationalsozialismus. Erinnerung, Amnesie, Abwehr, in: Dachauer Hefte: Erinnern oder Verweigern. Das schwierige Thema Nationalsozialismus, Heft 6, München 1994, S. 12–24.

BENZ 1994b: Wolfgang Benz: Potsdam 1945. Besatzungsherrschaft und Neuaufbau im Vier-Zonen-Deutschland, 3. Auflage, München 1994.

BERGHOFF 1998: Hartmut Berghoff: Zwischen Verdrängung und Aufarbeitung. Die bundesdeutsche Gesellschaft und ihre nationalsozialistische Vergangenheit in den Fünfziger Jahren, in: Geschichte in Wissenschaft und Unterricht, Heft 2/1998, S. 96–114.

BERGMANN 1995: Werner Bergmann: Antisemitismus in öffentlichen Konflikten 1949–1994, in: Wolfgang Benz (Hrsg.): Antisemitismus in Deutschland. Zur Aktualität eines Vorurteils, München 1995, S. 64–88.

BERGMANN 1998: Werner Bergmann: Kommunikationslatenz und Vergangenheitsbewältigung, in: Helmut König/Michael Kohlstruck/Andreas Wöll (Hrsg.): Vergangenheitsbewältigung am Ende des zwanzigsten Jahrhunderts (Leviathan-Sonderheft 18/98), Opladen/ Wiesbaden 1998, S. 393–408.

BERGSTRÄSSER 1955: Arnold Bergsträsser: Rückblick auf zehn Jahre Weltpolitik, in: Geschichte in Wissenschaft und Unterricht, Heft 5/1955, S. 265–274.

BIALAS 1998: Wolfgang Bialas: Historische Erinnerung und gesellschaftlicher Umbruch. Die DDR im Diktaturenvergleich, in: Berliner Debatte – Initial, Heft 6/1998, S. 25–44.

BIANCHIN/GÖTZ/LEHMANN/WEBER 1992: Barbara Bianchin/Bertram Götz/ Bettina Lehmann/Georg Weber: Die Jenninger-Rede vom 10.11.1988 und der „strukturelle Konflikt" um die Wahrnehmung der Judenvernichtung in Deutschland, in: Ulrike C. Wasmuth/Elisabeth Wollefs (Hrsg.): Konfliktverwaltung. Ein Zerrbild unserer Demokratie? Analysen zu fünf innenpolitischen Streitfällen, Berlin 1992, S. 256–272.

BIERMANN 1988: Wolf Biermann: Nachdenken über Deutschland, in: Nachdenken über Deutschland, München 1988, S. 413–437.

BIRN 1995: Ruth Bettina Birn: Die Strafverfolgung nationalsozialistischer Verbrechen, in: Hans-Erich Volkmann (Hrsg.): Ende des Dritten Reiches – Ende des Zweiten Weltkriegs. Eine perspektivische Rückschau, München 1995, S. 393–418.

BÖLL 1984a: Heinrich Böll: Ein Erbauungsbuch für Abschreckungschristen. Zu André Glucksmanns „Philosophie der Abschreckung", in: Ders.: Die Fähigkeit zu trauern. Schriften und Reden 1983–1985, Bornheim-Merten 1986 (Erstveröffentlichung im September 1984), S. 141–160.

BÖLL 1984b: Heinrich Böll: Die Fähigkeit zu trauern. Zu Wassilij Grossmans „Leben und Schicksal", in: Ders.: Die Fähigkeit zu trauern. Schriften und Reden 1983–1985, Bornheim-Merten 1986 (Erstveröffentlichung in der Zeit vom 30.11.84), S. 213–228.

BÖLL 1985a: Heinrich Böll: Brief an meine Söhne oder vier Fahrräder, in: Ders.: Die Fähigkeit zu trauern. Schriften und Reden 1983–1985, Bornheim-Merten 1986 (Erstveröffentlichung [gekürzt] in der Zeit vom 15.3.85), S. 79–112.

BÖLL 1985b: Heinrich Böll: Den Kameras untertan, in: Ders.: Die Fähigkeit zu trauern. Schriften und Reden 1983–1985, Bornheim-Merten 1986, S. 281–285.

BÖNISCH-BREDNICH/BREDNICH/GERNDT 1991: Brigitte Bönisch-Brednich/ Rolf W. Brednich/Helge Gerndt (Hrsg.): Erinnern und Vergessen. Vorträge des 27. Deutschen Volkskundekongresses Göttingen 1989, Göttingen 1991.

BORCHERT 1956: Wolfgang Borchert: Generation ohne Abschied, in: Ders.: Draußen vor der Tür und Ausgewählte Erzählungen, Hamburg 1956, S. 108–110.

BRACHER 1987: Karl Dietrich Bracher: Zeitgeschichtliche Erfahrungen als aktuelles Problem, in: Aus Politik und Zeitgeschichte, B 11/1987, S. 3–14.

BRANDENBURG 1996: Ministerium für Wissenschaft, Forschung und Kultur des Landes Brandenburg (Hrsg.): Erinnerung und Begegnung. Gedenken im Land Brandenburg zum 50. Jahrestag der Befreiung, Potsdam 1996.

BRANDT 1970: Willy Brandt: Erklärung der Bundesregierung zum 8. Mai 1945 durch den Bundeskanzler am 8. Mai 1970 im Deutschen Bundestag, in: Deutscher Bundestag, 6. Wahlperiode, Protokoll der 51. Sitzung, Bonn, 8. Mai 1970, S. 2564–2567.

BRIX/STEKL 1997: Emil Brix/Hannes Stekl (Hrsg.): Der Kampf um das Gedächtnis. Öffentliche Gedenktage in Mitteleuropa, Köln/Weimar 1997.

BROCHHAGEN 1994: Ulrich Brochhagen: Nach Nürnberg. Vergangenheitsbewältigung und Westintegration in der Ära Adenauer, Hamburg 1994.

BROSZAT 1985: Martin Broszat: Plädoyer für eine Historisierung des Nationalsozialismus, in: Merkur, Heft 5/1985, S. 373–385.

BRUSIS 1985: Ilse Brusis (Hrsg.): Die Niederlage, die eine Befreiung war. Das Lesebuch zum 8. Mai 1945, Köln 1985.

BRUYN 1989: Günter de Bruyn: Als der Krieg ausbrach. Über Heinrich Böll (Vortrag auf der PEN-Tagung in Köln am 19.5.89), in: Ders.: Jubelschreie, Trauergesänge. Deutsche Befindlichkeiten, Frankfurt (Main) 1991, S. 158–168.

BUBER 1958: Martin Buber: Schuld und Schuldgefühle, Heidelberg 1958.

BÜCHLER 1994: Robert J. Büchler: Am Ende des Weges. Kinderblock 66 im Konzentrationslager Buchenwald, in: Dachauer Hefte: Erinnern oder Verweigern. Das schwierige Thema Nationalsozialismus, Heft 6, München 1994, S. 104–117.

BUDE 1998: Heinz Bude: Die Erinnerung der Generationen, in: Helmut König/Michael Kohlstruck/Andreas Wöll (Hrsg.): Vergangenheitsbewältigung am Ende des zwanzigsten Jahrhunderts (Leviathan-Sonderheft 18/98), Opladen/Wiesbaden 1998, S. 69–85.

BULLETIN 1965: 8. Mai – Rückschau und Ausblick (ohne Autor), in: Bulletin des Presse- und Informationsamtes der Bundesregierung vom 7.5.65.

BUNDESVERFASSUNGSGERICHT 1953: Gesetz zur Regelung der Rechtsverhältnisse der unter Art. 131 GG fallenden Personen vom 11. Mai 1951. Verfassungsbeschwerde von Beamten und Versorgungsempfängern (Urteil Nr. 10 1953), Entscheidungen des Bundesverfassungsgerichts (BverfGE 3), Tübingen 1954, S. 58–162.

BURUMA 1994: Ian Buruma: Erbschaft der Schuld. Vergangenheitsbewältigung in Deutschland und Japan, München/Wien 1994.

BUSCHE 1985: Jürgen Busche: Ein historisches Datum, in: Norbert Seitz (Hrsg.): Die Unfähigkeit zu feiern. Der 8. Mai, Frankfurt (Main) 1985, S. 69–72.

CAMPHAUSEN 1997: Gabriele Camphausen: Das sowjetische Museum der bedingungslosen Kapitulation, in: Museum Berlin-Karlshorst e.V. (Hrsg.): Erinnerung an einen Krieg, Berlin 1997, S. 48–53.

CARSTENS 1979: Karl Carstens: Mahnung an die Nachwelt. Ansprache zum 40. Jahrestag des Ausbruchs des Zweiten Weltkrieges über Rundfunk und Fernsehen am 1. September 1979, in: Ders.: Reden und Interviews (1), 1. Juli 1979 – 1. Juli 1980, hrsg. v. Presse- und Informationsamt der Bundesregierung, Bonn 1980, S. 40–42.

CARSTENS 1980: Karl Carstens: Das Bündnis muß zusammenhalten. Ansprache zum 25jährigen Beitritt der Bundesrepublik Deutschland zur NATO in Bremen am 6. Mai 1980, in: Ders.: Reden und Interviews (1), 1. Juli 1979 – 1. Juli 1980, hrsg. v. Presse- und Informationsamt der Bundesregierung, Bonn 1980, S. 237–241.

CARSTENS 1981: Karl Carstens: Mahnung und Verpflichtung des 20. Juli 1944. Ansprache bei der Gedenkfeier des Zentralverbandes demokratischer Widerstandskämpfer und Verfolgtenorganisationen am 20. Juli 1981 in Bonn, in: Gedanken zum 20. Juli 1944, hrsg. v. der Forschungsgemeinschaft 20. Juli e.V., Mainz 1984, S. 99–110.

CARSTENS 1982: Karl Carstens: Geschichtsbewußtsein und nationale Identität. Rede auf dem 34. Deutschen Historikertag in Münster am 6. Oktober 1982, in: Ders.: Reden und Interviews (4), 1. Juli 1982 – 1. Juli 1983, hrsg. v. Presse- und Informationsamt der Bundesregierung, Bonn 1983, S. 85–93.

CARSTENS 1983a: Karl Carstens: Die deutsche Nation bleibt lebendige Wirklichkeit. Rede zum Gedenken an den 17. Juni 1953 vor dem Deutschen Bundestag am 17. Juni 1983, in:

Ders.: Reden und Interviews (4), 1. Juli 1982 – 1. Juli 1983, hrsg. v. Presse- und Informationsamt der Bundesregierung, Bonn 1983, S. 343–354.

CARSTENS 1983b: Karl Carstens: Geschichte ist Teil unseres Selbstverständnisses. Ansprache bei der Verleihung des Historikerpreises des Stifterverbandes für die Deutsche Wissenschaft in München am 15. November 1983, in: Ders.: Reden und Interviews (5), 1. Juli 1983 – 1. Juli 1984, hrsg. v. Presse- und Informationsamt der Bundesregierung, Bonn 1984, S. 167–170.

CARSTENS 1985: Karl Carstens: Kriegsende 1945 – ein dreifaches Vermächtnis. Beitrag in „Rheinischer Merkur/Christ und Welt" vom 16. Februar 1985, in: Ders.: Vom Geist der Freiheit. Betrachtungen über Deutschland aus christlicher Verantwortung, Stuttgart 1989, S. 95–99.

COBLER 1985: Sebastian Cobler: Zum Dilemma des hilflosen Antifaschismus. Ein Gespräch mit Norbert Seitz, in: Norbert Seitz (Hrsg.): Die Unfähigkeit zu feiern. Der 8. Mai, Frankfurt (Main) 1985, S. 24–37.

DANYEL 2001: Jürgen Danyel: Der 20. Juli, in: Etienne Francois/Hagen Schulze (Hrsg.): Deutsche Erinnerungsorte, Band 2, München 2001, S. 220–237.

DEILE 1985: Volkmar Deile: Befreit zur Umkehr, zum Frieden und zur Versöhnung, in: Blätter für deutsche und internationale Politik, Heft 3/1985, S. 312–314.

DEMANDT 1985: Alexander Demandt: Geschehene und ungeschehene Geschichte. Historische Perspektiven zur deutschen Frage, in: Die politische Meinung, Mai/Juni 1985, S. 14–23.

DEMSKI 1987: Eva Demski: Deutsche Gedenktage. „Zeit zum Ausschlafen", in: Hilmar Hoffmann (Hrsg.): Gegen den Versuch, Vergangenheit zu verbiegen. Eine Diskussion um politische Kultur in der Bundesrepublik aus Anlaß der Frankfurter Römerberggespräche 1986, Frankfurt (Main) 1987, S. 50–60.

DETJEN 2000: Joachim Detjen: Die Demokratiekompetenz der Bürger. Herausforderung für die politische Bildung, in: Aus Politik und Zeitgeschichte, B 25/2000, S. 11–20.

DEUERLEIN 1965: Ernst Deuerlein: Nach zwanzig Jahren. Die Pläne von 1945 und die Wirklichkeit von 1965, in: Die politische Meinung, März 1965, S. 19–31.

DINER 1987a: Dan Diner: Zwischen Aporie und Apologie. Über Grenzen der Historisierbarkeit des Nationalsozialismus, in: Ders. (Hrsg.): Ist der Nationalsozialismus Geschichte? Zu Historisierung und Historikerstreit, Frankfurt (Main) 1987, S. 62–73.

DINER 1987b: Dan Diner: Negative Symbiose. Deutsche und Juden nach Auschwitz, in: Ders. (Hrsg.): Ist der Nationalsozialismus Geschichte? Zu Historisierung und Historikerstreit, Frankfurt (Main) 1987, S. 185–197.

DINER 1994: Dan Diner: Gedächtnis und Institution, in: Merkur, Heft 9–10/1994, S. 943–946.

DINER 1995: Dan Diner: Wird die Bundesrepublik ein westliches Land? Vom Umgang mit deutschen Zäsuren und Kontinuen. Ein Gespräch mit Dan Diner, in: Blätter für deutsche und internationale Politik, Heft 5/1995, S. 545–553.

DINTER 1994: Ingrid Dinter: Unvollendete Trauerarbeit in der DDR-Literatur. Ein Studium der Vergangenheitsbewältigung, New York/Bern/Berlin/Frankfurt (Main)/Paris/Wien 1994.

DIRKS 1946a: Walter Dirks: Die Zweite Republik. Zum Ziel und zum Weg der deutschen Demokratie, in: Frankfurter Hefte, Heft 1/1946, S. 12–24.

DIRKS 1946b: Walter Dirks: Der Weg zur Freiheit. Ein Beitrag zur deutschen Selbsterkenntnis, in: Frankfurter Hefte, Heft 4/1946, S. 50–60.

DIRKS 1979: Walter Dirks: Der Nationalsozialismus und der Krieg, in: Frankfurter Hefte, Heft 6/1979, S. 13–19.

DIRKS 1985: Walter Dirks: Erinnerung eher präzis, in: Blätter für deutsche und internationale Politik, Heft 3/1985, S. 314f.

DIRKS 1986: Walter Dirks: Die „Stunde Null" aus der Sicht eines Deutschen, in: Werner Hill (Hrsg.): Befreiung durch Niederlage. Die deutsche Frage: Ursprung und Perspektiven, Frankfurt (Main) 1986, S. 34–43.

DMITROW 1995: Edmund Dmitrów: Die Erfahrung des Kriegsendes in der polnischen Zivilbevölkerung, in: Arnd Bauerkämper/Christoph Kleßmann/Hans Misselwitz (Hrsg.): Der 8. Mai 1945 als historische Zäsur. Strukturen – Erfahrungen – Deutungen, Potsdam 1995, S. 103–116.

DOERNBERG 1960: Stefan Doernberg: Die volksdemokratische Revolution auf dem Gebiet der DDR und die Lösung der Lebensfragen der deutschen Nation, in: Zeitschrift für Geschichtswissenschaft, Heft 3/1960, S. 531–556.

DOMANSKY/DE JONG 2000: Elisabeth Domansky/Jutta de Jong: Der lange Schatten des Krieges. Deutsche Lebens-Geschichten nach 1945, Münster 2000.

DOORMANN 1985: Lottemi Doormann: Ernstmachen mit dem Frieden, in: Blätter für deutsche und internationale Politik, Heft 3/1985, S. 315f.

DÖRR 1998: Margarete Dörr: „Wer die Zeit nicht miterlebt hat…" Frauenerfahrungen im Zweiten Weltkrieg und in den Jahren danach, 3 Bände, Frankfurt (Main)/New York 1998.

DREGGER 1985: Alfred Dregger: Sicherheitspolitische Aspekte der deutschen Frage, in: Deutschland Archiv, Heft 1/1985, S. 30–34.

DRESSEN 1994: Willi Dreßen: Die Zentrale Stelle der Landesjustizverwaltungen zur Aufklärung von NS-Verbrechen in Ludwigsburg, in: Dachauer Hefte: Erinnern oder Verweigern. Das schwierige Thema Nationalsozialismus, Heft 6, München 1994, S. 85–93.

DUBIEL 1994: Helmut Dubiel: Über moralische Souveränität, Erinnerung und Nation, in: Merkur, Heft 9–10/1994, S. 884–897.

DUBIEL 1999: Helmut Dubiel: Niemand ist frei von der Geschichte. Die nationalsozialistische Herrschaft in den Debatten des Deutschen Bundestages, München/Wien 1999.

ECKERT 1998: Rainer Eckert: Hegemon der Revolution oder Treibsand im Zusammenbruch? Die Bürgerbewegung der DDR und der 9. November 1989, in: Arbeitsgemeinschaft ehemals verfolgter Sozialdemokraten (AvS) (Hrsg.): Der 9. November in der Geschichte der Deutschen. Dokumentation des Forums der AvS am 9.11.97 in Bonn, Bonn 1998, S. 35–48.

ECKSTAEDT 1992: Anita Eckstaedt: Nationalsozialismus in der „zweiten Generation". Psychoanalyse von Hörigkeitsverhältnissen, Frankfurt (Main) 1992.

EDER 1993: Eder: Identität und multikulturelle Gesellschaft: Ein neuer deutscher Sonderweg in der Modernisierung Europas?, in: Werner Weidenfeld (Hrsg.): Deutschland. Eine Nation – doppelte Geschichte, Köln 1993, S. 381–391.

EHRLER 1965: Klaus Ehrler: Befreiung oder Niederlage? Rückblick auf den 8. Mai 1965, in: Blätter für deutsche und internationale Politik, Heft 6/1965, S. 490–494.

EHRLER 1970: Klaus Ehrler: 25 Jahre 8. Mai, in: Blätter für deutsche und internationale Politik, Heft 5/1970, S. 450–452.

EICHHOFER 1970: Sonja Eichhofer: Der 8. Mai 1945 und die geistige Bewältigung der imperialistischen Vergangenheit, in: Zeitschrift für Geschichtswissenschaft, Heft 4/1970, S. 480–496.

EMRICH 1996: Hinderk M. Emrich: Über die Notwendigkeit des Vergessens. Das Nirwana-Prinzip und der Todestrieb, in: Gary Smith/Hinderk M. Emrich (Hrsg.): Vom Nutzen des Vergessens, Berlin 1996, S. 27–78.

EMRICH/NÖTZOLD 1984: Ulrike Emrich/Jürgen Nötzold: Der 20. Juli 1944 in den offiziellen Gedenkreden der Bundesrepublik und in der Darstellung der DDR, in: Aus Politik und Zeitgeschichte, B26/1984, S. 3–12.

ERHARD 1964: Ludwig Erhard: Deutschlands Weg in die Zukunft. Rede vom 16. März 1964, in: Ders.: Wirken und Reden. 19 Reden aus den Jahren 1952 bis 1965, Ludwigsburg 1966, S. 87–116.

ERHARD 1965a: Ludwig Erhard: Die politische Einheit eines freien Deutschlands. Rede vom 12. Januar 1965, in: Ders.: Wirken und Reden. 19 Reden aus den Jahren 1952 bis 1965, Ludwigsburg 1966, S. 22–41.

ERHARD 1965b: Ludwig Erhard: Ein fester Wille zur Versöhnung. Erklärung des Bundeskanzlers über Rundfunk und Fernsehen zum 20. Jahrestag des Kriegsendes vom 7. Mai 1965, in: Bulletin des Presse- und Informationsamtes der Bundesregierung vom 11.5.65.

ESG NAUMBURG 1986: Friedensarbeitskreis der Evangelischen Studentengemeinde (ESG) Naumburg: Nach-Denkliches. Artikel aus einer unbekannten Zeitschrift, vermutlich Anfang 1986 verfaßt, Matthias-Domaschk-Archiv Berlin, Dok.-Nr. 1546.

ETKIND 1995: Efim Etkind: Der sowjetische Sieg 1945 und die Festigung des Stalinismus, in: Arnd Bauerkämper/Christoph Kleßmann/Hans Misselwitz (Hrsg.): Der 8. Mai 1945 als historische Zäsur. Strukturen – Erfahrungen – Deutungen, Potsdam 1995, S. 245–249.

FALCKE 1989: Heino Falcke: Die Kirchen sind jetzt die Politik nicht los, in: Gerhard Rein (Hrsg.): Die Opposition in der DDR. Entwürfe für einen anderen Sozialismus, Berlin 1989, S. 218–229.

FAULENBACH 1995: Bernd Faulenbach: Rede zur Einführung in das Forum der Historischen Kommission der SPD „1945 und 1989/90 – Zäsuren deutscher Zeitgeschichte" am 17. März 1995 in Bonn, Presseservice der SPD 124/95 vom 17.3.95.

FEHRENBACH 1993: Oskar Fehrenbach: Das deutsche Jahrhundert, in: Die politische Meinung, Januar 1993, S. 13–18.

FELDKAMP 1999: Michael F. Feldkamp (Hrsg.): Die Entstehung des Grundgesetzes für die Bundesrepublik Deutschland 1949. Eine Dokumentation, Stuttgart 1999.

FETSCHER 1985: Iring Fetscher: Neubau mit Rissen, in: Norbert Seitz (Hrsg.): Die Unfähigkeit zu feiern. Der 8. Mai, Frankfurt (Main) 1985, in: Norbert Seitz (Hrsg.): Die Unfähigkeit zu feiern. Der 8. Mai, Frankfurt (Main) 1985, S. 44–49.

FILMER/SCHWAN 1985: Werner Filmer/Heribert Schwan (Hrsg.): Mensch, der Krieg ist aus! Zeitzeugen erinnern sich, Düsseldorf/Wien 1985.

FILMER/SCHWAN 1995: Werner Filmer/Heribert Schwan (Hrsg.): Besiegt, befreit... Zeitzeugen erinnern sich an das Kriegsende 1945, München 1995.

FISCHER 1994: Kitty Fischer: „Ich bin Kriegswaise..." Rückkehr aus dem Vernichtungslager, in: Dachauer Hefte: Erinnern oder Verweigern. Das schwierige Thema Nationalsozialismus, Heft 6, München 1994, S. 94–103.

FISCHER/HEYDEMANN 1992: Alexander Fischer/Günther Heydemann: Weg und Wandel der Geschichtswissenschaft und des Geschichtsverständnisses in der SBZ/DDR seit 1945, in: Rainer Eckert/Wolfgang Küttler/Gustav Seeber (Hrsg.): Krise – Umbruch – Neubeginn. Eine kritische und selbstkritische Dokumentation der DDR-Geschichtswissenschaft 1989/90, Stuttgart 1992, S. 125–151.

FORCK 1995: Gottfried Forck: „Die politische Bedeutung der historischen Zäsur des Jahres 1945." Rede in der Gedenkveranstaltung des Landtages Brandenburg zum 50. Jahrestag der Befreiung am 13. April 1995, in: Landtag Brandenburg (Hrsg.): Gedenkveranstaltung des Landtages Brandenburg zum 50. Jahrestag der Befreiung am 13. April 1995, Schriften Heft 1 (1995), Potsdam 1995, S. 19–26.

FÖRSTER 1995: Jürgen Förster: Die Wehrmacht und das Ende des „Dritten Reichs", in: Arnd Bauerkämper/Christoph Kleßmann/Hans Misselwitz (Hrsg.): Der 8. Mai 1945 als historische Zäsur. Strukturen – Erfahrungen – Deutungen, Potsdam 1995, S. 50–65.

FRANCOIS 1997: Etienne Francois: Der 8. Mai: Befreiung oder Niederlage? Ein Blick aus Frankreich, in: Rainer Schröder (Hrsg.): 8. Mai 1945 – Befreiung oder Kapitulation?, Berlin/Baden-Baden 1997, S. 137–142.

FRANCOIS/SCHULZE 2001: Etienne Francois/Hagen Schulze (Hrsg.): Deutsche Erinnerungsorte, 3 Bände, München 2001.

FRANCOIS/SIEGRIST/VOGEL 1995: Etienne Francois/Hannes Siegrist/Jakob Vogel (Hrsg.): Nation und Emotion. Deutschland und Frankreich im Vergleich. 19. und 20. Jahrhundert, Göttingen 1995.

FRANKE 1970: Egon Franke: Bekenntnis zur demokratischen Gegenwart und Zukunft unseres Landes. Artikel des Bundesministers für innerdeutsche Beziehungen im „Vorwärts" vom 7. Mai 1970, in: Bulletin des Presse- und Informationsamtes der Bundesregierung vom 9.5.70.

FRANKE 1975: Egon Franke: Erklärung der Bundesregierung, abgegeben vom Bundesminister für innerdeutsche Beziehungen Egon Franke, in: dokumentation, hrsg. v. Bundesministerium für innerdeutsche Beziehungen, 17.6.75.

FREI 1996: Norbert Frei: Vergangenheitspolitik. Die Anfänge der Bundesrepublik und die NS-Vergangenheit, München 1996.

FREI 2000: Norbert Frei: Von deutscher Erfindungskraft oder: Die Kollektivschuldthese in der Nachkriegszeit, in: Gary Smith (Hrsg.): Hannah Arendt Revisited: „Eichmann in Jerusalem" und die Folgen, Frankfurt (Main) 2000, S. 163–176.

FREUD A. 1936: Anna Freud: Das Ich und die Abwehrmechanismen (1936), in: Die Schriften der Anna Freud, Band I, München 1980, S. 191–355.

FREUD S. 1914: Sigmund Freud: Erinnern, Wiederholen und Durcharbeiten. Weitere Ratschläge zur Technik der Psychoanalyse II (1914), in: Alexander Mitscherlich/Angela Richards/James Strachey (Hrsg.): Freud-Studienausgabe, Ergänzungsband, Frankfurt (Main) 1975, S. 205–215.

FREUD S. 1915: Sigmund Freud: Die Verdrängung (1915), in: Alexander Mitscherlich/Angela Richards/James Strachey (Hrsg.): Freud-Studienausgabe, Band III, Frankfurt (Main) 1975, S. 103–118.

FREUD S. 1923: Sigmund Freud: Das Ich und das Es (1923), in: Alexander Mitscherlich/Angela Richards/James Strachey (Hrsg.): Freud-Studienausgabe, Band III, Frankfurt (Main) 1975, S. 273–330.

FREUD S. 1930: Sigmund Freud: Das Unbehagen in der Kultur (1930) in: Alexander Mitscherlich/Angela Richards/James Strachey (Hrsg.): Freud-Studienausgabe, Band IX, Frankfurt (Main) 1975, S. 193–270.

FREUD S. 1940: Sigmund Freud: Die Ichspaltung im Abwehrvorgang (1940), in: Alexander Mitscherlich/Angela Richards/James Strachey (Hrsg.): Freud-Studienausgabe, Band III, Frankfurt (Main) 1975, S. 389–394.

FREVERT 2003: Ute Frevert: Geschichtsvergessenheit und Geschichtsversessenheit revisited. Der jüngste Erinnerungsboom in der Kritik, in: Aus Politik und Zeitgeschichte, B 40–41/2003, S. 6–13.

FRICKE 1985: Karl Wilhelm Fricke: In der Front der Sieger? Die SED und der 8. Mai 1945, in: Deutschland Archiv, Heft 6/1985, S. 561–564.

FRIED 1975: Erich Fried: Nichts gelernt seit Hitler. Sturmzeichen der deutschen Demokratie. Zeitungsartikel, Frühjahr 1975, in: Ders.: Gedanken in und an Deutschland. Essays und Reden, hrsg. v. Michael Lewin, Wien/Zürich 1988, S. 67–73.

FRIEDENSKREIS 1985: Friedens- und Umweltkreis der evangelischen Pfarr- und Glaubenskirche Berlin: „Offener Brief an den Vorsitzenden des Staatsrates Herrn Erich Honecker" vom 25.5.85, Matthias-Domaschk-Archiv Berlin, Dok.-Nr. 3731.

FRIEDRICH-EBERT-STIFTUNG 1995: Friedrich-Ebert-Stiftung, Landesbüro Brandenburg (Hrsg.): Achtung: Gedenktage! Texte nach einer Veranstaltung der Friedrich-Ebert-Stiftung zu den 50. Jahrestagen der Befreiung vom Nationalsozialismus, Potsdam 1995.

FRIEDRICH-EBERT-STIFTUNG 1999: Friedrich-Ebert-Stiftung, Landesbüro Brandenburg (Hrsg.): Der 9. November als deutscher Gedenktag. Dokumentation einer Veranstaltung am 3. November 1998 in Potsdam, Potsdam 1999.

FUCHS 1989: Jürgen Fuchs: Vier Vorschläge zum Umgang mit der Stasi, in: Hubertus Knabe (Hrsg.): Aufbruch in eine andere DDR, Hamburg 1989, S. 59–68.

FUNCKE 1970: Liselotte Funcke: Redebeitrag zur Erklärung der Bundesregierung zum 8. Mai 1945 am 8. Mai 1970 im Deutschen Bundestag, in: Deutscher Bundestag, 6. Wahlperiode, Protokoll der 51. Sitzung, Bonn, 8. Mai 1970, S. 2570–2572.

FUNKE H. 1995: Hajo Funke: Der Verlust des Erinnerns im Gedenken, in: Blätter für deutsche und internationale Politik, Heft 1/1995, S. 37–45.

FUNKE M. 1993: Manfred Funke: Spurensicherung. Kriegsende 1945: Davor und Danach, in: Karl Dietrich Bracher/Manfred Funke/Hans-Adolf Jacobsen (Hrsg.): Deutschland 1933–1945. Neue Studien zur nationalsozialistischen Herrschaft, 2., ergänzte Auflage, Bonn 1993, S. 532–541.

FUNKE M. 1995: Manfred Funke: 1945: Ein Fragment namens Deutschland. Prägekräfte im Grenzraum zwischen Katastrophe und Neubeginn, in: Aus Politik und Zeitgeschichte, B1–2/1995, S. 11–17.

GALINSKI 1992: Heinz Galinski: Ein Zivilisationsbruch und seine Lehren. Ansprache zur Eröffnung der Gedenkstätte Haus der Wannsee-Konferenz am 20. Januar 1992, in: Gedenkstätte Haus der Wannsee-Konferenz (Hrsg.): Erinnern für die Zukunft. Ansprachen und Vorträge zur Eröffnung der Gedenkstätte, Berlin 1992, S. 11–13.

GALLUS 1993: Alexander Gallus: Der 17. Juni im Deutschen Bundestag von 1954 bis 1990, in: Aus Politik und Zeitgeschichte, B 25/1993, S. 12–21.

GEBERT 1994: Konstanty Gebert: Die Dialektik der Erinnerung. Holocaust-Denkmäler in Warschau, in: James E. Young (Hrsg.): Mahnmale des Holocaust. Motive, Rituale und Stätten des Gedenkens, München 1994, S. 97–105.

GENSCHER 1990: Hans-Dietrich Genscher: Erklärung zur Eröffnung des Treffens der Außenminister der Zwei-plus-Vier-Konferenz am 5. Mai 1990 in Bonn, in: Bulletin des Presse- und Informationsamtes der Bundesregierung vom 8.5.90.

GERSTENMAIER 1961: Eugen Gerstenmaier: Was ist des Deutschen Vaterland? Rede vor dem 10. Bundesparteitag der CDU 1961 in Köln, in: Ders.: Reden und Aufsätze, Band II, Stuttgart 1962, S. 255–269.

GIBAS 1999: Monika Gibas: Die Inszenierung kollektiver Identität. Staatssymbolik und Staatsfeiertage in der DDR, in: Universitas, April 1999, S. 312–325.

GILL/STEFFANI 1986: Ulrich Gill/Winfried Steffani (Hrsg.): Eine Rede und ihre Wirkung. Die Rede des Bundespräsidenten Richard von Weizsäcker vom 8. Mai 1985 anläßlich des 40. Jahrestages der Beendigung des Zweiten Weltkrieges. Betroffene nehmen Stellung, Berlin 1986.

GIORDANO 1987: Ralph Giordano: Die zweite Schuld oder Von der Last Deutscher zu sein, Hamburg/Zürich 1987.

GLASER 1985: Hermann Glaser: Kultur der Trümmerzeit. Einige Entwicklungslinien 1945–1948, in: Aus Politik und Zeitgeschichte, B40–41/1985, S. 3–31.

GLASER 1995a: Hermann Glaser: 1945. Ein Lesebuch, Frankfurt (Main) 1995.

GLASER 1995b: Hermann Glaser: 1945: Die Befreiung von der NS-Gewaltherrschaft, in: Aus Politik und Zeitgeschichte, B1–2/1995, S. 3–10.

GLASER 1995c: Hermann Glaser: Der Weg nach innen. Kultur der Stunde Null, die keine war, in: Hans-Erich Volkmann (Hrsg.): Ende des Dritten Reiches – Ende des Zweiten Weltkriegs. Eine perspektivische Rückschau, München 1995, S. 771–794.

GLASER 1997: Hermann Glaser: Deutsche Kultur. Ein historischer Überblick von 1945 bis zur Gegenwart, München/Wien 1997.

GLOTZ 1985: Peter Glotz: Ein Denktag. Zur Bedeutung und Gestaltung des 8. Mai, in: Sozialdemokratischer Pressedienst vom 17.1.85.

GOLDHAGEN 1996: Daniel Jonah Goldhagen: Hitlers willige Vollstrecker. Ganz gewöhnliche Deutsche und der Holocaust, Berlin 1996.

GOLLWITZER 1955: Helmuth Gollwitzer: Schatten der Erinnerung, in: Frankfurter Hefte, Heft 6/1955, S. 390–392.

GORE 1995: Al Gore: Rede des Vizepräsidenten der USA anläßlich des Staatsaktes zum 50. Jahrestag des Endes des Zweiten Weltkrieges im Konzerthaus Berlin am 8. Mai 1995, in: Zum 50. Jahrestag des Endes des Zweiten Weltkrieges. Staatsakt am 8. Mai 1995 in Berlin, hrsg. v. Presse- und Informationsamt der Bundesregierung, Bonn 1995, S. 40–45.

GORYNIA 1997: Viktor Gorynia: Offizierskasino – „Marschallhaus" – Museum. Zur Geschichte des Ortes, in: Museum Berlin-Karlshorst e.V. (Hrsg.): Erinnerung an einen Krieg, Berlin 1997, S. 45–47.

GRAUBARD 1994: Baruch Graubard: In den Fängen des Todes, in: Dachauer Hefte: Erinnern oder Verweigern. Das schwierige Thema Nationalsozialismus, Heft 6, München 1994, S. 118–120.

GRAW 1993: Ansgar Graw: (Historiker-)Streit unter Adenauers Enkeln, in: Rainer Zitelmann/Karlheinz Weißmann/Michael Großheim (Hrsg.): Westbindung. Chancen und Risiken für Deutschland, Frankfurt (Main)/Berlin 1993.

GRIX/KNÖLL 1987: Rolf Grix/Wilhelm Knöll: Die Rede zum 8. Mai 1945. Texte zum Erinnern, Verstehen und Weiterdenken, Oldenburg 1987.

GROEHLER 1992: Olaf Groehler: Erblasten: Der Umgang mit dem Holocaust in der DDR, in: Hanno Loewy (Hrsg.): Holocaust: Die Grenzen des Verstehens. Eine Debatte über die Besetzung der Geschichte, Hamburg 1992, S. 110–127.

GROEHLER 1995: Olaf Groehler: Zur Gedenkstättenpolitik und zum Umgang mit der „Reichskristallnacht" in der SBZ und DDR (1945–1988), in: Werner Bergmann/Rainer Erb/Albert Lichtblau (Hrsg.): Schwieriges Erbe. Der Umgang mit Nationalsozialismus und Antisemitismus in Österreich, der DDR und der Bundesrepublik Deutschland, Frankfurt (Main)/New York 1995, S. 285–301.

GROSSE-KRACHT 1996: Klaus Große-Kracht: Gedächtnis und Geschichte: Maurice Halbwachs – Pierre Nora, in: Geschichte in Wissenschaft und Unterricht, Heft 1/1996, S. 21–31.

GROSSER 1985: Alfred Grosser: Es gibt so etwas wie eine Pflicht zur Erinnerung, in: Presse- und Informationsstelle der Freien Universität Berlin (Hrsg.): Zusammenbruch und Neubeginn. Die Bedeutung des 8. Mai 1945. Dokumentation einer Veranstaltung an der Freien Universität Berlin am 8. Mai 1985, Berlin 1985, S. 20–27.

GÜNTHER 1997: Klaus Günther: Der strafrechtliche Schuldbegriff als Gegenstand einer Politik der Erinnerung in der Demokratie, in: Gary Smith/Avishai Margalit (Hrsg.): Amnestie oder Die Politik der Erinnerung in der Demokratie, Frankfurt (Main) 1997, S. 48–89.

HÄBERLE 1987: Peter Häberle: Feiertagsgarantien als kulturelle Identitätselemente des Verfassungsstaates, Berlin 1987.

HABERMAS 1990: Jürgen Habermas: Nochmals: Zur Identität der Deutschen. Ein einig Volk von aufgebrachten Wirtschaftsbürgern?, in: Ders.: Die nachholende Revolution. Kleine politische Schriften VII, Frankfurt (Main) 1990, S. 205–224.

HABERMAS 1992: Jürgen Habermas: Was bedeutet „Aufarbeitung der Vergangenheit" heute? Bemerkungen zur „doppelten Vergangenheit", in: Ders.: „Die Moderne – ein unvollendetes Projekt." Philosophisch-politische Aufsätze 1977–1992, 2. erw. Auflage, Leipzig 1992, S. 242–267.

HABERMAS 1993: Jürgen Habermas: Vergangenheit als Zukunft. Das alte Deutschland im neuen Europa? Ein Gespräch mit Michael Haller, München 1993.

HABERMAS 1994: Jürgen Habermas: Antworten auf Fragen einer Enquete-Kommission des Bundestags. (Vortrag vor der Enquête-Kommission des Deutschen Bundestages „Aufarbeitung von Geschichte und Folgen der SED-Diktatur in Deutschland" am 4. Mai 1994 in Berlin), in: Ders.: Die Normalität einer Berliner Republik. Kleine Politische Schriften VIII, Frankfurt (Main) 1995, S. 46–61.

HABERMAS 1995a: Jürgen Habermas: Aus der Geschichte lernen?, in: Ders.: Die Normalität einer Berliner Republik. Kleine Politische Schriften VIII, Frankfurt (Main) 1995, S. 9–18.

HABERMAS 1995b: Jürgen Habermas: Die Hypotheken der Adenauerschen Restauration, in: Ders.: Die Normalität einer Berliner Republik. Kleine Politische Schriften VIII, Frankfurt (Main) 1995, S. 88–97.

HABERMAS 1995c: Jürgen Habermas: Brief an Christa Wolf, in: Ders.: Die Normalität einer Berliner Republik. Kleine Politische Schriften VIII, Frankfurt (Main) 1995, S. 101–111.

HABERMAS 1995d: Jürgen Habermas: Carl Schmitt in der politischen Geistesgeschichte der Bundesrepublik, in: Ders.: Die Normalität einer Berliner Republik. Kleine Politische Schriften VIII, Frankfurt (Main) 1995, S. 112–122.

HABERMAS 1995e: Jürgen Habermas: 1989 im Schatten von 1945. Zur Normalität einer künftigen Berliner Republik (Rede zur 50. Wiederkehr des 8. Mai 1945, gehalten am 7. Mai 1995 in der Frankfurter Paulskirche), in: Ders.: Die Normalität einer Berliner Republik. Kleine Politische Schriften VIII, Frankfurt (Main) 1995, S. 167–188.

HALBWACHS 1985: Maurice Halbwachs: Das kollektive Gedächtnis, Frankfurt (Main) 1985.

HALL/LINDZEY 1978: Calvin S. Hall/Gardner Lindzey: Theorien der Persönlichkeit, Band I, München 1978.

HALLER/HOFFMANN-NOWOTNY/ZAPF 1989: Max Haller/Hans-Joachim Hoffmann-Nowotny/Wolfgang Zapf (Hrsg.): Kultur und Gesellschaft. Verhandlungen des 24. Deutschen Soziologentags, des 11. Österreichischen Soziologentags und des 8. Kongresses der Schweizerischen Gesellschaft für Soziologie in Zürich 1988, Frankfurt (Main)/New York 1989.

HANSEN 1985: Reimer Hansen: Der 8. Mai 1945. Geschichte und geschichtliche Bedeutung. Vortrag am 8. Mai 1985 im Fachbereich Geschichtswissenschaften der Freien Universität Berlin, Berlin 1985.

HARDTMANN 1992: Gertrud Hardtmann: Begegnung mit dem Tod. Die Kinder der Täter, in: Psychosozial, Heft 3/1992, S. 42–53.

HARDTWIG/WEHLER 1996: Wolfgang Hardtwig/Hans-Ulrich Wehler (Hrsg.): Kulturgeschichte Heute. Geschichte und Gesellschaft, Sonderheft 16, Göttingen 1996.

HASS 1994: Ulrike Haß: Mahnmaltexte 1945 bis 1988. Annäherung an eine schwierige Textsorte, in: Dachauer Hefte: Erinnern oder Verweigern. Das schwierige Thema Nationalsozialismus, Heft 6, München 1994, S. 135–161.

HATTENHAUER 1990: Hans Hattenhauer: Geschichte der deutschen Nationalsymbole. Zeichen und Bedeutung, 2. erw. Auflage, München 1990.

HAUFF 1970: Volker Hauff: Redebeitrag zur Erklärung der Bundesregierung zum 8. Mai 1945 am 8. Mai 1970 im Deutschen Bundestag, in: Deutscher Bundestag, 6. Wahlperiode, Protokoll der 51. Sitzung, Bonn, 8. Mai 1970, S. 2569–2570.

HAVERKAMP/LACHMANN 1993: Anselm Haverkamp/Renate Lachmann (Hrsg.): Memoria – vergessen und erinnern, München 1993.

HEIN 1989a: Christoph Hein: Die fünfte Grundrechenart. Rede im Ost-Berliner Schriftstellerverband am 14. September 1989, in: Ders.: Die fünfte Grundrechenart. Aufsätze und Reden 1987–1990, Frankfurt (Main) 1990, S. 163–172.

HEIN 1989b: Christoph Hein: Weder das Verbot noch die Genehmigung als Geschenk. Gespräch mit der „Berliner Zeitung", 4./5.11.1989, in: Ders.: Die fünfte Grundrechenart. Aufsätze und Reden 1987–1990, Frankfurt (Main) 1990, S. 189–193.

HEIN 1990: Christoph Hein: Die Zeit, die nicht vergehen kann oder Das Dilemma des Chronisten. Gedanken zum Historikerstreit anläßlich zweier deutscher 40-Jahrestage, in: Ders.: Die fünfte Grundrechenart. Aufsätze und Reden 1987–1990, Frankfurt (Main) 1990, S. 128–154.

HEINEMANN 1955: Gustav W. Heinemann: Ungenutzte Chance?, Artikel in: Der Weg vom 8. Mai 1955, in: Ders: Es gibt schwierige Vaterländer... Reden und Aufsätze 1919–1969, Reden und Schriften Band III, Frankfurt (Main) 1977, S. 151–153.

HEINEMANN 1969a: Gustav W. Heinemann: Antrittsrede im Deutschen Bundestag am 1. Juli 1969, in: Reden der deutschen Bundespräsidenten Heuss, Lübke, Heinemann, Scheel, München/Wien 1979, S. 145–151.

HEINEMANN 1969b: Gustav W. Heinemann: Zeugnis des Ringens um Menschenrecht und Menschenwürde. Rede zum 25. Jahrestag des 20. Juli 1944 in Berlin-Plötzensee am 19. Juli 1969, in: Gedanken zum 20. Juli 1944, hrsg. v. der Forschungsgemeinschaft 20. Juli e.V., Mainz 1984, S. 67–79.

HEINEMANN 1969c: Gustav W. Heinemann: Es darf sich nicht wiederholen. Ansprache bei einem Empfang für in- und ausländische Gäste des Volksbundes Deutsche Kriegsgräberfürsorge im Hause des Bundespräsidenten am 17. November 1969, in: Ders.: Allen Bürgern verpflichtet. Reden des Bundespräsidenten 1969–1974, Reden und Schriften Band I, Frankfurt (Main) 1975, S. 206–208.

HEINEMANN 1970: Gustav W. Heinemann: 25. Jahrestag der Beendigung des Zweiten Weltkrieges. Ansprache vor den in Bonn akkreditierten ausländischen Missionschefs, gehalten in der Redoute in Bonn-Bad Godesberg am 6. Mai 1970, in: Ders.: Reden und Interviews (I), 1. Juli 1969 – 30. Juni 1970, hrsg. v. Presse- und Informationsamt der Bundesregierung, Bonn 1970, S. 106–110.

HEINEMANN 1973: Gustav W. Heinemann: Der Beitrag der Vertriebenen zum Wiederaufbau. Ansprache zur 25. Jahresfeier der Siedlung Heilsberg, Bad Vilbel am 31. Mai 1973, in: Ders.: Reden und Interviews (IV), 1. Juli 1972 – 30. Juni 1973, hrsg. v. Presse- und Informationsamt der Bundesregierung, Bonn 1973, S. 159–164.

HEINEMANN 1974: Gustav W. Heinemann: Die Freiheitsbewegung in der deutschen Geschichte. Ansprache aus Anlaß der Eröffnung der Erinnerungsstätte in Rastatt am 26. Juni 1974, in: Ders.: Allen Bürgern verpflichtet. Reden des Bundespräsidenten 1969–1974, Reden und Schriften Band I, Frankfurt (Main) 1975, S. 36–44.

HEINRICH 1997: Horst-Alfred Heinrich: Die Flakhelfer-Generation. Versuch einer empirischen Bestimmung, in: psychosozial, Heft 2/1997, S. 23–42.

HEINZ 1980: Helmut Heinz: Die Konzeption der ersten Ausstellung im Museum für Deutsche Geschichte 1952, in: Zeitschrift für Geschichtswissenschaft, Heft 4/1980, S. 340–356.

HENNIG 1985: Ottfried Hennig: Aktuelle Fragen der Deutschlandpolitik. Rede auf der 16. Ordentlichen Bundesversammlung des Bundes der Mitteldeutschen am 21. April 1985 in Bonn, in: Texte zur Deutschlandpolitik, Reihe III/Band 3. 1. Januar 1985–30. Dezember 1985, hrsg. v. Bundesministerium für innerdeutsche Beziehungen, Bonn 1986, S. 193–205.

HENTIG 1992: Hartmut von Hentig: „... der werfe den ersten Stein." Schuld und Vergebung in unserer Welt, München/Wien 1992.

HENTSCHEL 1985: Hartmut Hentschel: Der 8. Mai und die Deutschen. Die Meinungsforschung befragte die Bundesbürger über Demokratie und Nation, in: Die politische Meinung, Mai/Juni 1985, S. 24–33.

HERF 1998: Jeffrey Herf: Zweierlei Erinnerung. Die NS-Vergangenheit im geteilten Deutschland, Berlin 1998.

HERINGER 1990: Hans Jürgen Heringer: „Ich gebe Ihnen mein Ehrenwort." Politik-Sprache-Moral, München 1990.

HERLYN 1964: Johannes Herlyn: „17. Juni" und „8. Mai", in: Blätter für deutsche und internationale Politik, Heft 9/1964, S. 740–742.

HERRMANN 1983: Ludolf Herrmann: Hitler, Bonn und die Wende. Wie die Bundesrepublik ihre Lebenskraft zurückgewinnen kann, in: Die politische Meinung, Juli/August 1983, S. 13–28.

HERZOG 1994: Roman Herzog: Ansprache in Warschau anläßlich des Gedenkens an den 50. Jahrestag des Warschauer Aufstandes am 1. August 1994, in: Ders.: Reden und Interviews (1/1), 1. Juli 1994 – 30. Juni 1995, hrsg. v. Presse- und Informationsamt der Bundesregierung, Bonn 1995, S. 42–44.

HERZOG 1995a: Roman Herzog: Ansprache anläßlich der Gedenkfeier zum 50. Jahrestag der Zerstörung der Stadt Dresden im Kulturpalast in Dresden am 13. Februar 1995, in: 50

Jahre danach. Reden und Erklärungen von Roman Herzog und Helmut Kohl, hrsg. v. Presse- und Informationsamt der Bundesregierung, Bonn 1995, S. 4–17.

HERZOG 1995b: Roman Herzog: Ansprache anläßlich der internationalen Gedenkveranstaltung zum 50. Jahrestag der Befreiung aus den Konzentrationslagern in der Gedenkstätte Bergen-Belsen am 27. April 1995, in: 50 Jahre danach. Reden und Erklärungen von Roman Herzog und Helmut Kohl, hrsg. v. Presse- und Informationsamt der Bundesregierung, Bonn 1995, S. 18–29.

HERZOG 1995c: Roman Herzog: Ansprache anläßlich des Staatsaktes zum 50. Jahrestag des Endes des Zweiten Weltkrieges im Konzerthaus Berlin am 8. Mai 1995, in: Zum 50. Jahrestag des Endes des Zweiten Weltkrieges. Staatsakt am 8. Mai 1995 in Berlin, hrsg. v. Presse- und Informationsamt der Bundesregierung, Bonn 1995, S. 8–22.

HERZOG 1996a: Roman Herzog: Proklamation des 27. Januars zum „Tag des Gedenkens an die Opfer des Nationalsozialismus", 3. Januar 1996, in: Bulletin des Presse- und Informationsamtes der Bundesregierung vom 12.1.96.

HERZOG 1996b: Roman Herzog: Ansprache zum Gedenktag für die Opfer des Nationalsozialismus am 19. Januar 1996 im Deutschen Bundestag, in: Bulletin des Presse- und Informationsamtes der Bundesregierung vom 23.1.96.

HERZOG 1996c: Roman Herzog: Wege ins Offene – Erfahrungen und Lehren aus den Diktaturen des 20. Jahrhunderts. Rede vor der Enquête-Kommission „Überwindung der Folgen der SED-Diktatur im Prozeß der deutschen Einheit" des 13. Deutschen Bundestages am 26. März 1996 in Berlin, Manuskript.

HEUSS 1945: Theodor Heuss: Betrachtungen zur innenpolitischen Lage. Notizen in den Tagen der Kapitulation vom 9.–17. Mai 1945, in: Ders.: Politiker und Publizist. Aufsätze und Reden, Tübingen 1984, S. 295–302.

HEUSS 1947: Theodor Heuss: „Das deutsche Schicksal und unsere Aufgabe." Rede im Juli 1947 in Eisenach, in: Ders.: Politiker und Publizist. Aufsätze und Reden, Tübingen 1984, S. 337–346.

HEUSS 1949a: Theodor Heuss: Antrittsrede im Deutschen Bundestag am 12. September 1949, in: Reden der deutschen Bundespräsidenten Heuss, Lübke, Heinemann, Scheel, München/Wien 1979, S. 5–10.

HEUSS 1949b: Theodor Heuss: Mut zur Liebe. Rede auf einer Feierstunde der Gesellschaft für christlich-jüdische Zusammenarbeit am 7. Dezember 1949, in: Ders.: Die großen Reden. Der Staatsmann, Tübingen 1965, S. 99–107.

HEUSS 1952: Theodor Heuss: Das Mahnmal. Ansprache des Bundespräsidenten zur Einweihung des Mahnmals in Bergen-Belsen am 29. November 1952, in: Ders.: Die großen Reden. Der Staatsmann, Tübingen 1965, S. 224–230.

HEUSS 1954: Theodor Heuss: Dank und Bekenntnis. Gedenkrede zum 20. Juli 1944 in der Freien Universität Berlin am 19. Juli 1954, Tübingen 1954.

HEUSS 1955a: Theodor Heuss: An die ehemaligen Hohen Kommissare. Rede zum Abendempfang anläßlich der Beendigung der Tätigkeit der Hohen Kommissare und der Akkreditierung der neuen Botschafter Frankreichs, der USA und Englands am 5. Mai 1955 im „Haus des Bundespräsidenten", in: Reden der deutschen Bundespräsidenten Heuss, Lübke, Heinemann, Scheel, München/Wien 1979, S. 39–42.

HEUSS 1955b: Theodor Heuss: Friedrich Schiller. Rede auf der Gedenkfeier am Vorabend von Schillers 150. Todestag in Stuttgart am 8. Mai 1955, in: Ders.: Würdigungen. Reden, Aufsätze und Briefe aus den Jahren 1949–1955, Tübingen 1955, S. 30–45.

HEYDEMANN 1987: Günther Heydemann: Geschichtswissenschaft und Geschichtsverständnis in der DDR seit 1945, in: Aus Politik und Zeitgeschichte, B 13/1987, S. 15–26.

HILL 1986: Werner Hill (Hrsg.): Befreiung durch Niederlage. Die deutsche Frage: Ursprung und Perspektiven, Frankfurt (Main) 1986.

HILLGRUBER 1985: Andreas Hillgruber: Der Zusammenbruch im Osten 1944/45 als Problem der deutschen Nationalgeschichte und der europäischen Geschichte. Vortrag am 17. April 1985 in Düsseldorf, Opladen 1985.

HIRSCH 2003: Helga Hirsch: Flucht und Vertreibung. Kollektive Erinnerung im Wandel, in: Aus Politik und Zeitgeschichte, B 40–41/2003, S. 14–26.

HISTORIKERSTREIT 1991: „Historikerstreit". Die Dokumentation der Kontroverse um die Einzigartigkeit der nationalsozialistischen Judenvernichtung, 8. Auflage, München/Zürich 1991.

HOCKERTS 2001: Hans Günter Hockerts: Zugänge zur Zeitgeschichte: Primärerfahrung, Erinnerungskultur, Geschichtswissenschaft, in: Aus Politik und Zeitgeschichte, B 28/2001, S. 15–30.

HOFMANN 1987: Jürgen Hofmann: Einleitung, in: Alfons Hueber (Hrsg.): 8. Mai 1945. Ein Tag der Befreiung?, Tübingen/Zürich/Paris 1987, S. 7–12.

HÖLTERMANN 1995: Walter Höltermann: „Vergangenheit die ruht, kann sich erholen" (Rolf Winter). Rede zum 8. Mai 1995, in: Konvent der Philipps-Universität Marburg (Hrsg.): Die Philipps-Universität im Nationalsozialismus. Veranstaltungen der Philipps-Universität zum 50. Jahrestag des Kriegsendes 8. Mai 1995, Marburg 1996, S. 7 f.

HOLZER 1997: Jerzy Holzer: Ein Kommentar zum 8. Mai aus polnischer Sicht, in: Rainer Schröder (Hrsg.): 8. Mai 1945 – Befreiung oder Kapitulation?, Berlin/Baden-Baden 1997, S. 143–147.

HONECKER 1965: Erich Honecker: Dem Aggressor keine Chance! Rede auf der Eröffnungskundgebung des Manövers „Oktobersturm" in der Nationalen Mahn- und Gedenkstätte Buchenwald am 19. Oktober 1965, in: Ders.: Zuverlässiger Schutz des Sozialismus. Ausgewählte Reden und Schriften zur Militärpolitik der SED, 2. erw. Auflage, Berlin 1977, S. 110–113.

HONECKER 1970: Erich Honecker: Zum 25. Jahrestag der Befreiung. Rede auf der Festveranstaltung der sowjetischen Streitkräfte in der DDR anläßlich des 25. Jahrestages des Sieges über den Hitlerfaschismus am 7. Mai 1970, in: Ders.: Zuverlässiger Schutz des Sozialismus. Ausgewählte Reden und Schriften zur Militärpolitik der SED, 2. erw. Auflage, Berlin 1977, S. 140–146.

HONECKER 1975a: Erich Honecker: Im Bruderbund mit unserem Befreier, dem Pionier der Menschheit, auf dem Wege zum Kommunismus. Artikel, April 1975, in: Ders.: Reden und Aufsätze, Band 3, Berlin 1976, S. 398–411.

HONECKER 1975b: Erich Honecker: Der Siegeszug des Sozialismus prägt den Gang der Geschichte. Ansprache auf einem Meeting mit Angehörigen der GSSD im Truppenteil der Berliner Garnison am 5. Mai 1975, in: Ders.: Reden und Aufsätze, Band 3, Berlin 1976, S. 412–415.

HONECKER 1975c: Erich Honecker: DDR fest auf dem Weg des Sozialismus. Rede auf der Festveranstaltung zum 30. Jahrestag der Befreiung am 7. Mai 1975, in: Ders.: Reden und Aufsätze, Band 3, Berlin 1976, S. 416–428.

HONECKER 1975d: Erich Honecker: Der Sieg der Sowjetunion – Fundament unserer Gegenwart und Zukunft. Ansprache beim Empfang in der sowjetischen Botschaft aus Anlaß des 30. Jahrestages des Sieges über den Hitlerfaschismus am 9. Mai 1975, in: Ders.: Reden und Aufsätze, Band 3, Berlin 1976, S. 429–431.

HONECKER 1980a: Erich Honecker: An der Seite der UdSSR für die entschlossene Verteidigung des Friedens. Rede auf der Großkundgebung in Brandenburg anläßlich des 35. Jahrestages der Befreiung der antifaschistischen Widerstandskämpfer im Zuchthaus Brandenburg-Görden durch die Sowjetarmee, 26. April 1980, in: Ders.: Reden und Aufsätze, Band 7, Berlin 1982, S. 210–215.

HONECKER 1980b: Erich Honecker: Wir haben die historische Chance genutzt. Artikel, Mai 1980, in: Ders.: Reden und Aufsätze, Band 7, Berlin 1982, S. 216–227.

HONECKER 1980c: Erich Honecker: Unser gemeinsamer Feiertag. Artikel für die „Prawda", 8. Mai 1980, in: Ders.: Reden und Aufsätze, Band 7, Berlin 1982, S. 228–234.

HONECKER 1983: Erich Honecker: Neuer Meilenstein unserer engen Zusammenarbeit. Ansprache bei einem Essen zu Ehren der Partei- und Staatsdelegation der DDR im Kreml am 3. Mai 1983, in: Ders.: Reden und Aufsätze, Band 9, Berlin 1985, S. 307–311.

HONECKER 1984: Erich Honecker: In der DDR haben für alle Zeit Fortschritt und Frieden, Völkerverständigung und Solidarität eine sichere Heimstatt. Rede auf der Festveranstaltung zum 35. Jahrestag der Deutschen Demokratischen Republik im Palast der Republik am 6. Oktober 1984, in: Ders.: Reden und Aufsätze, Band 10, Berlin 1986, S. 308–321.

HONECKER 1985a: Erich Honecker: Die Aufgaben der SED bei der Vorbereitung des XI. Parteitages. Aus dem Referat auf der Beratung des Sekretariats des ZK der SED mit den 1. Sekretären der Kreisleitungen der SED, 1. Februar 1985, in: Ders.: Reden und Aufsätze, Band 10, Berlin 1986, S. 441–526.

HONECKER 1985b: Erich Honecker: Eine welthistorische Tat, die auch das deutsche Volk befreite. Artikel, April 1985, in: Ders.: Reden und Aufsätze, Band 10, Berlin 1986, S. 564–575.

HONECKER 1985c: Erich Honecker: Die DDR verkörpert die Ideale des antifaschistischen Kampfes. Rede auf der Großkundgebung in Brandenburg anläßlich des 40. Jahrestages der Befreiung der antifaschistischen Widerstandskämpfer aus dem Zuchthaus Brandenburg-Görden durch die Sowjetarmee, 27. April 1985, in: Ders.: Reden und Aufsätze, Band 10, Berlin 1986, S. 593–597.

HONECKER 1985d: Erich Honecker: In unserem Land lebt die Einheit der Antifaschisten fort. Rede auf der Freundschaftskundgebung bei der Eröffnung des „Gedenkmuseums der deutschen Antifaschisten" in Krasnogorsk bei Moskau am 5. Mai 1985, in: Ders.: Reden und Aufsätze, Band 10, Berlin 1986, S. 598–601.

HONECKER 1985e: Erich Honecker: Der welthistorische Sieg für den Frieden und eine glückliche Zukunft der Menschheit. Artikel in der „Prawda" vom 7. Mai 1985, in: Ders.: Reden und Aufsätze, Band 10, Berlin 1986, S. 614–626.

HONECKER 1986: Erich Honecker: Mit der Sowjetunion auf gutem und sicherem Weg. Artikel in der „Prawda" vom 8. Mai 1986, in: Ders.: Reden und Aufsätze, Band 11, Berlin 1987, S. 412–421.

HONECKER 1987: Erich Honecker: Unser neues Leben braucht die schöpferischen Impulse von Kunst und Literatur. Abschließende Ausführungen bei der Begegnung mit Teilnehmern des internationalen Schriftstellergesprächs in Berlin im Amtssitz des Staatsrates am 7. Mai 1987, in: Ders.: Für eine weltweite Koalition der Vernunft und des Realismus, Berlin 1989, S. 371–377.

HORKHEIMER/ADORNO 1944: Max Horkheimer/Theodor W. Adorno: Dialektik der Aufklärung. Philosophische Fragmente (1944), Frankfurt (Main) 1988.

HUEBER 1987: Alfons Hueber (Hrsg.): 8. Mai 1945. Ein Tag der Befreiung?, Tübingen/ Zürich/Paris 1987.

HURRELBRINK 1997: Peter Hurrelbrink: Niemcy po cezurze 1989–1990. Powrot do „narodowej normalnosci" jako spor o interpunkcje dziejow najnowszych (Deutschland nach der Zäsur von 1989/90. Die Rückkehr zur „Normalität des Nationalen" als Streit um die Interpunktion der Zeitgeschichte), in: Bernard Linek/Jörg Lüer/Kai Struve (Hrsg.): Fenomen nowoczesnego nacjonalizmu w Europie Srodkowej, Opole 1997, S. 164–180.

INITIATIVE 1985: Initiative 40. Jahrestag der Befreiung und des Friedens: Aufruf zum 40. Jahrestag der Befreiung und des Friedens am 8. Mai 1985, in: Blätter für deutsche und internationale Politik, Heft 1/1985, S. 119f.

JÄCKEL 1995: Eberhard Jäckel: Zusammenbruch oder Befreiung?, in: Damals 5/1995, S. 16–19.

JACOBSEN 1985: Hans-Adolf Jacobsen: Zur Lage der Nation: Deutschland im Mai 1945, in: Aus Politik und Zeitgeschichte, B 13/1985, S. 3–22.

JACOBSEN 1995: Hans-Adolf Jacobsen: Der Zweite Weltkrieg – Eine historische Bilanz, in: Aus Politik und Zeitgeschichte, B7–8/1995, S. 3–12.

JÄGER 1985: Manfred Jäger: Literatur und Kulturpolitik in der Entstehungsphase der DDR (1945–1952), in: Aus Politik und Zeitgeschichte, B40–41/1985, S. 32–47.

JAHN 1997: Peter Jahn: Das Ende der nationalsozialistischen Herrschaft: Die Kapitulation in Berlin-Karlshorst am 8. Mai 1945, in: Museum Berlin-Karlshorst e.V. (Hrsg.): Erinnerung an einen Krieg, Berlin 1997, S. 40–44.

JARAUSCH 1995: Konrad H. Jarausch: Zwischen Niederlage und Befreiung: Das Jahr 1945 und die Kontinuitäten deutscher Geschichte. Rede beim Forum der Historischen Kommission der SPD „1945 und 1989/90 – Zäsuren deutscher Zeitgeschichte" am 17./18. März 1995 in Bonn, Manuskript.

JASPERS 1963: Karl Jaspers: Die Schuldfrage (1946), in: Ders.: Lebensfragen der deutschen Politik, München 1963, S. 36–114.

JASPERS 1966: Karl Jaspers: Wohin treibt die Bundesrepublik? Tatsachen – Gefahren – Chancen (1966), München 1988.

JEISMANN 1986: Karl-Ernst Jeismann: „Identität" statt „Emanzipation"? Zum Geschichtsbewußtsein in der Bundesrepublik, in: Aus Politik und Zeitgeschichte, B 20–21/1986, S. 3–16.

JENNINGER 1985: Philipp Jenninger: Ansprache des Bundestagspräsidenten, in: 40. Jahrestag der Beendigung des Krieges in Europa und der nationalsozialistischen Gewaltherrschaft. Gedenkstunde des Deutschen Bundestages und des Bundesrates, 8. Mai 1985, hrsg. v. Presse- und Informationszentrum des Deutschen Bundestages, Bonn 1985, S. 8–15.

JENNINGER 1988: Philipp Jenninger: Rede in der Gedenkveranstaltung des Deutschen Bundestages aus Anlaß der Pogrome des nationalsozialistischen Regimes gegen die jüdische Bevölkerung vor 50 Jahren am 10. November 1988, in: Armin Laschet/Heinz Malangré (Hrsg.): Philipp Jenninger. Rede und Reaktion, Aachen/Koblenz 1989, S. 13–26.

JOHR 1995: Barbara Johr: Die Ereignisse in Zahlen, in: Helke Sander/Barbara Johr (Hrsg.): BeFreier und Befreite. Krieg, Vergewaltigungen, Kinder, Frankfurt (Main) 1995, S. 46–73.

JUDT 1998: Matthias Judt (Hrsg.): DDR-Geschichte in Dokumenten. Beschlüsse, Berichte, interne Materialien und Alltagszeugnisse, Bonn 1998.

KAELBLE 1997: Hartmut Kaelble: Die zeitgenössische Erfahrung des 8. Mai 1945, in: Rainer Schröder (Hrsg.): 8. Mai 1945 – Befreiung oder Kapitulation?, Berlin/Baden-Baden 1997, S. 115–136.

KÄSTNER 1954: Erich Kästner: Von der deutschen Vergeßlichkeit. Zum 10. Jahrestag des 20. Juli 1944, in: Merkur, Heft 6/1954, S. 601–603.

KÄSTNER 1961: Erich Kästner: Notabene 45. Ein Tagebuch, Zürich/Berlin 1961.

KENNZEICHEN D 1975: Umfrage von „Kennzeichen D" durch das Münchner Institut für Jugendforschung über die Haltung der jungen Generation zur deutschen Kapitulation 1945, in: Kommentarübersicht des Bundespresseamtes vom 7.5.75.

KESSLER 1999: Mario Keßler: Der 9. November in der Erinnerungskultur der DDR, in: Friedrich-Ebert-Stiftung, Landesbüro Brandenburg (Hrsg.): Der 9. November als deutscher Gedenktag. Dokumentation einer Veranstaltung am 3. November 1998 in Potsdam, Potsdam 1999, S. 27–36.

KIELINGER 1995: Thomas Kielinger: Niederlage oder Befreiung? Wie die Deutschen aus ihrer dunkelsten Stunde herausfanden, in: Ders. (Hrsg.): 8. Mai 1945: 50 Jahre danach. Erinnern für die Zukunft, Bonn 1995, S. 8–19.

KINKEL 1995: Klaus Kinkel: 50 Jahre Kriegsende – Lehren aus der Vergangenheit. Vortrag an der Universität Düsseldorf am 21. April 1995, in: Bulletin des Presse- und Informationsamtes der Bundesregierung vom 21.4.95.

KIRSCH 1999: Jan-Holger Kirsch: „Wir haben aus der Geschichte gelernt". Der 8. Mai als politischer Gedenktag in Deutschland, Köln/Weimar/Wien 1999.

KLEIN 1989: Olaf G. Klein: Niemand kann zweimal über dieselbe Brücke gehen, in: Hubertus Knabe (Hrsg.): Aufbruch in eine andere DDR, Hamburg 1989, S. 71–82.

KLEINSCHMID 1985: Harald Kleinschmid: Gespräche mit DDR-Schriftstellern zum 8. Mai, in: Deutschland Archiv, Heft 6/1985, S. 660–664.

KLESSMANN 1991: Christoph Kleßmann: Die doppelte Staatsgründung. Deutsche Geschichte 1945–1955, 5., überarbeitete und erweiterte Auflage, Bonn 1991.

KNOBLICH 1995: Herbert Knoblich: Rede des Landtagspräsidenten in der Gedenkveranstaltung des Landtages Brandenburg zum 50. Jahrestag der Befreiung am 13. April 1995, in: Landtag Brandenburg (Hrsg.): Gedenkveranstaltung des Landtages Brandenburg zum 50. Jahrestag der Befreiung am 13. April 1995, Schriften Heft 1 (1995), Potsdam 1995, S. 5–7.

KOCKA 1994: Jürgen Kocka: 1945: Neubeginn oder Restauration?, in: Carola Stern/Heinrich August Winkler (Hrsg.): Wendepunkte deutscher Geschichte 1948–1990, überarb. u. erw. Neuauflage, Frankfurt (Main) 1994, S. 159–192.

KOGON 1946a: Eugen Kogon: Gericht und Gewissen, in: Frankfurter Hefte, Heft 1/1946, S. 25–37.

KOGON 1946b: Eugen Kogon: „Das Dritte Reich und die preußisch-deutsche Geschichte", in: Frankfurter Hefte, Heft 3/1946, S. 44–57.

KOGON 1946c: Eugen Kogon: Die deutsche Revolution. Gedanken zum zweiten Jahrestag des 20. Juli 1944, in: Frankfurter Hefte, Heft 4/1946, S. 17–26.

KOGON 1946d: Eugen Kogon: Demokratie und Föderalismus, in: Frankfurter Hefte, Heft 6/1946, S. 66–78.

KOGON 1947a: Eugen Kogon: Über die Situation, in: Frankfurter Hefte, Heft 1/1947, S. 17–37.

KOGON 1947b: Eugen Kogon: Friedensvertrag oder Friedensstatut für Deutschland?, in: Frankfurter Hefte, Heft 2/1947, S. 113–115.

KOGON 1947c: Eugen Kogon: Der Kampf um Gerechtigkeit, in: Frankfurter Hefte, Heft 4/1947, S. 373–383.

KOGON 1947d: Eugen Kogon: Das Recht auf den politischen Irrtum, in: Frankfurter Hefte, Heft 7/1947, S. 641–655.

KOGON 1949: Eugen Kogon: Der politische Untergang des europäischen Widerstandes, in: Frankfurter Hefte, Heft 5/1949, S. 405–413.

KOGON 1965: Eugen Kogon: Die Verjährung, in: Frankfurter Hefte, Heft 3/1965, S. 149–152.

KOGON 1975: Eugen Kogon: Befreit durch Niederlage. Dreißig Jahre deutscher Wiederaufstieg, in: Frankfurter Hefte, Heft 5/1975, S. 7–14.

KOGON 1977: Eugen Kogon: Der Antikommunismus in der Bundesrepublik, in: Friedensanalysen. Für Theorie und Praxis 4. Vierteljahrsschrift für Erziehung, Politik und Wissenschaft, Frankfurt (Main) 1977, S. 9–20.

KOHL 1983a: Helmut Kohl: Mahnung und Verpflichtung des 30. Januar 1933. Ansprache im Reichstagsgebäude in Berlin am 30. Januar 1983, in: Ders.: Reden 1982–1984, hrsg. vom Presse- und Informationsamt der Bundesregierung, Bonn 1984, S. 105–114.

KOHL 1983b: Helmut Kohl: Ansprache anläßlich der 35. Vertriebenen-Wallfahrt auf dem Schönenberg bei Ellwangen/Jagst am 15. Mai 1983, in: Ders.: Reden 1982–1984, hrsg. vom Presse- und Informationsamt der Bundesregierung, Bonn 1984, S. 173–180.

KOHL 1985a: Helmut Kohl: Politik der Aussöhnung und Verständigung mit Polen. Rede in einer Aktuellen Stunde des Deutschen Bundestages am 6. Februar 1985, in: Texte zur Deutschlandpolitik. Reihe III/Band 3. 1. Januar 1985 – 30. Dezember 1985, hrsg. vom Bundesministerium für innerdeutsche Beziehungen, Bonn 1986, S. 45–49.

KOHL 1985b: Helmut Kohl: Das Geheimnis der Erlösung heißt Erinnerung. Ansprache zum 40. Jahrestag der Befreiung der Gefangenen aus den Konzentrationslagern, gehalten am 21. April 1985 in Bergen-Belsen, in: Ders.: Die unentrinnbare Gegenwart der Geschichte, hrsg. vom Presse- und Informationsamt der Bundesregierung, Bonn 1988, S. 5–18.

KOHL 1985c: Helmut Kohl: Verantwortung für den Frieden im Geiste der Versöhnung. Rede auf dem Treffen der Landsmannschaft Schlesien am 16. Juni 1985 in Hannover, in: Texte zur Deutschlandpolitik. Reihe III/Band 3. 1. Januar 1985 – 30. Dezember 1985, hrsg. vom Bundesministerium für innerdeutsche Beziehungen, Bonn 1986, S. 310–324.

KOHL 1985d: Helmut Kohl: Gedanken zur Amerikakritik und transatlantischen Partnerschaft. Rede vor der Atlantik-Brücke am 25. Juni 1985 in Bonn-Bad Godesberg, in: Ders.: Reden. Zu Fragen unserer Zeit, hrsg. vom Presse- und Informationsamt der Bundesregierung, Bonn 1986, S. 21–39.

KOHL 1985e: Helmut Kohl: Politik der Verständigung und des Dialogs für den Frieden. Ansprache zum Festakt aus Anlaß der 25. Internationalen und 250. Mehlemer Diskussionswoche des Verbandes der Heimkehrer, Kriegsgefangenen und Vermißtenangehörigen am 9. September 1985 in Bonn-Bad Godesberg, in: Ders.: Reden. Zu Fragen unserer Zeit, hrsg. vom Presse- und Informationsamt der Bundesregierung, Bonn 1986, S. 41–55.

KOHL 1985f: Helmut Kohl: Geschichte der jüdischen Deutschen – Bestandteil der deutschen Geschichte. Ansprache anläßlich einer Internationalen Historikertagung des Leo-Baeck-Instituts am 28. Oktober 1985 in Berlin, in: Ders.: Reden. Zu Fragen unserer Zeit, hrsg. vom Presse- und Informationsamt der Bundesregierung, Bonn 1986, S. 101–109.

KOHL 1987: Helmut Kohl: Verständigung im Glauben ist Dienst am Frieden. Ansprache zur Verleihung des „Sir Sigmund Sternberg Award" des Internationalen Rates der Christen und Juden an Gertrud Luckner am 16. Dezember 1987 in Bonn, in: Ders.: Die unentrinnbare Gegenwart der Geschichte, hrsg. vom Presse- und Informationsamt der Bundesregierung, Bonn 1988, S. 45–51.

KOHL 1988: Helmut Kohl: Ein Tag des Schmerzes und der Scham. Rede aus Anlaß des 50. Jahrestages der Pogrome vom 9. November 1938 bei der zentralen Gedenkveranstaltung am 9. November 1988 in der Westend-Synagoge, Frankfurt am Main, in: Ders.: Die unentrinnbare Gegenwart der Geschichte, hrsg. vom Presse- und Informationsamt der Bundesregierung, Bonn 1988, S. 53–65.

KOHL 1989: Helmut Kohl: Regierungserklärung vom 1. September 1989 zum 50. Jahrestag des Beginns des Zweiten Weltkriegs: Erinnerung, Trauer, Mahnung, Verantwortung, hrsg. vom Presse- und Informationsamt der Bundesregierung, Bonn 1989.

KOHL 1990: Helmut Kohl: „... der 3. Oktober ist ein Tag der Freude, des Dankes und der Hoffnung." Zur Herstellung der deutschen Einheit. Fernseh- und Hörfunkansprache vom 2. Oktober 1990, in: Ders.: Die deutsche Einheit. Reden und Gespräche, Bergisch Gladbach 1992, S. 219–221.

KOHL 1994: Helmut Kohl: Der 20. Juli – Verpflichtung und Vermächtnis. Rede am 20. Juli 1994 bei der Zentralen Gedenkfeier zum 50. Jahrestag des 20. Juli 1944 im Ehrenhof Stauffenbergstraße in Berlin, in: Ders./Horst Möller/Hans Maier/Peter Hintze/Günther Schulz/Gerd Langguth: Der 20. Juli 1944 – Widerstand und Grundgesetz (Aktuelle Fragen der Politik, Heft 15, hrsg. von der Konrad-Adenauer-Stiftung), Sankt Augustin 1994, S. 7–12.

KOHL 1995a: Helmut Kohl: Erklärung des Bundeskanzlers zum Gedenken an das Ende des Zweiten Weltkrieges vor 50 Jahren, in: 50 Jahre danach. Reden und Erklärungen von Roman Herzog und Helmut Kohl, hrsg. v. Presse- und Informationsamt der Bundesregierung, Bonn 1995, S. 48–53.

KOHL 1995b: Helmut Kohl: Ansprache des Bundeskanzlers bei den Feierlichkeiten zum 50. Jahrestag des Kriegsendes in Moskau am 9. Mai 1995, in: 50 Jahre danach. Reden und Erklärungen von Roman Herzog und Helmut Kohl, hrsg. v. Presse- und Informationsamt der Bundesregierung, Bonn 1995, S. 54–58.

KOHL 1995c: Helmut Kohl: Ansprache in der Erasmus-Universität Rotterdam am 22. Mai 1995, in: 50 Jahre danach. Reden und Erklärungen von Roman Herzog und Helmut Kohl, hrsg. v. Presse- und Informationsamt der Bundesregierung, Bonn 1995, S. 60–77.

KOHL 1995d: Helmut Kohl: Regierungserklärung der Bundesregierung zum Beitrag der deutschen Heimatvertriebenen zum Wiederaufbau in Deutschland und zum Frieden in Europa durch den Bundeskanzler vor dem Deutschen Bundestag am 1. Juni 1995, in: 50 Jahre danach. Reden und Erklärungen von Roman Herzog und Helmut Kohl, hrsg. v. Presse- und Informationsamt der Bundesregierung, Bonn 1995, S. 78–94.

KONDYLIS 1993: Panajotis Kondylis: Der deutsche „Sonderweg" und die deutschen Perspektiven, in: Rainer Zitelmann/Karlheinz Weißmann/Michael Großheim (Hrsg.): Westbindung. Chancen und Risiken für Deutschland, Frankfurt (Main)/Berlin 1993, S. 21–37.

KÖNIG 1992: Helmut König: Die deutsche Einheit im Schatten der NS-Vergangenheit, in: Leviathan, Heft 3/1992, S. 360–379.

KOPELEW 1986: Lew Kopelew: Ein Deutscher – ein Weltbürger – ein Botschafter der Zukunft, in: Ulrich Gill/Winfried Steffani (Hrsg.): Eine Rede und ihre Wirkung. Die Rede des Bundespräsidenten Richard von Weizsäcker vom 8. Mai 1985 anläßlich des 40. Jahrestages der Beendigung des Zweiten Weltkrieges. Betroffene nehmen Stellung, Berlin 1986, S. 43–50.

KRAUSE 1997: Peter Krause: Im Spannungsfeld von „Deutungsmustern" und „authentischer Identität". Zum demokratischen Umgang mit der NS-Vergangenheit, in: Gary S. Schaal/Andreas Wöll (Hrsg.): Vergangenheitsbewältigung. Modelle der politischen und sozialen Integration in der bundesdeutschen Nachkriegsgeschichte, Baden-Baden 1997, S. 169–177.

KRAUSE 2002: Peter Krause: Der Eichmann-Prozeß in der deutschen Presse, Frankfurt (Main) 2002.

KRAUSS/KÜCHENMEISTER 1995: Christine Krauss/Daniel Küchenmeister (Hrsg.): Das Jahr 1945. Brüche und Kontinuitäten, Berlin 1995.

KREMER 1979: Wiltrud Kremer: Holocaust und das Ausland. Das Echo auf ein deutsches Medienereignis, in: Die politische Meinung, Mai/Juni 1979, S. 89–93.

KRIEG 1973: „Als der Krieg zu Ende war". Literarisch-politische Publizistik 1945–1950. Katalog zur Ausstellung des Deutschen Literaturarchivs im Schiller-Nationalmuseum Marbach (16. Mai bis 30. November 1973), Stuttgart 1973.

KRIPPENDORFF 1986: Ekkehart Krippendorff: Moralische versus realpolitische Beurteilungen zum 8. Mai, in: Ulrich Albrecht/Elmar Altvater/Ekkehart Krippendorff (Hrsg.): Zusammenbruch oder Befreiung? Zur Aktualität des 8. Mai 1945. Eine Berliner Universitätsvorlesung, Berlin 1986, S. 26–31.

KRUCKIS 1996: Hans-Martin Kruckis (Hrsg.): 8. Mai 1945. Erfahrungen – Erinnerungen – Hoffnungen. Professoren der Universität Bielefeld als Zeitzeugen (Podiumsdiskussion vom 15.5.95), Bielefeld 1996.

KRZEMINSKI 1995: Adam Krzeminski: Mai 1945: Befreiung oder Niederlage aus polnischer Sicht, in: Arnd Bauerkämper/Christoph Kleßmann/Hans Misselwitz (Hrsg.): Der 8. Mai 1945 als historische Zäsur. Strukturen – Erfahrungen – Deutungen, Potsdam 1995, S. 92–97.

KRZEMINSKI 2001: Adam Krzeminski: Der Kniefall, in: Etienne Francois/Hagen Schulze (Hrsg.): Deutsche Erinnerungsorte, Band 1, München 2001, S. 638–653.

KUNERT 1987: Dirk Kunert: Visionäre, gigantische Dilettanten und Realisten. Über die „Ursachen" des Zweiten Weltkrieges, in: Alfons Hueber (Hrsg.): 8. Mai 1945. Ein Tag der Befreiung?, Tübingen/Zürich/Paris 1987, S. 13–87.

KUPPE 1986: Johannes L. Kuppe: Kontinuität und Wandel in der Geschichtsschreibung der DDR. Das Beispiel Preußens, in: Aus Politik und Zeitgeschichte, B20–21/1986, S. 17–26.

LANDESZENTRALE 1995: Landeszentrale für Politische Bildung Schleswig-Holstein (Hrsg.): Der 8. Mai 1945 als politische Zäsur (Labskaus Nummer 4), Kiel 1995.

LANGBEIN 1975: Hermann Langbein: Auschwitz – bereits eine historische Episode?, in: Frankfurter Hefte, Heft 1/1975, S. 7f.

LANGBEIN 1976: Hermann Langbein: Genocid im 20. Jahrhundert. Protokoll einer Podiumsdiskussion, in: Frankfurter Hefte, Heft 5/1976, S. 21–34.

LASCHET/MALANGRÉ 1989: Armin Laschet/Heinz Malangré (Hrsg.): Philipp Jenninger. Rede und Reaktion, Aachen/Koblenz 1989.

LE GOFF 1992: Jacques Le Goff: Geschichte und Gedächtnis. Frankfurt (Main)/New York/Paris 1992.

LEHMANN 1995: Albrecht Lehmann: Die Kriegsgefangenen, in: Aus Politik und Zeitgeschichte, B7–8/1995, S. 13–19.

LEISI 1989: Ernst Leisi: Jenningers mißglückte Rede. Versuch einer sprachwissenschaftlichen Erklärung, in: Die politische Meinung, März/April 1989, S. 77–80.

LEMMER 1965: Ernst Lemmer: Ein Tag ernster Besinnung. Erklärung des Bundesministers für Vertriebene, Flüchtlinge und Kriegsgeschädigte zum 8. Mai 1965, in: Bulletin des Presse- und Informationsamtes der Bundesregierung vom 7.5.65.

LEO 1998: Annette Leo: Zwischen Verleugnung und Vereinnahmung. Historische Etappen des DDR-Umgangs mit dem Holocaust, verbunden mit persönlichen Erfahrungen, in: Hans-Jochen Vogel/Rita Süssmuth (Hrsg.): Mahnung und Erinnerung. Jahrbuch des Vereins „Gegen Vergessen – Für Demokratie", Band 2, München 1998, S. 99–112.

LEPSIUS 1989: M. Rainer Lepsius: Das Erbe des Nationalsozialismus und die politische Kultur der Nachfolgestaaten des „Großdeutschen Reiches", in: Max Haller/Hans-Joachim Hoffmann-Nowotny/Wolfgang Zapf (Hrsg.): Kultur und Gesellschaft. Verhandlungen des 24. Deutschen Soziologentags, des 11. Österreichischen Soziologentags und des 8. Kongresses der Schweizerischen Gesellschaft für Soziologie in Zürich 1988, Frankfurt (Main)/New York 1989, S. 247–264.

LIMBACH 1995: Jutta Limbach: Rede auf der Gedenkveranstaltung in Sachsenhausen am 23. April 1995, in: Ministerium für Wissenschaft, Forschung und Kultur des Landes Brandenburg (Hrsg.): Erinnerung und Begegnung. Gedenken im Land Brandenburg zum 50. Jahrestag der Befreiung, Potsdam 1996, S. 85–87.

LIPP 1996: Carola Lipp: Politische Kultur oder das Politische und Gesellschaftliche in der Kultur, in: Wolfgang Hardtwig/Hans-Ulrich Wehler (Hrsg.): Kulturgeschichte Heute. Geschichte und Gesellschaft, Sonderheft 16, Göttingen 1996, S. 78–110.

LOTH 1995: Wilfried Loth: Epochenjahr 1945: Zäsuren und Optionen, in: Blätter für deutsche und internationale Politik, Heft 1/1995, S. 31–36.

LÜBBE 1983: Hermann Lübbe: Der Nationalsozialismus im deutschen Nachkriegsbewusstsein, in: Historische Zeitschrift, Band 236 (1983), S. 579–599.

LÜBBE 1989: Hermann Lübbe: Verdrängung? Über eine Kategorie zur Kritik des deutschen Vergangenheitsverhältnisses, in: Hans-Hermann Wiebe (Hrsg.): Die Gegenwart der Vergangenheit. Historikerstreit und Erinnerungsarbeit. Zeitkritische Beiträge der Evangelischen Akademie Nordelbien 2, Bad Segeberg 1989, S. 94–106.

LÜBKE 1961: Heinrich Lübke: Auch eine deutsch-jüdische Brüderlichkeit. Ansprache zur „Woche der Brüderlichkeit" in der Frankfurter Paulskirche am 5. März 1961, in: Reden der deutschen Bundespräsidenten Heuss, Lübke, Heinemann, Scheel, München/Wien 1979, S. 104–110.

LÜBKE 1964: Heinrich Lübke: Symbol der Selbstachtung unseres Volkes. Rede zum 20. Jahrestag des Aufstands vom 20. Juli 1944 in der Freien Universität Berlin am 19. Juli 1964, in: Gedanken zum 20. Juli 1944, hrsg. v. der Forschungsgemeinschaft 20. Juli e.V., Mainz 1984, S. 51–66.

LÜBKE 1965a: Heinrich Lübke: Die Schatten beschwören uns. Bergen-Belsen 1965. Rede an die Deutschen zum 20. Jahrestag der Befreiung der Häftlinge aus dem KZ Bergen-Belsen am 25. April 1965 vor dem Mahnmal der Erinnerungsstätte, München 1965.

LÜBKE 1965b: Heinrich Lübke: Aufgabe und Verpflichtung. Auszüge aus den Reden des Bundespräsidenten nach Themen zusammengestellt, Bonn 1965.

MAIER-METZ 1995: Hermann Maier-Metz: Hermann Jacobsohn – sein Leben. Vortrag anläßlich des Gedenkens an den 8. Mai 1945, in: Konvent der Philipps-Universität Marburg (Hrsg.): Die Philipps-Universität im Nationalsozialismus. Veranstaltungen der Philipps-Universität zum 50. Jahrestag des Kriegsendes 8. Mai 1995, Marburg 1996, S. 161–167.

MAJOR 1995: John Major: Rede des britischen Premierministers anläßlich des Staatsaktes zum 50. Jahrestag des Endes des Zweiten Weltkrieges im Konzerthaus Berlin am 8. Mai 1995, in: Zum 50. Jahrestag des Endes des Zweiten Weltkrieges. Staatsakt am 8. Mai 1995 in Berlin, hrsg. v. Presse- und Informationsamt der Bundesregierung, Bonn 1995, S. 32–37.

MANN 1945a: Thomas Mann: Die Lager (Rundfunkbotschaft vom 8.5.45), in: Ders.: Gesammelte Werke, Band XII, Reden und Aufsätze 4, Frankfurt (Main) 1990, S. 951–953.

MANN 1945b: Thomas Mann: Deutsche Hörer! 10. Mai 1945, in: Ders.: Gesammelte Werke, Band XI, Reden und Aufsätze 3, Frankfurt (Main) 1990, S. 1121–1123.

MANN 1955: Thomas Mann: Versuch über Schiller. Zum 150. Todestag des Dichters – seinem Anliegen in Liebe gewidmet, in: Ders.: Gesammelte Werke, Band IX, Reden und Aufsätze 1, Frankfurt (Main) 1990, S. 870–951.

MARGALIT 1997: Avishai Margalit: Gedenken, Vergessen, Vergeben, in: Gary Smith/Ders. (Hrsg.): Amnestie oder Die Politik der Erinnerung in der Demokratie, Frankfurt (Main) 1997, S. 192–205.

MARTENSTEIN 1995: Harald Martenstein: Nachruf auf die Nachkriegszeit, in: Freibeuter, Themenheft: 8. Mai 1945. Vom Wegräumen der Geschichte, Nr. 63, März 1995, S. 64–72.

MATZ 1993: Reinhard Matz (Hrsg.): Die unsichtbaren Lager. Das Verschwinden der Vergangenheit im Gedenken, Hamburg 1993.

MAYER H. 1988: Hans Mayer: Die umerzogene Literatur. Deutsche Schriftsteller und Bücher, Band 1: 1945–1967, Berlin 1988.

MAYER T. 1993: Tilman Mayer: Fragmente zur Bestimmung der deutschen Nationalstaatlichkeit, in: Rainer Zitelmann/Karlheinz Weißmann/Michael Großheim (Hrsg.): Westbindung. Chancen und Risiken für Deutschland, Frankfurt (Main)/Berlin 1993, S. 501–521.

MECKEL 1993: Markus Meckel: Vergangenheit als gesamtdeutsche Aufgabe, in: Transit 6/1993, S. 121–132.

MECKEL 1995: Markus Meckel: Wir sind ein Volk! 50 Jahre Nachkriegsdeutschland aus ostdeutscher Sicht, in: Thomas Kielinger (Hrsg.): 8. Mai 1945: 50 Jahre danach. Erinnern für die Zukunft, Bonn 1995, S. 20–27.

MECKEL/GUTZEIT 1994: Markus Meckel/Martin Gutzeit: Der 8. Mai 1945 – unsere Verantwortung für den Frieden (Februar/April 1985), in: Dies.: Opposition in der DDR. Zehn Jahre kirchliche Friedensarbeit – kommentierte Quellentexte, Köln 1994, S. 266–273.

MEHLHORN 1989a: Ludwig Mehlhorn: Wir brauchen eine vom Staat unabhängige Gesellschaft. Gespräch mit Gerhard Rein, in: Gerhard Rein (Hrsg.): Die Opposition in der DDR. Entwürfe für einen anderen Sozialismus, Berlin 1989, S. 73–83.

MEHLHORN 1989b: Ludwig Mehlhorn: Berlin-Warschau, in: Hubertus Knabe (Hrsg.): Aufbruch in eine andere DDR, Hamburg 1989, S. 171–177.

MEIER 1989: Christian Meier: Nachträgliche Bemerkungen zum Historikerstreit, in: Merkur, Heft 11/1989, S. 1028–1030.

MEIER 1990: Christian Meier: Vierzig Jahre nach Auschwitz. Deutsche Geschichtserinnerung heute, 2., erw. Auflage, München 1990.

MELNIKOW 1960: D.I. Melnikow: Die welthistorische Bilanz des Sieges der freiheitsliebenden Völker über den deutschen Imperialismus im Zweiten Weltkrieg, in: Zeitschrift für Geschichtswissenschaft, Heft 3/1960, S. 501–530.

MERTEN 1983: Klaus Merten: Inhaltsanalyse. Einführung in Theorie, Methode und Praxis, Opladen 1983.

MERTES 1986: Alois Mertes: Westeuropa – 40 Jahre nach dem Zweiten Weltkrieg. Rede des Staatsministers im Auswärtigen Amt am 2. Mai 1985 in New York bei der 79. Jahresversammlung des American Jewish Committee, in: Texte zur Deutschlandpolitik (1986), Reihe III/Band 3. 1. Januar 1985–30. Dezember 1985, hrsg. v. Bundesministerium für innerdeutsche Beziehungen, Bonn 1986, S. 217–231.

MIRGELER 1964: Albert Mirgeler: Gedanken zu unserem Nationalgedenktag, in: Merkur, Heft 6/1964, S. 565–573.

MISSELWITZ 1995a: Hans Misselwitz: Sozialisation und politisches Erbe der DDR. Mein Engagement gegen Vergessen, für Demokratie, in: Hans-Jochen Vogel/Ernst Piper (Hrsg.): Vom Leben in Diktaturen. Das Projekt „Gegen Vergessen – Für Demokratie", München 1995, S. 9–17.

MISSELWITZ 1995b: Hans Misselwitz: Der Umgang mit dem 8. Mai 1945 in der DDR und der 2+4-Vertrag von 1990, in: Arnd Bauerkämper/Christoph Kleßmann/Hans Misselwitz (Hrsg.): Der 8. Mai 1945 als historische Zäsur. Strukturen – Erfahrungen – Deutungen, Potsdam 1995, S. 255–258.

MITSCHERLICH 1967: Alexander und Margarete Mitscherlich: Die Unfähigkeit zu trauern. Grundlagen kollektiven Verhaltens (1967), 22. Auflage, München 1977.

MITSCHERLICH-NIELSEN 1992: Margarete Mitscherlich-Nielsen: Die (Un)Fähigkeit zu trauern in Ost- und Westdeutschland. Was Trauerarbeit heißen könnte, in: Psyche. Zeitschrift für Psychoanalyse und ihre Anwendungen, Heft 5/1992, S. 406–418.

MITTAG 1995: Detlef Mittag: Kriegskinder '45. Zehn Überlebensgeschichten, Berlin 1995.

MITTERAND 1995: Francois Mitterand: Rede des französischen Präsidenten anläßlich des Staatsaktes zum 50. Jahrestag des Endes des Zweiten Weltkrieges im Konzerthaus Berlin am 8. Mai 1995, in: Zum 50. Jahrestag des Endes des Zweiten Weltkrieges. Staatsakt am 8. Mai 1995 in Berlin, hrsg. v. Presse- und Informationsamt der Bundesregierung, Bonn 1995, S. 46–54.

MITTERAUER 1997: Michael Mitterauer: Anniversarium und Jubiläum. Zur Entstehung und Entwicklung öffentlicher Gedenktage, in: Emil Brix/Hannes Stekl (Hrsg.): Der Kampf um das Gedächtnis. Öffentliche Gedenktage in Mitteleuropa, Köln/Weimar 1997, S. 23–89.

MODROW 1995: Hans Modrow (Hrsg.): Der 8. Mai 1945. Ende und Anfang. Berlin 1995.

MÖLLER 1995: Horst Möller: Die Relativität historischer Epochen: Das Jahr 1945 in der Perspektive des Jahres 1989, in: Aus Politik und Zeitgeschichte, B 18–19/1995, S. 3–9.

MOLTMANN 1993: Bernhard Moltmann: Einleitung, in: Bernhard Moltmann/Doron Kiesel/Cilly Kugelmann/Hanno Loewy/Dietrich Neuhaus (Hrsg.): Erinnerung. Zur Gegenwart des Holocaust in Deutschland-West und Deutschland-Ost, Frankfurt (Main) 1993, S. 9–19.

MOMMSEN 1986: Hans Mommsen: Suche nach der „verlorenen Geschichte"? Bemerkungen zum historischen Selbstverständnis der Bundesrepublik, in: Merkur, Heft 9–10/1986, S. 864–874.

MOMMSEN 1998: Hans Mommsen: Lehren aus der Geschichte der Weimarer Republik bei der Demokratiegründung des Parlamentarischen Rates 1948/49, in: Dieter Dowe (Hrsg.): Lernen aus der Vergangenheit? Der Parlamentarische Rat und das Grundgesetz, Reihe Gesprächskreis Geschichte der Friedrich-Ebert-Stiftung, Heft 22, Bonn 1998, S. 7–18.

MOSEBACH 1995: Bernd Mosebach: Gedenken ohne Ende oder Ende des Gedenkens?, in: Die Neue Gesellschaft/Frankfurter Hefte, Heft 3/1995, S. 217–223.

MÜLLER 1964: Richard Matthias Müller: „Der Nationalfeiertag". Gespräche zwischen einem deutschen Vater und seinem Sohn, in: Frankfurter Hefte, Heft 6/1964, S. 396–401.

MÜLLER/UEBERSCHÄR 1994: Rolf-Dieter Müller/Gerd R. Ueberschär: Kriegsende 1945. Die Zerstörung des Deutschen Reiches, Frankfurt (Main) 1994.

MÜNKLER 1998: Herfried Münkler: Antifaschismus und antifaschistischer Widerstand als politischer Gründungsmythos der DDR, in: Aus Politik und Zeitgeschichte, B 45/1998, S. 16–29.

MÜNZ 1995: Christoph Münz: Der Welt ein Gedächtnis geben. Geschichtstheologisches Denken im Judentum nach Auschwitz, Gütersloh 1995.

NAGEL 1995: Anne Nagel: Vortrag zum 8. Mai 1945, in: Konvent der Philipps-Universität Marburg (Hrsg.): Die Philipps-Universität im Nationalsozialismus. Veranstaltungen der Philipps-Universität zum 50. Jahrestag des Kriegsendes 8. Mai 1995, Marburg 1996, S. 35–38.

NAUMANN 1985a: Klaus Naumann: Das Bonner Trauerspiel zum 8. Mai, in: Blätter für deutsche und internationale Politik, Heft 2/1985, S. 132–135.

NAUMANN 1985b: Klaus Naumann: „Versöhnung", in: Blätter für deutsche und internationale Politik, Heft 5/1985, S. 517–524.

NAUMANN 1985c: Klaus Naumann: Aufforderung zur Normalität, in: Blätter für deutsche und internationale Politik, Heft 6/1985, S. 644–646.

NAUMANN 1998: Klaus Naumann: Der Krieg als Text. Das Jahr 1945 im kulturellen Gedächtnis der Presse, Hamburg 1998.

NAWRATIL 1987: Heinz Nawratil: Vierzig Jahre Vertreibungsverbrechen, in: Alfons Hueber (Hrsg.): 8. Mai 1945. Ein Tag der Befreiung?, Tübingen/Zürich/Paris 1987, S. 125–162.

NAWROCKI 1975: Joachim Nawrocki: Die Vergangenheit überwältigt. Die Feiern zum 30. Jahrestag des Kriegsendes in der DDR, in: Deutschland Archiv, Heft 6/1975, S. 561–564.

NEHLS/SCHILDE 1996: Hermann Nehls/Kurt Schilde (Hrsg.): Befreiung. Das Erbe des Nationalsozialismus aus gewerkschaftlicher Sicht, Berlin 1996.

NEHRIG/PISKOL 1980: Christel Nehrig/Joachim Piskol: Zur führenden Rolle der KPD in der demokratischen Bodenreform, in: Zeitschrift für Geschichtswissenschaft, Heft 4/1980, S. 324–339.

NEUBERT 1996: Ehrhart Neubert: Widerständigkeit im NS-Staat und im SED-Staat, in: Kirchliche Zeitgeschichte. Internationale Halbjahresschrift für Theologie und Geschichtswissenschaft, Heft 1/1996, S. 43–69.

NEUBERT 1997: Ehrhart Neubert: Geschichte der Opposition in der DDR 1949–1989, Bonn 1997.

NEUBERT 1998: Ehrhart Neubert: Politische Verbrechen in der DDR, in: Stéphane Courtois/Nicolas Werth/Jean-Louis Panné/Andrzej Paczkowski/Karel Bartosek/Jean-Louis Margolin: Das Schwarzbuch des Kommunismus. Unterdrückung, Verbrechen und Terror, 4. Auflage, München 1998, S. 829–884.

NEUMANN E. 1960: Erich Peter Neumann: Das fünfzehnte Jahr. Im Schatten der Vergangenheit, in: Die politische Meinung, Februar 1960, S.3f.

NEUMANN F. 1975: Franz Neumann: Reden der Söhne. Deutsche Politiker zum 8. Mai 1945, in: Frankfurter Hefte, Heft 8/1975, S. 5–10.

NEUMANN M. 1992: Micha Neumann: Das Trauma des Holocaust – Die Opfer und ihre Kinder, in: Gedenkstätte Haus der Wannsee-Konferenz (Hrsg.): Erinnern für die Zukunft. Ansprachen und Vorträge zur Eröffnung der Gedenkstätte, Berlin 1992, S. 35–45.

NIEDEN 1995: Susanne zur Nieden: Chronistinnen des Krieges. Frauentagebücher im Zweiten Weltkrieg, in: Hans-Erich Volkmann (Hrsg.): Ende des Dritten Reiches – Ende des Zweiten Weltkriegs. Eine perspektivische Rückschau, München 1995, S. 835–860.

NIETHAMMER 1994: Lutz Niethammer: Konjunkturen und Konkurrenzen kollektiver Identität. Ideologie, Infrastruktur und Gedächtnis in der Zeitgeschichte, in: Prokla. Zeitschrift für kritische Sozialwissenschaft, Heft 3/1994, S. 378–399.

NOLTE 1985: Ernst Nolte: Zusammenbruch und Neubeginn. Die Bedeutung des 8. Mai 1945, in: Presse- und Informationsstelle der Freien Universität Berlin (Hrsg.): Zusammenbruch und Neubeginn. Die Bedeutung des 8. Mai 1945. Dokumentation einer Veranstaltung an der Freien Universität Berlin am 8. Mai 1985, Berlin 1985, S. 7–19.

NOLTE 1991: Ernst Nolte: Lehrstück oder Tragödie? Beiträge zur Interpretation der Geschichte des 20. Jahrhunderts, Köln 1991.

NOLTE 1995: Ernst Nolte: Die Deutschen und ihre Vergangenheiten. Erinnerung und Vergessen von der Reichsgründung Bismarcks bis heute, Berlin/Frankfurt (Main) 1995.

NORA 1995: Pierre Nora: Das Abenteuer der Lieux de mémoire, in: Etienne Francois/ Hannes Siegrist/Jakob Vogel (Hrsg.): Nation und Emotion. Deutschland und Frankreich im Vergleich. 19. und 20. Jahrhundert, Göttingen 1995, S. 83–92.

OVERMANS 1995: Rüdiger Overmans: „Ein untergeordneter Eintrag im Leidensbuch der jüngeren Geschichte"? Die Rheinwiesenlager 1945, in: Hans-Erich Volkmann (Hrsg.): Ende des Dritten Reiches – Ende des Zweiten Weltkriegs. Eine perspektivische Rückschau, München 1995, S. 259–291.

PARLAMENTARISCHER RAT 1948/49: Parlamentarischer Rat. Stenographische Berichte über die Plenarsitzungen 1948/49, Bonn 1969.

PAUER 1995: Erich Pauer: Die Achse bricht: Der 8. Mai 1945 in Japan. Vortrag anläßlich des Gedenkens an den 8. Mai 1945, in: Konvent der Philipps-Universität Marburg (Hrsg.): Die Philipps-Universität im Nationalsozialismus. Veranstaltungen der Philipps-Universität zum 50. Jahrestag des Kriegsendes 8. Mai 1995, Marburg 1996, S. 251–266.

PETZOLD 1980: Joachim Petzold: Die objektive Funktion des Faschismus im subjektiven Selbstverständnis der Faschisten, in: Zeitschrift für Geschichtswissenschaft, Heft 4/1980, S. 357–372.

PFLÜGER 1995: Friedbert Pflüger: Diskussion zum 8. Mai, in: Tribüne, Heft 134 – 2. Quartal 1995, S. 88–92.

PLATO/LEH 1997: Alexander von Plato/Almut Leh: „Ein unglaublicher Frühling". Erfahrene Geschichte im Nachkriegsdeutschland 1945–1948, Bonn 1997.

POHRT 1985: Wolfgang Pohrt: Playback. Der Zweite Weltkrieg als erste Runde im Kampf um die Wiedervereinigung, in: Norbert Seitz (Hrsg.): Die Unfähigkeit zu feiern. Der 8. Mai, Frankfurt (Main) 1985, S. 75–78.

PÖRKSEN 2002: Uwe Pörksen: Die politische Zunge. Eine kurze Kritik der öffentlichen Rede, Stuttgart 2002.

POSSER 1971: Diether Posser: Zwei Tage im Monat Mai, in: Vorwärts, Mai 1971.

PROSS 1985: Harry Pross: Randbemerkung zu neuesten Geschichtsbildern, in: Merkur, Heft 5/1985, S. 439–444.

PUSCH/BREDEMEYER 1985: Luise F. Pusch/Bernd Bredemeyer: Trümmerfrauen ... die sich mit Schaufel und Eimer gegen das Unabsehbare verbrauchen..., in: Norbert Seitz (Hrsg.): Die Unfähigkeit zu feiern. Der 8. Mai, Frankfurt (Main) 1985, S. 107–113.

PYNCHON 1994: Thomas Pynchon: Die Enden der Parabel, Hamburg 1994.

QUINDEAU 1997: Ilka Quindeau: Die Ausblendung der Gegenrationalität. Über die (Wieder)Aneignung von Subjektivität bei Überlebenden der nationalsozialistischen Massenvernichtung, in: psychosozial, Heft 1/1997, S. 45–60.

RAA 1996: Regionale Arbeitsstellen für Ausländerfragen, Jugendarbeit und Schule, Brandenburg e.V. (RAA) (Hrsg.): Lokalhistorische Studien zu 1945 im Land Brandenburg. Zusammenbruch – Befreiung – Besatzung. Ergebnisse, Berichte und Dokumente aus dem Projekt, Teltow 1996.

RABINBACH 1993: Anson Rabinbach: Der Deutsche als Paria. Deutsche und Juden in Karl Jaspers' „Die Schuldfrage", in: Bernhard Moltmann/Doron Kiesel/Cilly Kugelmann/ Hanno Loewy/Dietrich Neuhaus (Hrsg.): Erinnerung. Zur Gegenwart des Holocaust in Deutschland-West und Deutschland-Ost, Frankfurt (Main) 1993, S. 169–188.

RAKOWSKI 1986: Mieczyslaw Rakowski: Die „Stunde Null" aus der Sicht eines Polen, in: Werner Hill (Hrsg.): Befreiung durch Niederlage. Die deutsche Frage: Ursprung und Perspektiven, Frankfurt (Main) 1986, S. 23–33.

RAPOPORT 1994: Nathan Rapoport: Zur Entstehungsgeschichte des Warschauer Getto-Denkmals, in: James E. Young (Hrsg.): Mahnmale des Holocaust. Motive, Rituale und Stätten des Gedenkens, München 1994, S. 79–83.

RASCH 1965: Harold Rasch: Bundesrepublik, Sowjetunion und DDR. Zum 8. Mai 1965, in: Blätter für deutsche und internationale Politik, Heft 5/1965, S. 393–400.

RAU 1995: Johannes Rau: Ansprache des Bundesratspräsidenten in der Gedenkstunde im Deutschen Bundestag aus Anlaß des 50. Jahrestages der Beendigung des Zweiten Weltkrieges und der nationalsozialistischen Gewaltherrschaft am 28. April 1995, in: Bulletin des Presse- und Informationsamtes der Bundesregierung vom 4.5.95, S. 302–304.

RAU 1999: Johannes Rau: 60. Jahrestag des Beginns des Zweiten Weltkriegs. Ansprache anläßlich der Gedenkfeierlichkeiten auf der Westerplatte am 1. September 1999, in: Bulletin des Presse- und Informationsamtes der Bundesregierung vom 10.9.99, S. 557f.

RAU 2000a: Johannes Rau: Rede auf dem Jahresempfang der Evangelischen Akademie Tutzing am 19. Januar 2000, in: Bulletin des Presse- und Informationsamtes der Bundesregierung vom 3.2.00, S. 37–41.

RAU 2000b: Johannes Rau: Ansprache am 16. Februar 2000 vor der Knesset in Jerusalem, in: Bulletin des Presse- und Informationsamtes der Bundesregierung vom 25.2.00, S. 66–68.

RAU 2000c: Johannes Rau: Rede zur Eröffnung der internationalen Konferenz der Stiftung zur Aufarbeitung der SED-Diktatur am 16. März 2000 in Berlin, in: Bulletin des Presse- und Informationsamtes der Bundesregierung vom 31.3.00, S. 101–105.

RAU 2000d: Johannes Rau: Ansprache des Bundespräsidenten am 4. April 2000 in Kalavryta, in: Bulletin des Presse- und Informationsamtes der Bundesregierung vom 13.4.00.

RAU 2000e: Johannes Rau: Rede anlässlich der Jahresversammlung des American Jewish Committee in Washington am 4. Mai 2000, in: Bulletin des Presse- und Informationsamtes der Bundesregierung vom 22.5.00.

RAU 2000f: Johannes Rau: Rede aus Anlass der Einweihung des Neubaus der Bundespressekonferenz am 8. Mai 2000 in Berlin, in: Bulletin des Presse- und Informationsamtes der Bundesregierung vom 22.5.00.

RAU 2001a: Johannes Rau: Ansprache des Bundespräsidenten zum 27. Januar – Tag des Gedenkens an die Opfer des Nationalsozialismus, in: Bulletin des Presse- und Informationsamtes der Bundesregierung vom 27.1.01.

RAU 2001b: Johannes Rau: Grußwort des Bundespräsidenten bei der Eröffnung der ständigen Ausstellung des Jüdischen Museums Berlin am 9. September 2001 in Berlin, in: Bulletin des Presse- und Informationsamtes der Bundesregierung vom 10.9.01.

RAU 2001c: Johannes Rau: Rede des Bundespräsidenten zur Eröffnung des „Dokumentationszentrums Reichsparteitagsgelände" am 4. November 2001 in Nürnberg, in: Bulletin des Presse- und Informationsamtes der Bundesregierung vom 7.11.01.

RAU 2001d: Johannes Rau: Rede des Bundespräsidenten bei der Entgegennahme der Leo-Baeck-Medaille am 13. November 2001 in New York, in: Bulletin des Presse- und Informationsamtes der Bundesregierung vom 17.11.01.

RAU 2002a: Johannes Rau: Staatsbesuch in der Republik Italien vom 15. bis 18. April 2002 – Ansprache des Bundespräsidenten am 17. April 2002 in Marzabotto, in: Bulletin des Presse- und Informationsamtes der Bundesregierung vom 26.4.02.

RAU 2002b: Johannes Rau: Rede des Bundespräsidenten zum Historikertag 2002 am 10. September 2002 in Halle, in: Bulletin des Presse- und Informationsamtes der Bundesregierung vom 15.9.02.

RAU 2002c: Johannes Rau: Rede des Bundespräsidenten zum zehnten Todestag von Willy Brandt am 8. Oktober 2002 in Berlin, in: Bulletin des Presse- und Informationsamtes der Bundesregierung vom 9.10.02.

RAU 2003a: Johannes Rau: Gedächtnisvorlesung des Bundespräsidenten zum 60. Jahrestag der Hinrichtung der Mitglieder der ‚Weißen Rose' am 30. Januar 2003 in München, in: Bulletin des Presse- und Informationsamtes der Bundesregierung vom 11.2.03.

RAU 2003b: Johannes Rau: Grußwort des Bundespräsidenten bei der Veranstaltung „Hilfe für Verfolgte in der NS-Zeit" am 13. März 2003 in Berlin, in: Bulletin des Presse- und Informationsamtes der Bundesregierung vom 21.3.03.

RAU 2003c: Johannes Rau: „Literatur auf dem Scheiterhaufen, der Geist im Feuer". Rede des Bundespräsidenten zum 70. Jahrestag der Bücherverbrennungen am 9. Mai 2003 in Berlin, in: Bulletin des Presse- und Informationsamtes der Bundesregierung vom 14.5.03.

RAU 2003d: Johannes Rau: Rede des Bundespräsidenten bei der Gedenkveranstaltung des Bundestages und des Bundesrates zum 50. Jahrestag des Volksaufstandes vom 17. Juni 1953 in der DDR am 17. Juni 2003 in Berlin, in: Bulletin des Presse- und Informationsamtes der Bundesregierung vom 17.6.03.

RAU 2004: Johannes Rau: Rede des Bundespräsidenten bei der Eröffnung der Antisemitismuskonferenz der OSZE am 28. April 2004 in Berlin, in: Bulletin des Presse- und Informationsamtes der Bundesregierung vom 28.4.04.

RAUSCHENBACH 1992: Brigitte Rauschenbach: Vorwort zu: Dies. (Hrsg.): Erinnern, Wiederholen, Durcharbeiten. Zur Psycho-Analyse deutscher Wenden, Berlin 1992, S. 9–16.

RAUSCHENBACH 1995: Brigitte Rauschenbach: Deutsche Zusammenhänge. Zeitdiagnose als politische Psychologie, Zürich/Osnabrück 1995.

REAGAN 1985: Ronald Reagan: Ansprache an die deutsche Jugend auf Schloß Hambach am 6. Mai 1985, in: Texte zur Deutschlandpolitik, Reihe III/Band 3. 1. Januar 1985–30. Dezember 1985, hrsg. v. Bundesministerium für innerdeutsche Beziehungen, Bonn 1986, S. 232–238.

REHBEIN 1995: Klaus Rehbein: Wissenschaft im Nationalsozialismus. Zentrale Gedenkrede zum 8. Mai 1995, in: Konvent der Philipps-Universität Marburg (Hrsg.): Die Philipps-Universität im Nationalsozialismus. Veranstaltungen der Philipps-Universität zum 50. Jahrestag des Kriegsendes 8. Mai 1995, Marburg 1996, S. 9–33.

REHMANN 1995: Ruth Rehmann: Bilder vom Kriegsende, in: Das Argument, Heft 2–3/ 1995, S. 195–200.

REICHEL 1995: Peter Reichel: Politik mit der Erinnerung. Gedächtnisorte im Streit um die nationalsozialistische Vergangenheit, München/Wien 1995.

REICHEL 1999: Peter Reichel: Die umstrittene Erinnerung. Über Ursachen der anhaltenden Auseinandersetzung um die öffentliche Darstellung der NS-Vergangenheit, in: Burkhard Asmuss/Hans-Martin Hinz (Hrsg.): Zum Umgang mit historischen Stätten aus der Zeit des Nationalsozialismus. Orte des Erinnerns, des Gedenkens und der kulturellen Weiterbildung? Symposium am 23. und 24. November 1998 im Deutschen Historischen Museum, Berlin 1999, S. 21–37.

REICHEL 2001: Peter Reichel: Vergangenheitsbewältigung in Deutschland. Die Auseinandersetzung mit der NS-Diktatur von 1945 bis heute, München 2001.

RENZ 1995: Ulrich Renz: Zum Schutz der Mörder. NS-Verbrechen waren keine Kriegsverbrechen, in: Heiner Lichtenstein/Otto R. Romberg (Hrsg.): Täter – Opfer – Folgen. Der Holocaust in Geschichte und Gegenwart, Bonn 1995, S. 125–135.

REUTER 1951: Ernst Reuter: RIAS-Ansprache zum 13. Jahrestag der „Reichskristallnacht" am 9. November 1951, in: Ders.: Schriften und Reden, Band 4, 1949–1953, Frankfurt (Main)/Berlin/Wien 1975, S. 474–476.

RICHTER 1989: Edelbert Richter: Wurzeln des Nationalsozialismus, die bis in die Gegenwart reichen, Matthias-Domaschk-Archiv Berlin, Dok.-Nr. 4765.

RICOEUR 1988: Paul Ricoeur: Symbolik des Bösen. Phänomenologie der Schuld II, 2. unveränderte Auflage, Freiburg/München 1988.

RICOEUR 1997: Paul Ricoeur: Gedächtnis – Vergessen – Geschichte, in: Klaus E. Müller/ Jörn Rüsen (Hrsg.): Historische Sinnbildung. Problemstellungen, Zeitkonzepte, Wahrnehmungshorizonte, Darstellungsstrategien, Hamburg 1997, S. 433–454.

ROLIN 1965: Henri Rolin: Gedanken zum 8. Mai, in: Blätter für deutsche und internationale Politik, Heft 5/1965, S. 400–405.

ROSENTHAL G. 1989: Gabriele Rosenthal, Gabriele: May 8th, 1945: The Biographical Meaning of a Historical Event, in: International Journal of Oral History, 10 (3), November 1989, S. 183–193.

ROSENTHAL G. 1990: Gabriele Rosenthal: Zweiter Weltkrieg und Nationalsozialismus: Zwei Themen ohne Zusammenhang? Ein Vergleich der Lebensgeschichten, in: Dies. (Hrsg.): „Als der Krieg kam, hatte ich mit Hitler nichts mehr zu tun." Zur Gegenwart des „Dritten Reiches" in Biographien, Opladen 1990, S. 223–240.

ROSENTHAL R. 1989: Rüdiger Rosenthal: Stalins Erbe, in: Hubertus Knabe (Hrsg.): Aufbruch in eine andere DDR, Hamburg 1989, S. 50–58.

RÜDDENKLAU 1992: Wolfgang Rüddenklau: Störenfried. DDR-Opposition 1986–1989. Mit Texten aus den „Umweltblättern", 2. überarbeitete Auflage, Berlin 1992.

RUMPF 1987: Helmut Rumpf: Die deutschen Reparationen nach dem Zweiten Weltkrieg, in: Alfons Hueber (Hrsg.): 8. Mai 1945. Ein Tag der Befreiung?, Tübingen/Zürich/Paris 1987, S. 213–251.

RUTTMANN 1975: Reinhard Ruttmann: Dreißig Jahre nach Auschwitz. Gymnasiasten befragten ehemalige KZ-Häftlinge, in: Frankfurter Hefte, Heft 4/1975, S. 80–82.

SANDER 1995: Helke Sander: Erinnern/Vergessen, in: Dies./Barbara Johr (Hrsg.): BeFreier und Befreite. Krieg, Vergewaltigungen, Kinder, Frankfurt (Main) 1995, S. 9–20.

SANDER/JOHR 1995: Helke Sander/Barbara Johr (Hrsg.): BeFreier und Befreite. Krieg, Vergewaltigungen, Kinder, Frankfurt (Main) 1995.

SARKOWICZ 1995: Hans Sarkowicz (Hrsg.): „Als der Krieg zu Ende war." Erinnerungen an den 8. Mai 1945, 2. Auflage, Frankfurt (Main)/Leipzig 1995.

SCHAAL 1995: Werner Schaal: Gedenkrede des Präsidenten der Philipps-Universität Marburg zum 8. Mai 1995, in: Konvent der Philipps-Universität Marburg (Hrsg.): Die Philipps-Universität im Nationalsozialismus. Veranstaltungen der Philipps-Universität zum 50. Jahrestag des Kriegsendes 8. Mai 1995, Marburg 1996, S. 3–6.

SCHARF 1985: Kurt Scharf: Sich erinnern und Versäumtes nachholen, in: Blätter für deutsche und internationale Politik, Heft 3/1985, S. 327 f.

SCHARPING 2000: Rudolf Scharping: Ansprache des Bundesministers der Verteidigung beim öffentlichen Feierlichen Gelöbnis am 20. Juli 2000 im Bendlerblock in Berlin, in: Bulletin des Presse- und Informationsamtes der Bundesregierung vom 20.7.00.

SCHATZ 1995: Kurt Schatz: Kleines Wunder, in: Die politische Meinung, August 1995, S. 57–59.

SCHEEL 1970: Walter Scheel: Ansprache des Bundesaußenministers vor Angehörigen der deutschen Botschaft in Djakarta am 9. Mai 1970 anläßlich des 25. Jahrestages der Beendigung des Zweiten Weltkrieges in Europa, in: Bulletin des Presse- und Informationsamtes der Bundesregierung vom 14.5.70.

SCHEEL 1975: Walter Scheel: 30 Jahre nach dem Krieg. Rede in der Schloßkirche zu Bonn am 6. Mai 1975, in: Ders.: Vom Recht des Anderen. Gedanken zur Freiheit, Düsseldorf/Wien 1977, S. 27–40.

SCHEEL 1976: Walter Scheel: Das demokratische Geschichtsbild. Rede vor dem Deutschen Historikertag am 22. September 1976, in: Ders.: Vom Recht des Anderen. Gedanken zur Freiheit, Düsseldorf/Wien 1977, S. 11–26.

SCHEEL 1978a: Walter Scheel: Die deutsche Einheit als europäisches Friedensziel. Ansprache zur 25. Wiederkehr des 17. Juni 1953 in Bonn am 17. Juni 1978, in: Ders.: Die Zukunft der Freiheit. Vom Denken und Handeln in unserer Demokratie, Düsseldorf/Wien 1979, S. 251–268.

SCHEEL 1978b: Walter Scheel: Die Mahnung des 9. November 1938. Erklärung über Rundfunk und Fernsehen am 9. November 1978, in: Ders.: Reden und Interviews (5), 1. Juli 1978 – 1. Juli 1979, hrsg. v. Presse- und Informationsamt der Bundesregierung, Bonn 1979, S. 131 f.

SCHERPE 1986: Klaus R. Scherpe: Bilder des „Zusammenbruchs" und der „Befreiung" in der Literatur der unmittelbaren Nachkriegszeit, in: Ulrich Albrecht/Elmar Altvater/Ekkehart Krippendorff (Hrsg.): Zusammenbruch oder Befreiung? Zur Aktualität des 8. Mai 1945. Eine Berliner Universitätsvorlesung, Berlin 1986, S. 140–153.

SCHICKEL 1987: Alfred Schickel: Befreiung oder Zerschlagung? Alliierte Kriegsziele in bezug auf Deutschland von 1933 bis 1945, in: Alfons Hueber (Hrsg.): 8. Mai 1945. Ein Tag der Befreiung?, Tübingen/Zürich/Paris 1987, S. 89–123.

SCHILLER 1993a: Dietmar Schiller: Die inszenierte Erinnerung. Politische Gedenktage im öffentlich-rechtlichen Fernsehen der Bundesrepublik Deutschland zwischen Medienereignis und Skandal, Frankfurt (Main)/Berlin/Bern/New York/Paris/Wien 1993.

SCHILLER 1993b: Dietmar Schiller: Politische Gedenktage in Deutschland. Zum Verhältnis von öffentlicher Erinnerung und politischer Kultur, in: Aus Politik und Zeitgeschichte, B 25/1993, S. 32–39.

SCHILLER 1999: Dietmar Schiller: Gedenktage in Deutschland. Zur politischen Kultur öffentlicher Erinnerung, in: Friedrich-Ebert-Stiftung, Landesbüro Brandenburg (Hrsg.): Der 9. November als deutscher Gedenktag. Dokumentation einer Veranstaltung am 3. November 1998 in Potsdam, Potsdam 1999, S. 13–25.

SCHIRMER 1988: Dietmar Schirmer: Strukturen und Mechanismen einer deformierten Wahrnehmung. Der 8. Mai und das Projekt „Vergangenheitsbewältigung", in: Helmut König (Hrsg.): Politische Psychologie heute, Leviathan/Sonderheft 9, Opladen 1988, S. 190–208.

SCHIRRMACHER 1998: Frank Schirrmacher: Sein Anteil. Laudatio auf Martin Walser anläßlich der Verleihung des Friedenspreises des Deutschen Buchhandels am 11. Oktober 1998 in der Frankfurter Paulskirche, in: Martin Walser: Erfahrungen beim Verfassen einer Sonntagsrede, Frankfurt (Main) 1998, S. 31–51.

SCHLUSSBERICHT 1998: Schlußbericht der Enquête-Kommission „Überwindung der Folgen der SED-Diktatur im Prozeß der deutschen Einheit", Deutscher Bundestag, 13. Wahlperiode (Drucksache 13/11000 vom 10.6.98).

SCHMID 1951: Carlo Schmid: Zur Wiedergutmachung. Begründung der Interpellation des Fraktion der SPD betr. Vorlage des Entwurfs eines Wiedergutmachungsgesetzes im Deutschen Bundestag am 22. Februar 1951, in: Ders.: Bundestagsreden, 2. Auflage, Bonn 1971, S. 47–55.

SCHMID 1960: Carlo Schmid: Liquidiert endlich den zweiten Weltkrieg! 8. Mai 1945 – 15 Jahre danach, in: SPD-Pressedienst, P/XV/103, 5.5.60, S. 2–4.

SCHMIDT H. 1975a: Helmut Schmidt: Gedanken an den 8. Mai 1945. Ansprache des Bundeskanzlers zum 30. Jahrestag der Beendigung des Zweiten Weltkrieges vor dem Bundeskabinett, 7. Mai 1975, in: Bulletin des Presse- und Informationsamtes der Bundesregierung vom 7.5.75, S. 554f.

SCHMIDT H. 1975b: Helmut Schmidt: Brief des Bundeskanzlers vom 2. Juni 1975 an den französischen Staatspräsidenten im Rahmen eines Briefwechsels anläßlich des 30. Jahrestages der Beendigung des Zweiten Weltkrieges, in: Bulletin des Presse- und Informationsamtes der Bundesregierung vom 10.6.75.

SCHMIDT H. 1977: Helmut Schmidt: Ansprache in Auschwitz-Birkenau. Gehalten am 23. November 1977, in: Ders.: Der Kurs heißt Frieden, Düsseldorf/Wien 1979, S. 53–55.

SCHMIDT H. 1978: Helmut Schmidt: Mahnung und Verpflichtung des 9. November 1938. Ansprache in der Großen Synagoge Köln am 9. November 1978, in: Ders.: Der Kurs heißt Frieden, Düsseldorf/Wien 1979, S. 85–99.

SCHMIDT H. 1980: Helmut Schmidt: Rede auf einer Wahlkundgebung in Wuppertal am 7. Mai 1980, in: Pressemitteilung des Presse- und Informationsamtes der Bundesregierung vom 7.5.80.

SCHMIDT W. 1985: Walter Schmidt: Zur Entwicklung des Erbe- und Traditionsverständnisses in der Geschichtsschreibung der DDR, in: Zeitschrift für Geschichtswissenschaft, Heft 3/1985, S. 195–212.

SCHMIDT-HARZBACH 1985: Ingrid Schmidt-Harzbach: Das Vergewaltigungssyndrom. Frauen im April 1945, in: Norbert Seitz (Hrsg.): Die Unfähigkeit zu feiern. Der 8. Mai, Frankfurt (Main) 1985, S. 79–91.

SCHMIDT-HARZBACH 1995: Ingrid Schmidt-Harzbach: Eine Woche im April – Berlin 1945, in: Helke Sander/Barbara Johr (Hrsg.): BeFreier und Befreite. Krieg, Vergewaltigungen, Kinder, Frankfurt (Main) 1995, S. 21–45.

SCHNEIDER 1985: Dirk Schneider: „Kurzbericht aus der Erinnerung über ein Seminar zum 8. Mai in Berlin (DDR)", Matthias-Domaschk-Archiv Berlin, Dok.-Nr. 2903.

SCHOEPS 1996: Julius H. Schoeps (Hrsg.): Ein Volk von Mördern? Die Dokumentation zur Goldhagen-Kontroverse um die Rolle der Deutschen im Holocaust, 3. Auflage, Hamburg 1996.

SCHÖNHOVEN 1998: Klaus Schönhoven: Die Goldhagen-Rezeption in Deutschland. Über die öffentliche Resonanz der Holocaust-Forschung, in: Hans-Jochen Vogel/Rita Süssmuth (Hrsg.): Mahnung und Erinnerung. Jahrbuch des Vereins „Gegen Vergessen – Für Demokratie", Band 2, München 1998, S. 142–151.

SCHÖRKEN 1994: Rolf Schörken: Jugend 1945. Politisches Denken und Lebensgeschichte, Frankfurt (Main) 1994.

SCHRAMM 1995: Hilde Schramm: Zum Wert der Lokalgeschichte. Bericht zum Projekt „Lokalhistorische Studien zu 1945 in Brandenburg", in: Werner Stang (Hrsg.): Brandenburg im Jahr 1945. Studien. Brandenburgische Landeszentrale für politische Bildung, Potsdam 1995, S. 367–375.

SCHRENCK-NOTZING 1987: Caspar von Schrenck-Notzing: Umerziehung in der alliierten Nachkriegspolitik und in der deutschen Gegenwart, in: Alfons Hueber (Hrsg.): 8. Mai 1945. Ein Tag der Befreiung?, Tübingen/Zürich/Paris 1987, S. 253–282.

SCHRÖDER 1985: Gerhard Schröder: Die Lehren des 8. Mai begreifen – das Wettrüsten beenden, in: Sozialdemokratischer Pressedienst, Nr. 86 vom 7.5.85, S. 5–7.

SCHRÖDER 1995: Gerhard Schröder: Ansprache des Ministerpräsidenten des Landes Niedersachsen anläßlich der Gedenkveranstaltung zum 50. Jahrestag der Befreiung aus den Konzentrationslagern in der Gedenkstätte Bergen-Belsen am 27. April 1995, in: Bulletin des Presse- und Informationsamtes der Bundesregierung vom 2.5.95, S. 288f.

SCHRÖDER 1998: Gerhard Schröder: Erklärung zum Gedenken an die Verbrechen des 9. November 1938 am 9. November 1998, in: Bulletin des Presse- und Informationsamtes der Bundesregierung vom 10.11.98.

SCHRÖDER 1999a: Gerhard Schröder: Erklärung zum 50jährigen Bestehen von Grundgesetz und Bundesrepublik am 23. Mai 1999, in: Bulletin des Presse- und Informationsamtes der Bundesregierung vom 28.5.99, S. 349f.

SCHRÖDER 1999b: Gerhard Schröder: Verläßlichkeit in den internationalen Beziehungen. Rede zur offiziellen Eröffnung des Sitzes der Deutschen Gesellschaft für Auswärtige Politik am 2. September 1999 in Berlin, in: Bulletin des Presse- und Informationsamtes der Bundesregierung vom 20.9.99, S. 573–577.

SCHRÖDER 1999c: Gerhard Schröder: Enge Zusammenarbeit eine unverzichtbare Brücke. Rede anläßlich des Besuchs von Ministerpräsident Barak in der Gedenkstätte Sachsenhausen am 22. September 1999, in: Bulletin des Presse- und Informationsamtes der Bundesregierung vom 29.9.99, S. 597.

SCHRÖDER 1999d: Gerhard Schröder: Historische Erinnerung und Identität. Rede zum Deutsch-französischen Kolloquium am 25. September 1999 in Genshagen, in: Bulletin des Presse- und Informationsamtes der Bundesregierung vom 13.10.99, S. 661–664.

SCHRÖDER 1999e: Gerhard Schröder: Ein Signal für Freiheit und Selbstbestimmung. Rede des Bundeskanzlers in der Feierstunde des Deutschen Bundestages zum 10. Jahrestag des Mauerfalls am 9. November 1999, in: Bulletin des Presse- und Informationsamtes der Bundesregierung vom 18.11.99.

SCHRÖDER 2000a: Gerhard Schröder: „Erinnerung, Verantwortung und Zukunft". Rede des Bundeskanzlers auf der Eröffnungsveranstaltung des Internationalen Holocaust-Forums am 26. Januar 2000 in Stockholm, in: Bulletin des Presse- und Informationsamtes der Bundesregierung vom 17.2.00, S. 54–56.

SCHRÖDER 2000b: Gerhard Schröder: Rede anlässlich der Wissenschaftlerkonferenz am 28. April 2000 in Gnesen, in: Bulletin des Presse- und Informationsamtes der Bundesregierung vom 2.5.00.

SCHRÖDER 2000c: Gerhard Schröder: Rede anlässlich der Eröffnung der Ausstellung „Juden in Berlin 1938–1945" in der Stiftung „Neue Synagoge Berlin – Centrum Judaicum" am 8. Mai 2000 in Berlin, in: Bulletin des Presse- und Informationsamtes der Bundesregierung vom 10.5.00.

SCHRÖDER 2000d: Gerhard Schröder: Rede des Bundeskanzlers zum 50. Jahrestag der Charta der deutschen Heimatvertriebenen am „Tag der Heimat" in Berlin, 3. September 2000, in: Bulletin des Presse- und Informationsamtes der Bundesregierung vom 4.9.00.

SCHRÖDER 2000e: Gerhard Schröder: Rede des Bundeskanzlers bei der Gedenkfeier „50 Jahre Zentralrat der Juden" am 21. September 2000 in Berlin, in: Bulletin des Presse- und Informationsamtes der Bundesregierung vom 21.9.00.

SCHRÖDER 2001a: Gerhard Schröder: Rede des Bundeskanzlers zur Entschädigung für NS-Zwangsarbeiter in der 172. Sitzung des Deutschen Bundestages am 30. Mai 2001 in Berlin, in: Bulletin des Presse- und Informationsamtes der Bundesregierung vom 31.5.01.

SCHRÖDER 2001b: Gerhard Schröder: Ansprache des Bundeskanzlers bei der Gedenkfeier Bahnhof Grunewald anlässlich des Besuchs des Premierministers des Staates Israel, Ariel Sharon, am 5. Juli 2001 in Berlin, in: Bulletin des Presse- und Informationsamtes der Bundesregierung vom 5.7.01.

SCHRÖDER 2001c: Gerhard Schröder: Rede des Bundeskanzlers zur Eröffnung der neu gestalteten Dauerausstellung im Haus der Geschichte am 9. Juli 2001 in Bonn, in: Bulletin des Presse- und Informationsamtes der Bundesregierung vom 11.7.01.

SCHRÖDER 2004a: Gerhard Schröder: Rede des Bundeskanzlers bei den französisch-deutschen Feierlichkeiten des „D-Day" am 6. Juni 2004 in Caen, in: Bulletin des Presse- und Informationsamtes der Bundesregierung vom 6.6.04.

SCHRÖDER 2004b: Gerhard Schröder: Rede des Bundeskanzlers in der Feierstunde zum Gedenken an den Widerstand gegen die nationalsozialistische Gewaltherrschaft am 20. Juli 2004 in Berlin, in: Bulletin des Presse- und Informationsamtes der Bundesregierung vom 20.7.04.

SCHRÖDER 2004c: Gerhard Schröder: Rede des Bundeskanzlers bei seinem Besuch zum 60. Jahrestag des Warschauer Aufstandes am 1. August 2004 in Warschau, in: Bulletin des Presse- und Informationsamtes der Bundesregierung vom 1.8.04.

SCHROERS 1962: Rolf Schroers: Das Jahr Null, in: Frankfurter Hefte, Heft 2/1962, S. 80f.

SCHUBERT 1995: Charlotte Schubert: Phasen und Zäsuren des Erbe-Verständnisses der DDR, in: Materialien der Enquête-Kommission „Aufarbeitung von Geschichte und Folgen der SED-Diktatur in Deutschland", hrsg. vom Deutschen Bundestag, Band III/3, Baden-Baden 1995, S. 1773–1811.

SCHULZ-HAGELEIT 1997: Peter Schulz-Hageleit: Die Kinder der Täter. Vom Trauma des Jahres 1945 zur Wiedergewinnung einer humanen Lebensorientierung, in: psychosozial, Heft 2/1997, S. 91–101.

SCHWAN 1993: Gesine Schwan: Die politische Relevanz nicht verarbeiteter Schuld, in: Jahrbuch für Antisemitismusforschung 2, hrsg. v. Wolfgang Benz für das Zentrum für Antisemitismusforschung der TU Berlin, Frankfurt (Main)/New York 1993, S. 281–297.

SCHWAN 1997a: Gesine Schwan: Politik und Schuld. Die zerstörerische Macht des Schweigens, Frankfurt (Main) 1997.

SCHWAN 1997b: Gesine Schwan: Die Idee des Schlußstrichs – oder: Welches Erinnern und welches Vergessen tun der Demokratie gut?, in: Gary Smith/Avishai Margalit (Hrsg.): Amnestie oder Die Politik der Erinnerung in der Demokratie, Frankfurt (Main) 1997, S. 90–99.

SCHWELLING 2001: Birgit Schwelling: Wege in die Demokratie. Eine Studie zum Wandel und zur Kontinuität von Mentalitäten nach dem Übergang vom Nationalsozialismus zur Bundesrepublik, Opladen 2001.

SCHWILK/SCHACHT 1994: Heimo Schwilk/Ulrich Schacht (Hrsg.): Die selbstbewußte Nation. „Anschwellender Bocksgesang" und weitere Beiträge zu einer deutschen Debatte, Frankfurt (Main)/Berlin 1994.

SEIDL 1987: Alfred Seidl: Kriegsverbrecherprozesse gegen Deutsche 1945 bis 1985, in: Alfons Hueber (Hrsg.): 8. Mai 1945. Ein Tag der Befreiung?, Tübingen/Zürich/Paris 1987, S. 163–212.

SEITZ 1985a: Norbert Seitz (Hrsg.): Die Unfähigkeit zu feiern. Der 8. Mai, Frankfurt (Main) 1985.

SEITZ 1985b: Norbert Seitz: Die Unfähigkeit zu feiern, in: Ders. (Hrsg.): Die Unfähigkeit zu feiern. Der 8. Mai, Frankfurt (Main) 1985, S. 9–24.

SELBMANN 1995: Erich Selbmann: Weltgefahr und nationale Verantwortung, in: Hans Modrow (Hrsg.): Der 8. Mai 1945. Ende und Anfang, Berlin 1995, S. 10–30.

SMITH/EMRICH 1996: Gary Smith/Hinderk M. Emrich (Hrsg.): Vom Nutzen des Vergessens, Berlin 1996.

SMITH/MARGALIT 1997: Gary Smith/Avishai Margalit (Hrsg.): Amnestie oder Die Politik der Erinnerung in der Demokratie, Frankfurt (Main) 1997.

SÖLLE 1985: Dorothee Sölle: Die deutsche Befreiung begann am 8. Mai 1945 und ist keineswegs beendet, in: Blätter für deutsche und internationale Politik, Heft 3/1985, S. 328f.

SPD 1975: Erklärung des Präsidiums der SPD vom 6. Mai 1975 zum 30. Jahrestag der Kapitulation am 8. Mai 1945, in: Jahrbuch der SPD 1973–1975, S. 465.

SPD 1980: Erklärung des Präsidiums der SPD vom 7. Mai 1980 zum 35. Jahrestag der deutschen Kapitulation, in: Jahrbuch der SPD 1979–1981, S. 547f.

SPD 1984: Aufruf des Parteivorstandes der SPD zum 8. Mai 1985 vom 7. November 1984, in: Intern, Nr. 19 vom 7.11.84.

SPD 1985: „Nürnberger Manifest". Erklärung des SPD-Parteivorstandes zum 8. Mai 1945/85, in: Presseservice der SPD vom 30.4.85.

SPOO 1985: Eckart Spoo: Habe ich 1945 den Krieg verloren?, in: Blätter für deutsche und internationale Politik, Heft 3/1985, S. 329f.

STANG 1995: Werner Stang (Hrsg.): Brandenburg im Jahr 1945. Studien. Brandenburgische Landeszentrale für politische Bildung, Potsdam 1995.

STEINBACH 1995a: Peter Steinbach: NS-Prozesse und historische Forschung, in: Heiner Lichtenstein/Otto R. Romberg (Hrsg.): Täter – Opfer – Folgen. Der Holocaust in Geschichte und Gegenwart, Bonn 1995, S. 136–153.

STEINBACH 1995b: Peter Steinbach: Der Historikerstreit, in: Tribüne. Zeitschrift zum Verständnis des Judentums, Heft 3/1995, S. 120–133.

STEINBACH 1997: Peter Steinbach: Die Vergegenwärtigung von Vergangenem. Zum Spannungsverhältnis zwischen individueller Erinnerung und öffentlichem Gedenken, in: Aus Politik und Zeitgeschichte B3–4/1997, S. 3–13.

STEINBACH 1999: Peter Steinbach: Der 9. November in der Erinnerungskultur der Bundesrepublik, in: Friedrich-Ebert-Stiftung, Landesbüro Brandenburg (Hrsg.): Der 9. November als deutscher Gedenktag. Dokumentation einer Veranstaltung am 3. November 1998 in Potsdam, Potsdam 1999, S. 43–56.

STEINBACH 2001: Peter Steinbach: Geschichte und Politik – nicht nur ein wissenschaftliches Verhältnis, in: Aus Politik und Zeitgeschichte, B 28/2001, S. 3–7.

STEININGER 1997: Rolf Steininger: Deutsche Geschichte seit 1945. Darstellung und Dokumente in vier Bänden, Band 1: 1945–1947, erw. Neuausgabe, Frankfurt (Main) 1997.

STERN 1960: Leo Stern: Der deutsche Revanchismus nach dem zweiten Weltkrieg und die bürgerliche Geschichtsschreibung, in: Zeitschrift für Geschichtswissenschaft, Heft 3/1960, S. 557–582.

STOIBER 1995: Edmund Stoiber: Rede bei der Feierstunde anläßlich des 50. Jahrestages des Kriegsendes vom 8. Mai 1945 in Aschaffenburg, Manuskript.

STOLPE 1995: Manfred Stolpe: Der 8. Mai 1945 als Symbol deutscher Geschichte, in: Arnd Bauerkämper/Christoph Kleßmann/Hans Misselwitz (Hrsg.): Der 8. Mai 1945 als historische Zäsur. Strukturen – Erfahrungen – Deutungen, Potsdam 1995, S. 25–34.

STRAUSS 1979: Franz Josef Strauß: Rückblick und Besinnung ohne Legende. Zum 40. Jahrestag des Kriegsbeginns, 8.9.79, in: Ders.: Verantwortung vor der Geschichte. Beiträge zur deutschen und internationalen Politik 1978–1985, Ulm 1985, S. 143–173.

STRAUSS 1984a: Franz Josef Strauß: Aufbruch in die Zukunft. Rede vor dem Sudetendeutschen Tag in München am 16. Juni 1984, in: Ders.: Verantwortung vor der Geschichte. Beiträge zur deutschen und internationalen Politik 1978–1985, Ulm 1985, S. 427–433.

STRAUSS 1984b: Franz Josef Strauß: Ein Volk wie andere auch. Rede über das eigene Land am 1. Dezember 1984 in den Münchner Kammerspielen, in: Ders.: Verantwortung vor der Geschichte. Beiträge zur deutschen und internationalen Politik 1978–1985, Ulm 1985, S. 441–483.

STRAUSS 1985: Franz Josef Strauß: Die Zukunft gehört der Freiheit, dem Recht und dem Frieden. Rede in einer Gedenkstunde der Bayerischen Staatsregierung am 28. April 1985, in: Ders.: Verantwortung vor der Geschichte. Beiträge zur deutschen und internationalen Politik 1978–1985, hrsg. v. Wilfried Scharnagl, Ulm 1985, S. 507–531.

STREISAND 1965: Joachim Streisand: Die Befreiung vom Faschismus in Geschichtsschreibung und Geschichtsdenken in den beiden deutschen Staaten, in: Zeitschrift für Geschichtswissenschaft, Heft 3/1965, S. 381–395.

SÜSSMUTH 1995a: Rita Süssmuth: Rede auf der Gedenkveranstaltung in Ravensbrück am 23. April 1995, in: Ministerium für Wissenschaft, Forschung und Kultur des Landes Brandenburg (Hrsg.): Erinnerung und Begegnung. Gedenken im Land Brandenburg zum 50. Jahrestag der Befreiung, Potsdam 1996, S. 70–74.

SÜSSMUTH 1995b: Rita Süssmuth: Ansprache der Bundestagspräsidentin in der Gedenkstunde im Deutschen Bundestag aus Anlaß des 50. Jahrestages der Beendigung des Zweiten Weltkrieges und der nationalsozialistischen Gewaltherrschaft am 28. April 1995, in: Bulletin des Presse- und Informationsamtes der Bundesregierung vom 4.5.95, S. 293–295.

SYBERBERG 1985: Hans Jürgen Syberberg: Ende der europäischen Zeit, in: Norbert Seitz (Hrsg.): Die Unfähigkeit zu feiern. Der 8. Mai, Frankfurt (Main) 1985, S. 59–68.

THADDEN 1995: Rudolf von Thadden: Trieglaff zwischen Deutschland und Polen. Der 8. Mai 1945 in Pommern, in: Arnd Bauerkämper/Christoph Kleßmann/Hans Misselwitz (Hrsg.): Der 8. Mai 1945 als historische Zäsur. Strukturen – Erfahrungen – Deutungen, Potsdam 1995, S. 98–102.

THEISEN 1995: Alfred Theisen: Die Vertreibung der Deutschen – Ein unbewältigtes Kapitel europäischer Zeitgeschichte, in: Aus Politik und Zeitgeschichte, B7–8/1995, S. 20–33.

THIELE H.-G. 1997: Hans-Günther Thiele (Hrsg.): Die Wehrmachtsausstellung. Dokumentation einer Kontroverse. Dokumentation der Fachtagung in Bremen am 26. Februar 1997 und der Bundestagsdebatten am 13. März und 24. April 1997, Bremen 1997.

THIELE W. 1975: Willi Thiele: Appell des Präsidenten des Volksbundes Deutsche Kriegsgräberfürsorge anläßlich des 30. Jahrestages der Beendigung des Zweiten Weltkrieges, in: Bulletin des Presse- und Informationsamtes der Bundesregierung vom 7.5.75.

THIERSE 2000: Wolfgang Thierse: Ansprache des Bundestagspräsidenten zum 27. Januar – Tag des Gedenkens an die Opfer des Nationalsozialismus in der Gedenkstunde des Deutschen Bundestages am 27. Januar 2000, in: Bulletin des Presse- und Informationsamtes der Bundesregierung vom 17.2.00, S. 49–51.

THIERSE 2004: Wolfgang Thierse: Ansprache des Bundestagspräsidenten zum 27. Januar – Tag des Gedenkens an die Opfer des Nationalsozialismus, in: Bulletin des Presse- und Informationsamtes der Bundesregierung vom 27.1.04.

TIMM 1994: Angelika Timm: Der 9. November 1938 in der politischen Kultur der DDR, in: Rolf Steininger (Hrsg.): Der Umgang mit dem Holocaust. Europa-USA-Israel, 2. Auflage, Wien/Köln/Weimar 1994, S. 246–262.

TIMM 1995: Angelika Timm: Der politische und propagandistische Umgang mit der „Reichskristallnacht" in der DDR, in: Jürgen Danyel (Hrsg.): Die geteilte Vergangenheit. Zum Umgang mit Nationalsozialismus und Widerstand in beiden deutschen Staaten, Berlin 1995, S. 213–223.

TRAMPE 1995: Gustav Trampe (Hrsg.): Die Stunde Null. Erinnerungen an Kriegsende und Neuanfang, Stuttgart 1995.

TSCHERNOMYRDIN 1995: Viktor Stepanowitsch Tschernomyrdin: Rede des russischen Ministerpräsidenten anläßlich des Staatsaktes zum 50. Jahrestag des Endes des Zweiten Weltkrieges im Konzerthaus Berlin am 8. Mai 1995, in: Zum 50. Jahrestag des Endes des Zweiten Weltkrieges. Staatsakt am 8. Mai 1995 in Berlin, hrsg. v. Presse- und Informationsamt der Bundesregierung, Bonn 1995, S. 24–30.

ULBRICHT 1945: Walter Ulbricht: Das Programm der antifaschistisch-demokratischen Ordnung. Rede auf der ersten Funktionärskonferenz der KPD Groß-Berlins am 25. Juni 1945, in: Ders.: Die Entwicklung des deutschen volksdemokratischen Staates 1945–1958, 2. Auflage, Berlin 1958, S. 16–40.

ULBRICHT 1960a: Walter Ulbricht: Die Befreiung Deutschlands vom Hitlerfaschismus – der Beginn einer neuen Periode im Leben unseres Volkes. Artikel in Einheit, Heft 5/60, in: Ders.: Die DDR ist ihres Sieges gewiß. Vier Reden und Aufsätze zur Geschichte der DDR, Berlin 1960, S. 124–164.

ULBRICHT 1960b: Walter Ulbricht: Fünfzehn Jahre Befreiung. Ansprache auf der Festveranstaltung zum 15. Jahrestag der Befreiung des deutschen Volkes vom Faschismus am 7. Mai 1960, in: Ders.: Die DDR ist ihres Sieges gewiß. Vier Reden und Aufsätze zur Geschichte der DDR, Berlin 1960, S. 165–196.

URBAN D. 1985: Detlef Urban: Die Kirchen und der 8. Mai, in: Deutschland Archiv, Heft 6/1985, S. 565–567.

URBAN S. 1995: Susanne Urban: Die Freiheit kam erst später. Jüdische Überlebende als Displaced Persons, in: Heiner Lichtenstein/Otto R. Romberg (Hrsg.): Täter – Opfer – Folgen. Der Holocaust in Geschichte und Gegenwart, Bonn 1995, S. 170–182.

VEIL 2004: Simone Veil: Ansprache in der Gedenkstunde des Deutschen Bundestages zum 27. Januar – Tag des Gedenkens an die Opfer des Nationalsozialismus, in: Bulletin des Presse- und Informationsamtes der Bundesregierung vom 27.1.04.

VOLKMANN 1995: Hans-Erich Volkmann (Hrsg.): Ende des Dritten Reiches – Ende des Zweiten Weltkriegs. Eine perspektivische Rückschau, München 1995.

WAIGEL 1995: Theo Waigel: Die Dresdner Frauenkirche – Symbol der Hoffnung auf Frieden. Rede des Bundesministers der Finanzen anläßlich der Ausgabe der 10-DM-Gedenkmünze „Wiederaufbau Frauenkirche Dresden" am 3. Mai 1995 in Dresden, in: Bulletin des Presse- und Informationsamtes der Bundesregierung vom 15.5.95, S. 341 f.

WALSER 1979: Martin Walser: Auschwitz und kein Ende. Rede aus dem Jahr 1979, in: Ders.: Über Deutschland reden, Frankfurt (Main) 1988, S. 24–31.

WALSER 1988: Martin Walser: Über Deutschland reden. Ein Bericht, in: Ders.: Über Deutschland reden, Frankfurt (Main) 1988, S. 76–100.

WALSER 1995: Martin Walser: Öffentliches Gewissen und deutsche Tabus. Dankrede zur Verleihung des Dolf-Sternberger-Preises in Heidelberg, in: Die politische Meinung, Januar 1995, S. 15–23.

WALSER 1998: Martin Walser: Erfahrungen beim Verfassen einer Sonntagsrede. Rede zur Verleihung des Friedenspreises des Deutschen Buchhandels am 11. Oktober 1998 in der Frankfurter Paulskirche, in: Ders.: Erfahrungen beim Verfassen einer Sonntagsrede, Frankfurt (Main) 1998, S. 9–28.

WASMUTH/WOLLEFS 1992: Ulrike C. Wasmuth/Elisabeth Wollefs (Hrsg.): Konfliktverwaltung. Ein Zerrbild unserer Demokratie? Analysen zu fünf innenpolitischen Streitfällen, Berlin 1992, S. 225–286.

WASSERMANN 1985: Rudolf Wassermann: 8. Mai 1945: Die Katastrophe als Chance zum Neubeginn. Der demokratische Rechtsstaat als Reaktion auf den nationalsozialistischen Unrechtsstaat, in: Aus Politik und Zeitgeschichte, B 16/1985, S. 3–17.

WEINRICH 1997: Harald Weinrich: Lethe – Kunst und Kritik des Vergessens, München 1997.

WEISBROD 1995: Bernd Weisbrod: Der 8. Mai in der deutschen Erinnerung. Vortrag zum 50. Jahrestag des 8. Mai 1945 an der Universität Göttingen, in: WerkstattGeschichte, Heft 13, Juni 1996, S. 72–81.

WEISS 1989: Konrad Weiß: Vierzig Jahre in Vierteldeutschland, in: Hubertus Knabe (Hrsg.): Aufbruch in eine andere DDR, Hamburg 1989, S. 294–299.

WEISSMANN 1992: Karlheinz Weißmann: Rückruf in die Geschichte. Die deutsche Herausforderung. Alte Gefahren – Neue Chancen, Berlin/Frankfurt(Main) 1992.

WEIZSÄCKER 1970: Richard von Weizsäcker: Redebeitrag zur Erklärung der Bundesregierung zum 8. Mai 1945 am 8. Mai 1970 im Deutschen Bundestag, in: Deutscher Bundestag, 6. Wahlperiode, Protokoll der 51. Sitzung, Bonn, 8. Mai 1970, S. 2567–2569.

WEIZSÄCKER 1985a: Richard von Weizsäcker: Der 8. Mai 1945 – vierzig Jahre danach. Rede zum 40. Jahrestag des 8. Mai 1945, Deutscher Bundestag am 8. Mai 1985, in: Ders.: Brücken zur Verständigung. Reden, Berlin 1990, S. 31–46.

WEIZSÄCKER 1985b: Richard von Weizsäcker: Die Deutschen und ihre Identität. Deutscher Evangelischer Kirchentag in Düsseldorf, 8. Juni 1985, in: Ders.: Brücken zur Verständigung. Reden, Berlin 1990, S. 47–61.

WEIZSÄCKER 1985c: Richard von Weizsäcker: Erinnern in Wahrhaftigkeit. Staatsbesuch in Israel, Jerusalem, 8. Oktober 1985, in: Ders.: Brücken zur Verständigung. Reden, Berlin 1990, S. 140–146.

WEIZSÄCKER 1987: Richard von Weizsäcker: Nachdenken über Patriotismus. Zum 80. Geburtstag von Dolf Sternberger in der Universität Heidelberg, 6. November 1987, in: Ders.: Brücken zur Verständigung. Reden, Berlin 1990, S. 92–102.

WEIZSÄCKER 1988: Richard von Weizsäcker: Nachdenken über Geschichte. Historikertag in Bamberg, 12. Oktober 1988, in: Ders.: Brücken zur Verständigung. Reden, Berlin 1990, S. 115–124.

WEIZSÄCKER 1989: Richard von Weizsäcker: Die Mahnung des 1. September 1939. Botschaft an den polnischen Staatspräsidenten Wojciech Jaruzelski, 28. August 1989, in: Ders.: Brücken zur Verständigung. Reden, Berlin 1990, S. 187–190.

WEIZSÄCKER 2001: Richard von Weizsäcker: Wort und Wirkung der 8. Mai-Rede. Gespräch mit Norbert Seitz, in: Die Neue Gesellschaft/Frankfurter Hefte, Heft 1–2/2001, S. 60–65.

WETZEL 1995a: Juliane Wetzel: Trauma und Tabu. Jüdisches Leben in Deutschland nach dem Holocaust, in: Hans-Erich Volkmann (Hrsg.): Ende des Dritten Reiches – Ende des Zweiten Weltkriegs. Eine perspektivische Rückschau, München 1995, S. 419–456.

WETZEL 1995b: Juliane Wetzel: „Displaced Persons". Ein vergessenes Kapitel der deutschen Nachkriegsgeschichte, in: Aus Politik und Zeitgeschichte, B7–8/1995, S. 34–39.

WILLMS 1985: Bernard Willms: Theorie der Politik und praktische Politik. Bemerkungen zum Verhältnis von Moral und Politik, in: Politische Studien, Mai/Juni 1985, S. 305–313.

WILLMS 1987: Bernard Willms: Einheit oder Separatismus? Die geistige und völkerrechtliche Lage der Deutschen Nation, in: Alfons Hueber (Hrsg.): 8. Mai 1945. Ein Tag der Befreiung?, Tübingen/Zürich/Paris 1987, S. 283–305.

WINDELEN 1985a: Heinrich Windelen: Dreißig Jahre Deutschlandvertrag. Rede am 24. April 1985 in Bonn, in: Texte zur Deutschlandpolitik, Reihe III/Band 3. 1. Januar 1985–30. Dezember 1985, hrsg. v. Bundesministerium für innerdeutsche Beziehungen, Bonn 1986, S. 206–216.

WINDELEN 1985b: Heinrich Windelen: Vierzig Jahre danach, in: Deutschland Archiv, Heft 4/1985, S. 337f.

WINDELEN 1985c: Heinrich Windelen: 40 Jahre europäische Teilung. Rede auf einer öffentlichen Kundgebung des Kuratoriums Unteilbares Deutschland zum Tag der deutschen Einheit am 16. Juni 1985 in Travemünde, in: Texte zur Deutschlandpolitik, Reihe III/Band 3. 1. Januar 1985–30. Dezember 1985, hrsg. v. Bundesministerium für innerdeutsche Beziehungen, Bonn 1986, S. 299–309.

WINKLER 1991: Heinrich August Winkler: Auf ewig in Hitlers Schatten? Zum Streit über das Geschichtsbild der Deutschen, in: „Historikerstreit". Die Dokumentation der Kontroverse um die Einzigartigkeit der nationalsozialistischen Judenvernichtung, 8. Auflage, München/Zürich 1991, S. 256–263.

WINKLER 2002a: Heinrich August Winkler: Der lange Weg nach Westen, Band 1: Deutsche Geschichte vom Ende des Alten Reiches bis zum Untergang der Weimarer Republik, 5., durchges. Auflage, München 2002.

WINKLER 2002b: Heinrich August Winkler: Der lange Weg nach Westen, Band 2: Deutsche Geschichte vom „Dritten Reich" bis zur Wiedervereinigung, 5., durchges. Auflage, München 2002.

WITTMANN 1995: Fritz Wittmann: Erklärung des Präsidenten des Bundes der Vertriebenen zum 8. Mai 1995, Pressemitteilung des Bundes der Vertriebenen vom 3.5.95.

WODAK/MENZ/MITTEN/STERN 1994: Ruth Wodak/Florian Menz/Richard Mitten/Frank Stern: Die Sprache der Vergangenheiten. Öffentliches Gedenken in österreichischen und deutschen Medien, Frankfurt (Main) 1994.

WOLF 1989: Christa Wolf: Überlegungen zum 1. September 1939. Rede in der Akademie der Künste, Berlin am 31. August 1989, in: Dies.: Reden im Herbst, Berlin/Weimar 1990, S. 70–76.

WOLFRUM 1996: Edgar Wolfrum: „Kein Sedantag glorreicher Erinnerung". Der Tag der Deutschen Einheit in der alten Bundesrepublik, in: Deutschland Archiv, Heft 3/1996, S. 432–443.

WOLFRUM 1998a: Edgar Wolfrum: Geschichtspolitik und deutsche Frage. Der 17. Juni im nationalen Gedächtnis der Bundesrepublik (1953–89), in: Geschichte und Gesellschaft, Heft 3/1998, S. 382–411.

WOLFRUM 1998b: Edgar Wolfrum: Geschichtspolitik in der Bundesrepublik Deutschland 1949–1989. Phasen und Kontroversen, in: Aus Politik und Zeitgeschichte, B 45/1998, S. 3–15.

WOLFRUM 1999: Edgar Wolfrum: Geschichtspolitik in der Bundesrepublik Deutschland. Der Weg zur bundesrepublikanischen Erinnerung 1948–1990, Darmstadt 1999.

WOLFRUM 2000: Edgar Wolfrum: Die Unfähigkeit zu feiern? Der 8. Mai und der 17. Juni in der bundesrepublikanischen Erinnerungskultur, in: Sabine Behrenbeck/Alexander Nützenadel (Hrsg.): Inszenierungen des Nationalstaats. Politische Feiern in Italien und Deutschland seit 1860/1871, Köln 2000, S. 221–241.

WOLFRUM 2001: Edgar Wolfrum: „1968" in der gegenwärtigen deutschen Geschichtspolitik, in: Aus Politik und Zeitgeschichte, B 22–23/2001, S. 28–36.

WÖLL 1997a: Andreas Wöll: Als der Frieden ausbrach... Der 8. Mai 1945 in der öffentlichen Rede der Bundesrepublik, in: psychosozial, Heft 2/1997, S. 123–138.

WÖLL 1997b: Andreas Wöll: Vergangenheitsbewältigung in der Gesellschaftsgeschichte der Bundesrepublik. Zur Konfliktlogik eines Streitthemas, in: Gary S. Schaal/Andreas Wöll (Hrsg.): Vergangenheitsbewältigung. Modelle der politischen und sozialen Integration in der bundesdeutschen Nachkriegsgeschichte, Baden-Baden 1997, S. 29–42.

WÖLL 1998: Andreas Wöll: „Wegweisend für das deutsche Volk" – Der 20. Juli 1944: Öffentliche Erinnerung und Vergangenheitsbewältigung in der Bundesrepublik, in: Helmut König/Michael Kohlstruck/Andreas Wöll (Hrsg.): Vergangenheitsbewältigung am Ende des zwanzigsten Jahrhunderts (Leviathan-Sonderheft 18/98), Opladen/Wiesbaden 1998, S. 17–37.

WOLLE 1992: Stefan Wolle: Das Versagen der Historiker, in: Rainer Eckert/Wolfgang Küttler/Gustav Seeber (Hrsg.): Krise – Umbruch – Neubeginn. Eine kritische und selbstkritische Dokumentation der DDR-Geschichtswissenschaft 1989/90, Stuttgart 1992, S. 231–235.

WURMSER 1990: Léon Wurmser: Die Maske der Scham, Berlin 1990.

YOUNG 1988: James E. Young: Writing and rewriting the Holocaust. Narrative and the Consequences of Interpretation, Bloomington/Indianapolis 1988, S. 83–98.

YOUNG 1994: James E. Young: Die Zeitgeschichte der Gedenkstätten und Denkmäler des Holocausts, in: Ders. (Hrsg.): Mahnmale des Holocaust. Motive, Rituale und Stätten des Gedenkens, München 1994, S. 19–40.

ZITELMANN 1994: Rainer Zitelmann: Wohin treibt unsere Republik?, Frankfurt (Main)/Berlin 1994.

ZUCKERMANN 1999: Moshe Zuckermann: Gedenken und Kulturindustrie. Ein Essay zur neuen deutschen Normalität, Berlin/Bodenheim 1999.

Danksagung

Das vorliegende Buch ist die gekürzte und leicht überarbeitete Fassung meiner am Otto-Suhr-Institut der Freien Universität Berlin eingereichten Dissertation. Betreut wurde sie von meiner Doktormutter Gesine Schwan, der ich für ihre ebenso freundliche wie kritische Kooperation sehr dankbar bin. Sie hat mein Interesse an der Bedeutung der Erinnerung für die Demokratie substantiell vertieft und mich stets zu differenziertem, genauem Nachdenken angeregt.

Die Friedrich-Ebert-Stiftung förderte mich finanziell und ideell. Für den gedanklichen wie auch finanziellen Freiraum, der mir dadurch geschaffen wurde, bin ich ihr zu großem Dank verpflichtet. Den Mitarbeiterinnen und Mitarbeitern des Dietz-Verlages gilt mein Dank für ihr Engagement und die Möglichkeit, dieses Buch auf unkomplizierte Weise zu veröffentlichen.

Meinen Studienfreunden Birgit Schwelling, Peter Krause und Johannes Heesch danke ich für das fröhliche Interesse an meiner Arbeit, nicht nur im Rahmen des Forschungsprojektes „Verläufe und Faktoren der Konstitution demokratischer politischer Identität in nachdiktatorischen Gesellschaften".

Die Arbeit an diesem Buch hat sich über einen langen Zeitraum hingezogen, den Höhen und Tiefen gekennzeichnet haben. Immer konnte ich jedoch auf den Zuspruch und die Unterstützung naher Menschen zählen. Ein tief empfundener Dank gilt Claudia Kraft, die meine Arbeit vor allem in der Endphase ihrer Entstehung unermüdlich mit einer Fülle von konstruktiven Anmerkungen versehen hat. Diese Unterstützung war für den Text und für mich persönlich von unschätzbarer Bedeutung. Ganz besonders und vielfach möchte ich Katrin Steffen danken. Sie hat meine Arbeit von Beginn an ebenso klug wie ausdauernd begleitet und kompetent zu deren Verbesserung beigetragen. In schwierigen Phasen hat sie mich immer neu motiviert. Für die Entstehung dieses Buches war sie unverzichtbar, ihre Freundschaft bleibt es weiterhin. Nicht genug danken kann ich auch meinen Eltern, Eleonore und Jürgen, auf deren Unterstützung und Rückhalt ich mich nicht nur während der Arbeit an diesem Buch immer verlassen konnte.

Peter Hurrelbrink
Bonn, im Frühjahr 2005

Klaus Schönhoven

Wendejahre

Die Sozialdemokratie
in der Zeit der Großen
Koalition 1966–1969

734 Seiten
Abbildungen
Euro 58,00
ISBN 3-8012-5021-0
erschienen 2004

Die drei Regierungsjahre der Großen Koalition von CDU/CSU und SPD (1966–1969) waren jenseits des »Mythos 1968« eine Phase der Neuorientierung in wichtigen Politikfeldern.
Klaus Schönhoven analysiert die Wendejahre der jungen Bundesrepublik: Während die Unionsparteien sich immer weniger als unangefochtene Regierungsmacht verstehen konnten, formulierte die Sozialdemokratie auf ihrem Weg zur linken Volkspartei bereits das Leitmotiv der sozial-liberalen Koalition: »Wir schaffen das moderne Deutschland«.
Wegen der spannungsreichen Konkurrenz beider Volksparteien und Widerständen in den eigenen Reihen konnten nicht alle Pläne verwirklicht werden. Aber es gelang doch, ambitionierte Reformprojekte umzusetzen: die Arbeits-, Ausbildungs- und Berufsbildungsförderungsgesetze, die Lohnfortzahlung im Krankheitsfall und die Reform der Finanzverfassung.
Diese Monographie basiert auf vielen bislang unbekannten Quellen. Sie beschreibt einen Paradigmenwechsel, der weitreichende Folgen für die gesamte Politik der Bundesrepublik haben sollte.

Verlag J. H. W. Dietz Nachf.
Dreizehnmorgenweg 24 | 53175 Bonn
www.dietz-verlag.de | info@dietz-verlag.de

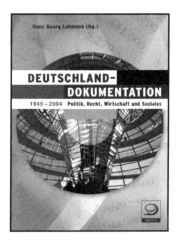

Hans Georg Lehmann (Hg.)

D-DOK
Deutschland-Dokumentation
1945–2004

Politik, Recht, Wirtschaft und Soziales

DVD
Euro 49,80
ISBN 3-8012-0342-5
erschienen 2004

»D-DOK Deutschland-Dokumentation 1945-2004« ist eine multimediale Bibliothek zur deutschen Geschichte nach dem Zweiten Weltkrieg. Die umfangreichste Datenbank zu 60 Jahren Bundesrepublik und 40 Jahren DDR. Anhand staatlicher Quellen dokumentiert der renommierte Politologe und Herausgeber Hans Georg Lehmann die deutsche Zeitgeschichte von Konrad Adenauer bis Gerhard Schröder.

Das Resultat: Die vom Bundesministerium für Bildung und Forschung geförderte DVD liefert eine Fülle von historisch-dokumentarischem Material zu allen wichtigen Fragen aus Politik, Wirtschaft, Recht und Gesellschaft. »D-DOK« versammelt Reden, Briefwechsel, bedeutende Gesetzestexte und Verträge. 100.000 Textseiten auf Deutsch, Englisch, Französisch, Spanisch und Türkisch. Dazu 300 Bilder und mehr als 440 historische Tondokumente.

Wer sich präzise und aus erster Hand über die neuere deutsche Geschichte informieren will, klickt auf »D-DOK«.

Verlag J. H. W. Dietz Nachf.
Dreizehnmorgenweg 24 | 53175 Bonn
www.dietz-verlag.de | info@dietz-verlag.de